U0057759

社會工作研究方法

Essential Research Methods for Social Work, 3e

Allen Rubin · Earl Babbie　著

趙碧華 · 朱美珍 · 鍾道詮　譯

Australia · Brazil · Canada · Mexico · Singapore · United Kingdom · United States

社會工作研究方法 / Allen Rubin, Earl Babbie 原著；
　趙碧華，朱美珍，鍾道詮譯. -- 二版. -- 臺北市：
新加坡商聖智學習, 2013.07
　　面； 公分
　譯自： Essential Research Methods for Social Work,
3rd ed.
　　ISBN 978-986-5840-11-2 (平裝)

　　1. 社會工作　2. 研究方法

547.031　　　　　　　　　　　　102010165

社會工作研究方法

© 2014 Cengage Learning Asia Pte Ltd.

Original: Essential Research Methods for Social Work, 3e
　　　By Allen Rubin · Earl Babbie
　　　ISBN: 9780840029133
　　　©2013 Cengage Learning
　　　All rights reserved.

4 5 6 7 8 9 2 0 2 2

出 版 商　新加坡商聖智學習亞洲私人有限公司台灣分公司
　　　　　104415 臺北市中山區中山北路二段 129 號 3 樓之 1
　　　　　https://www.cengageasia.com
　　　　　電話：(02) 2581-6588　　傳眞：(02) 2581-9118
原　　著　Allen Rubin · Earl Babbie
譯　　者　趙碧華 · 朱美珍 · 鍾道詮
執行編輯　曾怡蓉
印務管理　吳東霖
總 經 銷　心理出版社股份有限公司
　　　　　231026 新北市新店區光明街 288 號 7 樓
　　　　　電話：(02) 2915-0566　　傳眞：(02) 2915-2928
　　　　　郵撥：19293172 心理出版社股份有限公司
　　　　　https://www.psy.com.tw
　　　　　E-mail: psychoco@ms15.hinet.net
編　　號　31037
定　　價　新臺幣 550 元
出版日期　西元 2022年 2 月　二版四刷

ISBN 978-986-5840-11-2

(22SRM0)

推薦序

「研究方法」代表一種知識的世界觀，為知識社群共識下的產物，在其指引下，知識得以不斷地成長，它應用於所有科學領域中。社會科學研究方法是指引在研究中發現新現象、新事物，或是提出新的觀點及理論，用以發掘社會現象本質及解決問題的研究工具和手段。個人雖為政治學之背景，考取教育部公費留考公共政策學門出國留學，在學術生涯中對於公共政策深有接觸，著力於廣義的政治學之研究，在政治大學任教 20 多年以來，一直開授研究方法相關的課程，也涵蓋大學部、碩士及博士階段的研究方法教學，更於民國 99 年以考試委員的身分參與考試院業務迄今，參與無數次的考試院法制事項的法案草擬及研修工作，常常需為法案廣為蒐集資料並研究條文之內涵及彼此之關聯性，尤須考慮其對國家社會之影響，任務雖艱鉅但因運用「研究方法」發揮了研究功能而達致實際效果。

社會工作是社會科學中重要的領域之一，近年來我國社會工作因應社會需求及世界潮流而蓬勃發展。早於民國 86 年社會工作師法完成立法，我國社會工作也正式邁入專業時代。大專院校社會工作相關系所不斷成長，社會福利機構也不斷設立。不論政府或民間，只要社會重大事件發生，都會請社會工作人員協助處理，也都在適當時間發揮適時功效，逐漸建立社會工作專業的必要性與重要性。立法以來社會工作師考試亦為考試院專門職業及技術人員高等考試的一個類科，其考試規則中規定應考資格需有五個領域必修課程，其中就包括有社會工作研究方法領域課程，足見研究方法對社會工作專業人才之培育的重要性，更有價值的是社會工作研究方法能協助社會工作實務人員有效發揮助人專業的功能與成果。

培育專業社工人員，仰賴專業的教學，在眾多傑出學者當中，本書譯者趙碧華教授和朱美珍教授更是成就非凡，兩位曾在政大修習過我開授的博士班研究方法課程，孜孜不倦、進修成長，在社會工作研究法的教學經驗長達 20 年以上，還有很多論著和研究成果。兩位教授於民國 84 年及 89 年兩次曾將 Allen Rubin 及 Earl Babbie 的 *Research Methods for Social Work* 編譯為《研究方法──社會工

作暨人文科學領域之運用》。今年又將另一本在美國廣受歡迎採用的基礎研究方法用書，Allen Rubin 及 Earl Babbie 的 *Essential Research Methods for Social Work* 第 3 版翻譯完成，並加入新的工作夥伴鍾道詮博士。本書有很多新的概念，諸如以證據為基礎的實務、融合研究法等，每個章節都朝向量化與質性方法介紹，並以社會工作實務工作舉例說明，非常契合目前的研究取向。最後的重點整理有助於概念統整、實作練習讓學生熟練技巧，網路練習則教導學生運用網路資源尋找資料、提醒事項增加實務整合。全書以新穎科技思維貫穿，是一本兼具理論與實務的教科書，對大學生、研究生、實務社工人員，都有很大助益。因此非常樂意為他們推薦。

考試院　考試委員
政治大學國家發展研究所教授

高永光
寫於木柵 中華民國 102 年 6 月

譯者後記：

　　致力於多年的社工研究方法教學，能為大家服務提供有用的教學與學習用書，是我們努力的心願，希望熱愛社會工作的大家能為社會工作的專業發展貢獻一點心力，讓社會工作更發光發亮，我們盡心盡力地實踐從事社會工作教學的社會責任。本書第 1、2、3、8、9、10、11 章及附錄部分由朱美珍老師負責，第 4、5、6、7、17 章由鍾道詮老師負責，第 12、13、14、15、16、18、19 章由趙碧華老師負責，若有疏漏之處，我們願負全部責任。最後，本書的完成出版，要感謝新加坡商聖智學習亞洲私人有限公司台灣分公司所有的編輯同仁。更感謝考試院考試委員高永光教授的鼓勵與關心，更費心為本書做推薦序。此外，無法一一言謝的所有關懷我們的學術界師長、同事們，實務界同仁們，及所有學生們，謝謝你們提供寶貴的修正意見，讓我們完成了此書，增添內容的完整性與價值。

趙碧華　　朱美珍　　鍾道詮
於民國 102 年夏至

原　序

　　大約二十五年前，我們寫了《社會工作研究法》（*Research Methods for Social Work*）一書，目前已經出到第七版。雖然該書受到立即性歡迎，並且持續為各方所採用；但有些真的喜歡該書的同事們，卻建議我們要撰寫初階的版本，這些同事並不滿意以前那些初級性質的教科書，認為它們過於粗略與簡化。他們要的是一種中間層次的教材——要比我們其他的教本淺顯，但在教導學生們一定要知道的研究方法上，仍要具備足夠的深度與廣度：在方法的解說與應用上全都以社會工作為例；並且持續聚焦於社會工作研究對社會工作實務的用處。

　　我們撰寫了第一及二版的《基礎社會工作研究法》（*Essential Research Methods for Social Work*）以滿足上述的需求，對於它廣受歡迎倍感高興。我們保留了進階版本中大部分的內容，用較簡單的方法加以呈現，並安排成更少且更短的章節。我們在試圖滿足教師們的需求，他們認為對於社會工作系大學部的學生而言，原先的內容太難了（對於某些社會工作所的研究生而言可能也是如此）。

　　雖然我們在內容的呈現上採取比較簡單的方式，但我們卻試圖保留進階版本的優點。例如，我們整合了量化與質性方法，並且論述了如何能同時運用這兩種方法，以提升某個既定研究的品質。我們試圖去平衡我們對於這兩種研究方法的觀點，及重視其個別的優點與限制。有時候，我們概述量化與質性方法的優缺點；有時候我們則是針對特定的量化或質性方法，進階討論它們的優缺點。不過，我們這種作法，並非在暗示這兩套互補的研究方法之間存在著高低優劣之別。

　　儘管該書第一、二版備受歡迎，但我們還是非常感謝那些採用或審查過該教本的同事，他們對於該書的修訂提供了良好建議。他們大部分的建議，以及我們自己所預見需要修改之處，都被納進這修訂版之中。其中重要的改變之一是，在各章中加入更多關於以證據為基礎的（evidenced-based）社會工作實務，並且新增了一章全部用來討論這個部分。與此相關的是，我們還擴充了討論電子化使用圖書館資料以及電子專業期刊的章節。另一項重大的修訂是，我們在一些章節中

增添了圖表，用以概述並解說該章節中的主要概念。例如採用新的圖表，以對照量化與質性方法、解說各種信度與效度，並且比較調查法的優缺點；我們還大幅擴充有關網路調查的討論。

這第三版有一重大改變是呈現社工教育學會（CSWE）提出教育政策和評審標準（EPAS）的核心能力，將之融合在各章之中，強調如何運用研究素材於該常見的所有社會工作實踐，集成了所有的核心競爭力，增強特定的知識和實踐行為。另一重大改變是加強探討如何結合量化及質性研究方法融合於一，而增加新的第三章，這也呼應了 EPAS 的整合多元研究基礎知識的核心能力。每一章節適當內容處均配合 EPAS 設計有提醒事項，以幫助教與學、學而用的綜融性思考。我們並將關於倫理與文化能力的部分，安排在第四章先行討論，再於後面的章節深入討論，學生們會比較好理解。所以，我們將這兩章移到新設的第七部分。我們希望這樣的更動能有利於教師授課。其實在過去二十多年來，授課教師對於我們進階教本中也些類似章節應該要早點教或是晚點教一事，感到舉棋難定。所以我們在其他重要章節也做了大幅度的調整，如第五章、第十四章及第十六章等等。我們希望您將發現此書是很有幫助的，也想要知道您對這本書的看法，以及任何完善此書的建議。請寫信給我們，請寄到 10 Davis Drive, Belmont, CA 94002-3098，信件會由 Brooks/Cole 轉交；或是發電子郵件：arubin@mail.utexas.edu。

最後，我們要特別感謝幫忙評論歷年本書版本內容，並提出修改寶貴建議的所有同事。同時要感謝所有參與企劃編輯群人員所作的努力，在大家多年的支持下，持續提升了我們在每次修訂版本上的能力。

Allen Rubin
Earl Babbie

目　次

第一部分

社會工作科學研究導論

　　本書第一部分的目的在檢視社會工作中，科學探究的價值與基本特質，以奠定本書其他部分的基礎。第一章，我們會討論研究與社會工作實務的關聯做為開始，我們也將探討社會工作人員如何運用科學方法做基礎來認識事物，並幫助大家避免無科學根據實務知識的風險。第二章將會延伸第一章所討論的想法，探討以證據為基礎的實務過程，以做為實務社工人員在進行研究時，可以運用的主要方法。

為什麼要學習研究？

前言

你或許會懷疑，為什麼社會工作系學生，必須修習研究方法課程。部分原因是社會工作研究的目的是提供給社會工作人員，當他處理每天實務問題時所需要具備的知識。

在職場生涯中，你會經歷許多狀況，必須運用到研究知識，這時你也許會感到它的不足，而希望能夠擁有更多專業知識。譬如你可能受委託管理一個藥物濫用計畫，他們提供經費支持你以科學方法，來評估預防和減少藥物濫用的效益。你可能會提供直接的訊息，並且希望以科學方法評估自己的效率，或瞭解某些的處遇方法及對案主的效益。你可能正在參與或規劃社區組織，並且希望以科學的調查方法，評估社區的最大需求是什麼。你也可能從事社會改造工作，需要科學化的數據揭露現今社會福利政策中的弊病，以說服立法者制定更符合人道主義的福利法規。

即使你從未做過任何研究，也需要瞭解研究方法，並利用它來引導你的實務工作。因為我們的專業知識，對於許多實務工作問題的可行性，仍舊存在許多不確定性。有些機構提供的處遇方法，已經被研究證實效果不彰。也許有一天，你會在這樣的機構工作，而且被要求必須採用相同的處遇方法。這時，你應該先瞭解研究方法，再研讀各種論述中新的事證，認識各種有效和無效的處遇方法，必能提高自己在工作實務上的效益。藉此，你已經對以證據為基礎（evidence-based）的實務工作，向前邁進一大步。

以證據為基礎的實務程序（我們將在第二章做更深入的檢視）將採用最佳可行的科學證據，決定如何介入個人、家庭、團體或社群之中。儘管近年來，在確認「以證據為基礎的介入」（evidence-based interventions）方面，已有長足的進步，可是現今的社會工作者，仍繼續使用未經過適當檢測的介入方式和作法。

　　為什麼我們不能讓研究者只從事所需要的研究，然後將研究結果直接告訴實務社會工作人員就好？那是因為現今已經存在和發表的社會工作研究法，品質差異太大，有些根本不應該被登載。你在本書中將不難發現某些研究，實際上已經違背了研究方法的基本原則。社會工作研究的品質，終究不能單靠研究者在方法上的專業，亦須仰賴他的實務經驗與研究知識。對於實務導向的研究人員與具備研究方法知識的社會工作人員，若是欠缺他們的合作關係，研究機構便無法推動正確的風氣，來支持實務上迫切需求的研究——具備方法論的嚴謹性，且合乎實務工作人員真正需要的研究。即使你未曾做過任何研究，能夠正確地瞭解研究方法，也可以幫助你嚴謹地檢測和運用他人的研究，和研究人員溝通，確保研究可以反映實務上的需要，最後創造出一種研究環境，進行令人信服和有意義的研究。

　　所謂專業表現，指的是盡心竭力並確保我們能夠提供案主最有效的服務。我們該如何做到？難道只是詢問主管，什麼是他們心目中最好的服務？這種手法或許是個開始，但實務工作者只墨守成規，不追求與相關領域中最新的研究方法同步成長，就是沒有盡力在為案主提供最好的服務。

　　社會工作服務成果，經常被認為有成效不彰的情形，相反的，新近的研究則出現一些明顯有效且新穎的介入方法，在此情況下，我們的研究如果不能跟得上時代，將會是社會工作的一大缺失。我們不能以忙碌來合理化對新研究的漠不關心。如果服務工作的效用，從未在案主身上確認過，那麼我們極有可能不是真正地在幫助案主。果真如此，那麼對於我們在研究的觀念上，盲目地信仰傳統和未經驗證的實務知識，誰是受益者呢？絕對不是我們的案主，也絕對不是那些花錢買我們服務的人，更不會是整個社會。以另一個角度來看，或許是我們自己，因為我們的工作會比較輕鬆。如果不知變通、只知道維持舊有的思維，這樣做並無法帶來任何的改變。不過我們或許也不用想太多，我們每天都應該做的一件事——就是閱讀研究報告。長遠來看，如果實務工作者的研究工作能夠持續，並且知道他們是在盡心盡力提供案主最好的服務，這樣，他們對於服務工作可能會有較高的成就感，也比較不容易感到身心俱疲。

　　運用研究的最主要原因，是出自對案主的熱忱。我們關心如何幫助他們，因此我們應該對有助於案主的服務，尋求科學證據，驗證所有立即和其他服務的效用。如果我們所提供的服務不具效果，那麼我們是以僵化的服務在傷害我們的案

主。放任問題延續下去，不做正確的處理，等同在浪費案主的時間，甚至是金錢。因為對研究論述的忽視，等於否決了對案主可能有更多幫助的機會。

　　因此，正確瞭解研究方法，以及做有區別性的運用，都與社會工作的基本價值，如關懷、熱誠等息息相關。相較於那些疏於瞭解研究，甚至被錯誤的研究假設所誤導的社會工作人員，能夠瞭解並善用研究的實務工作者，會比較關心案主的福祉，提供較多的協助。

　　或許將來你想要瞭解某些議題在研究的發現，我們也可以針對這些議題，引用無數的例子來說明。本書會引用部分案例來說明。例如，為何許多案主提早終止介入？什麼樣的案主會繼續或退出介入？他們所持的理由為何？他們獲得的是什麼樣的服務？他們對服務的滿意程度如何？那一部分的目標社群或地區需要擴大服務？你在哪裡最能找到街友或新移民？誰是難以接觸到的個案？你的目標人口中，不懂英文的比例有多少？為什麼研究機構中，少數族裔的服務對象不多？機構對他們的意義是什麼？從他們的觀點來看，機構的氣氛又是如何？我們的問題可以繼續下去，但重點是：那可能會永無止境。

　　社會工作人員在進行研究時，倫理是最重要的一個考量，這也是本書論述的重點。「美國社會工作專業人員協會倫理守則」（The Code of Ethics of the National Association of Social Workers）特別要求社會工作人員，在專業的論述中，對實務有關的研究，要遵守最新的研究法則，並做嚴格的檢視，將以證據為基礎的研

EP 2.1.2b

究常識，納入社會工作人員必備的實務知識。我們有區別性地運用研究，是在維護和提升專業的價值和使命，因此在實務上會更加合乎倫理。儘管如此，主修社會工作的學生們在進行研究方法時，普遍對許多的研究倫理抱持著懷疑的態度。我們將會在本書的各章節中，提出這些倫理性的議題，不只在探討倫理的章節中討論。我們希望當你讀完本書時，不僅對社會工作研究中倫理的困境有深一層的瞭解，同時能更進一步認識專業倫理守則賦予我們的責任，去瞭解和運用研究，以求對研究有所貢獻。

　　也許是空前所未有，社會工作研究提供所有社會工作人員一個機會，對所遇到的問題做區別。無論你是直接實務工作人員，企求最大的服務成效，或是社會行動主義者，致力於促進更多社會人權福利的立法，或兩者皆是，運用科學探索與研究方法，會大幅提升你幫助人們的效果。希望這個引言，已經激發起你研讀

本書的興趣，接著我們就來檢視社會工作人員探討事物的各種方法。

社會工作人員如何瞭解事物？

社會工作的學生要修習各種人類行為、社會福利政策以及社會工作介入的理論與相關的觀點。這些理論與觀點似乎有其一致性，有時候則不然。你如何在其中做出決定，以引導未來的實務工作？你是否會因為最崇拜某些作者或學者，而選擇他們的理論做為研究的基礎？你是否會直接採信單位主管對於事件的說法，而不去質疑機構長久以來在傳統上的觀點？你以擔任社會工作人員的直接經驗，做為實務知識的基礎，其所依附的輕重程度如何？本書的目的在幫助你，以科學的方法回答問題，一如現在和未來在社會工作人員的生涯中。

讓我們檢視一些你可能已經知道的事物做為開始。你知道地球是圓的、日本人說日語，你可能也知道火星上面很冷。你是怎麼知道的？除非你最近去過火星，那是因為有人告訴你，火星上面是冷的，你才會知道，而且你也相信這個說法。也有可能是物理學或天文學老師告訴你，火星上面是冷的，或者你是從《新聞週刊》（*Newsweek*）中讀到這件事。你也有可能從《國家地理雜誌》（*National Geographic*）中得知日本人是說日語的，你覺得這些都是合理的，所以從來未曾懷疑過。

有些你所知道的事物，絕對是顯而易見的事實，就好像有人問你，如何知道地球是圓的，你會說：「這是每個人都知道的事」。有很多事物每個人都知道，當然也曾經有過，每個人都「知道」地球是平的。

大部分我們所知道的事物，都攸關認同與信仰，但我們也可以透過直接的經驗與觀察得到認知。如果你像流浪漢一樣，睡在冬夜寒冷的街頭，用不著任何人告訴你，那的確是很冷，你是全靠自己的直覺而認同。可是當你對事物的經驗與別人的認知相牴觸時，那就是一個好的機會，你很可能會放棄自己的感受，轉而附和別人的說法。

讓我們舉個例子來說明，想像一下，你參加一個非常高級的社交晚宴，飲料和食物都非常棒。主人以托盤分送的開胃菜，把你給吸引住。它是一種沾麵包粉的油炸點心，味道很棒。你嚐了幾個，覺得十分可口，於是又多拿了一些。很快地，你開始滿屋子打轉，尾隨著手持美味小點心拖盤的主人。終於，你忍不住地

問：「它到底是什麼？哪裡可以找到它的配方？」主人私下告訴你：「你剛剛吃的是沾麵包粉，油炸過的蠕蟲！」你的反應很激烈，開始反胃，並且吐了滿客廳的地毯。太可怕了！怎麼會拿這種恐怖的東西招待客人！

　　這個故事的重點是，兩種對開胃菜的感覺都是真實的。一開始，根據你直接的感受，喜歡這點心的感覺，的確是真實的，但當你發現所吃的是蟲，而感到噁心時，那種感覺也同樣是真實的。然而，很明顯地，這噁心的感覺完全來自你和周遭的人都一致認同：蟲不能吃。你對這種事物，第一次的認同是在小時候，父母發現你坐在一堆爛泥巴上面，嘴邊還掛著半隻正在蠕動的蟲。當他們撬開你的嘴巴，從喉嚨裡挖出另半隻蟲的時候，你於是瞭解到，蟲不是這個社會所能接受的食物。

　　姑且不談對事實的認同，吃蟲有什麼不對？它可能含有豐富的蛋白質，而且是低卡路里，方便一口咬，便利包裝，是供應商的最愛。對於社會角落、某些不排斥吃蟲的人來說，那是他們的佳餚。有些人也可能喜歡吃蟲，但卻被麵包粉油炸的外皮，給打消了念頭。

我們透過經驗與認同來學習，看來這個年輕人即將進行個人體驗。

　　事實因此是很詭異的。你或許早已懷疑，某些你所「知道」的事，不是真的，但你又如何知道，什麼才是真的呢？幾千年來，人們一直繞著這個問題打轉。科學就是在這種狀況之下，所產生的因應策略之一。

科學方法

　　科學對於同意的事實（agreement reality）與經驗的事實（experiential reality）提供了取向，稱之為科學方法。**科學方法**（scientific method）[1]的重要特性之一是，任何事物都可以接受質疑。也就是說，在對事物尋求瞭解真相的時候，對於任何自認為知道或自以為是的事物，應該保持開放的心態。換句話說，我們應該將所謂的「知識」都視為是暫時性的，並且可以隨時接受辯駁。這種特性沒有任何的例外情形。無論任何特殊的傳統慣例，或許沿襲已久，無論任何權威人士的影響力或地位有多高，也無論動機有多冠冕堂皇，對於任何知識的信念，我們都可以去質疑──無論它是如何的珍貴。

　　科學方法的另外一個特性是，尋找以觀察得來的證據，做為知識的佐證。實證（empirical）這個字指的是這種以觀察為基礎的證據。稍後我們會瞭解，實證可以經由不同的途徑獲得，端視證據的本質和我們用來尋找及觀察的證據方式。目前只要記住，科學方法是透過觀察所獲得的證據來尋找真相──而非經由權威、傳統、或教條──無論任何的知識信仰背後，有多大的社會壓力或輿情，有多少人信奉它，或是已被認定為真實的時間有多久。對認為地球是平的之信仰，曾經有過多少人鼓起極大的勇氣，去強烈質疑。具有科學觀念的現代社會工作人員，對於被傳授或學習得來的介入方法或政策，也應該具備相同的勇氣去質問，是否有足夠的證據支持。

　　觀察的過程也應該有詳細的檢查，以避免出現可能的偏差。科學方法認為人都有偏見，會扭曲我們對證據的尋求或認知。因此，在我們尋求和觀察證據的過程，科學方法強調要有客觀性。無論我們對科學方法的堅持有多強烈，也沒有任

1　**科學方法**　一種研究的取向，可以防止人們在做研究時通常會犯下的錯誤。主要的特性包括：所有的知識都是暫時性，隨時可以接受辯駁；對於證據的尋求，要有系統性和包容性的觀察；觀察的過程要有客觀性；和要對研究做反覆的論證。

何人能做到完全客觀。無論科學化的研究方法有多細膩，研究人員都希望能有重要的發現，對改善人類福祉做出重大貢獻（或許沒有那麼崇高），藉以提升自身專業的地位。科學方法並不是要研究人員欺騙自己，不存在偏見。相反地，要正視可能的偏見存在，設法蒐集觀察的證據資料，不受自身偏見的影響。

舉例來說，假設你新推出一套預防兒童虐待的介入方法。很自然地，你會心存偏見，希望自己的新方法是有效的。有這種偏見是正常的，但還是要用科學來驗證你的方法，是否真能預防兒童虐待的發生。你當然不會希望自己研究的根基，只依賴你在臨床上主觀的印象。你對該介入方法的效用及所做判斷的客觀性，會在科學方法上受到許多的質疑。因此，不要只單靠你自己的臨床印象行事，你必須要有一套不受個人偏見影響的觀察過程。也許你會發現，在兒童福利局接受你介入方法的父母，收到被投訴兒童虐待的通報，會比接受其他方法的父母來得少很多。或者，你也可以採用經過社會科學家認證，可以有效測量育兒知識和態度的紙筆測驗。雖然各種方式都不保證有絕對的客觀性，但任何一種方式，都比你主觀性的判斷，更具有科學的精神，顯示出你對追求客觀性證據的努力。

由於在社會科學中，缺乏一種極其簡單的方式，可以用來擔保證據的客觀性、精確性和概念性，所以科學方法也會要求，對研究做反覆的論證。這個觀念也就是科學方法一直在強調，所有的知識都是暫時性，而且可以接受辯駁。反覆論證指的是重複進行研究，並且觀察是否會產生相同的驗證與結論。也可以是經過

EP 2.1.6b

修改過的反覆論證，對某些特定的研究程序做調整，以改善先前的研究方式，或者當目標人口或研究環境不同時，檢驗其結論是否依然成立。這種反覆論證研究的必要性，意味著，凡是有科學思想的社會工作人員，對於沒有科學根據的迷信，或是科學研究的結果與方式，都應該有提出質疑的勇氣。在「科學方法的主要特性」的專欄中，是相關特性的簡介，並且提供一套快速記憶的方法。

認識事物的其他方法

科學方法並不是認識這個世界事物的唯一途徑。我們也可以透過個人經驗、傳統、權威、常識和大眾媒體學習到。以下就讓我們逐項檢視這些獲取知識的方法，並將它們與科學方法來做比較。

科學方法的主要特性

對於科學方法的一些主要特性，可以利用一個單字 TROUT（鱒魚）* 來幫助快速記憶。試想著，正捕捉到或享用一條美味可口的鱒魚，幫助你記得這些特性：

T	暫時性（Tentative）	現今我們對自認為知道的任何事物，都要持開放的態度，隨時可以接受再評估、修正或辯駁。
R	反覆論證（Replication）	即使是最完美的研究，也要開放接受質疑和做反覆的論證。
O	觀察（Observation）	知識獲取的基礎，在於經過按部就班和有包容性的觀察。
U	無偏見（Unbiased）	所有證據的觀察必須要客觀，不能有偏見。
T	透明化（Transparent）	所有的檢視或評估過程，要公開與明確，以驗證結論的根據。

* 如果是素食者，你可以去想像鱒魚的美，而你已經拯救了牠們許多寶貴的生命。

▶▶▶ 個人經驗

就如前所述，我們通常都是透過，從出生開始的個人經驗和來自與他人約定成俗的知識，來發現新的事物。有時候，這些知識會深度影響我們的生活。我們都知道，教育程度會影響將來在生活上、收入的多與寡，以及努力唸書會得到比較好的考試成績。「實務智慧」（practice wisdom）一詞指的是，社會工作人員是經由個人的實際經驗中，學習到社會工作實務的專業知識。無論這種的經驗是否有價值，重點是要知道它的極限和科學方法如何能擴張它的效用，以及防範一些常見的錯誤。有些時候，在實際的經驗中，我們所認為是新知識的訊息，事實上，都是偶發和無系統性的觀察心得，或是受到我們反覆論證影響的結果。稍後，我們會進一步檢視這些錯誤。現在你只要記住，科學方法是透過有系統性、包容性和無偏見的證據，來防止這些錯誤。

▶▶▶ 傳統

另一種求取知識重要的間接方式就是透過傳統。我們每個人所承襲的文化傳統中，部分的組成是來自於世事的固有知識。我們可以從他人處知道，在春天種植玉米，可以得到上天最多的幫忙；糖吃多了會導致蛀牙；或是一個圓的圓周，大約是直徑的七分之二十二。我們可以對部分的「事實」，自行做檢測，但我們也只能做絕大部分的接受，因為這些都是「眾所皆知的事」。

當你投入專業社會工作者做為第一份工作時，你會學習到這機構所偏好的介

入方法。你很可能會感覺良好，如果收到的指令是「我們機構的作法是如此」。你或許就會急於開始實際個案工作並感到解脫，因為你不需要從眾多對立的理論中做選擇，來引導你對個案的介入。在謹守機構的傳統上，你會覺得自己已經起了頭，可以利用前輩在過去所累積的「實務智慧」，在新的工作環境中受益。確實也是如此，畢竟有多少初出茅廬的社會工作人員，能比機構中的資深人員，更有資格來決定機構最好的介入方法？

但謹守傳統專業知識的缺點是，你的工作會變得過於安逸。你可能永遠不會考慮要尋找證據，來驗證傳統介入的方法，是否誠如大家所認為的效果顯著或不彰，或者還有其他更為有效的方法。而當你要嘗試、並且也真的找到這樣新的證據，你可能會發現你的同事會受制於機構的傳統包袱，而無法接受新的資訊。

▶▶▶ 權威

儘管來自傳統的影響力量極大，新的知識還是會每天不斷地出現。撇開你個人的探索研究不談，你的一生將可以從他人的新發現和體認中得到受惠。至於對這些新事物的接受程度，通常會視發現者的身分地位而定。比如說，當醫生和你的房東都同樣告訴你，感冒會經由接吻傳染時，你會比較相信前者。

權威和傳統一樣，對於人類在探究知識的過程，互有幫助和妨礙。妨礙之處在於，當我們所依賴的權威訊息，已經超出專家的專業領域。廣告業者濫用權威影響力的情形最為嚴重，它通常經由知名度高的運動員，代言早餐麥片的營養價值，或是聘請電影明星宣傳汽車的性能，都是類似的手法。我們所能相信的權威人士判斷，最好是曾受過專業訓練、具備專門知識和持有專業證照，特別是在對特定問題有意見衝突的時候。然而，當權威人士的專業領域出錯時，也會嚴重妨礙問題的探究。畢竟，生物學家也確實會在生物的領域中犯錯。生物科學的知識會隨著時間改變，而社會工作的知識也不例外。

數十年前，心理分析與家庭治療的權威，將子女精神分裂症的主要原因，歸咎於父母對子女的不當教養。對於精神分裂患者的母親，他們通常的描述是「有精神分裂遺傳基因的媽媽」，她們冷漠、跋扈，並且過度保護孩子，不允許子女有發展個性的機會。雖然缺乏強而有力的證據支持這些說法，但仍然被心理衛生專家所普遍接受。事實上，社會工作與其他心理衛生專業人員，通常視家庭為問題的主因，但不會與家庭問題一起處理。許多父母對子女患有這種的疾病，經常

因此感到自責。你可以想像，對許多父母來說，這有多麼的痛苦。然而，根據最新的科學證據，把子女精神分裂症歸咎於父母的不當教養，反而會對家庭成員以及患有精神疾病的親屬造成傷害。因此，心理衛生專家已經又設計出新的處遇方法——通常稱之為「心理教育取向」（psychoeducational approaches）——試圖與家庭建立合作的關係，提供更多的支持。

我們的重點是，從正式權威來源和知名專家所得來的知識，可能會是錯的，甚至有害。因此，社會工作人員對任何新知識的發現，一定要保持開放的態度，即使那會衝突到敬重的老師或理論家所深信的理念。他們也必須對汰舊的新知識保持開放態度。因為無論創始者的聲譽如何卓著，新發現的理論仍可能會有缺陷。

傳統與權威兩者，在追求世界新知的過程是雙刃劍。它們雖然提供我們探討研究過程的起點，但同時也可能是帶領我們錯誤的開始，或是推往不對的方向。

▶▶▶ 常識

常識也是另一種常被引用，認識這個世界的方式，就如我們都瞭解，彩虹會導致下雨的想法是沒道理的，因為，只有雨開始下之後，而且正好有陽光照射時，才會出現彩虹。但有些時候，我們所認為是「常識」的事物，事實上，都是與傳統和權威有關，也都是不明而喻的常識性學問或知識。對於這類常識，「眾所皆知之事」也可能會有錯。從前每個人都「知道」地球是平的，在那時被認為是極為普通的常識，因為你在地球表面，看不到任何的曲線，而且地獄是在地表之下。在歷史的一段，曾經有許多人認為，奴隸制度符合常情，恐怖分子也視恐怖主義為合乎常軌。許多人認為法律禁止同性戀結婚或撫養小孩，也是合於常理。而大部分的社會工作人員，則認為這種法律沒有道理。雖然，常識可以是合理和真實性的，但對科學方法而言，若要將它視為另外的知識來源，則思慮會有所不足，而且過於冒險。

▶▶▶ 大眾媒體

我們知道關於這世界周遭的事物，都是來自報紙、雜誌、電視和網路的文章與報導。我們從這些媒體的專題報導，得知 911 美國雙子星世貿中心大樓的悲劇事件。同樣的消息，也來自紐約市、賓州及華盛頓特區，眾多受難者和救難英雄，他們所提供有關兇手和攻擊事件的描述。我們不需要再做科學研究，也能知道這

起攻擊事件，並對它有非常強烈的感覺。我們也不需要依靠任何的傳統或權威，我們不需要去親身經歷這場的攻擊事件（雖然，我們透過電視報導的所見所聞，也確實是等同經歷了，並且在心理上，可能多少也受到了創傷）。

　　雖然我們可以從媒體認識許多事物，但他們也可能會誤導我們。比如說，以多家有線電視新聞網報導的差異做比較，CNN、MSNBC 和政治性比較保守的 FOX 之間，到底哪一家媒體是真正值得信任、公正和平衡報導呢？另一方面，大部分的新聞雜誌記者，可能都會致力於新聞的正確性和客觀性，少部分卻也可能會受自己的政治偏見所影響。某些記者也可能針對事件較煽情的內容，以偏頗的角度做報導，希望能激起讀者的興趣或共鳴（收視率會影響媒體的收益）。此外，也有部分記者，他們的工作只是在傳達雜誌的社論或一般輿情，而非報導事件的真相。我們所知道的新聞事件，都是經過他們的觀點寫成的。

　　即使記者在報導中力求真實，但職業特性也會妨礙他們的努力。例如，他們都有截稿期限和字數限制的壓力。因此，當報導非裔美人社區居民在市政府所做的證詞時，部分居民支持市政府的經濟發展計畫方案，但某些人也會反對，記者在報導時，可能不會被沉默的多數民眾所影響，反而是那些直言不諱的少數代表性居民，無論他們是支持或反對經濟發展計畫，卻左右了記者的報導。

　　大眾媒體還包括情節虛構的電影和電視節目，都會影響我們對於世界事物的想法。有些虛構的故事非常重視歷史，也極有教育性，或許那是第一次讓我們認識非裔美國人在內戰時期為聯邦而戰的史實，或刺激我們瞭解大屠殺或奴隸制度的可怕。其他還有一些會造成誤導的報導，例如大部分心理疾病的患者，被描述成暴力者；或者大部分接受社會福利照顧的對象，都是非裔美國人。

　　目前有愈來愈多的民眾——特別是大學生和年輕人——以網路做為獲取資訊的管道。但從非科學化網站所獲取的資訊，也並非完全沒有風險。也許最值得一提的就是「維基網站」（Wikipedia Website）。「維基」是一套免費的「線上百科全書」，任何人都可以上去做編輯。Eve Fairbanks（2008, p. 5）曾經使用詼諧的方式，

EP 2.1.3a

報導任何人都可以利用「維基網站」編輯資訊而衍生出很多風險。2008 年 2 月，正當希拉蕊與歐巴馬在激烈角逐民主黨總統候選人時，有人將希拉蕊在「維基網站」的照片，換成是一隻海象。也許是出於報復，次月就有一位希拉蕊的支持者，修改了歐巴馬在網站的生平介紹，稱他是一個「肯亞裔的美國籍政客」。「維基

網站」確實是說明了，無論網路訊息的價值如何，還有其他大眾媒體的訊息管道，這些都不是獲取科學化知識的替代來源。

認識非科學化社會工作實務知識的缺點

科學化的探索研究可以幫助我們，避免單靠傳統、權威、常識或大眾媒體，做為獲取社會工作實務知識來源的風險。它同時也幫助我們，在以自身的實務經驗和非系統性的觀察方法來建立實務知識時，所會犯下的錯誤。科學化的探究方法也包含有嚴謹的思考，所以當別人在傳達他們的實務知識，或介入的誘導方法時，我們可以立即發現其中的謬論。以下是一些應該注意，常見的錯誤和謬論，以及可以避免這些錯誤的科學方法。

▶▶▶ 不正確的觀察

想像一下，你正在提供遊戲治療給八位有各種情緒和行為問題的過動兒。在每次一小時的團體時間結束後，你會記錄所有的過程。你不太可能會觀察到，每一個小孩在這段時間所發生的具有臨床意義的事情。即使你真的有注意到某個小孩，你也可能不會立刻反應過來，特別是在此同時間，室內有另外兩個失去控制的小孩正在打架。此外，等到稍後要做記錄時，你也可能已經不記得某些觀察，特別是有其他事情插入，讓你直到當天稍晚才有空記錄。例如，回想今天你最後一個談話的對象。那個人穿什麼樣的鞋子？或者你能確定那個人有穿鞋嗎？一般來說，我們對事情的觀察經常是漫不經心，因此會犯錯。亦即，我們經常會對一些事情做錯誤的觀察。

相較於隨性的人類探究，科學觀察是一種有意識的活動。更為謹慎的觀察，有助於減少錯誤的發生。例如，你可能無法回想起來，老師在第一天上課時穿的衣服。如果現在要你猜，你可能會猜錯。但如果當時你有刻意去觀察，並記錄老師的穿著，你的答案就會更為正確。

無論簡單或複雜的測量方法，都有助於防止不正確的觀察。此外，它們也提升了超越人類感官所及的準確度。例如，假設你在上課第一天，有拍下老師的彩色照片，當你在做回憶時有拿照片參考，那麼就很難會犯錯。

▶▶▶ 過度通則化

　　當我們在為周遭特定的事物尋找模式時，經常會將一些相似的事件，當成是支持一個共通模式的證據。這個專有名詞叫做過度通則化（overgeneralization）。假設你是社區的幹部，剛發現社區裡有群眾在鬧事，兩個小時之後，你有個會議一定要參加，而且必須要讓與會者知道原因，你迅速趕到鬧事現場，開始與滋事者對談，詢問他們的動機。如果前面兩個滋事者告訴你，他們這麼做的原因是為了要搶劫某些商店，你可能會做出錯誤的假設，其他三百個滋事群眾，也是為了同樣的理由鬧事。

　　科學家預防過度通則化的方法是，事先觀察大量的樣本（見第十章）。對問題探究的反覆（replication）論證，提供另一道的防護措施。如前所討論，反覆論證基本上是在重複某項研究，確認每一次的結果是否相同。然後，可以輕微修改部分的條件，繼續研究。因此，當一個社會工作研究者發現，某特定的服務方案，對特定的環境有效時，那只是個開始而已。這方案是否對每一類型的案主都有效？對男性和女性？對老人和年輕人？對所有的族裔？在不同機構的環境下，也同樣有效嗎？這些問題的延伸，在為該方案的效果尋求通則化的範圍和限制。

　　其他研究人員、獨立的複製研究、反覆論證，是對過度通則化的進一步預防。假設你讀到一項研究，顯示某種有效的介入方法。你隨後可能會對不同的案主進行相同的研究，卻得到不完全相同的效果。如果你研究的結論，和所讀到的研究完全一致，那麼你對通則化研究的發現，將會更有信心。如果你的研究得到稍微不同的結論，或是發現部分案主的情況，完全不能支持研究，那麼你就已經幫助我們免於過度通則化的危險。

▶▶▶ 選擇性觀察

　　過度通則化的危險之一，是它可能會導致選擇性的觀察。一旦你確認某個模式的存在，並概括性解讀成一種事件的成因，以後若遇到與該模式相同的事件和情況，你將會特別加以注意。而對於那些不相同的事件，你很可能就會忽略掉。圖表 1.1 是說明，過度通則化會導致選擇性觀察、選擇性觀察會導致過度通則化，兩者的循環過程。

　　種族偏見的主因是出自於嚴重的選擇性觀察，這種選擇性觀察，會發生在我

過度通則化

Ann 是 接 受 Donald Dork 醫生「多克療法」(他對憂鬱症的新療法)的第一個病人。她在治療之後的表現似乎很快樂，因此，Donald 醫生認為「多克療法」對於憂鬱症是有效的，也鼓勵其他人能利用這個療法。

選擇性觀察

Donald 醫生接續對四個病人提供「多克療法」，Jan、Dan、Nan 和 Van，他們之中有三個人在治療之後，仍舊是不快樂的，但是 Donald 醫生並沒有去注意到這些現象，他只對 Nan 的快樂感到印象深刻。

過度通則化和選擇性觀察

Donald 醫生在直接療法的選修課程做客座演說，不斷吹捧「多克療法」的神奇性時，他只針對 Ann 和 Nan 的個案做討論。

圖表 1.1 過度通則化和選擇性觀察的過程

們每一個人身上，而非只限於令人厭惡、有偏見取向的特定個人。例如，對案主有強烈同情心的實務社會工作人員會傾全力提供協助，通常就會發生選擇性觀察，以致於影響服務的效果。如果實務工作者所受的訓練是以家庭溝通的動力來詮釋問題，因此會對造成溝通問題的可能性徵兆特別留意，並且放大解釋那些事件形成的因素。同時，實務工作者也極可能會忽略其他的動態因素，或低估它們在問題中的影響力。

　　一般而言，一個研究設計會在研究前，即明確設定觀察的數量和種類，做為達成結論的基礎。例如我們想要知道女性是否較男性支持墮胎合法化，就會在研究計畫中，針對該問題規劃一定數量的觀察，我們可能會挑選一千人，對這項議題進行訪問。即使前十位女性贊成，十位男性反對，我們還是會繼續訪問其他的對象，確認和記錄每一個觀察樣本。最後，將所有觀察的分析結果，做為研究結論的基礎。

▶▶▶ 事後假設

　　假設你在進行一項受虐婦女仍與施虐者同住的推廣計畫，你的想法是，如果計畫是成功的，受虐婦女在進行處遇之後，很快會對個人和能力有更正面的信心，減少對施虐者的依賴。你可能藉由幾次簡短的建設性訪談，並比較案主在處遇前與後的情況，以此測試計畫的成效。在訪談中，你將會發現：(1) 她們對自己感覺良好的程度如何；(2) 她們認為能夠離開施虐者，獨立生活的可能性如何。然後，你可以檢視，她們在接受處遇之後，是否感覺更為良好或更有能力。但假設她們的答案與你的期待相反——也就是說，她們在處遇之後的感受反而更差，這是多麼令人失望。「啊！」你可能會這麼說：「產生相反結果的原因，可能是在進行處遇之前，受虐婦女存在一種否認的心理防衛機制，潛意識中在保護自己。她們之所以對處遇前的感受較為良好，乃是因為拒絕去面對自身所處的危險與悲慘的遭遇。我們的處遇是協助她們，克服這種拒絕承認的心態，並且更能夠去接觸令人不愉快，卻又必須要面對的現實，開始尋求改變的機會。因此，才會在經過處遇之後得到較『負面』的反應，其實這是『正面』的！因為她們能夠開始認清自己所處的情況其實有多惡劣，也就是跨出改變的第一步」。

　　我們剛剛描述的例子，通常稱之為事後假設（ex post facto hypothesizing），如果研究就此停止的話，就會產生很多危險；如果研究持續進行，這些還勉強可以被科學所接受。因為你提出的論點，已經很清楚地建議你，應該採用新的方式，並擴大受訪對象，來測試你的假設。已經有很多的理由，推翻你的假設，只是還存在一點點希望的可能性，看看或許可以從後續的觀察來證實它的正確性。因此，科學家經常會致力於多涉獵資料，做更多的事實調查，來延續他們的推論。

▶▶▶ 自我主觀涉入

　　知識的追求，並非是普通的智力測驗，它可以影響個人的生活，以及產生心理上的意義。如果你失去工作，或者未能得到升遷，你可能會認為老闆想要拔擢自己的朋友而剔除你，這種解釋經常讓你疏於檢討自己的能力與價值。因此，任何反對該解釋的挑戰，等同於對你能力與價值的質疑。

　　我們透過無數的方法，將對事物的瞭解與自我的外在形象連結在一起。由於有這層的連結關係，任何對我們認知的推翻，都會使自己覺得像傻瓜一樣容易受

騙，而且感覺非常不好。所以造成我們自身對事物的認知，會更加的堅信不移，還進一步探究要求更精確的瞭解，反而築起一道不可跨越的障礙。這種「自我主觀涉入」（ego involvement in understanding）在社會工作實務中，是很常見的現象。實務工作者當然可以在案主身上發現這個問題，他們可能將自己的困境，歸咎於他人或外在環境，甚至認為超出他們的可控制範圍，以此推卸責任，不承認自己的行為才是造成問題的元兇。不過，實務工作者比較不認為這種案主自己的「自我主觀涉入」會妨礙他們的工作。我們非但沒有用科學方法，重新檢驗對個案所採行的對策（我們獨衷和有定見的慣用方法）是否效果不彰，反而固執的使用選擇性觀察、事後假設和其他方法，這些對於實務方法可能是無效的證據，卻不斷地做出辯解。

從事評估研究的社會工作人員，當他們的評估方法無法支持評估計畫的效果時，經常會面對這種形式的自我主觀涉入。原先自稱不在意，而且欠缺評估專業的社會工作人員會熱切地批判、挑戰任何一個質疑其評估方法的研究，不管對方的研究效果可能有多麼精確。由於受到評估計畫中，強烈自我意識的涉入和既得利益的影響，管理者和實務工作者對於有質疑的研究，都會抓住對方任何可能的小辮子，或放大任何研究方法上瑣碎的瑕疵，貶低其研究的可信度。基於相同的理由，對於喜歡的研究結果，會視而不見他們在方法論上的錯誤，而對於認可他們評估計畫價值的研究，也會傾力於去招徠。（在第十三章有關計畫評估的部分，將會對這類現象有更深入的探討。）

不只是管理者與實務工作者會受到自我主觀涉入的影響。計畫評估者和其他社會工作研究者也只是普通的人，他們都同樣會犯自我主觀涉入太多，及對其科學探究結論堅信不移的危險。有些時候，這種情形會比非科學性的事物更為嚴重。想像一下，假設你發現一個明顯可以治癒癌症的方法，並且得到諾貝爾獎。當別人發表一篇文章，認為你的治療方法其實沒有效果，你會做何反應？你很可能無法做到完全的客觀。

▶▶▶ 其他不合邏輯的推論

社會工作人員必須使用嚴謹的思考，小心的檢視某些個人的推論，因為受到自我主觀涉入或既得利益的影響，其所做出的主張或論點有可能是錯誤的。除了上述之外，Gibbs 與 Gambrill（1999）已經確認其中幾項的錯誤，會使我們導致

不合理的推論。其中一項稱之為**稻草人論證**（straw person argument），對想要攻擊的特定立場加以扭曲，讓它們變得更容易受到攻擊。舉例來說，反對健康照護改革者，亦即他們反對國民健康保險或病人權益保障法，每當有改革方案提出的時候，就可能會不實誇大改革的影響，聲稱改革將會提高健保成本，或延緩病人獲得醫療照護的機會等。

另一項不合理的推論稱之為**人身攻擊**（ad hominem attack），試圖去打擊提出論點那個人的名譽，而非針對論點本身做討論。舉例來說，兩位心理學家對各自不同心理治療法的既得利益，互相爭論不休，其中一位嘲笑另一位獲得學位的學校合法性，這就是人身攻擊。

有些時候，新的介入方法之所以會被倡導，只是因為令人覺得新奇或有希望，這稱之為**時尚吸引力**（bandwagon appeal），也是一項不合理的推論，表示一個新的介入方法之所以被宣揚，只是基於它的愈來愈流行。其隱含的假設是，倘若你的專業同僚也紛紛投入此項流行的介入方法，必然表示該方法是有效的，這多麼危險。當你遇到同僚用這種方式，並向你宣揚此項介入方法時，你可能想要提醒他，額葉切除術（lobotomy）一度也被認為對心理疾病是項創新，並且大有希望的治療方法。

我們並非要暗示，以不合理的訴求方式來倡導的介入方法或政策，必定是無效或不受歡迎。有些未來可能會，或已經被合理的科學研究所支持，儘管它們的支持者選擇了不對的方法做推廣。我們的重點是，不要被不合邏輯推論所產生的方法所支配，相反地，你應該嚴謹地評估其在科學上的證據（而本書的目的在提供你所需要的工具！）

▶▶▶ 過早終結的探究

過度通則化、選擇性觀察及防衛性使用不合邏輯的推論，都造成研究的過早結束。這個部分的討論，起始於我們渴望能更瞭解周遭的世界，而前面所提及的許多錯誤，常常會促成我們過早結束探究。心態偏執的人說：「我已經夠瞭解墨西哥人了，所以不要再拿事實來混淆我」，他已經對主題做了個人的結論。有些時候，過早結束探究是一種常見的社會現象，而非個人行為。舉例來說，私人基金會或政府機構，拒絕支持對「已經瞭解」的議題，繼續做進一步研究，這種終結效應就是一種社會行為。就像有些宗教學院，可能會禁止挑戰傳統宗教信仰的

學術研究一樣，這也是一種社會行為。社會工作人員也會有相同的行為，拒絕去思考他們所偏好的介入、計畫或政策，其實它們並不如想像中的有效。過早結束探究的危險於是顯而易見，因為它在對事物尚未全盤瞭解以前，即終結了其他嘗試去瞭解的行動。然而，如果你回顧人類知識的歷史，你會發現一項令人吃驚的結論：我們一直在改變對所知道事物的看法——即使是我們非常肯定的事。所以，在嚴謹的角度下，每一個研究的結論都是言之過早。

在這個立論基礎上，科學是一種永無止盡的事業，它會持續地修正研究的結論，這正是科學最明確的規範。有經驗的科學家接受這是一種生命事實，並且期望有一天能建立推翻它的理論。即使有科學家認為，對問題的探究已經永遠完成，其他的科學家則不以為然。即使某一代的科學家，已經結束對特定主題的研究，後代的科學家也會去檢驗舊有的理念，進行大幅度的修正。就某種程度來說，科學的回報性結構支持這種開放性論點。雖然，你可能必須克服許多早期的阻力和輕蔑，但想像一下，如果你能很有說服力地證明，人們長期以來所相信的事物，其實並不是真的，你一定會聲名大噪。假使你能證明一氧化碳其實對人類益處良多呢？令人驚奇的發現所帶來可能性的獎賞，會使每件事都成為科學探究、公平競爭的對象。

▶▶▶ 偽科學

EP 2.1.3

在你的社會工作生涯中，可能會學習到某些實務方法或介入技巧，都是牢靠建立在經過反覆論證及強而有力的研究基礎上。但你也可能會遇到一些自稱具有神奇療效的處遇技巧，實際的理論基礎卻是來自草率偏頗的研究，或是不科學的知識。有些是透過廣告傳單的宣傳，在花費昂貴的職業訓練班，傳授某種「神奇療法」。有時候，這些新方法表現上似乎有科學研究的性質，因此具備科學的表象，但在經過仔細檢視後，卻發現它們其實是違反了一項或多項科學方法的原則，或者包含科學方法所試圖要防止的謬論，這種宣傳的技巧就是**偽科學**。

Pseudo 字首的字義是「假的」（fake）意思，因此，**偽科學**（pseudoscience）就是假的科學。某些虛位的傀儡人物，因為享有該處遇相關的既得利益，可能會支持偽科學的處遇方法——可能是藉由推銷書籍或工作訓練班來攫取名利。其風險是，他們很可能真的迷信於自己所極力推薦的方法。而他們的支持者，或許也

是真正的信徒，對於他們所信服的介入方法是如此的自我投入，以致於宣誓不會讓事實妨礙他們所珍愛的信仰。

　　有些偽科學的供應者並不難辨識，例如那些在深夜電視購物節目中，販售減肥或是其他病痛的神奇療法，只是依據某些人——其中可能還小有名氣——的推薦。但其他偽科學的技巧，可能就會比較難以辨識，特別是當它們的基礎是來自某些低劣的研究，卻能設法通過審查，在專業期刊中發表刊出。圖表 1.2 列舉了一些常見的徵兆，應該可以引發你的警覺心，瞭解某項的技巧可能比較偏向偽科學，而非真正的科學方法。大部分的徵兆與辨識方法上的瑕疵有關，本章在較早之前已經討論過。如果出現一個或多個徵兆，也未必意味著該介入方法是立基於偽科學。瑕疵可能是來自某些供應者，以不適當的方法招徠該項介入方法，而不是依據有品質的研究結果。舉例而言，一個可信賴的研究，發現某介入方法在某些條件下，可以有效地調解某些問題，但供應者卻使它像是個萬能的解決方法。不過，如果你能辨識這些徵兆，至少可以小心，可能有偽科學在其中作祟，而當你察覺到更多的徵兆，你就更應該保持懷疑心。在圖表 1.2 的底層，是我們早先所討論過，有關合乎科學精神方法的特徵，用來與偽科學做對照。

　　雖然，辨識偽科學供應者的能力非常重要，但也並非某些被稱為偽科學的人，他們的一切都是假的或沒有價值。就如同不能只因為供應者對新的處遇方法有既得利益，就認定新的方法沒有價值或有傷害性，即使他們所引據的研究是假的或有偏見。此外，就如上述，某些供應者所宣導的處遇方法，的確是有其價值，而且有堅實的科學研究依據，只是它的效果，被有既得利益的供應者過度渲染。某些當下被認為是合乎科學原理的事物，在初次被引薦時，也會被描述成偽科學。眼動減敏與歷程更新療法（Eye Movement Desensitization and Reprocessing, EMDR）過去曾經受過眾多的批判，他們引用研究初期的弱點，還有部分支持者所吹噓的不實宣傳，被視為是偽科學。但是，它的效果在許多嚴格設計的科學研究，經由反覆論證之後，被以科學導向的精神醫療研究專家所廣泛接受，成為最具有療效的兩項創傷後壓力症候群處遇（PTSD）之一。

科學研究的客觀性與主觀性

　　在科學的探究中，我們總是會小心翼翼，並且採取特別的預防措施，以避免

偽科學介入方法支持者的表象會是：
* 極力吹噓它的神奇性
* 過度通則化受益者的療效
* 不正常的捏造和推理解釋它的效果
* 編造荒腔走調的介入特性，看似合乎科學，其實不然
* 宣傳的依據：
  ‧推薦和奇聞
  ‧權威或名師
  ‧傳統
  ‧投機或偏頗的研究
  ‧介入方法的流行性
  ‧對部分案例做選擇性的觀察
  ‧在熱門媒體（電影或電視）介紹介入方法
* 對於反對事證的反應：
  ‧不理睬，只會引述支持者的意見
  ‧做事後假設的解釋
  ‧對提出反對事證的人士做人身攻擊
  ‧對反對事證所提出的小瑕疵，過度渲染其重要性
  ‧誇大支持者研究的嚴謹和優越性
  ‧進行稻草人的攻擊，扭曲反對者的質疑，以便於攻擊
  ‧引證歷史上知名科學家的事蹟（例如伽利略和佛洛依德），他們曾受到當代人士錯誤
    的質疑（藉此暗中將自己與歷史名人相比擬）
  ‧將原因歸咎於在介入中，受到脅迫人的既得利益，並圖謀造成不可信任
* 為求儘早結束探究，而強壓限制支持者的行動：
  ‧拒絕他們進行嚴正、不偏頗研究的訴求
  ‧拒絕他們發表有關反對事證的研究（挑剔研究的缺點或爭論發表研究會損害需要接受
    介入人士的利益）

相對的，合乎科學精神的運用方法：
* 鼓勵和歡迎追求反對的事證，因為所有的知識都是暫時性的，可以接受辯駁
* 謹慎地進行訴求
* 避免過度通則化
* 理論的依據：
  ‧所有的觀察行為具有包容性、系統性和無偏見
  ‧嚴謹的研究
  ‧反覆論證，不會忽視或遺漏重要研究所發現的反對事證

圖表 1.2　常見的偽科學徵兆

犯錯。但對於非科學家在日常探究中所可能發生的錯誤，並未提供總體的防護。並非只有科學家個人會犯我們所關注的各種錯誤，科學家的研究團隊也會掉入各種陷阱之中，在一段時間內動彈不得。雖然科學方法在日常的探究中，會嘗試去避開陷阱，但要做到精確的觀察，並瞭解事物的真相，仍然是相當複雜的。

舉例來說，「客觀性是容易達成的」，這種說法容易使人誤解。要避免我們的觀察，被內心的主觀意識所扭曲是很困難的——有些人則認為是根本不可能。有些哲學家認為，人不可能完全避開自我的主觀，甚至於更進一步認為，主觀是全然存在的事實——我們所擁有的只是自我多樣的個體，主觀性不過是在呈現事實而已。

▶▶▶ 典範

從沒有人可以在白紙一樣的狀態開始求取知識。我們對事實性的探究，是從哲學性的假設開始，通常稱之為**典範**。**典範**（paradigm）[2] 是一種基本模型或架構，形成我們對事物的看法。典範刻劃出我們對事物的觀察，並且影響到對它的解釋和運作。不同的人，各自有不同的依循典範。想像一下，兩個人正在討論，如何對遭受虐待妻子給予建議：一個是堅定的守舊者，擁有傳統的家庭價值觀念；另一個則是傾向較自由與兩性平等的看法。對於是否應該鼓勵妻子離開丈夫，或者是接受處遇，嘗試解決虐待的問題以維繫婚姻，這兩個人很有可能會抱持不同的看法。

不只是科學上的錯誤，也由於典範的相異，科學家與哲學家對事物的哲學性基礎，也很難達成一致的共識。也就是說，並非每個人對如何做最佳的科學探究都抱持相同的看法。因為科學探究的特色之一就是「沒有神聖不可侵犯之事」，任何的事物都應該是公開、可以接受質疑的，所以對於大部分科學家所珍惜已久的科學方法，部分學者都已經對某些要件提出質疑。

關於何種典範較為合理，爭論一直在熱烈進行中。爭辯的關鍵之一是有關事實的本質，以及追求客觀性的哲學理念。爭辯的一方是**實證主義者**（positivist）[3]，強調在觀察與瞭解事實的過程中，要追求客觀性。另一方則是**社會建構主義者**

2　**典範**　一種基礎模型或參考架構，刻劃我們對事物的觀察和認識。

3　**實證主義者**　一種強調在觀察與瞭解事實的過程中，要追求客觀性的典範。

（social constructivist）[4]，強調多重主觀性的事實與不可能存在客觀性。建構主義之一的極端類型，常被稱為**後現代主義者** （postmodernism）[5]，它主張客觀的事實根本不曾存在。

最終，我們還是無法求證客觀性的事實是否會超越我們的認知而存在──倘若它真的存在──或者，在任何時刻，我們的觀察都是精確的。然而，科學家的確有一套標準用以替代通往客觀事實的管道：一致性。如同前面所討論的，我們都以一致性來做為日常生活的標準。然而，科學家已經為這樣的一致性，建立了一套共識的基礎。

就某種觀念來說，本書通篇在致力於討論，達成科學一致性的準則。當有幾位科學家利用一套早已建立的科學探究技巧，並得到相同的結論，那麼他們對事實的描述，會更有可信度。這並非意味社會工作人員，或其他社會研究者，總是能夠客觀行事。同樣是人類，他們經常也會陷入前面所討論的探究上的錯誤。

舉例來說，當社會工作者設計並測試一套新的介入方法，當研究發現該介入方法是有效的時候，他們的努力與被認定的價值，必定會大大地超越過，當研究顯示介入無效時。當然，介入無效的研究或許也值得公開發表，讓他人得以學習，並避免重蹈「錯誤」。但能夠向相同領域的人展現你所發現的有效方法，總比去探討沒有效果的方法，更能讓人有滿足感。

因為能夠在特定的研究上獲得結果，將有助於其既得的利益，研究者經常會設計許多觀察現象的方法，避免被他們的偏見影響自己的觀察。他們的方法有很多，我們將會在後面章節中看到。比方說，他們可以僱用完全沒有接受過有關研究偏見資訊的觀察員。他們也可以使用紙筆的自我評估報告，讓受訪者在研究者不在場時自行填答。他們也可以查看現有的資料，例如是經由對研究不知情的第三者所蒐集的學校紀錄。這些只是少數的例子，我們會在後面的章節檢視更多的例證。當我們在檢視這些各種選擇方法時，我們不會視任何一個方法是絕對安全的，因為任何一個觀察現象的方法，都可能存在有錯誤。

EP 2.1.3a

雖然，我們可能無法完全瞭解，特定的觀察者或觀察方法是

4　社會建構主義學者　一種強調多重主觀性的事實，與不可能完全客觀性的典範。
5　後現代主義者　一種社會建構主義的極端類型，拒絕去重視客觀性的社會事實。

否確實客觀，但當代表不同既得利益的觀察者，對所觀察的事物達成共識時，或者是當不同的觀察策略在實質上產生共同發現時，我們會假設已經達到客觀性。

重點整理

- 社會工作研究的宗旨，在提供社會工作人員需要的實務知識，以解決其所面對的問題。
- 社會工作研究的宗旨，在提供專業的資訊，以減輕人類的痛苦，與增進社會福祉。
- 社會工作研究的宗旨，在完成與社會工作實務相同的人道目標。如同社會實務一般，社會工作研究是有同情心的、慈悲的、能解決問題的，同時是注重實效的。
- 社會工作人員應該充分瞭解社會工作研究的方法，以區別研究的好壞。
- 對案主的慈悲是我們運用研究的主要原因。
- 社會工作人員在善用研究，致力於專業知識基礎的發展上，負有道德的責任。
- 大部分我們所認識的事物，是來自於共識（agreement）而非經驗（experience）。
- 個人的經驗、傳統與權威是瞭解事物的重要來源，但單靠它們是很危險的。
- 在每日的探究中，我們經常會犯錯，

而科學使我們免於發生錯誤。
- 當我們使用科學方法時，任何事物都是公開可以被質疑的，我們應該對任何已知或是想要相信的事物，保持開放的心胸。
- 當我們使用科學方法時，應該將所有稱之為「知識」的事物，視為暫時性，並且可以接受被反駁的。
- 當我們使用科學方法時，應該尋求以觀察為依據的證據，做為知識的基礎。
- 科學的觀察應該是有系統性、包容性，並做到儘可能的客觀性。
- 科學的觀察方法應該要明確，闡述研究結論的依據，使他人得以判斷證據是否支持結論。
- 科學方法需要對研究進行反覆的論證。
- 人們經常會做不精確的觀察，但觀察如果是一種小心而謹慎的行動，這種錯誤在科學中是能夠避免的。
- 有時候，我們僅根據少數的觀察，就直接做出概括性的結論。研究人員和實務工作者會透過反覆論證或重複研究，來避免這種過度通則化的情況。

- 一旦獲得研究結論後，我們經常會忽略與結論相牴觸的證據，只關注那些支持它的證據。研究人員和實務工作者會專注於，預先設定好的觀察行動，無論某些結論模式是否提早浮現。

- 當遇到相牴觸的證據時，我們會提出辯解去消除矛盾，通常不是依照實際所觀察到的事實做假設。研究人員和實務工作者會做進一步的觀察，以測試哪些假設具有正確性。

- 我們的自我主觀涉入，會使我們忽視與自己信念相牴觸的證據。

- 有時候，人們只會做不合邏輯的推論。研究人員和實務工作者會在觀察中，採取小心而謹慎的推論，以避免這樣的情況發生。除此之外，眾所周知的科學本質是，科學家總是會有其他的同儕在監督著他們。

- 人們經常認為對某事物已經有足夠的瞭解，並且停止去尋找新的答案，做為團體成員的研究人員和實務工作者，始終會認為所有的議題都是開放的。

- 偽科學只具有科學化的表象，但在仔細的檢視下，可以發現它實際是違反科學方法中一項或多項原則，或具有科學方法試圖防範的謬誤。

- 典範是一種基本的模型架構，刻劃出我們對事物的觀點。

- 實證主義者的典範，強調在觀察與瞭解事實的過程中，做客觀性的追求。另一方面，社會建構主義者的典範，強調多重主觀事實與不可能的客觀性。建構主義中的一極端類型，通常被稱之為後現代主義，主張客觀性的事實根本不曾存在。

實作練習

1. 訪問一位實務社會工作人員。詢問她是否使用研究來引導實務工作，為什麼是或不是？將她的答案記錄下來，並帶到課堂上討論。

2. 查閱 *Research on Social Work Practice* 或 *Social Work Research* 兩份期刊中，最近的論述。找出一篇文章，內容是支持某一項介入效果的證據，進而說明該研究在引導社會工作實務的價值。討論當一位社會工作人員，希望她的工作能有實證做基礎時，該篇文章將如何引導她。

3. 訪問已經實習一陣子的實務社會工作人員或社會工作系學生。詢問她最信任的介入或實務技巧，

以及她是如何發展出這些信念的。她對那些信念的根據為何？是來自於經驗、研究發現、權威、傳統或者其他？

4. 假設你最近被某護理之家僱用為社會工作人員。在工作的第一週，你注意到一些照護助理，經常會羞辱那些提出抱怨或要求額外幫助的院民。你想要改變這種不幸的情況，但這只是你上班的第一週。討論一下，你單純只依賴傳統和權威來引導工作方法的優點與缺點。你將如何考慮，研究是否也能引導你的決策，並處理這進退兩難的局面。

5. 回顧本章「認識非科學化社會工作實務知識的缺點」小節中，人們在做研究時，經常會犯下的錯誤。找出可以說明任何這種錯誤

內容的一本雜誌、一份報紙或甚至一份讀者投書。討論科學家會如何避免這種錯誤。

6. 思考一種社會工作實務方法、社會正義的議題或你所深信不疑和奉行的論點。用 1 到 10 的等級來表示，你願意將這些信念加以科學化的程度。你能夠接受它們被科學證據質疑和反駁的意願為何？你尋找到多少科學證據，做為持續或改變這些信念的基礎？找一個和你看法不同的同學，討論你們不同的觀點，然後用同樣的 1 到 10 的量表為對方評分。比較並討論自己和同學評分的差異。如果你不願意將那些信念科學化，請在課堂上與同學討論你的理由，並鼓勵同學提出對你的回應。

網路練習

1. 搜尋「科學方法」（scientific method）這個關鍵詞，找出一篇討論科學方法的文章。閱讀一篇看起來有幫助的文章，寫下其參考書目的資料，並用幾個句子簡述文章的內容。

2. 找出一個對社會工作實務意涵有幫助的研究範例，寫下研究報告

的參考書目資料，並扼要簡述該研究報告對社會工作實務的意涵。例如，若你對精神疾病和受虐個案的處遇有興趣，那你也許會想去閱讀刊登在 *Health and Social Work*，一篇由 Carol T. Mowbray 所寫的 "Analysis of Postdischarge Change in a Dual

Diagnosis Population"（1999 年 5 月）。在文章末尾有一個小標題為「對實務的意涵」（Implications for Practice）。

3. 在網路上搜尋，被描述為偽科學的爭議性介入。可以從下列名詞中擇一輸入：「偽科學介入」（pseudoscientific interventions）、

「想像實務療法」（thought field therapy）、「眼動減敏與歷程更新療法」（EMDR）。對某種特殊介入是否為偽科學，簡述正反兩面的論點，寫下哪一方比較有說服力？為什麼？或為什麼你對此議題感到不確定性？

提醒事項

EP 2.1.2b：運用「美國社會工作專業人員協會倫理守則」的標準，做出合乎倫理的決策：社會工作人員會運用 NASW 的倫理守則，做為進行倫理性研究的一部分，和評估已經完成的研究，或他人所提出的建議是否合乎倫理。

EP 2.1.3：運用批判性思考做專業判斷：當發現有偽科學的情況，或其他來自非科學管道的實務知識時，社會工作人員會運用批判性思考做專業的判斷。

EP 2.1.3a：辨別、評估和整合各項知識的來源，包括以研究為基礎的知識和實務的智慧：科學方法並不是認識世界唯一的途徑。我們都是憑藉個人的經驗發現事物，從出生，從別人授予我們的傳統知識。社會工作人員會經由批判性思考，瞭解不同的典範是如何影響以研究為基礎的知識。

EP 2.1.6b：善用研究證據推行實務：當必須確認哪一項是最有效的政策、計畫或介入方法時，社會工作人員應該要運用科學的方法。

以證據為基礎的
實務

 前言

　　社會工作歷史發展至今，已經發展出各式各樣的實務模式，引導並幫助實務
工作者，在決定如何介入各種實務狀況之際，能夠整合理論及組織他們的觀點。
例如，早期一種以精神分析理論為主要基礎的模式，通常被稱之為**社會心理學模
式**（psychosocial model）。過去這些年來，有很多不同的盛行模式，以下只舉出
幾個例子，像是問題解決模式（problem-solving model）、任務中心模式（task-
centered model）和認知行為模式（cognitive-behavioral model）。儘管其中某些模
式比其他模式，擁有更多研究上的支持，但其理論基礎大多是基於理論的觀點，
甚過於科學的證據。然而，從二十一世紀開始，出現了一種以科學方法和證據為
主要基礎的新模式，非常受到現今社會工作及相關領域的關注，稱為**以證據為基
礎的實務**。以證據為基礎的實務（evidence-based practice）是一種過程，實務工
作者從中求取他們認為是最佳的科學事證，能夠適合於特定的實務，是他們在決
策過程中重要的一環。

　　雖然以證據為基礎的實務模式，是社會工作領域中的新產物，但它在歷史
上的前例，卻和它的專業本身一樣老。例如，Mary Richmond 早期的社會工作實
務著作（*Social Diagnosis*, 1917），就曾經論述過如何使用「研究產生的事實」
（research-generated facts）來引導社會改革，以及個體和團體的直接性實務。**以
證據為基礎的實務**一詞，被許多助人的行業所應用，不是只有社會工作。它是**以
證據為基礎的醫學**（evidence-based medicine, EBM）這個用詞的延伸。EBM 創
始於 1980 年代，描述醫學專家在照護個別病患時，採用現有最佳的證據，決定
臨床決策的整個程序（Rosenthal, 2006）。有一本經常被引用的證據基礎醫學教
科書奠下了基礎，讓它的原則可以適用在其他助人的專業上，並且以更一般性的
用詞，**執業**（practice），來替代醫學（medicine）這個字。這本書是《以證據為

基礎的醫學：如何執業及教授 EBM》（*Evidence-Based Medicine: How to practice and Teach EBM*）（Sackett et al., 2000），這本書對 EBM 的定義是「臨床專業知識與病患價值，最佳研究證據的整合」（p. 1）。重點在於定義中包含了臨床專業知識與病患價值。這表示，就算以證據為基礎的實務，具備有最佳的科學證據，也不代表它是臨床醫生必須使用、不可改變的介入方式，甚至是臨床醫生專業判定該介入方式，對於案主的特殊屬性與狀況並不適合。除此之外，就像我們在第一章所學到的，科學方法的原則之一就是，所有的知識都只是暫時性，隨時可以接受辯駁的。因此，若只是將 EBM 定義在科學層面上「被認可」（approved）的介入方式，而臨床醫生都應該機械化的跟隨使用，這將會衝擊到科學方法所強調的，知識的特質是持續性的發展。

批判性思考以證據為基礎的實務

EP 2.1.3

運用科學方法來做實務決策時，以證據為基礎的實務和「以權威為基礎的實務」（authority-based practice）不同（Gambrill, 1999）。以證據為基礎的實務工作者，會對許多的事物提出質疑，而非只是自動接收其他較有經驗或權威者所傳達的訊息。他們會辨別沒有事實根據的看法和假設，並獨立思考他人所要傳達的實務智慧是否為邏輯和證據所支持。他們會考量現有的最佳科學證據，來決定如何介入實務上各種微觀或巨觀的層面，而非只是盲目地順從傳統或權威。要做到這樣的境況，需要利用批判性思考。

批判性思考一詞有各種不同重複的定義，有些時候會圍繞在一些與社會工作實務決策毫不相關的內容。實際上，要對以證據為基礎的實務有最為貼切的解釋，具批判性思考的工作者應該做到：

· 獨立思考
· 考量對知識的想法和主張，是否有證據和邏輯上的基礎
· 對尚未公開的假設，虛心無偏袒的思考，做為想法和主張的基礎
· 願意去測試他們的想法和決議，然後基於新的專家意見和證據做修改
· 將實務的需要以問題的方式列出，然後蒐集和評估證據，做為下決策的基礎

以證據為基礎的實務，意在終身學習

在沒有找到證據的基礎之前，批判性思考的實務工作者，可以考慮採用他認為是最佳的科學證據做為決策的依據，他們首先必須要尋求此類的證據。在這個過程中，他們不能只是消極地期望或假設證據將會以各種方式自行出現。他們必須知道如何去尋找相關的證據，並瞭解研究的設計與方法，才能夠「縝密地評估」證據的有效性。最後，他們必須運用研究方法來評估，採取以證據為基礎的行動，是否會確實達到他們所預設的目標（Gambrill, 2001）。

基於認知到以證據為基礎的知識之可替換性，因為它會被更新、也許被更好的研究所反駁，做為一個以證據為基礎的實務工作者，那是意味事業生涯的學習。也就是說，必須不斷尋求和評估新的研究，要將它當成是個人終身實務工作的一部分。

以證據為基礎的實務工作者，並不經常能遇到證據，就必然知道該採取何種對應行動。有些時候證據並不明確，有時候某些有效的研究會建議不同的介入途徑。有些時候，證據也會顯示不能採取的行動，比如說，當研究的結論告訴我們，某些介入方法或策略是**無效的**。儘管以證據為基礎的實務工作者，無法每次都能

EP 2.1.1e

為確定的方向，找到最佳的清楚解答，但最重要的是尋找那些答案。如果答案是存在的，你就不會想要錯過。甚至當證據是繁雜的時候，通常表示你未曾認真考慮過許多的可能性，它們比你所想採取的另項行動有更多證據的支持。除此之外，你可以先測試某一種可能性，如果行不通，可以再嘗試其他有證據基礎的可能性。

有些時候，證據會指向採取案主不想要的行動。這時應考量案主的價值與期望，並在決策過程中，讓他持續參與，這是以證據為基礎的實務過程中關鍵的步驟之一。Gambrill（2001）提醒我們，以證據為基礎的實務主要是一種具有同情心、以案主為中心的實務方法。我們注重尋求最佳的證據，是因為心繫能夠帶給案主最大的希望。因此，當我們在決定所尋求到的證據，是否真正符合特定案主的需要時，我們都不可以忽略案主的價值及需求。

同時，即使介入方式有最好的證據支持，也不表示對每位案主或每種情況都是有效。對某一族群案主有效的介入，可能對另一族群案主是無效的。對男性施

虐者有效的介入，可能對女性施虐者無效，反之亦然。以證據為基礎的實務工作者，必須考量目前有問題的案主或情況，是否真的符合經過測試、以證據為基礎的介入情境。即使是相配合的，也應該記得以證據為基礎的介入，並不保證一定可行。對某種介入提供有效證據的研究，基本上只是說明該介入比其他方式可能比較有效，並非對每一個案例都是有效的。這些考量強調以證據為基礎的實務是以案主為中心的特質，和採取實務程序最後步驟的重要性：它運用研究方法來評估你對某種特定案例所採取的以證據為基礎的行動，其結果是否符合你的期望。你在本書中所學習到的，將會幫助你完成這些程序和步驟，例如尋找相關的研究和做縝密的評估，並且在專業的生涯中持之以恆。

以證據為基礎的實務之彈性

同上所述，雖然以證據為基礎的實務程序，包括根據現有最佳的研究實證來做實務的決策，但它並不會嚴格約束實務工作者的選擇。相反地，它會鼓勵實務工作者，運用其特殊工作環境所應具有的專業知識與意見，去整合科學的證據。圖表 2.1 說明了以證據為基礎的實務之整合模式（integrative model of evidence-based practice, EBP）。圖示指出，實務決策應該要有技巧的協調三要素（最佳研究證據、實務工作者的專業知識、案主的屬性），即圖中三個圓形交集的陰影部分。Shlonsky 和 Gibbs（2004）對此模式的說明如下：

> 三個核心要素中，沒有一個是可以獨立存在的；它們合力運用實務工作者的技巧，利用過去曾經有效的介入方式，發展出一個具有案主敏感度（client-sensitive）的個案計畫。若缺少相關證據，則其他兩個要素的比重就會增加，反之，若有壓倒性的證據出現，則最佳研究證據的比重會增加。（p. 138）

雖然，大部分以證據為基礎的實務程序，都在討論應該給予案主何種介入方式的決策，也在決定如何對實務問題做最好的評估，以及實務工作者對其他層級實務的決策等等，像是與社會政策、社區等有關的決策。例如，臨床實務工作者對新的案主，會尋找和使用最科學化且有效的診斷工具，評估案主的問題和處遇

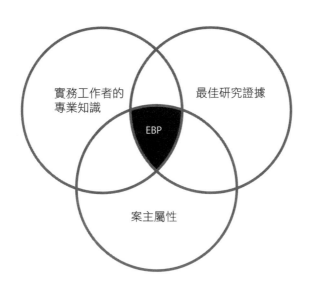

圖表 2.1　以證據為基礎的實務之整合模式

需求，按照現有最佳的研究證據設計處遇計畫。而根據評估結果，實務工作者對案主的臨床專業意見、案主的特殊屬性與背景，將會是有效的介入方式。

　　在社會政策層級，以證據為基礎的實務工作者會依據最佳研究的建議、最能夠達成期望的目標，嘗試去規劃和倡導一些政策。同樣的，在社區層級，以證據為基礎的實務工作者，也會依據社區層級的實務研究來做實務的決策。除此之外，各個不同層級，以證據為基礎的實務工作者，也都會利用研究方法來評估其實務決策的結果，以觀察所選擇的行動方案是否能達到期望的目標。如果答案是否定的，以證據為基礎的實務工作者，將會選擇另一種替代方案，當然會再一次依據最佳研究的證據，評估其結果。

以證據為基礎的實務之程序

　　在探索過以證據為基礎的實務之本質以後，現在讓我們更進一步檢視以證據為基礎的實務過程的幾個步驟。在這同時，你可能會注意到，實務工作者有需要經由這些程序去瞭解研究方法。

▶▶▶ 步驟 1. 建構問題以回應實務的需求

在第一個步驟，實務工作者會依現實狀況建構問題，而問題本身將會與必須要做的實務決策相關，並形成決策所需的額外資訊。雖然有許多以證據為基礎的實務之論述重點，都在質疑計畫、策略和介入的功效，還有其他以證據為基礎的實務之質疑，是依據 Rubin（2008）的四項基本問題：

1. 什麼樣的介入方式、方案或政策，有最好的效果？
2. 什麼樣的因素最可以預測到，希望或不希望看到的結果？
3. 已經有案主經驗的情況又會如何？
4. 應該運用什麼預估工具？（p. 43）

既然最普遍的問題型態，都是在質疑各種的效果，就讓我們在建構以證據為基礎的實務問題的程序中，以此為重點。

例如，假設你住在阿拉斯加，在一家收容有情緒與行為問題少女的療養院工作，其中大部分的少女，都是遭受身體或性虐待的阿拉斯加原住民。你的第一個問題可能會是「對居住在療養院中，有情緒與行為問題的受虐少女，哪些介入方法的有效性，可以得到最佳研究證據的支持？」當你在論述中，搜尋該問題的解答時，你可能很快會發現，你的問題還必須加入考慮少女特質的變異性。

對創傷後壓力症候群（PTSD）有效的介入，不一定對邊緣型人格障礙者有效。某種特殊的介入方式，可能對有單一創傷的少女十分有效，但對具有多重創傷的少女，卻沒有效果。而同樣的介入，對患有分離症障礙的少女來說，甚至可能是有害的。你也可能會發現某些介入，對於年長而非年輕的女性有效。因此，你可能需要修正問題，或許需要建構另一系列的問題。你不能只是針對有情緒及行為問題的受虐少女，你可能需要將問題拆開，對不同診斷、問題史、不同年齡層的少女等面向，最有效的介入方式是什麼？

你也會想將阿拉斯加原住民少女的民族性特質納入問題中。如果不這樣做，你可能會發現有許多與你問題相關的研究，但或許沒有一個包含有阿拉斯加原住民的參與者。結果你會發現對其他種族少女有效的介入，可能對你的案主少女無效。如果你確實將阿拉斯加原住民少女的民族特質加入在問題中，你將會發現有

許多研究，是有關受創青少年的物質濫用問題，並結合其他的精神異常症狀。如果有的話，只有極少數的研究，其單一的重點是放在精神異常症狀，而沒有包含物質濫用。你也可能會在一些研究的結果發現，患有 PTSD 的阿拉斯加原住民青少年，多半不會被診斷為 PTSD，原因在於文化因素的影響，他們會將 PTSD 的症狀掩蓋住。當你瞭解這些狀況以後，可能會讓你對那些有 PTSD 症狀、而從未有病歷紀錄的少女，重新考慮以證據為基礎的處遇方式。因此，如果將民族的特質涵蓋在問題中，對你所發現的證據及它在實務上所代表的意義，將會產生極大的差異性。*

　　到目前為止，我們所討論的問題，都沒有事先明確訂定介入方法。我們以開放的方式尋找證據，無論這些介入是否經過研究，或有最佳的科學證據支持。然而有些時候，你可以有很好的理由，對事先所指定的單一或多種介入方法，窄化你的問題。例如，假設那些你所處理的受創傷少女都非常年輕，而你機構的慣例是，對每位少女提供非指導性的遊戲治療。做為一個具有批判性思考，以證據為基礎的實務工作者，你可能會詢問這項慣例的科學證據基礎是什麼？假如是著名的顧問或督導要求你，只要相信他們的權威或「實務智慧」（practice wisdom）即可嗎？做為一個真正的以證據為基礎的實務工作者，你還是要有勇氣繼續去尋找證據。如果要這麼做，你需要有好的理由，對遊戲治療的細節提出問題，例如：「非指導性的遊戲治療方式，對於 8 歲或 8 歲以下、遭受性虐待的阿拉斯加原住民少女，在減輕她們的創傷症狀方面是否有效？」

　　有時候針對你的問題，具體訂定一種或多種替代的介入方法也是合理的。例如，假設有一個在類似機構工作、且有類似個案的同行告訴你，她機構的介入方式偏好採用指導性的遊戲治療、結合揭露治療方法中的要素，她也表示遊戲治療專家們有在激烈爭論，對兩個機構所採取的介入方式，何者在遊戲治療的基礎上較有意義？要按照新的訊息，尋找科學證據來引導你的實務工作，你可以建構一個以證據為基礎的問題，明確指出兩種可供選擇的介入方式，例如：「如果一位

---

*　我們希望你能做縝密的思考，本文所主張的證據就是希望你將阿拉斯加少女的民族性特質涵蓋在問題當中。這項主張的立意是從我們其中之一的 Rubin，他於 2006 年 4 月 29 日，在阿拉斯加大學的社會工作學院準備進行一個座談，主題是以證據為基礎的實務工作，當他在指導一項研究論述時所啟發出的問題。

8 歲或 8 歲以下，遭受性虐待的阿拉斯加原住民少女，接受非指導性或指導性的遊戲治療，哪一種的介入方式，較可以達到減輕創傷症狀的效果？」你也可能會想擴大問題，加入揭露治療法。

當你想要建構出一個問題，事先訂定出一種或有多種介入方式的選擇時，有一個簡便縮寫可以派上用場：CIAO。為了幫助記憶，義大利文 "ciao" 的意思是再見、再會、保重等等，它的原意為：

- Client characteristics：案主的特質
- Intervention being considered：考慮中的介入
- Alternative intervention（if any）：替代性介入（若有的話）
- Outcome：結果

根據我們前面所討論的問題，這縮寫的用法如下：

- C：如果一位 8 歲或 8 歲以下，遭受性虐待的阿拉斯加原住民少女
- I：接受非指導性的遊戲治療
- A：或接受指導性的遊戲治療，並結合揭露治療法
- O：哪一種介入方式，較可以達到減輕創傷症狀的效果？

▶▶▶ 步驟 2. 尋找證據

在第四章，我們將會檢視如何回顧文獻去導引研究計畫。基於相同的原則，接著會檢視將論述應用在實務工作者尋找的證據上，引導其做實務決策。然而，實務工作者幾乎沒有時間與其他資源，可以像研究者一樣，對文獻做費時冗長的回顧。對於忙碌的實務工作者，一個替代的選擇是，利用電腦的圖書館搜尋系統，或是搜尋專業論述的資料庫。

為了幫助你做線上搜尋，眾多的線上圖書館可能會提供一個多樣的網路專業論文資料庫服務，例如 Social Services Abstracts、PsycINFO 以及其他更多的資料庫。在不同資料庫的相關區塊，你將會發現有一定程度的資料重疊。例如，假設你在搜尋有關兒童虐待的論述，有許多可以在 Social Services Abstracts 中找到，也會在 PsycINFO 出現。你可以檢視線上圖書館的摘要或資料庫的目錄清單，找

到一項（或者一些）與你的主題看起來最相關的資料。

在你輸入搜尋字彙之後，資料庫馬上會提供相關的資料清單，包括書籍、期刊、論文以及其他的出版資料。你可以點選看起來與你的主題最接近的資料，瀏覽摘要。你甚至可以下載這些期刊、文章、書籍或論文。

至於該輸入什麼樣的關鍵字彙，端視你要找的資料而定。例如，假設你對某特定的書籍或期刊有興趣，你可以先鍵入**書名**的欄位，然後輸入書名或期刊名。若要搜尋某作者的出版作品，你可以先鍵入**作者**的欄位，然後輸入作者姓名。若要搜尋某特定領域的相關論述，你可以依照同樣的步驟，輸入與興趣主旨相關的字彙。可以用來搜尋有效介入證據的字彙包括：治療結果、效果、評估、介入，以及其他類似字彙。而這些字彙可以和其他描述案主或狀況的詞語搭配使用，例如療養院的設施、創傷後壓力症候群、分離症障礙、邊緣型人格障礙、性虐待、兒童虐待等。

再者例如，假設你想要蒐集受虐婦女援助團體的論述，那麼你可以輸入的搜尋字彙包括：受虐婦女、配偶虐待、家庭暴力或援助團體，你可以選擇想要搜尋範圍的大小。如果你想要將搜尋的範圍，侷限在受虐婦女援助團體的效果評估上，那麼只要設定與此相關的完整關鍵字彙即可，例如受虐婦女與評估。你也可以依照其他的標準，界定搜尋的範圍，例如特定年份的出版品或英文文獻。如果你想要做廣泛的搜尋，你可以輸入更多的關鍵字，或敘述性較廣的關鍵字（家庭暴力將會比受虐婦女有更多的參考資料），你就可以去尋找任何關鍵字所要的相關資料，不用輸入完整的陳述。

由上而下以及由下而上的搜尋

兩種尋找證據的主要方法，是由 Mullen（2006）所定義的**由上而下**（top-down）以及**由下而上**（bottom-up）的策略。若採取由下而上的策略，你會去搜尋文獻論述，尋找任何能夠提供，與你所建構的實務問題相關的資料。接著，你會閱讀並縝密評估，每項資料來源的證據品質，判斷它是否適合你獨特的實務決策，最後再依據你認為是最適合的證據，選擇一個行動方案。若是採取由上而下的策略，而不是從自己去搜尋和評估所有相關的研究做開始，你就是只依據他人已經完成，以證據為基礎的研究結果去做搜尋。你可以在下列來源，找到這些的報告資料，像是某些書籍、特定問題領域或診斷項目、提供介入的實務指引，對

特定領域研究的系統性文獻回顧，或是專門後設分析。（後設分析是一種有系統性的評論，對特定的介入做交叉研究，統計結果，總結出哪一種介入方法對治療效果會有最大的影響。）

　　兩種方法各有優缺點，因此，單靠任何一種都是有問題的，由上而下搜尋的最大優點在於它的可行性。由上而下的搜尋也有一個嚴重的缺點，專家對於證據的評論、評估，以及從中所衍生出的實務導引，也會犯錯。就某種程度而言，完全依賴由上而下做為以證據為基礎的方法去解答你的實務問題，等於就是要依賴那些專家的權威。某些「專家」的評論甚至可能是有偏見的，特別是他們已經在自稱有最佳證據支持的介入方式，得到既得的利益。例如，當你針對創傷後壓力症候群的有效處遇，進行由上而下的搜尋，你可能會發現揭露治療法與眼動減敏與歷程更新療法（EMDR）的專家，在爭論誰的論述比較有偏見，誰愛好的治療方法比較有證據力支持。

　　若採用由下而上的搜尋方法，碰到有障礙的可能性時，就必須要完全依賴由上而下的搜尋，因此，實務工作者應該要有批判性思考的作為，不應該只依賴單一或一些他人的推薦，或自己在開頭就找到由上而下的證據來源。他們應該嘗試去尋找和評估所有與其實務決策相關、由上而下的證據來源，並找出其中可能不適宜的部分。他們應該試著去查明證據來源的作者，是否在推薦的特定實務方法中，握有既得的利益。最後，他們應該要檢視在評估研究時，證據力的標準。研究是否必須達到方法論的最低標準，以確保評論的品質。用來區分提供最佳與最差證據研究及方法論的標準為何？這些標準是否依循本書其他部分，以及你的研究課程所提供的資訊？

　　幸運的是，由上而下與由下而上的搜尋，並非相互排斥的。若有時間並允許使用電腦，你不但可以搜尋和評估個體的研究，也可以由上而下搜尋和評估已經被評論過的個別研究，從中發展出實務工作的導引。事實上，一個完整由下而上的搜尋，也可以隱約發現和評估由上而下的證據資源和個別的研究。只要你能針對每一個證據來源，如上述建議，給予縝密性的評估，那麼在其他人對個體研究已經有的評論之外，再增加一些你自己的評論，並沒有什麼不好。記住這一點，我們現在來看兩個受到社會工作及其相關領域的研究者，高度重視由上而下搜尋證據的資源。以下是標題為「評論和實務導引的實用網站」的專欄，列出了這兩種的證據來源以及其他你可能會覺得有用的網頁。

評論和實務導引的實用網站

- 坎貝爾合作組織（Campbell Collaboration）：http://www.campbellcollaboration.org/indix,html
- 科藍合作組織（Cochrane Collaboration）：www.cochrane.org
- 美國心理學協會（American Psychological Association）在實證支持治療法（empirically supported treatment）：http://www.apa.org/divisions/div12/rev_est/
- 物質濫用（Substance Abuse）：http://nrepp.samhas.gov/ http://www.modelprograms,samhas.gov/index.htm
- 全國危機干預與家庭暴力資源（Crisis Intervention and Domestic Violence National Resource)：http://www.crisisinterventionnetwork,com
- 專家共識指南（Expert Consensus Guidelines Series）：http://www.psychguides.com/
- 國家指南交換中心（National Guideline Clearinghouse）：http://www.guidelines.gov/
- 國家藥物濫用研究所（National Institute on Drug Abuse）：http://www.nida,nih.gov/
- 物質濫用和精神健康管理局（Substance Abuse and Mental Health Services Administration）：http://www.samhsa.gov/index.aspx
- 其他更多有關由上而下證據搜尋的評論，可以進入以下搜尋引擎的搜尋項目中找到，例如 Google、Yahoo，或其他平台。

科藍合作組織和坎貝爾合作組織

　　科藍合作組織（the Cochrane Collaboration）是一個國際性的非營利組織，它招募研究人員、實務工作者，以及消費者進入評論團隊，對於健康照護的處遇效果提供研究評論。如果你參觀科藍合作組織的網址：www.cochrane.org，你將會發現一個進入他們圖書館網頁的連結，內容包括評鑑、意見與評論、其他評論的摘要、研究的參考書目與方法論有關的評論，和有助於進行你自己評論的連結。科藍合作組織的網頁也提供資訊，能夠幫助你判斷該評論組織系統的品質。

　　2000 年，在科藍合作組織出現後不久，一個姐妹國際性非營利組織，坎貝爾合作組織（the Campbell Collaboration）正式成立。她的使命、作業與模式都模仿它的姐妹組織，但聚焦在社會福利、教育以及司法正義。他們的評論由實務工作者、社會大眾、政策制定者、學生以及研究者所撰寫。如果你參觀他們的網址：www.campbellcollaboration.org，你可以發現與科藍合作組織相類似的連結，但是關注的議題並不只侷限在健康照護。例如，你可以發現對以下介入效果的評論，

如家庭暴力、性虐待、親職訓練、犯罪者、青少年犯罪、人格障礙、青少年行為偏差、嚴重的心理疾病、物質濫用、福利改革、住宅、寄養親職訓練、飲食失調等等。

▶▶▶ 步驟 3. 謹慎評估你所找到的相關研究

就如同我們在第一章中所提出的，目前已經發表、評估各種介入方式效果的研究論文，品質良莠不齊。有許多是非常優秀，但有些也違反你將在本書中學習到的基本原則。現在就嘗試深入去解釋，你在縝密評估諸項研究時，會發現到必須要知道的所有研究方法和研究設計，這些不會是聰明的做法。這將是本書其他章節所要探討的。

▶▶▶ 步驟 4. 決定哪一種以證據為基礎的介入方式，最適合你特定的案主

即使是有最佳證據支持的介入方式，也不必然對每個案主或情況都有效。強有力研究所提供的有效證據，證明對某個介入方式是有效，通常也只是發現此介入方式比其他的選擇較為有效，而非對每個案例都有效。對某一族群成員有效的介入方式，對其他族群案主可能是無效的。有強力研究支持的介入方式，其程序可能會和某些文化或個別案主的價值相衝突。就圖表 2.1 所說明的，應該要利用你的實務專業知識、對案主的認識、案主的回應，以及你的文化能力，做一個明確的判斷。

你所發現的介入方式中，要決定哪一種才是最適合你特定的案主或團體？有以下幾種考量。其中之一，當然是步驟 3 中，你所評估的證據品質。學生通常會問：「我需要找到多少支持某個特定介入的優秀研究，才可以認定此介入是以證據為基礎？」這個問題並沒有一個正確的答案。有一個或兩個強有力研究所支持的特定介入，可能是足夠的。一個強有力研究支持的介入方式，相對於有非常多但薄弱研究支持的介入方式，是比較有好的證據基礎。理想的情況是，你也許可以找到一項嚴謹的系統性評論，對先前的研究做綜合和縝密的評估，並值得引導你去做決策。

更重要的是，詢問哪一種介入方式才是以證據為基礎，並不是一個正確的問題。這個問題有最終的含意，和科學方法中知識是暫時性和隨時可接受辯駁的特性，並不一致。適當的問題應該是，詢問某個介入方式是否以證據為基礎。最好

的思考模式是，哪一種介入方式在目前有最佳的證據支持。同時，若是證據顯示，從研究所得到的介入方式，而該研究中的案主屬性和你的案主截然不同，那麼倒不如去尋求研究設計較弱的證據，但其案主屬性和你的案主正好相似。

但是，如果你找不到任何一個適合的介入方式，只有某一個研究中案主的屬性和你的案主特性相似；甚至你有找到某個介入方式且有研究強力支持，而其案主的屬性在某些重要面向上，和你的案主類似，但在其他重要面向卻不同。那該怎麼辦？除非後者的介入方式有不能接受的臨床理由，不然還是值得在你的案主身上做嘗試。例如，假設有一群住在療養院的 12 至 13 歲少女，被診斷出有邊緣型人格障礙症。你找不到任何有效的介入方式。但你可能會找到別種有強力證據支持且有效的介入方式，只是它針對 14 至 16 歲有此種障礙的少女，也不是收容在療養院。既然你找不到更好的選擇，你可以在試驗的基礎下，使用後者的介入方式，並且對後續做評估（步驟 6）。

如果在還沒有對任何的介入方式做出最後的決策和執行之前，先考量案主的價值和期望，讓他參與過程是適當和可能的做法，你就應該要遵從。包括告知案主介入的方式以及有效性的可能證據、任何可能無法預期的副作用、獲得案主由衷參與介入的同意。對於這種做法，你可能會想要省掉許多細節，只做輕描淡寫的說

EP 2.1.3a

明，「這是目前為止，在效果上有最佳證據的介入方式」、「這已經是一些成功有望的結果」，或是「對你所擔心的事，我們已經有初步的證據證明此治療方式適合用在類似像你一樣的人」等語。如此一來，案主對於介入的方式才可能做出兩方面考量，是他親身體會的決定，是「最適合的處遇」（就文化、個性及其他因素），和「最可能有正面效果的處遇」。除了道德上的考量，為求能獲得案主對介入選擇的真心接受之外，這麼做還能夠幫助他在處遇的過程中，感受到自主性與責任感。因此，案主才更有可能獲得成功的結果。

▶▶▶ 步驟 5. 運用以證據為基礎的介入方式

選定介入的方式後，在實際操作之前，還有一些必要的步驟。首先，你可能需要經由持續性的教育研討會或專業會議，接受介入方式的訓練。也許附近大學的社會工作學院會有提供選修的課程。你也應該去閱讀一些資料，如何去進行介入，包括閱讀各種的處遇手冊。試著去找一個對於介入工作有經驗的同事，並安

排做為顧問或是督導。對於一些比較新的介入方式，你可以求教於專業同行所組成的援助團體，他們經常做定期聚會，互相提供彼此在各種案例中，如何使用新的介入方式。如果你無法獲得足夠的訓練或指導，你應該嘗試將案主委託給其他在介入上有足夠訓練和經驗的實務工作者。

EP 2.1.10g

如果你是自行提供介入方式，或者你和已被轉介的案主繼續進行介入，那麼在介紹介入方法之前，還需要多一個步驟。做為一個以證據為基礎的實務工作者，你應該與案主合作，在評估所選擇的介入方式，是否真正對案主有幫助方面，共同規劃出可以量測的目標。本書的第五章將會幫助你如何定義可以測量的處遇目標。在步驟 2 中會發現，可以運用一些有用的方法去定義和測量處遇的目標。

▶▶▶ 步驟 6. 評估與回饋

這個階段，在達成你們所設定的處遇目標進度，你和案主要進行測量和評估。本書後續的幾個章節，將幫助你設計這些方法。例如，在執行介入之前、進行介入治療中、已經完成介入調查報告後的一段追蹤期，這些階段你可能都要與案主自行監測某些行為、情緒或日常的認知。

為了要評估介入方式對特定案主是否有效，在介入開始之後，你可能要用圖表顯示每日的資料，並且找出圖表資料所代表的型態，再做重大的改善。你和案主應該要討論這些目前進行中的方式，如果介入方法對於目標沒有助益，或是已經達成，也許需要修改處遇計畫。有些案主看到他們介入的進展，以及討論為何症狀變得更差或更好，或許他們真的喜歡這些程序。（有些時候，在他們生活中發生一些重要事件，會影響到他們的進展，並滲入處遇的過程。）

一旦你和案主的工作已經完成，應該要和相關同事討論你的發現。甚至你會想要寫下你的工作過程，或將它們提升為對單一個案（single-case）的評估研究，並予以發表。（如果你想要這麼做，本書第十二章及附錄 B 可以幫助你。）對

EP 2.1.10d
EP 2.1.10m

於那些提供證據基礎，讓你用以選擇介入方式及做評估的研究論文，Cournoyer 與 Powers（2002）甚至建議，可以將你的發現與那些論文的研究人員交換意見。

然而，你或許會懷疑為什麼需要步驟 6。如果已經發表的研究，對於介入方法的有效性提供了可靠的證據，為什麼還要與你的案

主一起去評估介入方式呢？這評估是有必要的，因為支持介入方法有效性的研究，基本上無法證明測量過的介入方法保證能夠適用在每個案主或狀況上。相反的，這些研究只能證明某種介入可能比其他的方式有效。你的案主可能就是不適用這一種介入方式的案例之一。

辨別以證據為基礎的實務程序和以證據為基礎的實務

　　許多學者和實務工作者，普遍都用**以證據為基礎的實務**一詞來指稱 EBP 的過程。然而，其他人士普遍在使用 EBP 一詞時，也不是指它的過程，而是有研究支持的特定介入方式。因此，一個特定的計畫、政策或介入方式，若有獲得研究一致性的支持，或許就可能被稱之為有證據的基礎（evidence-based），並出現在**以證據為基礎的實務**多元標題的表單上。就因為單一或多元標題，都會有相同的 EBP 縮寫，經常會在 EBP 的討論及辯論上造成混淆。例如，若是你去調查為何某些臨床工作者對 EBP 持負面的態度，你將會發現他們的態度並非針對 EBP 過程的定義，而是保險公司或政府機構的想法，除非他們能夠公式化地提供某個介入名單中的介入方式，且被認定有證據的基礎，否則保險公司或政府機構將不會同意支付介入的費用，而無視於實務工作者的判斷或案主的屬性為何。請謹記在心，「單一概念的 EBP 程序」，以及「多元概念的以證據為基礎的實務」的區分，現在讓我們來檢視一些對 EBP 的普遍問題和異議。

以證據為基礎的實務之問題與異議

　　雖然大多數的社會工作教育人士和實務工作者，似乎都支持以證據為基礎的實務程序，但也並非是全部（Rubin & Parrish, 2007, 2011），部分反對 EBP 的理由是因為現實環境中可能有執行的障礙。其他則是基於方法論或哲學上的依據，或對 EBP 的錯誤觀念，特別是觀念上的偏差，將 EBP 的**程序**與以證據為基礎的**介入**並列論述。現在讓我們開始檢視，因錯誤觀念所產生，而對以證據為基礎的實務的質疑與異議。

　　EBP 是過度嚴謹的指南，破壞了專家的專業知識，也忽視案主的價值和意願。這項描述誤解了 EBP 的**程序**，**以證據為基礎的實務**有多元化的概念，承認實務

工作者的判斷以及案主的屬性（如同圖表 2.1 所示）。

EBP 只是要降低成本的工具。許多對以證據為基礎的實務之評論，描述成只是一個降低成本的工具，被政府機構及管理顧問公司在支付費用時所利用。這些評論的見解在於，這些第三人的費用支付者只支付有研究支持的介入項目，還有經研究結果認定的部分介入期間。以證據為基礎的實務之倡導者提出反駁，認為這不是對以證據為基礎的實務之真正批評，只是管理顧問公司扭曲 EBP 的詆毀手段。更何況，它是有多元概念的 EBP，而非只是程序上的定義。他們也反對這種說法，認為有最佳研究證據支持的處遇方式，比其他欠缺支持的方法花費更高（Gibbs and Gambrill, 2002; Mullen and Streiner, 2004）。以證據為基礎的實務之目標，是要找出**最有效**，而非最便宜的介入方式。

EBP 的基礎建立在對案主的研究上，而不是日常社會工作的基本實務。這項反對的例子之一是重視案主的特性。雖然案主參與嚴謹科學化的研究，介入的效果也被認定有最佳的證據支持基礎。但許多這種類型實驗的研究對象，都將超過一項以上診斷症狀的案主排除在外。少數族群的特性，未能在研究中顯示出，也是另項反對之所在（Messer, 2006; Westen, 2006）。這些反對與社會工作的性質特別有關，因為社會工作人員的服務對象，大部分是少數族群、有多重障礙或有特殊需求的獨特案主，他們不符合正常診斷範疇，而是一群需要有更多實驗評估的案主。我們知道，參與介入的案主類型和實務工作者日常服務的對象不同，而以證據為基礎的實務要求實務工作者必須要嚴格遵守處遇手冊行事的觀念，這種論點被批評是限制他們針對獨特案主，正可以發揮專業知識可行性的大好機會。然而再一次地，這一項反對立場是與以證據為基礎的介入之多元概念有關，而非 **EBP 程序**的單一概念。

證據不足。另一項對以證據為基礎的實務之批評是缺乏品質良好的研究，去導引多數社會工作處遇的領域及人口群。雖然這項假設有些許真實，但此類型的研究數量正在增長中。除此之外，以證據為基礎的實務之倡導者主張，缺乏品質良好研究對於以證據為基礎的實務之反對性遠低於對 EBP 程序的爭論，亦即缺乏品質良好的研究不是用來反對以證據為基礎的實務之理由，反而是支持 EBP 程序的論點。如果實務工作者依據較少或甚至沒有證據來做決策，那麼就更有理由在**程序**的最後階段，要「謹慎運用，或更加留意監測的結果」（Mullen and Streiner, 2004, p. 115）。

反駁證據不足的另一主張是，即使你要找的證據不存在，根據案主所顯露出平靜的心靈，你也可以知道在為案主尋求最有效介入的方式上，並沒有留下一顆石頭。想像一下，沒有事先通盤考量，也不確定對案主所規劃的介入是否為最好的方式，就直接進行介入的情況。再想像，你正在接受心理醫生的治療，她告訴你，她並沒有費心去思考所開的處方對你是否真的有效，因為她不想浪費時間去尋找可能不存在的證據。

而且，某些介入方式可能合於理論上的要求，甚至於跟得上流行，但實際上對案主卻是有害的（如第一章所討論到）。試想你的感受會如何？如果提供的介入方式對案主有害，其實你只要對介入研究做過檢視，也許就可以避開這種傷害。

以證據為基礎的實務程序，不宜貶低質性研究及其他原理上的價值。如同我們在本章前面所討論的，在實務有效性的研究中，證據是否有品質的主要依據，有以下兩個問題：(1) 處遇結果的測量，是否是有信度、有效度，而且沒有偏誤的方法？(2) 研究的設計是否夠強，對於案主治療介入的差異，能確切地指出其似是而非的

EP 2.1.6b

結果？嚴謹的實驗（將會在第十一章中討論）是為了獲得這些問題確切的解答，而做的最好設計。相對地，確認會造成某種特殊結果或形成某些因素時，只依靠質性方法的研究，通常被認為只能提供較為微弱的證據。就像在第三章及後續章節中所會看到的，質性研究比實驗方法有各種不同的優先條件，也比較著重在主觀上探究深層的意義，而不會對處遇結果及各種似是而非的解釋，嘗試做邏輯性地排除。

雖然質性研究的價值廣泛被社會工作或相關領域的學者所認可，許多偏愛質性研究的學者們還是感覺到，這些方法的價值在以證據為基礎的實務中被不當地貶低。然而，依照實驗研究法重視嘗試及確認事物因果關係的精神，這種想法是可以理解的，因為並非所有以證據為基礎的實務問題，都會去確認因果關係。就如同本章前面所述，有些問題詢問：「如果我有案主的經歷，情況會是怎樣？」質性研究對於此類問題的回答，會比實驗研究的答案受到重視。例如，你想要瞭解無家可歸的感覺？或為何有那麼多流浪漢拒絕在庇護所睡覺？你最好利用質性的方法，去取得新的或更進一步的內幕資料。比如說，是對那些街友或他們同伴做開放性和深度的訪談、觀察，並對無家可歸的現象做自我的感受。

還有部分學者基於哲學基礎，對以證據為基礎的實務有異議，拒絕承認傳統

科學方法在引導以證據為基礎的實務中所強調的客觀性。部分學者認為所有的事物都是主觀性的，我們所擁有的都是主觀上的事實，因此不認為以證據為基礎的實務會優於其他的事物。以證據為基礎的實務倡導者對此的回應，如果這說法是對的，專家為何能宣稱擁有特別的知識？我們又為何要避免著名權威指點真實或不真實呢（Gibbs & Gambrill, 2002）？

我們會在下面兩章深入探討這些方法論和哲學論上的辯駁。此外，在讀完本書之後，你將會學習到成為合格的以證據為基礎的實務者，在研究方法上所必須要有的知識。

妨害醫病合作治療。另一項對以證據為基礎的實務有異議的理由，是基於研究所支持的論點，因為實務工作者和案主關係的品質可能是攸關處遇效果最重要的因素，而與實務工作者採用何種介入方式無關。部分的反對說法認為，謹慎地恪守處遇手冊的指示，在與案主建立關係時，提供以證據為基礎的介入方式，會妨害實務工作者運用其專業知識與專業經驗，這可能會傷害到醫病的合作並導致產生不良的治療效果（Messer, 2006; Reed, 2006; Westen, 2006; Zlotnik & Galambos, 2004）。然而再一次，這項反對的理由是基於，對以證據為基礎的處遇似是而非的觀念，忽略了以證據為基礎的程序是包括所有專業知識的綜整。此外，它也沒有注意到處遇手冊，基本上是強調醫病關係在處遇過程的重要性，那是介入的一部分，而且警告讀者，為達到介入的效果必須要有堅強的醫病關係。（事實上，我們所看過的每一本處遇手冊，都有強調這一點。）

現實世界的障礙，妨害到日常以證據為基礎的實務之執行。對於以證據為基礎的實務最有問題的爭論，或許不關乎它的有利條件，而是在日常現實世界中執行實務的障礙。社會工作人員在一般的工作環境中，他們的主管通常不瞭解或不賞識以證據為基礎的實務，不給實務工作者足夠的時間去執行以證據為基礎的實務，也不給他們由下往上的方法去尋找證據（如本章前面的討論）。即使是在重視以證據為基礎的實務之工作環境，也沒有足夠的資源提供幕僚時間、訓練、出版刊物、使用網路資料庫和搜尋引擎，以有效和正確的方法執行以證據為基礎的實務程序。

雖然某些以證據為基礎的實務領導者，已經在規劃和測試一些策略以克服這些機構的障礙，但情況仍然是很艱難的。例如，即使可以找到並且評估的研究方法，去執行以證據為基礎的實務*程序*，機構可能也無法為實務工作者負擔所需要的訓練

和指導費用,讓實務工作者在提供有效介入方法時,能獲得最佳的研究支持。

減少以證據為基礎的實務障礙

　　可行性如何呢?可能是 EBP 所面對最嚴峻的挑戰,因為認知到對可行性的憂慮,EBP 倡導者已經提出許多因應對策來增加 EBP 程序的可行性(Rubin, 2010)。其中之一是將機構中實務者做團隊分配以進行 EBP 程序工作,每個團隊每一次只能專注在一個有關 EBP 的疑問,每個疑問的訴求都是針對一般性案主或機構的問題。每一個團隊的成員,只會執行一項程序上的疑問。在完成一項對機構有益的 EBP 程序疑問之後,團隊才能再轉換到另一個有疑問的議題。機構中如果有實習學生,可能有助於推動 EBP 程序的進行。這些學生可以將完成 EBP 的程序,當成是實習作業的一部分,學生在自我學習到更多有關 EBP 事物時,同時也可以減輕機構工作人員的負擔。此外,學生也可以利用大學圖書館的網路論文資料庫,如果學生或機構實務工作者無法使用這個通路,另外一個選擇是政府的免費論文資料庫網址,例如 Medline。同時,特別對於市郊地區的機構、學生或實務工作者可以透過地方的公共圖書館系統,使用免費的網路論文資料庫。

　　Mullen 的工作團隊(2007)認為,在機構內部的訓練計畫或會議,加入 EBP 的訓練課程,也可能減輕實務工作者的負擔。他們同時也積極推動大學的社會工作學院,能夠代訓機構的 EBP 工作小組,並提供實習指導人員 EBP 的訓練。能夠持續性提供這種訓練的教育學分,對所有的社會工作人員會是一個良好的激勵誘因。

影響療效的普遍性因素和嘟嘟鳥理論

　　如果你對於 EBP 的疑問,是在尋找最有療效的介入方式,你就應該要記住,還有其他因素也會影響處遇結果,而非只專注在最好的處遇形式。例如,我們前面提到既然已經認知到任何以證據為基礎的介入,必須要有堅強的醫病合作背景,才能獲得有效的結果,那麼就應注意醫病關係的重要性。研究中得到一致的見解,某些實務工作者和處遇方法的特性會影響醫病合作關係的強弱和處遇結果

（Hubble, Duncan, & Miller, 2009）。雖然這些相關因素的實驗性論述還在發展中，但下列有一些實務者和處遇方法的特性，已經被嚴謹的研究認定，對於處遇結果有關鍵性的影響：

- 正確的同理心
- 溫馨的感覺
- 積極關注
- 培養希望
- 在案主改變的階段，施以適應處遇

　　認同這些普遍性因素的研究，指引實務工作者在尋求進入以證據為基礎的實務過程中，應該被視為是絕對必要的。也就是說，如果你想依照研究得來的證據，擴大實務的效果，不能只考慮到介入形式的證據，還要考慮一般處遇因素的證據。此外，對於有最佳證據支持的這些因素，你也要尋求加強個人的技巧。因此，面對有各式各樣問題的案主，開發和改進你個人的技巧，學習做有效介入的處遇，是非常關鍵性的需要，同時也能學習到如何執行以證據為基礎的實務。

　　但是部分對 EBP 的批評認為，這些因素的選擇是在減輕 EBP 的重要性。根據研究，醫病關係品質對處遇結果的影響，遠大於特定的介入方式，這些批評因此認為，介入方法的選擇與療效無關，只要實務工作者有良好的醫病關係，所有的介入方式都有同等的效果（Wampold, 2001）。這種反對性論述被稱之為「嘟嘟鳥理論」（dodo bird verdict），因為在《愛麗絲夢遊仙境》（*Alice in Wonderland*）的故事裡，嘟嘟鳥在比賽之後主張「所有比賽者都贏了，都應該有獎品」（Luborsky, 1975）。

　　但是其他人則反對嘟嘟鳥理論，他們認為介入方法的選擇對於療效也會有重大的影響（Beutler, 2002; Craighead, Sheets, & Bjornsson, 2005; Lilienfeld, 2007）。他們也認為，即使醫病關係因素對於處遇結果的影響，大過於介入方法的選擇，但也不是意味著特定介入方法的選擇是不重要的，他們認為為什麼不能兩者並重？此外，EBP 程序強調兩者並重，如同以證據為基礎的介入方式也重視處遇手冊。

　　何者對處遇效果影響較大？我們不想在介入方法的選擇和醫病關係的辯論中

選邊站。但是我們的確認為，除非此項爭論得到解答，顯示介入方法選擇對於處遇的結果沒有特殊影響，才會判定嘟嘟鳥理論是錯誤的二分法。也就是說，只要選擇介入方式對於醫病關係有附加的影響，或即使醫病關係的確對療效有重大的影響，也不能對 EBP 程序做強制性的否定。此外，如果實務工作者在研究嘟嘟鳥理論之後，仍然強調對醫病關係的重視，那毫無疑問地，他們是真正在執行以證據為基礎的實務工作，因為他們是以研究證據的評估做為決策的依據。

重點整理

- 在以證據為基礎的實務程序中，實務工作者會依據現有最佳的研究證據做為實務的決策。

- 以證據為基礎的實務程序，鼓勵實務工作者利用他們對於特殊環境的決策和有關的實務專業知識，去整合科學上的證據。

- 儘管大部分以證據為基礎的實務論述，都是有關如何提供介入給案主做決策，但它同時也應用在評估，讓實務工作者更換其他層次的實務工作。

- 以證據為基礎的實務，包括批判性的思考、質疑、辨別沒有事實根據的信念和假設、運用現有最佳的科學證據，來決定如何介入個人、家庭、團體或社區的處遇。

- 以證據為基礎的實務工作者，必須將追求證據視為實務工作中持續要進行的一部分。他們必須知道如何去尋找相關的證據，以及瞭解研究設計與方法，才能夠精確評估所找到研究的有效性。他們所採取的行動，必須要依找到的最佳證據，並且運用研究方法去評估以證據為基礎的行動，是否確實達到他們所預設的目標。

- 做為一個證據基礎的實務工作者，基於認知到有證據基礎知識的可替換性，因為它會被更新，也許被更好的研究反駁，那是意味事業生涯的學習。也就是說，對於必須不斷尋求並評估新的研究，要將它當成是個人終身實務工作的一部分。

- 以證據為基礎的實務程序，其步驟包括建構問題、尋找證據、謹慎評估找到的相關研究、決定哪一種證據基礎的介入方式最適合你的特定案主、運用以證據為基礎的處遇方式，以及評估程序和提供回饋。

- 對於以證據為基礎的實務問題，在介入的方式方面，可以是開放的，

或是可以事先指定一種或以上的介入方式。

- 對於證據的尋求方式，可以採用由上而下，或由下而上的策略。若是採取由下而上的策略，你要去搜尋文獻，對你建構的實務問題，尋找任何能夠提供證據的所有來源。你要閱讀和評估所有證據的品質，判斷它是否適合你獨特的實務決策，最終再依據你認為是最可行的證據，選擇一個行動方案。

- 若是採取由上而下的策略，你將不會自己去尋找和評估所有的相關研究做開始，而是依據他人已經完成，以證據為基礎的研究結果。在下列形式的報告中尋找證據，像是某些系統性的評論、後設分析或提供實務指導的書籍。

- 即使是有最佳證據支持的介入方法，也不必然對每個案主或情況都有效。對某個族群成員有效的介入方法，對其他族群案主可能會無效。有強力研究支持的介入方法，其程序可能會和某些文化或個別案主的價值

相衝突。

- 雖然大多數的社會工作教育人士和實務工作者，似乎都支持以證據為基礎的實務程序，但也並非是全部都如此。部分對 EBP 有異議的理由，是在現實環境中執行的可能性障礙。其他則是基於方法論或哲學上的依據，或對 EBP 的錯誤觀念，特別是觀念上的偏差，將 EBP 的*程序*與證據基礎的*介入*並列。

- 一般社會工作人員的工作環境，無法提供給幕僚足夠的時間、訓練、出版刊物、使用網路資料庫和搜尋引擎，有效和正確地執行證據基礎實務的程序。但是，已經有許多因應對策，可以緩和這些 EBP 程序中的障礙。

- 從研究中也有共識，某些普遍特性的處遇因素，似乎也會在介入形式領域內影響處遇的結果。雖然這些因素被部分人士引證，做為反對 EBP 的重要依據，但 EBP 倡導者也可以提出許多反駁的論點。

實作練習

1. 建構一個以證據為基礎的實務問題，來引導你對以下的案例，決定最有效的介入方式。對象是一

位多次目睹父親虐待母親的 6 歲非裔美籍男孩，他的診斷包括有行為障礙和創傷後壓力症候群。

2. 假設你搜尋不到可以回答實作練
   習 1 的研究證據，因為沒有任何
   研究的參與者符合你案主的特徵。
   討論一下各種可行方案以引導你
   做決策，哪一種研究支持的介入
   方法對你的案主是最有效的。

3. 對於各項以證據為基礎的實務程

序者的反對意見，說明如何對實
作練習 2 作答。

4. 說明在實務學習過程中，哪些是
   你認為最重要的一般醫病關係技
   巧？並討論他們如何形成你做為
   以證據為基礎的實務者的一部分。

網路練習

1. 為幫助你執行以證據為基礎的實
   務（EBP）程序的前兩個步驟，
   以及找出其他與 EBP 有關的連結
   網頁；請連結到以下網站：www.
   lib.umich.edu/socwork/rescue/ebsw.
   html，討論在那裡找到的資料如何
   幫助你完成 EBP 程序的前兩個步
   驟？

2. 依網路練習 1，在網站中找出至少
   兩個與 EBP 有關的連結，請簡述
   它們如何幫助 EBP 程序的執行。

3. 使用像 Google 這類的網路搜尋引
   擎，請輸入搜尋詞彙，對於你有
   興趣的政策或介入方式。在搜尋
   的結果中，點選幾個最有趣的連
   結。簡單描述你在這些連結中找
   到的內容，搜尋詞彙所指的介入
   方法或政策，如何幫助尋找證據
   以引導你做實務的決策。

4. 如 果 你 可 以 進 入「 學 術

Google」，或是本章所提及的任
何特定資料庫服務，請輸入你有
興趣的政策或介入方式的搜尋詞
彙。在搜尋結果中，點選幾個最
有相關的連結。簡單描述這些資
訊來源、每個證據的類型、搜尋
詞彙所指的介入方法或政策，如
何引導你做實務的決策。

5. 拜訪 Campbell Collaboration 的 網
   站：www.campbellcollaboration.
   org，找出一個針對某問題的處
   遇方式是你有興趣且有效果的評
   論。請說明為何這些評論代表由
   上而下的搜尋策略？為何使用此
   策略會比由下而上的策略，是更
   方便的權宜方式。（如果你對健
   康或心理衛生照護的介入方式較
   有 興 趣， 你 可 以 使 用 Cochrane
   Collaboration 的網站：http:// www.
   cochrane.org.）

6. 輸入 dodo bird verdict 和 common factors psychotherapy 的詞彙。搜尋各項的資訊來源，並說明影響療效的普遍性因素，還有反對嘟嘟鳥理論的網站。簡單描述你在閱讀之後，將會如何影響你對 EBP 的展望。

提醒事項

EP 2.1.1e：專業生涯學習：基於認知到有證據基礎知識的可替換性，因為它會被更新，也會被更好的研究反駁，做為一個以證據為基礎的實務工作者，那是意味專業生涯的學習。

EP 2.1.3：運用批判性思考做專業判斷：EBP 的程序要求社工人員，對實務的常識要做批判性思考。

EP 2.1.3a：辨別、評估和整合各項知識的來源，包括有研究基礎的知識和實務智慧：社工人員在執行以證據為基礎的實務程序，要知道如何去尋找，謹慎評估有證據基礎的研究，並且整合其他實務知識來源，對適合他們的特殊實務工作做出最佳的行動方案。

EP 2.1.6b：善用研究證據推行實務：瞭解評估研究的質性、量化和融合方法及研究程序，加強社會工作人員運用研究證據的能力去推行實務工作。

EP 2.1.10d：蒐集、整理和解讀案主的資料：在 EBP 程序的最後步驟，包括蒐集和解讀案主資料，並評估所選擇的介入方法是否達到預定的目標。

EP 2.1.10g：選擇適當的介入策略：EBP 的程序包括，依照科學證據、整合其他來源的實務知識、選擇最適當的介入策略。

EP 2.1.10m：批判性分析、監測及評估介入方法：EBP 的程序包括，依照縝密的分析、決定介入的方式，然後對案主資料進行監測、評估所選擇的方式是否最適合於案主。

第二部分

研究的過程

　　我們已經在第一部分檢視過，在社會工作實務中，科學化探討和研究的運用及價值，現在讓我們開始檢視研究進行的過程。本書的其他部分也會接續做同樣的檢視。我們的做法將會探討研究方法的各種不同形態。本書第二部分的兩個章節，將對不同形態的研究方法，和運用在任何特定探討時的影響因素，提出概括性的論述。同時也將討論如何結合一種以上研究過程的研究調查。

　　第三章將概要討論兩種對比形態的研究過程：量化和質性研究方法。有關它們科學化研究的取向，將會顯現在書中的其他章節。除去敘述這兩種不同的研究方法之外，第三章也會討論它們的共通性，以及如何能在同一個研究中合併使用。事實上，基於這些研究取向的共通性被不斷的賞識與推崇，已經發展出一個新的研究類型，它結合量化和質性研究法，稱為「融合研究法」（mixed methods inquiry），將在第三章討論。

　　第四章將會檢視不同的研究有不同的研究目的，也會討論影響社會工作研究過程的其他各種因素。其他因素指的是倫理和多元文化，這兩種因素值得在本書後面的章節單獨做討論。從這兩個章節中所瞭解到的研究概念，將可以增進你對後續敘述倫理困境的正確評價，因為研究人員有時候會遇到如何讓研究增加多元文化的敏感度之類似情形。就因為在社會工作研究中的重要性，且為影響研究過程的角色，我們會在第四章對這兩種因素做簡單的敘述，保留更深一層的討論給後面的章節。

量化、質性和
融合研究法

前言

　　我們在第二章的結論提到，有些學者對於部分方法論和哲學上的爭議會影響到研究的進行，以及各種不同研究證據的價值，他們對此提出反對意見。過去，絕大多數的反對立場，所關注的是量化和質性研究法的比較性價值。事實上，有人會將自己歸屬為量化或質性研究人士，並不稀奇，兩方都會宣稱各自研究方法的優越性。在二十世紀的後幾十年，質性研究法的擁護者，在讚揚質性研究法的優點時，即使看到量化研究法在社會工作研究中傑出的表現，有時候還是會有反對的聲音。然而同時，認為這兩種研究法無法共存的看法也逐漸在消退，也許是因為質性研究法擁護者的主張，研究人員開始認知到這兩種研究方法的互補性，可以在單獨的研究中合併使用。這一種新的認知，最終衍生出第三類的研究法—融合研究法，它強調在同一研究中，結合量化和質性研究方法的重要性，並提供結合不同方式的架構。

　　本章將概述這三種研究方法，敘述質性和量化研究法各自的特色、優缺點和合併使用的好處。本章概述應該可以幫助你閱讀本書其他章節，其他章節對質性和量化研究有更深度的描述，包括質性和量化研究法的優缺點、兩者特殊性的互補模式，都會陸續在本書中出現。

量化和質性研究方法的比較

EP 2.1.3a
EP 2.1.3b
EP 2.1.6b

量化研究方法（quantitative research method）[1]特別強調在尋求精確性和通則化的統計調查結果。當我們想要確定某項因素是產生效果的主因時，通常會採取量化研究法。量化研究法的特色是，嘗試在事前建構全部或大部分的研究步驟，接著堅持依循最具客觀性的步驟，進行資料蒐集。

質性研究方法（qualitative research method）[2]比較專注在探討人類特殊經驗代表的深層意義，開發有理論依據的廣泛觀察，這些是沒辦法簡化為數字的。質性研究法的特色是以更有彈性的計劃做為研究的開始，在研究步驟中引進更多的觀察資料。

雖然量化研究法比較是在大量的母群體中，尋找研究發現的客觀性、正確性和通則化。而質性研究法的特色則是對於人類經驗的代表意義，允許在主觀上做深度的瞭解。這並不意味量化研究法就完全沒有彈性，或質性研究法欠缺事先規劃的研究步驟。反而是凸顯出某些研究所強調的，要結合量化和質性的研究方法。

以下是區分兩種研究方法的範例。假設一位醫務社會工作人員想要對末期病人在安寧病房和標準式醫院這兩種醫療照護上，評估其心理及社會治療的觀點。簡單來說，標準醫院的照護強調不計成本，使用各種醫療技術去對抗病魔，甚至會破壞病人的生活品質並帶來極大的不舒服。而安寧病房的照護，則是強調盡量降低病人不舒服的感覺，在他們人生剩下的有限日子裡，增加生活品質，甚至避免可以延長生命但會妨害生活品質的技術治療。

假設社會工作人員主要的研究目標，是要探討病人接受不同照護方式會不會、以及如何產生不同的生活品質。在量化研究方法，社會工作人員會去詢問每一位病人最親密的家人，完成一份標準化的問卷調查，瞭解病人痛苦感受程度、

1　量化研究方法　一種特別專注在尋求精確性和通則化結果的研究方法。量化研究法的特色是嘗試在事前建構全部或大部分的研究步驟，然後堅持依循最具客觀性的步驟，進行資料蒐集。

2　質性研究方法　一種比量化研究法有彈性的方法，在研究步驟中，能夠接受引進更多蒐集到的觀察資料。它的特色在於，允許主觀性深度瞭解人類經驗代表的意義。

病人所忍受化療帶來的副作用（例如化學治療產生的掉髮問題）、病人的心情和動作等。調查中對於各項問題會採用計分方法，分數的總和代表對整體生活品質的評分。理論上，這一種量化工具應該被廣泛測試過，並對不同受訪者重複詢問，且得到一致性的結果。所以，它必須是不會受到受訪者的偏好或既得利益者影響的測量工具。如果在安寧病房接受治療的病人分數，高於接受標準醫院治療的病人，社會工作人員就會斷定，安寧病房照護的生活品質優於標準醫院的照護。

然而，社會工作人員也會質疑這種量化工具，是否真能測出所有生活品質的複雜化面向。它只能提供分數，或許那只是表層的意義，它並沒有完全告訴我們這兩種醫療照護影響了哪些生活品質，也不太能瞭解病人的生活經驗對病人的意義為何。

社會工作人員會採用的另一種選擇模式是質性研究方法。這種測量方法也許需要對醫院的末期病人，花費大量時間來監控其標準及安養照護方式。社會工作人員可能只需要對病人進行觀察，並將詳細情況記載在工作紀錄上，分析紀錄中的資料可以看出各個照護模式所顯露出的事實和問題。第十六章，我們會對這個質性研究法再做深度的探討（Buckingham et al., 1976），觀察末期病人在這兩種不同的照護情形及其感受程度。Buckingham 決定放棄間接性的量化研究法，採取直接體驗方式。根據他的直接觀察和主觀經驗，他可以深入討論安寧病房的醫護人員如何比其他醫療人員，有較多的敏感度與同理心；而病人家屬似乎被鼓勵，比較願意參與個別照護並瞭解病人的感受。由於是主觀性介入病人的立場，研究人員對於這兩種照護方式產生不同生活品質的原因，可以提供一個深度和有同理心的見解。

但是，這一種質性研究法會有缺點嗎？有些人或許會質疑調查人員對安寧病房的照護方式有預設立場、有所偏愛與渴望獲得重要結果的企圖心，這些是否會促使他預做有利於安寧病房的觀察行為。質性和量化研究法，哪一種受歡迎？事實上，兩者都有同等重要的價值。每一種研究方法都可以提供有用的資料，在尋找真相和理解的過程中，各有優缺點。其結果是，部分優質的社會工作研究，採取結合質性和量化研究法的方式。

至於我們對於特定的研究方案，是否應該著重在質性或量化研究法，或是兩者併用，則取決於研究的狀況和目標。質性研究法比較適合的情況是，對於一種陌生的新事物，我們需要有彈性的探討空間；或者深入複雜的事物以尋求主觀上

的意義，形成概念上的認知，為將來的研究建構試驗性的理論。因此有時候在同一議題上，質性研究法是在為量化研究法鋪路。多數情況下，質性研究法可以自足的產生研究結果。每一種研究法各有所用、適當性與優缺點，也都有獨特的貢獻。每一種研究法都是實用的工具，它不是教條。研究人員面對研究中的問題和條件，要使用適合的配套工具，部分研究需要採用量化研究方法，部分研究需要採用質性研究方法，還有必要的話，則採取兩者併用的融合研究法。雖然，質性和量化研究法兩者可以共存，但許多研究人員仍舊只偏重採用單一的研究方法，這樣的研究模式，當然會嚴重影響研究過程的本質。

我們在書中會提到質性和量化研究法，有時會著重在質性研究法或量化研究法。當我們各自討論兩者的優點或弱點時，請記住我們並不是在暗示哪一種研究方法的優劣。圖表 3.1 列出量化和質性研究法在各自不同屬性的重點比較。我們在前面段落已經對部分屬性做過比較，其他的屬性你可能較不熟悉，但我們會在本章稍後或後續的章節繼續討論。因此，當你在檢視圖表 3.1 時，對於陌生的用詞不要擔心。同時請記住，無論兩者在對照上的差異為何，量化和質性研究法是可以共存的（如以上所討論）。除此之外，雖然某些屬性在某種研究方法上可能比較適用，也不代表兩者皆不宜。例如，某些量化研究是歸納性的、小樣本的、探索性研究的。而某些質性研究或許只在機構中進行，而沒有尋找現實環境的參與者。同樣的，有些研究在研究初期先進行量化研究，獲得較佳瞭解之後，再進行質性研究。

融合研究法

許多社會工作的研究調查，會採用一種以上的研究方法。例如，一項有關兒童福利方案的嚴謹量化成效評估，檢視官方紀錄，在計畫實施之後，受虐兒童的比率是否下降；同時也會檢視，參與正向親子關係知識測試之後，方案中案主評分是否提高。一項針對街友生活經驗的嚴謹質性研究，除了對流浪街頭的人進行無結構性、開放式的訪談之外，還可以結合研究人員親自參與街友生活，實際體驗並觀察他們同伴的行為，獲得第一手主觀上的感覺，瞭解街頭生活的感受。

雖然，有些人會認為以上的範例是採用混合式的研究方法，因為其一是運用一種以上的量化研究方法，其二是運用一種以上的質性研究方法。其實在同一項

屬性	量化研究法	質性研究法
目標	精確性 通則化 假設檢定	深度瞭解 背景描述 產生假設 發現
研究結構	事先訂定研究步驟	在資料蒐集之後，逐步形成彈性步驟
資料蒐集方式	辦公室、機構、郵件或網路	研究參與者的自然環境
最常用的理論取向	演繹法	歸納法
樣本大小	較大	較小
調查現象的時間點	稍晚，現象熟悉建立之後	稍早，先獲得現象熟悉
著重客觀性或主觀性	客觀性	主觀性
資料本質的著重	數字	文字
研究發現的深度和通則化	比較表面，但比較通則化	比較深入，但缺乏通則化
研究背景描述的豐富性	缺乏研究背景的詳細描述	豐富且詳細的描述研究背景
資料蒐集方法特性的著重	多樣化，但是高度結構化	較冗長，缺乏結構化的觀察和訪談
一般採用的研究設計類型和方法	實驗設計 準實驗設計 單案設計 調查	民族誌 個案研究 生活史 焦點團體 參與行動研究 紮根理論
資料蒐集工具的著重	封閉式問卷調查和測量	開放式訪談及探查
研究資料蒐集的人力需求	花費較少時間	花費較多時間
資料分析的人力需求	花費較少時間	花費較多時間
資料分析的程序	母群體的描述統計或假設推論或然率錯誤的推定	尋找敘述的類型和意義，而非數字
強調評估精確典範	當代實證主義標準的各種解釋，在於最小的偏誤、最大的客觀性和統計上的控制	也許會用當代實證主義的標準，但是標準的基礎在於通常使用的社會結構主義、批判社會科學和女性主義典範
其他研究人士複製的難易度	比較簡單	比較困難

圖表 3.1　量化研究法和質性研究法的差異對照

研究方法中，若結合量化和質性研究方法，普遍會被稱為**融合研究法**。無論如何，**融合研究法**（mixed methods research）[3] 在本世紀以來日益增加，它被定義為在一個特殊研究同時運用量化和質性兩種研究方法。它反而被視為是一種獨立的研究設計類型，在一個單獨研究中，它不只是蒐集質性和量化兩種資料，同時會在研究過程的一個或更多階段中，整合兩種研究方法的資料來源，以改進在調查中對於各種現象的瞭解（Hanson et al., 2005）。

▶▶▶ 融合研究法的設計類型

在**融合研究法**的大標題下，依據被強調的是質性或量化研究法，與每一個方法被實施的時間順序，融合研究法可以被區分為九種類型。三種可能被強調的類型如下：

- 質性為主
- 量化為主
- 質性與量化並重

另外三種依據順序的可能類型是：

- 質性為先
- 量化為先
- 同時發生（同一時間實施質性與量化研究法）

圖表 3.2 是融合研究法的九種可能類型。其中粗體字代表該方法在類型中有優先性，我們現在來討論，圖表 3.2 中每一種類型的假設性圖示。

質性→量化。表中第一類型的設計是對從伊拉克和阿富汗戰役歸來的退伍軍

---

[3] **融合研究法**　一種獨立的研究設計，在一個單獨研究中，它不只是蒐集質性和量化兩種資料，同時會在研究過程的一個或更多階段中，整合兩種研究方法的資料來源，以改進在調查中對於各種現象的瞭解。

質性為主

質性 → 量化（以質性為主，以質性為先）

量化 → **質性**（以質性為主，以量化為先）

質性為主，同時進行

量化為主

量化 → 質性（以量化為主，以量化為先）

質性 → **量化**（以量化為主，以質性為先）

量化為主，同時進行

質性與量化並重

質性 → 量化（兩者並重，以質性為先）

量化 → 質性（兩者並重，以量化為先）

兩者並重，同時進行

圖表 3.2　九種融合研究法類型的設計：強調順序

人，做深度和開放式的質性訪談調查。研究希望優先獲得深度瞭解他們返家之後，回復一般民間生活所面對適應的挑戰與經驗。運用質性技巧，蒐集和分析資料之後，再用量化研究檢視，有多少參與樣本符合哪一種質性分析的類別。這種研究方式的重點和報告內容是在質性分析，量化分析所顯示的數字並不重要，也不是研究的優先項目。

　　量化→質性。表中第二類型的設計是以量化研究開始，對軍事作戰退伍軍人的隨機樣本進行結構化的訪談調查，完成一份問卷檢測，指出他們經歷了創傷後壓力症狀。問卷調查資料的結果，不會是研究的優先項目。反而是被用來做為確保質性研究的依據。在質性研究，會對有非常嚴重和比較輕微創傷後壓力症候的退伍軍人，做深度和開放式訪談，嘗試去瞭解為何有些退伍軍人的創傷症候比別人嚴重，站在他們的立場，描述他們的情形。

　　質性為主，同時進行。表中第三種類型的設計以相同的退伍軍人、相同的資料蒐集過程，進行質性訪談和量化問卷調查。（也許有一半的退伍軍人會先回應質性研究，其他的退伍軍人則優先回應量化研究。）先取得退伍軍人如何再適應

民間生活的深度瞭解，而量化資料的運用則用兩個次要目的予以檢視：(1) 能否驗證每一位退伍軍人的質性分析；(2) 統計有多少退伍軍人是經過各種深度的質性分析。

量化→質性。表中第四種類型的設計是為了要優先回應有關性別的問題，戰爭的衝擊是否影響他們民間生活的情緒安定，或社會心理再適應能力，男性和女性退伍軍人是否有不同。兩性退伍軍人可以完成量化調查表，來測量他們的創傷症狀程度和社會心理調適。雖然研究優先檢測性別在上述測量分數是否有統計上的顯著差異，經量化資料分析後，會對分數上呈現嚴重症狀和適應能力的退伍軍人，進行質性訪談。質性訪談的目的是要去補充量化研究的發現，將量化研究發現的結果應用到實際生活，並做為特殊個案的範例。

質性→量化。表中第五類型的設計是以試驗性研究進行質性訪談做為開始，啟發研究概念，發展量化工具，測量退伍軍人民間生活的社會心理調適能力。例如，依據質性訪談的結果，研究人員可以發展量化測量工具需要的項目。試驗性研究可以用來建立假設，檢測量化研究。融合研究法的優先項目不會是質性分析的結果，反而是在使用量化研究工具之後，去測試質性研究產生的假設。假設之一是，男性和女性在民間生活的社會心理調適能力有差別。

量化為主，同時進行。表中第六類型的設計是，對於男性和女性退伍軍人民間生活社會心理調適能力是否有差別尋找答案。在量化資料分析之後，再進行質性訪談，它會將退伍軍人區分成兩個族群。多數男性與女性退伍軍人會完成量化調查表，而少數同袍則接受質性深度訪談。這類研究設計的優先事項是在量化研究發現，而質性研究發現只是用來說明，男女退伍軍人在適應民間生活上有不同的問題。

質性→量化。表中第七類型的設計是質性量化並重，男性和女性退伍軍人在民間生活的社會心理調適能力是否有差別，回答以上問題，並對他們重新適應過程中克服的困難和經歷，獲得深入瞭解。部分男女退伍軍人會回覆質性訪談，根據訪談結果分析，再為另一群人發展量化測量工具。這類型的研究報告，包括質性量化並重的研究發現。

量化→質性。表中第八類型的設計也是質性量化並重，男性和女性退伍軍人在民間生活的社會心理調適能力是否有差別，回答以上問題，並對他們重新適應過程中克服的困難和經歷，獲得深入瞭解。然而此項設計是先運用量化研究，再

依適應能力分數區分為最佳、最糟和中等三組受訪者,進行質性訪談。這類型的研究報告,也包括質性量化並重的研究發現。

兩者並重,同時進行。表中第九類型的設計,瞭解男女退伍軍人在民間生活的社會心理調適能力是否有差別。但是,它不在意質性和量化研究實施的順序,將退伍軍人分成兩組,多數男性與女性退伍軍人會完成量化調查表,而少數同袍則接受質性深度訪談。這類型的研究報告,也包括質性量化並重的研究發現。

▶▶▶ 運用融合研究法的理由

從以上的說明,你也許可以推測出,選擇結合質性和量化研究法的各種理由。以下有三個主要理由:(1) 使用其中一種組合說明個案情形,或為另一個組合的研究發現提供數據。(2) 使用其中一種組合啟發研究概念或技巧,做為另一個組合的後續發展。(3) 兩種組合方法的研究發現,是否相互驗證。這些理由在圖表 3.3 中說明,粗體字是代表重點研究法。

例如,在某些研究中結合兩種研究方法,質性研究資料可以提供說明,如何對特定的個案運用量化資料。在同樣類似的研究中,量化資料也可以提醒那些數據適合質性研究的類別。運用兩種研究方法是第一個理由的範例。第二個理由的範例是,質性研究方法做為量化研究的測量和建構假設,或者量化研究的資料產生疑惑,需要質性資料加以解釋。第三個理由的範例,根據質性訪談的結果顯示,男女退伍軍人在重新適應民間生活時,面對的問題型態和調適能力均不相同;這

理由	順序	範例
延伸主要的研究發現	**量化**→質性 **質性**→量化	質性研究說明量化研究如何運用在特殊個案。 量化研究指出質性研究類型的個案樣本數量。
產生研究問題或技巧	質性→**量化**	質性研究確認研究的問題,以評估量化研究的運用,或幫助量化測量工具的開發。
驗證研究發現	**量化**→質性 **質性**→量化 同時進行	質性研究用來支持量化研究發現的效度。 量化研究用來支持質性研究發現的效度。 以上任何一個驗證方法,包括質性和量化的研究發現都是同等重要。

圖表 3.3　使用融合研究法的理由

些資料需要量化資料做為佐證，以瞭解其相異性。如果兩種研究方法的結果大相
逕庭，需懷疑這項研究發現的效度。發現這些矛盾是有價值的，代表有需要另闢
新的研究途徑，說明或解決這些矛盾之處。

我們也推測，你可能會對這些質性、量化和融合研究法的討
論，感到些許困惑。果真如此的話，我們會鼓勵你不要擔心，你
的同儕大部分也都有相同的感覺。不用害怕，本書其他章節會對
這些研究方法深入探討。但是本章結束之前，我們會簡單介紹研
究過程中各個階段，這些階段的運用，無關於研究方法類型的選
擇或著重哪一種研究方法。

EP 2.1.3a
EP 2.1.3b
EP 2.1.6b

量化、質性、和融合研究法研究程序的階段

　　無論質性和量化研究法的差異為何，單獨使用或採用組合模式，都要依循相
同的研究階段。我們現在就來討論這些適用於量化、質性和融合研究法，研究程
序的各個階段。

第一階段：問題建構

　　第一階段的困難性在於需要有更多的知識相佐證。在研究問題提出之後，問
題和內在的概念會急遽地被發展出來，更趨近於社會工作的特性、相關性和意
義。當這些完成之後，接著要思考執行研究的可行性。最後就是決定研究目的、
確定研究要素，文獻回顧是這個階段的重要步驟。除此之外，演繹的量化研究會
定出這一階段的假設和變項，並用可觀察的專有名詞對變項做出定義，稱之為**操
作性定義**（operational definitions）（將在第六章討論）。另一方面，歸納的質性
研究比較傾向於在執行各項觀察之後，等待讓假設浮現。至於融合研究法，會隨
著量化和質性研究法，依問題建構的順序和著重程度而定。某些融合研究法的類
型會以質性研究取向開始，有些則以量化研究開始。但是無論以何種研究法做為
開始，不表示一定在研究中居於優先的地位。同樣的，無論它們的先後順序為何，
也許兩者在研究的優先性是相等的。某些研究也許會在同一時間，使用兩種研究
方法，但並不表示它們有相等的著重程度。如同我們將在下一章討論的，影響兩
種研究程序的因素就是典範和理論。根據 Hanson 團隊的研究（2005），特別重

視融合研究方法問題建構的階段，因為選擇相關的理論或典範，將會引導決策訂定以何種研究方法為重。

第二階段：研究設計

第二階段是考量選擇邏輯性的設計安排和資料蒐集的方法。這些安排和方法的選擇，取決於問題建構過程中訴求的重點。研究可行性是一項重點，研究目的則是其次。研究原因的探究，邏輯性的安排，需要符合因果關係建立的三要素，我們將在第十一章討論。滿足研究的其他安排則是尋找探討和描述的特定現象。

第三階段：資料蒐集

第三階段是利用第二階段研究設計，事先嚴謹的設計資料蒐集結構，或有更多的彈性，容許在發現新領悟後開放修改，這樣的研究目的和研究設計會決定這一階段的重要程度。量化解釋性研究追求證實假設，或者量化描述性研究強調正確性和客觀性；相對的，質性研究法瞭解特定現象的意義或由此產生假設；量化研究比質性研究更需要嚴謹的、結構性的資料蒐集程序。

第四階段：資料處理

選擇研究方法之後，無論是量化、質性或兩者結合的方法，前一階段蒐集的資料，一定會堆積很多，可能很難解讀。這一階段的資料處理，包括將觀察資料進行分類或編碼，讓它們更容易解讀。

第五階段：資料分析

處理過的資料，經過解讀有助於回答研究問題。可以想像得到，資料分析也會產生無法預期的研究發現，也可能產生一個特殊問題去引導研究。資料分析的結果，會回饋到原先建構的問題，同時可能開啟另一個探究的循環。

第六階段：解釋研究發現

貫穿本書其餘章節之後，很明顯的，研究設計沒有絕對正確的方法，也無法保證資料分析的結果可以對研究問題提供正確的解答。某些經過統計的量化資料，可能可以提供最佳的資料解釋，但是沒有任何的數學公式或電腦，可以消除

研究發現意義的判斷。無可避免地，我們一定會遇到研究發現無法解釋的現象，所以必須要考量到各種方法論上的限制，它們會影響研究發現通則化的程度，演變成研究報告的結論，無法呈現資料分析結果的代表性。所以，研究結果須要徹底的檢討，研究結果解讀方法的選擇能否形成研究結論通則化，還有研究方法論的限制影響研究結果的意義和效度。最後，未來的研究範疇在社會福利政策與方案發展、社會工作實務和理論。

第七階段：撰寫研究報告

　　雖然研究報告撰寫在邏輯上是研究程序的最後階段，但實際上，整個研究過程一直在進行。研究報告的內容，大部分是根據上述各個階段的架構。儘管標題的專有名詞（專業術語）隨不同的研究而異，但基本上，研究報告還是會以**前言**（introduction）做為開始，介紹研究問題的背景，提供讀者研究動機和研究重要性，回顧相關的理論和研究。前言之後，解釋研究概念要素。有一段的**方法論**（methodology）會描述研究設計，包括量化或質性蒐集資料的方法，和任何邏輯性的研究設計。然後是資料分析的**結果**（results），確認量化或質性分析程序；

EP 2.1.3a
EP 2.1.3b
EP 2.1.6b

以表格、圖形或其他視覺工具呈現資料；對特定資料的意義，做技術性、真實性的敘述。接著是**研究討論**（discussion），包括第六階段確認的議題。最後，依據報告或討論篇幅（或兩者兼顧）的長度，撰寫摘要。簡易的總結，凸顯重要的研究發現和結論，研究報告就可以結束了。附錄 B 提供研究報告撰寫的進一步資訊，也描述質性研究和量化研究報告的差異性。

　　現在，你對以上三種研究方法和各個研究程序階段，已經有更清楚的瞭解，下一章，我們將檢視影響質性、量化和融合研究法各個階段的不同因素。

重點整理

• 量化研究方法企圖產生精確性和通則化的研究發現。

• 質性研究方法強調深度的瞭解，企圖對人類生活經驗的深層意義有主

觀性的見解，也試圖產生理論性的豐富觀察。

• 融合研究法的調查同時蒐集質性和量化兩種資料，並且會在研究過程

中的一個或更多階段，整合兩種研究方法的資料來源，以改進在調查中對於各種現象的瞭解。

- 根據被強調的是質性或量化研究法，並依每一個方法被實施的時間順序，融合研究法可以被區分為九種類型。

- 選擇去結合質性和量化研究法的理由包括：(1) 使用其中一個組合方法去說明案情，或為另外一個組合方法的發現提供數據。(2) 用一個組合去開啟研究概念或技術，後續被另外一個組合跟隨繼續進行。(3) 求證兩種組合的研究發現，是否相互驗證。

- 研究程序的階段包括：問題建構、研究設計、資料蒐集、資料處理、資料分析、解釋研究發現和撰寫研究報告。

實作練習

1. 檢視最近幾期的社會工作研究期刊（例如 *Research on Social Work Practice* 或 *Social Work Research*）。找出一篇文章是強調量化研究法，一篇文章是強調質性研究法。討論各自的價值和如何闡述相對的方法。

2. 在同樣的期刊中，找出一項最近的研究，在標題或摘要中，有融合研究法的用詞，而且也強調運用融合研究法。確認本章九種融合研究法的哪一種設計描述，最符合上述的研究取向，並說明理由。

3. 假設你被要求設計一項研究調查，去評估一個家庭保護方案的成功績效，這個方案的目的是要對寄養家庭的小孩，提供密集的家庭社會工作服務，以預防孩子有受虐待或被疏忽的風險。在何種情況下，你會在研究設計中選擇強調量化研究法或質性研究法？它們各自的優缺點為何？你如何或為何選擇去結合這兩種研究方法？

提醒事項

EP 2.1.3a：辨別、評估和整合各項知識的來源，包括有研究基礎的知識：社會工作人員要知道如何辨別質性、量化和融合研究法的知識來源。

EP 2.1.3b：預估、預防、介入和評估的分析模型：社會工作人員要瞭解預估和評估的質性、量化和融合研究法。

EP 2.1.6b：善用研究證據推行實務：

瞭解預估評估的質性、量化和融合研究法——瞭解研究程序——加強社會工作人員運用研究證據推行實務工作的能力。

影響研究過程的因素

前言

　　我們在第二章提到，學者對「哪些方法學或哲學議題會影響研究執行」及「不同種類研究得出的證據各有怎樣的價值」仍有不同看法。在本章，我們將討論幾個會影響研究執行的方法學或哲學議題。不過，在進行討論前，請謹記：無論學者對上述議題抱持怎樣的立場，學界對「社會工作研究及社會工作實務是為解決社會福利相關問題」此論點則有高度共識。社會工作研究與實務有著相類似的問題解決過程：此兩者均開始於「問題形成」（包括：界定問題、定義問題及具體化問題）。接著，研究者與實務工作者均會產生、探索及選擇解決問題的可行策略。最後，他們執行選取的策略與方法；評估選取的策略、方法與工作結果；並展現與宣揚他們的發現。無論是實務或研究，這些不同階段的成功都得依前個階段執行狀況而定。雖就邏輯而言，這些階段有其順序；但在實際運作時，在任何階段出現的狀況或問題都會阻止研究者進到下個階段，並使他們得回到上個階段重新檢視與思考採用的策略。很多因素都會影響這些階段在不同研究中執行的狀況。讓我們從檢視研究目的這個因素，開始本章的討論。

質性與量化研究中的研究目的

　　如果你快速瀏覽各篇期刊文章的摘要，你將會注意到每個研究都有其各自的研究目的。有些研究希望對某些現象提出嘗試性的新解釋、提供某種總結式的描述，或提出假設性的解釋。有些研究意在評估政策、方案或介入策略。有些研究則意圖研發與測試新的預估工具（a new assessment instrument）。

　　你仔細閱讀各篇期刊文章，也許會注意到：當有不同目的時，研究也通常有不同研究過程與取向。例如，想瞭解新興現象的研究會傾向採用較彈性的**質性研**

究，並對觀察法與解釋研究有著較大包容；反之，意在評估介入方式有效性的研究則傾向採用高度結構化的**量化研究**，並在事前有著完備的準備。我們已在第三章比較過質性研究與量化研究；在接續章節中，我們會適時比較兩種研究取向的不同。在此小節，我們將說明不同研究目的，並分別給予符合質性研究與量化研究性質的例子。分類社會工作研究目的方式有很多種。雖然，每個研究有可能有著一個以上的目的，而實際上也是如此；但我們仍將分別檢視這些不同類型研究目的，因為研究目的會影響相關研究設計議題的決定。

▶▶▶ 探索

大多社會工作研究主要目的是為探索某些主題，以讓我們能開始對這些主題有些瞭解。探索性研究（exploratory studies）常用在當研究者想擴展新研究領域；當某些現象是新興議題或尚未被研究過；或當研究者想瞭解更細膩進行某研究的可行性；或想在既有研究領域中採行不同類型研究方法時。舉例而言，假設你做為社會工作人員的第一份工作是得在一個你完全不熟悉、且明顯由少數種族組成的社區裡，為該社區內的老人發展新的服務方案，你也許會想藉社區調查，預估社區內的老人對新型態服務方案的需求及可能的利用程度。不過在投入大筆經費與時間，以獲得較精準且具結論性的研究發現前，也許會有人建議你，先執行靈活一點的小規模探索性研究，先讓你對此議題有一定熟悉度，進而讓你稍後較有能力與信心從事規模較大、也較具文化敏感度的研究。

探索性研究其實可採量化、質性或兩者皆有的研究方法；雖常有人把探索性研究與質性研究畫上等號。這種不正確的觀念其來有自，因為不少質性研究多是探索性研究；不過，探索性的量化研究並非不常見。例如，當研究者想申請經費，執行一項大規模的實驗性研究，在比較某介入方式的有效性之前，他們常會先執行較小規模的探索性先導實驗研究，瞭解研究進行時可能有的狀況，並先行獲得少許研究資料與暫時性結論，以利之後的經費申請。此外，小樣本的量化研究方法也可用在新興領域的探索性研究，以得到暫時性的資料與對現象的瞭解。探索性研究的主要限制在於，無論其採用何種研究方法，它們不容易得到研究問題的具決定性的答案。它們常只能暗示研究問題的可能解答，並針對未來可獲得具決定性答案的研究方式提供適度洞察。探索性研究不易有具決定性答案的原因在於代表性議題（the issue of representativeness）（我們將在第十章進一步說明）。一

且你瞭解抽樣與代表性議題後，你將能判斷探索性研究是否能回答研究問題，或僅能指出獲得答案的方向。

▶▶▶ 描述

　　許多社會工作研究常尋求的第二種目的則為：描述情境與事件。亦即研究者觀察情境或事件，進而描述其觀察。不過，由於科學觀察通常比較小心與慎重；因此相較非正式描述，科學觀察後的描述會比較正確與精細。

　　描述性研究（descriptive studies）可採量化、質性或兩者皆有的研究方法。舉例而言，量化取向的描述性研究，也許會針對社區內具代表性的居民樣本，藉由謹慎而大規模的調查，推論與預估社區居民的需求。藉著抽樣，研究者可較精準描述，有多少比例的社區居民需要哪些具體服務以滿足其需求。美國人口普查是個社會科學描述性研究的絕佳例子。其目標是正確與精準地描述美國，及其下的州或郡人口組成特質的豐富多樣性。

　　不過，**描述**在質性與量化研究中有著不同的意義與使用方式。在量化研究中，**描述**通常意味針對某母群體（population）特質的整理；其資料通常來自被視為能確切反應母群體狀況的樣本（sample）。量化研究描述的資料常是些容易被量化的表面特質，例如年齡、收入、家庭成員數目等。在量化描述性研究中，資料描述的客觀性、精準性與可通則化是最主要的考量。

　　在質性研究中，**描述**意味對現象及現象深層意義進行厚實檢視與描繪。質性研究的描述傾向從被描述者的角度，豐富地敘說他們的環境、互動、意義和日常生活，而非精準地從樣本資料推論與通則化母群體狀況。例如，針對處在福利較少的州之接受福利的母親其質性描述性研究，描述的是：福利給付的不充足對少部分這樣的母親及其子女帶來什麼影響、她們如何掙扎地求生存、鄰居與福利工作者如何與她們互動、這互動使她們有哪些感受、及她們該怎樣做以讓家庭獲得該有的東西等。相反地，針對同樣一群人的量化描述性研究則會選擇大量具代表性的樣本，描述她們接受公共救助的時間、她們的年齡、教育程度等。

▶▶▶ 解釋

　　社會工作研究常有的第三種研究目的為提供解釋。「呈現城市間兒童虐待比例的不同」是描述性研究；但「分析為何這些城市有不同的兒童虐待比例」則是

種解釋性研究（explanatory studies）。研究者採解釋性目的即在於他（她）若想知道為何受虐婦女會一再回到施虐者身邊，而非僅簡單描述她們重複了幾次。

　　如同探索性與描述性研究，**解釋性**研究也可採量化、質性或兩者皆有的研究方法。假設，我們要說明「為何有些受虐婦女會重複地回到施虐者身邊，而有些人不會如此做」。質化解釋性研究也許藉非結構式深度訪談，瞭解有些受虐婦女回到施虐者身邊的原因。量化解釋性研究會從設定解釋這些現象的因素與假設開始，進而去檢驗這些假設。例如，也許有些研究者會假設「參與受虐婦女支持團體」是使有些受虐婦女不會回施虐者身邊的因素；接著，這些研究者會邀請受虐婦女填答問卷，進而檢驗原先假設。

▶▶▶ 評估

EP 2.1.3a
EP 2.1.6b

　　社會工作研究的第四個目的為：評估社會政策、方案與介入方式。社會工作研究的**評估**目的（evaluative purpose）包含前述三種研究目的：探索、描述與解釋。例如，我們藉質性開放式探索性訪談（qualitative open-ended exploratory interviews），瞭解社區居民所需的服務類型與內容。我們也可藉量化描述性調查，評估社區居民遇到的問題及所需服務。描述性研究也可說明與評估服務執行與輸送方式是否符合社區居民原初期待。我們也可執行解釋性研究，評估社區居民不同種族背景是否影響他們較常（或較不常）使用服務。

　　評估研究也可用來瞭解社會政策、方案與服務是否有效達到宣稱的目標。方案與服務目標達成狀況的評估可包含探索、描述與解釋等。例如，若我們採開放式口頭訪談，邀請實務工作者回想，哪些方法看似最有效（或最沒效）達成處遇目標時，我們則在進行探索性評估研究，以瞭解哪些處遇方法值得進一步評估。假設我們評估多少服務接受者達到處遇目標時（例如多少人可從高中畢業，而又有多少人仍無法完成高中學業），這會是個量化的描述性研究。我們不會稱這研究具有**解釋性**目的，除非研究結果讓我們相信的確是因為服務，而非其他因素，讓這群服務接受者達成處遇目標。譬如，當研究結果呈現「相較沒有動機的學生，愈有動機想要成功的學生也愈願意使用我們的服務」時，我們就至少找到動機、服務使用與處遇目標達成三者間的可能關係。此時，我們才可說，這評估研究包含解釋性目的。本書第五部分會更詳盡說明方案評估細節。

▶▶▶ 建構測量工具

　　一些量化研究目的在於發展與測試測量工具，以讓其他研究者或實務工作者可使用這些量表蒐集資料或成為實務工作者預估（assess）或評估工作成效的工具。以建構測量工具為主之研究的研究問題通常異於我們之前討論的各類型研究問題。除嘗試為社會工作實務發展應用性工具外，這類型研究的研究者則常自問：

EP 2.1.3b

它們是否能成為社會工作實務與研究中，有用（useful）及有效（valid）的工具。因此，他們會預估：一套包含四十道題目的家庭風險量表是否能精準預測，因虐待與疏忽兒童正在接受處遇的父母的未來再犯率？或者，假如這量表能有效精準預測來自於主流社群的父母的未來再犯率時，它是否也能精準預測來自於少數社群的父母的未來再犯率？它被運用在其他國家時，是否也仍能如此有效與精準？本書第七章與第八章將檢視發展量表的相關概念與方法。

　　上述討論是幾個說明研究目的如何影響社會工作研究過程的例子。圖表 4.1 則舉其他例子說明，不同的研究目的會如何影響「在某邊境小鎮內提供具文化敏感度的物質濫用服務的嘗試」的相關研究。

▶▶▶ 多重目的

　　雖區辨研究目的間的差異有其有用之處，但我們還是得再次強調：大部分社會工作研究常包含多重研究目的；也由於社會工作研究常包含多重研究目的，判斷或分類某特定研究的目的則有其困難。首先，我們試著說明探索性研究及解釋性研究間看似模糊難分的差異。舉例而言，假若你現在想探索「為什麼這麼多街友拒絕待在街友中心睡覺」時，你的研究目的是試圖說明此現象；但我們仍可能稱其為探索性研究，因為你的研究方法說不定只是協助我們熟悉相關現象、並提出一些可供未來解釋性研究能檢驗的暫時性假設或解釋。如果你的研究只是求對於某現象的初步探索與瞭解，這研究則會傾向成為探索性研究，而非解釋性研究；就算你在研究過程中邀請受訪者說明與解釋他們做某些事的理由與動機。但從另一方面而言，如果你的研究旨在謹慎地測試之前研究針對相關現象提出的預測或假設時，你的研究則可被歸類為解釋性研究。

　　描述性研究與探索性研究間的區辨有時也常讓人困擾。舉個簡單例子：假設

研究目的	研究問題	研究設計
探索	鎮民（尤其是那些英文非母語的鎮民）對現今物質濫用服務有著怎樣的看法？當描述未來可能有的新型態服務內容後，他們會有怎樣的反應？	聘請具有雙語能力及文化敏感度的訪員，從事深度的質性訪談，以瞭解鎮民對新型態服務的反應與想法。
描述	在該小鎮，物質濫用此問題的性質與嚴重性是怎樣的情形？又尤其在那些英文非母語的鎮民當中？	從鎮民中抽取具有代表性的大樣本，並針對其物質濫用行為進行問卷調查。在抽樣過程中，須確保樣本當中有一定比例的英文並非母語的鎮民。此外，資料蒐集過程中，訪員、相關工具與資料都得具有文化敏感度（文化敏感度議題將在第十七章中討論）。
解釋	何種因素最能以及最不能預測現今物質濫用服務的成效？	運用統計技術分析現今提供物質濫用服務的機構的個案或服務紀錄，以瞭解哪些案主背景或服務特質與服務成效有著高度相關。
評估	這個具文化敏感度的新方案是否較現有方案更能降低物質濫用在此小鎮的嚴重性與傷害？	進行實驗設計。將相同背景的服務接受者分成兩組，各自接受兩種型態的服務。在提供服務後，比較此兩組的結果。
建構測量工具	新發展出的號稱具文化敏感度的物質濫用行為預估工具是否比現存工具有著較高的鑑別正確率？	從現今接受以及沒有接受物質濫用處遇的鎮民中抽取樣本，接著讓他們填寫這兩套測量工具，進而瞭解哪套預估工具能讓此兩類鎮民有著較懸殊的得分差異。此外，研究者得確保每組樣本中有一定比例的「英文非母語」的鎮民。

圖表 4.1　在不同研究目的下，針對「在某邊境小鎮內提供具文化敏感度的物質濫用服務的嘗試」的研究會有怎樣的差異？

你現在不知道要在哪裡找出社區中的街友，因此你打算用具有彈性的方式針對他們出沒之處進行研究。雖然這研究看起來像是描述性研究，因為你打算描述街友們在社區中的出沒之處；但實際上，除非你細心地針對具有代表性的街友樣本，進行嚴謹的問卷調查，不然你的研究還是會被他人視為探索性研究。

▶▶▶ 解釋與預測

　　雖量化解釋性研究常會檢驗預測，但我們還是得區辨「能預測事情的發展」與「能解釋與瞭解事情」間的差異。有時，我們在不瞭解事情的狀況下，還是能預測事情的可能發展。例如，當你膝蓋酸痛，你能預測天氣將要下雨（但你不一定瞭解這之間有何關聯）。另外，古代人類雖不瞭解為什麼太陽會升起與落下（或用今日看起來不合宜的解釋：地球是平的，太陽繞著地球轉），

EP 2.1.3b
EP 2.1.6b

但他們仍可依這規律，預測太陽明日還會繼續升起與落下，規劃他們的行程。

　　同樣情形也發生在社會工作研究上：當社會工作研究支持某特定假設，這些研究本身也許卻無法說明為什麼這些假設或預測正確。例如，某研究者假設：相較非裔或墨西哥裔美國人，白種美國人更喜歡參與及持續使用心理健康門診服務。雖研究結果可檢驗這假設是否正確，但它無法解釋這假設為何正確。是其他文化較不重視心理健康服務？在其他文化中，心理健康服務仍與污名有著強烈關聯？或這現象得從經濟因素去考量：是否因為白種美國人較可以在白天使用這些服務（其他族群的人可能無法在白天請假、或有可能得冒著無法拿到當日薪水的風險）？白種美國人是否較其他族群的人可負擔使用心理健康門診服務或通勤往返的費用？這些研究發現對心理健康門診服務的提供或實務工作者聘僱有著怎樣的啟發？如果心理健康門診服務方案的提供能更具有文化敏感度，或多聘僱非裔或西裔實務工作者，服務使用的種族差異是否會因此縮小、甚至消失？

　　總而言之，我們需要更多研究以驗證更多假設。舉例而言，假定現在有新的研究結果支持「當服務方案愈強調文化敏感度時，使用服務的種族差異愈會逐漸消失」的預測；這研究結果除支持現今的預測外，至少在某種程度上，也解釋了之前的相關預測。讓我們換個方式說明：雖然關於某個現象的正確預測並不能直接等同於對這現象的正確解釋；但如果我們持續從事具延續與關聯性的研究，這些持續的研究發現與結果，必能改善我們對於現象的瞭解與解釋。現今的研究假設奠基於過往的研究結果，而現今的研究結果則解釋了過往的研究假設。

時間層面

EP 2.1.3a
EP 2.1.6b
EP 2.1.6b

另一個影響研究的因素——一個與研究目的有關的因素——是研究觀察將要進行的時間週期。研究觀察可能多少會在同一時間內進行，他們也可能故意延長研究至一段很長的時間。例如，如果你的研究目的是描述精神病人出院後的生活安排；那麼你也許會決定預先選擇在病人出院後的某個時間點，進行觀察，以瞭解病人怎樣安排其生活。另一方面，如果你的研究目的是要描述這些生活安排基於怎樣的因素會隨時間而變化，那麼你可能需要在病人出院後，長時間對這些病人怎樣安排其出院後的生活進行重複觀察。

▶▶▶ 橫斷式研究

當研究是在單一時間內，細膩地針對單一或跨越不同地區的相類似現象進行檢視與資料分析時，這則是**橫斷式研究**（cross-sectional studies）[1]。橫斷式研究可能有探索、描述或解釋性的研究目的。舉例而言，美國普查是個具描述性目的的橫斷式研究。如果你在特定時間內，針對在你機構內過早終止處遇的案主進行開放性的非結構化訪談，以瞭解為什麼你的機構內過早終止處遇率這麼高，你則進行具有探索性目的的橫斷式研究。如果你是針對機構內過早終止處遇及依契約完成所有處遇過程的案主進行結構式訪談，以檢驗實務工作者—案主對處遇目標的不一致與處遇過程完成與否是否有相關的假設時，你則進行具有解釋性目的的橫斷式研究。

解釋性目的的橫斷式研究有個本質上的問題：它們常希望能瞭解某段時間內某些現象的可能因果關係，但它們推論依據卻常只來自單一時間點的觀察。例如，你現在針對精神病人出院後的情形進行橫斷式研究。當你發現，相較那些出院後沒有與家人同住的人，與家人同住的人有著較好的功能、也較少出現精神疾病症狀；你卻沒有辦法確定，這些看似存在於這兩個群體的差異究竟出現在他們與家人同住之前還是之後。換句話說，你無法知道到底是因不同生活安排（是否

1　橫斷式研究　在單一時間內，進行資料蒐集的研究。

與家人同住），以致精神病人在功能或精神症狀上有所不同；還是因為精神病人功能或精神症狀上的差異，才使他們家人採用不同形式的生活安排。雖然有這種發現的橫斷式研究可能有重要價值，但如要進一步確定不同變項間的關係時，採用其他研究方法或統計分析（我們會在之後章節進一步討論）也許會更合適。

▶▶▶ 縱貫式研究

欲描述某些發生在一段時間內的事件經過，並在一段延續期間內進行資料蒐集與觀察的研究，則是**縱貫式研究**（longitudinal studies）[2]。例如，當研究者參與或觀察受暴婦女支持團體、或針對身心障礙者家庭進行倡權的團體，從開始到現在的運作過程時，他們採用縱貫式研究。另外一些例子包括，報紙讀者投書的分析、或美國最高法院判決對墮胎或精神病患的強制處遇之態度轉變狀況的分析。雖然研究者是在某單一時間內蒐集與分析文件資料，但由於那些文件是在不同時間點內被製造的，所以這種研究仍可算是縱貫式研究。

縱貫式研究在評估特定因素、行為或狀況是否真的增加某些問題的風險時，特別有價值。為達到這種目的，縱貫式研究也許會針對具有及未具有某些特質的人群進行追縱調查；一段時間後，則比較某些問題在這兩個群體內發生的比率。例如，研究者可長期針對有以及沒有精神分裂症父母的子女進行追蹤，以瞭解哪些人之後較易得到精神分裂症。如果雙親之一有精神分裂症的子女日後得到精神分裂症的機率明顯高於另外一組子女的話，那麼「父母有精神分裂症」會被視為值得留心的風險因素；因為這樣的子女有較高機率得到精神分裂症。同樣的，縱貫式研究也可用來預估與發現，哪些行為易使人有著較高或較低感染愛滋病毒的風險。經由這種比較，縱貫式研究可計算某些風險因素引致相關問題的機率。

接著，我們介紹三種類型的縱貫式研究。**趨向研究**（trend studies）主要在於瞭解某些特定群體在一段時間後的變化狀況。例如，某位研究者也許針對一家社會組織長年以來的服務接受者類型或處理的問題類型進行趨向研究；並用此資料，規劃此組織未來可能需要的員工類型或員工所需要的在職訓練類型。

世代研究（cohort studies）是針對某特定群體進行長期檢視。例如，作者想

2　**縱貫式研究**　在不同時間點，進行資料蒐集的研究。

要瞭解患有精神分裂症的青少年在年紀增長後藥物濫用狀況；畢竟，藥物濫用對患有精神分裂症的青少年會有特殊傷害。藥物濫用可能加深精神分裂症的症狀，也可能影響精神分裂症的藥物效果。作者在 2000 年，針對 20 歲有精神分裂症的青少年進行抽樣（他們均出生在 1980 年），調查他們對於酒與藥物的使用狀況；在 2010 年，研究者則針對 30 歲有精神分裂症的人進行抽樣，獲得另群樣本，並調查他們對於酒與藥物的使用狀況；在 2020 年則是針對當時 40 歲有精神分裂症的人進行調查。雖納入這三次調查的人及研究當時的年齡都不同，但他們都是同個世代（同樣出生在 1980 年）的人。

固定樣本連續研究（panel studies）則是針對同樣一群樣本進行持續的檢視。假設你想瞭解不同種族的青少女如何學到與承擔起養兒育女的責任。你在 2010 年訪談剛成為母親的不同種族背景的青少女；而後，每隔一段時間，你持續地訪談同樣一群人。你也許會因此瞭解到：她們從家人學到的東西、她們孩子的父親在這過程中盡到哪些責任等等。藉由如此持續地、近距離地訪談同樣一群人，你可因此深入地瞭解在這段時間內，她們人生中曾有的轉變。

典範的影響

EP 2.1.3a

研究者是否及如何運用質性或量化研究，其實會被他們欣賞的典範所影響。讓我們以第一章討論過的實證主義者（positivist）及社會建構主義者（social constructivist）為例。實證主義者常採用量化研究，在研究執行前會規劃好所有或大部分研究細節與事項；並在資料蒐集過程中，精準地遵循這些步驟，以儘可能地維持學術的客觀性。相反地，社會建構論者傾向採用質性研究，在研究開始前採用較有彈性的計畫，以保有較大自主性，並讓研究能順著資料蒐集過程而逐漸開展與成形。雖然社會建構論者常採用質性研究，而實證主義者較偏好量化研究，但這終究還是有例外。例如，當實證主義者認為研究問題需以質性研究方法處理時，他們還是會採用質性研究。但就算是如此，當這些實證主義者採用質性研究時，相較社會建構論者，他們會比較注意質性資料的客觀性問題。

　　另一個常與質性研究關聯的典範則是**詮釋論**（interpretivism）[3]。與社會建構論很類似，詮釋論也相當重視主觀性（subjectivity）。採用詮釋論的研究者嘗試深入地瞭解人們生活的主觀意義。他們傾向與人群打成一片，並在人們生活的環境進行觀察與瞭解，進而對人們內在感受有同理性的瞭解，並能詮釋個人日常生活經驗中的更深層意義與感受，及個人行為的獨特成因。相較實證論者傾向採用統計方式，以瞭解社會現象間特有的因果關係；採用詮釋論的研究者更在乎，如何讓讀者體會與感受被研究者的獨特的生活與經驗。

　　採用詮釋論的研究者認為：你無法只藉由標準化的客觀性測量工具，探看受試者或填答問卷者的外顯行為或問卷選項，而深刻地瞭解他們。他們深信，瞭解人們的最好方式在於抱持一個開闊與彈性的態度，藉人們自身的眼睛與說法，去瞭解他們所在的世界與經驗。每個人對於他行為或言語的主觀性解釋及其所處的社會脈絡，亦得被深深地納入檢視。

　　另一個在社會科學界常用的典範則是**批判理論**（critical social science）[4]。這典範有多種命名，有些人甚至稱它為**女性主義典範**（feminist paragigm）[5]。如果要稱呼它為**增權**（empowerment）或**倡議**（advocacy）典範也不為過。不論我們以何種詞彙稱呼它，它異於其他典範的主要特徵及研究焦點，一直都為壓迫（oppression）及運用研究以增權受壓迫的團體（oppressed groups）。為達到這種目標，批判理論研究者不會固著於質性或量化研究；當有需要時，也會適時擷取其他典範的元素。

　　當批判理論研究者採用質性研究方法時，他們的特色則在於對研究發現的立場。當實證主義研究者盡量降低自身政治觀或意識形態，對研究結果的詮釋或影響時；批判理論研究者則光明磊落地逕行透過其增權或倡議的運動目標，解釋研究結果與發現。同樣的，他們也會選取適合其增權或倡議運動目標的研究方法。

　　當批判理論研究者採用詮釋論研究方法時，他們異於詮釋論者的特徵則在

3　**詮釋論**　此典範強調研究得對人們內在感受有同理性的瞭解，以詮釋個人日常生活經驗的更深層意義與感受，以及個人行為的獨特成因。

4　**批判理論**　一種研究典範。其焦點在於壓迫及運用研究以增權受壓迫的團體。

5　**女性主義典範**　一種研究典範。類似批判理論典範，其研究焦點在於以研究方法，呈現與強調女性關注的議題，並藉研究以增權女性。

於：他們不會侷限於研究對象對生活或實踐提出的主觀意義或詮釋；他們也會試著將研究觀察扣連到外在那個，他們一再試圖改造的，充滿壓迫、不公正的社會體系。因此當一名奠基於批判理論的女性主義研究者採用詮釋論取向針對受暴婦女進行研究時，她們不會侷限於以受暴婦女的角度來瞭解現實，她們亦會從其女性主義立場與視野強調她們所看到的真實，儘管參與研究的受暴婦女不一定同意這樣的觀點。例如，受暴婦女也許會否認或輕描淡寫說著受暴經驗的苦痛、一再幫施暴者找施暴的藉口、或自認她們離不開施暴者等。女性主義研究者一方面會呈現這群受暴婦女的經驗與看法，但另一方面也會註記在這群婦女的主觀看法與研究者所看到的客觀真實間的差異。她們也會關注造成這些差異的原因，並試著從中獲得提升受暴婦女性別平權意識、及增權的建議。

圖表 4.2 以例子說明，典範如何影響社會工作研究，進而影響福利政策。

典範	研究問題	研究設計
實證主義	新政策能有效地降低貧窮嗎？	採取實驗法，比較有及沒有實施新政策的區域中，脫離貧窮的人口比例。
詮釋論	在新政策影響下，福利接受者如何經驗與看待他們生活中隨之而來的改變？	採取質性深度訪談法，從福利接受者的觀點，瞭解新政策對其生活帶來的影響。
批判理論	新政策有協助到貧窮者嗎？還是這些新政策反過來增強了對貧窮者的壓迫？	奠基於此研究問題，協助貧窮者設計與執行他們自身的研究；進而讓其學習到如何獲得證據，以遊說立法委員或縣市議員，使政策能較不具壓迫性。
女性主義	新政策對貧窮女性帶來什麼影響？	採取質性深度訪談法，從女性福利接受者的觀點，瞭解新政策對其生活帶來的影響。或奠基於此研究問題，協助貧窮女性設計與執行她們自身的研究；進而讓其學習到如何獲得證據，以遊說立法委員或縣市議員，使政策能較不具壓迫性。

圖表 4.2　在不同典範影響下，「政策更新」此議題可能以怎樣的方式被研究？

理論的影響

如同典範會影響研究，理論也會影響研究。其實，**理論**與**典範**間的不同很難區辨。有些人迷戀某特定理論而堅信不移，以致常傾向藉該理論解釋大量現象；他們因而錯過或武斷忽略其他理論帶出的不同理解和觀點。在這狀況下，有些理論，如精神分析理論、角色理論、行為理論和其他理論，也可被視為典範。

EP 2.1.3a

理論與典範雖可交替使用，但它們之間仍有重要差異。就像第一章所提，典範乃一些觀看社會生活的基本架構。**理論**（theory）[6] 則試著以相互關聯的陳述，針對社會生活某些層面、或人類如何在其日常生活中建構與發現意義等現象，提出系統性解釋。接受相同典範的人不一定有著相同理論傾向。例如，某些實證主義社會工作研究者可能以認知或行為理論，證明某些社會工作介入的有效性；而其他實證主義社會工作研究者則可能援引心理分析理論證實介入的有效性。

理論在社會工作研究及實務中都相當重要。理論幫助我們理解不同的觀察與現象，並從這些不同現象中歸納出有意義的趨勢。它協助我們將研究導向至那些看似較為有用的模式與解釋；並讓我們能區分那些偶然事件以及那些能協助推測未來事件別具意義的觀察。

想像一下，當有同仁對你說，她讓一個小男孩在沙盤裡玩玩具，試著以非指導性態度，解讀與回應他在遊戲時提出的主題；進而協助他接受與適當因應母親的驟逝，繼續往後生活。如果你從未讀過兒童發展理論，且不瞭解遊戲重要性，那麼你可能覺得迷惑，且懷疑她的作為不算有力的專業處遇。如果她無法解釋這樣做可能有效的原因，你會懷疑這種處遇的有效性；相反地，如果她能引用理論，說明採用這種處遇的動機及預期效果，你較不會懷疑使用該處遇於你自己案主身上的可能性。當未曾檢視、思考或反省自己運用的理論，你可能在實務過程中不知所措，或一直盲目嘗試他人建議，以求工作能有成效。如果某方法正巧對某個案主有用，你可能會不加思考地繼續對其他或許不適用的案主使用這方法。

假設你想針對一個 6 歲大的女孩，試試同事的沙遊治療。她剛經歷一場讓她

6　　**理論**　對社會生活、或人類在日常活動中建構與發現意義等現象，提供具有相互關聯性的陳述與系統性解釋。

母親過世的重大車禍，並有憂鬱和退縮的情況。經過幾次療程，女孩父親告訴你，她開始有大發脾氣和因想找母親而大聲哭喊的情形。如果沒有理論依據，你可能因擔心沙遊治療對她有傷害性影響，而停止療程。但假如你對兒童發展與悲傷理論有些認識，你會知道，女孩這些行為是悲傷療癒過程中必然與正面的發展，你並不會因此而停止療程。

設想你想研究將沙遊治療運用在 Katrina 風災中罹難者的小孩身上之成效。如果你在沒有任何理論基礎下進行此研究，你也許會遇到一連串問題，例如：錯誤地測量介入影響、採用不適當指標探究處遇成效。如果沒有理論基礎，你甚至無法決定該運用何種研究設計，包括：延續多久的介入才該被納入研究？是否該對接受處遇的小孩的年齡有著清楚的界定？

理論亦協助研究者在社會工作實務或政策研發中，運用其研究發現。例如，當研究者發現，單親家庭比雙親家庭更容易有著青少年違規的狀況。在沒有運用理論的狀況下，我們將對這情況為何會如此及我們該如何處理這個情況，有著較差的瞭解與掌握。如果藉由理論，我們瞭解到，由於欠缺適當管教及正向角色楷模，因此單親家庭才更容易有著青少年違規的狀況；我們亦會更有說服力，去針對此種現況，提供適當的服務方案，例如課後輔導方案等。

當然，有些有價值的社會工作研究沒有引用理論。例如，有些研究就只想探討研究方法議題，卻無心解釋某些現象；因此，這些研究者也許就只調查已出版的期刊文章，試著找出：哪些研究方法最常及最不常被使用？有多少研究採用了不適當的研究方法？某些獨特研究發現被提出的次數又是多少？沒有採用理論的研究說不定只想描述現象，卻沒打算解釋這些現象，例如：瞭解某些地區社會工作人員的平均薪資；或探索某些服務接受者或社群需要的服務類型等。

有些社福機構會進行這些沒有理論基礎的研究，是因為它們需要提供證據給資金贊助者，表明個案的確接受到資金贊助者希望機構提供的服務、個案非常滿意這些服務及個案流失率相當低。社會工作人員可採用「調查個案」或「檢視機構紀錄」，獲得這些資料。社會工作人員進行這些研究也許並不在於檢測或發展理論，卻希望研究結果能間接滿足方案維繫的目標；畢竟，研究結果可能會決定方案是否該被延續或該被終止的命運。亦即這些研究仍有其實務價值與意義。

有些研究可以在沒有理論的基礎下有其意義；但在理論協助下，這些研究價值說不定會更大。例如，上述研究假如不只應付資金提供者的話；它們可試著瞭

解，哪些因素影響個案滿意度，且降低個案流失率。基於這種企圖，上述研究可豐富社會工作實務理論，並可被其他社會工作人員運用，改善服務提供流程。

理論的歸納與演繹

理論可藉歸納法或演繹法影響研究過程。當用**歸納法**（inductive methods）[7]時，研究者從觀察的資料著手，歸納出對觀察資料的解釋。假設我們想瞭解青少年逃家問題。我們也許用非結構式、開放式訪談法，與這些逃家青少年、他們的家人、社會工作人員或其他實務工作者談談。從這些訪談資料，我們歸納出一些共有模式，並獲得：「家庭失功能是逼使這些青少年逃家的原因」或「家族治療能重新修補青少年及其家庭關係」等暫時性結論。由於這些結論仍是未檢驗的假設，所以是暫時性結論。

當用**演繹法**（deductive methods）[8]時，研究者從假設的擬定開始，接著檢驗這些假設。假設也許來自既存理論，或之前研究歸納出的暫時性結論。其次，我們從概念層次定義這些假設中的變項；再以特定可觀察指標，說明每個變項該如何被測量。最後，執行測量、獲得事情或現象樣貌，並看測量結果是否可證實或得推翻先前假設。最後階段常被使用的方法包括：實驗、調查或觀察法。

研究者可從歸納法或演繹法開展其研究。例如，當奠基於歸納法，從事逃家青少年研究時，我們可先觀察逃家青少年；等我們從觀察中，歸納出一些模式後，這些模式進一步提供了分析此現象的具體理論建議；我們則可進而發展下一步的研究假設，並開展另一個研究。如果，我們的研究開始於演繹法，我們也許會從家庭系統理論開始研究，且先把失功能家庭視為青少年逃家的主要原因。從這種理論根基，發展出幾點值得檢驗的假設，例如，家族治療能降低青少年逃家的可能性。接著，我們會以特定可觀察的指標，說明怎樣才算是逃家、及家庭治療該有的形式與過程；最後，我們蒐集資料，檢驗研究假設。

7　**歸納法**　奠基於歸納邏輯的研究過程。在歸納法中，研究者會從觀察的資料著手，歸納觀察資料的共有模式，並得到暫時性的結論。

8　**演繹法**　奠基於演繹邏輯的研究過程。在演繹法中，研究者會從理論找出值得檢驗的假設，並蒐集資料，以檢驗假設。

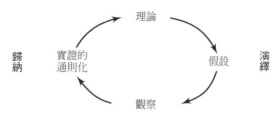

圖表 4.3　科學發展的輪軸

　　在真正研究過程中，理論與研究間的互動是透過演繹與歸納無止境的輪替而來的。Walter Wallace（1971）曾用循環的概念來描述這無止境的輪替過程，如圖表 4.3 所示。在 Walter Wallace 的模式中：理論產生假設，假設引發觀察，觀察形成通則化，通則化又造成對理論的調整。被調整的理論則產生被修改的假設，引發另些觀察，形成新的通則化，並進一步造成對理論的再次調整。在這模式中，研究過程將無止境地循環下去，沒有起點也沒有終點。因此，你可從這模式中的任何一個點開啟你有興趣的研究。所以，當我們想瞭解與處理青少年逃家議題時，我們可從家庭系統理論（或其他理論）擬出研究假設，接著蒐集資料，檢驗研究假設；我們也可先觀察逃家青少年，獲得一致性模式及分析此現象的具體理論建議後，再發展新的研究假設，開展另一個研究。

　　總而言之，這種邏輯思考模式在理論與研究間搭起了一座雙向的橋。在實際執行時，科學探究交替使用演繹與歸納。在演繹階段，我們由推理得到觀察；在歸納階段，我們由觀察中得到推理。推理與觀察是研究中不可或缺的一環。無論是歸納或是演繹，都是建構與發展理論的必要途徑。

社會工作實務模式

EP 2.1.3a,b

　　在社會工作領域，我們也許會運用相關社會學科理論（例如心理學或社會學），以試著理解與處理社會福利問題。但在社會工作實務中，常被引用的卻是社會工作實務模式，而非相關社會學科理論。這些模式協助我們組織關於社會工作實務的視野，卻不一定反映現存理論的綜合。

　　社會工作文獻充塞著非常多樣性的實務模式。例如，第二章曾討論過以證據為基礎的實務模式（the evidence-based practice model）。如果你在不同學校接受社會工作教育，那你會學習到不同實務模式：包括**心理社會模式**（psychosocial model）、**功能論**（functionalist model）、**問題解決模式**（problem-solving model）、**認知行為模式**（cognitive-behavioral model）、**任務中心取向模式**（task-centered model）、**個案管理**（case management）、**危機介入模式**（crisis intervention model）、**生態學觀點**（ecological perspective model）、**生活模式**（life model）、**綜融模式**（generalist）、**以實證為服務基礎的模式**（empirically based practice）、及**折衷模式**（eclectic）等。這些模式並非相互排斥。很多模式都非常強調工作者與案主間的關係，且彼此需要形成處遇或工作上的同盟。

　　我們在此並不會詳細介紹這些不同社會工作實務模式的特點或彼此差異。你將在實務技巧課程（例如個案工作或團體工作）或社會工作概論課程學到這些模式。我們在此將只是簡略指出某些特定模式將如何影響研究問題選取。

　　讓我們看看，當研究者採納社會心理或認知行為兩種模式時，如何影響其「對高風險受虐兒童之父母提供處遇的有效性」的評估研究。認知行為模式思考高風險受虐兒童之父母相關問題時，傾向從父母非理性信念對失功能情緒帶來的影響為切入點，以重新建構父母認知，協助其學習較好的因應及親職技巧。這種模式會以行為改變或認知治療等短期處遇技巧，改變父母所需的技巧、認知與行為；而非著眼於長期的人格改變或父母從自身孩童期就未處理好的議題。

　　當探討主題為想瞭解對高風險受虐兒童之父母提供處遇的有效性時，受認知行為模式影響的研究者也許採用紙筆問卷調查法，瞭解這些父母在接受處遇後，是否變得較不易憤怒、對一般兒童常有的行為是否已改觀（不會那麼容易被激怒）以及是否學到育兒新技巧（例如情緒上來時，先暫且離開等）。這些研究者也許也會採用觀察法，直接觀察與計算父母跟子女互動時，出現被期待的行為（例如讚美、鼓勵）或不被期待的行為（例如打耳光、威脅）的次數。

　　受到社會心理模式影響的人對前述研究取向與方法則會感到懷疑。尤其，他們會強烈質疑採用觀察法的合適性：現在看得到的這些改變，在處遇結束後是否仍會繼續？這些從紙筆問卷或觀察得到的改變，是否是其在家裡或觀察者不在場時，與子女互動時的真實狀況？他們也許會認為，此時比較合適的指標則為：在經過一段較長時間後，這些父母親是否還會因相關行為被檢察官或警察提告？

　　雖前述說明都是假設的狀況，但我們須知道：大部分針對社會工作處遇結果進行評估的研究仍傾向採用認知或行為模式，其結果也比較令人滿意。相較而言，以其他模式為基礎的研究則較少，其結果也不是那麼令人滿意。信奉其他模式的研究者常將這點歸因於：認知行為模式提出的評估指標常是表面上容易得到的資料，因此較易被評估研究採用；其他模式傾向探看較為複雜或需要較多時間的評估內容，因此不易被評估研究採用，也使其結果不是那麼令人滿意。我們將不會在這裡解決此爭議，畢竟爭議還會持續好一陣子。

倫理考量的影響

EP 2.1.2b, c

　　社會工作人員或其他專業人士在執行任何牽涉到人的研究時，都必須確定整個研究過程符合倫理要求。我們將在第十六章特別介紹與討論社會工作研究中的倫理議題。有些社會工作研究牽涉到的倫理議題相當尖銳且極具爭議性，在這些例子中，不容易判斷研究帶來的收穫是否真的大過於對研究參與者的倫理考量與保障。在某些情況，這種倫理判斷比較容易。第十六章亦會描述幾個很久以前嚴重違反倫理保障的醫學與心理學實驗。

　　為因應曾有的幾個嚴重違反倫理議題的研究，美國聯邦法規已嚴格規範牽涉到人的相關研究倫理。任何組織如果希望獲得美國聯邦政府的研究補助或經費支持，須在內部設立倫理委員會（或人體試驗委員會）（Institutional Review Board, IRB）。倫理委員會主要功能是針對組織內部牽涉到人的研究，訂定相關原則或規定、審核相關研究計畫書。第十六章會說明，在進行研究時，研究者須遵守的倫理委員會規定及相關申請流程；同時也討論為什麼對倫理委員會委員而言，在依據研究可能有的收穫與潛在的倫理準則後，審核研究計畫書是否符合倫理規範仍那麼困難。在本章，我們將簡單介紹幾個與研究相關的倫理議題：

• **自願參與及參與研究同意書**（informed consent）。研究參與者是否在參與研究前被充分告知研究基本資料（包括贊助者或機構、執行單位、主持人、研究目的及資料蒐集方法等資訊）、參與研究的權利、可能有的傷害？研究參與者是否瞭解，他們有權利拒絕參與研究、在任何時刻退出研究；退出研究並不會有

任何不良影響（例如，喪失福利給付身分或在未來無法接受任何協助或處遇）？

- **不傷害研究參與者**。研究是否對研究參與者帶來任何傷害？這不單單包含生理及心理傷害，亦包含：資訊揭露是否讓他們覺得丟臉；研究過程是否讓他們不自在或不舒服；參與研究是否讓他們丟了工作、或危害到既有的人際網絡？

- **匿名及保密**。當研究者或研究團隊在研究中或之後無法知道，哪些資料是由哪位研究參與者提供的話，這意味研究設計達到匿名的保護與要求。要是研究過程中，研究者或研究團隊必須知道資料由誰提供（例如研究者當面訪談研究參與者；或研究者須知道研究參與者前後測分數），那麼如果研究者與研究團隊能確保，在研究過程及研究報告完成後，沒有其他人能界定或知道資料提供者是誰的話，則意味研究者有盡到保密的要求。

- **欺瞞參與者**。在研究過程中，研究參與者會在任何一個過程中被隱瞞嗎？這種隱瞞會對研究參與者帶來任何傷害嗎？研究者能清楚說明採用這措施的合理性與必要性嗎？舉例而言，如果研究者想要瞭解，津貼資格審核工作者是否會以不同方式與態度對待不同種族的申請者時，不讓這些工作者知道現在正在進行這項研究會是比較合適的嗎？或者可以讓這些工作者知道這研究正在進行，但卻不讓他們知道哪些申請者是研究成員？

　　需要獲得倫理委員會的許可也許會使研究者得重新思考或改寫原先的研究計畫構想或設計。假設有研究者想藉由實驗，比較兩種號稱能有效處理退伍軍人創傷後壓力症候群（post-traumatic stress disorder, PTSD）的新介入方式的有效性。研究者也許會採隨機方式，將受試者在不受他人或其他因素影響下，分配到三種不同測試環境（兩種測試環境是提供新的介入方式，第三種測試環境則提供現有的介入方式）。倫理委員會也許會要求研究者在實驗前得對潛在受試者清楚說明整個研究設計（包括對於三種介入方式的描述與解釋）；或要求研究者給予受試者自行選擇接受哪種介入方式的權利；此外，研究者說不定也被要求，得對潛在受試者說明，兩種新的介入方式可能比現有方式更有效果（或更沒效果）。在這兩種倫理要求（知情同意及自願參與研究）下，研究者可能因此而得更替分配受試者的方式。這種要求說不定也使某種測試環境缺乏足夠數量的受試者。舉例而言，說不定，很多退伍軍人拒絕進入只提供現有介入方式的測試環境。反過來說，如果新的介入方式會引起過多情感傷痛，比如說，藉虛擬現實技術（virtual reality technology）讓退伍軍人重新體驗創傷經歷（這種方式現在真的被用來處遇從伊朗或阿富汗戰爭中退伍的軍人）；那麼，也許很多受試者會想進入只提供現有介入方式的測試環境。

現在讓我們舉另一個假設情境，以說明倫理考量及倫理委員會許可會如何影響研究。假如現在有研究者想假扮街友，並待在街友庇護中心一陣子，以觀察庇護中心真實運作情形並體驗待在那邊的狀況。倫理委員會此時說不定會堅持：研究者必須讓街友庇護中心內部員工知道研究者真實身分與整個計畫，且必須獲得庇護中心的同意後，才能進行研究。在這種要求下，當研究者進行觀察時，庇護中心內部員工由於知道整個計畫，其行為舉止則可能異於平日，進而使研究者無法得知庇護中心真實運作情形。此外，就算研究者獲得庇護中心的同意，倫理委員會也可能不會核發研究許可：因為當研究者假扮成街友待在庇護中心時，庇護中心內部則至少有一張床會被占用，這可能影響到真正需要這張床的街友。在這狀況下，研究者說不定只好放棄整個原先的研究規劃，而改採訪談方式，獲得街友對庇護中心的看法及使用經驗。

多元文化因素對研究的影響

EP 2.1.4a

相較其他助人專業，社會工作是個更常與少數族群及被壓迫社群（minority and oppressed populations）工作的專業。因而社會工作研究須具備更高度的文化敏感度；針對少數族群及被壓迫社群進行研究的社會工作人員也須具有文化敏度感（culturally competent），並得尊重這些族群與社群。在研究過程中具備文化敏度感（我們將在第十七章有更深入的討論）意味要有文化覺知（culture awareness）（覺察文化的差異性、或對於不同文化的刻版印象）、適當地因應與處理研究過程中的文化議題（包括我們要研究什麼、我們要如何進行研究、及我們要如何解釋研究發現）。在第十七章，我們將更深入地討論文化敏度感可能以哪種方式影響研究。此處我們只簡單舉例，說明具備文化敏度感的重要。

當研究者想在阿拉斯加原住民或美國印第安人聚集區域進行研究時，他們常需要從部落頭目得到研究許可。為獲得部落頭目許可或降低他們的疑慮，研究者有時得修改研究問題、研究設計與執行或研究結果呈現方式等。例如，有些研究

者也許得改變原先研究設計，說服部落頭目，他們的研究不會加深（或能翻轉）社會對部落、原住民或印第安人工作狀況、飲酒文化等等的刻板印象。

當想用訪談或問卷法瞭解最近才從他國移民到美國的人或英語不是其母語的人時，研究者也許得聘用具雙語能力的人擔任訪談者或發放問卷者，或修改問題，以確認在經過翻譯之後，研究對象能真切瞭解或不會誤解研究問題。但此種做法有時仍會衍生出其他原先沒料到的問題。舉例而言，某個研究者想瞭解最近移民到美國的青少年的親子關係，其中有道問題是：「父母親是否常讓你們感到煩？」為貼近青少年，研究者在英文問卷中使用了俚語，原題目是：「Whether your parents get on your nerves?」如依字面意義翻譯，這問題則變成：「父母親是否跟得上（get on）你們的神經（your nerves）？」或變成：「父母親是否得到（get）你們的神經（your nerves）？」在這狀況下，這群最近移民到美國的青少年看到這道題目時，也許會誤以為，這是道詢問「不想要的肢體壓力」（undesirable physical pressure）的題目。我們在第十七章會討論更多相關例子。

組織與政治考量對研究的影響

研究者有時也須因組織或政治考量而修改研究計畫。例如，機構行政人員或實務工作者也許不允許研究者分配服務接受者到不同處遇狀況。換句話說，如果他們同意研究者的研究計畫，也許只有當研究者提出的處遇安排能遵循既有的機構要求或流程。就如同本書之後將討論的，這種「依機構要求安排研究受試者」的方式將使各組研究受試者特性具有差異；而這狀況會讓研究者無法清楚說明：研究結果的差異或優劣高低究竟是來自於處遇的不同，還是研究者特性上的差異。進而，研究者須在研究設計中，添加其他過程或元素，以能因應此狀況帶來的偏誤；或者，他們得找其他機構，執行原有的研究設計。

然而，組織考量並非都會對研究帶來負面影響。有時，組織考量反而是促使研究得以成形的關鍵。組織管理階層也許會邀請研究者針對下述議題進行研究，例如：評估組織服務的有效性、評估組織內部實務工作者是否以組織期待的方式提供服務、瞭解目標社群未滿足的服務需求或調查服務接受者對於服務的滿意程度等等。在第十三章討論到方案評估時，我們將花更多篇幅說明組織考量會如何促使研究成形或影響研究進行。

我們在此處將要討論的最後一個影響因素是政治考量。就實際狀況而言，一些多元文化因素或組織考量在本質上其實也是政治考量。例如，部落頭目對研究潛在結果的顧慮，也許與他們擔心研究發現會影響到他們當地政府計畫經費的申請。組織對研究過程的堅持或對方案評估結果的質疑，也許是因為他們希望研究或評估結果能有利於來年的經費申請。

有時，研究者本身亦有政治考量。例如，某些研究者會把他們的研究案擺在首位，是因為他們希望能藉研究發現去支持一些高貴的目標：包括改善社會對某些有需求社群的照顧、修改社會政策、揭露某些社會偏見或社會不正義、及其他等等。從另一方面而言，當研究者過於考量政治因素時，他們也許會刻意迴避某些具高度爭議性的研究問題；或調整對某些研究結果的詮釋，使其看似符合政治正確的要求，進而繼續保有自己的學術聲望或學術工作。

我們在本章中討論過的因素將一再地出現於其他章節。現在，你已大致瞭解這些因素以什麼方式影響研究問題、研究方法選取、研究設計、研究結果解釋與呈現。我們將在接下來的章節中，以較多篇幅，檢視研究的過程與相關元素。

重點整理

- 每個社會工作研究可以有一個或數個下述研究目的：探索、描述、解釋、評估及測量工具建構。

- 探索性研究可運用質性或量化方式，以對某主題有一初步的瞭解。

- 描述性與解釋性研究亦可遵循量化與質性研究的步驟，或結合此兩者。

- 評估性研究可包含：探索、描述與解釋等研究目的。

- 在量化研究中，描述常處理些容易被量化的表面特質；客觀性、精準性與可通則化是最主要的考量。

- 在質性研究中，描述意味對現象及

- 背後的深層意義進行厚實的檢視與描繪，而非精準地從樣本資料通則化母群體狀況。

- 質性的解釋性研究傾向採用非結構式的深度訪談。

- 量化的解釋性研究則會從設定解釋相關現象的因素與假設開始，進而去檢驗這些假設。

- 橫斷式研究主要是在單一時間內檢視相關現象。

- 縱貫式研究描述某些發生在一段時間內的事件，並在一段期間內進行資料蒐集與觀察。

- 趨向研究焦點為某群體在一段時間後的變化狀況。世代研究鎖定某特定身分的群體進行長期追縱調查。固定樣本研究針對同樣一群樣本進行持續的追蹤調查。
- 不同典範會影響研究如何被執行。
- 詮釋論典範強調研究得描述人們內在感受、人們詮釋他們自己日常生活經驗的方式及個人行為背後的獨特理由。
- 批判理論典範的焦點為壓迫，並運用研究以增權受壓迫的團體。
- 理論是試著對社會生活或人類在日常活動中建構與發現意義等現象，提供一套彼此關聯的系統性解釋的陳述。

- 理論一方面解釋事情，一方面被期待得有預測事情發展的能力。雖然預測得奠基於解釋，但區分兩者的不同仍有其重要性。有時，我們在不瞭解事情的狀況下，還是能預測事情的可能發展。
- 在演繹法中，研究者通常從理論開始，從理論中找出值得檢驗的假設。在歸納法中，研究者從觀察的資料著手，以發展假設解釋某特定的觀察或現象。
- 社會工作模式，就像理論一樣，會影響研究者對研究問題的選取。
- 其他會影響研究過程的因素還包括：倫理考量、多元文化因素、及組織與政治的考量。

實作練習

1. 找出一篇以研究報告為主的期刊文章，並從其陳述中，界定與判斷此文章的研究目的到底屬於探索、描述、還是解釋；並請扼要說明你得此結論的判斷依據。

2. 請從 2002 年七月的 *Social Work*，找到下述這篇奠基於縱貫式研究的文章：Rank, M. R. & Hirschl, T. A., "Welfare Use as a Life Course Event: Toward a New Understanding of the U.S. Safety Net"。請試著描述此研究的研究設計、主要發現及研究結果如何運用在社會工作實務或社會福利政策上。

3. 請試著從網路上至少找到下述六種典範中的兩種典範的相關資訊：實證論典範、詮釋論典範、社會建構論典範、批判理論典範、女性主義典範及後現代主義典範。請在討論中報告你從網路資訊中看到的主題與重點，並提供資料來源的網址。

提醒事項

EP 2.1.2b：運用「美國社會工作專業人員協會倫理守則」的標準，做出合乎倫理的決策：社會工作人員會運用 NASW 的倫理守則，做為進行倫理性研究的一部分，和評估已經完成的研究，或他人所提出的建議是否合乎倫理。

EP 2.1.2c：容忍模擬兩可，解決倫理衝突：社會工作人員瞭解在一些研究中，倫理考量極具爭議性；對於研究利益是否重於倫理考量向來也不容易判斷。

EP 2.1.3a：辨別、評估和整合各項知識的來源，包括有研究依據的知識：社會工作人員需辨識經由質性、量化或混合研究等不同方法所得出的知識。

EP 2.1.3b：預估、預防、介入與評估的分析模式：社會工作人員瞭解經由質性、量化或混合研究等不同方法所獲得的預估結果及評估報告。

EP 2.1.4a：注意文化結構與價值會壓迫、邊緣化、異化、或創建與強化特權或權力：社會工作研究者在研究少數社群或被壓迫的群體時，須具備文化敏感度與文化能力。

EP 2.1.6b：善用研究證據推行實務：瞭解經由質性、量化或混合研究等不同方法所獲得的評估報告，並知道研究過程；以強化社會工作人員「善用研究證據、引領實務工作」的能力。

第三部分

研究問題的形成與測量工具的建構

　　現在你對於研究過程及相關影響因素已經有一大致瞭解，那我們將接著進一步介紹不同的研究階段。第五章將說明研究的開始階段：選擇研究主題、形成研究問題、討論文獻回顧的重要、並提供一些從事有生產力的文獻回顧的建議。第六章將說明研究開始階段的另個重要議題「概念化」，包括：界定你想研究的事物；提供理論或概念的理由，以說明他們彼此之間有著甚麼關聯、及你為何會在研究中納入這些事物；並清楚界定你將如何進行觀察與資料蒐集，瞭解我們將如何進行觀察有利我們決定「如何測量」。第七章將討論測量的信度與效度，並說明測量的不同形式可能發生的偏誤。最後，第八章將會檢視如何問問題、進行訪談、批判性檢視測量工具時該注意的事項。

文獻回顧與
研究問題形成

前言

　　社會工作是個多元且涉及不同領域的專業，在社會工作內值得探究的研究主題與問題也因此無窮無盡。社會工作有時關注單一或跨領域的議題，例如健康、心理健康、兒童福利、老人工作、物質濫用、貧窮、智能發展遲緩、情緒障礙、犯罪與行為偏差、家庭暴力等等。在單一或跨領域工作中，研究焦點又可能有個人、家庭、團體、社區、組織或更廣泛社會系統等層次的不同。研究切入面向也可能有差異，例如：目標群體的特徵、社會工作人員提供的服務類型或內容、社會工作人員接受督導或訓練的方式、社會福利組織在行政管理面向得面對的議題、社會政策相關議題、服務接受者或社區的需求或面對的問題、因應的服務方案或介入計畫、服務接受者不使用服務的可能理由或因素、社會問題與服務提供間的關係，以及其他可能議題。

　　與其他社會學科研究相較，社會工作研究較關注於社會問題的瞭解與解決，例如：解決社會服務組織所面對的決策困境、提供必要資訊以解決社會工作實務問題。研究者好奇心與個人興趣雖也會影響研究主題選取與研究問題形成（就像其他領域的研究一樣），社會工作研究更強調研究結果能提供政策規劃、方案設計與執行或社會工作實務必要的資訊或指引。為確保社會工作研究主題能有實務價值，研究者有必要持續地與在相關領域服務的社會工作人員討論與交換意見。另外獲得研究主題的方式則是詳盡的文獻回顧，在形成研究問題時，文獻回顧是個相當關鍵的過程。文獻回顧除讓研究者瞭解研究主題的實務價值外，亦讓研究者對相關背景或知識基礎有更深入的瞭解與認識。

文獻回顧

　　剛開始接觸研究的人常忽略文獻回顧，有些人等到研究問題成形，要著手研究設計時，才開始從事文獻回顧。這雖然不會造成太大問題，但這終究不是有效率的方式。此外，若以上述方式從事研究，亦可能犯下拾人牙慧的錯誤，或無法從他人錯誤或經驗中學習。除非從事了文獻回顧，我們將不知道：我們的研究問題是否已被其他人回答；其他人從事類似研究時，曾遇到哪些概念或執行上的困境；哪些曾有的困境如何被處理；以及在現有知識與瞭解上，還有哪些研究問題該繼續被探究與處理。

　　從事文獻回顧的另一個理由則是：現有文獻常是研究者選擇研究問題的主要來源。藉文獻回顧，研究者才瞭解哪些問題已被回答、這些瞭解如何被實務界運用、仍有哪些研究問題值得繼續探究，研究者才不會選擇不相關或過時的研究問題。藉文獻回顧，研究者才可確認，這次研究是現今整體知識建構與發展的部分，而並不會被視為只是重複他人做過的研究、或講些其他人已不再重視的概念。

　　奠基於過往研究並不意味你的研究須徹底與過往研究不同、或你不能重複過往研究。有時，與過往研究類似、或重複過往研究仍有必要性。這邊的關鍵點在於：你做決定時，你沒有忽視過往研究；以及，在閱讀相關文獻後，你的判斷告訴你，你得以這種方式進行研究。你也許會想重複過往研究，如果你認為這是你所能給予最好的貢獻。或者，雖然你的研究問題曾被他人回答，但你懷疑過往研究方法的不足會使現有瞭解有其侷限；因此你想採用較佳的研究方法，以回答相同的研究問題。或者，你想從不同面向切入原先已被回答過的研究問題，以提供新的視野與瞭解。這種做法一方面可滿足你的好奇心；另一方面也是來自於，在廣泛與仔細讀過文獻後，你相信，這種問問題與回答問題的方式會是這個領域現今所需要的。凡此種種均再次說明，文獻回顧可豐富你的研究，並減少你在進行研究時可能遇到的麻煩。舉例而言，藉著文獻回顧，你可找到現存有效的測量工具，而不必再多花心思去建構與測試新的測量工具。或者，你可界定或發現你過去不曾留意的相關研究概念或問題。

　　一些採用質性方法以建構理論的研究者會等到研究快結束之際，才開始文獻回顧，避免受他人理論或解釋的影響。有些採用質性方法的研究者則在研究開始前就從事文獻回顧，以讓自己能對現有知識基礎及學術差距有一定掌握與瞭解；

雖然，他們同時會要求自己在進行現象觀察與解釋時，儘可能地開放與不受他人影響。這兩種取向各有其優缺點；學界對於哪種取向較佳，仍沒有一定共識。

使用圖書館

　　我們活在充斥著研究報告的世界中，舉凡報紙、雜誌、學術期刊或校友通訊等你隨手可得的讀物中，都會有些特殊主題的報告。然而，當你要正式地針對某主題進行探索與資料蒐集時，前去館藏豐富的大學圖書館仍是最好的起點。

EP 2.1.1e

- **獲得專業協助**：當你試著在圖書館找資料，你此時最好的朋友就是圖書館參考諮詢區的館員（他們的主要責任則是協助讀者找到所要的資料）。有些圖書館還會針對特殊主題設置專門的館員，例如特別瞭解社會工作、社會學科或政府文獻等主題的專門館員。所以，在使用圖書館時，首先，你得知道你要找哪些主題的資料；與參考諮詢區的館員（或某專門館員）約時間；告訴那位館員你大概需要哪些主題的資料。他或她則會大概地指引你前往圖書館某一區搜尋與獲得你可能會要的資料。
- **在書庫中找寶**：在現今社會，最常用來搜尋圖書館相關書籍或文章的方式是使用數位化檢索系統。但無論你使用數位化或傳統卡片檢索系統，去圖書館書庫找你要的資料亦非常有用。當你從檢索系統獲得你要的資料的索書號時，前往書庫，找到那本你要的書。此時，再多花點時間看看在此區域附近的書。大部分圖書館依主題排放館內藏書，因此當你看看鄰近書架上的書時，你可能會找到一些原先在檢索時沒注意到的書。或者，你也可直接省略檢索步驟，直接前往書庫尋找你要的書。大部分圖書館依照美國國會圖書館分類法（the Library of Congress classification system）或杜威十進位分類法（the Dewey Decimal System）將書籍分類、編索書碼，並按索書碼順序排列書籍。
- **摘要集**：一些出版品會整理書籍或文章概要，以讓他人可輕易且有效率找到相關資料。這些書籍與文章的概要則是摘要，通常摘要是由原作者自行準備。當你看似找到一些與你研究相關的資料時，你可順著摘要集提供的資訊，進而找到原作，並可看到作品全貌。在社會工作領域，最相關的摘要集則是《社會工

作摘要集》（*Social Work Abstracts*）。相關領域亦有一些重要的摘要集，例如《心理學摘要集》（*Psychological Abstracts*）及《社會學摘要集》（*Sociological Abstracts*）。

使用《社會工作摘要集》的第一步是：檢閱主題索引（subject index），以發現與你研究主題相近的主題條目。接著，檢閱你感興趣的主題條目下所列出的副主題條目，並尋找與你研究主題相近的副主題條目。在每條副主題條目旁，都會有文章或書籍摘要的編號，以讓你能在摘要集中，輕易找到你感興趣的文章或書籍摘要。當你閱讀摘要時，你會瞭解：這篇文章或這本書與你的研究主題有多相關、及你是否有必要去詳細閱讀文章全文或整本書。如果你認為有必要去讀這份資料，摘要集亦提供必要資訊，以讓你能找到全文或聯繫作者。

現在讓我們舉例，讓你瞭解使用摘要集的過程。假設你想在文獻中找到，用來測量非美國境內出生的華裔美國人對美國社會的同化程度的有效量表。當使用《社會工作摘要集》時，你第一個該做的事是：檢閱主題索引，發現與此主題相近的條目。但你不能直接在摘要集內搜尋「非美國境內出生的華裔美國人對美國社會的同化程度」此概念，你可能無法找到任何資料，因為這概念太特殊了。但假如你檢閱「同化」（Acculturation）這個概念，你將在「責信」（Accountability）與「社會運動」（Activism）此兩個條目中間發現你要的資料，如下所呈現的（譯註：為讓讀者瞭解搜尋順序的呈現，將保留原作使用的英文）：

Accountability	**責信**
and Joint Reviews in England, 1083	及　在英國的聯合評論，1083
and school choice, 1243	及　學校選擇，1243
Acculturation	**同化**
of Chinese Americans, 1081	華裔美國人，1081
of Hispanic middle school students, 1231	西裔中學生，1231
of Russian immigrants, 1430	俄裔移民，1430
of West Indians, 1387	西印度群島人，1387
Activism	**社會運動**
judicial, 1366	司法，1366

　　在「同化」這個主題條目下，你看到四個副主題條目。第一個副主題條目為「華裔美國人」。這是個與你主題非常相關的條目，你一定有興趣看看相關摘要寫了些什麼內容。「1081」，這個列在「華裔美國人」旁的數字，指涉提到「華裔美國人」這概念那篇摘要的編號。《社會工作摘要集》會給每篇摘要編號，並以數字順序排列摘要；所以你可直接依序，找到編號 1081 的那篇摘要。

　　在《社會工作摘要集》內的很多摘要可能會有不同主題條目。因此除了試著用「同化」這概念進行搜尋外，你也可搜尋「華裔美國人」。這時，你將在「兒童服務」（Children's services）與「公民參與」（Citizen participation）此兩個主題條目中間發現你要的資料，如下所呈現的：

Children's services	兒童福利服務
vouchers for, 1003	保證人，1003
Chinese Americans	華裔美國人
and acculturation, 1081	及　同化，1081
psychosocial issues in working with, 1426	與華裔美國人一起工作的社會心理議題，1426
Citizen participation	公民參與
in advocacy for persons with disabilities, 1219	為身心障礙者增權，1219

　　在「華裔美國人」這個主題條目下，你看到兩個副主題條目。第一個副主題條目為「同化」。這是篇你有興趣看的摘要；同樣的，在這副主題條目旁，你又會看到摘要編號 1081。當你翻到摘要編號 1081 時，你會獲得該篇文章的相關資訊，包括：作者姓名、文章標題、文章在何時被哪本期刊的哪卷哪期刊登、頁碼、該期刊的國際期刊碼、第一（或通訊）作者的聯繫方式及文章摘要。

　　《社會工作摘要集》亦提供作者索引（author index）。假設你已知道某些特定學者曾發展過非美國境內出生的華裔美國人融入美國社會程度的測量量表；你可直接從作者索引，查詢這本《社會工作摘要集》所收錄的這些學者曾寫過的期刊文章摘要及摘要編號。舉例而言，假如你想查詢關於 R. Gupta 寫過的文章，那你將在《社會工作摘要集》2002 年九月號的作者索引中，找到如下資訊：

Gumport, P.J., 1231

Gunther-Kellar, Y., 1003

Gupta, R., 1081

Gupta, R., 1398

Gurnack, A.M., 1122

Guzley, R.M., 1080

H

Hackworth, J., 1359

Gupta 被列了兩次，那是因為 Gupta 有兩篇文章被《社會工作摘要集》2002 年九月號收錄。你也許有興趣看看這兩篇摘要寫了些什麼，說不定這兩篇文章正好對你的研究都有幫助。

▶▶▶ 使用數位化的圖書館館藏

近年來，很多圖書館已將館藏目錄數位化。雖這些系統不盡相同，但搜尋原則卻是大同小異：無論你從哪一處的電腦連到數位化的圖書館館藏目錄，當你在搜尋畫面鍵入書的標題，在數秒內，只要圖書館有這本書，相關資料就會顯示在電腦螢幕上。如果你想進一步瞭解這本書，你可在相關超連結處按一下，就可以看到這本書的索書號、簡要描述、摘要或各章標題。或者，你在搜尋畫面，鍵入你想搜尋的關鍵字，則可以看到館藏中所有與此關鍵字相關的書籍或文章的清單。接著，快速瀏覽此清單，並從中選取你想進一步瞭解的文獻。

大部分圖書館現今已有電子期刊、電子書、或其他數位化的資料。你使用的圖書館也會讓你知道，在哪些狀況下，你可接觸或使用哪些數位化的資料；或者你只能到圖書館得到紙本資料。如果你必須到圖書館得到這些紙本資料，圖書館館藏查詢系統也該同時在螢幕上告知：書或期刊的索書號、資料是否已被外借、何時會被歸還等資訊。

▶▶▶ 使用數位化的專業資料庫

為協助你在網路上搜尋文獻，你的大學圖書館可能會提供「就算在家裡也可使用」的數位化專業資料庫。如同在第二章所提，有很多數位化專業資料庫，

例如「社會服務摘要集」（*Social Services Abstracts*）或「心理學文獻資料庫」（PsycINFO）。我們也在第二章介紹過如何使用數位化資料庫。如果你就讀的大學並不允許你在家中使用這些數位化資料庫，你可試著使用免費的搜索引擎，例如「醫學文獻資料庫」（MEDLINE）或「谷歌學術搜尋」（Google Scholar）。

　　基本上，在這些數位化專業資料庫進行資料搜尋的過程是很類似的，例如：它們都會提供讓你鍵入關鍵字進行搜尋的欄位。然而，不同資料庫的搜尋原則、功能與步驟則有些微差異。因此，在使用不同資料庫之前，你得看一下資料庫的操作說明或詢問圖書館館員，以確認你可有效率地搜尋。

　　在搜尋資料庫時，常使用的步驟是：藉「且」（AND）（交集）、「或」（OR）（聯集）或「不含」（NOT）（排除）等搜尋指令，連結你搜尋時的不同關鍵字。「且」的使用可縮小搜尋結果，因為這功能能將搜尋限制在「將所有關鍵字取交集」的狀況。例如，當你想搜尋有關「目睹家庭暴力的西班牙裔兒童」的相關研究時，你可在搜尋欄位，輸入「西班牙裔 AND 兒童 AND 家庭暴力」。

　　有些資料庫提供數量不等的搜尋欄位，讓使用者可輸入不同面向的關鍵字，進而提高搜尋精準度。例如，當你使用「心理學文獻資料庫」時，在搜尋頁面，你會看到系統預設的三列搜尋欄位，供你輸入關鍵字。在每一列的最右邊處，你會看到系統提供的「且」、「或」及「不含」的搜尋指令。我們在第一列搜尋欄位輸入「家庭暴力」，指令選擇「且」；在第二列搜尋欄位輸入「兒童」，搜尋指令仍選擇「且」；最後在第三列搜尋欄位輸入「西班牙裔」。設定後，約有44 筆搜尋結果。「心理學文獻資料庫」可讓你自由增加搜尋欄位，讓你可輸入更多關鍵字。如果我們在第四列搜尋欄位輸入「處遇」，而在第三列搜尋指令選擇「且」。此時的搜尋結果則降至約只有 13 筆資料。

　　現在看看選擇「或」這個搜尋指令時，有什麼結果。我們重複上一段關鍵字搜尋，但在第二、第三與第四列的搜尋指令都改成「或」。這樣設定後，搜尋結果則包含 769,998 筆資料。這是因為，當選擇「或」這個搜尋指令時，只要關鍵字中有兒童這概念（無論是否包括西班牙裔、家庭暴力或處遇等概念），均會被視為符合搜尋條件。同樣的，任何有西班牙裔這關鍵字的文獻（無論是否包括兒童、家庭暴力等概念），亦會被視為符合搜尋條件，而被納進搜尋結果。在這狀況下，當然使採用「或」這個指令時，搜尋結果會高達 769,998 筆。

　　讓我們再看看選擇「不含」這個搜尋指令，會有什麼結果。我們重複上述「目

睹家庭暴力的西班牙裔兒童」的例子。我們在第一列搜尋欄位輸入「家庭暴力」，指令選擇「且」；在第二列搜尋欄位輸入「兒童」，搜尋指令仍選擇「且」；在第三列搜尋欄位輸入「西班牙裔」，不過第三列的搜尋指令則選擇「不含」。這設定帶來了 31 筆資料。遠比之前的 44 筆資料少了 13 筆。這結果遠低於原先採用「且」這個搜尋指令連結「家庭暴力」、「兒童」及「西班牙裔」這三個關鍵字所帶來的結果。這意味，當使用「不含」這個搜尋指令時，我們會把有「治療」這個關鍵字的 13 筆資料排除在外。對比著採用「且」這個搜尋指令連結「家庭暴力」、「兒童」及「西班牙裔」這三個關鍵字帶來的結果，我們發現，少掉的這 13 筆資料正好就是：採用「且」這個搜尋指令，連結「家庭暴力」、「兒童」、「西班牙裔」及「處遇」這四個關鍵字所得到的結果。

相較前述採用布林邏輯進行搜尋的資料庫，谷歌學術搜尋則採另種方式，以擴展或減縮搜尋結果。當你使用谷歌學術搜尋時，直接點選「進階搜尋」。圖表5.1 為谷歌進階學術搜尋的畫面。當搜尋畫面出現時，請在旁邊寫著「包含所有字詞」（with all of the words）的欄位中，輸入搜尋關鍵字，例如：「有效介入目睹家庭暴力的兒童」（effective intervention with children who witness domestic violence）。用這種方式進行搜尋，出現的建議結果則約有 34,800 筆；因為這種搜尋方式會把任何一篇在內文或參考書目中有這幾個關鍵字的文章納入搜尋結果。如要試著降低搜尋結果的數量，那你可再把「西班牙裔」這關鍵字納進搜尋過程。新出來的搜尋結果則會降低至 5,800 多筆資料，雖然這還是很多筆資料。

如同前述，有些資料庫採用「且」或「不含」等搜尋指令，降低搜尋結果的數量，進而提高使用者找到感興趣文獻的機率。但谷歌學術搜尋沒有採用此種方式。如果你在谷歌學術搜尋打上「且」或「不含」等搜尋指令，系統會出現下述訊息：「你沒有必要輸入『且』這個指令，系統在進行搜尋時，已預設得要含括所有關鍵字」。如果我們將上述那個關鍵詞「有效介入目睹家庭暴力的西班牙裔兒童」，改成「有效介入『且』西班牙裔兒童『且』目睹家庭暴力」。系統一方面還是會貼心地告知：你沒必要輸入「且」這個指令；但另一方面卻仍給了將近 7,120 筆的搜尋結果（竟然還多過沒使用「且」這個指令的 5,800 筆資料）！

另外一種獲得較少搜尋結果的方式是：在「進階搜尋」，旁邊寫著「包含**完全符合詞組**」（with the exact phrase）的搜尋欄位中，輸入關鍵字。當我們在此欄位輸入「有效介入目睹家庭暴力的西班牙裔兒童」時，搜尋結果是零。當我們

移除「西班牙裔」這個關鍵字後，搜尋結果仍是零。直到我們將關鍵字放寬至「目睹家庭暴力的兒童」時，搜尋結果才為 650 筆資料。當我們將關鍵字變成「目睹家庭暴力的西班牙裔兒童」時，搜尋結果又變成零。因此，我們將「西班牙裔」這個關鍵字移到旁邊寫著「包含**至少一個字詞**」（with at least one of the words）的搜尋欄位，如下所呈現的：

包含完全符合詞組	目睹家庭暴力的兒童
包含至少一個字詞	西班牙裔

此時共出現 155 筆搜尋結果。如我們需限縮搜尋結果至「對類似兒童提供介入服務」的文獻，我們可把「介入」這個關鍵詞輸入到「包含所有字詞」的搜尋欄位。此時，搜尋條件如下：

包含所有字詞	介入
包含完全符合詞組	目睹家庭暴力的兒童
包含至少一個字詞	西班牙裔

此時共有 146 筆搜尋結果。接著，我們把「有效介入」這個關鍵詞輸入到「包含所有字詞」的搜尋欄位。此時，搜尋條件如下：

包含所有字詞	有效介入
包含完全符合詞組	目睹家庭暴力的兒童
包含至少一個字詞	西班牙裔

這時的搜尋結果則為 110 筆資料。雖然看起來資料仍算是很多，但你可藉快速瀏覽資料名稱、簡要說明、或資料使用的文字等資訊，以瞭解此些資料是否符合你需要，再漸漸縮小搜尋結果。

你應該也注意到，在圖表 5.1 還有一個「我的關鍵字出現在何處」下拉選單。此選單的預設值為「文章中的任何地方」，另一個選項則為「文章標題」。如果你選「文章標題」，那麼顯現在你搜尋結果的資料數量則會比較少。例如，你在

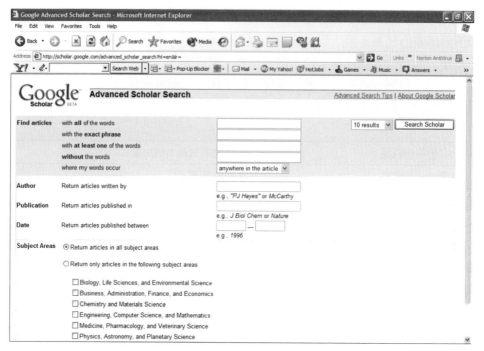

圖表 5.1　谷歌學術搜尋引擎進階搜尋選項畫面

「包含完全符合詞組」那欄輸入「目睹家庭暴力的兒童」，並在「我的關鍵字出現在何處」下拉選單中選擇「文章標題」，搜尋結果則為 33 筆資料。

　　當你使用其他資料庫時，請記得它們可能採用不同的搜尋原則與步驟，以讓你能擴展或減縮搜尋結果。前述說明應會讓你瞭解如何有效率地使用資料庫；但如果你還有任何問題，圖書館館員會非常樂意協助你。另外，也請記得，在使用不同資料庫前，你得看一下資料庫操作說明。

▶▶▶ 專業期刊

　　儘管電腦化系統和線上資料庫所發展出包含摘要的出版品，提供豐富的實用價值，但你不應該完全依靠它們找出你有興趣的期刊文章。畢竟，文章從真正出版到被資料庫或摘要集收錄，可能有時間上的落差；再加上，有些期刊文章並沒有被某些資料庫收錄。這些狀況都會使你的文獻搜尋有所不足。例如，當你想要搜尋對受虐兒童的介入服務的相關文獻，你也許可直接查閱下述兩本期刊：《兒

童福利》（*Child Welfare*）或《兒童與青少年服務評論》（*Children and Youth Services Review*）。

　　檢閱近幾年的期刊其實比你想的還要簡單。近幾年的期刊常會被擺放在圖書館「學術期刊」或「期刊文獻」專區。你走到那個專區、挑些與你研究主題相關的期刊、翻到目錄頁、並快速瀏覽當期各文章篇名。光從篇名，你就大概知道這些文章與你研究主題的相關性。接著，從目錄頁找到幾篇你感興趣的文章、翻到該篇文章的第一頁、讀讀摘要，再決定你是否要好好讀完整篇文章。

　　若貴校圖書館已將各種期刊目錄數位化，那檢閱相關期刊文章則會更方便。若貴校圖書館有訂購電子期刊、並提供文章的列表，它也可能提供線上期刊的列表，那你可直接從網際網路完成上一段描述的所有步驟，並還可能直接閱讀或下載期刊文章電子全文檔。

　　如果你不確定哪些期刊與研究主題相關，你可詢問貴校圖書館館員或貴系老師。你所要做的，就是想想你要研究哪些主題、這些主題與哪些領域相關。為協助你對社會工作相關領域期刊有些瞭解，我們依主題列出美國社會工作界不同領域常用的部分英文期刊、及臺灣社會工作界常用的中文期刊：

老化與老人（**Aging and the Aged**）

《社會老年學摘要》（*Abstracts in Social Gerontology*）

《老化與人類發展國際期刊》（*International Journal of Aging and Human Development*）

《老化與社會政策期刊》（*Journal of Aging & Social Policy*）

《老化研究期刊》（*Journal of Aging Studies*）

《應用老人學期刊》（*Journal of Applied Gerontology*）

《老人虐待與疏忽期刊》（*Journal of Elder Abuse & Neglect*）

《老年學社會工作期刊》（*Journal of Gerontological Social Work*）

《老年學期刊》（*Journal of Gerontology*）

《老人住宅期刊》（*Journal of Housing for the Elderly*）

《長期照護之社會工作期刊》（*Journal of Social Work in Long-Term Care*）

《女性與老化期刊》（*Journal of Women and Aging*）

《老化之品質：政策、實務與研究》（*Quality in Ageing: Policy, Practice and Research*）

《老年學家》（*The Gerontologist*）

兒童與青少年（**Children and Adolescents**）

《青春期》（*Adolescence*）（*PubMed*）

《兒童與青少年社會工作期刊》（*Child & Adolescent Social Work Journal*）

《兒童與社會》（*Children & Society*）

《兒童與青少年服務》（*Child & Youth Services*）

《兒童與青少年服務評論》（*Children and Youth Services Review*）

《今日兒童》（*Children Today*）

《青春期與青少年國際期刊》（*International Journal of Adolescence and Youth*）

《青春期期刊》（*Journal of Adolescence*）

《青少年人際暴力及創傷期刊》（*Journal of Adolescent Interpersonal Violence & Trauma*）

《兒童與青少年創傷期刊》（*Journal of Child & Adolescent Trauma*）

《兒童與貧窮期刊》（*Journal of Children & Poverty*）

《青年與青少年期刊》（*Journal of Youth and Adolescence*）

《兒童與少年收容處遇》（*Residential Treatment for Children & Youth*）

兒童福利（**Child Welfare**）

《收養與領養》（*Adoption and Fostering*）

《收養季刊》（*Adoption Quarterly*）

《兒童虐待與疏忽》（*Child Abuse & Neglect*）

《兒童照顧季刊》（*Child Care Quarterly*）

《兒童虐待》（*Child Maltreatment*）

《兒童福利期刊》（*Child Welfare Journal*）

《家庭維繫期刊》（*Family Preservation Journal*）

《兒童虐待與法律期刊》（*Journal of Child Abuse & the Law*）

《兒童監護期刊》（*Journal of Child Custody*）

《兒童性虐待期刊》（*Journal of Child Sexual Abuse*）

《公共兒童福利期刊》（*Journal of Public Child Welfare*）

《兒童生還者創傷壓力》（*The Child Survivor of Traumatic Stress*）

社區（**Communities**）

《社區發展期刊》（*Community Development Journal*）

《社區與應用社會心理學期刊》（*Journal of Community & Applied Social Psychology*）

《社區實務期刊》（*Journal of Community Practice*）

《社區預防與介入期刊》（*Journal of Prevention & Intervention in the Community*）

犯罪與少年犯罪（**Crime and Delinquency**）

《犯罪與少年犯罪》（*Crime & Delinquency*）

《犯罪者重建期刊》（*Journal of Offender Rehabilitation*）

《犯罪與少年犯罪研究期刊》（*Journal of Research in Crime & Delinquency*）

《少年與社會》（*Youth & Society*）

《青年暴力與青少年正義》（*Youth Violence and Juvenile Justice*）

文化多樣性（**Cultural Diversity**）

《社會工作之種族與文化多樣化期刊》（*Journal of Ethnic & Cultural Diversity in Social Work*）

《種族與物質濫用期刊》（*Journal of Ethnicity in Substance Abuse*）

《移民與難民研究期刊》（*Journal of Immigrant & Refugee Studies*）

家庭暴力或創傷（**Domestic Violence or Trauma**）

《家庭暴力與性侵害學報》（*Family Violence & Sexual Assault Bulletin*）

《侵犯、虐待與創傷期刊》（*Journal of Aggression, Maltreatment & Trauma*）

《精神虐待期刊》（*Journal of Emotional Abuse*）

《家庭暴力期刊》（*Journal of Family Violence*）

《人際暴力期刊》（*Journal of Interpersonal Violence*）

《威脅評估期刊》（*Journal of Threat Assessment*）

《創傷與分離期刊》（*Journal of Trauma & Dissociation*）

《創傷壓力期刊》（*Journal of Traumatic Stress*）

《性虐待：研究與處遇期刊》（*Sexual Abuse: A Journal of Research and Treatment*）

《壓力、創傷與危機：國際期刊》（*Stress, Trauma, and Crisis: An*

International Journal）

《創傷、暴力與虐待》（*Trauma, Violence & Abuse*）

《創傷學》（*Traumatology*）

《婦女暴力》（*Violence Against Women*）

《暴力與受害者》（*Violence and Victims*）

家庭（**Families**）

《美國家族治療期刊》（*American Journal of Family Therapy*）

《兒童與家庭社會工作》（*Child & Family Social Work*）

《衝突解組季刊》（*Conflict Resolution Quarterly*）

《當代家族治療》（*Contemporary Family Therapy*）

《在社會中的家庭：當代社會服務期刊》（*Families in Society: The Journal of Contemporary Social Service*）

《家庭過程》（*Family Process*）

《家庭關係》（*Family Relations*）

《家族治療》（*Family Therapy*）

《家族治療網絡》（*Family Therapy Networker*）

《兒童與家庭研究期刊》（*Journal of Child and Family Studies*）

《離婚與再婚期刊》（*Journal of Divorce & Remarriage*）

《家庭議題期刊》（*Journal of Family Issues*）

《家庭心理學期刊》（*Journal of Family Psychology*）

《家庭心理治療期刊》（*Journal of Family Psychotherapy*）

《家庭社會工作期刊》（*Journal of Family Social Work*）

《家族治療期刊》（*Journal of Family Therapy*）

《伴侶與家族治療期刊》（*Journal of Marital & Family Therapy*）

《婚姻與家庭期刊》（*Journal of Marriage and Family*）

《性與婚姻治療期刊》（*Journal of Sex & Marital Therapy*）

《婚姻與家庭評論》（*Marriage & Family Review*）

男同志、女同志、跨性別與性（**Gay, Lesbian, and Transgender Issues and Sexuality**）

《男同志與女同志心理治療期刊》（*Journal of Gay & Lesbian Psychotherapy*）

《男同志與女同志社會服務期刊》（*Journal of Gay & Lesbian Social Services*）

《性研究與社會政策》（*Sexuality Research and Social Policy*）

團體工作（**Group Work**）

《團體動力：理論、研究與實務》（*Group Dynamics: Theory, Research, and Practice*）

《團體社會工作》（*Social Work with Groups*）

《團體工作專家期刊》（*The Journal for Specialists in Group Work*）

健康（**Health**）

《愛滋與公共政策期刊》（*AIDS & Public Policy Journal*）

《健康與社會工作》（*Health & Social Work*）

《家庭健康照顧管理與實務》（*Home Health Care Management & Practice*）

《家庭健康照顧服務季刊》（*Home Health Care Services Quarterly*）

《健康與社會行為期刊》（*Journal of Health and Social Behavior*）

《健康與社會政策期刊》（*Journal of Health & Social Policy*）

《愛滋與社會服務期刊》（*Journal of HIV/AIDS & Social Services*）

《障礙與復健社會工作期刊》（*Journal of Social Work in Disability & Rehabilitation*）

《臨終與安寧照顧社會工作期刊》（*Journal of Social Work in End-of-Life & Palliative Care*）

《職場行為健康期刊》（*Journal of Workplace Behavioral Health*）

《健康照護社會工作》（*Social Work in Health Care*）

《公共衛生社會工作》（*Social Work in Public Health*）

《行為健康服務與研究期刊》（*The Journal of Behavioral Health Services & Research*）

心理衛生（**Mental Health**）

《美國精神衛生學期刊》（*American Journal of Orthopsychiatry*）

《美國心理治療期刊》（*American Journal of Psychotherapy*）

《臨床社會工作期刊》（*Clinical Social Work Journal*）

《社區心理衛生期刊》（*Community Mental Health*）

《實證基礎之心理衛生》（*Evidence-Based Mental Health*）

《心理衛生服務研究》（*Mental Health Services Research*）

《精神康復期刊》（*Psychiatric Rehabilitation Journal*）

《精神分析社會工作》（*Psychoanalytic Social Work*）

《心理治療研究》（*Psychotherapy Research*）

《精神分裂學報》（*Schizophrenia Bulletin*）

《心理衛生社會工作》（*Social Work in Mental Health*）

《心理治療實務與研究期刊》（*The Journal of Psychotherapy Practice and Research*）

智能遲緩（**Mental Retardation**）

《美國智能障礙期刊》（*American Journal of Mental Deficiency*）

《美國智能遲緩期刊》（*American Journal of Mental Retardation*）

《發展性障礙研究評論》（前身為《智能遲緩與發展性障礙研究評論》）
（*Developmental Disabilities Research Reviews*）（*formerly Mental Retardation and Developmental Disabilities Research Reviews*）

《智能障礙研究期刊》（*Journal of Mental Deficiency Research*）

方案評估（**Program Evaluation**）

《美國評估期刊》（*American Journal of Evaluation*）

《評估評論》（*Evaluation Review*）

《臨床實務評估期刊》（*Journal of Evaluation in Clinical Practice*）

《評估新方向》（*New Direction for Evaluation*）

質性研究（**Qualitative Research**）

《質性健康研究》（*Qualitative Health Research*）

《質性探索》（*Qualitative Inquiry*）

《質性研究》（*Qualitative Research*）

《質性社會工作：研究與實務》（*Qualitative Social Work: Research and Practice*）

《質性社會學》（*Qualitative Sociology*）

學校社會工作（**School Social Work**）

《兒童與學校》（*Children & Schools*）

《校園暴力期刊》（*Journal of School Violence*）

《學校社會工作期刊》（*School Social Work Journal*）

社會政策（**Social Policy**）

《社會議題與公共政策分析》（*Analyses of Social Issues and Public Policy*）

《批判社會政策》（*Critical Social Policy*）

《全球社會政策》（*Global Social Policy*）

《國際社會福利期刊》（*International Journal of Social Welfare*）

《老年與社會政策期刊》（*Journal of Aging & Social Policy*）

《兒童與貧窮期刊》（*Journal of Children & Poverty*）

《歐洲社會政策期刊》（*Journal of European Social Policy*）

《健康與社會政策期刊》（*Journal of Health & Social Policy*）

《政策分析與管理期刊》（*Journal of Policy Analysis and Management*）

《政策實務期刊》（前身為《社會政策期刊》）（*Journal of Policy Practice*）（*formerly The Social Policy Journal*）

《貧窮期刊》（*Journal of Poverty*）

《社會困窮與街友期刊》（*Journal of Social Distress and the Homeless*）

《社會政策與社會工作期刊》（*Journal of Social Policy and Social Work*）

《社會學與社會福利期刊》（*Journal of Sociology and Social Welfare*）

《政策與公共人群服務》（*Policy & Practice of Public Human Services*）

《公共福利》（*Public Welfare*）

《社會政策與社會》（*Social Policy and Society*）

《社會政策評論》（*Social Policy Review*）

《社會工作與社會》（*Social Work & Society*）

《精神衛生政策與經濟學期刊》（*The Journal of Mental Health Policy and Economics*）

社會工作研究（**Social Work Research**）

《社會服務研究期刊》（*Journal of Social Service Research*）

《社會工作研究與評估期刊》（*Journal of Social Work Research and Evaluation*）

《社會工作與實務的社會期刊》（*Journal of the Society for Social Work and Research*）

《社會工作實務研究》（*Research on Social Work Practice*）

《社會工作研究》（*Social Work Research*）

社會工作（一般）〔**Social Work**（**General**）〕

《社會工作進階》（*Advances in Social Work*）

《澳洲社會工作》（*Australian Social Work*）

《加拿大社會工作評論》（*Canadian Social Work Review*）

《社會工作電子期刊》（*Electronic Journal of Social Work*）

《歐洲社會工作期刊》（*European Journal of Social Work*）

《國際社會工作》（*International Social Work*）

《愛爾蘭社會工作》（*Irish Social Work*）

《證據基礎的社會工作期刊》（*Journal of Evidence-Based Social Work*）

《社會工作實務期刊》（*Journal of Social Work Practice*）

《史密斯學院社會工作研究》（*Smith College Studies in Social Work*）

《社會服務評論》（*Social Service Review*）

《社會工作》（*Social Work*）

《社會工作摘要》（*Social Work Abstracts*）

《英國社會工作期刊》（*The British Journal of Social Work*）

《香港社會工作期刊》（*The Hong Kong Journal of Social Work*）

《社會工作大學教育期刊》（*The Journal of Baccalaureate Social Work*）

物質濫用（**Substance Abuse**）

《國際成癮期刊》（*International Journal of the Addictions*）

《成癮與成癮者諮商期刊》（*Journal of Addictions & Offender Counseling*）

《成癮疾病期刊（前身為《酒精與物質濫用進階》）》（*Journal of Addictive Diseases*）（*formerly Advance in Alcohol & Substance Abuse*）

《藥物成癮治療期刊》（*Journal of Chemical Dependency Treatment*）

《兒童與青少年物質濫用期刊》（*Journal of Child & Adolescent Substance Abuse*）

《藥物議題期刊》（*Journal of Drug Issues*）

《成癮社會工作實務期刊》（*Journal of Social Work Practice in the Addictions*）

《酗酒研究期刊》（*Journal of Studies on Alcohol*）

《物質濫用治療期刊》（*Journal of Substance Abuse Treatment*）

《物質濫用》（*Substance Abuse*）

《美國物質與酒精濫用期刊》（*The American Journal of Drug and Alcohol Abuse*）

女性議題（**Women's Issues**）

《女性與社會工作期刊》（*Affilia*）

《女性心理衛生檔案》（*Archives of Women's Mental Health*）

《歐洲女性研究期刊》（*European Journal of Women's Studies*）

《女性主義理論》（*Feminist Theory*）

《性別與社會》（*Gender & Society*）

《女性主義家庭治療期刊》（*Journal of Feminist Family Therapy*）

《婦女暴力》（*Violence Against Women*）

《女性與創傷》（*Women & Trauma*）

其他（**Other**）

《社會工作行政》（*Administration in Social Work*）

《司法社會工作期刊》（*Journal of Forensic Social Work*）

《人類行為與社會環境期刊》（*Journal of Human Behavior in the Social Environment*）

《進步的人群服務期刊》（*Journal of Progressive Human Services*）

《科技與人群服務期刊》（*Journal of Technology in Human Services*）

《非營利與自願部門季刊》（*Nonprofit & Voluntary Sector Quarterly*）

《鄉村社會工作》（*Rural Social Work*）

《社會工作與社會學科評論》（*Social Work & Social Science Review*）

臺灣社會工作界常參考的期刊（依筆畫順序排列）：

《東吳社會工作學報》

《社區發展季刊》

《社會政策與社會工作學刊》

《臺大社會工作學刊》

《臺灣社會工作學刊》

《臺灣社會福利學刊》

　　無論你採何種方式搜尋，你仍有可能錯過或是無法從你所在大學圖書館或網際網路中，獲得所需文獻。這時，你可試著申請圖書館的館際合作服務（interlibrary loan），以從其他圖書館獲得所需文獻。不同國家、大學或圖書館對使用館際合作服務的不同身分的人，會收取不同費用。在美國或澳洲，教職員或碩博班學生申請館際合作服務時，不需費用。但在臺灣，使用館際合作服務採使用者付費原則。依文獻種類及文獻所在區域的不同，你所需負擔的費用也不同。由於是館際合作服務，無論你是否付費，你都需等待一段時間才能獲得所需文獻。如所需文獻就在鄰近圖書館，直接前往那些圖書館也許會是更好的方式。搜尋文獻的關鍵在於：是否熟悉相關資源與搜尋技巧；因此，請記得我們已重複多次的叮嚀：當試著從圖書館或網際網路搜尋所需文獻時，圖書館館員會是你最好的朋友。在研究過程中，請記得積極地向圖書館館員尋求協助。

▶▶▶ 撰寫文獻回顧

EP 2.1.3c

　　你的文獻回顧該讓讀者對你研究主題的最新發展有一定程度的瞭解；也該整理過往研究者對此議題的共識與爭論。哪些理論啟發了你對此主題的興趣？這些理論的論點為何？至今有哪些研究已被執行？這些研究有哪些一致或不一致的發現？在這些既存的研究中，有著哪些限制或不足？如果你想挑戰或質疑現今普遍被接受的想法，你得仔細檢閱讓這些想法漸漸被接受的文獻或研究，並指出有哪些因素仍未被謹慎考慮、或過往研究有著哪些邏輯推理上的錯誤。如果你想試著解決現有文獻中的某個爭論點，請試著完整地歸納與整理支持或反對某個論點的說法、理由或理論，並提出你對此爭論點出現或延續至今的解釋。

　　如果你的文獻回顧是你研究計畫書或研究報告中的一部分，那你亦得說明你的研究與過往研究間的關係。過往研究如何影響你展開你的研究計畫或完成你的研究報告？不要細瑣地整理過往每篇文獻的細節，尤其當相關文獻資料非常多時。當相關文獻非常多時，將焦點集中於最近的研究發現、以及介紹相關的經典研究或文獻。文獻回顧主要是讓讀者對研究主題有一大致的掌握與瞭解；但不要過於冗長或過多細節，而造成文獻回顧的枯燥與乏味。你的文獻回顧只須聚焦於與你主題有著直接相關的研究。最後，如果多篇研究有著類似發現，那你不必一篇篇介紹這些研究，你可以摘要這些研究相類似的發現與共識，並在內文夾註交代這些研究的作者與出版年代。

　　如果不容易找到與你主題相關的文獻，那麼你須找間接與你主題有關聯的文獻。例如，如果你找不到評估個案管理在心理衛生領域成效的文獻，那你可試著找評估個案管理在其他領域成效的文獻，例如在肢體障礙或發展遲緩領域。

▶▶▶ 系統性文獻回顧

　　有些研究者的文獻回顧並非研究計畫書或研究報告中的一部分，而是為整理與歸納相關研究領域的發現或差異。例如，現今在某領域，已有學者針對某特定研究問題進行眾多研究，並得出南轅北轍的結果。這時，則該有研究者謹慎蒐集所有相關研究與文獻、批判性分析這些研究、進一步綜合與歸納這些研究結果，從中得出較能完整回答研究問題的結論。就如同第二章所提，這種類型的研究則是**系統性文獻回顧**（systematic reviews）；有些系統性文獻回顧又被稱為**後設分析**（meta-analyses）。後設分析指的是：在系統性文獻回顧中，運用進階統計方法，整合不同研究的統計結果，得出較能完整回答研究問題的結論。

　　多數系統性文獻回顧或後設分析是用在綜合評估對某些群體的介入方案的效果，以找出比較有效或無效的介入方案。例如，如果你想瞭解哪種介入方式對處理創傷後壓力症候群（Post-traumatic stress disorder, PTSD）最為有效時，你可閱讀一些相關嚴謹的系統性文獻回顧或後設分析的文章。這樣做，一方面，可節省你搜尋或閱讀相關文章的時間；另一方面，可讓你不必花心思去評判文章品質、及從不同量表與不同結果中進行歸納。這些系統性文獻回顧的結論是：以最嚴謹方式進行評估的研究一致性地指出，以創傷為處遇中心的認知及行為治療法（trauma-focused cognitive-behavioral therapy）、延長暴露治療法（prolonged exposure therapy）、及眼動減敏與歷程更新療法是處理創傷後壓力症候群最為有效的介入方式。

▶▶▶ 批判性檢視文獻回顧的品質

EP 2.1.6b

當我們要批判性檢視文獻回顧的品質時，我們得先知道這篇文獻回顧是作者研究報告中的一部分或是系統性文獻回顧或後設分析。不同性質的文獻回顧得採用不同的批判準則。如果這篇文獻回顧是作者研究報告中的一部分，那麼相關準則請看圖表 5.2。我們之前在本章有稍微介紹過，我們亦會在附錄 A 再複習一次。

如果這篇文獻回顧是系統性文獻回顧或後設分析，那麼相關準則請看圖表 5.3。圖表 5.3 的準則比較全面與嚴格，因為這樣才比較適合目標明確的系統性文獻回顧或後設分析。畢竟，系統性文獻回顧或後設分析的讀者需要這些資料，以回答他們「以證據為基礎的實務」（ evidence-based practice, EBP）的問題、並指引其實務工作。

- 這份文獻回顧是否完整整理相關文獻，且沒有遺漏這幾年才出版的資料？
- 它是否整理近幾年學者對此領域的共識及爭論？
- 它是否含括相關的理論文獻？
- 它是否指出過往研究的不足或限制？
- 它是否指出，現今或預備執行的研究與過往研究有著怎樣的關聯、又能怎樣地超越它們？
- 它是否能不冗長、不過度注重細節、且不沉悶地簡述與整理相關文獻？
- 它是否避免整理過多與研究主題沒有直接相關的文獻？
- 它是否簡要摘述類似研究的發現與共識，並在內文註明這些研究的作者與出版年代？
- 它是否是過往文獻綜合整理的成品、而非只是條列過往文獻？
- 它是否可讓讀者對研究主題的選取及研究主題如何被概念化有更清楚的瞭解？

圖表 5.2　用於研究報告中的文獻回顧的批判準則

- 此系統性文獻回顧的作者或出資贊助此研究的人或單位,是否會因為結論而得利?
- 這篇文章是否交代作者或出資贊助此研究的人或單位,有哪些因既得利益衍生出的利益衝突?
- 這篇回顧是否清楚說明納入或捨棄哪些研究或文章的準則或依據?
- 這些用來篩選研究或文章的準則或依據是否太狹隘或限制過多?
- 作者是否找過未出版的研究報告(其研究結論可能無法支持某介入方式的有效性)?
- 作者是否找過使用其他語言文字出版的研究報告?
- 作者是否使用多種(而非一或兩種)資料庫?
- 作者是否針對搜尋到的文章中所引用的文獻進行分析?
- 作者是否曾在網際網路針對研究問題進行相關文章或研究的搜尋?
- 作者是否聯繫過被納入分析的文章的作者,獲得進一步關於研究方法或結論的資訊或澄清?
- 這篇回顧是否批判性地檢視所選文章研究方法的嚴謹性?
- 這篇回顧是否從採用不同研究方法、有不一致或矛盾的研究結果中,整理出一些可供實務工作者參考的建議?
- 這篇回顧是否從選取不同研究對象,以致有著看似不一致或矛盾的研究結果中,整理出可供實務工作者參考的建議?
- 這篇回顧由至少兩個以上的作者分別獨立分析資料、獲得研究發現嗎?他們對於此篇回顧文獻的嚴謹性有怎樣的看法?彼此對於研究結論有共識嗎?
- 這篇回顧有交代作者曾有哪些努力,以防範或降低研究過程的偏誤嗎?

圖表 5.3　用於系統性文獻回顧或後設分析的批判準則

良好研究問題的性質

　　如果你因撰寫研究計畫書或完成研究而從事文獻回顧,那你的下一步則該是:將廣泛的主題限縮及聚焦成可行及實際的研究問題。例如,對曾遭遇過性虐待女孩的處遇是個研究主題,但這卻不會是研究問題。一個良好的研究問題則可能是:「對曾遭遇過性虐待的 6 至 8 歲女孩而言,遊戲治療能否有效緩和她們的創傷症狀?」不過,以疑問句形式呈現研究主題並不意味你可獲得

EP 2.1.6a
EP 2.1.10m

良好的研究問題。良好的研究問題需要聚焦(narrow)且**明確**(specific)。因此「處理女性憂鬱時,幼年的性虐待經驗是否是重要議題?」不是好的研究問題,

而「在現今接受憂鬱處遇的女性中，有多少比例的人曾在幼年時被性虐待？」則是個比較好的研究問題。

研究問題的回答需奠基於能被觀察到的證據；因此也得以讓人能蒐集可被觀察到的證據的方式來呈現研究問題。「性虐待加害者的刑罰是否該被加重？」不是適當的研究問題，因為這問題的答案並非來自於可觀察到的證據，而是來自於價值判斷。不可否認，人們常引用相關證據，以支持或加強己方論點。例如，引用「性虐待加害者有很高的再犯率」或「對性虐待加害者的治療常常失敗」以支持自身對「性虐待加害者的刑罰該被加重」的立場。但這現象並不會使「性虐待加害者的刑罰是否該被加重？」成為適當的研究問題。反之，上述被引用的證據則提供了值得進一步從事研究的良好研究問題：「接受及沒有接受過某種處遇的性虐待加害者的再犯率分別為多少？」

我們曾提到，在限縮及聚焦你的研究主題成為研究問題時，最重要的準則為：從研究問題獲得的答案，該與指引社會福利政策的規劃或社會工作實務有著有意義的關聯。從這個角度出發，良好的研究問題的性質之一則為：它是否能滿足社會福利界決策制定需求、或回答社會工作實務所遇到的問題？這並不意味，在形塑研究問題時，研究者需要向政策或方案規劃者、實務工作者、行政管理者請教，或參考社會福利指標（但是，獲得這些人的回饋、瞭解他們的需要與看重的面向，仍是形塑研究問題時非常有價值的過程）。我們可從不同來源獲得有用的研究問題：有時它們來自於你所讀的資料、你在機構中的觀察或體會、或同事對你所說的話。有時，一個良好的研究問題會莫名地浮現在你腦海中。

▶▶▶ 可行性

另一個良好研究問題的性質則為：你是否有能力與資源從事研究，回答你提出的研究問題。如你缺乏工具、資源或他人協助去執行能回答你研究問題的研究；那麼，這些研究問題不適合你。你需依據你的能力、可使用的資源等，調整研究問題，以讓你能適當地執行研究。有經驗和沒經驗的研究者都發現到：構思嚴謹與有意義的研究，遠比實際規劃與執行它們容易許多。研究者常遇到的最大困難之一在於：如何不因研究的可行性考量，而讓研究問題過小到無需執行、犧牲研究嚴謹性、或讓研究缺乏被推論的可能。沒經驗的研究者常構思過於理想、範圍過大的研究；當他們在研究執行期間，為可行性考量而縮編研究時，則會讓研究

處於進退維谷的處境。經由經驗與調適，我們已知道要如何在此兩難中取得平衡：亦即，我們知道，我們不該讓研究問題過小，以至於不值得研究；或不該讓研究問題過大，以至於缺乏可行性，而讓研究無法被執行。

判斷研究是否可行的指標包括：研究範圍、研究時間、研究開支、倫理考量及所需的他人協助和合作。研究開支很容易被低估。常見的研究開支有：人事成本、電腦設備成本、差旅費、影印及列印支出、蒐集資料的成本、及郵電費。郵電費也常被低估。大量發放問卷時，所需的郵票錢常多出原先預估；未回覆的問卷也常使研究者得花費多餘的郵票錢。使用郵寄問卷法時，研究者亦得隨問卷附上貼上郵票的回郵信封（以提高問卷回覆比率）。人事成本通常包括僱用研究助理、訪談者、問卷編碼者或問卷資料輸入者等費用。

研究所需時間也常比預估的來得多。沒有經驗的研究者常低估徵求受訪者所需的時間或一再敦請他人完成及回寄問卷所需的時間。原先安排好的訪談有可能臨時被受訪者延期或取消，那麼研究者則得再次徵求受訪者或重新安排時間進行訪談。在正式開始資料蒐集前，研究者可能要一再重複問卷設計（或翻譯）、編排與前測等所需時間。如在研究執行期間，遇到一些未預期的困難或障礙，研究者也得花時間重新構思研究問題，並調整研究設計。當然，在資料蒐集與分析或撰寫研究報告等階段，若發生任何狀況，研究者也只好多花些時間。

「獲得研究許可」是另一個很花時間的事情。有時，研究許可得來自於不同機構或部門，例如機構的行政部門、實務工作者、機構理監事會或評估研究倫理保護議題的研究倫理委員會。當所需的研究許可愈多時，你所需的時間也會愈多。機構內部的政治紛爭也可能延誤研究許可的獲得，因為爭執雙方可能會質疑對手所支持的每項事情或議題，包括研究許可的核准。行政人員的更換也可能導致研究許可核准的延遲。例如，當你花了些時間，讓某機構執行長願意參與研究；當他或她另謀高就時，你的研究也許就得被迫延後。

有時，無法獲得某些機構或場域的合作，迫使研究者得再花時間尋找另個機構或場域執行研究。有可能是因為機構內的成員對研究有疑慮，因此拒絕核發研究許可。他們也許擔心研究發現會不利機構、部門或員工；或他們過去曾與對機構需求或工作流程不敏感的研究者，因而有過不愉快的合作經驗。機構對研究案常有的抱怨為：當研究者因研究興趣或學術生涯需求（例如為了完成博士學位論文）尋求機構合作，獲得所需研究資料後，卻沒有提供研究發現，供機構解決問

題。對這些機構而言，抗拒他人的研究案則會是個合理的決定；而研究者不能輕率假設，機構對研究案的拒絕來自於成員的不安全感或對研究的輕忽。

▶▶▶ 邀請他人協助發展研究問題

我們還可做幾件事，以確定我們提出的研究問題具備有用性及可行性。當做了這幾件事，我們可逐步依照前述準則，使研究問題與相關概念更精準與可行；或者，我們可揚棄原先的研究問題，提出更符合準則的新研究問題。

從同事或其他人那邊得到具批判性的回應或意見，是這過程中重要的一環。它可協助我們嚴謹地檢視研究的實用性、澄清研究問題與概念、注意到觀看現象或研究問題的不同角度、並留意可能對研究可行性帶來阻礙的執行上或倫理上的因素。不過，你得強調，你不是要從他們那邊獲得研究執行的許可；而是希望能得到嚴謹且周延的批判及省思。不然，他們可能會認為，他們可藉讚美與恭維你創新且優秀的想法而討好你，然後讓你犯錯，他們卻不需承擔任何後果。

在第十三章，我們會介紹一些方法，降低機構對研究案的抗拒。其中重要的一步是，在研究初期（發展研究問題或構思研究設計時），儘可能邀請機構主要成員參與相關會議。多與機構主要成員交流，聽聽他們對研究問題或研究方向的意見或質疑。不要只是為獲得他們對研究的支持，而假裝邀請他們參與研究。你亦得在實際發展研究問題或研究設計時，納入他們的意見與考量。如果你確實回應他們的需求與意見、且讓他們感受到他們對研究有實質貢獻，那麼他們發現研究有用並願意支持研究的機會則會變大。彼此持續的交流與對話使雙方關係愈來愈穩定及充滿信任感；這反過來會降低他們對研究者進入機構從事研究的焦慮及不安。此外，這也讓他們理解，研究進入機構造成不便的目的與必要性。

最後一點提醒：除機構員工或理監事外，我們界定的研究對象，例如服務接受者或其他人，亦可能會抗拒研究。他們可能不願：被觀察、接受訪談、或回答問卷（又尤其當資料蒐集過程很麻煩或充滿威脅時）。即便有人有意願參與研究，我們有管道找到這些人嗎？假設你現在想針對街友的心理疾病，從事一份橫跨數年的縱貫性研究（longitudinal study）。想想看，你要如何持續與他們保持聯繫、並訪談他們（更不要提你要如何找到他們，且讓他們願意接受第一次訪談）？為確保你的研究對服務使用者的需要、生活方式及相關考量有一定敏感度，當邀請機構相關成員進入研究設計或規劃時，不要忽略服務使用者代表。

重點整理

- 在規劃研究時，從事文獻回顧是研究初期相當關鍵的階段。文獻回顧通常應在研究初期階段；較完整的文獻回顧應能提供研究主題選取或研究問題形塑的良好基礎。
- 在圖書館搜尋資料時，受過專業訓練的圖書館資料室（或參考室）館員會是你最好的朋友。
- 不論你是在圖書館使用個人電腦或卡片目錄搜尋資料，你仍可直接前往存放書本與期刊的書庫找到額外有用的資料。
- 大部分大學圖書館可讓讀者從網路上查閱期刊文章、書籍或其他資料。你學校圖書館的數位化系統應能讓你知道哪些資料可在線上檢閱、或者圖書館內是否有紙本可供借閱。
- 你應該檢查與你研究主題最有關係的專業期刊的近幾期目錄，以擴大你的搜尋。
- 文獻回顧應讓讀者知道該領域最新的研究發展狀況，並指出過往研究者有共識或仍有爭論的內容。
- 研究計畫與報告的文獻回顧應讓讀者知道，你的研究與過往研究有著怎樣的關聯、又能怎樣地超越它們。
- 文獻回顧應讓讀者對研究主題相關資訊與發展有完整瞭解，卻又不會過於冗長或充滿過多細節，而讓讀者厭煩。
- 好的研究問題應是聚焦且明確、具可行性、能以被觀察到的證據回答的方式提出，並能引導社會福利政策規劃或解答社會工作實務相關問題。
- 研究時間、研究開支、是否可以獲得所需合作及倫理兩難是在評估研究可行性時須考量的事項。

實作練習

1. 請從你特別感興趣的社會福利領域（例如兒童虐待、精神疾病、虛弱老人等），想一想哪些問題亟待獲得解答；並從中形成你的研究問題。
2. 請試著獲得曾有資金補助的社會工作或相關社會學科領域的研究計畫書。你可能可以從貴校社會工作或相關研究中心、曾獲得研究補助或合約的老師或你所在地區的相關社福機構，得到曾獲得補助的研究報告。請依照本章所

建議的批判準則，檢視這些研究
報告；接著，完成你自己的文獻

回顧。

網路練習

1. 請找出一篇討論研究計畫書撰寫
的文章。你可從本章所介紹的幾
種管道、鍵入「計畫書撰寫」
（proposal writing），從事搜尋。
請試著從標題或摘要，找出含有
計畫書撰寫或相關建議的文章。
寫下文章的書目資料，並找出這

篇文章所提供的計畫書撰寫的建
議要點。

2. 找出兩篇與社會工作相關的期刊
文章（或從你有興趣的主題或領
域中，挑兩篇期刊文章）。接著
以本章建議的文獻回顧撰寫準則，
分別比較與評論這兩篇文章。

提醒事項

EP 2.1.1e：專業生涯學習：社會工作
人員專業生涯學習過程中，需有尋找
與閱讀專業文獻的能力。

**EP 2.1.3c：對個人、家庭、團體、組
織、社區和同儕，做有效的口頭及書
面溝通**：整理與撰寫文獻回顧的能力
有助於社會工作人員與同事或其他組
織間有效地溝通。

**EP 2.1.6a：運用實務經驗，引導科學
探究**：良好研究問題的形塑需要實務

工作者的協助與投入。

EP 2.1.6b：善用研究證據推行實務：
瞭解如何運用及評判系統性文獻回顧
或後設研究將會協助社會工作人員運
用研究證據，以推行實務。

**EP 2.1.10m：批判性分析、監測及評
估介入方法**：EBP 的程序包括，縝密
分析各種介入方式、決定介入方式、
然後對案主資料進行監測、及評估所
選擇的方式是否最適合案主。

第 6 章

量化與質性研究中的概念化過程

前言

當研究問題形成，下個步驟則是「概念化」（conceptualization），包括：界定你要研究的事物、給予你認為這些事物彼此如何關聯及你選擇這些事物進行研究的理論性與概念性理由。

EP 2.1.3a

例如，假設你想評估某個方案，此方案希望藉著讓受刑人參與一連串聆聽被害者講述犯罪帶來的毀滅性影響的團體聚會，以預防受刑人變成累犯。你接著應該提供理論性基礎，以說明這個介入性方案為何有效，且值得研究。你也應該界定方案會經由哪些過程預防受刑人成為累犯。你也許會假設：在聆過他人經驗分享後，受刑人會對被害者有更深的同理心；這些新生或逐漸增加的同理心也許是日後影響他們在出獄後較不會犯罪的理由。如此，你則要說明，除累犯的情形外，同理心也是你在研究中得要測量的事物。例如：方案的介入是否會增加受刑人對被害者的同理心；這些增加的同理心是否與受刑人較低的再犯率有關聯？此外，你也許也需針對同理心提出定義，並說明同理心該如何被觀察。這將影響到你對於測量的規劃。我們在下一章會討論到測量。

研究的概念化與測量本質將依你研究採取量化或質性研究（或兩者皆有）而定。如同我們在第三章所提：量化研究通常會在事前精準界定所有要觀察的事情。質性研究則傾向有較複雜的理論架構，但較不會事前預期研究要觀察的事情，也較不會在事前嘗試以精準且可觀察的方式界定它們。本質上，質性研究傾向採用較有彈性、開放式的取向，讓研究儘可能包含較多觀察，進而對現象有較多洞察。由於量化與質性研究方法在概念化與測量階段有著不同取向，我們將分別介紹。首先，讓我們介紹量化研究中概念化的基本特質。

量化研究中的概念化過程

EP 2.1.6b

　　在研究中，研究者想探討的概念被稱為**變項**。**概念**（concept）[1]是種對於念頭、物體、事件、行為或人等等的心智意象（mental image）。我們可將概念視為人們彼此同意用來符號化某些事物的詞彙。這些詞彙有時象徵一些可輕易觀察到的事物，例如身高、住所、種族或年齡；或是象徵一些比較難觀察到的事物，例如自尊、社會功能或歧視等。

　　除固著於概念這個詞彙，我們用**變項**（variables）[2]指涉研究者調查的概念，因為我們預期它們會變化，以利我們進行研究。例如，同理心是個概念，但除非我們將同理心視為一種會在不同特質或經驗的人之中有所差異的變項，我們無法把同理心納入研究。

　　當概念有所改變，我們稱概念下的那些變異或類別為**屬性**（attributes）[3]。例如，生理性別是個變項，其下包含「男性」及「女性」兩類屬性。同樣，社會階級是一系列屬性構成的變項，包含「上層階級」、「中產階級」、「下層階級」或相類似屬性。簡言之，變項是個被調查的概念，它其下有不同屬性。

　　假設我們想調查，讓獄中受刑人增加對被害者同理心方案的有效性是否會隨受刑人性別的不同而有所差異時。其中一個值得納入的變項可能是「方案出席狀況」，其屬性則可分成「出席」及「未出席」兩類（意指每個受刑人是否出席方案活動）。另一個值得納入的變項可能則是「受刑人的生理性別」，其屬性可分成「男性」及「女性」兩類。還有一個變項則可能為「同理心層次」，它可依層次高低而被區隔。當然，該有個變項與「釋放後的結果」相關，它至少可有「再被逮捕」及「未再被逮捕」兩個屬性。我們研究結果或許會發現：只有女性受刑人在參與方案後，才會有較高層次的同理心及較低的「再被逮捕」率。

　　但是，有一點要注意：在提到概念下的不同類別時，並非所有研究者都使用

1　**概念**　一種對於念頭、物體、事件、行為或人等等的心智意象。

2　**變項**　被研究者探討的概念則是變項，其下有不同屬性。

3　**屬性**　人或事物的不同特徵。

屬性一詞。有些研究者使用**類別**（categories）。你得瞭解，這些詞，無論稱作**屬性**或**類別**，只要在研究中與概念相關聯，指涉的是相同事物。有些研究者會使用**數值**（values）來指稱概念下的不同屬性。雖然數值可與屬性或類別替代使用，這詞較常被用在：當變項下的類別是一堆數字時，例如，年齡或測驗成績等。

在許多量化研究中，研究者會事先預測他們期待變項間可能有的關係。**關係**（relationship）[4]指的是某變項的改變可能與另一個變項的改變有關。在上述例子中，研究者也許會預測：參與該方案將導致同理心的提升、或較少的再次被逮捕率（或兩者兼有）。這種關於變項關係的預測被稱為假設。**假設**（hypothesis）[5]是暫時且可檢證的關於變項間可能有的關係或變化的陳述。換言之，假設是個預測我們在變項共變方式中所能發現到的事物可能有的關係的暫時性陳述。因此「參與同理心提升方案將導致較少累犯」的假設，包含至少兩個變項：(1) 受刑人是否參加方案及 (2) 他們是否（或多頻繁）會再次被逮捕。

大部分假設會預測哪個變項影響哪些其他變項。換言之，假設在於預測何者為原因，何者為結果。能夠用來解釋或引發某件事物的變項，被稱為**自變項**（independent variable）[6]。之所以這樣命名，乃因為它可解釋或引發某事，而且它並不依附於其他變項。相反地，那個被解釋或被引發的變項——也就是做為結果的變項——被視為**依變項**（dependent variable）[7]。在前述假設中，「受刑人是否參與方案」是自變項，而「他們是否（或多頻繁）會再被逮捕」則是依變項。

▶▶▶ 發展適當假設

好的研究假設該有好的研究問題的特徵。好的研究假設應該清楚、具體且有多種可能的研究結果；此外，也應當價值中立且可被檢測。舉例而言，「福利改革立法應被廢止」不是研究假設。這句陳述本身是個具價值判斷的建議，而並不是以可檢測的方式（亦即陳述可被接受或被拒絕），預測兩個變項可能有的關係。

EP 2.1.10m

4　關係　變項以一致、可預測的趨勢一起改變。

5　假設　暫時且可檢證的關於變項間可能有的關係或變化的陳述。

6　自變項　用來解釋或引發依變項的變項。

7　依變項　被自變項解釋或被引發的變項。

縱使將句子修改成：「福利改革會傷害福利接受者的兒童」這般看似為假設的陳述時，它仍不是個合適的研究假設。雖然該陳述預測「福利改革」會傷害兒童；但它並沒有清楚且具體地描繪傷害的本質（而這概念本來被視為是研究中的依變項）。「福利改革」雖然被視為自變項，但這概念也充滿了很多不確定性。例如，哪種具體的福利改革面向是我們想要討論的？讓上述陳述變成好的研究假設的方式為：清楚且具體地描述兩個變項及兩個變項間的關係。更改上述陳述的建議可以是：「藉由增加福利接受者的工作時數要求以移除父母親福利身分的福利改革政策，將使得缺少健康保險的兒童數量隨之提升」。這陳述預測兩個清楚且具體的變項間可能有的關係，並也藉由檢測研究結果以決定是否要拒絕或接受原先的研究假設：例如我們可藉由瞭解「政策實施後，缺少健康保險的兒童的數量是否增加」或「在實施與沒有實施相關政策的各州中，缺少健康保險的兒童的數量是否不一樣」等方式，以檢測原先假設。

▶▶▶ 中介變項與調節變項

有些額外的變項會影響自變項與依變項之間的關係。例如，**中介變項**（mediating variables）[8] 可能是自變項影響依變項的機制。如果我們認為方案藉由增加受刑人同理心，降低他們再犯率；那麼對被害者的同理心程度則會是中介變項。中介變項會出現在自變項（受刑人是否參與過方案）與依變項（他們是否會因為其他犯罪而被逮捕）之間。換言之，我們可以想像一個「由自變項影響中介變項，中介變項進一步影響依變項」的具因果關係的事件（如圖表 6.1 所示）。由於中介變項在自變項與依變項之間，有時會被稱為**居間變項**（intervening variables）。

自變項	中介（居間）變項	依變項
介入類型	同理心程度	再犯率

圖表 6.1　中介變項的圖示

8　中介變項（或居間變項）　自變項藉此影響依變項的機制。

調節變項（moderating variables）[9] 是「不會被自變項影響，但會影響自變項與依變項關係強度或方向」的變項。例如，我們預測介入方案只會對女性受刑人，而非男性受刑人有效時，那麼性別則是調節變項。同樣的，當我們預測介入方案只會對犯下非暴力型態犯罪受刑人有效時，犯罪類型則是調節變項。

調節變項有時是自變項與依變項間可能關係的另種解釋。舉例而言，假設當經濟情況改善的同時，新的福利政策也正好實施。如果在新的福利政策實施後，窮困人們的生活水準也提升；那麼，「經濟情況的改善」（調節變項）可能才是引致依變項變化（生活水準的提升）的主要原因。亦即，自變項（新的福利政策）也許對依變項並沒有任何影響；或者當考慮調節變項（經濟狀況的改善）之後，自變項對依變項的影響則會變弱。

如同上述，有時自變項與依變項的關係會在納入調節變項後而被翻轉。假設，有研究發現：當住院病人獲得較多社會服務時，他們的壽命就變得較短。但這發現有可能在加入「住院重症病人通常需要較多的社會服務」此事實後，而被翻轉。因此，病人罹病的嚴重性會被概念化為調節變項。如果我們單獨檢測社會服務對住院重症病人的影響，我們可能發現：得到較多社會服務的住院病人其生命反而被延長了。

▶▶▶ 控制住變項的效果

調節變項有時又被稱為**控制變項**（control variables）[10]。那是因為調節變項常在研究中被研究者加以控制，以探看自變項與依變項可能的關係。延續上述例子，有研究者將住院病人因病情嚴重程度分成兩類：(1) 有致命疾病的住院病人及 (2) 沒有致命疾病的病人。接著，研究者分別評估這兩類住院病人的壽命與所獲得的社會服務總數間的關係。研究者藉控制病人罹病的嚴重性，以檢驗原先自變項與依變項關係是否因而改變或是仍維持原先類似關係。「控制」一詞不意謂研究者要控制疾病本質；而意謂研究者要分別檢驗，在控制住變項各狀況後，原先關係可能會有的變化。如果當第三個變項被控制後，原先自變項與依變項間的關係不見了，這意謂之前研究得到的變項間的關係是種虛假關係。**虛假關係**

9　**調節變項**　影響自變項與依變項關係強度或方向的變項。

10　**控制變項**　我們希望在研究中控制的調節變項，以探看自變項與依變項可能的關係。

（spurious relationship）[11] 是指：當第三個變項被控制後，原先自變項與依變項的關係不復存在的狀況。圖表 6.2 則以圖示呈現我們剛討論過的虛假關係。

▶▶▶ 常數

另一種控制變項效果的方式，則是單單在研究中納入具有變項中某屬性特質的個案。例如，單單研究女性，你會找出性別對變項帶來的效果。上述那個健康照顧虛假關係的研究，研究者也可在研究中只納入有致命疾病的住院病人，並暸解接受社會服務到底對這類住院病人，而非其他類型病人，帶來什麼影響。雖然這類型研究也該納入不同屬性個案，畢竟前述「住院病人獲得較多社會服務

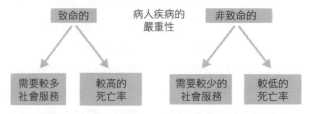

虛假的因果關係：

社會服務在健康照顧體系中的增多增加了死亡的風險
（箭頭展示了虛假的因果關係）

提供給病人與家屬的社會服務數量

病人的死亡率

| 愈多 | → | 愈高 |
| 愈少 | → | 愈低 |

真實的因果關係：

疾病的致命程度影響了社會服務的數量與死亡的風險

（接受到較多的社會服務與較高的死亡率間的關聯性
只是因為有著致命疾病的病人需要較多的社會服務）

（箭頭展示了正確的因果關係解釋）

致命的　　病人疾病的　　非致命的
　　　　　　嚴重性

需要較多　較高的　　　需要較少的　較低的
社會服務　死亡率　　　社會服務　　死亡率

圖表 6.2　當第三個變項被控制時，原先虛假的因果關係就此不見的說明

11　虛假關係　當控制第三個變項時，原先兩個變項間的關係則不復存在的情形。

時，他們的壽命就變得較短」的虛假研究結論也可能在沒有致命疾病的病人身上發生；但病人罹病的嚴重性在這種情形仍不該算是控制（或調節）變項。「病人罹病的嚴重性」在此研究中並不是個變項，因為只有一個屬性被納入研究，所以它並不會變化。研究者因而可以較正確地說：由於他們在研究中只納入變項中的一個屬性，亦即控制住變項的效果，所以不會讓變項不同屬性的變化狀況影響研究結果。在這種情形，正確指稱「病人罹病的嚴重性」的專有名詞則是**常數**（constant）[12]。

雖然用變數指稱常數是個不正確的用法；但當研究者說：「他們藉保持變項的固定，進而控制某特定變項帶來的效果」，這用法是正確的。但反過來說，把常數視為控制變項，則是個雖不該發生，但是可理解的技術性錯誤。舉例而言，當研究者只針對男性或女性進行調查時，他們不能宣稱其把性別設為控制變項；雖然他們還是可以說，為控制性別這個變項可能有的影響，他們在研究中只針對男性或女性進行調查（亦即將性別中的某個變項設為常數）。同樣的，在評估創傷後壓力症候群方案的有效性時，研究者可以把有高度自殺風險的個案排除在方案外。這時，研究者可以說：「他們把自殺傾向設為常數，以避免自殺風險影響方案評估」；但他們不能說：「他們把自殺傾向設為控制變項」。

▶▶▶ 在不同研究中，相同概念可能是不同變項

大部分概念在不同研究中會以不同方式被概念化，因此它們可能化身成自變項、依變項、中介變項或調節變項。舉例而言，介入類型（type of intervention）常常在研究中會被視為自變項，但有些研究還是可能將其視為依變項。例如，某研究也許會假設：擁有社工學位的實務工作者與擁有其它學位的實務工作者會規劃出

EP 2.1.6b

不同介入類型的方案。在這情況，「擁有哪種學位」則是自變項，而「介入類型」則成了依變項（因為後者是受到實務工作者擁有哪種學位的影響）。

你同時也得暸解：判斷變項是自變項或依變項，並不是依據它在假設中所處的位置而定。舉例而言，假設個案管理這介入方式比較會被有社會工作學位的實

12　**常數**　當變項中的某個屬性（而非其他屬性）被研究納入時，這個被納入的屬性則是常數。

務工作者運用，在此，「介入方式」是依變項，縱使它位於句子開頭。雖然依道理而言，原因應在結果前出現；但縱使我們將結果置於假設的開頭，也並非意謂結果出現在原因之前。

另一個得記住的事情則是：相同的概念也許在這研究中是變項，但在其他研究中則反成為常數。例如，當研究包含男性與女性，那麼性別可能是自變項或調節變項；但當我們只將男性納入研究時，性別這概念反而成了常數。

▶▶▶ 變項間的關係類型

EP 2.1.6b

有些假設會預測變項間有正向、負向（或逆向）或曲線關係。在**正向關係**（position relationship）（正相關）[13] 中，當自變項增加時，依變項也會隨之增加（或隨著自變項的減少而減少）；亦即，在正相關中，兩個變項會朝著同個方向一起變化。例如，我們也許假設：在「公民參與社區組織獲得的象徵性報酬」與「他們參與社區組織的程度」間有正相關。

我們也可假設：「案主對社會服務的滿意度」與「社會服務越聚焦於案主原先尋求協助的問題或理由」間呈正相關（相較於當實務工作者並沒有邀請案主一起針對問題或工作目標進行討論的情形）。在圖表 6.3 中的第一個圖則呈現了這個正相關的例子。

負向關係（負相關）或逆相關（negative or inverse relationship）[14] 意謂兩個變項間的變化朝著不同方向；亦即，當一個變項增加，另一個變項則減少。下述是個負相關的例子：直接服務實務工作者的工作負荷量與其工作效能間可能呈現負相關；這是因為，當工作量過重，直接服務實務工作者則有較少時間提供較有品質的服務。另一個負相關的例子則為：家庭收入與家庭所要面對的壓力程度。圖表 6.3 中間那個圖呈現了這個負相關的例子。

13　正向關係（正相關）　「當自變項增加時，依變項也會隨之增加（或隨著自變項的減少而減少）」的關係；亦即，兩個變項會朝著同一個方向一起變化。

14　負向關係（負相關）或逆相關　「兩個變項間的變化朝著不同方向；亦即，當一個變項增加，另一個變項則減少」的關係。

1. 正向關係（正相關）

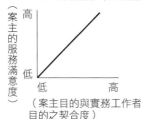

（案主的服務滿意度）

高

低

低　　　　　高

（案主目的與實務工作者
目的之契合度）

案主尋求協助的理由
與實務工作者界定的
工作目的之契合度愈
好，案主的服務滿意
度則會愈高。

2. 負向關係（負相關）

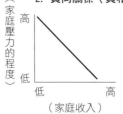

（家庭壓力的程度）

高

低

低　　　　　高

（家庭收入）

家庭收入愈低，家庭
壓力則會愈高。

3. 曲線關係

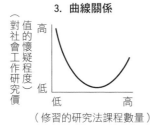

（對社會工作研究價值的懷疑程度）

高

低

低　　　　　高

（修習的研究法課程數量）

當學生修習愈多的研
究法課程，他們對社
會工作研究的懷疑程
度則會下降；但當學
生修習的研究法課程
數量超過某個點時，
他們對社會工作研究
的懷疑程度則又會提
升。

圖表 6.3　變項間可能有的關係

　　變項間的**曲線關係**（curvilinear relationship）[15] 指的是：當變項超越某個特
定數值後，變項間的關係則有轉變的情況。舉例而言，一些社會工作教育者相信，
懷疑已出版的社會工作研究報告價值的學生，要不是修過很多研究方法，就是完
全沒修過研究方法。沒修過研究方法的學生，由於沒學過如何閱讀與使用研究報
告，因此當然不懂得研究報告的價值。修過很多研究方法的學生，由於對研究法

15　曲線關係　當變項越過某特定數值後，變項間的關係則有轉變的情況。

有一定程度的瞭解，容易在已出版的研究報告中找到不少限制與缺點，因此對研究報告價值不會有不切實際的期待。在此狀況下，對研究有著較少懷疑的學生則會是處在中間的那些人：他們對研究有基本瞭解，因此能懂得研究的價值；但也由於還未飽讀眾書，因此不知道有很多已出版的研究報告仍存有不少限制與缺點。相信這概念的社會工作教育者擬定「修課數目」與「對研究的懷疑程度」間相關狀況的假設時，則會畫出一條曲線關係：這條曲線開始於負相關（修課數目愈少，對研究的懷疑程度愈高），而後結束於正相關（修課數目超過一定數量後，對研究的懷疑程度又逐漸增高）。換言之，懷疑程度首先隨著修課數目的增加而減少，但到一定數目後，懷疑程度又隨著修課數目的增加而增加。圖表 6.3 中最下方的圖說明變項間的曲線關係。

▶▶▶ 操作性定義

EP 2.1.10m

在下述兩種狀況，概念才會成為變項：(1) 有超過一個以上的屬性或數值，而且會有所改變；(2) 研究者在研究中調查此概念。在量化研究中，有第三個條件需獲得滿足：這個概念能被轉換成可客觀觀察的狀況。**操作性定義**（operational definition）[16] 指的就是這個轉換過程：找到一個可供我們在研究中觀察的指標或屬性，讓我們對特定概念有更清楚掌握。因此，一個家庭的兒童虐待風險的操作性定義可以為家庭風險量表（the Family Risk Scale）的得分（此量表則由兒童福利工作者在觀察家庭後完成）。

操作性定義與**名目定義**（normal definition）[17] 並不一樣。名目定義就像字典所提供的概念性或理論性的解釋。名目定義透過一段文字幫助人們瞭解名詞的意義。例如「社會適應」（social adjustment）的名目定義為：個人適當地履行生活中的各項角色，如父母、學生、受聘僱者、伴侶等等。名目定義雖能提供研究者發展操作性定義的線索，卻無法告訴研究者該透過何種具體指標，以觀察或測量變項，例如此處的社會適應。

16　**操作性定義**　界定在研究中可供觀察的指標或屬性，以對變項的屬性有更清楚掌握。

17　**名目定義**　提供字典似的概念性或理論性解釋。名目定義透過文字幫助人們瞭解名詞的意義，卻無法告訴研究者該透過何種指標，在研究中進行變項的觀察。

我們可用不同方式操作性地定義抽象性變項。關於社會適應的第一種操作性定義可以為：社會適應量表的得分高低。另一種社會適應的操作性定義則可以為：個人是否接受了主在修復社會功能的社會服務。相較沒有接受服務的人，有接受此項服務的人則可以被界定為有著較低的社會適應。讓我們舉一個截然不同的例子：在一個以服務發展遲緩個案的機構中，對於有著較高社會適應的個案的操作性定義也許則會為：被員工視為可以進入庇護工廠的個案。操作性定義提供了變項該如何被測量的方向。

總而言之，操作性定義與名目定義是兩種用來定義相同概念的不同方式。名目定義協助我們瞭解概念的理論性或概念性意義，而操作性定義則告訴我們該如何針對此概念進行觀察與資料蒐集。

▶▶▶ 操作性定義的影響

我們如何給予變項操作性定義會深刻影響研究發現。假設有個社區工作者想探討影響洛杉磯西班牙區內西裔美國人的公民參與因素。她的研究結果會深受她如何操作性地定義「公民參與」而影響：她將西班牙區內西裔美國人參與民間組織的聚會視為公民參與？參與地方政府討論西裔美國人議題的公聽會？與地方政府官員會面？或只是參與相關的示威遊行？影響人民參與示威遊行的因素也許與促使他們參與市政府公聽會或寫信給市議員的因素截然不同。

假設我們現在想評估防止兒童虐待與保護家庭的兒童福利方案的成效。如果我們將兒童受虐率操作性地定義為「發生在寄養家庭的兒童的受虐比率」；降低這現象比率的方案則會被視為成功的方案。但有沒有可能，實際上兒童受虐率是增加了，因為少數處在受虐高風險環境的兒童並沒有被安置在寄養家庭？如果我們引進其他指標、放寬兒童受虐率的定義，那麼有著相同結果的相同方案說不定反會被視為不成功的方案。

▶▶▶ 獲得社會工作領域相關變項操作性定義的來源

一般而言，我們用三種方式獲得社會工作領域相關變項的操作性定義：自行回答（self-reports）、直接觀察（direct observation）、與現有資料檢閱（examination of available records）。這些方式又被稱為**資料的來源**。在第七章與第十二章，我們會分

EP 2.1.10m

別詳細地討論這些方式與其各自優缺點。在此處，我們的討論焦點將集中於這些方式如何協助我們獲得變項的操作性定義。

在一項有關婚姻問題的研究中，你也許會簡單詢問在婚姻中的伴侶：「你們是否曾向外尋求協助以解決婚姻問題？」在這情況，你則是使用**自行回答**（self-reports）[18] 方式獲得研究資料。你也許會視那些回答「是」的人相較那些回答「否」的人，有著較低的婚姻滿意度。同樣的，你也許會邀請在婚姻中的人，以「低中高」三個分數自評他們對婚姻的滿意度。你也許會懷疑使用這些方式所獲得答案的正確性及這兩種指標的客觀性；我們也並不認為這兩種簡略方式值得採用。但至少，你應可以瞭解，這兩種方式都可算是調查婚姻滿意度時的操作性定義。

除上述兩種例子，仍有非常多種方式，可藉自行回答，給予變項操作性定義。例如，已設計好的婚姻滿意度量表是另一個不錯的選項。你可以邀請參與研究的每個人填答這份量表。量表的總得分愈高，意味婚姻滿意度也愈高。如果伴侶雙方都參與研究，那麼你也許可把兩個人的量表總得分相加，獲得每對伴侶的總得分。針對不同概念所研製的量表乃是將變項不同面向，轉換成相對應指標，並放在量表中。一份針對婚姻滿意度的量表也許會問下述問題，請問你多常：對你的伴侶感到厭煩？與你伴侶一同享受歡樂時光？信任你的伴侶？希望能與你的伴侶一起消磨時光？對你的伴侶感到驕傲？覺得被你的伴侶控制？對你的伴侶感到厭惡？等。在量表中，每道題的答案都會獲得一個得分，將這些得分加總則會獲得量表總得分。如果現在有個人在每道正向題（例如，對你的伴侶感到驕傲）都回答「總是」（always），在每道負向題（例如，對你的伴侶感到厭惡）都回答「從不」（never）；那麼他在每道題的得分則都是 5 分。如果這量表總共有二十道題，那麼他的量表總得分則為 100 分。這意味，這個總得分為 100 分的人，相較總得分為 60 分的人（說不定，他每道題都回答「有時」，因此每道題各獲得三分），有著較高的婚姻滿意度。

此外，你也可藉訪談每對伴侶，邀請他們談談現今的這段婚姻，並計算他們使用貶抑性詞彙談論婚姻或伴侶的次數，以獲得他們對婚姻的滿意度。這方式則是使用**直接觀察法**（direct observation）[19] 做為資料來源。如果你採用此種方式，

18　自行回答　一種根據人們敘說自己的想法、觀點或行為等資料，給予變項操作性定義的方式。

19　直接觀察法　一種藉由觀察人們行為，獲得資料及給予變項操作性定義的方式。

你必須決定判定貶抑性詞彙的規則。或許你會讓訪談者進行判斷，並看看獨立觀察者（也許藉由觀看訪談錄影帶）是否同意訪談者的判斷。我們將在下一章討論資料的來源與**信度**議題時，再多討論這個方法。

另一個使用直接觀察法的方式則是，你觀察伴侶一段 15 分鐘的對話，並計算「打斷對方說話、揚起聲音或以動作表達對對方的不耐煩」的次數。這作法其實有點弔詭。因為有可能伴侶們雖不同意某些議題（例如國家的外交政策），但他們卻非常享受對話過程時的激辯或意見陳述。亦即，你也許在觀察時，針對婚姻滿意度提出一些指標，但你也許還是會懷疑這些指標是否真能測量婚姻滿意度。我們也會在下一章討論自行回答與效度概念時，深入討論此議題。

當然，我們可嘗試其他不同方式給予婚姻滿意度操作性定義。例如，如果我們現在從事跨文化研究，我們也許可比較不同地區的離婚率，做為不同文化間婚姻滿意度的操作性定義。這就示範了運用**現有資料**（available records）[20] 當做研究資料及給予變項操作性定義的方式。當然，我們得再次強調，這種資料運用不意謂離婚率就真實地反應不同地區的婚姻滿意度；我們只是採用離婚率做為婚姻滿意度的操作性定義。說不定，有著低離婚率的文化其實也有著相當低的婚姻滿意度；只不過因為該文化中對離婚的強大汙名，使得該地的離婚率偏低。在社會工作領域，最常被運用在研究中的資料，也許就是各機構現有的個案或服務紀錄了。我們在下一章會針對此議題有更多討論。

標題為「操作性地定義正向親職（positive parenting）：三種給予操作性定義資料來源的展示」的專欄及圖表 6.4 均分別說明如何操作性地定義變項，並針對此三種方式的長處與限制給予進一步說明。

▶▶▶ 現存量表

雖然回答現存量表所得到的答案並不意謂其精準地反應人們實際生活的行為與觀感；但現存量表是種非常普遍的操作性地定義變項的方式。它們節省了研究者自行研發量表或問卷的時間、金錢與精力；也提供研究者在過往其他研究中成功地測量某些概念的選擇。因此，我們在此處說明你可找到現存量表的方式及有關

EP 2.1.10d

20　**現有資料**　研究資料來源的一種；指的是其他研究者已蒐集的相關資料。

操作性地定義正向親職：三種給予操作性定義資料來源的展示

假設你現在任職於州立兒童福利機構，並正在評估改善兒虐與兒童忽視案件被通報父母的正向親職功能的創新性方案的成效。此機構的假設是：藉由改善父母親的正向親職技巧會降低兒虐與兒童忽視案件的發生數量。幾個相類似的郡已被挑選進行這項評估方案。有些郡會實施創新方案，而有些被選為對照組的郡則仍繼續執行傳統方案。這方案評估的假設則為：相較接受傳統方案的父母親，接受創新方案的父母親的親職功能較會獲得改善。在規劃這項評估研究前，研究者必須先界定，該如何針對依變項——正向親職——發展合適的操作性定義。圖表 6.4 說明三種類型的資料會如何被引用，以給予變項操作性定義；及這些操作性定義會如何被運用，以進一步檢測研究假設。這次示範讓你知道：你可以如何定義正向親職；並從中獲得比較合適的選擇。

現存量表的幾點資訊。

現今最常用來找到現存量表的方式為：選定你想測量的概念後，進行文獻回顧。例如，你藉由回顧有關婚姻滿意度的文獻，找到相關文獻使用哪些量表測量婚姻滿意度。當然，這會是個相對快速的文獻回顧，畢竟其目的是找到測量相關變項的工具與量表，而非瞭解變項的發展脈絡或意涵。

另一個加速找到測量相關變項量表的方式則為：閱讀條列與簡述現存量表的工具書。圖表 6.5 列出了部分常用的工具書。有些書籍會直接轉載一些常用的現存量表；有些書籍則是簡介各個量表，但提供額外的書目資訊。通常，這些書籍也都會討論這些量表的品質（例如信度與效度），並告訴讀者該從哪些管道獲得這些量表。此外，這些書籍也會告知：這些量表是否受到著作權保障，亦即你是否須花錢購買或者你只要獲得量表作者的同意，就可以使用這些量表。

當我們在選擇現存量表做為某概念的操作性定義時，有幾件事情必須注意。讓我們從很實際的問題開始：這量表多長？研究參與者需花很多時間去填答這份量表嗎？假設，有份量表需研究參與者花一小時才能填答完畢，那麼通常研究者會給予 20 美元的報酬，以感謝他們的時間。想想看，如果你現在希望非常忙碌的人自願填寫並完成相同問卷，自行寄回，卻沒有給任何報酬；你認為，這份問卷的回收率可能會是多少？

另一個很實際的問題則為：這份問卷對你的研究參與者而言是否會太困難？例如：這問卷是否會太麻煩或用字遣詞太艱澀？假設你現在想瞭解，在美國沒有

類別	操作性定義	驗證假設	長處與限制
直接觀察	你可以先列出正向親職行為：例如讚揚、鼓勵、示範、行為一致等。其次，你列出一些負向親職行為，像是威脅、打耳光、咆哮、挑剔、賄賂、貶抑等。接著，你也許會直接觀察一些對父母親而言具挑戰性的情境（例如，要孩子收玩具），並分別計算正向或負向親職行為出現的次數。也許你會給每項正向親職行為 +1 分，而給每項負向親職行為 −1 分，並以此計算最後的親職行為得分。	以實施創新方案的各郡父母之親職行為平均得分是否高過（或好過）維持傳統方案的各郡父母之平均得分，做為驗證假設的依據。	長處： 1. 透過直接觀察以獲得第一手資料。 限制： 1. 耗時 2. 由於是在被觀察的情境，父母們的行為可能異於平日。 3. 可能會有觀察者偏誤。
自行回答	邀請為人父母者填寫「親職知識或態度」的現存量表。這份量表也許會詢問研究參與者在不同育兒環境時的作為；或者他們會把子女的哪些平常行為解讀成頂撞行為。	以實施創新方案的各郡父母之量表平均得分是否高過維持傳統方案的各郡父母之平均量表得分，做為驗證假設的依據。	長處： 1 相較直接觀察，自行回答所需的金錢與時間成本低很多。 2 如果問卷採匿名方式讓研究參與者填寫量表，他們也許會比較有意願揭露社會所不允許的態度。 限制： 1. 研究參與者也許仍會依著社會期待回答量表。 2. 量表也許無效。 3. 知識與態度也許無法反應出研究參與者平日真實的行為。
現有資料檢閱	探看各郡兒童虐待與兒童疏忽事件通報紀錄的件數。	以實施創新方案的各郡兒童虐待與兒童疏忽事件的通報紀錄件數，是否低於維持傳統方案的各郡，做為驗證假設的依據。	長處： 1. 相較直接觀察與自行報告等方式，檢驗現有資料所需的金錢與時間成本低很多。 2. 你無須假定正向親職知識與技巧意謂有著較低的兒童虐待；你只要直接探看兒童虐待事件的本身。 限制： 1. 得依靠各郡通報紀錄的準確性。 2. 沒有辦法直接呈現，接受介入方案的父母們改善了他們的親職知識與技巧。 3. 可能出現有偏誤的報告。

圖表 6.4　操作性地定義正向親職行為的三種方式

American Psychiatric Association. 2000. *Handbook of Psychiatric Measures*. Washington, DC: American Psychiatric Association.

Beere, C. A. 1990. *Sex and Gender Issues: A Handbook of Tests and Measures*. New York: Greenwood Press.

Corcoran, K. J., and J. Fischer. 2000a. *Measures for Clinical Practice, Vol. 1, Couples, Families, Children* (3rd ed.). New York: Free Press.

Corcoran, K. J., and J. Fischer. 2000b. *Measures for Clinical Practice, Vol. 2, Adults* (3rd ed.). New York: Free Press.

Hudson, W. W. 1982. *The Clinical Measurement Package: A Field Manual*. Homewood, IL: Dorsey Press.

LaGreca, A. M. 1990. *Through the Eyes of the Child: Obtaining Self-Reports from Children and Adolescents*. Boston: Allyn & Bacon.

Magura, S., and B. S. Moses. 1987. *Outcome Measures for Child Welfare Services*. Washington, DC: Child Welfare League of America.

Martin, R. P. 1988. *Assessment of Personality and Behavior Problems: Infancy through Adolescence*. New York: Guilford Press.

Maruish, M. E. (ed.). 2002. *Psychological Testing in the Age of Managed Behavioral Health Care*. Mahwah, NJ: Erlbaum.

Maruish, M. E. 2000. *Handbook of Psychological Assessment in Primary Care Settings*. Mahwah, NJ: Erlbaum.

McCubbin, H. I., and A. I. Thompson (eds.). 1987. *Family Assessment Inventions for Research and Practice*. Madison: University of Wisconsin–Madison.

Mullen, E. J., and J. L. Magnabosco (eds.). 1997. *Outcomes Measurement in the Human Services*. Washington, DC: NASW Press.

Ogles, B. M., and K. S. Masters. 1996. *Assessing Outcome in Clinical Practice*. Boston: Allyn & Bacon.

Ollendick, T. H., and M. Hersen. 1992. *Handbook of Child and Adolescent Assessment*. Des Moines, IA: Allyn & Bacon.

Sawin, K. J., M. P. Harrigan, and P. Woog (eds.). 1995. *Measures of Family Functioning for Research and Practice*. New York: Springer.

Suzuki, L., P. J. Meller, and J. G. Ponterotto (eds.). 1996. *Handbook of Multicultural Assessment*. San Francisco, CA: Jossey-Bass.

圖表 6.5　包含社會工作現存常用量表的工具書

居留身分的墨西哥移民的憂鬱狀況。就算你找到一份曾經用來成功地調查美國大專生憂鬱狀況的量表，你也不能直接將這份量表發給你的研究參與者填寫。

　　如果你想測量時間前後的變化狀況（例如接受社會工作介入前後的改變狀況），你也許會需要一份對於短時間內細小改變狀況相當敏感的量表。例如，假

設有些案主正在接受低度自尊的處遇；在經過一段時間的社會工作介入後，也許他們的自尊已比之前高許多，但說不定還是比社會大眾低。那麼，一份能夠敏感到這種改變的量表才比較適合這種研究情境；畢竟，其他量表說不定只能反應他們的自尊還是比社會大眾低的狀況。

選擇量表時的兩個關鍵議題：量表的信度（reliability）與效度（validity）。下一章我們將深入介紹信度與效度。簡單講，信度意謂：量表使用時的一致性；效度意謂：使用某量表時，是否能得到原先預定測量的事物。介紹現存量表的書或文章一定會說明某特定量表的信度與效度、以及它們怎樣被建構。但是請用參考的心態看待這些量表信度與效度的說明。畢竟，這些量表的建構與信度及效度的測試，有可能是針對不同的研究群體、及在不同的研究情境下；因此，其他人測試這些量表所得到的信度與效度，不一定適合你現今的研究群體。簡言之，無論其他人測試量表得到的信度與效度為何，你終究還是得針對你的研究群體與研究目的修改與微調你打算採用的量表；不然，你可能還是無法使用這份量表。

你也應該瞭解，你可採用不同方式來使用現存量表。舉例而言，兒童也許可以**自行回答問卷**的方式，回答其從事某些行為的頻率；但你也可以邀請兒童周遭的成人（例如父母、老師或在營隊中扮演父母角色的成人）用**直接觀察**的方式，在問卷中，記錄兒童從事某些行為的頻率。

▶▶▶ 測量尺度

變項可用四種測量尺度中的一種或多種而被給予操作性定義：類別尺度（nominal level）、順序尺度（ordinal level）、等距尺度（interval level）、與等比尺度（ratio level）。在**類別尺度**（nominal level）[21] 中，變項僅由類別性的質性特徵被定義。例如，用個人是否正在接受社會服務（是或否）來定義社會適應，就是類別尺度的例子。其他類別尺度的例子包括：性別、種族、出生地等。測量一個人有多少為男性是沒有任何道理。對類別尺度而言，變項只有「是」或「不是」的區別。

21　**類別尺度**　一種測量尺度，用來描述僅由類別性的特徵被定義的變項（例如性別與種族）。類別尺度測量的方式主要為：針對變項下不同屬性中的人或物的數量（而非程度）進行計數。

就順序尺度（ordinal level）[22] 而言，我們只知道某個案比其他個案有較多或較少的特質或屬性，但我們無法知道實際上是多了多少。例如，基於順序尺度，我們知道在賽馬比賽中，Seabiscuit 贏了比賽，Mr. Ed 得第二名；但我們無法知道兩者間實際差距。相同的，如果案主對 A 服務非常滿意，對 B 服務只感到有點滿意，在只使用順序尺度時，我們無法得知不同滿意程度間的精確差距。

就等距尺度（interval level）[23] 而言，不同屬性間的差距具有相同意義。比如說，IQ 100 分和 95 分的差距，則和 105 分與 100 分的差距相同。如果依實務工作者的低、中、高評分來定義社會適應時，那麼它們不是類別尺度，因為不同類別代表著較高或較低程度的適應。但它們也還不是等距尺度的資料，因為低、中、高間的差距並不相等。所以，它們只屬於順序尺度；畢竟我們不能假定低評分和中評分間的差距等同於中評分和高評分間的差距。

等比尺度（ratio level）[24] 變項除了具備與等距尺度相同的特徵外，還包括一個絕對零點。因此，一個人曾被逮捕的次數可以是 0 次、1 次、2 次等。因為絕對零點的存在，所以我們可確定：被逮捕四次是被逮捕兩次的兩倍。圖表 6.6 是四種測量尺度水準的圖示。

之前，我們曾提到名目定義，並且把它拿來與操作性定義做對照。不過，這邊得弄清楚：名目定義與名目尺度是兩種不同的概念。例如，薪水的名目定義為：在工作時所賺金錢的總額；其可採用等比尺度（薪水總額）或順序尺度進行測量（貧窮、中產、富裕或其他）。

質性研究中的概念化過程

通常，當我們給予某變項操作性定義時，我們同時也喪失了這個概念原先具

22　順序尺度　一種測量尺度，用來描述與排序變項下的不同屬性。社經地位的高中低則是順序尺度的例子。

23　等距尺度　一種測量尺度，除可將不同屬性排序外，還具有相鄰屬性間的差距相等的特質　但仍沒有絕對零點。

24　等比尺度　一種測量尺度，它包含了所有等距尺度的特質，且有絕對零點。年齡與擁有的子女數都是等比尺度的例子。

類別尺度的例子：性別

男　　女

順序尺度的例子：宗教

「宗教對你的重要性？」

不太重要　　相當重要　　非常重要　　我生命中最重要的事

低　　　　　　　　　　　　　　　　　　　高

等距尺度的例子：智商

95　　100　　105　　110　　115

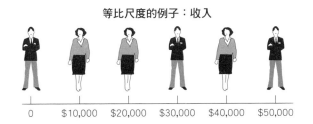

等比尺度的例子：收入

0　$10,000　$20,000　$30,000　$40,000　$50,000

圖表 6.6　測量尺度

有的豐富意義。例如：婚姻滿意度的意涵不會只有一對伴侶是否接受過婚姻諮商（亦即，用是否接受過婚姻諮商來定義婚姻滿意度有其限制）。採用質性研究的研究者不會讓其研究與觀察，限縮在事先設定的操作性指標。他們會強調方法學上的自由彈性，

EP 2.1.3a

讓最顯著的變項、深層意義，隨研究者浸潤於研究現象逐漸浮現。事實上，**操作化**（operationalization）一詞在質性研究文本中很少被提及。

　　質性研究基於三個理由，不常在研究前給予變項操作性定義：第一、研究者通常無法在研究前，知道最顯著的變項可能是什麼；第二、我們對於現象的有限瞭解，使我們無法以最好的方式給予變項操作性定義；第三、最合適的操作性定義可能仍非常粗略，因為操作性定義終究只是奠基於可觀察到的指標。雖然在量化研究中，操作性定義非常重要；但它們仍無關於研究者是否可以更深入瞭解觀察事物的意義。要對事物更深層意義有所瞭解，唯有靠質性研究。

　　在純粹的量化研究中，我們假定，在研究前對探究的事物已有一定瞭解，因此可以針對一些有關聯的變項，設定幾個範圍狹小的研究問題；並針對這些變項，界定幾個精準、客觀、可觀察的指標，進而可讓研究者計次、數數，獲得資料，解答研究問題。在純粹的質性研究中，我們假定，我們需對發生於自然環境中的現象及其主觀的意義有更深刻的瞭解。對質性研究者而言，我們無法藉由被限縮的幾個可預測及可觀察的指標，獲得對現象的深厚瞭解。在質性研究中，我們讓自己浸潤於研究現象，以一種強調主觀性的態度，開放與彈性地觀察自然發生的事物；並從無邊無際、相較而言較無組織性的觀察中，找出現象的趨勢或主題。研究現象所處的環境與脈絡，在質性研究中也要被強調。

　　我們用下述例子說明社會脈絡與質性觀點的重要。試著想像有個量化研究測試某個假設：「增加兒童福利工作者家訪的次數將增進親職功能，進而保護了家庭」。這類型研究的數量已經不少了；依變項常為可記量的詞，例如：兒童是否因而被安置於寄養家庭（或被安置多久）？但這類型研究常有個方法學上的問題：當兒童福利工作者增加家訪次數時，通常也增加了他們對父母親忽視或虐待兒童行為的警覺。如果上述這現象真的存在，則可能有下述情形：雖然兒童被安置於寄養家庭數量的降低，的確來自於父母親職功能的改善；但由於兒童福利工作者家訪次數增加，他們對兒童忽視或虐待的敏感度也同時增加，因此可能更容易看到父母親忽視或虐待兒童的行為，因而增加了兒童被安置於寄養家庭的數量；進而，原先由於父母親職功能的改善所降低的兒童被安置的數量，則會受到間接影響、或因而被消除。如果是這樣的話，原先的研究假設則無法被支持；雖然家訪的確可以改善服務品質與成果。

　　質性研究則深入探討這過程的較深層意義與社會脈絡、及每個案例的結果。

除僅僅計算被安置於寄養家庭的兒童的數量外，研究者亦瞭解：雖然有時兒童福利工作者的處遇結果為安置兒童或避免安置，但這兩種狀況可能都意謂兒童福利工作者得到有價值的處遇結果（亦即，我們不能只以「兒童是否因而被安置於寄養家庭」做為實務工作者工作成效的指標）。此外，質性研究者說不定會更細膩觀察實務工作者與案主在這過程的互動、這些現象背後的社會意義；並找出可能趨勢，以指出在怎樣的狀況下，實務工作者的工作似乎會更有效或更沒有效。

以這種質性研究觀點描述操作性定義，我們並不是暗示質性研究比較高等。質性研究與量化研究沒有何者較優或何者較劣的議題。我們也並非暗示質性研究與量化研究互相排斥。前述家庭保護的例子可用來說明：研究者可在同個研究中，同時運用質性研究與量化研究方法。質性研究方法獲得的發現可用來說明，為何量化研究的假設不被支持。「以質性研究觀點描述操作性定義及其與量化研究的相互補充」專欄提供了關於此議題的另外兩個例子。

以質性研究觀點描述操作性定義及其與量化研究的相互補充

以下兩個研究問題可協助說明什麼是「以質性觀點描述操作性定義」及「質性研究與量化研究的相互補充」：

研究問題一：在公部門還是在民間組織的社會工作人員較容易有過勞狀況？

質性研究不會詢問這種問題。質性研究不會只操作性地以可觀察指標做為過勞的定義，並觀看變項間的關係；相反地，它會深入瞭解一小群社會工作人員的經驗，並試著給予「什麼是過勞、過勞對社會工作人員的意義是什麼」等現象豐富的描述。這研究也許會呈現一位或數位曾有過勞經驗的社會工作人員的生命故事，也許會再添加一些沒有過勞經驗的社會工作人員的生命故事。當然，此質性研究可以搭配量化研究：亦即，量化研究結果可以找出在哪種類型機構的社會工作人員易有過勞現象；而質性研究結果

可試著說明這差異背後的可能理由。

研究問題二：教授何種類型的社會工作教師會最受喜愛，實務、研究或政策？

質性研究也不會詢問這種問題。質性研究不會在操作性地定義社會工作教師的受喜愛程度後，再探看受喜愛程度與何種類別的課程有所關聯；相反地，它會試著觀察課堂上及課堂外教師與學生的互動、分析課程使用的教材，甚至還會採用與教師及學生的開放性深度訪談，以界定何謂受喜愛、及哪些因素讓教師比較會受喜愛（當然，受喜愛程度並不意味這種教法是有效的）。界定何種類型的教師最受喜愛當然可是質性研究中的部分。不過，質性研究焦點可能是深入探討，對這些教師而言，受喜愛的意義、及受學生喜愛的感受與經驗；而並不是探看某具體的「受喜愛」的操作性指標是否量化地

與其他自變項有所關聯。除比較各類型社會工作教師的最受喜愛程度，質性研究也許會先界定學生關於何種類型的教師最受喜愛及最不受喜愛的共同意見。其次，質性研究會提供學生關於各種類型教師的豐富意見與看法；嘗試區分哪些特質或因素使某些教師比較受喜愛或不受喜愛；或者也會提供在各類型課程中，教師哪些行為是該有或不該有，進而讓其他教師可以見賢思齊。不過，同前例一樣，探討這個主題時，質性研究還是可以搭配量化研究。畢竟，在一個比較大的研究中，研究者沒有理由，不以量化研究探討教師的受喜愛程度與某些類別課程的關聯；同時，研究者仍可採質性研究，去發現受喜愛程度的不同層面的深層意義。

重點整理

- 概念是種對於念頭、物體、事件或人等等的符號化的心智意象。我們把概念視為摘要觀察與經驗中共同特點的摘要詞彙。
- 變項乃是被研究探討的概念，其下有不同屬性。
- 用來解釋或引發某件事物的變項稱為自變項；被加以解釋或被引發的變項稱為依變項。
- 假設，預測變項間的關係，即某變項的改變可能與另一個變項的改變有關。
- 假設包含自變項（被假設具有解釋性的變項）與依變項（被解釋的變項）。
- 中介變項（或居間變項）是自變項影響依變項的機制。
- 調和變項乃是影響自變項與依變項關係強度或方向的變項。

- 控制變項乃是我們在研究中控制的調節變項，以探看自變項與依變項可能的關係。
- 「控制第三個變項，原先兩個變項間的關係則不復存在」時的關係則是虛假關係。
- 研究假設應該清楚、具體且有多種可能的研究結果；此外，也應當價值中立且可被檢測。
- 變項間的關係可能為正向、負向或曲線關係。
- 不同於名目定義，操作性定義乃將變項轉化為可觀察的指標。
- 我們可採用不同方式操作性地定義抽象的變項。
- 我們對於變項的操作性定義會影響研究發現。
- 社會工作界常用的三種操作性地界定變項的方式包括：自行回答、直

接觀察與現有資料檢閱。

- 自行回答的現存量表是種常用來操作性地界定種種社會工作變項的方式。主要的原因為：這些現存量表已被他人成功地運用過，並讓研究者可在省錢與省時的狀況下測量相關變項。不過，使用現存量表得要謹慎；亦要記得，現存量表並不是

操作性地定義變項的最佳方式。

- 不同於量化研究預先界定具體、精準且客觀的變項與指標以進行測量，質性研究開始於對某些現象與意義的初步瞭解，再逐步隨著資料蒐集與解釋，逐漸修正與精緻化對現象的認識。

實作練習

1. 挑一個社會工作常用的概念（例如兒童忽視或虐待、生活品質、非正式社會支持度），並試著給予這概念操作性定義，以讓它可以被研究計畫探究。請確定在這概念的操作性定義中，包含你想納入（或排除）的指標或面向。

2. 請試著寫出包含相同概念的兩個研究假設。不過，在這兩個假設中，這個概念得分別為自變項與依變項。請再分別以正相關及負

相關的形式重寫上述兩個假設。

3. 請描述質性研究者與量化研究者對操作性地界定「療養院員工對住民的敏感度」可能有著怎樣的不同立場。

4. 另個研究者現在拿不定主意該採用「自行報告、直接觀察或現有資料檢視」的方式，操作性地界定「療養院員工對住民的敏感度」。請說明這三種方式的優點與限制，並試著給予一些建議。

網路練習

1. 請從 *Health and Social Work* 期刊中找出兩篇量化研究的文章。請說說看，這兩篇文章中的主要變項怎樣被操作性地定義；並請省思，這種操作性定義有怎樣的優

缺點。請再想想，質性研究會以怎樣的取向探究相同主題。

2. 請從 *Health and Social Work* 期刊中，找到 2001 年秋季號名為 "Social Justice and the Research

Curriculum"的文章（作者為John F. Longres 與 Edward Scanlon）。讀完文章後，請再讀同一卷中的回應文章。依據所讀資料，討論給予社會正義操作性定義的困難。

3. 請連到美國哥倫比亞大學社會工作學系教授 Marianne Yoshioka 博士架設的「亞裔美籍人口社會心理測量」網站（http://www.columbia.edu/cu/ssw/projects/pmap/）。請從此網站下載三個測量不同概念的量表，並試著界定這些量表測量哪些概念。

提醒事項

EP 2.1.3a：辨別、評估和整合各項知識的來源，包括有研究依據的知識：社會工作人員須能分辨質性、量化及混合方法所獲得的知識。

EP 2.1.6b：善用研究證據推行實務：瞭解研究中各變項的概念化，有助於增加「社會工作人員使用研究證據以引領實務工作」的能力。

EP 2.1.10d：蒐集、整理和解讀案主的資料：現存量表常用來蒐集個案的資料。

EP 2.1.10m：批判性分析、監測及評估介入方法：瞭解研究中各變項的概念化，有助於增加「社會工作人員運用研究方法以評估介入方法」的能力。

量化與質性研究中的測量

EP 2.1.6b
EP 2.1.10d
EP 2.1.10m

 前言

　　在量化研究中，操作性定義讓研究者對於想瞭解的現象有了從概念化到加以測量的可能。我們在前一章描述了研究者在給予概念操作性定義時，有多種選擇。有些選擇看起來比較合理，其他則有些匪夷所思。例如，當針對兒童受虐風險給予操作性定義時，我們可以只簡單地詢問父母：「這小孩是否處在受虐風險中（是或否）？」這例子顯示研究者可以怎樣去測量風險。但我們仍得記住，操作性定義的存在無法確保我們可獲得正確、精準及沒有偏誤的答案。

　　無論我們如何針對抽象概念給予操作性定義，我們仍得留心測量過程及測量誤差的脆弱性對研究帶來的影響。我們須謹慎地計畫，降低這些誤差發生的可能；並採取一些既定步驟，檢測測量工具的適當性。本章將介紹在量化與質性研究中降低測量誤差的方式。

測量誤差的來源

　　測量誤差發生於：我們獲得的資料無法精準呈現我們想要測量的概念。一些誤差可能不要緊，例如當父母說他們孩子上星期發了十次脾氣，但實際上是十一次；其他誤差則可能很嚴重，例如把有施虐傾向的父母視為沒有施虐傾向。

　　量化研究常有的兩種測量誤差為：**系統誤差**（systematic error）[1] 與隨機誤差（random error）。系統誤差發生的情況是：研究者蒐集到的資料，不是研究者想要測量的東西或概念；或者研究者測量不到所要測量的東西或概念。系統誤差

1　系統誤差　一種測量誤差，發生於我們所蒐集的資料持續錯誤地反應我們想要測量的概念。

常可能來自於：蒐集資料的方式或研究對象提供的資料出現誤差。有時，我們使用的工具無法測量我們欲測量的概念。例如語言無法精準反應人們的行為。測量父母親對於兒童虐待的看法，無法反應他們是否在生活中曾虐待過其子女。

工具本身的**偏誤**（biases）[2]是最常有的系統誤差。此種偏誤的來源非常多。例如，研究者問問題的方式可能引導了人們回答問題的方式或內容。當研究者得到「能支持其假設」的回答時，說不定會不自覺過度微笑或點頭；或人們想迎合研究者、為了維持面子或好形象，因此避而不談或刻意掩飾其真實觀點或行為。迎合研究者的行為、觀點、內容或立場，卻不論其脈絡或背景，被稱為**順勢反應**（acquiescent response set）[3]。至於人們傾向藉由說或做某些事，使自己或其所屬團體看似有良好形象的狀況，則是**社會期許偏誤**（social desirability bias）[4]。

輕易認同有名望的人或組織的觀點或意見，也可能造成回答的偏誤。例如，對美國社工系所學生而言，反對下述問題也許會頗困難：「如果美國社會工作專業人員協會（NASW）現在想提出一項有關……的福利政策，你是否同意或反對？」當然，也許有些學生會反對此政策；但當他們知道社會工作專業組織支持此政策時，他們通常會傾向表達同意立場。但是有名的人也可能負面地誤導人們回答問卷的態度與意見。想想看，當問卷中問：「如果希特勒表示……你是否同意或反對？」你會如何回應？

在量化研究中，我們得特別留意「社會期許偏誤」帶來的影響。這類型偏誤使人們常以「何種樣子可使他們看起來符合社會期許」，來決定如何回答研究者的問題；又尤其當資料蒐集採面對面訪談法（face-to-face interview）時。例如，假設某位男性堅信女性只該待在廚房、不准投票、在公開場合應沉默等；但當他被問道，他是否支持女性平權時，為避免被他人視為男性沙豬（就算他的想法真地已經非常落伍與脫節），他仍會選擇回答：「是！我支持女性平權。」

不同於系統誤差，**隨機誤差**（random errors）[5]並沒有一致的趨勢。隨機誤差不會使測量出現偏誤，它只是使測量有時會前後不一致。隨機誤差這特徵並不

2　**偏誤**　測量過程因為個人偏好或信念所造成的失真狀況。

3　**順勢反應**　迎合研究者的觀點或立場，卻不論其脈絡或背景。

4　**社會期許偏誤**　人們傾向藉說或做某些事，使自己或其所屬團體看似有良好形象。

5　**隨機誤差**　一種並沒有一致趨勢效果的測量誤差。

意謂只要資料隨時間變化而改變，測量就有隨機誤差。有時資料真的改變了，依道理而言，我們的測量也應能測到這變化。隨機誤差這種特徵指的是：當我們欲測量的事物並未隨著時間變化而改變，但測量結果每次卻都不相同。亦即我們的測量有了不一致，或我們的測量有了隨機誤差。

隨機誤差有著不同形式。例如，當測量過程難以處理、複雜、無聊或易使人感到疲累時，我們的研究對象也許會儘可能地讓這測量趕緊結束。這種應付心態會使得他們回答問題時也許應付了事、漫不經心或根本沒注意問題在問些什麼，進而使測量結果與欲測量的事物間有一些誤差。

另一個例子則為：兩位評分者觀看錄影帶，計算某位社會工作人員給予案主的同理回應次數。如果這兩位評分者對於「同理回應」有不同的理解或共識，他們對於社會工作人員在會談中給予案主的同理回應次數的計算，應該也會不同。但請留意，隨機誤差與系統誤差間的差異：如果評分者之一是這位社會工作人員的良師或未婚妻，另一位是這位社會工作人員職場上的競爭對手；那麼，這兩位評分者給予分數間的差異，則可能來自於系統誤差，而非隨機誤差。

▶▶▶ 不同類型資料可能帶來的誤差

在第六章，我們介紹了三種社會工作界常用來給予概念操作性定義及獲得資料的方式：自行回答、直接觀察、與現有資料檢閱。此處，我們將介紹這三種方式可能有的測量誤差。

自行回答

我們之前提過，人們有時所說的可能並非他們實際曾從事過的行為。例如：被通報有兒童虐待嫌疑的父母在上過強制性親職教育課程後，可能學會了以社會期許方式，回答有關子女撫養的知識或技巧等題目，以呈現不會有兒童虐待傾向的樣貌。為塑造符合社會期許的樣貌，他們在問卷上給予有關他們行為的回應可能不精確。因此，如讓他們匿名回答問卷，也許可減輕這類型偏誤；但這仍無法避免資料的不精準，畢竟人們還是傾向以社會期許的樣貌看待自己。

直接觀察

除依據他人的回答獲得資料外，我們亦可以直接觀察他們的行為。例如，如

果我們想要評估針對被通報有兒童虐待嫌疑的父母親的教育課程之成效時，我們可以進行家訪，觀察他們與子女間的互動狀況；或者，我們可讓其子女在擺滿玩具的遊戲室玩耍，並從單面鏡後觀察他們如何讓子女收玩具。

　　雖然直接觀察法耗費的時間與花費遠高於自行回答法，但這方式具有讓研究者可自行觀察研究對象行為的優點，且不必擔心人們的回答是否真的反應他們實際的行為。當然，直接觀察法仍有系統誤差，譬如社會期許偏誤。我們之前提過，當人們意識到自己被觀察時，其行為舉止會傾向於社會期許的樣貌；相反地，當人們沒有被觀察、或不知道自己被觀察時，其行為舉止會較自然。另外，觀察者本身也會有偏誤，譬如他們傾向留意支持其研究假設的行為。直接觀察法的隨機誤差來自於觀察者在觀察與記錄事情時的不一致，而這不一致通常來自於觀察者對欲觀察與記錄的事物或現象的不熟悉。

現有資料檢閱

　　現有資料檢閱也許是最經濟與最節省時間的資料蒐集方式。舉例而言，當我們想瞭解實務工作者的工作取向，我們也許可藉由檢閱個案紀錄中的實務工作者手記，看看他們運用了多少次不同的助人技巧或提供了多少次不同類型的服務。但當有些實務工作者誤認為個案紀錄會影響其績效評估時，也許會在個案紀錄中，誇大其運用某種技巧或提供某種服務的總時數。或者有些實務工作者有可能對撰寫個案紀錄感到相當厭煩，因此沒有用心記錄其在服務時所使用的技巧或提供的服務類型。這些都會造成現有資料檢閱的隨機誤差。

信度

　　在察覺到測量會有誤差的狀況下，量化研究者在開始研究前，會預估計畫採用的測量工具或程序是否能避免系統誤差及隨機誤差。這意謂研究者須預估使用的測量工具或程序是否有可接受的信度與效度。

　　信度（reliability）[6] 處理的是測量中隨機誤差的總量。測量工具信度愈高，隨機誤差愈小。信度在意：當特定工具重複測量相同物體時，是否每一次都會獲

6　信度　評估測量工具的一致性或穩定性的指標（被隨機誤差所干擾）。

得相同結果。假設你有位身材魁梧的同學（而且是你學校美式足球校隊的線衛）現在要你及另一位同學猜測他的體重。你也許會仔細打量他之後，猜測他重約260磅；你的同學也許會估375磅。這意謂要他人猜測體重這種測量技術並不可靠。但如果你們現在使用他浴室內的磅秤去測量他的體重，此磅秤每次都應顯示相同的重量。這表示，比起你們的猜測，磅秤有著更可信的測量效果。

然而，有信度不保證測量工具精準。如果你同學為讓數據好看，因此故意讓磅秤少個 10 磅。那麼，雖然磅秤每次顯示相同重量（亦即有信度），但你與你的同學還是會因為這種系統誤差（不精準的磅秤），而有了錯誤答案。

在社會工作研究中，信度問題常以不同形式出現。譬如，我們有時問了人們不知道答案的問題，像是：「你與你父母曾有過多少次的爭執？」有時人們不理解問題的意義，例如，我們使用小孩還沒有學過的字或詞彙問問題，或者我們使用在不同文化中具有不同意義的字或詞彙。有時候我們問了過於複雜的問題，因此當人們試著去弄清楚某些事情後，他們給的答案則可能會非常不一樣。

▶▶▶ 信度類型

我們得依研究目的與設計，決定該用哪種指標評估測量工具信度。舉例而言，如果研究牽涉到觀察者或評分者的判斷或評分，那麼我們需要評估觀察者或評分者在觀察的面向或評分的標準上，是否有共識或一致性。如果我們採用的研究方法是讓受試者自行回答問卷或量表，以測量例如自尊、憂鬱、工作滿意度等構念（constructs）分數時，常使用的信度指標則至少有兩種。如果自行回答量表是用以瞭解人們在一段時間內，此構念的改變程度，我們需評估工具的**穩定性**（stability），以確保兩次以上的測量能提供一致且穩定的結果。另個不考慮測量工具穩定性的權宜之法，是評估測量工具的**內部一致性**（internal consistency）。

評估觀察者或評分者在觀察或評分的面向是否有共識或一致性的信度是**觀察者信度**（inter-observer reliability）或**評分者信度**（inter-rater reliability）[7]。假設你現在研究「機構在職訓練是否可增加半專業助人者或志工在錄影的角色扮演情境中所表達出的同理心」。為評估評分者信度，你須先訓練兩位評分者、讓他們觀看同一支影帶、並分別針對他們在影片中所觀察到的同理心評分。如果他們各

7　評分者信度　評估觀察者或評分者在觀察或評分面向是否有共識或一致性的信度指標。

自的評分有大約 80% 以上的共識或一致性，那麼你可放心相信這種測量方式的隨機誤差並不會很高。有些學者認為，共識或一致性有 70% 也可以接受。

如果研究目的是瞭解人們在一段時間內施測成績的改變程度，那麼我們需要穩定的測量工具，亦即此測量工具在時間改變的狀況下仍有一致性。如果測量工具缺乏穩定性，那麼你在研究中觀察到的改變可能不是來自於被觀察的狀況有改變，而是因為你採用的測量工具有改變。評估測量工具不同時間穩定性的信度就是**重測信度**（test-retest reliability）[8]。

評估測量工具重測信度的做法是：在不同場合與時間，使用同一份測量工具針對同樣一群人施測；如果施測結果仍舊維持不變或非常相似，那我們就可以說這份測量工具有一定程度的重測信度。但評估測量工具重測信度的做法有點弔詭。如果人們在測量與重測間真的有所改變，該怎麼辦？如果在測量與重測時，外在條件不同時，又該怎麼辦（例如受測時間點不同：第一次在早上測量、第二次在下午測量）？在評估重測信度時，你必須確認：施測條件要一致；兩次施測的時間間隔不能太短，也不能太長。時間間隔要能夠長到人們想不起第一次施測時的答案，但也要短到可以降低人們在這段時間有顯著轉變的可能性。一般而言，兩次施測的間隔大約是兩週左右。

不論我們是否計劃評估不同時間點施測結果的改變，評估測量工具中各題項彼此是否具有內部一致性仍相當重要。這方法被稱為**內部一致性信度**（internal consistency reliability）[9]。它預設測量工具包含多重題項，每個題項都有個計分，並在最後與其他題項計分合併，而產生總分。當採用這個方法時，我們評估每個題項的分數與其他題項的分數間的相關程度。或者我們計算不同次類別題項（subsets of items）的總分，然後評估所有次類別題項的總分間的相關程度。舉例而言，使用**折半法**（split-halves method），我們可評估各由一半題項構成的次類別的總分間之相關程度。由於該法只需對人們施測一次，所以就評估測量工具的信度而言，是最實用也是最常用的方法。

在電腦使計算內部一致性信度變得簡單之前，研究方法教科書常介紹耗時、困難、且不實用的**同方向信度**（parallel-forms reliability）來評估測量工具。其類

8　重測信度　用來瞭解測量工具一致性或穩定性的信度指標。

9　內部一致性信度　測量工具不同題項或不同次類別題項間總分的相關程度。

似內部一致性信度。這方法需建構與原先測量工具相當類似的第二套測量工具。第二套測量工具包含的題項數目也許會少一些，但還是用來測量相同事物。這兩套測量工具會針對同一群人進行施測，研究者接著分析這兩套測量工具獲得的總分，並探看兩個總分間的相關程度。不過在社會工作研究中，這種信度指標相當少見；因為無論是建構第二套測量工具，或是確保它與第一套測量工具類似，都是累贅且具風險的舉動。當這兩套「同方向」形式的測量工具獲得不一致的結果時，我們並不能因此說第一套測量工具沒有信度；畢竟，這不一致的結果可能源自於，建構與原測量工具類似的第二套測量工具時的瑕疵。

目前最常用且最有力地獲得內部一致性信度的方式是計算 α **係數**（coefficient alpha）[10]。利用現存統計軟體可輕鬆計算 α 係數。計算 α 係數的公式有點複雜，但簡而言之，其原則如下：儘可能將問卷所有題項分成一堆折半的次類別（由問卷一半題項構成的次類別）；計算每個可能折半的次類別題項的總分；然後再計算這些不同折半的次類別總分彼此間的相關程度。α 係數則約等於所有相關係數的平均（或者當進行統計校正後，α 係數則會略低於所有相關係數的平均）。當 α 係數約為 0.90 或以上時，內部一致性信度被認為是極佳；α 值在 0.80 到 0.89 之間時，則被認為是好；就那些相對較短的量表而言，略低的 α 值也可以被接受。圖表 7.1 將以例子說明我們上述討論過的信度類別。

效度

在後面章節中，我們還會再次討論信度議題。但請留意，就算擁有完美的信度，也無法確保測量工具的確能測量到我們認為它該測量的事物；亦即，信度無法確保測量工具的效度。就習慣用法而言，效度指的是：測量工具可適當反映想探討的概念真正意義的程度。

▶▶▶ 效度類型

常用的效度指標有好幾種。在最粗糙及最不具說服力的層次，有所謂**表面效**

10　α **係數**　測量工具所有可能的折半次類別總分間的相關程度係數的平均數。

重測信度：相同的人在第一次與第二次自行填答問卷時，其得分是否會類似？

信度高的例子：

	第一次	第二次
Ann	47	48
Bob	63	65
Eve	93	91
Hal	84	83

信度低的例子：

	第一次	第二次
Ann	47	94
Bob	63	96
Eve	93	58
Hal	84	27

內部一致性信度：相同的人在不同題項上的得分是否會類似？

信度高的例子：

	題項一	題項二	題項三
Ann	4	4	5
Bob	7	6	7
Eve	1	2	2
Hal	3	3	3

信度低的例子：

	題項一	題項二	題項三
Ann	4	1	7
Bob	7	2	5
Eve	1	7	4
Hal	3	1	6

評分者信度：在觀察同一個人時，不同評分者會給予類似的分數嗎？

信度高的例子：

	第一位評分者	第二位評分者
Ann	10	9
Bob	2	3
Eve	5	6
Hal	8	8

信度低的例子：

	第一位評分者	第二位評分者
Ann	10	5
Bob	2	6
Eve	5	9
Hal	8	1

圖表 7.1　測量訪談技巧的各種信度類別之圖示

度（face validity）[11]，這是研究者或其他專家對測量工具的效度所作的主觀評估。具有表面效度並不意味測量工具能測量研究者想測量的事物。具有表面效度只表示在某個人或某些人主觀判斷中，此測量工具看似有其表面上的效果。

　　技術上而言，較合宜的效度指標，是包含表面效度元素的**內容效度**（content validity）[12]。內容效度指的是：測量工具能涵蓋某概念諸多不同面向的意義的可能程度。舉例而言，Carmines 與 Zeller（1979）指出，數學能力的測量不能只侷限於加法，也需包含減法、乘法及除法等。但就像表面效度一樣，內容效度相當仰賴研究者或其他專家，主觀判斷該測量工具是否涵蓋某概念諸多不同面向的意義。雖然，當我們建構特定測量工具時，我們得判斷這測量工具是否具備表面與內容效度；但更重要的是，我們也得去檢測這些依據的適當與合宜性。不論我們是否相信判斷測量工具表面效度或內容效度的依據；我們仍需證據評估與確認，該測量工具是否真能測量它想要測量的事物。在評估測量工具是否真能測它想要測量的事物時，有兩個常用指標：**效標關聯效度**（criterion-related validity）[13] 與**建構效度**（construct validity）。

　　效標關聯效度的評估依據乃奠基於某些外在效標（標準）。當我們評估某測量工具的效標關聯效度時，我們挑選某個我們相信可做為變項測量的另一個外在的可信賴效標，做為評估基準。效標關聯效度可再區分為兩種：**預測效度**（predictive validity）[14] 與**同時效度**（concurrent validity）[15]。兩者間的差別在於：針對測量工具的評估是根據：(1) 測量結果預測某個將在未來發生的事情的能力（例如日後在大學的成功），或者 (2) 測量結果與某個當前已知的效標資料的相符程度。假設你的實務入門課程的講師設計了多選題考卷，以測量你在進入實習場域前的會談技巧。為評估該考卷的同時效度，她可能會觀察學生「考卷得分」是否與「角色扮演時的會談技巧得分」相符。為評估該考卷的預測效度，她可能會觀察學生「考卷得分」是否與「之後實習督導給予的會談技巧的評分」相符。

11　表面效度　評估測量工具是否是合理有效測量某些變項的方式的主觀評估。

12　內容效度　一項測量工具能把概念不同層面的意義涵蓋進來的程度。

13　效標關聯效度　測量工具與某個可做為變項測量的外在可信賴標準的相關程度。

14　預測效度　測量工具正確預測某個將在未來發生的標準的相符程度。

15　同時效度　測量工具與某個當前已知的外在標準的相符程度。

該考卷的預測效度也可藉由比較學生「考卷得分」與「未來工作時，案主對其會談技巧的滿意程度的評分」而獲得。

當你閱讀評估測量工具的效標關聯效度的各種研究時，你會注意到，有些研究試著查明測量工具是否能正確依欲測量的變項，區隔出不同團體。舉例而言，一個用來檢測人們憂鬱程度的測量工具的效度評估，得看此測量工具是否可正確區隔正在接受憂鬱治療以及沒有接受憂鬱治療的人。當測量工具的效標關聯效度是以此面向，亦即以它區隔不同團體的能力為評估基準，該效度則稱為**已知團體效度**（known groups validity）[16]，算是另一種效標關聯效度。例如，假設你現在想評估測量種族偏見的問卷的已知團體效度，那你也許會希望看見社會工作學生的分數與三 K 黨成員（Ku Klux Klan members）的分數有顯著差異。

假設你對校標關聯效度已有一定瞭解，讓我們介紹複雜一點的指標，**建構效度**（construct validity）[17]。建構效度立基於測量工具是否能依據理論預期，說明其測量的變項與理論中其他變項間的關係。舉例而言，假設你現在想瞭解「婚姻滿意度」的來源與結果。你因此設計一套測量婚姻滿意度的工具，並想評估其效度。除設計測量工具外，你亦得試著提出關於婚姻滿意度與其他變項間關係的預期與說明。例如，你也許會提出：當婚姻滿意度比較低，家庭暴力可能比較容易發生。如果關於婚姻滿意度及家庭暴力的測量結果符合你原先的理論預期，這意謂你的測量工具有建構效度。想想看，假如無論婚姻滿意度高或低的伴侶，都有相近的機會發生家庭暴力的話，這現象將怎樣衝擊你的測量工具的效度。

除檢驗測量工具是否符合理論預期外，建構效度亦評估測量工具是否有聚合效度（convergent validity）及區別效度（discriminant validity）。測量工具有**聚合效度**指的是：此測量工具與其他測量相同概念的測量工具是否可得到一致或相互符合的測量結果。因此，如果那些被臨床社會工作人員認定有著較低婚姻滿意度的案主，在你的婚姻滿意度量表的得分上，亦比那些被臨床社會工作人員認定有著較高婚姻滿意度的案主低時，那麼你的量表便有聚合效度。

當某套測量工具與測量同一概念之其他工具的結果的相符度，高於使用這測

16　**已知團體效度**　評估測量工具是否能正確依欲測量變項，區隔出不同團體。

17　**建構效度**　測量工具是否能依據理論預期，說明其測量的變項與理論中其他變項間的關係；其看自身的聚合效度及區別效度。

量工具測量不同概念的結果的相符度時，該測量工具則具**區別效度**。亦即，區別效度關心測量工具是否具有區別不同概念的能力。例如，假定臨床社會工作者對案主婚姻滿意度的評估，與某種測量憂鬱或自尊之量表的結果的相符度，高於與你的婚姻滿意度量表的相符度；那麼你的量表即使有聚合效度，但由於沒有區別效度，因此仍沒有建構效度。重點是：假如你的量表想測量婚姻滿意度，那麼它與其他測量婚姻滿意度之量表的相符度，就該高過它與測量不同概念之量表的相符度。同樣地，假如你的量表想測量婚姻滿意度，那麼它與測量憂鬱或自尊之量表的相符度，則不該高過你的量表與其他測量婚姻滿意度之量表的相符度。

　　一套用來測量婚姻滿意度之量表，縱使已經與另一套測量婚姻滿意度之量表的相符度非常高，但它仍有可能不是好的測量工具。譬如，假如我們假定，低自尊或憂鬱的人可能有著較低的婚姻滿意度，那麼測量憂鬱或自尊之量表則很有可能與測量婚姻滿意度之量表有著高度的符合度。但我們卻不能因此說，這套測量憂鬱或自尊的量表是個適合用來測量婚姻滿意度之量表。評估區別效度的過程則在檢查上述情況發生的可能性，並因而可讓我們知道：某測量工具是否真的測量它想測量的概念，而不是測量碰巧與其相關的其他概念。圖表 7.2 將說明我們討論過的效度類別。

信度與效度間的關係

　　如前面所提，雖然我們期待某測量工具有信度，但縱使測量工具有信度，也不意味它有效度。假定某對虐童的父母被法院裁決得接受家族治療，以能保有他們的子女。做為非自願案主，他們可能抗拒對家族治療師坦承他們的虐童行為；並誤認為，坦承虐童行為會危及他們對小孩的監護權。即使他們仍繼續虐待他們的子女，但每次當家族治療師詢問此事時，他們還是會加以否認。因此，家族治療師便會得到具高度信度（非常具有一致性）的資料。亦即，無論家族治療師詢問多少次、或以怎樣方式詢問這對父母有關虐童行為，答案永遠都會一樣。

　　儘管資料具有非常高的信度（非常一致），但資料仍是無效的：答案並未真實反應所要探究的概念——兒虐情況發生的總數。真正被測量到的，反而是父母抗拒讓家族治療師看到社會不期待的形象。

　　圖表 7.3 以圖像方式呈現效度與信度的不同。你可把測量想成射擊標靶，你

表面效度：量表中的題項看起來是否是合理測量會談技巧的題項？

　　表面效度高的例子：

　　第一道題：訪談者與案主間維持著眼神接觸。　是　　否

　　第二道題：訪談者以中立態度探究問題。是　　否

　　表面效度低的例子：

　　第一道題：訪談者數學應該要好。　　　　　是　　否

　　第二道題：訪談者該具備藝術氣息。　　　　是　　否

內容效度：量表中的題項是否涵蓋所有訪談時該有的技巧？

　　內容效度高的例子：

　　量表該涵蓋會談技巧所有的面向，例如同理、溫暖、專注、合宜的姿態、中立等。

　　內容效度低的例子

　　量表缺少一些重要的會談技巧。

校標關聯效度：量表得分與其他評估會談技巧的指標間有相關嗎？

預測效度：量表現今的得分是否能準確地預測未來案主的滿意程度？

　　預測效度高的例子：

	現今量表的得分	未來案主的滿意程度
Ann	10	9
Bob	2	3
Eve	5	6
Hal	8	8

　　預測效度低的例子：

	現今量表的得分	未來案主的滿意程度
Ann	10	5
Bob	2	6
Eve	5	9
Hal	8	1

同時效度：量表得分是否準確地與現今觀察的得分相關？

　　同時效度高的例子：

	現今量表的得分	現今觀察的得分
Ann	10	9
Bob	2	3
Eve	5	6
Hal	8	8

　　同時效度低的例子：

	現今量表的得分	現今觀察的得分
Ann	10	5
Bob	2	6
Eve	5	9
Hal	8	1

圖表 7.2　測量訪談技巧的各種效度類別之圖示

已知團體效度：量表得分能準確地區分不同團體間的差異嗎？

已知團體效度高的例子：

	量表平均得分
有經驗的臨床社會工作人員	97
社工所碩士班一年級學生	78
機械系大學部學生	43

已知團體效度低的例子：

	量表平均得分
有經驗的臨床社會工作人員	73
社工所碩士班一年級學生	74
機械系大學部學生	71

建構效度：量表既有聚合效度、也有區別效度嗎？

建構效度高的例子：

聚合效度好：

在量表得分與實習督導給予的會談技巧評分間有高度相關。

再加上

區別效度好：

量表的得分與實習督導的性別或種族背景無關或低度相關。

建構效度低或沒有建構效度的例子：

1. 聚合效度差
2. 聚合效度好：

在量表得分與實習督導給予的會談技巧評分間有高度相關。

但是

區別效度差：

量表的得分與實習督導的性別或種族背景有類似的高度相關。

圖表 7.2　（續）

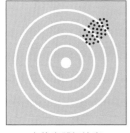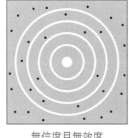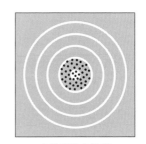

有信度卻無效度	無信度且無效度	有效度且有信度

圖表 7.3　效度與信度的比較

將看到：信度看來就像緊密擊中某處（無論是否擊中紅心），因為信度就是強調測量的一致性。另一方面，效度強調：擊點落在紅心範圍內的狀況。圖中缺乏信度的部分可被視為隨機誤差，缺乏效度的部分可被視為系統誤差。要注意的是，一個並非不可信賴或不是沒有效果的測量工具，可能就是有用的測量工具。另外，測量工具不可能在缺乏信度的情況下，還能具有效度。

質性研究中的信度與效度

雖在量化與質性研究中，很多關於信度與效度的基本邏輯相同；但相較量化研究者，質性研究者可能會以不同取向看待信度與效度議題。在探討青少年憂鬱的量化研究中，研究者也許會不假思索採用標準化的憂鬱量表，針對為數可觀的青少年樣本進行施測，以評估青少年的憂鬱程度，或找出憂鬱程度與哪些其他重要變項相關。在籌劃該研究或閱讀相關資料時，憂鬱量表的信度與效度則是重要議題。但我們知道，即使是最好的憂鬱量表，也並非百分之百的可信與有效。縱使運用最好的量表，該研究亦得處理機率議題——也就是說，量表分數只指出了：得到某些特定分數的青少年有較高或較低的機率感到憂鬱。如果一個好的臨床量表有 90% 的機率能正確指認出青少年憂鬱，那麼瞭解量表多常有精確或錯誤的測量是很重要的議題。假如每個青少年的資料均來自量表的量化分數時，我們將無法知道哪些青少年能正確地被此憂鬱量表精確指認出，而又有哪些青少年屬於那些未能被此量表精確指認出的 10% 的人。

在探討青少年憂鬱的質性研究中，研究者則不會依靠標準化測量工具從事研究。他比較可能針對小樣本青少年，進行廣泛且多樣的直接觀察，或與他們及他們生活中的重要他人進行深度訪談。研究者或許會針對青少年的憂鬱如何對一個（或數個）家庭帶來影響，從事傳記式的個案研究。上述這兩種情況，樣本都將小到足以讓研究者能詳盡描述研究對象的日常生活，以致讀者不會懷疑憂鬱的存在，或不在意哪種概念被用來命名這些被觀察的現象。

假設有份質性研究報告描述：一位青少女於青春期後，課業表現與社會功能逐漸惡化。她在進入青春期前，學業表現相當優異；但一進到青春期，她則開始早上睡覺、晚上不眠的生活，並拒絕上學。在她願意上學的日子裡，她卻無法專心於課堂活動。她的成績開始急遽滑落。她把家人與朋友隔絕於她的世界之外，

孤立自己，並拒絕走出房間。她開始表達一些對未來的無望；並對長相、才能、受人喜愛程度及自我價值感等，有負面評價。她不再像以往般有十足活力去做她能做得好的事，且開始輕忽清潔打扮等日常基本禮儀。她開始每天穿同一件黑色衣服，拒穿其他顏色的衣服。當她家人或朋友與她接觸時，她變得沒有反應或是暴躁。她沒有使用娛樂性用藥的跡象，但卻懷疑那東西是否可讓她感覺好一些。她開始有自殺念頭，且開始自殘。她沒有妄想或幻覺等精神分裂病癥。

一份好的質性研究報告會以充滿細節的觀察與引述，及非常多頁的篇幅，詳細描繪這位青少女臨床惡化的現象；並讓讀者能站在女孩與其家人的立場，感受她的憂鬱苦惱，及家人得承受的負擔。這份研究報告的資料是如此豐富，以致於就算該青少女標準化量表的得分可能未落在憂鬱的區間，讀者仍傾向認定該青少女屬於那些未能被標準化量表精確指認出的 10% 當中的一位。讀者甚至可能不在乎，這份報告描述的現象是否該放在憂鬱或其他標題下。這份報告沒有意圖證實研究結果該屬於某類別，也不期待將此研究結果類推到其他情境。它比較希望讓讀者對下述情境有更深體悟：該青少女及其家人正在此困難情境中掙扎、各個家庭成員以各自方式經歷或詮釋這些情境及所帶來的主觀意義，及什麼才是他們感受中所需要的事物。

換言之，質性研究的重點在於：從多重觀點與意義切入，深入且詳細地研究與描述事物；因此，無須在意某特定測量工具是否真的測量到它要測量的事物。另一方面，在量化研究中，研究者傾向仰賴某個或某些指標，進而邀請人們花時間回答問卷，以找出某個假設概念可運用在大多數人身上的程度，進一步將研究發現類推至更多的人身上。所以，在量化研究中，評估使用指標的信度與效度，是件重要的事。由於量化與質性研究在本質上有所差異，我們得用不同態度思量此兩類型研究中的信度與效度議題。亦即，認定信度與效度在量化研究中有其關鍵意義的同時；我們其實也可以承認，在質性研究中，我們採用不同觀點看待信度與效度。事實上，即使沒有以量化方式評估質性研究測量工具的效度，我們仍可以主張質性觀察的直接、深度與細膩，還是比量化測量有更好的效度。

我們不是說信度與效度概念在質性研究中不重要。質性研究者不同意信度與效度在質性研究中的角色本質與可適用範圍；而這種不同意其實與他們對測量中的客觀性與可行性的假定有關。位於某種極端立場的研究者認為：質性研究可以改善或評估其自身的客觀性；他們會試著用各種標準，判斷質性研究報告呈現的

證據是否精準無誤。其中一種標準是**三角檢測法**（triangulation）[18]，此涉及使用幾種測量的替代方式，以看它們是否仍會獲得類似的研究發現。例如，他們會比較不同訪員或觀察者蒐集的資料，看是否有一致性；甚至可能比較質性方法與量化測量蒐集的資料。當量化資料某種程度能支持質性資料獲得的解釋時，質性資料則看似更可靠（亦即具有信度）。

某些研究者判斷質性研究詮釋資料的信度，乃依據類似量化研究的信度邏輯。例如，就像在量化研究中所謂的評分者信度，我們也會觀察，在質性研究中，兩個獨立的研究者是否可從同樣的田野素材資料，獲得類似的詮釋與結論。此種方式與評分者信度的主要差異在於：兩個研究者對資料詮釋的一致性，無法化成同意或相關等量化指標，而再加以計算。質性研究主要會詢問：他們兩人對研究的詮釋或結論是否可達成共識（雖然有些研究者可能仍認為，這種指標仍是非常的量化思維：同意度不是 100% 就是 0%）。類似內部一致性信度，在質性研究中，研究者也可藉檢視不同來源的資料是否與研究者的觀察與詮釋一致，以說明質性研究的信度。在此，研究者不是以量化方式計算資料間彼此的一致程度（一種信度係數）；而是嘗試說明，不同來源的資料彼此之間，是否能與研究者的詮釋達到一種質性的一致性與整體性。

有些研究者採取更明顯符合質性研究特質的信度指標。例如，有些研究者會邀請研究參與者檢視初稿或定稿，以確認研究者的觀察是否符合他們的經驗，進而提升研究精確性。或者，研究者會詢問研究參與者，研究者的詮釋是否真實或對他們而言有意義。某些人對質性研究的信度判斷則是依據研究者是否有努力尋找例外或反例，例如尋找與研究者詮釋不同的其他案例或資料提供者。他們也會詢問：研究者是否在合理範圍內，充分轉變觀察的時間、地點與脈絡；及研究者的詮釋與結論是否仍能一致地符合在不同時間、地點與脈絡下所做的觀察。

Jane Kronick（1989）提出四種準則，判斷以文本書寫來詮釋研究現象的質性研究的效度。準則一：一致性。類似量化研究中的內部一致性信度，亦即不同部分的文本應與文本中其他部分或文本本身，對現象的詮釋與說明及論證的展演都應具備一致性。準則二：完整性。詮釋應完整，詮釋應包含所有證據與資料。

---

[18] **三角檢測法** 使用一種以上的方法進行資料蒐集，又尤其當各種方式各會受到不同類型誤差的影響時。

準則三：說服力。對於資料的詮釋應具有足夠的說服力，讓讀者信服。準則四：有意義。對於資料的詮釋要有意義。詮釋要能與文本中的資料相互呼應，讓零碎的資料有意義，並能擴展讀者對現象的瞭解。

　　如同量化研究，在某些質性研究採用的信度與效度的概念裡，仍存有不同限制。例如，研究參與者可能不會老實告知他們對研究者的觀察或詮釋精確性的看法，因為他們可能不喜歡他們被呈現的方式、可能不瞭解研究者採用的理論視野或不瞭解那些只能從大量資料萃取出的趨勢或脈絡其實仍有其真實性。或者，第二位研究者如果只依據觀察者的田野筆記，可能不會同意主要研究者對資料的詮釋，但卻忽略有些洞見得來自於實際的田野觀察或訪談。

　　雖然有些質性研究者對於該使用哪類型的信度與效度或如何使用這些概念有著不同意見；但有些質性研究者進一步地依據「研究不可能完全客觀」的信念，而完全抗拒信度與效度。或者，有些研究者會以迥異於他人的方式來界定信度與效度；但對於持不同立場的研究者而言，這種界定信度與效度的方式，則相當不科學或是反科學。例如，如果某個研究能解放或增權某個受壓迫或弱勢的團體，某些研究者便視該研究為有效的。亦即，對某些研究者而言，客觀性與精確性並不是用來界定效度的合適準則，對質性研究合適的判斷標準該是：研究發現能否應用於某些政治或意識形態的目的（Altheide and Johnson, 1994）。有些研究者則將寫作風格視為一種該有的效度標準。有研究者認為符合下述標準，才是有效的質性研究報告：如果研究報告能以引人入勝的方式撰寫，讓讀者深入被觀察者的世界，以致於他們能感同身受被觀察者的處境與立場；認為他們閱讀的報告符合以往經驗；或者報告本身條理清楚且具說服力（Adler and Adler, 1994）。

　　當你在本書之後其他章節遇到信度與效度概念時，請記得，它們大部分時候是以量化的方式被運用，因為量化研究才會如此大量使用信度與效度概念。但當我們討論質性研究時，我們則希望你在讀相關資料時，能記得質性研究對信度與效度的獨特思考方式。

重點整理

- 測量誤差分為系統誤差與隨機誤差。常見的系統誤差有：社會期許偏誤

與文化偏誤（cultural biases）。隨機誤差並沒有一致的趨勢；隨機誤差

使測量有時前後不一致；隨機誤差傾向於來自於對於測量的誤解或對於測量的安排。

- 幾種常有的測量形式包括：自行回答、直接觀察、與現有資料檢閱。這幾種測量形式亦各自有可能的測量誤差。

- 由於沒有測量方式可避開偏誤，因此研究者會採三角檢測法原則——使用多種不同方法蒐集相同資料——去看是否得到類似研究發現。

- 信度著重測量時隨機誤差的總量及測量工具的一致性。信度在意：當特定工具重複測量相同現象時，是否獲得相同結果。例如：測量一個人的年齡時，問其朋友則會比問本人或看其出生證明有較低的信度。

- 常用的信度包括：觀察者信度（評分者信度）、重測信度、同方向信度和內部一致性信度。

- 效度指的是測量時系統誤差的程度，亦即某測量工具可適當反應想探討的概念可接受的意義的程度。

- 內容效度指：測量工具能涵蓋某概念諸多不同面向的意義的程度。

- 效標關聯效度可區分為兩種：預測效度與同時效度。兩者間的差別在於：針對測量工具的評估是根據測量結果預測某個將在未來發生的事情的能力，或者測量結果與某個當前已知的效標資料的相符程度。

- 已知團體效度：效標關聯效度的一種，其評估測量工具是否能正確依欲測量的變項，區隔出不同團體。

- 建構效度：測量工具是否能依據理論預期，說明其測量的變項與理論中其他變項間的關係；其亦看自身的聚合效度及區別效度。

- 聚合效度指的是：測量工具與其他測量相同概念的測量工具是否可得到一致或相互符合的測量結果。

- 當測量工具與測量同一概念之其他工具的結果相符度，高於使用這測量工具測量不同概念的結果相符度時，該測量工具則具區別效度。

- 質性研究以不同於量化研究的方式與定義看待信度與效度。質性研究者常不同意量化研究中常用的信度與效度的定義與標準；甚至有些研究者認為信度與效度不能用在質性研究。這爭論反應質性研究與量化研究對客觀的不同假定與看法。

- 嚴謹的質性研究會從多重觀點與意義切入現象，並深入且詳細地研究與描述事物；因此，反而無須在意某特定測量工具是否真的測量到它所要測量的事物。

實作練習

1. 假定某位老人社會工作人員想藉憂鬱量表，評估生命回顧法是否能改善護理之家屢弱院民的憂鬱程度。假定此量表已藉比較屢弱院民和其他能獨立生活的健康老人，確定了其效度。

   (1) 這份量表已檢測了哪種類型（與次類型）的效度？

   (2) 還需要做哪些檢測，以確認該量表的建構效度？

   (3) 假如該量表有效，我們能假定它也可信嗎？為什麼？

2. 某位老人社會工作人員研發一份頗長的量表，評估職工對護理之家院民需求的敏感度。該量表施測對象為護理之家的職工與院民。

   (1) 界定出該量表容易受到系統誤差與隨機誤差影響的理由。

   (2) 描述兩種檢測該量表信度的方式。

網路練習

1. 請連到美國哥倫比亞大學社會工作學系教授 Marianne Yoshioka 博士架設的「亞裔美籍人口的心理社會測量」網站（Psychosocial Measures for Asian-American Populations）（網址是 www.columbia.edu/cu/ssw/projects/pmap/）。請在此網站，找出兩篇評估不同信度或效度形式的摘要或文章；請再簡要摘述與比較它們以怎樣的方式評估它們選取的信度或效度、並有怎樣的結果。

2. 請在 *Health and Social Work* 期刊中，找出幾篇用既存量表測量變項的研究論文。這些論文以怎樣的方式描述其採用量表的信度與效度？它們提及哪些類型的信度與效度？在這幾篇文章中，哪些類型的信度與效度較常或較不常被提及呢？

3. 利用你學校圖書館資料庫，輸入「質性研究」（qualitative research），進行關鍵字搜尋，並找到兩篇以質性取向從事測量的研究論文。請描述並批判性評估，每篇論文所用的測量方式的優缺點。

提醒事項

EP 2.1.6b：**善用研究證據推行實務：**
社會工作人員須瞭解這一章所介紹的
所有測量的相關概念，進而當他們要
使用研究證據，以引領實務工作時，
他們可以注意到測量中可能有的缺
陷，並避開這些缺陷。

EP 2.1.10d：**蒐集、整理和解讀案主
的資料：**社會工作人員須瞭解這一章
所介紹的所有測量的相關概念，能在

實務上以可靠且有效的方式蒐集與解
釋與服務接受者相關的資料。

EP 2.1.10m：**批判性分析、監測及評
估介入方法：**社會工作人員須瞭解本
章所介紹的所有測量的相關概念，能
在試著瞭解案主的進展時，設計合宜
的實務評估方式，並儘可能降低測量
誤差。

量化與質性
測量工具

前言

　　第七章我們討論了各種測量誤差的來源。實際上，要避免所有可能類型的誤差是不可能的。即使我們只是檢查一個機構的個案負荷，描述不同年齡層與族群團體的男女案主比例，我們還是會有一些測量的誤差。例如，工作人員在記錄資料、編碼或將資料輸入電腦時，可能會有所疏忽。

　　但不能只因為測量誤差無法避免，就阻止研究的進行。沒有人期望社會工作研究會有完美的測量結果。重要的是，你要嘗試去降低任何會破壞研究可信度與效用的關鍵誤差，以及要評估在你的測量中，如何將那些誤差保持在合理的程度。

　　我們在本章中將要檢視，建構被社會工作研究廣泛使用的測量工具時，要如何降低測量誤差。這些測量工具包括：問卷、訪談計畫及量表。我們也將討論如何對這些工具做嚴謹的評估。當我們檢視這些工具類型的建構與評估時，必須要謹記測量工具設計的指導原則，將會依照研究方法是以質性或量化為訴求而有所改變。我們將檢視某些比較廣泛的指導方式做為開始，如何對受訪者做量化與質性的研究。

提問的指導原則

　　社會工作研究人員蒐集資料用以分析和解釋，最普遍的方法之一就是對受訪者提出問題。如同我們即將看到的幾個常用來設計問題及提問方式的普遍性指導原則。但它同時也存在造成資訊之無效或誤導資訊之使用的陷阱。本節將協助你區分這兩者，讓我們從建構問卷時會面對的一些抉擇做為開始。

EP 2.1.10d

▶▶▶ 問題和陳述

問卷（questionnaire）[1]一詞指的是蒐集問題。在量化研究中，問卷會包含很多陳述式的問題。舉例來說，如果研究者有興趣想瞭解受訪者對於某些特定事物的態度或觀點，那麼他們可以將該態度歸納，做簡短的陳述，然後詢問受訪者是否同意。

▶▶▶ 開放式和封閉式問題

提問問題時，研究者有兩種選擇方式。首先，他們可以提出**開放式問題**（open-ended questions），在問題中，受訪者被要求提供他或她自己的答案。開放式問題也可以運用在訪談大綱與自填式問卷上。例如，受訪者可能被問到「你認為社區目前面臨最重要的問題為何？」然後提供空白處以寫下答案，也可以要求做口頭回答。雖然開放式問題都可以運用在量化與質性研究中，但還是以質性研究較常使用。訪談者可能要求回答更多的必要資訊。例如，假設受訪者回答，社區面臨最重要的問題是「市區老化」，訪談者此時會更進一步探查以釐清答案「有關這個問題，你能多告訴我一些嗎？」

其次是**封閉式問題**（closed-ended questions），受訪者被要求從研究者所提供的清單中挑選出一個答案。自填式問卷與訪談大綱也都可以使用封閉式問題，而且在量化研究中較為普遍使用，因為封閉式問題可以提供比較制式化的答案，資訊也比較容易處理。封閉式問題的主要缺點是研究者在建構答案的過程，當對某項問題設計的答案相對清楚時，比較不會有問題。然而其他情況下，研究者在建構答案時，可能會忽略某些應有的重要回應，例如問到有關「你社區目前面臨最重要的問題」時，在你列舉的答案選項中，可能就會遺漏了某些受訪者認為重要的事項。

在建構封閉式問題時，你應該遵守兩項結構性的要求。第一，所提供的答案選項應該要有**周延性**（exhaustive），它們應該包含所有可能預期的答案。研究者通常都藉由增列類似「其他」的選項以確保此一要求。

第二，答案選項必須要有**互斥性**（mutually exclusive），受訪者不應該感覺

1　問卷　一種包含問題和其他型式項目的文件設計，做為蒐集適合分析的資料。

到被迫要在兩個以上的答案當中做選擇。例如，以下有關於種族的選項：白人、黑人和西班牙裔美國人，就**沒有**互斥性。那是因為西班牙裔有可能是西班牙裔白人和西班牙裔黑人。（在某些個案中，研究者可能會希望得到多重的答案，但這些答案可能會在後續的資料處理及分析上造成困難。）為了確保答案選項的互斥性，研究人員應該要仔細考量各種答案選項的組合，詢問每個人是否會合理選擇一個以上的答案。除此之外，還有一個技巧性的方法，即要求受訪者只挑選一個最佳的答案，但相對於小心建構答案選項的原則，這並不是一個令人滿意的選擇。

▶▶▶ 題目要清楚

問卷中的題目應該要**明確**，不能**模稜兩可**。研究者通常會過度投入在所要檢視的議題中，所以他們對很多的意見與觀點是清晰的；但對受訪者而言，卻非如此——有許多人根本很少或是從未注意到這個主題。或者，假如研究人員對該主題只有膚淺的瞭解，就可能無法充分設定問題的意圖。例如，「你對於在社區中，為發展遲緩障礙者設置收容設施的建議有什麼看法？」這個問題可能引發受訪者反問，「**哪一種**收容設施？」或「收容設施是什麼？」在量化研究中，問卷的選項應該要精確，受訪者才能正確知道研究人員要他們回答的問題是什麼。它也能確保質性研究的精確性，只是在質性研究中，研究人員對於受訪者不理解的任何問題，都要逐項加以澄清。

▶▶▶ 避免雙重問題

研究人員經常會要求受訪者，對複合式問題給單一的答案。例如，他們可能會詢問受訪者是否同意以下的陳述：「政府應該要放棄社區性的服務，並將錢花在改善機構性的照護上」。雖然有許多人會明確的同意或反對，但還是有許多人無法回答。因為有一些人覺得應該要放棄社區性服務，並將錢歸還給納稅人；也有人同意延續社區性服務，但也想要投入更多的經費給機構。這兩種，後者既不能回答贊成，也不能回答反對，否則就誤導了研究人員。

一般的原則是，只要有「**並且**」（and）一詞出現在問題或問卷的陳述中，研究人員都應該要檢查他們是否問了一個**雙重的問題**（double-barreled question）。然而，有些問題儘管未使用「並且」一詞，但仍舊暗示著雙重問題

的性質。例如，假設我們問青少年以下的問題：「你和父母親相處愉快嗎？」假如他們只和媽媽相處得來，而不是爸爸（或是相反），那該怎麼辦？又假如他們是來自單親家庭，那該怎麼辦？果真如此，他們可能就無法回答。當然，假如你是採取質性取向的訪談方式，你或許可以藉由修改問題來解決。如果是量化研究，自填式郵寄問卷的問題你就沒有機會了。

▶▶▶ 受訪者必須有能力回答

對於要求受訪者能夠提供資訊，研究人員應該要不斷自問，受訪者能否正確做到。在一項養育孩童的研究中，研究人員可能會要求受訪者，報告他們首次向父母頂嘴的年紀。撇開「向父母頂嘴」定義的問題不談，大部分的受訪者能否記住正確年齡這件事，也是令人懷疑。同樣有困難回答的例子，假設研究人員在酒癮治療計畫的調查中，這樣詢問受訪者，過去三十天裡他們喝了多少酒？

無法有正確的記憶，不是受訪者不能回答問題的唯一原因。另一方面是因為他們無法在第一時間明瞭問題的相關資料。例如，一項鮮為人知的最新療法調查，詢問受訪者的支持態度，有些人可以立即做有意義的回答，有些人則受限於心理或生理的障礙，無法回答某些特定問題。例如，要調查老年失智者走失的頻率，與其直接問病患，倒不如去問他的照護人。

▶▶▶ 受訪者必須願意回答

研究人員通常喜歡從那些不願意分享事物的人，去瞭解實情。例如，我們很難從極權國家人民的身上問到有關他們政治意見的真正答案。恐懼並非是受訪者不願回答問題的唯一理由，另外的原因可能是羞恥或尷尬，例如當受訪者被問到自慰、婚姻出軌、虐待行為等敏感議題。

▶▶▶ 問卷的問題必須有關聯性

同樣的，問卷中的問題應該要與大部分受訪者有關。當對於需要回答的問題，只有少數受訪者曾經思考或真正關心過，這樣的問卷調查結果就可能是無效的。例如，你在詢問案主對某一個社區議題的態度，即使他們從未聽說過，也未曾思考過，他們還是會表達態度。你根本無法分辨，哪一個回答是真正在反映問題的態度，而另外一個根本是無關問題的答案。

▶▶▶ 題目應該力求簡短

為求問題能夠語意清晰、精確以及與議題有相關性，研究人員通常會去做冗長與複雜的問題，這些情況應該避免。受訪者通常不願意去研究問題、瞭解問題，受訪者希望能快速讀完問題、瞭解問題的意涵，然後毫無困難地選擇或回答答案。一般而言，研究人員應該要假設受訪者可以快速地讀完問題，並且迅速做出答案。因此，研究人員應該要提供清楚而簡短的題目，避免讓受訪者做出錯誤的詮釋。

▶▶▶ 避免負向的題目

問卷的題目出現否定性的字句，很容易造成錯誤詮釋。例如，以下命題是否同意的詢問方式，「社區不應該設置收容發展遲緩障礙者的設施」，可能有相當比例的受訪者是因為讀到「不應該」一詞，做為回答的依據。因此，部分贊成有該設施的人將會同意此問題；其他反對該設施的人，也會同意此問題，而你永遠不會知道哪個是哪個。（譯註：贊成該設施的受訪者之所以回答同意，是表示他們贊成該設施，而不是贊成該問題；但在一個否定式的問題中，便無法對此做出區別。）

▶▶▶ 避免有偏見的題目和用詞

個人對於回答問題的意義，大部分取決於問題的用字遣詞。有些問題會比其他問題更有鼓勵性地做某些特定的回答，那些鼓勵受訪者做特定方式回答的問題，被稱之為**有偏誤的**（biased）。

我們在第七章討論了社會期許偏誤，那時指出，任何時間，當我們向受訪者詢問問題蒐集資訊時，都需要特別小心此項偏誤。這也可以應用到問卷的措詞方式。因此，例如，對於設立中途之家的計畫，在評估社區居民的支持態度時，我們就不能這樣問居民，他們是否與著名的教會人員意見一致支持這項設施。同樣的，我們也不會這樣問他們，是否支持一些「人道主義」的計畫以照顧社區中的貧困者。

儘管量化研究法比質性研究法更強調要避免偏誤；儘管許多質性研究法重視對主觀觀點進行深度的瞭解，大過於預防有偏誤的回答。然而，這兩種研究法

在詢問問題以及避免有偏誤的回答時，基本上，都比較喜歡使用中性的題目和用詞。畢竟，如果我們用一種社區居民不願意說出其真正態度的偏誤方式來建構問題，深入去探究居民與中途之家為鄰的態度，這樣的質性探究法對我們的研究又有何益處呢？

然而，這個原則在某些質性研究中也有例外——特別是對那些嚴謹奉行社會科學或女性主義典範（該典範在第四章曾討論過）的研究。例如，女性主義的研究人員可能會認為，先前研究人們照護殘障親人的負擔上，過度集中在照護的消極面，而對於女性照護殘障親人時的正面體驗，則給予太少（或根本沒有）的關心。因此，研究人員可能會傾向要求受訪者談論，在照護殘障父母或伴侶時，他們所喜歡的事物，而不是照護帶來不願意的負擔。當然，即便在此處，我們也可以強調，在提出問題時還是要避免偏誤的方式。也就是說，即使研究者把問題偏向照顧的積極層面，但她可能還是想以中性的方式，詢問那些積極層面的事物。因此，她不會這樣問：「你是否和大部分婦女的認同一樣，照護的工作可以滿足婦女的養育本能？」她可能會問：「請你評論，是否因為照護鍾愛的親人，而找到滿足感呢？是的話，情形為何？」

▶▶▶ 問題應該有文化上的敏感度

EP 2.1.3c

上述在說明問題缺點的實例中，有些是對文化的偏差和不敏感形成的。例如，對某一類文化很清楚的題目，對另一文化則可能不然。居住在集權社會的受訪者，可能不會和自由社會受訪者一般的願意回答問題。因此，即使我們的測量工具對某一類文化是可信賴和有效的，我們不能假定它對另一文化，也是同樣可信賴和有效的。在第十七章的文化敏感度研究，我們將更深入討論測量中文化敏感度的議題。

在討論問卷形成的主題之前，我們希望你能注意「從不好的例子中學習」專欄，它說明了問問題時可能發生的問題。

從不好的例子中學習

作者：東密西根大學社會系 Charles Bonney

下面專欄的問卷，是我用來訓練學生，認識一些問卷設計的架構問題。這些測試問題的主題是「來自高階層家庭背景的大學生，比較能夠忍受心理或情緒上的壓力」。（階層的操作性定義是結合家庭收入、父母教育程度、父親或母親的職業階層、如果父親不在或失業等相關因素而決定的。）每個問題都預設一個或以上的缺點。你是否能找出這些問題。（專欄的後面是有關此問卷的評論）

問卷

1. 請問你對瘋狂人物的反應是什麼？ ＿＿＿＿＿＿＿＿＿＿
2. 請問你父親的收入情形？ ＿＿＿＿＿＿＿＿＿＿＿＿＿
3. 當你長大，是跟誰住在一起？
   ＿＿＿＿＿＿父母親
   ＿＿＿＿＿＿只跟母親
   ＿＿＿＿＿＿只跟父親
   ＿＿＿＿＿＿其他（請說明）
4. 請問你父親的職業？ ＿＿＿＿＿＿＿＿＿＿＿＿＿＿
   （如果父親已過世、不住在家裡、失業或退休，那麼母親有工作嗎？ ＿＿有 ＿＿沒有）
5. 父母親是否有上過大學？ ＿＿是 ＿＿否
6. 你是否不同意人們有問題時，應該要受到同情嗎？
   ＿＿是 ＿＿否
7. 嗜異性阻礙的主要原因理論是不滿足性的屬性。
   ＿＿同意 ＿＿尚未決定 ＿＿不同意
8. 如果你的朋友開始出現奇怪和反覆無常的行為，你認為你的反應會如何？ ＿＿＿＿＿＿＿＿＿＿
9. 你的直系親屬中，是否有人曾經住過療養院？
   ＿＿是 ＿＿否

評論

對於任何問卷最基本的評論是「問卷是否有得到測試假設必需的資料？」不好的問題，但是研究人員認為符合其需要時，也是好的問題。因此，好的問卷可能是項科學，也是藝術。即使是所謂好的問題也可能隱藏有陷阱，當它的包容性足夠時，未來或許可以更好，但無論如何，以下各題目的缺點是存在的。

1. 使用毀謗性和含糊的俚語。最糟的是，它是第一個可能會影響研究結果的問題，因為許多人會避開回答，導致降低回答率，或者可能發生漏斗效應（funneling effect）。
2. 階層的操作型定義，需要的是家庭的收入，而不是只有父親。同時，受訪者對於個人收入的問題，比較願意回答數個選項可供挑選，而非此種開放式問題。
3. 「當你長大」是一個籠統的時間區段。同時也造成現在問題的格式，雖然它可能已經被用來建構第 2、4 和 5 題，卻是模糊的關聯性和實用性。
4. 當父親已過世、不在、失業或退休，才問及母親職業的問題格式，可能會過於男性主義，雖然它符合操作性定義，但操作性定義本身也會偏向男性主義。另外還有兩個缺點：首先，詢問職業最佳的格式是提供選項，開放式的問題所得到的答案，通常會過於含糊而無法歸類。其次，調查母親職業情況，也只是引導回答母親是否有工作而已。
5. 有限制的教育程度調查。它同時也是雙重問題，如果只有父母親之一上過大學，該如何回答呢？
6. 「你是否不同意」是在誘導受訪者回答。同時，「問題」和「同情」也是模糊的字眼。
7. 問題犯了技術性用語的錯誤。不知所云，沒有人看得懂？（事實上，我甚至不瞭解它的意思，到底在寫些什麼！我對它做最貼切的解讀是「你無法獲得資料的原因，是因為人們不理會你的問題」。）
8. 它是推測性詢問一種模糊和假設性的狀況，並非是全然不好的問題，但還是有更好的問題設計。要注意的是，這不是雙重問題，因為有許多人說，它只是問「奇怪」和「反覆無常」的行為。
9. 「住過療養院」也是一個模糊的用詞，它有許多不同形態的用法，但彼此的意義卻明顯不相關。

嚴謹評估量化的測量工具

我們已經檢視過量化與質性研究中有關提問問題的一些普遍性指導原則。現在讓我們來個別觀察和考量每種研究法的測量工具，並嚴謹地評估。我們將從量化研究的問卷開始。

▶▶▶ 問卷

嚴謹評估一份問卷時，我們會檢視是否已經違反以上任何一項普遍性的指導原則。例如，即使是有經驗的研究人員，也會不小心建構出模糊、冗長或難以理解的雙重問題。但我們首先要注意的是問卷整體的格式，問卷的格式和題目的性質及用字遣詞一樣重要。一份設計不當的問卷格式，可能會使受訪者遺漏問題，造成對於問卷內容的困惑，而最糟的情況則會導致他們把問卷給扔了。以下將提出一般及特定性的指導原則。

一般的規則是，問卷的題目要敞開，而且整齊。沒有經驗的研究人員會擔心問卷太長，而將好幾個問題擠在一行、縮寫問題，或儘可能使用最少的頁數。所有的這些努力都是愚蠢，甚至是危險的。將一個以上的問題擠在一行，將導致有些受訪者會完全漏掉第二個問題，有些受訪者也會誤解縮寫的問題。更常發生的是，看似簡短的問卷，卻讓受訪者花了很多時間才完成問卷第一頁，接著興趣缺缺不想繼續回答。相反的，看似冗長的問卷，受訪者卻很快完成問卷。還有，後者發生錯誤的機會比較少，也不會被迫重複去閱讀令人困惑的縮寫型題目，也不會被迫在一個小小的空白處，寫下長長的答案。

受訪者作答的格式

最常見的一種問卷格式是，要受訪者從一系列的選項中，選出一個答案。基於這個目的，保持適當間隔的方塊格，是我們長久經驗以來最好的格式。現代的文書處理技巧，使方塊格成為近來一種實用的方法，而方塊格也可以很容易整齊排列。下列是一些簡單的示範：

除了挑選方塊格的格式之外，也可以將編碼數字列於每個選項的旁邊，請受

圖表 8.1　圈選式回答

訪者圈選適當的號碼（見圖表 8.1）。但如果是要受訪者圈選數字，就必須提供清楚和明確的指示，因為有些受訪者會將適合的數字劃掉，反而造成資料處理的困難。（注意！當問卷是由訪談者填寫時，使用這些編碼數字的方式會更加安全，因為是訪談者自己記錄答案的。）

條件式問題

　　問卷中經常出現的情況是，某些問題只與某些受訪者有明確的關聯，其他受訪者則毫無關係。這種情況通常起因於研究人員希望能針對某個單一議題提出連串的問題。研究人員可能想問受訪者是否屬於某個特定組織，如果是的話，他們是否經常參加會議，是否在組織中擔任職務等。或者，他們可能想問受訪者是否聽說過有關某個社區的議題，然後想知道那些有聽說過的受訪者的態度。

　　像這樣一連串接續的問題，被稱之為**條件式問題**（contingency question）[2]。問題是否會被提問或回答取決於系列題目中第一題的答案。適當地運用條件式問題，有助於受測者能夠順利完成問卷，因為他們不用去回答與他們無關的問題。

　　條件式問題有好幾種格式。圖表 8.2 所顯示的，或許是最清楚和最有效果的格式。其中要注意兩個要素：(1) 條件式問題是被劃分到旁邊的方塊中，因此會與其他的問題隔開；(2) 有箭頭將條件式問題與所要回答的答案連結。在說明中，只有回答「是」的受訪者要回答接續的問題，其他的受訪者則是跳過它。

　　前面討論的**效度**（validity）與**信度**（reliability），看似理論性的議題，卻受到這些平淡無奇的問題格式影響。如果能夠適當運用，甚至是建構一套複雜的條件式問題，也不會讓受訪者感到困惑。圖表 8.3 是一個更複雜的條件式問題。

2　**條件式問題**　一種只限部分受訪者作答的連續性問題，依他們對先前問題所做的回答而定。

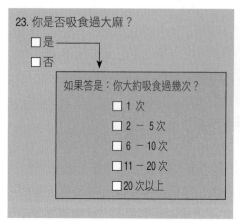

圖表 8.2　條件式問題的格式

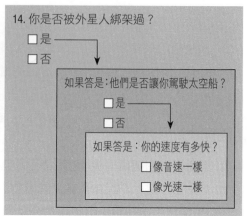

圖表 8.3　列聯表

　　有時候，一套條件式問題的長度會超過好幾頁。假定你是在研究貧窮者的投票行為，而你希望向那些曾經在全國、州及地方選舉中參加過投票的人，詢問一大堆的問題。你可以在一開始的問題中，將不同的受訪者區隔出來，像是「你是否在全國、州、地方選舉中參加過投票？」受訪者會清楚需要回答的區域。但是，如果你將條件式問題放在必須延伸好幾頁以後才會看到的方塊中，將會令人感到困惑，受訪者不知道應該如何回答。因此，可以在每個答案後面，以括弧插句方式做說明，告訴受訪者接續回答，或是跳過條件式問題，如此會比較清楚。圖表8.4 就是這種格式的範例。

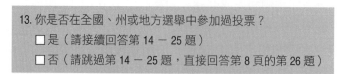

圖表 8.4　跳答問題的說明指示

　　除了這些引導回答的說明之外，還有一個實用的做法，就是將說明的指示置於只有條件式問題頁面的上方。例如，你可以說「本頁只限曾經在全國、州或地方選舉中參加過投票的受訪者填寫」。像這樣清楚的指示，可以讓受訪者免於閱讀與他們無關的問題，以減少困惑的挫折感，研究人員也不會得到與問題不相關的回答。

問題的順序

問題提問的順序也會影響答案。首先，某個問題的出現會影響到以後問題的答案。例如，假如受試者被要求評估宗教信仰程度（一般而言，宗教信仰對你的重要程度為何？），那麼他們隨後在回答有關宗教信仰的特定問題時，將會力求與前面的答案一致。

有些研究人員會試圖藉由**隨機安排**（randomizing）問題的順序來克服這種效應，但通常都是徒勞無功的。以一套隨機排序問題做為問卷的開始，會讓受訪者感到混亂，而且沒有意義。甚至還會變得很難去回答，因為他們必須對不同的主題，不斷轉換注意力。最後，即使是一套隨機排序的問題，某個問題的出現還是會影響隨後問題的答案，除非你不去考慮這種效應。

最安全的解決之道是要保持問題的敏感性。雖然無法避免問題順序所造成的影響，但研究人員應該要去預估後面可能產生的效應，進而能對結果做有意義的詮釋。如果問題的順序對某個研究特別重要，研究人員可以建構兩種以上不同問題順序的問卷，這樣他們才能確定調整問題順序的效用。至少，應該對不同形式的問卷進行前測。

自行填寫問卷與訪談法兩者間，對問題順序的安排也有些許的差異。以前者而言，比較好的做法是，將最有趣的問題排在問卷的開始。受訪者在隨意瞄過開頭幾個問題之後，就應該會想作答。或許問題正是詢問他們渴望要表達的態度。然而，開頭的問題也不應該具有威脅性。（一開始就詢問有關性行為或嗑藥的問題，可能就是個笨的主意。）至於比較無聊的人口統計學資料（年齡、性別等），可以擺在自行填寫問卷的最後。

一般而言，比較好的訪談調查法的問題順序，正好與前者相反。當受訪者打開家門時，訪談者必須開始快速建立良好的關係。在簡單介紹過研究之後，訪談者最好可以開始計算家中成員的數目，取得每位成員的人口統計資料。這類的問題很容易回答，而且一般來說不具威脅性。一旦建立良好的關係之後，訪談者便可以轉移態度到較為敏感的事項。若是訪談者以「你相信上帝嗎？」這樣的問題做為開始，訪談可能很快就會結束了。

問卷的指示說明

　　每一份問卷，不論它是由受訪者或是訪談者來填寫，都應該在適當的地方有清楚的指示、說明以及介紹。

　　在每一份自填問卷的開頭，附上填寫問卷所須遵守的指示是有用的做法。雖然許多人已經相當熟悉各種表格與問卷，但還是應該在開頭就正確地告訴他們你要的是什麼，他們必須將答案以勾選或 X 記號，顯示在答案選項旁的方塊格內，或者在必要時寫入他們的答案。如果是採用開放式問題，那麼就應該要引導受訪者做簡短或詳盡的回答。假如研究人員想要鼓勵受訪者，在封閉式問題中詳細回答，那也應該要加以註記。

　　假如一份問卷是按照內容劃分成幾個部分──政治態度、宗教態度、背景資料──每一個部分都應該對其內容與目的有簡短的介紹。例如，「在這一部分，我們想要知道附近居民認為最重要的社區問題為何。」在自填式問卷最後的人口變項問題，可以做這樣的介紹：「最後，我們想知道你的一些基本資料，以便能夠觀察不同類型的人，對我們檢視議題的態度是否有所不同。」

　　像這樣簡短的介紹，可以幫助受訪者瞭解問卷的意義，特別是當問卷是要探究各種不同資料的情況下，可以使問卷看起來不會顯得那麼混亂，而且它能幫助受訪者在適當的框架中回答問題。

　　有些問題可能需要特別的說明，來幫助受訪者作答，特別是當它們的格式與問卷說明不同時，有特定的範例用來解釋這種情況。儘管封閉式問題答案的選項要求是互斥的，但可能合於受訪者的答案不只一個。如果你只想要單一的答案，那麼就要在問題中表達清楚。例如，「請從以下表列中選出你決定上大學的主要原因（primary reason）。」最重要的問題可以附帶括弧註記：「請選出一個最好的答案」。另一方面，假如你想要受訪者複選適合的答案，那也應該要表達清楚。

對問卷實施前測

　　研究人員在設計資料蒐集工具時，像是問卷等，無論有多麼小心，一定都會有誤差的可能性──這是必然的事實。他們總是會犯錯，一個模糊的問題、一個受訪者無法回答的問題、或是違反前述所討論的規則問題等。

　　為了預防誤差，研究者就應該以排練的方式對問卷進行前測。前測的樣本可

以小量，或許是十個人或更少，他們的特質應該要類似研究人員想要的研究對象。但是那些參加過前測的人，就不應該再參與正式的研究。

對測量工具進行前測時，一般而言，要求受訪者完成問卷，會勝過於請他們通篇讀完問卷並找出錯誤。一個在第一次閱讀時看似合理的問題，在後來卻被證明是不可能去回答，這情形太經常出現了。

▶▶▶ 量表

有些變項太過於複雜或涉及層面太廣，以致於無法在一份問卷中，只用一個問題加以測量。舉幾個例子，社會工作研究人員無法使用單一問題探究複雜性變項，包括有婚姻的滿意度、社會功能程度、案主對服務的滿意度、婦女或少數族群的態度，以及照護者的負擔程度等。

複雜變項的組合或累積測量被稱為**量表**（scales）。量表允許我們以綜合分數代表複雜的變項，比起單一問題更可以測出變異性。例如，假設我們要對受虐待而患有創傷後壓力症候群（**PTSD**）的孩童提供遊戲治療法。我們想要評估他們的 PTSD 是否因為遊戲治療法而有改善。那實在很難想像，我們如何能只用單一的問題，合理地評估改善的情形。相反地，我們也許可以列出 PTSD 症狀的量表清單，諸如出現夢魘、難以專心、擔心發生不好的事、自責、過度警覺（我們不會對孩子使用這個用詞）、記憶不好等。孩童（或他們的父母）可以在每一症狀項目的旁邊做圈選，指出他們在過去一週內是否出現過那樣的症狀。

圖表 8.5 是從這種量表中摘錄的範例。藉由父母親在量表中每個選項所圈選的數字，我們加總起來就可以得到 PTSD 的總分。分數愈高，表示 PTSD 的症狀愈嚴重。本研究想評估 PTSD 的症狀在遊戲治療法之後是否有改善（或許更糟），我們可以在遊戲治療開始前，及整個療程結束後，要求父母親分別填寫量表。我們也可以在治療期間以週期為時段做量表調查，監視 PTSD 的症狀是否在改善中、惡化中或保持不變。我們不需要對單一項目的答案進行個別分析，我們只需要去檢視 PTSD 多層面變項的加總分數。

你能想像的，如同第六章長串參考書目中的量表，量表的形式似乎有無窮盡的變化。某些量表的測量程序具有高度的複雜性，需要大量的勞力來建立。較單純的量表，簡單的只有一個問題項目，運用極少的字詞，而且可以採用對話的格式。例如，假設你想評估幼童的情緒（也許是在他們接受某種治療法的前後——

請你在最能代表孩子上週情況的選項中圈選該數字,請不要跳過任何問題,即使你無法確定。

不是真實 或很少真實	有一點 或有時真實	非常真實 或時常真實	
0	1	2	難以專心
0	1	2	情緒不定
0	1	2	痛苦回憶
0	1	2	悲傷沮喪
0	1	2	高度警覺
0	1	2	擔心
0	1	2	害怕
0	1	2	退縮
0	1	2	緊張
0	1	2	容易驚嚇
0	1	2	容易暴躁
0	1	2	難以入眠
0	1	2	夢魘惡夢

* 完整量表參考 www.childtrauma.com, 版權所有,非經許可,不可翻印。

圖表 8.5　摘錄父母親對創傷後壓力症候群量表的報告 *

就像遊戲治療法),你可以拿少數的卡通表情給他們看,從微笑的臉、接著是皺眉頭的臉、最後則是悲傷的臉。然後,你可以要求他們選出最能符合他們當時感受的臉譜。或者,你想要評估某位成人案主對於焦慮處遇的反應,你可以要求他們利用 1-10 分的量表區分焦慮程度,1 分代表沒有焦慮,而 10 分則代表所有可能想像的最焦慮程度。

　　有一種普遍被採用的測量格式,稱之為李克特測量法。**李克特量表**(Likert scales)[3]會提供許多陳述給受訪者,然後讓受訪者選擇回答他們的態度,是否「非常同意」、「同意」、「不同意」、「非常不同意」或是「尚未決定」。答案選項的用詞當然可以修改(例如「贊成」)。有時候還有更多的選項,像是「非常

3　**李克特量表**　一種量表的測量工具,它會提供許多陳述給受訪者,然後讓受訪者選擇回答他們的態度是同意或不同意及其程度。

同意」、「適度同意」、「有點同意」、「有點不同意」、「適度不同意」、「非常不同意」等。有時候不會提供受訪者「尚未決定」這個選項，以避免太多受訪者會迴避表態。至於是否要包含諸如「尚未決定」、「不確定」或「沒有意見」等選項，通常都是由研究人員判斷，沒有公式或嚴格的指導原則可以決定，是否提供「尚未決定」的選項。同樣地，是否包含「適度」及「有點」的選項，也是基於研究人員的判斷。如果「尚未決定」、「不確定」或「沒有意見」等選項有被包含在內，一定會列在連續選項的中間位置，也就是在同意與不同意選項之間。

這五種基本答案選項，可以考量其方向性，採用 1-5 的計分方式（例如，正面選項的「非常同意」及負面選項的「非常不同意」都給 5 分）。每一個受訪者都會得到一個整體分數，代表他或她在回答每個問題之後，所得分數的加總。例如，假設量表上有二十個問題，每一個受訪者在每一題可以得到 1-5 的分數，那麼受訪者的總分，可以從 20 分（每題皆得 1 分）到 100 分（每題皆得 5 分）。如果每題答案的選項超過五個，總分將會更高。例如，假設有二十個問題，採用了七個選項（例如：「非常同意」、「適度同意」、「有點同意」、「尚未決定」、「有點不同意」、「適度不同意」、「非常不同意」），每一位受訪者在每一題可以得到 1-7 分，則問題的總分就可能會從 20 到 140 分（7 分 ×20 題）。

嚴謹評估質性的測量工具

雖然我們討論過的量表可以被應用在結合量化與質性的研究中，但它們一般都是與量化研究有關。現在讓我們來檢視一些質性研究測量工具的方法，它們與建構量化研究方法有所不同。但首先我們要記住，本章前面討論有關提問的指導原則，同樣也適用在質性研究中向受訪者蒐集資料，就像量化研究的做法一樣。例如，任何類型的研究，任何人都應該在問題的措詞上避免有偏誤、太過複雜或是與受訪者無關。同樣的，除了向受訪者提出問題之外，這兩種研究法在蒐集資料的過程都包括了對人的直接觀察。本章的討論，只限定在向人提問的測量工具，而不是記錄直接觀察的工具，後者將在隨後的章節中討論。

在對受訪者提問的測量方式上，量化與質性研究主要的差別在於，量化研究的測量永遠都是高度結構化，基本上傾向於使用封閉式問題，而且可以使用訪談

或問卷的方式進行測量。至於質性研究的測量，基本上是依賴訪談，它通常是不具結構化，主要是由開放式問題構成，進行深度的探究。

質性訪談

質性訪談的形式可以從完全非結構化、非正式的對話訪談、沒有使用任何測量工具，到高度結構化、標準式的訪談、訪談人員必須按照事先寫好的正確順序及用詞加以提問。介於這兩種極端之間的是半結構化訪談，它的訪談指南列在探究主題與議題的綱要中，使訪談人員的提問能具有彈性、不拘形式、有對話性、配合每位特定的受訪者，調整訪談風格以及提問的順序與措詞。

一個相對屬於**非結構化的質性**（unstructured qualitative）訪談，是一種訪談者與受訪者之間的互動，訪談者只有訪談的概要計畫，而不是必須按照配套的措詞與順序進行提問。基本上，非結構化的訪談是一場會談，訪談者在提問中建立對話的大方向，並且針對受訪者談起的特定話題提問。理想上，受訪者是說最多話的人，如果訪談人員的講話超過 5% 的時間，那可能就太過頭了。

Patton（1990, p. 280）指出三種開放式的質性訪談：

1. 非正式對話訪談（informal conversational interview）
2. 大綱式訪談（general interview guide approach），以及
3. 標準開放式訪談（standardized open-ended interview）。

▶▶▶ 非正式對話訪談

一個**非正式對話訪談**（informal conversational interview），是訪談者與受訪者之間，一種無計畫性和非預期性的互動，是在觀察期間自然發生的對談。它是最具開放式的訪談。當這個訪談型式發生時，你的交談對象甚至不會將此互動當成是一場訪談。所以當你的研究進行非正式對話訪談時，你可能不會想要去開發或利用測量工具。

當你在進行非正式對話訪談時，你應該非常有彈性，能夠去尋找任何適合的相關訊息。你的問題可以從正在觀察中、特定時間點的特定事物、或者就在你說話的同時，自然而且自發性地產生。換句話說，各種形式訪談會發生在你正進行

各種觀察的同時，你想進一步瞭解觀察到的事物，以及對於當時現象的看法。

因為你無法事先預知情況，所以就沒有一套事先預定的問題，讓你可以進行非正式對話訪談。儘管如此，善用提問的技巧與聆聽，對你而言還是很重要的。這種技巧可能是你在社會工作實務訓練中，需要學習的一部分。

提問問題與留意答案對於我們所有的人，都是很自然的過程，而將其納入做為研究人員必備的技巧，似乎也是很簡單的事。然而，正如我們本章前面所討論的，問題的措詞是有技巧性的工作。因此研究人員巧妙利用提問的方式使答案發生偏誤，也是經常發生的事。有時候，研究人員會對受訪者施壓，來美化結果；有時候，研究人員會刻意修飾問題的背景，而完全排除最有相關的答案。

假設你想探討收容機構裡一群有情緒障礙青少年鬧事的原因，你可以嘗試將問題焦點放在他們對生活輔導員管教風格的感受。儘管你可能蒐集很多的資料是他們對於生活輔導員的態度，但他們可能是為其他原因而鬧事。或者，大部分的人只是單純為了追求刺激而參與其中。只要運用得當，非正式對話訪談可以協助你找出真正的原因。

這類訪談類型最特殊強項是它的**彈性**（flexibility），它可以讓你對於無法預先看見或聽見的事物做出回應。受訪者對於你第一次問題的回答，將會刻劃出接下來的問題。在這種情況下，只是提問已經事先準備的問題，以及記錄答案是不管用的。你必須要提問問題、聆聽答案、詮釋它對整體研究的意義、然後建構另一個問題，對先前的回答做更深入的探討，或是將受訪者的注意力轉移到另一個與研究更相關的領域。簡單言之，你需要能夠同時聆聽、思考與對談。

中性的**探查法**（probe）[4]，可以提供一個有用的引導，在取得更深入答案的同時，不會去誤導後續的回答。例如，在回答有關對機構服務滿意度的問題時，被服務者只是簡單回答「相當糟」，這時訪談者可以再經由各種口頭探問的方式來獲得詳細的答案。有些時候，最佳的探查方式就是沉默，假如訪談者只是拿著紙筆安靜地坐著，受訪者可能會在這空檔時間多做些評論（這類技巧最受新聞雜誌採訪記者所青睞）。適當的口頭探問可以是「這是為什麼？」或是「怎麼說？」，而最普遍的探查用語可能是「還有嗎？」。

我們經常需要去探問可以完全符合分析所需的答案。然而，在一般狀況下，

4　**探查法**　是以非直接性和沒有偏誤的態度，對於問題尋求更完整的答案。

這類的探查性詢問**必須**（must）是完全中性。無論如何，探查都不能影響到後續的答案。

假如你在社會工作實務課程已經修習過訪談法，你就可以辨識社會工作**實務**（practice）中的訪談，與社會工作**研究**（research）中的非正式對話性訪談，有其相似性。對於這兩種訪談，你都應該要學習當一個好的聆聽者，要表現出對於回答參與的興趣，勝過於只是有興趣而已。要學習以下的提問「這是為什麼？」「怎麼說？」「你的意思是什麼？」「有什麼例子嗎？」，要學習有期待的觀察與傾聽，並且讓受訪者填補對談間的沉默空檔。

同時，你在彼此的互動之間，不能只當一位完全被動的接收者。對於你觀察到的情況，要在心中有一般性（或特定）的問題，你必須學習如何巧妙引導對談的技巧。

就因為非正式對話訪談與普通的交談非常相似，所以研究人員一定要時時刻刻提醒自己，他們不是在做普通的交談。在普通的對話中，我們時常會想要塑造自己是一個有趣、值得交談的對話人。假如下次你與某位不熟識的人聊天時，注意一下，你會發現大部分的時間都是圍繞在有趣的話題——以促進交談，刻劃一個美好的印象。我們通常不會用心的相互聆聽，因為忙著要思考接下來的對話。但身為一個訪談者，刻意塑造自己成為有趣對話人的念頭，反而讓工作產生相反的效果。你需要讓對方感受到你的參與，才能吸引他對話的興趣。（也就是說，能夠在普通對話中做到如此，人們會真正視你為一位優秀的談話對象。）

▶▶▶ 大綱式訪談

除了在觀察事物同時進行非計劃性訪談（訪談中可能不使用測量工具）之外，質性研究也可以採用事先規劃好的訪談方式。因此，這類訪談比非正式的對話性訪談更具有結構化，並且使用測量工具。雖然所有質性訪談都是開放式的，允許受訪者用自己的話來表達他們的觀點，但是質性訪談的測量工具，會隨著開放式問題、事先規劃的順序與措詞程度而有所不同。

高度結構化的測量工具會試圖讓所有受訪者都使用相同順序的相同問題，擴大受訪者回答的相容性，以便對於所有相關的問題，確保能從不同受訪者蒐集到完整的資料。良好的問題結構可以減少訪談者的偏誤，也防止不同訪談者做不同的訪談方式。同時可以幫助研究人員對訪談資料，順利進行組織與分析的工作，

並且幫助閱讀者判斷訪談方式與測量工具的品質。

　　然而，高度結構化測量工具的缺點是，它降低了訪談的自然性與對話性的特質，並且妨害訪談者對於重要的意外狀況或回答能做接續探查的彈性。Patton（1990）建議運用大綱式訪談的策略，比完全非結構化的非正式對話性訪談，稍有結構化的測量工具，能讓訪談者同時保持高度的對話彈性。

　　訪談綱要（interview guide）是一種質性研究的測量工具，對於訪談者的主題與議題事先以大綱的形式列出，但它允許訪談者配合每個特定性質的訪談，調整問題的順序與措詞。因此，大綱式訪談能夠確保不同的訪談者，皆能針對預先訂定的主題與議題使用相同題材的問題，同時又能對於各種意外狀況或回答，保持彈性對話繼續進行研究。訪談大綱的內容依提供的問題細節而定，而問題的細節則取決於，事先對重要主題與議題的預期，以及你認為訪談者需要多少問題，才能確保他們都能一致使用相同題材的問題（Patton, 1990）。

　　舉例來說，假設你想要在一項質性評估研究中，運用社會工作人員進行密集訪談，該項研究是在評估某個在職訓練方案的成效，方案的目標是在提升社會工作人員在臨床評估時運用的訪談技巧。一個相關性簡短的訪談大綱，可以列出少量或多量的提問模式如下：

1. 受訓者在方案中從事的訪談訓練活動與任務為何？
2. 受訓者參加方案後，在任何訪談階段，是否覺得自己的技巧有進步或退步？
3. 受訓者是否因為參加訓練，覺得自己的服務功能有加強或減弱？
4. 該方案是否影響受訓者的生涯規劃？若有的話，如何影響？
5. 該方案哪些是受訓者最喜歡與最不喜歡的事項？該方案的優缺點為何？受訓者是否建議做什麼樣的修改？

　　對於同類型的評估研究，比較詳細的訪談大綱，可能會像以下的簡單範例：

I. 對於該方案的整體印象
　　A. 喜歡？不喜歡？
　　B. 優點？缺點？
　　C. 建議修改？

   D. 方案對於受訓者的影響？

    1. 準備提供服務功能

    2. 生涯計畫

    3. 一般的訪談技巧

II. 方案中的活動

  A. 閱讀？

  B. 指定作業的書寫經驗？

  C. 角色扮演？

  D. 同儕或指導者回饋？

  E. 訪談技巧的指導模式？

III. 在特定訪談階段的進、退步情況

  A. 訪談開始

    1. 會見並問候案主

    2. 介紹

    3. 協助案主放鬆

    4. 解釋訪談目的

    5. 獲知案主前來的理由

  B. 肢體性的注意

    1. 目視接觸

    2. 身體姿勢

    3. 間歇的肯定性手勢

    4. 適度放鬆和專業自在？

  C. 言詞性的注意

    1. 非判斷性的提示

    2. 回應前的短暫停頓

    3. 適度的釋義

    4. 鼓勵案主談論

    5. 對於文化或族群差異的敏感度

    6. 傳達同理與溫暖

    7. 以自然、自發與真誠的方式對談

D. 探討問題

　　1. 談論社會歷史

　　2. 從不同觀點檢視問題

　　3. 評估情境與系統性因素

E. 質疑與探查

　　1. 提問清楚和簡明的問題

　　2. 以無偏誤的態度提問問題

　　3. 以開放的方式提問探究性問題

　　4. 分散封閉式與開放式問題

　　5. 以中性的探查法尋求重要細節

　　6. 不要以太多問題轟炸受訪者

　　7. 邏輯性安排問題的順序

　　8. 對於個人隱私的敏感度

　　無論訪談大綱中有多少的細節，研究人員要確定訪談者在訪談開始之前，必須要完全熟悉訪談的內容與目的，否則訪談將無法順利進行，也將危及對話性訪談，研究人員努力確保所有的問題都能在自然中呈現。

　　訪談人員對於訪談中不可預期的議題也必須做好準備，考量對受訪者的重要性與研究目的，決定何時繼續做或不繼續做中性的探查。因此，訪談人員在著手進行訪談之前，必須要接受嚴謹的訓練。

▶▶▶ 標準開放式訪談

　　正如前文所述，有時候研究人員想要確保所有的訪談都是在一致而且完整的方式中進行——同時將訪談人員的影響與偏誤減少到最小。為追求此一目標，最適合的策略便是進行標準開放式訪談。在以下幾種情況中，如研究大量受訪樣本，但受到資訊來源限制，沒有充分時間擬訂完整的、低結構性的研究策略時；或者，研究人員對受訪者進行長期追蹤，想要減少因訪談方式改變而造成長期觀察結果的改變等，可能都需要用到這個策略。

　　基於這些考量，標準開放式訪談的測量工具，乃是由事先寫好的問題所組成，「事先確實依照訪談中要提問的方式寫成」（Patton, 1990, p. 285）。因此，

相關問題的措詞與排列順序，需要非常謹慎。探查方法將只侷限在測量工具中有標示的部分，稱之為訪談計畫表（interview schedule）。然而，使用高度純熟訪談技巧的研究，會比使用這類型標準開放式訪談，可以允許擁有較大彈性的探查空間。

▶▶▶ 標準開放式訪談計畫表的說明

圖表 8.6 的範例是摘錄自一個典型、高度結構性、標準開放式訪談計畫表，Ruth McRoy 與 Harold Grotevant 將它運用在有關公開收養的質性研究中。整個計畫表由 179 項題目組成。我們認為圖表 8.6 所摘錄的 22 項題目已經充分解說一個精巧的標準訪談計畫表，還有我們強調的，建構適合量化與質性研究測量工具的重點。例如，注意問題的開放性、中立性、排列順序、條理分明。計畫表必須有系統的指示訪談者，注意何時、何處進一步探查細節、釐清受訪者的回答；一開始難以作答的受訪者，訪談人員如何幫助他們釐清問題的重點。最後，務必要注意對於條件式問題的使用方法。

訪談養父母

訪談開始，請先與父母核對收養孩子的數目、姓名和年齡

收養背景

1. 可否告訴我，你決定收養的原因做為開始？
2. 在做出決定之前，你有跟誰談過收養的事？你得到什麼樣的意見？
3. 你預期收養的程序是什麼樣的情形？

⋮
⋮

34. 在收養_____（孩子）的時候，你幾歲？
35. 親友對你決定收養的反應如何？
36. _____（孩子）在哪一方面（性情、外貌）與你相似？
37. _____（孩子）在哪一方面（性情、外貌）與你不相似？
38. 你是否預期過_____（孩子）的到來意味著會改變你的生活方式？
    若是的話，你預期的情形是如何？

圖表 8.6　摘錄標準開放式「公開收養」訪談計畫表

⋮
⋮

41. 請形容在＿＿＿＿＿＿初次來到你家那段時間的情形。你如何形容＿＿＿＿＿＿在早期的行為態度（探查：愉快、安逸、煩躁、難處等等？）在前面三年，你遇到的滿足和難題的情況如何？你與＿＿＿＿＿＿在早期幾年的關係如何？（探查特殊事件和行為，而不是總體的評估）

對開放收養的認識程度

42. 對於開放或封閉收養，機構提供給你什麼樣的選擇條件（未經確認的訊息、生父母的相片、繼續分享訊息、與親生父母見面、繼續接觸等等）？
43. 在找上＿＿＿＿＿＿（收養機構）之前，你聽說過開放收養嗎？
44. 如果聽說過，對於開放收養的意義，你的想法如何？
45. 「半開放收養」對你的意義如何？
46. 「傳統或封閉收養」對你的意義如何？
47. 形容一下，在尚未決定選擇何種方式的開放收養之前，你的經歷過程。
48. 你選擇什麼樣的條件？
49. 你為什麼選擇這樣的條件？
50. 你認為以下三種收養方式的優缺點為何？
    a. 傳統或封閉收養
    b. 半開放收養
    c. 開放收養

如果收養家庭是選擇傳統或封閉收養方式，請直接到第 6－7 頁的粉紅色頁面部分，繼續回答。

如果收養家庭選擇只分享訊息，請翻到第 8－9 頁，回答綠色頁面部分。

如果收養家庭是選擇與親生父母見面，請翻到第 10－11 頁，回答黃色頁面部分。

如果收養家庭選擇繼續面對面接觸，請翻到第 12－14 頁，回答藍色頁面部分。

如果收養家庭是選擇半開放式，稍後改成全封閉收養方式，請翻到第 15－18 頁，回答橘色頁面部分。

如果收養家庭選擇機密性（封閉式）收養方式（這部分的問題在粉紅色頁面）

圖表 8.6（續）

⋮
⋮

58. 如果家裡還有其他的兄弟姐妹，他們會不會排斥被收養的孩子，如果會？請描述。

⋮
⋮

如果收養家庭選擇只分享訊息……（這部分的問題在綠色頁面）

⋮
⋮

75. 你認為分享訊息會對誰有衝擊？

　　a. 被收養的孩子

　　b. 親生父母

　　c. 家庭中其他的孩子（如果有的話）

⋮
⋮

如果收養家庭是選擇繼續面對面接觸……（這部分的問題在藍色頁面）

⋮
⋮

111. 你如何描述與親生父母之間的關係？（探查：親戚、朋友……等）

⋮
⋮

179. 我們已經談過一些事情了，但是我不能確定是否還有任何你認為有助於瞭解你和家人的重要訊息被遺漏了。還有其他我們討論過的任何事情，你要做補充嗎？

資料來源：經 Ruth McRoy 同意下使用。

圖表 8.6（續）

比較量化和質性提問方式

　　在結束本章之際，我們要提醒你，儘管量化與質性測量法的提問方式有差異，但它們仍然有許多共通性。我們要再次重申，在相同的研究中，這兩種的測量工具都可以使用，並不需要將它們視為相互排斥或互相衝突。我們將在以下「比較量化和質性提問方式」專欄中，簡單敘述這些重點。

比較量化和質性提問方式

	量化研究取向	質性研究取向
測量原則的相似性		
盡量使用受訪者熟悉的語言	總是	總是
一次只問一個問題；避免雙重問題	總是	總是
只問受訪者可以回答和有關的問題	總是	總是
避免使用偏誤的題目和用詞	總是	總是
文體上的差異		
問卷和量表	時常	很少
訪談	有時候	經常
為所有受訪者，問題使用相同的字詞和順序	總是	很少
訪談者用字、順序、對談風格，有彈性	從不	很時常
開放式問題	很少	經常
探查	很少和簡短	頻繁和深度
封閉式問題	經常	有時候
訪談形式	輕鬆友善，但語氣專業和過度拘謹	比較類似自然、非正式、友誼的對話
互補功能		
客觀性和一致性 vs 彈性和主觀意識	發展測量，對多數受訪者施測，盡量減少隨機和系統誤差，但可能只是表面的、需要調查它們的效度	發展量表，但允許研究人員的彈性和主觀意識，對少數受訪者追求深入、有效、主觀意義的瞭解
通則化 vs 深度、理論的瞭解	以精確的統計形式確認，從質性測量是否理解的通則化	從量化測量浮現出統計發現的意義，發展一個深度、理論的瞭解
假設檢驗 vs 建立假設和深入瞭解	假設檢驗，也許從質性研究建立，可能需要進一步的質性研究被充分瞭解，以建立新發現	研究現象意義是不夠充分瞭解的，也許為量化研究建立假設

重點整理

- 問卷藉由以下的方式，提供蒐集資料的方法：(1) 向受訪者提問問題，或 (2) 詢問他們同意或不同意代表不同觀點的陳述。

- 問題可以是開放式（受訪者提供自己的答案）或是封閉式（他們從提供的選項清單中挑選答案）。

- 在問卷中，簡短的題目通常會優於冗長的題目。

- 問卷應該避免使用負向的問題與用詞，因為可能會使受訪者感到困惑。

- 在問卷的問題中，有偏誤性的題目將會鼓勵受訪者用特定的方式作答，以迴避或支持某種特定的看法。所以要避開它！

- 條件式問題的對象只限定在之前已對部分問題做特定回答的受訪者。條件式問題的格式非常有用，因為它不會向與此事無關的受訪者提出問題。例如，一個人懷孕幾次的問題，只應該向婦女提問。

- 量表是將一個變項的許多指標包含在一個總體的測量中。

- 李克特量表是一種測量的技術，很多問卷題目運用標準化回答類型為基礎（例如，「非常同意」、「同意」、「不同意」、「非常不同意」）。李克特量表的問卷格式非常受歡迎，而且好用。

- 雖然量化與質性測量取向共享一定的原則，但量化測量一直都具有高度的結構化，主要傾向採用封閉式問題，並且可以利用訪談或問卷的方式進行。然而質性測量則依賴訪談，它經常是非結構化的，主要是開放式問題及深度探查。

- 質性開放式訪談有三種形式：(1) 非正式對話訪談；(2) 大綱式訪談；(3) 標準開放式訪談。

實作練習

1. 從報章雜誌上找一份問卷（例如讀者意見調查），帶來課堂並評論它。

2. 請就以下每項開放式問題，建構可以使用在問卷格式上的封閉式問題。

   (1) 你家去年總收入為何？

   (2) 你如何看待逐漸增加的社會福利支出？

   (3) 學習理論對於你進入社會工作

實務的重要性為何？

(4) 你努力成為社會工作人員的主要原因為何？

(5) 你覺得這個社區面臨的最大問題是什麼？

3. 建構一套條件式問題，提供自行施測問卷使用，以蒐集以下的資訊：

(1) 受訪者有工作嗎？

(2) 假如受訪者失業的話，是否正在找工作？

(3) 假如失業的受訪者目前並沒有在找工作，那麼他／她是否已經退休，是學生，或是家庭主婦？

(4) 假如受訪者正在找工作，那麼他／她已經找多久了？

4. 使用李克特量表建構一個簡短的量表，測量案主對於服務輸送的滿意度。

5. 開發兩種簡短的問卷詢問你的同學，到目前為止，對於已讀過的本書章節是否滿意。其中一個版本做成全開放式問題的問卷；另一個則是做成全封閉式問題的問卷。每個版本都找幾位同學施測，比較這兩種版本的答案。兩種不同版本的答案都各自有優缺點，請問這些優缺點為何？

網路練習

1. 找出一篇討論量表開發的論文。記下目錄中的參考資料，並且用幾句話概述該篇論文。假如該論文記錄了某個特定量表的開發過程，那麼請評論該量表本身或它的開發過程，或是兩者——不管是正面或負面的。

2. 從網路上找出一份問卷（提示：搜尋「問卷」），對其中至少五個的問題做評論——不管是正面或負面的。務必要附上該問卷的網址（URL），以及你所做評論的完整語句。

提醒事項

EP 2.1.3c：對個人、家庭、團體、組織、社區和同儕，做有效的口頭和書面溝通：社會工作人員依循本章的提問指南，將可以做更有效的溝通。

EP 2.1.10d：**蒐集、整理和解讀案主的資料**：社會工作人員在蒐集案主資料的過程中，懂得如何提問，答案才能被適當的解讀。

第四部分

調查和抽樣

接下來的兩個章節，我們將描述研究參與者在獲取大量人口群資料，如何精確通則化的步驟。第九章將描述調查研究，它牽涉到向人們提問問題來蒐集資料。它將會強調使用量化研究方法，經由自填問卷或訪談法，對受訪者提供的資料，尋求最大的客觀性、精確性和通則化。第十章的抽樣方法也同樣牽涉到通則化。我們知道，可以選擇少數樣本進行觀察，並將研究結果推論到大量人口群。第十章也會研究受訪者來討論質性研究方法，它比量化研究抽樣方法更具有彈性，不特別強調通則化，反而更重視深度的瞭解，並激發出新的觀念和洞察力。

調查

EP 2.1.6b
EP 2.1.10d
EP2.1.10m

前言

我們在第八章討論的大部分議題，例如提問、建構問卷以及進行訪談等，都適用於研究調查。你可能曾經在一次以上的調查中當過**受訪者**（respondent）[1]。在典型的調查過程中，研究人員會先選擇受訪者的樣本，然後進行問卷調查。調查的目的可以是描述性、解釋性與探索性。它們可以是限定在單一時間點的橫斷性調查，或是重複在不同時間點的縱貫性調查。雖然調查一般比較傾向於與量化研究有關，但也可以藉由結合質性研究方法得到改善。

對於一個母群體，因為樣本數過大，以致於無法進行直接觀察時，調查研究可能是一個最好的研究方法。如果可以用適當的方法選擇足以代表較大母群體特性的受訪者團體，調查研究人員就可根據從少數樣本受訪者蒐集的資料，精確地描述多數母群體的屬性。這種選出小團體，用以精確代表多數母群體特性的方法，被稱為**抽樣**（sampling）。然而，抽樣方法也可以應用在其他類型的研究——不只是調查——這將是我們下一章的重點。我們將會明瞭，即使包含數百萬選民的總統大選，都可以適當方法選擇出 2,000 位以下受訪者，並且能夠精確預測其選舉結果；倘若是錯誤的抽樣過程，即使選出大量受訪者，其預測結果卻是不精確的。不過，本章我們只需要記住，調查的價值取決於，受訪者的回答是否能正確代表調查研究嘗試要描述的母群體。

有時候，人們會以調查研究為藉口，遂行其非科學性的目的。例如，你可能會接到這樣的電話，說你已經被選中參加一項調查，只不過發現第一個問題竟然是「你想要在家中一星期就可以賺進數千元嗎？」或者是告訴你，只要能說出一

1　**受訪者**　指提供資料的人，做為問卷調查回覆分析。

分錢銅板上的人像是哪一位總統，就可以贏得一項大獎（回答他們是貓王）。不幸的是，這些不道德的電話行銷者會嘗試去詐騙與調查研究合作的一般受訪者。

然而，只要運用得當，研究調查是一項很有用的社會探究工具。你主要的工作是去蕪存菁，我們相信本章的內容將對你有所幫助。

以受訪者為樣本的問卷調查，有四種進行方式：(1) 郵寄；(2) 線上；(3) 面對面訪談；(4) 打電話。本章將依此順序逐一檢視這四種方法。

郵寄問卷調查

郵寄問卷和線上調查方式，都是要求受訪者完成自填式問卷。然而，有些研究會要求受訪者完成不同型式的**自填式問卷**（self-administered questionnaires）。例如，他們可能在同一時間、同一地點聚集受訪者進行施測。又例如，想瞭解學生選修社會工作概論課程的調查，就可以運用這種方式在課堂上進行；對高中生也可以在班導師時間進行調查。或者，研究工作人員也可以將問卷送到受訪者樣本的住處，並向其解釋研究的內容。問卷將會被留下來，在受訪者自行完成後，再由研究人員稍後前往取回。

宅送與郵寄問卷兩種方法也可以合併使用。問卷可以先郵寄到受訪者住處，然後由研究工作人員前往訪問，確認問卷已經完成並取回問卷。相反的方法則是，先由研究工作人員親自送問卷到住處，再請受訪者將完成後的問卷，郵寄至研究人員辦公室。

整體而言，當由研究工作人員親自遞送或回收問卷，或是兩者都做的時候，問卷的完成率似乎會高於直接郵寄的方式。這些增加的試驗技巧可以減少成本，同時提升問卷完成率。

▶▶▶ 郵寄分發與回收

透過郵寄問卷蒐集資料的基本方法，是將解釋信函與填妥地址的回郵信封，連同問卷一起郵寄給受訪者。受訪者在完成問卷之後，裝入信封寄回。假如你曾經收到類似的問卷，但沒有將其完成寄回，回憶你當時為何沒有回覆的原因，將會是有價值的參考資料，在以後的任何時候，你打算寄出這類問卷給他人的時候，要將這些理由牢記在心。

不想寄回問卷通常是因為太麻煩。為了克服這個問題，研究人員已經開發出許多方便問卷回收的方法。例如，一個**自郵式問卷**（self-mailing questionnaire）就不需要用到回郵信封。當問卷是以一個特殊方式摺疊之後，回郵地址會出現在外面，受訪者不需要擔心會遺失信封。

當然也有更為精心的設計。例如，將問卷裝訂成手冊的型式，封面和封底的摺疊頁則是一面用來寄發問卷，一面用來寄回，以避免使用到信封。此處的重點是，任何有助於方便完成和回收問卷的努力，都將可以改善你的研究工作。想像一下收到一份問卷，沒有提供任何寄回方式的情況，你必須 (1) 找一個信封，(2) 寫下地址，(3) 計算郵資，和 (4) 貼上郵票。有多少的可能性你會願意寄回這份問卷呢？

你也許會感到納悶，為什麼讓受訪者容易回覆問卷是如此的重要？我們不是才說過，對於一個少數受訪者的調查，卻能夠精確描述出一個多數母群體的特性嗎？是的，我們的確是這樣說過。但我們也說過，其精確性取決於少數受訪者團體的特性是否能真正代表母群體。受訪者選擇不回答，對於相關研究問題重要方法上，是有不同意義，這種調查代表性來自於**無回應偏誤**（non-response bias）[2]。

想像一項針對低收入受助者社會服務滿意度的評估調查。另外再想像一下，假設寄給他們的問卷沒有附上回覆信封，或是沒有附回郵信封。受訪者很有可能只是母群體中的一小部分，對服務持有極端感受的典型少數樣本（可能是極端贊同或極端反對），因而願意花時間和成本去完成並回覆問卷，他們也可能比那些拒絕自行購買郵票的人有錢。因此調查的結果很可能會錯誤詮釋多數母群體的特質，因為較沒有錢或對服務較不具強烈感受的族群，比較不願意去回覆問卷。因此最重要的判斷標準之一，在於是否採取足夠的步驟以擴大回覆的人數，從令人誤導的郵寄問卷中區別出有效的問卷。

▶▶▶ 說明信

影響郵寄問卷調查回覆率的一個重要因素，是問卷所附說明信的品質。預期中的受訪者一般會先閱讀說明信之後再進行填寫，因此它建構的內容應該能激勵

2　**無回應偏誤**　一種調查結果代表性的威脅，其嚴重性在於受訪者與非受訪者之間，對於相關研究問題重要方法的差異性程度。

受訪者回覆問卷，並緩和他們參與調查的任何抗拒心。

為了要激勵受訪者回覆，說明信要以預期受訪者所能理解的措辭，解釋調查的目的與重要性。事先從預期受訪者所敬重的機構或人士中，爭取他們的認同或贊助，然後在說明信中加入這些贊助機構或人士的名字。向受訪者解釋，為什麼每位個別的回覆是如此的重要，它關係著研究的成功與否，以及是否能解決受訪者關心的問題。

為了要緩和參與調查的抗拒心，要向潛在的參與者保證，會對他們的答覆保持匿名，同時解釋選取樣本的方式，並告知完成問卷所要花費的時間（愈快愈好）。

▶▶▶ 追蹤郵寄

如果受訪者已經被確認是追蹤郵寄的對象，那麼這類信函應該在回收問卷時準備好。追蹤郵寄可以有幾種進行方式。最簡單的一種是針對未回覆者，另外寄給一封鼓勵參與研究調查的信函。不過，比較好一點的方法是隨著追蹤信函，再寄一份新的問卷。如果潛在受訪者在 2 到 3 週後，沒有寄回問卷，那麼問卷很可能已經遺失或被遺忘了。此時若只接到一封追蹤的信函，可能會鼓勵他們找出原始問卷，如果找不到，這封信也可能只是白費工夫。

圖表 9.1 是 2008 年一項以社會工作人員為調查對象的說明信。它說明了剛剛討論過可以激勵受訪者參與調查，並減緩抗拒心的要素。

追蹤郵寄的方法論文獻強烈建議，這是增加郵寄問卷回覆率的有效方法。標準的做法是包括三次的郵寄（一次原始問卷及兩次後續追蹤郵寄）。一般來說，潛在受訪者延遲回覆的時間愈長，他或她回覆的可能性就愈低。因此及時適當地追蹤郵寄，可以激勵更多的回覆。大約 2 到 3 週是合理的郵寄間隔時間。

如果調查樣本中的個人無法從問卷中確定，可能就無法只是再次郵寄給未回覆者。在這種情況下，應該將追蹤信函郵寄給全部的樣本成員，並謝謝那些可能已經回覆參與調查的受訪者，並鼓勵那些尚未回覆的人能夠參與。

一個比較經濟的替代方法是隨著原始問卷附上有回郵地址的明信片。藉由明信片的回答，可以確定那些人已經回覆或拒絕參加。他們只要在明信片上填上姓名，即可與問卷分開寄回。問卷本身仍然具有匿名性，而且你也會知道明信片上已回覆的名字不需要再郵寄追蹤信函。標題為「明信片的內容」的專欄中，敘述

SCHOOL OF SOCIAL WORK

THE UNIVERSITY OF TEXAS AT AUSTIN

1925 San Jacinto Blvd. · Austin, Texas 78712-1203 · MC D3500 · Fax (512) 471-9600 · email utssw@utxvms.cc.utexas.edu

親愛的同事們，

近來正在辯論的一項社會工作重要議題是，以證據為基礎實務（EBP）的模型是否應該或如何引導我們的實務決策。但是，我們的專業知識對於實務工作者的看法、如何運用EBP以及相關的要素，都缺乏適當的參考資訊。如果您能付出15到20分鐘的時間完成隨附的問卷，再以附有回郵地址的信封寄回，對於我們希望藉由實務工作者蒐集這方面的資訊以加強專業的調查目的，您將會做出最重要的貢獻。

哥倫比亞大學社會工作學院的實務教育學系（CUSSW）基於這個原因，正與我們協力進行這項計畫。您是從4個地區（紐約、聖路易、德州和多倫多），800位合格社會工作師中，隨機選出參與調查的受訪者，您的參加是志願性的，您的回答是匿名性的。任何人，包括我自己，都無法知道問卷受訪者的身分。然而，只要您填寫完成，並寄回附有回郵明信片意向卡，將可以幫助我們去掌握那些有意願參加調查的同事，但需要郵寄追蹤信函提醒。請將意向卡明信片與問卷分開郵寄，可以保持您在問卷調查的匿名性。

請您儘快寄回完成的問卷和明信片意向卡。如果您對於以上的訊息或調查有意見，請您不要猶豫，直接與我連絡，Allen Rubin, Ph. D.，電話：（512）471-9218。如果您對於成為研究參與者的權利有疑問，對於研究的抱怨、顧慮和種種問題，請您連絡哥倫比亞大學機構審查委員會，475 Riverside Drive, New York, NY. 10115；電話：（212）870-3481；E-mai: askirb@columbia.edu

無論您是否選擇參加這項調查計畫，都不會影響您目前或將來與CUSSW的關係。

您的回覆對於這項調查非常重要。研究調查結果的價值，將仰賴有多少實務工作者願意選擇回覆而定。

感謝您的關注和時間。

恭敬地，

Allen Rubin, Ph.D.

Admissions and Academic Programs (512) 471-5457 · Dean's Office (512) 471-1937 · General Information (512) 471-5456

圖表 9.1　說明信範例

明信片的內容

請您填寫完成這張明信片，並與問卷分開寄回。您的幫忙將可以讓我們知道，您是否已經回覆調查或選擇不參加。其次，這訊息將讓我們知道，不需要再郵寄後續的追蹤信函。

將這張明信片與問卷分開寄回，會保持您在回答問卷的匿名性。

　　我，＿＿＿＿＿＿＿＿已經回覆調查或選擇不參加計畫。

　　謝謝您！

你可以採用的說法，因此你能夠知道哪些人不需要再次郵寄信函，但是不會知道他們是否選擇參加你的調查。

▶▶▶ 回覆率

　　新的調查研究人員經常會問的一個問題是，郵寄問卷調查應該要達到多少回覆率才適當。**回覆率**（response rate）[3] 是同意參加問卷調查的樣本數，占全部被挑選受訪者的百分比。整體上，回覆率是受訪者樣本代表性的指標。如果能夠達到一個高的回覆率，一定比低回覆率造成嚴重無回應偏誤的機會小。過去，通常被認為適當的回覆率至少是 50％，而 60％ 或 70％ 的高回覆率則被認為是好或非常好。

　　然而今日，對於可以接受的回覆率比較欠缺共識。部分低回覆率的研究調查也有其價值性。例如，假設一個機構對所有的案主郵寄問卷，詢問對於機構服務滿意度的調查。再假設問卷的回覆率只有 40％，而大部分的受訪者都表示出非常不滿意，只有一小部分的案主是滿意。雖然機構的幕僚無法正確掌握非常不滿意的人數，但一定知道會超過 20％（那是 40％ 的一半）。他們因此能夠確定，即使未答覆的案主比有答覆者較多是屬於滿意（無論是否成為個案），對於機構服務不滿意的案主比例，都是機構的一項重要問題。

　　然而，以上假設性的例子並不是意味著不必去重視無回應偏誤的可能性。即使有相當高的回覆率，無回應偏誤始終都是一項重要的考量因素。因此，假設在以上的調查中有 50％ 的回覆率，而且其中大部分案主都表示有高的滿意度，如

3　**回覆率**　指同意參加問卷調查的樣本數，占全部被挑選受訪者的百分比。

果就這樣推定所有的案主，整體上都非常滿意機構的服務，那又是過於冒險。也許絕大部分未回覆問卷的案主都不滿意機構的服務，而就是因為他們的不滿意，選擇不願意費心去回答問卷。

當你在評估一項研究調查回覆率的同時，應該要記住，其結果顯示缺少無回應偏誤的情形比高回覆率來得重要。假設在有 40％回覆率的例子中，研究人員特別對未答覆者再設法增加 10％的回覆率，而發現他們都非常滿意機構的服務。再假設這些案主的個人特質（年齡、種族、問題呈現）都與回覆的受訪者相似。接續的研究和發現會因此認定，雖然問卷調查的回覆率不高，但不必對嚴重的無回應偏誤有高度的爭議。

▶▶▶ 增加回覆率

你也可以想像得到，研究調查人員一直關心和討論的是，如何增加郵寄問卷的回覆率，同時降低無回應偏誤的可能性。研究調查人員已經發展出很多因應這個問題的技巧，我們也已經針對其中部分討論過。例如，準備調查的說明信，告訴受訪者不會花費他們太多的時間來回答問題（建議最多時間為 10 至 15 分鐘），盡量讓他們方便完成問卷，使用追蹤信函，與有助於參加調查的受訪者分享研究成果。除此之外，還有人嘗試用付費方式，給回覆調查的受訪者報酬。問題當然可能會很昂貴，但也有一些想像得到的方式已經被採用。研究人員會說「對於某些議題我們會付給你兩分錢，而且我們也願意付」，並隨問卷附上。其他也有人會附上一個兩毛半硬幣，讓一些小孩子高興，甚至還有人更願意附上紙鈔。最普遍的方式是利用彩券做為誘因，幸運的受訪者可能會名列中獎者名單。

從倫理觀點，另一個考量補償受訪者，這樣的誘因可能有些過於強迫性，而減少了參與調查的志願性。當部分受訪者是為了誘因來參加調查，而部分人員不是如此，無回應偏誤就可能發生在樣本的回覆中。對於研究人員而言，這不是一個已經解決的問題，也因此引發對於誘因使用的研究。Singer、Groves 和 Corning 在 1999 年對此議題的研究發現，在郵寄問卷調查、面對面訪談和電話民意調查的回覆率，只有極少數的例子是因為使用誘因而增加。作者也發現，沒有證據顯示對於回答的品質有造成負面的效應。十年之後，Petrolia 和 Bhattacharjee（2009）檢討過去使用誘因的經驗並進行調查，他們確定誘因會刺激回覆率的增加，而且事先備妥的誘因會比事後的補償，可以得到更好的效果。

線上調查

　　一項逐漸普遍受到歡迎的調查研究方式是透過網路。某些線上調查是完全透過電子郵件來完成，其他的則是透過網站。一般而言，潛在的受訪者會收到電子郵件，請求其點選進入該研究調查的連結網站。網站的軟體設計會在網路上設計問卷，給參加線上調查的受訪者填寫。

▶▶▶ 線上調查的優缺點

　　線上調查的主要優點在於，它能夠快速、廉價地將訊息送到全世界任何角落，而且有大量可能性的受訪者。例如，你能夠藉由最新的電子郵件地址，將邀請快速地分發給參與人員，要求受訪者點選進入調查網頁的連結。（這個連結會放在你所傳送的電子郵件裡。）除此之外，蒐集到的回覆資料會自動輸入電腦並處理，免除人工的問題，也能夠快速製作線上圖表，顯示調查結果。線上調查的工具，例如 SurveyMonkey™，能夠檢查受訪者是否跳過一個選項，或以其他不正確的方式回答調查，這可以在他們進行下一個問題之前，修正任何的遺漏或錯誤。

　　線上調查主要缺點在於受訪者的代表性，特別是對於窮人與老年人的相關社會工作調查。一般來說，會使用網路和善於回覆線上調查的人，比較傾向是年輕人、較為富裕的人、教育程度較高的人，而不是其他目標的受訪者樣本。然而，這個問題逐漸因為更多人接受網路而減少。事實上，某些人認為線上調查很快就會取代其他更多的傳統調查方式。依據受訪者目標類別來觀察，逐漸有證據顯示，線上調查的回覆率可能會與郵寄問卷調查相當（Kaplowitz et al., 2004），特別是當線上調查也會伴隨提醒受訪者參加調查的明信片。這種結合線上與郵寄調查的「混合式方法」是由 Don Dillman（2000）大力推廣。儘管如此，在可預見的未來，窮人及老年人在線上社會工作調查方法中，仍然屬於低代表性。

▶▶▶ 運用 SurveyMonkey™

　　如果你有興趣想測試一下線上調查方法，SurveyMonkey™ 可以提供機會讓你嘗試這項正逐漸嶄露頭角的技巧。在這個網站，你可以免費試驗小型的線上調查軟體。參訪 http://www.surveymonkey.com/ 和點選 "Create Survey" 做為開始。

這個方案非常友善地協助使用者設計問卷項目。你登錄受訪者的電郵地址,他們就會收到邀請參與調查網頁的電子郵件,參加問卷調查。這項初學者免費的套件還會提供給你基本的調查結果。

▶▶▶ 線上調查的秘訣

如果窮人和老年人的低度代表性,不是你迴避執行線上調查的原因(例如,你的調查對象可能是社會工作的學生或實務工作者),以下列出一些可做與不可做的事項:

- 在電子郵件中使用白話、簡單語言,邀請受訪者參與。
- 以她或他的名字直接做為受訪者的收件人。如果受訪者看到許多其他人的名字,他們可能比較不願意回覆。不要列出一個以上的電子郵件地址在「收件人」或「副本」的欄位。
- 電子郵件要保持簡短明瞭。在鼓勵受訪者點進調查網頁的連結處,你可以做較清楚的敘述。邀請信的內容僅限於說明調查目的、受訪者被選中的原因、完成問卷調查所需的時間、調查的截止日期、調查網站的連結,以及每一位受訪者獨特的個人密碼。
- 受訪者個人密碼是提供受訪者進入調查之用,為了防止他們扭曲結果而重複填寫多份問卷,亦即衝份數(ballot stuffing),要保持密碼用語的一致性,例如在電子郵件中說那是一組「專屬的數字」,而當他們要進入線上調查時,卻說是一組「個人密碼」;不要讓受訪者困惑。
- 在電子郵件中儘早提示調查網頁的連結與密碼(不要超過三分之一),不要強迫受訪者繼續往下尋找這個連結與密碼。
- 考慮提供獎賞給受訪者,例如抽獎,做為參加問卷調查的誘因。至於額外的誘因則可以對於完成問卷調查的人,提供研究結果分享。
- 要提到所有的受訪者都是經過特別挑選的。
- 將問卷填答完成的時間限定在 15 分鐘以內。
- 設定一個參與問卷調查截止的日期。
- 在受訪者最有可能閱讀和方便回答調查的時間寄出電子郵件。這個最佳時間則視研究中受訪者的類別而定。例如,你的調查對象是老師或學生,就不要選擇

在春假，或他們在渡假的時間寄出。假如你是在深夜完成這份邀請信，建議你等到隔天再寄出（除非調查對象是失眠患者或夜班守衛）。如果計劃進行一份親子問卷，則建議在接近傍晚，當孩子會在家時寄出，而非在清晨，因為受訪孩子都在學校，而無法完成問卷。

- 要經常寄出後續的電子追蹤信函以提醒受訪者。
- 你的調查網站應該讓受訪者在有需要的時候可以中途休息，並能夠再返回網站繼續作答。
- 儘量限定一個頁面的題數，避免讓受訪者過度捲動網頁，讓他們感覺到完成問卷並非難事。
- 網站應該要以鼓勵受訪者參加調查的方式做介紹，例如，提供如何回答的簡單說明，以及容易回答的範例。

　　一個導致受訪者不回覆的棘手問題是垃圾郵件過濾機制的盛行。在電子郵件的術語中，「垃圾郵件」指的是寄給眾多收件人，大量未經要求或不想要的電子郵件。如果你寄發電子郵件邀請的方式很容易被誤判為垃圾郵件，並以垃圾郵件處理掉，將會有許多有意願的收件人，可能永遠收不到你的信函，而你也無從知道究竟有多少比例的人收到和沒收到郵件。如果有很多人沒有收到，實質上必然會降低回覆率，使你的調查偏誤比預期的多。換句話說，如果他們有看到邀請信，會在第一時間就已經回覆了，事實上他們根本沒有收到，當然無法回覆，這種類型的沒有回覆，與回覆受訪者的不同特性或觀點，是沒有關係的。

　　為了減少邀請信函被認定為「垃圾郵件」的可能性，信件標題的措辭方式應該要有別於類似垃圾郵件的手法。同樣的，不要同時加入太多的收件者，因為有些電子郵件系統會自動偵測封鎖該類郵件。相反的，你應該利用播送／電子郵件合併的方式發送信函給個別收件者。如果你將許多收件者的電子郵件地址放入「收件者」（TO）、「副本」（C.C.）或「密件副本」（BCC, blind copy）欄位，你的信函會很容易被標示為大宗郵件，而以垃圾郵件封鎖。你可以先寄測試信函給有過濾垃圾郵件功能的朋友或同事，請他們告訴你是否收到郵件。

　　以下「對以證據為基礎實務的看法的線上調查」專欄是社會工作利用線上調查的範例。它說明了部分線上調查的優點，讓調查人員在進行線上調查時，可以避免遭遇到的陷阱。

對以證據為基礎實務的看法的線上調查

《社會工作教育期刊》（*Journal of Social Work Education*）在 2005 年發出徵文要求，鼓勵學者投稿有關以證據為基礎的實務（EBP）在社會工作教育中的議題，做為是否可以發行專刊的判斷。Allen Rubin 看到之後，詢問他的博士班學生研究助理 Danielle Parrish，是否願意和他一起對這個特別的議題撰寫論文投稿。她表示同意，並且開始檢視相關的論述並發展出想法。經歷一段過程之後，他們覺察到如果能夠在計畫內加入全國性調查的佐證中有關社會工作教育學者對於 EBP 的看法，將可增加他們的研究價值。

一開始，這項調查的想法似乎並不可行，有兩個原因：(1) 專文投稿截止日期在六個月以內；(2) 他們沒有特別的經費支付如此龐大的調查。但是，進一步深思熟慮之後，Rubin 認為如果能利用線上調查，或許可行，而且 Parrish 也同意。他們估計需要一組碩士班學生的研究助理花約 30 — 40 小時的工作時間，到各大學社會工作研究所網站，下載全體教職員的電子郵件地址。他們預估這些人工費用約需 500 美元。Rubin 知道可以從他教授年度基金的結餘支付這筆小金額，沒想到很快地獲得學校特別研究經費的資助。有六位碩士研究生被僱用，而他們也能夠從社會工作教育委員會（the Council on Social Work Education）網站名單中，找到 170–181 個被認可的社會工作研究所網址，並下載全部老師（N = 3,061）的電子郵件地址。

在研究生下載電子郵件地址的同時，Rubin 和 Parrish 則設計出一項包含有 10 個題目的線上調查工具，他們估計每位受訪者老師只需約 5 分鐘即可完成問卷。問卷調查的題目被張貼在學校的網站上，而一封附有網站連結的電子郵件則被發出給每位可能的受訪者。雖然回覆調查的郵件會顯示出受訪者的電子郵件地址，網路調查可以確保參與者回覆的匿名性，且網路連結也方便使用。此外，發送給老師會員的電子郵件中也詳細說明了研究的目的、每一位參加調查收件者的重要性、受訪者在研究中的匿名性、志願性和 Rubin 的聯絡資訊。（發送 3,061 份電子郵件的時間並沒有那麼恐怖，因為它們被分割和貼到 10 個不同組的電子郵件別名，所以只有 10 個郵件要發送，每一組會自動發送給 300 位的收件者。）

但是就在發出電子郵件之後，很快出現技術上的問題。首先是 Rubin 的信箱湧入 135 封無法送達的郵件，主要原因是廢棄的郵件地址。有些人寫電子郵件告訴 Rubin，他的郵件被送到學校的垃圾郵件，似乎也減少了其他同校老師收到的機會。有些人則通知 Rubin，問卷調查的網路連結被學校的電子郵件系統從信函中剔除。還有人說沒有辦法進入調查網站。

為了面對這些技術性問題，研究人員以電子郵件和有問題的受訪者聯絡，幫助解決網站的連結。另外，再尋求學校在技術上的援助，設立一個新的大學網址，發送隨後的追蹤郵件。然而，這項技術問題阻礙許多潛在人士參與調查，他們沒有足夠的時間獲得協助進入網站，或是回覆稍後的電子郵件。

總共有三封追蹤電子郵件。最後一封是

請求受訪者完成問卷調查，或是以電郵回覆 Rubin 沒有能夠完成的原因（例如，也許他們無法進入網站），這是為了要評估回覆樣本代表性或偏誤。

所有的努力產生出 973 位受訪者，占原始名單中 3,061 電子郵件地址的 32%。由於各種技術問題緣故，無法從實際有收到郵件和可以進入調查網站的受訪者中，得知正確的回覆率。經過調整之後，Rubin 和 Parrish 在實際有收到郵件和可以進入調查網站的受訪者中，估算出有 47% 的回覆率。除此之外，根據最後追蹤信函的回覆情形，老師對於 EBP 的看法，並沒有影響到他們回覆調查的決定。

儘管遭遇到技術性無回應的問題，調查結果仍然被證明十分有價值。出乎意料地，有絕大多數的受訪者報告，他們教導學生某些介入方式，需要特別認知到是「以證據為基礎」，即使支持介入的「證據」型態在整體上的證據來源薄弱——存在於 EBP 研究體系的最底部。雖然比率這麼高，即使每一位未回覆者也沒有以不當的方式教導 EBP，

但經過調整比例的老師仍舊認為，以如此方式教導學生 EBP，還是會有問題。即使比例從 50%（樣本）掉到 20%（母群體），也表示五位的老師中會有一位認為，以如此方式教導學生 EBP，並不妥當。

基於全部潛在受訪者對線上調查的回應顯示，許多老師產生混淆，促使部分學校開會討論老師們對證據基礎實務的看法和教學方式。調查發現的反應，激起了全國專題研討會的召開，討論如何改善證據基礎實務的教學方式。

Rubin 和 Parrish 的研究調查例子說明了一項線上調查如何能在有限的時間和經費下進行，即使存在無回應的問題，還是可能有它的價值性。它也說明了一些你要進行線上調查時，必須事先設想到的技術性難題，那可能會花費超過你預料的時間。最後，它說明了無論這些技術上的困難如何，只要處理得當，線上調查還是可以像其他仰賴訪員的調查方法一般，以有限的時間和經費獲得有效的資訊。

訪問調查

訪問（interview）[4] 是蒐集調查資料的另一種方法。不同於問卷調查是由受訪者自行閱讀問題和填寫回答，訪問調查是研究者派遣訪問人員做口頭詢問，並記錄受訪者的回答。訪談特色是面對面的接觸，而即將要看到的電話訪問也遵循大致相同的準則。另外，雖然你可能會自己進行小部分的訪問調查，然而大部分訪問調查所需要的訪問人員不只一位。

4　訪問　一種資料蒐集，一方（訪問人員）遇到另一方（受訪者）詢問問題。

▶▶▶ 訪問調查人員的角色

由訪員操作問卷而非由受訪者自行填答有許多好處。首先，訪問調查的方式比郵寄問卷調查，一般能獲得更高的回覆率。一份設計和執行完善的訪問調查至少能達到 80% – 85% 的完成率。比起被丟棄的郵寄問卷，受訪者似乎比較不會拒絕一位就站在門口的訪問人員。

就問卷的內容而言，訪員的親臨對談通常能減少「不知道」和「沒有答案」這兩種回答的機率。如果減少這類型的答案對你的研究很重要，那麼就能指示訪員探查受訪者的答案，例如「如果你一定得選出一個答案，哪一個選項最接近你的感覺？」

訪員也可以對語意不清的問卷內容提供保障。如果受訪者很顯然誤解問題內容，或是顯示出他或她不瞭解問題，那麼訪員可以對問題做釐清，以求獲得適當的回覆。

最後，訪員可以在提問問題中進行觀察。例如，訪員可以注意受訪者的居家品質、現有財物狀況、說英文能力和對研究的一般反應等。

不像第八章討論一些低度結構的質性訪問法，調查訪問基本上包含封閉式問題、高度結構、標準式的訪談計畫（如圖表 8.6 所示）。目的是要讓問卷內容對每位受訪者都代表著同樣的一件事情。如此一來，不同受訪者對於問題所做的相同回覆，表示有相同的代表性。雖然這個目標不容易達成，但調查問題的設計應該儘可能接近這個理想。

訪員也必須要符合這種理想，訪員的出現不應該影響受訪者對問題或答案的認知。訪員因此應該要在問題與答案的傳達之間，扮演中立的媒介。

如果這個目標能夠成功達成，那麼不同的訪員將可以從特定受訪者得到完全相同的回覆。（回想稍早關於信度的討論。）假設我們進行一項平價住宅興建調查，用來瞭解受訪者的態度，以幫助政府資助一項開發計畫選擇地點。一位被分派至某鄰近地區的訪員，他或她透過文字或動作，傳達自身對發展平價住宅的厭惡。受訪者的答覆因此有可能會傾向同意訪員的態度，雖然這種抗拒的心理只是反映出訪員的態度，但調查結果也會因此顯示出，鄰近地區是強烈抗拒開發計畫。

▶▶▶ 調查訪問的一般指導

訪問的態度應該隨著不同的調查母群體,以及調查的內容而定。儘管如此,我們仍舊能提供適用於大部分,不是全部,訪問情況的準則。

外表和舉止

一般的規矩是,訪員打扮應該要和訪談對象的風格相近。過度華麗打扮的訪員要想獲得窮人受訪者的合作和回應,可能比較有困難。如同平凡打扮的訪員,在面對較為富有受訪者時會有的困難是一樣。

若是訪員穿著和打扮與受訪者大為相異,那麼也應該適當訴求整齊和乾淨。雖然中產階級的整齊與乾淨,可能不會被美國社會的所有階層接受,但那仍是主要的標準,而且比較可能被絕大多數的受訪者接受。

穿著和打扮在一般來說,是代表一個人的態度與定位。在這當下,穿著破爛的牛仔褲、染綠髮和刀片狀耳環,不管是否正確,都可能會傳達你是政治激進派、性關係放縱者、贊同藥物濫用等。以上的任何一種印象都可能造成回應偏誤,或影響受訪者接受訪問的意願。

至於舉止方面,訪員除了要有令人愉快的表現之外,別無其他。因為他們會窺探受訪者的私人生活和態度,因此,必須以真誠的關懷,和每位受訪者進行溝通和瞭解,而不是表現得像間諜一樣。他們的舉止必須是輕鬆和友善,卻又不能過於隨便或執著。優秀的訪員也能夠快速地判斷出哪一種類型的人最令受訪者感到舒服,和願意享受交談。這種能力有雙重目的。無疑地,如果訪員可以變成是這種類型的人,訪問將會變得更為成功。再者,因為受訪者被要求志願撥出時間和洩露私人的資料,他們應該要得到研究人員和訪員所能提供最快樂的經驗。

對問卷的熟悉

如果訪員對於問卷不熟悉,那麼將會損害研究,而且加重受訪者不公平的負擔。訪問也可能會花費多於需要的時間,通常還會使人不愉快。另外,訪員不可能只對問卷簡單讀過兩三次就能熟悉內容,訪員必須逐題仔細閱讀,並且大聲練習讀出問題。

最後,訪員必須能夠正確讀出問卷的內容給受訪者,言辭不會結巴。優秀訪

員的模式就像是演員，在戲劇或電影裡念臺詞一樣。臺詞要讀得自然地就像是一般的對話，但對話的內容必須完全依照問卷設定好的用字遣辭。

基於同樣的理由，訪員必須熟悉結合問卷所準備的說明。無可避免，某些問題無法確切符合特定的受訪者，而訪員必須視情況決定，如何對問題做詮釋。問卷說明提供訪員在發生這種情形時，應該給予適當的引導，不過訪員也必須充分瞭解說明的架構和內容，才能做有效的參考。對訪員來說，留下一個特定的問題不回答，比花上 5 分鐘說明問卷，對相關要求尋求釐清或嘗試解釋來得好。

確切遵循問題的措辭

稍早之前，我們曾經討論過，問題措辭對於回覆的重要性。一個問題在措辭上的些微改變，很可能會導致受訪者回答「是」，而非「不是」。

即使你已經非常小心使用問卷的措辭以獲得所需要的資訊，並確保受訪者會如你所預期的正確詮釋問題，但假設訪員用自己的話來改變問卷的措辭，所有的努力都將會是白費。

正確記錄回覆

無論何時只要問卷是開放式的問題，亦即那些向受訪者徵求答案的問題，訪員能確切記錄受訪者的答覆是非常重要的。他們不應該嘗試去做任何的簡述、改寫或修改文法的錯誤。

有些時候，受訪者可能因為口齒不清，使得他們的語意含糊，讓人無法理解。然而，訪員可以透過受訪者的動作或語氣去瞭解意圖。在這種情況下，確切的口頭回應還是應該被記錄下來，但訪員要在旁邊加註，以便雙方能夠瞭解回應的始末和理由。

更普遍的是，研究人員對於未經口語紀錄傳達的回覆情況，可以使用旁註來加以解釋。例如，受訪者對於答案的明顯不確定性、憤怒、困窘等。任何情況下，口語回覆的內容都應該被照實記錄下來。

探查回覆

有些時候，受訪者會無法適當回答問題。例如，問題可能出現一種表態性的陳述，要求受訪者回答強烈同意、有點同意、有點不同意，或是強烈不同意。然

而，受訪者可能會回答：「我想那應該是真的。」訪員應該繼續追問：「那麼你會說自己是強烈同意，還是有點同意呢？」如果必要的話，訪員可以向他們解釋必須選擇一個答案，或是另一個其他的選項。如果受訪者堅決拒絕選擇，那麼訪員應該要完整記錄受訪者所給予的答覆。

開放式問題在需要引導受訪者回覆時，會比較需要利用到探查回覆。但是，任何情況下，這類的探查必須完全保持中立（如同我們在第八章對質性訪問的討論）。無論如何，探查絕對不能影響到後續回應的本質。假設有關社區需要新服務的問題，一位社區居民的回覆是：「我們需要各類型的服務！」一個適當的探查問法可能會是：「你可以指出心中已經想要的服務嗎？」或者是「各**類型**（sorts），是什麼？」一個不恰當也不中立的探查法可能是「更多的日間照護服務如何？」或者是「你覺得不安全道路如何？」

任何時候，當你預料到某特定問題可能需要進一步探查以尋求適當答覆時，你應該在問卷中，該問題之後，提出一個或更多有效的探查問題。這種做法有兩個重要好處。首先，你會有更多時間想出最好、最中性的探查問題。其次，當有需要時，所有的訪員都會使用同樣的探查問題。因此，即使該探查不是百分之百中立，所有的受訪者也都要接收相同的探查問題，這跟先前討論的措辭問題有同樣的邏輯。雖然問題不應該有偏誤的情形，即使會有偏誤，也必須讓每位受訪者都能接收到相同的問題。

▶▶▶ 協調與管控

大部分的訪問調查需要多位訪員協助。當然，在大型的調查中，這些訪員是受僱且有支薪的工作。做為一位學生研究人員，你可能會僱用朋友來協助你。任何時候，當有超過一位訪員參與調查時，必須小心管控他們的工作。這種的管控有兩個層面：訓練訪員和開始工作之後的督導。

訪員訓練課程應該從研究描述、一般準則和調查程序開始，如本章稍早討論的。然後，你應該將方向轉到問卷本身，整個團隊應該一起逐題討論問卷內容。你也應該為問卷準備一份隨附的說明。說明的內容是解釋性質和清楚的回應，如何處理問卷中某些特殊困難或疑惑問題。當你在設計問卷時，要試想所有可能會發生的問題情況，異乎尋常的環境可能造成難以回答問題。調查說明應該要對這類情況提供詳細的處理指南。當你在檢視問卷中的每項問題時，要和你的訪員再

次複習問卷說明。要確定訪員充分瞭解問卷說明、問卷本身和問題背景。一旦你完成全部的問卷設計程序之後，在大家面前進行一次或兩次的示範訪問。

在示範訪問之後，將你的訪員兩人一組，讓他們互相練習。在完成問卷訪問之後，交換角色再演練一次。訪員訓練的最後階段應該包含「真實」訪問。讓你的訪員在最後真實的調查環境中，進行問卷訪問。但是，不要在你已選出的正式樣本對象中練習。每位訪員已經完成三到五份的問卷訪問之後，讓他（她）與你再次討論。仔細檢查完成的問卷，是否有誤解任何證據。再次回答個別訪員可能會提出的問題。一旦你確信訪員知道應該要如何做之後，從你為研究選出的樣本中，指派真實的訪問調查給他（她）。你應該要在整個研究過程中，持續督導訪員的工作。

如果你是研究中唯一的訪員，那麼這些意見看起來可能與你不是那麼相關，但那並非是全部的情況。例如，你會被建議要在問卷中為潛在棘手問題準備說明。否則，你就是冒險在做特別的決定，接著在稍後的研究過程中，你可能會後悔或遺忘問題的始末。此外，對於單人計畫和有大批訪員的複雜性調查訪問，在實務上強調的重點，是一樣的重要。

◉ 電話調查

多年來，專業研究人員對電話調查的觀感很差。調查的定義只限於擁有電話的人。因此，這個方法在多年前，因為將窮人排除在調查之外，而造成相當的社會階級偏誤。但是，隨著時間的進展，電話幾乎變成所有美國家庭的標準配備。美國人口普查局（U.S. Bureau of Census）（2006, p.737, Table 1117）估計，在2003 年以前，有 95.5% 的居家單位擁有電話，因此，早期的階級偏誤問題，大致上已經減少。

一個與抽樣有關的問題是未登記的電話號碼。如果調查樣本是從地方的電話簿中選出，那麼它將會遺漏全部未登記電話號碼的人──一般來說富人會要求不公開電話號碼。大體上，這種潛在性偏誤已經藉由隨機數字撥號 （random-digit dialing）技術而改善，電話號碼會是隨機選出（參見附錄 C），而非從電話簿。

想像一下，你要隨機選取一組七位數的電話號碼，即使是那些未登記的號碼，也和電話簿的號碼相同，會有被選中的機會。然而，當你開始撥打隨機選取

的號碼時，有很高比例的號碼是空號，或是政府機關、企業等的電話。幸運的是，還是有可能獲得（絕大多數）一般居民使用的號碼範圍。從這些號碼中隨機選出一組號碼，可以提供具有代表性的居民樣本。結論是，電話抽樣已經成為電話調查的標準程序。

電話調查因為有許多優點，構成它日漸普及的基礎。最大的優點也許是過程中的金錢與時間。為了進行面對面的家戶訪問，你可能需要開數英哩的車到一個受訪者家，結果發現沒人在，只好返回研究辦公室，然後隔天再開去，很可能再次撲空。電話調查是讓手指替你奔波，是比較經濟又快速的方法。

當以電話進行訪問時，可以穿著任何你喜歡的服裝，而不會影響受訪者的回答。有時候，如果受訪者不必看著訪員的眼睛，他們可能願意更真實提供比較不被一般社會接受的答案。同樣地，儘管不一定會存在這種情況，但也可能因此可以探查較為敏感的議題。（某些程度上，當人們不能看到問問題的人時，會變得比較多疑，也許擔心所謂的「調查」，結果只是要推銷雜誌和分租公寓。）然而，人們是可以透過電話做很多的交流，即使他們看不見彼此。例如，研究人員擔心訪員的名字會帶來影響（特別是研究與族群相關），也爭辯要在全部的訪問中，使用普通的「藝名」，譬如 Smith 或 Jones。（女性訪員有時候會要求這麼做，以避免在後來的訪問中，受到來自男性受訪對象的騷擾。）

如果有多位訪員參加計畫，電話調查可以讓你在資料蒐集上有更好的管控。如果全部的訪員都從研究辦公室打電話，那麼無論在任何時間，遇到任何無法避免問題時，他們馬上可以從調查負責人那裡得到說明。但若是單獨一人處在偏遠地區，訪員可能必須每週往返與負責人碰面。

電話調查方式日漸增加的另一個重要因素，則是個人安全的考量。Don Dillman（1978: 4）對此有這樣的描述：

> 在陌生人不被信任的氛圍中，訪員還必須能夠輕鬆地進行工作；在受訪者拒絕訪問時，必須能夠成功地說服對方。逐漸地，訪員必須願意在晚上工作，以聯絡許多家庭的居民。某些情況下，在一個有明確安全威脅的城市中工作，電話調查提供了保護訪員的必要性。

基於安全考量，有兩個因素阻礙了面對面訪問。首先是由於潛在受訪者懼怕

陌生的訪員，可能因此拒絕接受訪問；其次是訪員本身也可能處於危險的狀態。更糟糕的情況是，如果有任何差錯，研究人員可能會身陷鉅額的訴訟。

電話訪問還是有問題。如同我們已經提過的，這個方法被日漸增加的冒牌「調查」所妨礙，實際上那些都是喬裝成研究的推銷活動。如果你對接到的電話有任何疑慮，可以順口直接詢問訪員，你被選入是否只是參加一項調查而已，或是還包括任何的銷售「機會」。如果你有任何懷疑，可以要求取得訪員姓名、電話號碼和公司名稱，也不失為一個好方法。如果他們拒絕提供這些資料，就掛上電話。

電話調查另外一個潛在問題是，電話答錄機和來電顯示的盛行，那會使預期中的受訪者擋下不想接的電話。如果真的接聽再掛掉電話的情況，則又是另一個問題。一旦你被允許進入某人家中進行訪問，他們不太可能會在訪問中間要求你離開。電話訪問中突然掛掉電話是相當容易的，他們可以藉口這樣說，「嘩！有人在門口，我必須要離開」，或是「我的天！一群豬正在啃我的 Volvo 車！」（當你正坐在他們家的客廳時，這類事情比較難造假。）

然而，手機的日漸普遍也成為調查研究人員關切的新議題，因為手機號碼通常不會被納入電話調查中。而且使用手機者比較傾向年輕人，2004 年時他們比年長者更喜歡投票給約翰・凱利（John Kerry）。在 2008 年時，他們對歐巴馬的支持度也比一般選民為高。然而，Scott Keeter（2006）發現，有研究人員對調查結果做年齡加權，而避免這方面的偏誤。

與此有關的研究，Keeter、Dimock、Christian 和 Kennedy 等人（2008）區分使用手機和有線電話的受訪者當中，發現一項年齡與相關變項所產生的獨特偏誤（即婚姻狀況），其中最明顯的差異是年齡。近半數的手機使用者（46%），其年齡在 30 歲以下，有線電話使用者則只有 12%。年齡較輕的受訪者，只有 26% 的手機使用者為已婚，有線電話使用者則有 57%。類似的情況中，有 51% 的手機使用者從未結過婚，有線電話使用者則只有 16%（Keeter et al., 2008）。

美國民意研究協會（American Association for Public Opinion Research, AAPOR）2008 年會議中，有好幾篇論文檢視手機流行所引發的其他涵義。整體而言，多數研究人員發現，忽略僅使用手機的樣本（因其占所有電話使用者的相對比例較小），並不會對多數研究調查結果造成嚴重的偏誤。然而實際上，所有的研究人員都一致認為，這種情況在未來幾年會有所改變，手機在調查中的角

色，是社會研究人員需要持續檢視與處理的明顯趨勢。

▶▶▶ 電腦輔助電話訪問

電腦正在改變電話訪問的性質，其中一項創新技術是**電腦輔助電話訪問**（computer-assisted telephone interviewing, CATI）。這個方法經常為學術界、政府和商業調查的研究學者採用。雖然在實際應用上有些差異，以下是 CATI 大致的介紹。

想像一位訪員戴著一副電話接線員耳機，坐在電腦螢幕前面的情景。中控電腦隨機抽選一個電話號碼並且撥號（這個特色是排除未登記電話號碼的問題）。螢幕上會顯示一段介紹「哈囉，我的名字是……」，以及第一個要問的問題「你能告訴我，有多少人住在這個地址嗎？」

當受訪者接起電話，訪員打過招呼，先向受訪者介紹研究內容，並詢問螢幕所顯示的第一個問題。當受訪者回答之後，訪員將答案鍵入電腦，無論是開放式問題的逐字回應內容，或是封閉式問題的適當答案代碼，答案會立即被儲存至中控電腦。第二個問題會接著顯示在螢幕上發問，答案會再輸入至電腦中，持續這種方式的訪問。CATI 除了在資料蒐集方面有明顯的優點外，它也會自動準備分析用的資料。事實上，研究人員可以在訪問完成之前，就開始分析資料，並搶先一步知道分析的結果。

不同調查方法的比較

我們已看過許多調查資料的蒐集方法，現在讓我們直接比較它們之間的差異。

自填式問卷通常比面對面的訪問調查來得經濟與快速。對於一個沒有經費援助，想要為學期報告或論文進行調查的學生來說，這些考量很可能是重要的。此外，如果你是使用自填式郵寄問卷的方式，在相同的樣本大小之下，進行一項全國性調查的花費，不會比地方性調查來得更高。相對地，一項全國性的面對面訪問調查，卻會比地方性調查花費高很多。同時，郵件調查一般只需要少量的工作人員，一個人就能夠獨自進行一項合理樣本數的郵件調查，雖然說你不應該低估其中所需要的工作量。此外，受訪者有時候不願意在訪問中回答那些會引發爭議

或有不正常的態度行為，但卻願意去回覆匿名的自填式問卷。

　　但是訪問調查也有許多優點。譬如說，它們通常不會造成太多未完成的問卷。儘管受訪者可能會漏掉自填式問卷中的問題，但訪問者的訓練會避免這種情形。關於這一點，電腦在 CATI 的調查中會提供進一步的檢查。此外，訪問調查一般會比自填式問卷調查，更能達到較高的完成率。

　　雖然自填式問卷對於敏感問題的處理可能相當有效，但是處理複雜問題上，訪問調查法卻明顯更為有效。主要例子是家庭成員的統計，以及判斷某個特定居家地址是否包含一個以上的家庭。雖然人口普查局對於居家單位的概念，已經清楚區分與標準化，而訪員的訓練也能夠處理它，但是要在自填式問卷中做這些溝通卻是十分困難。一般來說，訪問調查的優點，比較適合所有複雜的條件式問題。

　　有了訪員，就有可能進行一項以地址或電話號碼為樣本的調查，而非以姓名為樣本的調查。訪員可以到一個被指定的地址，或是撥打指定的電話，介紹研究內容，甚至是依照指示，挑選地址中適合的人士參加調查。相對之下，寄送給「貴用戶」的自填式問卷，眾所周知就是回覆率較低。

　　最後，訪員對受訪者面對面詢問，可以從受訪者得到問題的回應之外，還可以進行重要的觀察。在家庭訪問中，他們可以注意到鄰居的特性、住家的情形等。他們也可以注意到受訪者的特性，或是與受訪者互動的品質，諸如受訪者是否有溝通上的困難、懷有敵意、看似在說謊等。

　　電話訪問優於面對面的訪問，主要是時間與金錢。電話訪問比較便宜，而且可以快速開始和執行。同時在訪問犯罪率較高地區的居民時，訪員也會比較安全。此外，我們也發現受訪者看不到訪員時，多少會受影響而降低其回應。

　　線上調查擁有許多郵寄調查的優點和缺點。然而實質上，線上調查的成本比傳統的郵寄問卷較低。例如，在郵寄調查中，單單紙張、印刷和郵資等，就是一筆可觀的開銷。它有一個重要缺點在於，線上調查受訪者難以確認是否可以代表社會工作人員所關心的一般多數母群體，尤其是窮人和老人。

　　圖表 9.2 的摘要是我們討論過，不同調查研究方法的優點和缺點。顯然地，每個調查方法都在社會研究中占有一席之地。最終你必須根據研究的需求和資源，去平衡不同調查方法的優缺點。

研究類型	優點	缺點
郵寄問卷調查	• 比訪問法便宜又快速 • 大量樣本 • 對敏感問題有匿名功能	• 比線上調查成本高又費時 • 比面對面訪問法回覆率低
線上調查	• 比較便宜 • 比較省時 • 樣本相當大量 • 自動輸入資料 • 有工具可以檢查並更正不適合的回應 • 網路盛行 • 對敏感問題有匿名功能	• 代表性（特別是窮人與老人） • 比面對面訪問回覆率低
面對面訪問調查	• 回覆率高 • 「不知道」回答情形少 • 遺漏回答少 • 有機會釐清疑惑問題 • 有機會做觀察 • 有機會做探查	• 成本較高和較費時 • 無匿名性，影響敏感性問題的回答 • 訪員人身安全問題
電話調查	• 比面對面訪問成本低和省時 • 訪員的外觀不會影響回應偏誤 • 「不知道」回答情形少 • 遺漏回答少 • 有機會釐清疑惑問題 • 有機會做探查 • 訪員人身安全有保障 • 有機會在訪問中得到督導 • 可以電腦輔助	• 沒有登記電話號碼 * • 手機號碼 * • 容易被掛電話 • 來電顯示

* 隨機數字撥號可以改善這兩個問題。

圖表 9.2　不同調查研究法的優點與缺點

調查研究的優點與缺點

如同社會科學研究的其他觀察方式，調查有其特殊的優點與缺點。在決定調查形式是否適合你的研究目標時，瞭解這些優缺點是很重要的。

當我們描述大量母群體特性時，調查方法會特別有用。一個經過慎選且具有代表性的樣本，結合標準化的問卷，可以提供對一個學生團體、城市、國家或其他大量母群體，做精練描述主張的可能性。調查方法在判定失業率、投票意向等議題上，具有驚人的準確性。雖然從檢視婚姻、出生及死亡紀錄等官方統計文件，也可以為少數議題提供相等的準確性，但是沒有其他的觀察方法可以提供這種的一般性能力。

調查方法——特別是自填式問卷的多樣性，可以促成大樣本調查的可行性。對於 2,000 人的調查並不常見。大量案例對於資料的描述與解釋分析都很重要。每當有數個變項需要同時分析時，大數量案例是絕對必要的。

因為調查方法使得大量樣本變得可行，它們的研究發現可能比實驗法更能夠得到調查結果的通則化。如同我們將在第十一章看到，社會工作中的實驗法無法獲得具有母群體代表性的大量樣本。然而，調查法卻受限於顯示因果關係能力不足，而將其通則化的優點被抵銷掉。例如，一項有關數千位老人的心情調查可以告訴我們，一般而言，有養寵物的老人是否比沒有養寵物的老人心情會更好。然而，我們無法區分是否因為擁有寵物而導致他們心情改善，還是先考慮要避免心情消沉，才是導致他們養寵物的原因。（我們將在第十一章中，檢視可以找出前因後果的問卷設計。）

調查法也讓我們能夠同時分析多個變項，因此，我們可以發現心情和寵物之間的關係，當然也可以應用於不同種族、收入水準、生活安排、依賴程度等的老年人，但我們仍然不能確定彼此之間的因果關係。藉由進行縱貫性調查，例如，長時間評估同一群老年人的心情，無論他們是否擁有寵物，我們就可以在一個比較有利的情況下，去推斷其因果關係。換句話說，雖然我們在因果關係的推斷仍然比不上實驗法，但我們可以確定老人心情的改變是在擁有寵物之前或之後。儘管調查法在因果關係的推斷有其不確定性，但它在母群體與自然環境中次級團體的研究發現，可以對整體研究結果高度通則化，也是實驗法無法達到的優點。

就某種意義層面而言，調查方法是有彈性的。許多問題是針對某個特定議題，也給你相當多的彈性空間做分析。實驗法的設計可能要求你在觀念上，先設定一個特殊的操作性定義，然而調查法則是讓你從實際的觀察中，發展出操作性定義。

最後，標準化問卷在測量上有重要的優點。前面章節已經討論過許多概念有

含糊不清的特性，一個人的心靈可能會和另外的人相當不同。雖然，你必須能夠對最符合研究目標的某些概念做出定義，你可能會發現，要把相同的定義加到所有參與研究成員身上，也不是容易的。調查研究人員被要求遵守這項約束，必須正確地詢問所有受訪者完全相同的問題，並且將相同的意向傳輸給所有提供特定回應的受訪者。

不過調查研究法也有缺點。首先是剛剛提到的標準化要求，似乎時常會導致不相稱的情形。標準化問卷在評估人們的態度、傾向、狀況與經歷時，通常都是最一般性的題目。由於問卷的設計為求適合所有的受訪者，因此，可能錯失許多最適合問題的受訪者。就這層意義來說，對複雜議題的適用範圍而言，調查就經常顯得粗略。雖然這個問題可以透過一些分析勉強抵銷部分，它卻是研究調查本身固有的問題。

同樣的，調查研究法很少考慮社會生活背景。雖然問卷可以提供這個部分的資料，但是受訪者對總體生活情況的想法和行動，調查研究人員卻不太能夠為他們發展這些情境的感覺，但是參與觀察法則可以做到此點（見第十四章）。

雖然調查研究法在前述觀念上具有彈性，但在其他方面卻不是如此。直接觀察法可以根據現場的情形做修正，但是一般調查研究法的要求，卻是在整個研究過程中，要保持最初的研究設計不變。例如，在質性研究，你可以覺察到一個重要的新變項正在運作，然後開始小心觀察。但調查研究人員很可能不會覺察新變項的重要性，並且在任何情況下都不做處理。

最後，調查研究法很容易受到人為的影響。發現一個人對問卷回答保守的答案，不一定表示那個人就是保守的；發現一個人對問卷回答有成見的答案，不一定表示那個人就是懷有偏見的，這個缺點在行動領域中特別明顯。調查不能測量社會行動，它們只能蒐集人們的自陳報告，說明過去的行動、預期或假設的行為。這問題有兩個觀點，首先是研究的議題可能無法透過問卷來測量；其次是研究的行為也可能會造成影響，即使只是一個態度。一個接受調查的受訪者，對於州長是否應該被彈劾可能沒有什麼想法，直到他或她被一位訪問人員詢問這個問題，這時候才對這件事情產生想法。

一般來說，調查研究法的信度很高，因為將所有事項以標準化措辭呈現。研究調查需要一段時間，以去除研究人員在觀察中所造成沒有信度的情形。此外，對於問題的謹慎措辭，也可以明顯減少調查本身的沒有信度。

結合調查研究方法與質性研究方法

　　如同所有的觀察方法一樣，能夠充分瞭解調查研究法先天或可能的弱點，是可以解決部分問題。最後，當你可以使用不同的研究方法去研究一個特定議題時，你一定是立基於最安全的理由。

　　藉由質性與調查研究法的結合，當我們在彌補它的表面化、遺漏社會背景、缺乏彈性、人為化和有問題效度等缺點的時候，我們可以從調查研究法的優勢中獲益。Mark Rank（1992）進行了一項質性與量化方法混合的研究，並說明將其運用在研究福利受助者對生育子女態度議題的好處。

　　Rank 對於增加生育給付的福利方案是否能鼓勵婦女生育的爭論感到興趣。他到不同的社福機構和社福接受者居住的鄰居中，以質性訪問開始進行研究。他觀察和談過話的人當中，婦女願意生育較多的子女，只是為了增加生育給付補助，他並不認同這種陳腔濫調的說法。相反地，他相信大部分受助婦女都希望脫離社福補助的生活，並不想要有更多的孩子。

　　這樣的看法正確嗎？為了找出答案，Rank 蒐集威斯康辛州（Rank 所居住的州）衛生和社會服務部（Department of Health and Social Services）及美國人口普查局的調查資料進行次級分析。（我們將在第十五章討論次級資料分析。）他的量化分析支持了他在質性調查的初步發現，接受社福救助婦女，「事實上比一般婦女的生育率低」（1992, p. 289）。

　　Rank 接著對此有所懷疑，然而支持他這項引人注目發現的原因是什麼。為了找出答案，他和助理進行了一項以 50 個福利救助家庭為研究對象的深度質性訪問。他們訪問的未懷孕婦女中，沒有一個在近期內有再生育的打算，她們一致指出財務和社會壓力都不支持擁有更多的孩子。事實上，她們全部都表達能夠脫離這類福利救助生活的期望，而且也坦誠說明多生小孩的補助給付，將遠不及事後在經濟、社會和心理上成本的增加。Rank 因此推斷，他的量化與質性研究資料相互補強，並且提高研究發現的效度，進而挑戰保守派主義分析者的假設，亦即增加福利給付會鼓勵受助婦女提高生育率的假設。

調查在需求評估中的應用

做為專業社會工作人員的早期階段，你可能會被分配去評估一項計畫，機構想為目標母群體提供新服務以滿足其需求的可能構想。例如，你可能要評估計畫對問題企圖改善的程度與內容，以及目標母群體的特性、問題、需求與渴望。這些資訊會被用來引導計畫的制定與發展，例如提供什麼樣的服務、如何利用目標次團體擴大服務效用、服務地點的設置等。

研究需求的過程被稱之為需求評估。**需求評估**（needs assessment）[5]一詞意指，為制定計畫而蒐集資料所運用的各種研究技術。進行這類需求評估所運用的特定技術，通常被區分成五種類型：(1)關鍵訊息提供者取向；(2)社區論壇取向；(3)接受處遇比例取向；(4)社會指標取向；(5)社區調查取向，以下讓我們逐一討論。

▶▶▶ 關鍵訊息提供者

關鍵訊息提供者是指，被認為對目標母群體的問題、需求以及服務落差有特殊瞭解的人，利用問卷或訪問調查獲取他們的專業意見。這類被挑選參與調查的**關鍵訊息提供者**（key informants）[6]，可以包括團體或組織的領導人，他們與目標母群體有密切的接觸，並且對於母群體的問題有特別的見解。關鍵訊息提供者也可能包括工作上與目標母群體有密切關係的社會工作實務人員。

例如，評估街友需求時，關鍵訊息提供者可能包括公共庇護所或膳食供應所的專業人員；為地方機構規劃街友工作的兼職研究人員；居住在街友容易聚集地點的社區領導人；為社區心理衛生計畫工作的管理人員和專案經理人；倡導立法以協助處理街友問題的政府官員；代表窮人、街友或心理疾病者的市民促進團體領導人；以及曾經處理過這類問題的執法人員。

關鍵訊息提供者取向的主要優點是可以快速、容易和低成本取得樣本，並進行調查。同時，調查中還可以提供一些額外福利，例如，與關心街友問題的主要

5　需求評估　一種系統性的研究，為方案計畫目標母群體的需求問題做診斷。

6　關鍵訊息提供者　一種需求評估取向，對目標母群體的問題、需求以及服務落差有特殊認知的人，獲取他們的專業意見。

社區資源建立關係，以及給予需求評估機構一些社會能見度。然而，這方法的主要缺點則是資料並非直接來自目標母群體，資料的品質是建立在是否具有知識的客觀性與深度。

為了說明這個缺點，可以參考下列有關街友評估問題可能遇到的陷阱。也許與公共庇護聯繫的關鍵訊息提供者，並沒有覺察到街友拒絕使用庇護所的原因及其個人問題。也許為窮人倡導立法的擁護者，很可能低估有心理疾病街友的相關需求，因為他們認為街友的主要問題是經濟因素，而不願意從其他層面去思考，人們會成為街友可能因為性格上的缺陷或是個人的選擇。也許心理衛生官員的態度有偏頗，將街友流浪街頭的原因誇大為心理疾病，或者低估街友心理疾病的問題，因為可能對他們制定心理衛生政策有負面的影響。也許街友聚集地點的社區領導人態度會有偏頗，認為街友服務的需求，就是要街友離開他們的社區。

▶▶▶ 社區論壇

社區論壇（community forum）[7]取向是藉由集會的舉行，讓社區相關成員對於他們的需求可以自由互動並表達其觀點。這個取向提供一些非科學性的優點，包括為贊助機構建立支持度與能見度的可行性；營造讓人們深入思考問題的氣氛；依他人的觀點考量可能的疏忽。然而，從科學立場來看，這個方法是有風險的。

參加集會的人，可能不足以代表最懂得目標母群體需求和沒有偏頗態度的人。那些既得利益者或有特殊居心的人，卻可能有過度的代表性。在這類型集會中表達的觀點是公開性的，因此，強大的社會壓力可能抑制某些人的發言或表達少數人的觀點。按照這些問題看來，與其舉行開放式的集會，倒不如為不同的或預先選定的同質性團體，分別舉行一系列不公開的集會，可能會是明智之舉。

▶▶▶ 接受處遇比例

接受處遇比例（rates under treatment）[8]取向，是根據已經接受服務案主的數

7　社區論壇　一種需求評估取向，藉由集會的舉行，讓社區相關成員對於他們的需求可以自由互動並表達其觀點。

8　接受處遇比例　一種需求評估取向，利用現有的統計資料進行二次分析，根據已經接受服務案主的數量與特性，估計服務的需求及潛在案主的特性。

量與特性，估計服務的需求及潛在案主的特性。當一個已經檢視過接受處遇比例的社區，與討論中尚未實施處遇目標社區有相似性時，這個方法最有意義。假設兩個社區真的可以相互比擬，那麼對於尚未提供處遇服務社區的目標母群體大小和特性，將與已接受處遇社區類似。

接受處遇比例取向的主要優點在於相對快速、容易進行、花費低和不誇張。其主要缺點是只評估目標母群體中已接受處遇的部分，對於有需求卻未能利用處遇服務的人，反而會低估了他們的需求。另一項缺點則是，現行資料有潛在沒有信度或偏誤的可能性。例如，對照社區中的許多機構，保存精確資料紀錄可能不是他們最優先的考量，特別在忙於服務之餘，沒有太多時間來應付。此外，機構也可能誇大案主的數量、服務的需求、贊助經費的來源或其他應負責的對象，以美化機構的服務成績。

▶▶▶ 社會指標

另外一種需求評估，是運用現有的統計資料，稱之為**社會指標**（social indicators）[9] 取向。這個取向不只是去觀察處遇的統計資料，也檢視能夠反映整個母群體情況的總體統計資料。例如，嬰兒死亡率（出生第一年內死亡之嬰兒數量）可以做為一個特定社區有產前服務需求的指標。這個比率也可用來檢視，以確認社區對產前服務的最大需求。同樣地，一個社區中兒童受虐的比率，也可以做為社區中新發展兒童虐待防治計畫需求的指標。學校的中輟生比率則可以顯示，學區僱用學校社會工作人員的需求。利用社會指標是既快速而且花費又低廉的方法，但是它的優點必須與現有特定資料庫的潛在信度問題相權衡。同時，這個方法的效用取決於對現行指標的假設，能夠精確反映未來的服務型態。

▶▶▶ 社區或目標團體調查

最能直接評估目標團體的特徵、問題感受和需求的方式是針對目標團體的成員進行調查，通常包括母群體中的樣本調查。就像大部分的調查方法一樣，主要的問題還是樣本是否足以代表母群體。有關如何極大化樣本的技巧，以加強其對

9　社會指標　另外一種需求評估，利用現有的統計資料去反映整體母群體的情況。

母群體的代表性，將於下章討論。

資料蒐集的方法可以利用高結構性的量化問卷，或是低結構性的質性訪談，是依目標團體的本質以及它已知或未知的可能需求而定。直接調查取向的優點和缺點與一般的調查相似。評估者應該特別留意與低回覆率、社會期望和順從反應等有關的潛在性偏誤。例如，假設調查是以郵寄問卷方式進行，那些願意回覆的人，不能夠被假設可以代表未回覆的人。很有可能是回覆者比未回覆者，對計畫感覺有較大的需求，但在其他方面可能是不同的。假設問題僅是以普通的措辭敘述，是否需要有某些特別的服務，受訪者可能已經先入為主的回答同意。假如一項新的服務計畫並未提及成本，或受訪者是否會真的使用，為什麼不同意它呢？但若受訪者同意似乎是一項不錯的計畫，再詢問他們是否覺得服務成本合理，或是否打算使用它時，他們的回覆可能會是負面的。

因此，對於這種方法的優點，直接和預期中的服務對象如何認定他們的方案需求和運用，必須權衡測量或回覆率的潛在性偏誤。當然，你在本書中已經學習和即將學習有關抽樣、測量與調查，可以讓你設計一項充分降低偏誤的需求評估調查。但要這麼做可能會耗時而且高成本，由於可行性的限制，也許你反而需要使用前述四種需求評估取向當中的一種或一種以上。

就像一般的研究方法，五種需求評估取向的任何一種都各自有其優點和缺點。理想上，我們應該結合兩種或以上的需求評估取向，才能夠對需求和預期的服務運用有更為完整的瞭解。

重點整理

- 調查研究是一種受歡迎的社會研究方法，它對母群體中選擇出的受訪者樣本施行問卷調查。

- 調查研究特別適合在大量母群體的描述性研究，調查資料也可以用於解釋性的目的。

- 問卷可以用三種不同的施行方法：(1)由受訪者自行完成的自填式問卷；(2)

訪員可以施行面對面的問卷調查，向受訪者讀出問項，然後記錄答案；和 (3) 訪員可以進行電話調查。

- 要計劃寄送追蹤郵件給沒有在初次問卷邀請時回覆的自填式問卷受訪者。

- 線上調查有許多郵寄調查的優點和缺點。然而實質上，線上調查的成

本比傳統的郵寄調查低。例如，在郵寄調查中，單單紙張、印刷和郵資等，就是一筆可觀的開銷。它有一個重要缺點，線上調查受訪者難以確認是否可以代表社會工作人員關心的一般多數母群體，尤其是窮人和老人。

- 一個導致受訪者不回覆的棘手問題是垃圾郵件過濾機制的盛行。因此，當你在進行線上調查時，對於電子郵件邀請的建構方式，要避免可能被誤判為垃圾郵件，這是非常重要的。

- 訪員的必要特性是保持中立，在資料蒐集過程中，一定不能影響問卷的回覆。

- 訪員必須經過嚴謹的訓練熟悉問卷，確實遵照問題措辭與順序，並確切依照得到的回覆詳實記錄。

- 探查是一種中立和沒有方向性的問題設計。在訪問中對開放式問題的回覆、不完整或語意不清時，用來導引受訪者做更清楚的說明。例如，「還有嗎？」「這是為什麼？」「怎麼說？」。

- 自填式問卷優於訪問調查的特點是經濟、速度、沒有訪問者偏誤、具有匿名與隱私性，可以鼓勵受訪者對敏感問題的回覆。

- 透過電話進行的調查，在最近幾年已變得更為常見及有效，而電腦輔助電話訪問（CATI）的技巧尤其是大有可為。

- 訪問調查優於自填式問卷的特點在於較少產生不完整問卷、對問題的誤解較少、通常有較高的回覆率，以及對於抽樣和特殊觀察有較高的彈性。

- 一般來說，調查研究法的優點是經濟、可以蒐集到大量資料。至於資料蒐集的標準化是調查研究法的另一項特殊優點。

- 調查研究法的缺點則是或多或少的人為化，及可能的表面性。對於在其自然環境中充分顯露社會過程來說，這是不好的。

- 五種需求評估取向是：(1) 關鍵資訊提供者的調查；(2) 舉行一個社區論壇；(3) 檢視接受處遇的比例；(4) 分析社會指標；以及 (5) 對社區和目標團體進行直接調查。每項取向都不完美，但都有其獨特的優點和缺點。理想上，一個需求評估會結合一種以上的取向。

實作練習

1. 在以下各個情節中，你會選擇用哪一種調查方法（郵寄、線上、面對面訪問或電話訪問）來施行一份結構化的問卷？說明你選擇的原因，並確認任何增加的資訊，讓它從上述 4 個選項中容易做出選擇。

   (1) 接受精神失調處遇兒童父母的全國性調查。這些父母是全國精神疾病協會的成員。調查的目的是為了評估心理衛生專家與父母的關係，以及父母對於提供給他們孩子服務的滿意度。

   (2) 治療精神失調兒童，領有心理衛生專業證照人員的全國性調查。調查的目的是為了評估心理衛生專家對童年精神病成因，以及與父母親合作的看法。

   (3) 對你學校的社會工作系學生進行調查，評估他們對童年精神病成因，以及與接受處遇兒童父母合作的看法。

2. 如果你打算對上述情境進行郵寄調查，你會如何做以尋求增加回覆率？如果你是採用線上調查，還有哪些做法可以增加回覆率？

3. 找出一個正在網站上進行的調查。簡單描述該調查，並討論其優點和缺點。

4. 現在看看你自己的外貌。假設你正在訪談一項公共議題，你的外貌有哪些地方可能會引起問題。

5. 考量一個在你的社區中，目前受到很多媒體關注的社會問題。設計一項與該問題有關的需求評估調查，或是你已經想到可以減緩問題的特定服務。假設資料蒐集預算是 5,000 美元，期限是六個月內要完成設計與評估。

6. 準備一份郵寄調查的說明信，給在你的學院或大學主修社會工作的學生，內容是詢問他們對你所選擇議題的態度。嘗試建構一份可以鼓勵學生回應調查的說明信。

7. 準備幾個與第 6 項練習有關態度調查的開放式問題。三到四個學生一組，並輪流互相訪問你所準備好的問題。訪問中使用中立探查，當沒有輪到你訪問或被訪問時，對你組裡其他學生的訪問實施觀察和評論，每次訪問後進行討論。在這項練習中，將重點擺在如何妥善運用中立探查。

網路練習

1. 在社會工作期刊（譬如 *Social Work* 或是 *Health and Social Work*）中找出一項調查研究。指出研究中使用調查方法的優缺點。

2. 到以下有關線上調查方法論的網站：http://www.websm.org/。簡單描述在網站上找到的訊息，對於你在社會工作研究中使用線上調查時，獲得具有代表性受訪者樣本的可能性，是更樂觀或有疑慮。

3. 到蓋洛普公司的網站：www.gallup.com/poll/faqs.aspx，對於本章的論述可以在 "How does Gallup polling work?" 之下，連結找到一個名為 "How Polls Are Conducted" 的 6 頁文件。簡單描述你的學習心得，對於蓋洛普調查方法論是否可以產生精確、具有代表性的研究發現，你的想法如何。

提醒事項

EP 2.1.6b：善用研究證據推行實務：能夠瞭解本章的諸多觀念，將有助於社會工作人員區分兩類型的調查，調查所獲得的證據可以引導他們進行實務，還是調查所獲得的證據有太多缺點無法引導實務。

EP 2.1.10d：蒐集、整理和解讀案主的資料：瞭解本章的諸多觀念，將有助於社會工作人員在蒐集案主資料時

（例如，案主的需求評估調查或案主的滿意度調查），可以增加資料的品質和效用。

EP 2.1.10m：批判性分析、監測及評估介入方法：社會工作人員必須瞭解本章的全部概念，才能夠以勝任的態度，運用調查方法，讓方案或介入達到監測或評估的目的。

第 10 章

抽樣：量化與質性研究的取向

EP 2.1.6b
EP 2.1.10d
EP2.1.10m

前言

第九章我們觀察到影響調查價值的最重要標準是受訪者的代表性。他們是否能夠正確反映大型母群體的特性？我們也暗示過，對於調查對象在母群體的代表性，可以利用抽樣方法來增加其可能性。那些抽樣方法將是本章的重點。

量化研究中，抽樣所處理的是通則化。就如我們都會明白的，我們有可能選擇少量的人們或事物去做觀察，然後將所觀察到的結果應用到更大人口群或事物上。本章的第一部分將著重於量化的抽樣方法，後面則會檢視更有彈性的質性抽樣方法。

量化抽樣方法

研究人員從母群體的一小部分，可以正確推斷出整個母群體特性的關鍵，那就是**機率抽樣**（probability sampling）[1] 技術的運用，其中包含**隨機抽樣**（random sampling）[2] 方法。隨機抽樣是一個無偏誤、精確、而且科學化的程序，用來選擇研究的受訪對象，這其中並沒有偶然的因素。抽樣的技術允許我們能夠決定或控制特殊個體被選擇加入研究的可能性。最簡單的例子是在兩人之間擲硬幣做選擇，每個人都一樣有百分之五十被選中的機率。更複雜的技術可以確保在母群體

1　**機率抽樣**　利用隨機的方法抽選樣本，可以允許我們估計研究中預期抽樣誤差的程度，決定或控制母群體中的特殊個體，被選擇加入研究的可能性。

2　**隨機抽樣**　一個無偏誤、精確、而且科學化的程序，用來選擇研究的樣本元素。從母群體中選出一定數量的樣本時，保證各元素被選取機率都是相等的。

中選出一定數量的樣本時,其受選的機率都相等。

從政治的民意調查沿革,可以說明研究人員如何運用無偏誤的抽樣程序,根據從小型樣本中所蒐集到的資料,精確地推論大型母群體的意向。例如,圖表10.1的調查報告就是在總統大選前幾天所做的民意調查。儘管存在有部分的變異,但整體報告顯示出驚人的一致性,漂亮的與選舉結果吻合。

你認為這些民意調查機構訪查對象的數量究竟有多少,才能在超過一億三千一百萬的選舉人口中,產生這些預測的百分比呢?答案通常是低於兩千。

雖然機率抽樣有其精確性,但並非任何時候都可以利用機率抽樣的技術。因此,社會工作研究時常使用**非機率抽樣法**(nonprobability sampling)。所以,在我們檢視過機率抽樣法之後,也會觀察各種的非機率抽樣法,包括質性研究中所採用的方法。雖然它們並非建立在隨機選取的基礎上,但這些方法都有自己的邏輯,並且可以提供有效的樣本給社會工作研究之用。我們將會檢視這類方法的優缺點,並觀察他們適合那些社會工作研究事業。我們現在就以檢視一些民意調查報告做為開始,說明利用非機率抽樣法的一些風險。

▶▶▶ 艾爾弗‧蘭登總統(Alf Landon)

《文學文摘》(*Literary Digest*)是一本 1890 至 1938 年間在美國普遍發行的新聞雜誌,它在 1936 年為了嘗試預測總統大選結果,進行一項民意調查。一千萬張的選票被送給在電話簿和汽車註冊登記的用戶,也有超過兩百萬名的選民做了回覆。民意調查的結果,共和黨的艾爾弗‧蘭登以 57% 對 43% 的選票,壓倒性地勝過在職的富蘭克林‧羅斯福總統。兩週以後,正式的總統大選中,選民以歷史上最大壓倒性的 61% 投票率,給予羅斯福總統第二個白宮任期。

為何《文學文摘》的預測會出現如此錯誤?其中部分問題在於僅有 22% 的回覆率;另一個原因則是其抽樣結構:電話及汽車用戶。這類型的抽樣設計是沒有符合比例原則的只選擇富人樣本,特別是當時美國正處於歷史上最嚴重的經濟蕭條時期。取樣中排除了窮人,而他們壓倒性投給了羅斯福總統的新經濟政策。

▶▶▶ 托馬斯 E. 杜威總統(Thomas E. Dewey)

1936 年的選舉也看到一位年輕民意調查者的崛起,他的名字後來演變成民

調查機構	調查截止日	歐巴馬	麥侃
FOX	Nov 2	54	46
NBC/WSJ	Nov 2	54	46
Marist College	Nov 2	55	45
Harris interactive	Nov 3	54	46
Reuters / C-SPAN/Zogby	Nov 3	56	44
ARG	Nov 3	54	46
Rasmussen	Nov 3	53	47
IBD/TIPP	Nov 3	54	46
DailyKos.com/ Research 2000	Nov 3	53	47
GWU	Nov 3	53	47
Marist College	Nov 3	55	45
Actual vote	Nov 4	54	46

資料來源：

民意調查資料取材自：Pollster.com (http://www.pollster,com.polls/us/08-us-pres-ge-mvo.php), January 29, 2009. 官方選舉結果資料取材自同日：Federal Election Commission (http://www.fec.gov/pubrec/fe2008/2008presgeresults.pdf)。基於簡單化的原因，本表不包括官方報告中的未決定選民和得票率低於一定百分比的第三黨派候選人，我們已經根據歐巴馬和麥侃的得票率，分配未決定選民和第三黨派候選人的得票。

圖表 10.1　2008 年美國總統大選前夕民意調查報告

意調查的代表字。喬治・蓋洛普（George Gallup）的調查結果與《文學文摘》不同，他預測羅斯福會擊敗蘭登。蓋洛普在 1936 年的成功取決於他懂得利用配額抽樣法，我們將在本章稍後說明。現在你只要知道**配額抽樣法**（quota sampling）[3]的基礎是要懂得取樣母群體的特性，有一定比例的男女性別、不同的收入、年齡等。人們被選定去符合母群體的特性，適當數量的窮人、白人、鄉下男人、富人、黑人、都市婦女等，配額是依據與研究最有關係的變項而訂定的。在獲得全國各收入層級的人口數之後，蓋洛普選擇樣本時，會確認各收入層級都有正確比例的受訪者。

3　**配額抽樣法**　一種非機率抽樣法，選取樣本的基礎是依據特定的人口特性，抽出的假設樣本，與研究母群體會有相同的代表性。

蓋洛普和他的美國民意研究所，利用配額抽樣法在 1936、1940 和 1944 年的選舉中，有效地預測出正確的總統當選人。然後在 1948 年的總統大選中，蓋洛普和大部分的政治民意調查者，卻因為錯誤預測紐約州州長托馬斯 · 杜威（Thomas Dewey）將會擊敗當時現任的哈利 · 杜魯門總統（President Harry Truman），而苦不堪言。這些民意調查者的錯誤一直持續到選舉之夜。一位著名攝影師拍下了一刻，意氣風發的杜魯門高舉著頭條寫著「杜威擊敗杜魯門」的報紙，而他的支持者則是高喊「讓他們下地獄，哈利！」。

許多因素說明了民意調查者 1948 年失敗的原因。首先，大部分的政治性民意調查者在十月初就停止了調查，儘管當時杜魯門的競選聲勢還在穩定的成長。此外，許多競選時的未決定選民，在投票時卻不成比例地投給了杜魯門。然而，與我們現在最相關的是，蓋洛普的失敗是因為他的樣本缺乏代表性。

早期幾年配額抽樣法是有效用，而此也是蓋洛普在 1948 年失敗的原因。這項技術需要研究人員懂得全部的母群體（此處是指選民結構），在全國性的政治民意調查中，這類資訊主要來自人口普查資料。但是到了 1948 年，世界大戰使得鄉村到城市產生了大規模遷徙，完全改變了 1940 年全美國人口普查所敘述的母群體特性，那也是蓋洛普運用的資料。此外，城市居民比較傾向於投給民主黨，因此，鄉村選民的過度代表性也低估了民主黨的選票。

▶▶▶ 約翰 · 凱利總統

2004 年的總統選舉，機率抽樣技術的價值被重視了。選舉前夕大部分的民意調查都預測喬治 · 布希（George Bush）會以極小的差距擊敗約翰 · 凱利（John Kerry）。但是選舉日當天，許多新聞媒體和政治團體，為企圖搶得選舉結果的獨家新聞，而進行出口民調，即在投票人離開投票所時，詢問他們投票給誰。出口民調並沒有使用精確的機率抽樣。相反的，他們傾向於訪問那些剛好是就近，並且願意（可能是急切）透露投票對象的選民。結果顯示，凱利的選民比布希的選民更願意參與出口民調。在得知出口民調結果後，真正選舉結果出來之前，各個保守電視台專家一整天都很憂鬱，因為他們預測凱利將會因此當選，並且懷疑布希陣營究竟犯了什麼錯誤。同樣的，許多凱利的支持者看起來則是朝氣蓬勃，但是當真正的投票結果出來之後，情況顯示在幾個原本出口民調預測凱利會獲勝的關鍵州，布希取得領先，他們的心情轉變了。

由於稍早的民意調查顯示杜威領先杜魯門，《芝加哥論壇報》（*Chicago Tribune*）為競先取得獨家新聞，而刊登了不幸的錯誤頭條。

機率抽樣

假設母群體的所有成員，在各方面都具有相同的性質——人口統計特性、態度、經驗和行為等，我們就不需要小心抽樣的程序，任何的樣本都會符合需求。事實上，在這種極端的同質性案例中，一個案例就足以做為整個研究母群體的樣本。

當然，形成任何實際母群體的人們都存在有相當的異質性，各自的變化差異很大。圖表 10.2 顯示出一個簡化的異質性母群體，在一百個成員中，以性別和種族做區分。本章我們將使用這個假設性的小型母群體，去說明抽樣方法的各種特性。

▶▶▶ 有意識與無意識的抽樣偏誤

乍看之下，抽樣好像是一個相當直接的事。例如，要選出一百名大學學生的

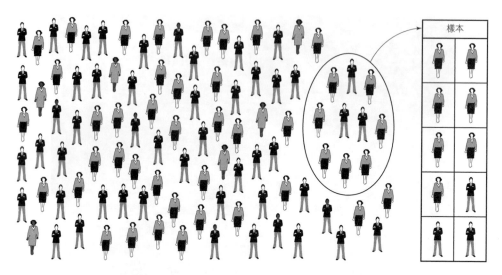

圖表 10.2　比較方便的抽樣：容易但是沒有代表性

樣本，你可能會直接走進校園，然後在校園中走訪最先看到的前一百名學生。這種抽樣方法，時常被未經過訓練的研究人員使用，但是它卻有很嚴重的問題。

圖表 10.2 顯示，當你只是為了簡單選出方便研究對象時，可能會發生的問題。雖然小型母群體中，女性只占 50%，但研究者抽出樣本中（右上角），女性卻占 70%；而且，母群體包含有 12% 的非裔美國人，被選中的樣本中卻沒有任何一個非裔美國人。

這種只求方便選出研究樣本，必然會有風險之外，我們還發現其他潛在的問題。首先，這類選擇樣本的方法，可能會受到個人嗜好或偏差的影響，因此，樣本不能真正代表全體學生。假設你被看起來特別酷的學生所脅迫，感覺到他們可能會嘲笑你的研究，那麼你可能會有意識或無意識的避免去訪談這樣的學生。或是，你對那些有超直頭髮造型的學生，會感覺到與你的研究目的無關，因此也避免去訪談他們。

即使你有意識想去訪談每隔十名進入圖書館的學生，你還是無法確定能否獲得代表性的樣本，因為不同類型學生去圖書館有不同的頻率，你的樣本會過於傾向時常去圖書館的學生。

當我們討論與抽樣相關的「偏誤」（bias）時，只是意味那些樣本並不是大

型母群體的「典型」或「代表性」。當人們憑藉直覺來選取樣本時，實際上這種偏誤是無法避免的。

　　類似的情況也會在廣播電臺、電視臺或報紙出現，例如要求人們打專線電話，或使用網路提出意見進行民意調查，這也不能代表一般大眾的意見。至少，不是母群體的每個人都懂得民意調查或使用網路。雜誌和報紙藉由提供兌換券給讀者，做為完成並回覆調查的獎賞，這也是無效的民意調查。即使是讀者或觀眾懂得這樣的民意調查，也並非所有的人都願意表示意見，特別是要花費郵票、信封或電話。這種不經意發生抽樣偏誤的可能性是無止盡的，而且也不一定明顯。幸運的是，機率抽樣的技術可以讓我們避開偏誤。

▶▶▶ 代表性和機率的選擇

　　雖然**代表性**（representativeness）這個名詞沒有精確、科學性的定義，但它的常識性意義，在我們討論抽樣時會是個有用的概念。我們之所以使用這個名詞的原因是，假設一個樣本的集結特性幾乎近似於母群體的集結特性，則樣本就具有代表性。例如，假設母群體有 50% 的女性，那麼一個具有代表性的樣本也會包含「接近」50% 的女性。

　　機率取樣的基本原則是假設母群體的所有成員，都有相同的機率被選為樣本，則選出的樣本即可代表其母群體。機率抽樣有兩項特別的優點。

　　第一，機率抽樣即使無法具有完全的代表性，但因為可以排除選擇性的偏誤，所以還是比其他樣本更具有代表性。第二，機率理論允許我們估計樣本的準確性或代表性。可以想像得到，一位未經訓練的研究人員，也可能會透過隨意的方法，而抽選出幾乎能完全代表更大母群體的樣本。然而，可能不利情況是，我們無法估計他或她是否可以代表母群體的可能性。但是，由另一角度來看，機率抽樣至少可以提供成功或失敗的準確估計。

　　機率抽樣是依靠著隨機選擇的程序。為發展這個概念，我們需要更詳盡解釋兩個重要的名詞：**元素**與**母群體**。

　　元素（element）[4]是蒐集資訊的單位。在調查研究中，元素指的是典型的人或特殊類型的人。然而，其他類型的單位也可以是社會工作研究的元素，例如家

4　元素　蒐集資訊的樣本單位。

庭、社會團體或公司，都可能是研究的元素。

直到目前，我們已經使用母群體這個名詞來表示有興趣要做推論的群體或集合體。更正式的說法，**母群體**（population）[5] 是理論上研究元素的特定集合體。**研究的母群體**（study population）[6] 則是實際用來選取樣本的元素集合體。但在實務上，你很少能夠確保每一個符合理論定義的元素，都有被選為樣本的機會。即使將抽樣用的元素列表，也通常是不完整的。例如學生名冊經常不小心遺漏掉部分學生的名字，某些電話用戶要求不登錄名字和電話號碼。因此，研究的母群體是被選取樣本的元素集合體。

如前述例子，研究人員經常決定要更為嚴格限制的研究母群體。全國性的民意調查機構，為了實際上的考量，也許會將樣本限定在美國本土的 48 個州，而刪去阿拉斯加和夏威夷。一個想要從社會工作實務人員中抽樣的研究人員，可能會將研究母群體限定在美國社會工作專業人員協會（the National Association of Social Workers）或特定州擁有社工師執照的成員。

▶▶▶ 隨機選擇

得到這些定義之後，我們可以定義機率抽樣的最終目標：從一個母群體中選擇出一組的元素，這些元素可以正確描述其所出自的母群體。機率抽樣可以加強達成此項目標的可能性，並且提供方法去估計機率的可能成功率。

隨機選擇是這個過程的關鍵。在**隨機選擇**（random selection）[7] 的過程中，每一個元素都有相同的選取機率，不受選取過程中其他事件的影響。擲硬幣是最常被引證的例子：假設該硬幣是完美的（也就是在擲出正面或反面時，不會出現偏誤），每次「選擇」正面或反面，和之前的選擇都是互為獨立事件。無論連續出現多少次的正面朝上，下次投擲出現正面的機率還是 50/50。

社會工作研究人員通常會使用隨機選擇抽樣單位的亂數表或電腦程式。**抽樣單位**（sampling unit）[8] 指的是在某抽樣階段中，被考慮的一個或一組元素。

5　**母群體**　理論上研究元素的特定集合體。

6　**研究的母群體**　實際用來選取樣本的元素集合體。

7　**隨機選擇**　一種抽樣方法，每一個元素在過程中都有相同的選取機率，不受其他事件影響。

8　**抽樣單位**　在某個抽樣階段中，被考慮的一個或一組元素。

使用隨機選擇方法的理由有兩個。首先，可以檢驗研究人員是否存在有意識的或無意識的偏誤。研究人員若是根據直覺做選擇，可能會選擇到支持其研究的期望或假設樣本，隨機選擇則可以消除這種的危險性。更重要的是，隨機選擇可以更接近機率理論的本體，那是估計母體特性和樣本準確度的基礎。

▶▶▶ 機率抽樣的邏輯

機率理論（probability）是數學的一個分支，提供研究人員設計抽樣技術的工具，產生具有代表性的樣本和分析抽樣統計的結果。更正式的說法，機率理論提供了估計母群體參數的基礎。**參數**（parameter）[9] 是母群體中一個特定變項的綜合描述。一個城市中，所有家庭的平均收入就是一個參數；一個城市人口的年齡分布情形也是一個參數。當研究人員從樣本做推論時，他們是使用樣本的觀察值去估計母群體的參數。機率理論使他們不僅可以做這樣的估計，也可以判斷估計的結果如何能夠正確代表母群體中的真實參數。因此，例如，機率理論允許民意調查專家從兩千位投票者的樣本，去推測一億位投票者母群體可能的投票動向，並且能夠確切說明推測中的可能容許誤差（margin of error）。

雖然需要某些複雜的統計概念和公式來說明機率抽樣中可能的容許誤差，我們還是可以瞭解這其中的邏輯，而不需要牽涉到繁複的數學方法。讓我們想像投擲硬幣來開始討論，觀察它是否比較容易出現正面或反面。假設是投擲兩次硬幣，而且兩次都出現正面，我們不會妄下結論說，硬幣總是會出現正面，或有正面出現的傾向。我們不需要用到數學，就能知道硬幣出現正反面的機率是各一半，而且也很容易出現連續兩次正面或反面的機會。假設，根據兩次的硬幣投擲就下結論，說出現正面的機率是百分之百，我們對硬幣投擲母群體的估計值將會減少 50%。也就是說，我們估計出現正面的機率是百分之百，出現反面的機率為零，這就會偏離母群體的真實母數，也就是 50% 的正面和 50% 的反面。這種母群體的真實參數（50%）與我們對其估計值（100%）之間的差異就是**抽樣誤差**（sampling error）[10]。因此，我們的抽樣誤差為 50%。

現在想像是投擲 20 次硬幣而非兩次。我們會得到出現 100% 全部正面（或

9　**參數**　母群體中一個特定變項的綜合描述。

10　**抽樣誤差**　母群體的真實參數與其估計值之間的差異。

100% 全部反面）的可能性非常小。那是因為我們增加了樣本數的大小，就可以減少有 50% 抽樣誤差的可能性。而且是投擲硬幣的次數愈多，抽樣誤差的可能性就愈低。因此，當樣本大小增加的時候，抽樣中隨機誤差的可能性就會降低。反過來說，樣本數愈大，我們的估計值會接近母群體參數的可能性就愈大。

為進一步說明此一邏輯，假設我們將美國每個人的名字，都分別寫在一張小紙條上，並揉成一團以看不出上面的名字，之後放入大型的容器裡。假設我們用力搖動容器使其混合，閉上眼睛，隨機從容器中抽取名字。假設前兩個抽出的名字是女性，因此，我們判定此母群體的女性比例是 100%。就像是擲硬幣的例子一樣，我們的抽樣誤差大約是 50%（假設母群體是被平均分成男性和女性）。接下來，假設我們隨機抽出 1,000 張紙條。我們抽出接近 500 個男性（50%）和 500 個女性（50%）的機率很高。可能不會剛好是 50/50。例如，我們可能會抽出 510 個男性（51%）和 490 個女性（49%）。果真如此，我們的抽樣誤差就是 1%。

當政治性的民意調查都是根據隨機樣本（非出口調查）去預測總統選舉結果的時候，這就牽涉到相同的邏輯。因此，這就是為何他們的預測經常能夠如此的準確。如果你已經在電視或報紙上，注意到這種民意調查的結果，可能就會想到它們有附上抽樣容許誤差的估計。例如，一個民調預測有 51% 的選票會投給 X 候選人，49% 投給 Y 候選人，可能會說容許誤差是正負 3%。這表示，有非常高的可能性，對於 X 候選人而言，真實母群體的參數是介於 48% － 54% 之間，Y 候選人則是介於 46% － 52% 之間（也就是說，在每位候選人的預測中加減 3% 的誤差，就可以確定較大母群體中可能的結果）。這就是為何有時候，媒體記者會描述這種民調的特性是「統計上平手」（statistical dead heat）。換句話說，假設抽樣的容許誤差是 3%，但民調結果顯示兩位候選人的差距為 2%，因此可以想像，在民調中獲得 49% 支持的候選人，實際上有可能獲得母群體中 50% 或更多選民的支持；而在民調中獲得 51% 支持的候選人，實際上則可能獲得母群體中 50% 或更少選民的支持。

同樣的邏輯也適用在，當我們嘗試從一個樣本去推測母群體的其他特性時，例如年齡、收入、種族、教育程度等。假如隨機選擇的樣本足夠大，我們也可以在較小的容許誤差範圍估計出這些母數。當我們說「足夠大」意指在母群體中所占的大百分比。對少於二千位選民所進行的準確性總統選舉民調——比 1% 的全體選民母群體還少。

機率理論提供我們一個公式，去估計樣本統計有多接近真實母群體的值。這種公式也為研究提供可以決定適當樣本大小的基礎，一旦決定出可以容許的抽樣誤差程度，你就可以計算出所需要的樣本大小。例如，假設民調專家預測選舉結果會很接近，並且想要在 95% 的信賴度下，預測選舉的結果是在實際得票數加減五個百分點之內，那麼她會需要一個至少四百人的樣本。雖然你不一定會在任何自己的研究中使用此公式，圖表 10.3 是一個方便的指南，能估計在你容許的抽樣誤差範圍內所需要的樣本大小。它也說明當樣本大小達到一個定點時，樣本大小愈是增加，其可減少的抽樣誤差會遞減，因此不值得再花費額外的成本去蒐集資料。

使用圖表 10.3 在你預期的母群體中，尋找樣本大小和接近的百分比分布，你預期它們會在母群體中的交叉點。例如，假設我們假定母群體中有大約 50% 的選民傾向投給 X 候選人，50% 傾向投給 Y 候選人。表中顯示，當樣本數從 100 增加到 1,100 時，估計的抽樣誤差會降低七個百分點。但是，當樣本數從 1,100

樣本 大小	預估百分比分布				
	50/50	60/40	70/30	80/20	90/10
100	10	9.8	9.2	8	6
200	7.1	6.9	6.5	5.7	4.2
300	5.8	5.7	5.3	4.6	3.5
400	5	4.9	4.6	4	3
500	4.5	4.4	4.1	3.6	2.7
600	4.1	4	3.7	3.3	2.4
700	3.8	3.7	3.5	3	2.3
800	3.5	3.5	3.2	2.8	2.1
900	3.3	3.3	3.1	2.7	2
1000	3.2	3.1	2.9	2.5	1.9
1100	3	3	2.8	2.4	1.8
1200	2.9	2.8	2.6	2.3	1.7
1300	2.8	2.7	2.5	2.2	1.7
1400	2.7	2.6	2.4	2.1	1.6
1500	2.6	2.5	2.4	2.1	1.5
1600	2.5	2.4	2.3	2	1.5
1700	2.4	2.4	2.2	1.9	1.5
1800	2.4	2.3	2.2	1.9	1.4
1900	2.3	2.2	2.1	1.8	1.4
2000	2.2	2.2	2	1.8	1.3

圖表 10.3　預估的抽樣誤差

增加到 2,000 時，只會再降低零點八個百分點。

▶▶▶ 母群體和抽樣架構

　　雖然有需要讓參與研究的用戶、學生與研究人員，都能夠瞭解機率抽樣的邏輯，但同等重要的是，也要讓他們接受實際情況中存在著不完美的條件。這部分將要探討一個實際情況的特性，需要有理論條件和假設之間的妥協。這裡我們要考慮母群體與抽樣架構之間的一致性或差異性。

　　簡單地說，一個**抽樣架構**（sampling frame）[11] 是被選取樣本的元素名單或類似列表。假如一個學生樣本是從學生的名冊中選出，那麼這名冊就是抽樣架構。假如一個複雜的母群體樣本的主要抽樣單位是人口普查數據，那麼人口普查的統計表就是抽樣架構，它可能是一本印刷的小冊子或電腦資料。以下是一些研究期刊中有關抽樣架構的報告：

> 這份研究資料是取自華盛頓州，亞基馬郡的公立或教會小學三年級學生父母的隨機樣本。　　　　　　　　　　（Petersen and Maynard, 1981, p. 92）
>
> 第一期隨機選取出的 160 個名字樣本是取自德州，拉伯克市的電話簿。
> 　　　　　　　　　　　　　　　　　　　　　　　　　（Tan, 1980, p. 242）
>
> 此份報告中的資料……是取自美國本土的 48 個州，18 歲以上，居住在家成年人的機率樣本。由密西根大學的調查研究中心在 1975 年秋季，對 1,914 名受訪者進行的個人訪談。（Jackman and Senter, 1980, p. 345）

在上述的每個範例中，我們已經以灰底突顯實際的抽樣架構。

　　適當選取的樣本，只是為了提供適合的訊息用來描述抽樣架構的母群體元素，僅此而已。但也有必要對此點以平常角度來看，那就是讓研究人員從既定的抽樣結構中，選取樣本然後對母群體做假設，能夠相似於抽樣架構所定義的研究母群體，但不必要完全一致。

　　以下的報告，是一個過度通則化的抽樣架構例子，它是在討論美國醫師經常開立的處方藥物：

11　抽樣架構　被選取樣本的元素名單或類似列表。

有關販賣處方藥物的資訊並不容易取得。但是一位來自紐約州，奧爾巴尼市，聯合大學奧爾巴尼藥物學院（the Albany College of Pharmacy, Union University, Albany, NY）的教授 Rinaldo V. DeNuzzo，已經藉由對鄰近藥局做的調查，追蹤處方用藥的銷售達 25 年。他將結果發表在一本 *MM&M* 的專業貿易雜誌。DeNuzzo 最近的研究調查在 1980 年，是根據來自於紐約和紐澤西地區 48 個社區中的 66 個藥局的資料。除非這地區的情形特殊，否則他的發現可以視為國內販賣處方藥物現況的代表性。

(Moskowitz, 1981, p. 33)

主要令你訝異的是，隨意評論紐約和紐澤西地區的情況，是否有任何的特殊性。這兩州的生活形態幾乎不同於其他的 48 個州。我們無法假設居住在這些大型、都市化的東岸各州居民，他們的用藥模式是否和密西西比、猶他、新墨西哥和佛蒙特州一樣。

這份調查甚至是否能代表紐約和紐澤西地區開立藥方的模式嗎？為了判定這個問題，我們需要瞭解 48 個社區和 66 個選出藥局的生活型態，和我們應該注意對「鄰近藥局調查」的意涵。就如我們將會看到的，有多種可以確保代表性的樣本選擇方式，除非運用這些方法，否則我們不應該從研究的發現去做推論。

一個抽樣架構必須與我們希望研究的母群體有一致性。在最簡單的樣本設計中，抽樣架構是一個組成研究母群體的元素名單。因此實際上，經常是抽樣架構定義研究母群體，而非研究的母群體定義抽樣架構。換言之，我們經常會在心中先設想一個研究的母群體，再去尋找可能的抽樣架構。在檢視及評估過可能提供我們使用的架構之後，我們再決定哪種的架構最適合我們研究母群體的需求。

從抽樣的角度來進行組織的研究，經常是最簡單的途徑，因為所有組織通常都有成員名冊。這種的案例，成員名單就構成一個最好的抽樣架構。假設隨機樣本是選取自成員名冊，如果所有成員都在名冊之內，經由它所蒐集到的資訊，可以視為對全體成員具有代表性。

母群體可以從完整的組織名冊中選取，如小學、中學、大學的學生和教職員名冊，教會教友、工會、兄弟或姊妹會，社會性、服務性或政治性團體，以及專業協會等。

上述主要是地方性組織的運用。對於跨州或全國性的組織，通常沒有容易取

得的單一名冊。例如，沒有單一的主教派會員名單。然而，稍微複雜的樣本設計可以利用地區性教會的會員名單，先選取出一些教會，然後從選出教會的會員名單中抽樣。（稍後會進一步討論。）

其他性質的個人名冊，可能會與特定研究的需求有關。假如你想要進行選前民調或深度檢視投票行為，政府部門已登記選舉人名冊是可用的資料，但你必須確定那是最近更新過的名冊。類似的名冊還包括汽車登記用戶、社會福利救助者、納稅人、工商登記業者、專門執業人員等。雖然可能很難得到這些名單，但它們對於特殊研究目的而言，都是很好的抽樣架構。

瞭解研究中的抽樣元素，不一定是單獨個人，我們可能會注意到其他型態元素的存在，例如各類型的大學、企業、城市、學術期刊、報紙、工會、政治團體、專業協會等。街道指南和稅務地圖是兩項容易取得的樣本母群體，但也許會苦於其不完整性和可能性偏誤。例如，在嚴謹規劃的城市地區中，違法建築的住家單位應該不會出現在官方紀錄中。事實上，這類單位通常都是比較貧困的人或過度擁擠的地區，他們沒有選舉機會，對於樣本調查的結果，就不能代表這些家庭。

以上大部分的評論都適用於美國，但某些國家的情況會有很大的不同。例如在日本，政府就保有非常準確的戶口名冊，居民在遷移、出生、死亡時，也依法必須要更新資料。因此，就有可能藉由本章稍後所描述的程序，對日本的人口母群體進行**簡單隨機抽樣**（simple random samples）。在美國，這種登記名冊會與美國人對個人隱私的規範相衝突。

▶▶▶ 無回應偏誤

我們已經討論過，當抽樣架構與推論母群體有不一致性時，會發生過度性推論偏誤。另一個常發生的誤差會出現在，當隨機抽樣出許多人，卻選擇不參與研究的時候。

例如，假設你想要調查州內的社會工作人員，對於以證據為基礎實務工作的觀點以及經常運用的情形。你計劃對每一位社會工作人員進行郵寄問卷調查，並附上回郵信封以便完成後寄回。你的第一步驟是要獲得全部社會工作人員的名單和住址。讓我們假設，這份名單只會來自你這一州的 NASW（美國社會工作專業人員協會）分會。再假設，名單中有 10,000 名社會工作人員的名字，而你的研究預算只限制在 1,000 元的郵資。很顯然地，你無法調查全部 10,000 名會員。

讓我們假設你可以負擔 500 名社會工作人員的郵資，而這會從 10,000 名人員中隨機選取。

你的抽樣架構有 10,000 個名字的名單，而且，你**希望**的樣本是從名單中隨機選取出來的 500 個成員。我們強調**希望**這個用詞，是因為在 500 個隨機選出的社會工作人員當中，有許多人可能會選擇不回覆你的調查。假設僅有 200 位回覆，這一定不會是合格的機率樣本。為什麼呢？因為，最後納入研究的對象並非是隨機性。大部分有回覆的 200 位受訪者，有可能是熟悉以證據為基礎，並且時常在運用的實務社會工作人員。其他 300 位選擇不回覆的受訪者，可能因為他們從未聽說過以證據為基礎的實務，所以不在乎或是不喜歡它。有可能他們很多人並沒有參與過這類的實務，對於承認事實會感到困窘。很顯然地，儘管隨機選出 500 個名字，只有 200 位的回覆者還是一個非機率樣本的組合，而且有很大偏誤和沒有代表性！

即使你是運用隨機程序選出希望中的樣本，但得到受傷的結果，卻是基於各種原因，勉強參與研究的 200 個非機率樣本。同時值得注意的是，即使你擁有全部 500 名社會工作人員 100% 的參與，在你的樣本中也可能會有一些偏誤存在。這是因為有許多和你在同一個州的社會工作人員，可能不是 NASW 目前的會員。這可以回到上述的討論，有關抽樣架構特性與母群體不同。〔在這個例子中，我們使用**抽樣架構**（sampling frame）這個名詞，而非**母群體**（population），因為你的目標是在推論州內所有的社會工作人員，而非只是 NASW 的會員。〕

由於某些隨機選出的樣本會拒絕參與研究，許多被視為隨機的樣本，就純技術性觀點，可能不是完全的隨機性。也就是，當有一個或多個隨機選取的個體選擇不參與研究，這些隨機選取的樣本只能代表母群體中，那些同意參與研究的元素。對於研究中的變項而言，選擇和拒絕參與研究的人員之間，可能存在有很重要的差異性。但是，當被選取元素拒絕參與研究的比例低到微不足道時，從實務觀點仍舊可以合理地認為參與研究的元素為機率樣本。例如，假設在 500 位社會工作人員中，有 490 位（98%）受訪者回覆你的調查，而其中 343 位（70%）對以證據為基礎的實務表示贊同。即使未回覆的全部 10 位受訪者，都不喜歡以證據為基礎的實務，對於贊同以證據為基礎的社會工作人員，你的估計比例只會有低於 2 個百分點的差異。也就是說，實際上贊同以證據為基礎的社會工作人員，是 500 位中的 343 位或 68.6%，只比你發現的 70% 少了 1.4 個百分點。但是，這

會引發出切割點的問題，哪一個點的拒訪率應被視為過高，而無法依據機率抽樣理論來解讀研究的結果？這個問題沒有數學或科學的答案。我們最好的指導原則是，假設拒訪者不同於實際參與變項的研究者，檢視拒訪率是否大到一定的程度，以致於對你的研究結果造成重大意義的改變。

▶▶▶ 檢視母群體與抽樣架構

令人驚訝的是，在社會工作研究文獻中，很少人注意母群體和抽樣架構的議題。因此，我們在這裡特別注意，進一步強調並摘要一些主要的指導原則提供記憶：

1. 有樣本依據的研究結果，只能代表組成抽樣架構的元素集合體。
2. 抽樣架構經常不能真實包含意向中的所有元素，遺漏的情形幾乎無可避免。因此，研究人員首先需要擔憂的是，評估遺漏值的範圍和儘可能更正。（當然，研究人員可能會覺得他們可以安全地忽略難以改正的小遺漏。）
3. 即使只是要通則化的組成抽樣架構母群體，也需要抽樣架構中所有元素都具有相同的代表性。基本上，每個元素只能出現一次。出現超過一次以上的元素，被選中機率較大，而選出的樣本就會過度代表這些元素。

▶▶▶ 其他決定樣本大小的考量

儘管前述各點甚為重要，但在社會工作研究中，決定樣本大小時，很少會考量到抽樣誤差的估計。通常，這是基於現實的限制。對社會工作人員所關心的某些母群體，可能沒辦法獲得適合的抽樣架構。例如街友、新非法移民等。研究預算不足或時間限制，可能會排除對母群體參數進行先期調查的能力。資源不足也會迫使研究人員，只能在預算內選擇最大的樣本數，即使事先瞭解到，這樣的樣本數根本不足以估計抽樣誤差。

而資源不足的研究，欲尋求使用複雜的統計分析時，樣本大小的選擇，通常需要研究分析中的變項數量，每個變項的最小樣本數和適當的統計程序來決定的。

機率抽樣設計的類型

四個常用的機率抽樣設計類型是：(1) 簡單隨機抽樣；(2) 系統抽樣；(3) 分層隨機抽樣；(4) 多階段群集抽樣。到目前為止，我們所說明的方法，主要都是簡單隨機抽樣，我們現在將進一步檢視這個類型。然後，我們會討論其他三個獲得機率樣本的途徑。

▶▶▶ 簡單隨機抽樣

根據前述的討論，一旦建立了抽樣架構，研究人員可以使用**簡單隨機抽樣**（simple random sampling）[12] 的方法，對抽樣架構表上的每一個元素都授予一個號碼。在過程中不跳過任何的數字，然後使用亂數表（附錄 C）來選出元素做為樣本。標題為「如何使用亂數表」的專欄中，解釋了它的用處。

圖表 10.4 是簡單隨機抽樣的說明。請注意，我們已經將假設的 100 個小型

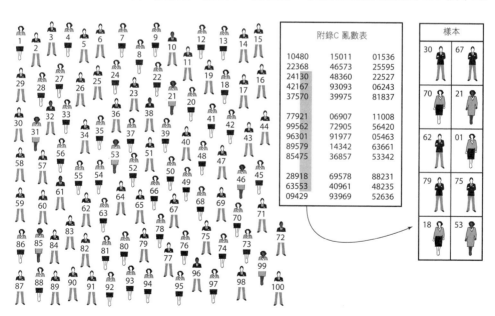

圖表 10.4　簡單隨機抽樣

12　**簡單隨機抽樣**　在抽樣架構表上的每一個元素都授予一個號碼之後，使用亂數表選出樣本單位的機率抽樣方法。

母群體從 1 到 100 編號。然後查附錄 C，我們決定使用第一欄的最後兩個數字，由上而下，從第三行的數字開始。這樣會使 30 號成為選出的第一個樣本，下一個號碼就是 67 號，依此類推（若表上出現 "00"，則編號第 100 的人就會進入名單中）。

如何使用亂數表

在社會工作研究中，經常會使用附錄 C 的亂數表，以適當選出一組隨機數字。以下是如何使用它的方法。

假設你想由總數 980 人的母群體中，利用簡單隨機抽樣法，選出 100 個人（或其他單位）的樣本。

1. 首先，將母群體由 1 到 980 先編好號碼。接下的問題是如何選出 100 個隨機數字。一旦完成之後，你的樣本會由所選出編號的人組成。（注意：是否要對他們編號，實質上並不重要，只要你能夠確實掌握全部的人數。例如，假設你有母群體名冊，在你挑選數字過後，你就可以隨時利用名冊計算樣本。）

2. 第二個步驟是決定亂數表中，所欲使用數字的位數。在我們的例子，母群體有 980 個成員，所以你需要三位數的數字，讓每一個人都有被選擇的機會。（如果母群體有 11,825 個成員，你就需要選擇五位數的數字。）因此，我們要在 001 至 980 的範圍內，選出 100 個隨機數字。

3. 現在回到附錄 C 的第一頁。請注意，這裡有超過三頁的五位數字行列。表中隨機數字的系列範圍是從 00001 到 99999 的亂數。使用亂數表選擇你的假設性樣本之前，先要回答下列的問題：(1) 你要如何在五位數的數字中產生三位數？ (2) 你

要採取何種的移動型態來選擇數字？ (3) 你將從表中何處開始？ 每個問題都有很多的答案，重點是必須要有計畫，然後要確實遵循。以下是一個例子。

4. 為了由五位數的數字中產生三位數，假設我們同意只選擇五位數的最左邊三個數字。如果我們在第一頁中，選擇的第一組數字是 10480，我們只會考慮三個數字的 104。（我們也可以採用最右邊三個數字的 480，或是中間三個數字的 048，任何的計劃都可行）重點是必須要有計畫，然後要確實遵循。為方便起見，我們在此採用最左邊三個數字。

5. 我們也可以採取其他的方式選擇表中的亂數。往下，往上，往右，往左或對角斜線。再一次強調，任何計劃都可行，只要能確實遵循。為方便起見，我們在此採用往下選取方式。完成第一頁的亂數選擇之後，我們會從次頁第一欄的上面數字再開始。

6. 現在的問題是，由哪裡開始呢？你可以閉上眼睛，用鉛筆隨意點在亂數表上，然後就由這裡開始。（我們知道這聽起來好像不怎麼科學，但卻是可行的）或者，你會害怕傷害到書本或錯過數字，也可以閉起眼睛，心中假設會由某行的某欄數字開始。（例如，我們會選擇第五行

的第二欄數字開始）如果你喜歡比較簡單的隨機方法，也可以利用鈔票的前兩碼隨機數字，決定開始的行與欄。

7. 我們假設決定由第二欄的第五個數字開始。你可以在附錄 C 找到開始的數字是 39975。我們在此選擇 399 做為第一個亂數樣本，而且還要選出 99 個數字。在上述（第五步驟）說明中，我們決定採用往下選取的方式，因此，下一個選擇數字是 069，就在第一個數字的下面。繼續往下選出的數字是 729，919，143，368，695，409，939… 依序。第二欄最底部，我們選出的數字是 104，然後接續到第三欄最上面，選出 015，255… 依序。

8. 你看是不是很容易？但是麻煩在後面。當我們到達第五欄，很快選出 816，309，763，078，061，277，988，等一下，高年級總共只有 980 位學生，如何能選取 988 的數字呢？答案很簡單，就是不理它。任何時候，只要遇到有超出母群體範圍的數字，就跳過它，並且繼續你的選擇方式，188，174… 依序。如果碰到前面曾經出現過的號碼，例如 399，也是再一次不理它。

9. 就是這樣。只要持續這個過程，直到選出 100 個隨機號碼。然後回到名冊中，你選擇的樣本，就是由編號 399，069，729… 依序的人所組成。

▶▶▶ **系統抽樣**

　　與系統抽樣相比，簡單隨機抽樣是比較沒有效率的方法，而且若是使用人工，會比較費力。因此，當使用人工從抽樣元素表中挑選樣本時，研究人員通常喜歡使用另一個較不費勞力的方法，稱之為**系統抽樣**（systematic sampling）[13]。

　　系統抽樣中，表中每第 k 個元素會（有系統性）被選出做為樣本。若表上有 10,000 個元素，而你需要 1,000 個元素樣本，那麼你就要在表中每第 10 個元素選出樣本。方法上，為了防堵任何可能的人為偏誤，你必須隨機選出第一個元素。因此，先前的例子，要從編號 1 至 10 隨機選出一個數字做為開始的元素。這個元素號碼被選為樣本之後，隨後每第 10 個元素，都是再加入的樣本。技術上，這個方法稱為以隨機為開始的系統抽樣法。有兩個名詞經常會和系統抽樣方法配合使用，**抽樣間距**（sampling interval）[14] 是樣本中兩個元素之間的標準距離，上

13　**系統抽樣**　另一種有效率的隨機抽樣方法，在同一抽樣架構表中的每第 k 個元素都是樣本，第一個樣本必須隨機抽取。

14　**抽樣間距**　指系統抽樣中兩個元素之間的標準距離。

述例子為 10。**抽樣比例**（sampling ratio）[15] 是指母群體中被選為元素的比例，上述例子為 1/10。

實際上，系統抽樣幾乎與簡單隨機抽樣完全相同。有些人也許認為，依照列表有系統選出的樣本，假如表中的元素在抽樣前確實有經過隨機化處理，其實就是簡單隨機樣本。目前，對於簡單隨機抽樣與系統抽樣之間，其優點的辯論大部分都已經解決，並且支持較簡單的方法：就是系統抽樣。實際經驗上也得到幾乎完全相同的結果。

系統抽樣中，存在一個風險。表中元素的排列方式，可能會造成不當的系統抽樣，這類的安排通常被稱為**週期性**（periodicity）。假如表中的元素是以循環方式排列，並且與抽樣間隔一致，那麼就可能會選出一個極度偏誤的樣本，我們用兩個例子說明。

二次世界大戰期間，一個有關士兵的研究，研究人員從單位人員名冊選出系統抽樣樣本，名冊中每第 10 個人會被選出來做研究。然而，這份名冊已經被規劃成一個組織表：上士班長在先，然後是下士與士兵，班與班的安排，每個班有 10 個成員。也就是說，名冊中的每第 10 個人都是上士，因此系統抽樣所選出的樣本只有上士。當然也有可能，我們會挑選出完全沒有上士的樣本。

另一個例子，假設我們要從公寓住宅大樓中選出公寓樣本。假如樣本是由公寓編號順序（例如：101、102、103、104、201、202 等）的名單中抽出，萬一抽樣間距剛好和樓層的房數或相關倍數一致，就會有抽樣間距的風險，那麼樣本也許只包含在西北角或電梯附近的公寓。若是這些公寓又有其他的共通性（例如高租金），那麼這個樣本也會有偏誤，同樣的系統抽樣風險也存在於每個街角都有相同房數的住宅中。

從列表中進行系統抽樣時，你必須小心檢視該表的性質。如果元素已經有特別順序安排，你就必須弄清楚這些順序是否會造成樣本偏誤，然後採取必要的步驟，去反制任何可能的偏誤（例如，有週期性的部分則採用簡單隨機抽樣）。

▶▶▶ 分層抽樣

上述兩個段落，我們討論了兩個從列表中抽樣的方法：隨機和系統抽樣法。

15　**抽樣比例**　指系統抽樣的樣本在母群體中元素的比例。

分層（stratification）[16] 不是這兩者的替代方案，但在實際運用上，它做了可能的修正。

簡單隨機抽樣和系統抽樣，兩者都有一定程度的代表性，並且允許誤差的估計。分層抽樣法是獲得更高代表性的方法，降低機率抽樣的誤差。理由是，同質性母群體產生的抽樣誤差，比異質性母群體產生的抽樣誤差來得小。假設有 99% 的母群體都同意某個議題，那麼幾乎不太可能會出現無法代表其真實同意度的機率樣本。再假設母群體的特質是 50/50 各異，那麼抽樣誤差就會大得多。藉由分層抽樣，而不是從整個大量母群體中抽選樣本，我們就可以確定有適當編號的元素，從同質性母群體的小團體中被隨機挑選出來。

假設為了評估案主的服務滿意度，你想從一個大型社會服務機構的案主中，尋找一個分層樣本。你懷疑少數族群案主可能比較不滿意服務，因此你想要確定他們在樣本當中需有適當的代表性。首先，可以將你的案主對象列表，讓相同族群案主在同一群組，這就是**分層**（stratifying）的意義。然後，你可以從每個族群（每一分層）的群組中，隨機選出適當編號的樣本。你也可以使用簡單或系統抽樣法來進行隨機選樣，無論用什麼方法，每個群組都要使用相同的方法。一個未經過分層的樣本，族群代表性和其他變項一樣，可能會出現抽樣誤差。然而在一個有族群分層的樣本中，此種變項的抽樣誤差會被降到零。

甚至更複雜的分層方法也是可行的。除了族群的分層之外，你也可以利用年齡、問題型態來分層。在這個型態下，能夠確定你的樣本可以包含適當數量行為失調的西班牙裔兒童、面臨婚姻失調的非裔美國家庭、年長的亞裔美國案主等。

分層最終功能是將母群體組合成若干有同質性的小團體（各小團體間有異質性），然後從每一個小團體中，隨機選取適當數量的元素。對於在分層變項上，具有同質性的小團體，它們在其他變項上，也可能會有同質性。如果年齡層的群組和問題型態有關，那麼一個年齡分層的樣本，對於所呈現的問題型態會更具代表性。如果社會經濟階層和族群有關，那麼一個族群分層的樣本，在社會經濟階層會更具代表性。

圖表 10.5 是一個分層系統抽樣的圖例說明。你可以看到，我們先依據性別及族群，區分為幾個小型母群體做排列，然後，由一個隨機號碼「3」開始，每

16　分層　指在抽樣之前，對於母群體單位進行同質性的分組（或分層）。

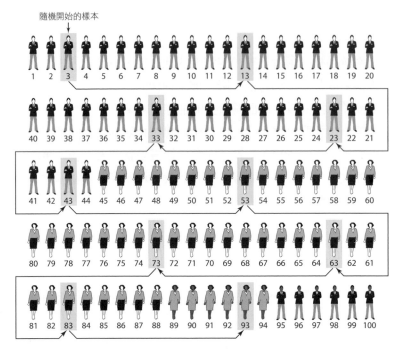

圖表 10.5　以簡單隨機方法決定起點的分層系統抽樣法

隔第 10 個人抽取樣本，也就是：3、13、23、……、93。

　　分層抽樣可以確保分層變項有適當的代表性，進而提高其相關變項的代表性。整體而言，分層抽樣的樣本在許多變項上，比簡單隨機抽樣的樣本更具代表性。雖然，簡單隨機抽樣的樣本仍然被認為有幾分的神聖性，但通常我們可以做得更好。

分層比例與分層非比例抽樣

　　到目前為止，我們已經利用圖例說明，從各同質性團體中，以固定比例來抽取分層隨機樣本，稱之為**分層比例抽樣法**（proportionate stratified sampling）。例如，假設我們的樣本是母群體的 10%，我們就在每一個同質性團體中，抽出 10% 的樣本。然而，部分研究中，對於某些團體比其他團體可能比較適合選取更大比例的個案樣本。例如，假設某機構正在進行顧客滿意度調查，該機構 1,000 位案主中，包括有 600 位白人、300 位非裔美籍、40 位西班牙籍、30 位亞裔美籍、

20 位北美印第安人，以及 10 位「其他族群」。我們可以選擇 10% 的白人與非裔美籍案主，則每一個團體分別有 60 人和 30 人。但是，若我們在其他族群也選擇 10% 的案主，我們只會得到 4 位西班牙人、3 位亞裔美籍人、2 位印第安人，以及 1 位「其他族群」的人。如果我們尋求的只是整體機構的顧客滿意度，這樣做是沒有錯。

但是，如果我們尋求對每一個族群的細部分析，或是去推斷那一個族群比其他族群，有較高或較低的滿意度，對於只有少數個案樣本的族群，這樣的分析不可能達到目的。因此，對於非常小型的同質性團體，我們必須比大型團體抽取較大比例的樣本，這就是所謂的**分層非比例抽樣**（disproportionate stratified sampling）。這種的抽樣程序給予特殊小團體的個案，一個非比例的抽樣方式比大型團體的個案有更高被選出的機會。

例如，我們可以選取 10% 的白人及非裔美籍案主，和 50% 其餘族群的案主。那麼，我們會得到 20 位西班牙人、15 位亞裔美國人、10 位印第安人，以及 5 位「其他」族群的人。這樣的結果可以允許我們進行細部分析。如果我們也想要瞭解整體機構的客戶滿意度，那麼我們必須將每一族群團體的滿意度，依照各個族群母群體在機構母群體的比例來加權計算。〔如果你想要知道這個加權的數學公式，可以參看我們另一本進階教科書 Rubin and Babbie (2011) 抽樣這一章〕

▶▶▶ 多階段群集抽樣

先前部分已經討論過，從元素列表中簡單抽樣的合理性程序，背景是一個完美的狀態。然而，不幸的是，有許多需要從母群體抽樣的研究，無法輕易地列表去配合抽樣。實際例子包括一個城市、州或全國人口名冊，或美國所有大學生名冊等。這些案例，樣本的設計必須更為複雜，而且基本上牽涉到元素團體——群集，最初的取樣，然後在每個被選定的群集中選出元素。

群集抽樣（cluster sampling）[17] 的使用時機，若是對組成目標母群體的元素編纂一個詳盡的元素清單，是不可能或不切實際的。美國所有教會的成員名冊就是這類母群體的典型例子。然而，經常的狀況是，母群體的元素已經被分類為若

17　群集抽樣　一個多階段群集抽樣的程序，對母群體的元素團體（群集，clusters）抽樣做為開始，然後對被選出的團體進行個別的次級抽樣。

干的次級母群體（subpopulation），而且這些次級母群體的名冊可能已經存在，或者實際上可以被製造出來。因為，美國的教會成員是屬於不同教派，因此就有可能找到或製造這些教派的名冊。依循**群集樣本**（cluster sample）形式，就可依照先前討論的方法，在教派名冊中取樣（例如，一個分層系統抽樣的樣本）。接著，你會獲得被挑選出來教派的成員名冊，再從每一個名冊中，選出教會的成員做為樣本進行研究。

▶▶▶ 檢視機率抽樣

根據實際情況，機率抽樣可以是非常簡單或困難、耗時、高成本。然而，無論如何，它仍然是量化研究中，選擇具有代表性樣本最有效的方法，它有兩個理由。

第一，機率抽樣讓研究人員在選取元素時，避免了有意或無意的偏誤。如果母群體的所有元素，都有相等被選取的機會（或者是不相等，但事後予以加權），那麼被選取的樣本就有非常好的機會，可以貼切代表母群體的所有元素。

第二，機率抽樣允許我們去估計抽樣誤差。雖然沒有任何的機率樣本，可以在各方面都具有完美的代表性，然而，有控制的抽樣方法，可以允許研究人員估計預期誤差的程度。

量化與質性研究的非機率抽樣

社會工作研究，通常是在無法選擇機率樣本的情況下進行。假設你想要研究街頭遊民，你無法得到所有街友的名單，也無法自己製造這類名單。同樣的，你也無法獲得可以用來抽樣的街友團體名冊。甚至於我們即將看到，即使機率抽樣是可行的，有時候也並不適合被用來做研究。這種情況下，我們就會需要**非機率抽樣**（nonprobability sampling）[18]，以下我們會檢視四種類型的非機率抽樣：(1) 依賴可用的對象；(2) 立意或判斷取樣；(3) 配額抽樣；(4) 滾雪球取樣。這些程序都可以運用在質性與量化的研究，我們完成檢視之後，會進入質性研究特有的非機率抽樣程序。

18　**非機率抽樣**　在無法選擇隨機樣本的情況下，所使用的抽樣程序。

▶▶▶ 信賴可用的對象

信賴**可利用**（available）的對象，有時候被稱之為「**可用性抽樣法**」（availability sampling）[19]，「**偶發性抽樣法**」（accidental sampling）或「**便利性抽樣法**」（convenience sampling），都是社會工作常用的抽樣方法，因為比其他方法節省成本；同時，其他方法也可能無法適用於特定類型的研究或母群體。在社會工作，它是一個非機率抽樣方法的普及性指標，多數研究論文，有部分運用可用性抽樣法，被發表在 1994 至 1999 年出版的《社會工作研究》期刊（Monette, Sullivan, and DeJong, 2002）。

如前面討論，在方便選擇參加研究人士的時候，會造成有意識與無意識的抽樣偏誤，便利性抽樣法就可能是一個有高度風險的抽樣方法。例如，隨便攔下路過社會工作學院的學生，然後詢問他們對於某些社會議題的態度，例如，福利政策、反歧視運動、生殖權利等，這就是有風險性的評估方式。因為，社會工作學院的學生，對於這些議題通常有較為自由的態度，持保守態度的其他學院學生，也可能會出現在社會工作學院附近。

儘管有這些偏誤，然而，某些型態的便利性抽樣法還是比其他方法有用。但是，並非所有的便利性樣本都是有偏誤。即使有明顯的偏誤，有些便利性樣本仍然可以提供有用的暫時性發現，特別是對研究不做過度推論的時候。例如，假設有一個地方性基金會，相當關切最近造成美國青少年嚴重死亡的新毒品危險性，因而想要瞭解中西部城市高中生使用這種毒品的普遍程度。他們提供你一筆小經費，調查你所在城市高中生是否嘗試過這種新毒品以及其使用程度。城市中有十所高中，但只爭取到兩所學校允許你進行調查。其中一所是在貧窮地區，學生有相當比例的非洲裔美國人；另一所則在中產階級地區，有一些少數族群的學生。

你開始進行調查，請學校老師發給每位學生一份有關吸毒的問卷，你在說明信中希望每位同學自願參與研究，完成不具名的問卷，將問卷密封在信封中，投入校內的大型回收信箱。假設每個學校有 50% 的同學參與，而另外 50% 則是拒絕。再假設，調查的結果顯示，在每個學校的受訪者中，有 30% 的學生曾經吸食過此種新毒品，其中又有 20% 的學生說以後仍然會偶爾繼續吸食。

19　**可用性抽樣法**　一種選擇元素的抽樣方法，只因為它們是立即可用和非常方便取得。經常為社會工作研究運用，因為它比其他的方法成本較低，其他方法也可能無法適用於特定類型的研究或母群體。

你的研究價值是什麼呢？考慮回答問題時，我們必須注意到，你是使用有風險的便利性樣本，而且存在可能的偏誤，因為其中並未包含另外 50% 沒有意願回答吸毒問題的學生，或不想浪費時間和精力參與研究的學生。也許是有吸毒的學生比沒有吸毒的學生，有興趣參加有關毒品的調查，因此，有更高的動機去回答問題。另一種可能性是那些吸毒的學生對你的調查感到有威脅性，所以比較不喜歡回答你的問題。除此之外，你的調查不僅未包含兩所學校中沒有填寫問卷的學生，同時也未包含其他八所拒絕參與調查的高中。或許那八所學校學生吸毒的情形，比同意接受調查的兩所學校，來得較輕微或更嚴重。

地方團體是否會因為你採用有偏誤可能的便利性樣本，而忽視你的調查結果？回答這個問題時，你可以留意，即使這兩所學校全部吸食新毒品的學生都參與你的研究調查，調查結果還是會顯示兩所學校中，有 15% 的學生吸食過此毒品。（**一半**學生的 30%，就是**所有**學生中的 15%。）同樣的，調查結果也表示，兩所學校有 10% 的學生（也就是 20% 的一半），他們以後仍然會偶爾繼續吸食。此外，你的調查結果也顯示，這些數據只是最低的估計，因為我們可以瞭解，有吸食新毒品的學生，會比其他的學生更不喜歡回答你的調查。

假設學生不會欺瞞吸食危險新毒品的事，我們認為你的調查結果還是有重要的價值，能激起地方團體推行教育學生的計畫，讓他們認識新毒品的危險，並且預防各種吸毒措施。此外，我們也認為地方團體除了關心有參與調查的兩所學校之外，也會關心其他學校。事實上，我們認為你的調查結果會激起其他學校對他們學生做相同的調查。雖然，你的調查結果不應該對其他學校做過度的推論，但是對於問題範疇，甚至其他城市，還是一項有價值的暫時性根據。

上述的例子雖然只是假設性，但不代表你可以不重視我們先前的評論，在選取便利性樣本時，會出現有意識與無意識的抽樣偏誤風險。我們只是用例子說明，依據研究問題的型態和對研究結果的詮釋，某些研究使用便利性樣本會比其他的抽樣樣本更為有用。儘管這種的抽樣方法必定有其風險性，但並非所有的便利性樣本皆如此，也並非所有的便利性樣本都會產生沒有價值，而且是誤導性的結果。

假設你郵寄問卷給全部機構的案主，調查他們對於機構服務的滿意度。除非他們全部答覆你的調查，否則你只會取得那些便利性對象的樣本，他們肯花時間來回答問卷，或許他們會比沒有答覆的人，更加非常滿意或不滿意。但是，如果

有接近 80% 的人回答問卷，而且全部回答非常不滿意，你們就有理由必須改進機構的服務。另一方面，假設只有 10% 的人答覆，而且都說非常滿意，你也沒有立場去推斷服務做得非常好。後面的例子有很大的偏誤空間，剩下 90% 沒有花時間答覆的人，可能比那些有答覆的人感到比較不滿意。

▶▶▶ 立意或判斷取樣

有時你可能會根據自己對母群體、元素和研究目標的性質，簡單言之，就是依據你自己的判斷和研究目的，選取合適的樣本。特別是在問卷設計之初，你可能會希望挑選有較大異質性的受訪者來測試問卷的適用性。雖然研究的結果無法代表任何母群體的特性，這項試驗也許可以在問卷中有效發現任何奇怪的缺點。這種情況只能視為是一個預備性的調查，而非最終的研究。

某些情況下，你會希望研究一個大型母群體中的小團體，這些小團體的許多成員都很容易確認，但要列舉全部成員則幾乎是不可能的。例如，你想要研究街友，而許多街友可能會在市區某些特定的地方出現，像是收容所、救世軍機構或是其他社會福利機構附近。但要對他們全部進行確認和抽樣則是不可行的。想要研究全部或部分常出現的街友，你可以依據研究目標蒐集充分的資料，特別是當研究屬於探索性質時。因此，你可以詢問機構中熟悉街友的人員，再根據判斷選取他們熟悉，並且可以做為代表的街友母群體。

假設你正在撰寫一份新的社會服務企劃報告，爭取經費服務街友，贊助者要求報告要包含街友在社區中對於社會服務的需求評估。假設你的機構資源相當匱乏，而且企劃報告的期限緊迫，你沒有時間也沒有經費使用機率抽樣法，對街友進行全社區調查。那麼你可以做的一項選擇是在責任地區，挑選社區當中因工作與專業而對街友問題有特別瞭解的領導者、經驗人士和專家，做為立意取樣的樣本（purposive sample）。你可以利用對社區的瞭解，挑選你認為最適合的關鍵人物，做為最瞭解街友需求的代表性人物並進行調查，瞭解他們對此需求的評估。（這種抽樣程序的例子，請回顧我們第九章的討論，以關鍵訊息提供者來評估需求。）

有時候，立意取樣並不是用來選取典型的案例，反而是非典型。這個方法普遍被用在質性研究，用來比較一種現象的兩個極端案例，以此建構假設。例如，為了瞭解實務工作的效率特質，我們可能會挑選實務工作者感到非常成功與不成

功的案例,做深度的探討。

從事質性研究的人員,經常有特別的興趣去研究「變異個案」,那是一種不依循正常態度或行為模式的案例,藉此增進對正常模式的瞭解。這個方法被稱之為**變異個案抽樣**(deviant case sampling)[20],是立意取樣的另一種形式。例如,訪問受虐婦女支持團體中較為沉默或是較少參加聚會的成員,你反而可以深入得到重要但暫時性的資訊。本章稍後,會討論變異個案抽樣方法,並與質性抽樣方法做連結。

▶▶▶ 配額抽樣

配額抽樣(quota sampling)以描述目標母群體特性的矩陣模式做為開始。例如,母群體的男性女性、各年齡層分布、教育狀況和族群等都各占有比例。若要建立全國性配額樣本,我們必須瞭解全國母群體中以下各項的人口分布情形,例如都市、東部各州、男性、25 歲以下、白人和勞動階級等,以及矩陣中其他所有的排列。

一旦我們建立這樣的矩陣,並且在每個細項填入相對應的比例分配,我們就可以從符合特定細項特質的人口中蒐集資料。所有符合各個細項特質的人口,會依其總體母群體的分佈情形給予相稱比例〔此過程稱為加權(weighting)〕。當所有的樣本單元都經過如此加權之後,整體數據就可以合理代表全部的母群體。

配額抽樣有幾個內在問題。第一,配額架構(即不同細項所代表的人口比例)一定要精確,為了達到目的,想去取得最新資訊通常很困難。第二,特定細項的樣本元素本身可能已經存有偏誤,即使它在母群體的比例估計相當精確。一個訪談者被派去訪問五個符合複合特質的人,但訪談者可能不會去訪問住在七樓公寓,要爬樓梯、房子年久失修或家裡養惡狗的人口。使用配額抽樣的研究人員,必須小心這些潛在問題,並且設法加以預防。例如,他們應該儘可能去取得組成特定細項人口的精確人數與特性。他們必須確定訪問人員有經過適當訓練和管控,以避免他們為了想跳過令人討厭的訪談,而違反抽樣計畫。但是,諸如此類的潛在問題,並無法保證可以事先預知和防堵,因此,如果你的研究目的是統計性的描述,使用配額抽樣法要特別小心。

20　**變異個案抽樣**　立意抽樣的另一種形式,它的案例並不依循常態模式,用意是增進正常模式的瞭解。

▶▶▶ **滾雪球取樣**

這是另一種非機率的抽樣技術，有些學者認為這是偶發性抽樣法的另一種形式，稱之為**滾雪球取樣**（snowball sampling）[21]。當很難去尋找一個特別母群體成員時，可以使用「滾雪球取樣」。例如，街友、外勞、未登記移民等。它的程序是蒐集目標母群體中少數可以尋找成員的資料，再透過這些人士提供他們知道的，可以找到的其他成員資訊。「雪球」（snowball）一詞指的是研究對象增加的過程，因為每一位被尋找的對象可以再建議其他的對象。這種抽樣過程也會產生樣本的代表性問題，所以主要是用在探索性研究。儘管如此，滾雪球抽樣法在質性研究上，仍然是一個重要、而且常用的技術，對少數族群及受壓迫群體的研究上，通常必須使用這種方法。

現在讓我們回過來看常被運用在質性研究的抽樣方法，我們會更深入探討曾經討論過的非機率抽樣方法，和其他特別與質性調查有關的方法。

其他質性抽樣方法

質性研究的抽樣方法可能比量化研究更為複雜，因為質性研究者經常試圖觀察他們研究領域內的所有事物，也可以說他們並不做抽樣。實際上，要觀察所有的事物當然不可能。所以就某種程度而言，質性研究者只會觀察發生事物的一部分，他們觀察到的可能是事實樣本。如果有幾個人為社區集會演講者吶喊支持，研究者聽到並理解這就是代表所有吶喊的樣本。或者，一個質性研究者在一場暴動中，觀察到暴力行為，那些被觀察到的行為就是所有暴力行為的樣本。質性研究者很少能在觀察中挑選一個受管控的樣本，但他們要牢記代表性的一般原則，並以此詮釋他們的觀察。

雖然質性研究者經常需要依賴便利性抽樣法，但有時候，他們會做得更好。例如，他們研究一個草根性社區組織，經過一段時間的發展，他們可能會選擇列出所有組織成員的名單，再從名單中選取出機率樣本，訪問組織中的不同成員。

21　滾雪球取樣　另一種非機率抽樣方法，使用時機是當很難尋找一個特別母群體成員時。每一位在目前母群體被選取的成員，可以透過他提供碰巧知道的其他對象。

當他們一定要運用非機率抽樣法時，可能嘗試透過配額抽樣法來改進便利性抽樣，代表所有不同參與類型的人。例如，在研究社區組織，可能會訪問領導者、非領導者、較激進成員、較溫和成員、男人與女人、年輕人和老人等。

▶▶▶ 變異個案抽樣

質性研究者也經常使用我們討論的滾雪球取樣法，或者也會使用變異個案抽樣。你可能記得，我們先前討論變異個案抽樣時，曾經承諾會在質性抽樣法中詳細說明。檢視脫離正常模式的案例，可以幫助我們改進對正常態度和行為模式的觀察與瞭解。例如，我們可以從一個參加聚會但未受群體情緒感染的人，或根本沒出席集會的人進行訪談，深入認識群體意識的特質。

變異個案抽樣在某方面並不尋常，例如，假設你有興趣進行個案管理研究以描述個案管理實務的多樣性，瞭解影響個案管理過程的因素並建構假設。如果你懷疑個案經理人的個案量，會對個案管理的本質產生重大影響，你可能想要挑選幾個以高個案量和低個案量聞名的方案樣本。

另一個例子，如果你想藉由家庭對養護照顧的投入來建構假設。你可能會訪問療養院員工，請他們告訴你，親友高度介入和低度介入的家庭，並進行深入探討。

▶▶▶ 深度抽樣

然而，或許你會懷疑極端的或變異的案例太過於不尋常，因為它們對你想要研究的現象，提供一種扭曲的描述。如果是的話，Patton（1990）建議你考慮使用**深度抽樣法**（intensity sampling）[22]。挑選比一般更強或更弱的案例，但不要過於不尋常到被稱作「變異」（deviant）的程度。因此，如果挑選對療養照護投入最高和最低的家庭，你比較會選擇那些多數家庭，或多或少會投入照護的家庭，而非不積極投入或根本沒有投入的家庭，因為他們代表脫離常軌的家庭，這種太過極端的資訊容易讓人誤解，或以為沒有太大的用處。

---

22 **深度抽樣法** 一種質性抽樣的技術，類似變異個案抽樣。挑選比一般更強或更弱的案例，但不致於不尋常到被稱作變異的程度。

▶▶▶ 最大變異與同質性抽樣

最大變異抽樣（maximum variation sampling）是由 Patton 提出的另一種質性抽樣法。它的策略是對一個小樣本進行深入研究，以獲取某一現象的多樣性。藉由對異質性環境現象的觀察，我們可以獲得更深入和有用的認識。因此，如果你想要研究個案管理過程，你可能會挑選大、中、小個案量的方案，都市、郊區、鄉鎮的方案，以及一些新的、舊的方案等。

另一方面，你可以選擇**同質性抽樣法**（homogeneous sampling）。假設你有興趣研究個案經理人如何處理角色過勞問題，也許你會限定樣本對象是個案量極大的個案經理人。

▶▶▶ 理論抽樣

另一個質性抽樣法被稱之為**理論抽樣**（theoretical sampling）[23]。這個方法與質性研究的紮根理論典範有關聯性，我們將在第十三章討論。理論抽樣在一開始選取新案例時，看起來會類似先前探究概念與假設形成的個案，但只要研究者察覺無法從這些類似個案的觀察中得到新見解時，就會挑選另一種不同類型的個案，同樣程序會不斷地被重複，一直到似乎無法從這些不同類型個案觀察中得到新的見解為止。因此，理論抽樣法結合了同質性抽樣法與變異個案抽樣法。

我們已經討論過的非機率抽樣策略和樣本，都可稱之為**立意取樣**（purposive sampling）[24] 與**立意樣本**。質性研究中，立意抽樣法牽涉到選取一個觀察樣本，然後基於廣泛的觀察與回應，與對研究對象產生的直覺，使你相信將對研究主題有最完整的瞭解。你可以利用立意取樣的程序，去選取變異的或關鍵性的案例，但是你也可以藉此獲得研究現象的代表性描繪。

---

23 **理論抽樣**　一個與紮根理論典範有關的質性抽樣法。理論抽樣法在一開始選取的新案例，看起來類似先前探究概念與假設形成的個案，但只要研究者察覺無法從這些類似個案的觀察中得到新見解時，就會挑選另一種不同類型的個案，同樣程序會不斷地被重複，一直到似乎無法從這些不同類型個案觀察中得到新的見解為止。

24 **立意取樣**　基於你的判斷，選取最有代表性或最有用的群體做為樣本。

重點整理

- 樣本是母群體中的小團體，被用來觀察以推論總體母群體的特性。

- 機率樣本品質的主要標準在於它的代表性程度，即樣本與母群體在特質上的相同度。

- 機率抽樣法提供一個非常好的方法，去選取具有代表性的樣本。

- 機率抽樣的主要原則是，母群體中的每個成員都必須有非零的機率被選為樣本。

- 經由最謹慎程序選取的樣本，也無法完美代表它的母群體，一定會有某些程度的抽樣誤差。

- 機率抽樣法讓我們能夠在特定樣本中估計抽樣誤差的程度。

- 抽樣架構是母群體成員的名單或類似列表，是用來選取樣本的來源。一個樣本的代表性，直接仰賴母群體抽樣架構包括所有成員代表性的程度。

- 簡單隨機抽樣法是機率抽樣中最基本的方法。

- 系統抽樣是從抽樣架構中，選取每第 k 個成員做為樣本。這個方法在功能上與簡單隨機抽樣相同，但會有少數的例外。

- 分層是在抽樣之前，先將母群體的成員進行同質性的分組。這個方法減少抽樣誤差，以改進樣本的代表性。

- 多階段群集抽樣是比較複雜的抽樣技術，經常被運用在母群體成員名單不存在的狀況。先選取最初的團體成員樣本（群集），接著列出所有被選取群集成員的名單，通常經由直接觀察來達成。最後，由群集選取的成員是次樣本，會被再度重新抽樣，直到產生最後的樣本成員。

- 非機率抽樣的過程，是利用無關隨機抽樣的方法去選取樣本。

- 信賴可用的對象（便利性抽樣法）是有高度風險性的非機率抽樣方法，但是在某些案例中卻是相當有用。

- 立意取樣是非機率抽樣法的一種類型，透過研究者自己的判斷選取樣本成員，有時被稱為判斷抽樣。

- 滾雪球取樣的使用時機，是在難以定位一個特別母群體成員時。研究者詢問目標群體中被選取的成員，他們知道可以在母群體中找到其他成員和資訊。

- 使用於質性研究的抽樣策略，與量化研究不同，質性研究的抽樣策略比較不會運用機率抽樣的程序。

實作練習

1. 使用書中附錄 C 的亂數表，在 1 到 9,867 中選取 10 個簡易隨機樣本，描述過程中的每一步驟。

2. 針對國內療養院居民，用一段或兩段描述多階段群集樣本的選取步驟。

3. 假設你想要訪問最近從拉丁美洲移民美國的農場工人。請討論若是完全依賴機率抽樣技術來選取樣本，其中會有什麼內在問題？若是要獲得適當樣本，需要哪些非機率抽樣技術？你為什麼需要，以及如何使用它們？

4. 假設你想要學習，如何吸引更多家長自願參加為物質濫用青少年所舉辦的治療課程。一開始你想要知道，為何有些治療工作人員比其他人員，更能有效激勵家長來參加課程。你也想要確認，家長或青少年的特殊個性，是否有助於說明家長參加或不參加的原因。請討論，對家長或工作人員進行訪問調查時，什麼情況下，你會使用量化或質性抽樣策略？你會採取什麼樣的特定抽樣技術？你的理論根據何在？

5. 假設你是療養院服務的社會工作人員，想要調查院民的親屬，以瞭解他們投入照護院民程度的相關因素。你取得每位院民主要聯絡人的名單做為抽樣架構，你從中選取了一個隨機樣本。

(1) 由量化研究的代表性觀點，慎重評估這個抽樣策略。即使你只想要推論療養院的服務狀況是否有問題？為什麼？是否還有更好的量化抽樣方法呢？如果有的話，請指出並說明你偏好此項方法的理論根據。

(2) 由質性研究的代表性觀點，慎重評估這個抽樣策略。是否還有更好的質性抽樣方法呢？如果有的話，請指出並說明你偏好此項方法的理論根據。

網路練習

1. 在 *Health and Social Work* 期刊中，找出兩篇研究文章，其中一篇是使用機率抽樣法，另一篇則是使用非機率抽樣法。請嚴謹評論它們各自使用的抽樣程序，正面或反面均可。

2. 再找出並扼要檢視 *Health and Social Work* 期刊中的其他四篇文章。有幾篇是使用機率抽樣法？有幾篇是完全依賴非機率抽樣法？

3. 上網搜尋你最愛的幾個網站，找到其中一個有關訪客調查的網站。例如，特定的新聞媒體網站，對每日政治議題做民意調查。請討論，你在調查中發現的抽樣問題並舉出問題所在，諸如抽樣架構和樣本代表性等。

4. 瀏覽美國司法統計局的犯罪受害調查網站：http://bjs.ojp.usdoj.gov/index.cfm?ty=dcdetail&iid=245，檢視 "Methodology" 的檔案：

"Survey Methodology of Criminal Victimization in the United States"。簡單描述並評論下載檔案的研究中，所使用的多階段抽樣程序。

5. 尋找在 2002 年 7 月的 *Social Work* 期刊，由 M. A. Biggerstaff、P. M. Morris 與 A. Nichols-Casebolt 所發表的論文："Living on the Edge: Examination of People Attending Food Pantries and Soup Kitchens"。請嚴謹評論其研究中使用的多階段群集抽樣程序。

6. 找出兩篇使用質性抽樣法的論文，描述使用的抽樣方法及理論根據。請討論為何機率抽樣法在這些研究中可能是比較不適當。

提醒事項

EP 2.1.6b：善用研究證據推行實務： 社會工作人員必須瞭解本章的全部觀念，才能夠為研究謹慎評估抽樣方法的選擇，然後運用在實務工作。

EP 2.1.10d：蒐集、整理和解讀案主的資料： 社會工作人員必須瞭解本章的全部觀念，才能夠在蒐集和解讀資料時使用適當的抽樣方法。

EP 2.1.10m：批判性分析、監測及評估介入方法： 社會工作人員必須瞭解本章的全部觀念，才能夠在進行監視或評估介入時使用適當的抽樣方法。

第五部分

方案與實務評估的設計

前面兩章重點有關由樣本到母群體通則化的能力與議題，接下來將轉向為觀察樣本因果關係的邏輯推論。第一章我們討論過，為何需要評估社會工作實務與方案的有效性。第十一章我們將要討論實驗與準實驗的邏輯性，使我們有能力推論案主結果是因為我們的介入，還是其他替代性解釋因素造成。第十二章將在單案評估設計中，檢視評估實務效果邏輯性安排。它將會顯示實務工作者如何利用這些設計，去評估他們實務工作的成效，以及這些設計如何對某個特殊個案的特殊介入產生效用的因果推論。第十三章將從效益推論的邏輯和方法出發，以影響方案和實務評估的政治化氛圍為重點，討論既得利益如何影響評估的進行與運作，以及評估者如何處理這些政治力。

實驗與準實驗

前言

　　我們在第十章討論的機率抽樣邏輯，讓我們有能力去推論一個變項是否成為另一變項的原因。例如，假設我們想知道是什麼原因導致受刑人志願參與宗教信仰介入後，再次入監服刑的比例降低。確實是因為信仰介入造成這種差異嗎？或者是志願接受介入的受刑人，就是與其他受刑人不同？他們志願參與介入，只不過顯示其內心的自責，以及強烈反應出想改變目前生活型態的動機，而並非是再犯率降低的真正原因。

EP 2.1.6b
EP 2.1.10m

　　要回答這些問題，假設我們不去比較志願與拒絕參加介入的受刑人，而是使用機率抽樣的技巧，將那些志願者分成兩組，接受信仰介入的一組以及沒有接受信仰介入的一組（或者是接受另一種介入）。將大型的樣本（例如，大約 100 位左右的受刑人）**隨機**（randomly）均分成兩組，我們可以假設這兩組對總樣本都具有代表性，所以彼此也都相互有代表性。那麼，假如其中一組受刑人有較低比例再次被拘捕，我們就可以推論，他們接受的介入是造成這種差異的原因，而不是兩組受刑人預先已經存在的動機或其他特性差異造成。

　　當研究設計的特性（前面描述）可以讓我們確定，確實是我們的自變項（譬如，介入類型）造成依變項（譬如，再犯率）的改變，而不是其他類型的解釋（譬如，某人無論是否接受介入，已經存在的特性差異），那麼我們的研究就可以說具有**內在效度**（internal validity）。至於針對改變所做的其他解釋，則被稱之為**內在效度的威脅**（threats to internal validity）。當檢視一些內在效度的明顯威脅之後，我們將會明白**實驗設計**（experimental designs）為何與如何被認定需要有內在效度，以及為什麼在確定一項事物真的成為造成另項事物的原因時，會被認為是最好的方法。現在讓我們檢視因果關係推論的三項標準做為開始。

因果關係推論的標準

在推論我們的自變項真的成為導致依變項改變的原因之前，我們必須檢視是哪一種改變發生在先。是自變項改變在先？還是依變項？認定後來發生事物導致先前發生事物的改變，是不合邏輯的。因此，因果關係推論的**第一個標準**（first criterion）是，**時間順序上原因必須先於結果**。

雖然這個標準看似簡單明瞭，我們仍然可以在社會工作研究結果的分析上，發現無數與此有關的問題。通常我們會發現連結兩個變項的時間順序完全不清楚。例如，假設研究發現有反社會行為問題的小孩比行為良好小孩，與父母互動關係比較不良。是不良關係造成行為問題？或者孩子的問題造成比較不良的親子關係？哪一個發生在先？也許行為問題產生原因是大環境中父母無法控制的生理或其他病理因素。

因果關係的**第二個需求**（second requirement）是，**兩個變項必須是互為共變**。如果僅憑接受和未接受信仰介入的受刑人再次被補的比例沒有差異的話，就推論介入是造成較低再犯率的原因，那是沒有意義的。也就是說，介入和再犯率的兩個變項之間沒有共變性。

因果關係的**第三個需求**（third requirement）是，**兩變項間的共變性，不能解釋是由於某第三變項的影響所造成**。例如前面所述，再犯率的不同，也許可以用志願參與介入的受刑人，本身就有強烈「改邪歸正」的動機來解釋。

內在效度

當我們考量一項研究調查，能夠允許變項之間做因果推論時，我們就再次遇到**效度**（validity）這個名詞。你也許回想到第七章討論測量效度時，我們曾經提到，效度是一種能真正測量對象程度的工具。然而，在討論因果推論時，我們使用不同的用詞。在考量因果關係時，有兩種重要型式的效度：**內在效度**（internal validity）與**外在效度**（external validity）。

如前所述，**內在效度**（internal validity）[1] 指的是一種對於研究結果的信心，

1　內在效度　一種影響依變項結果的程度，實際上是自變項引起的，不是其他因素影響。

能夠精確地描述一變項是否為另一變項的原因。若能完全符合前面所提的三項標準，這項研究就可以說具有內在效度。反之，若不能符合這些標準，則將限制我們解釋依變項的立場，或去推論自變項是否扮演因果關係的角色。**外在效度**（external validity）[2] 指的是在研究中對因果關係的推論，在超出研究的情況之外被**通則化**（generalized）的程度。我們現在先深入檢視內在效度，並在本章稍後回到外在效度的概念。為了釐清我們如何評估研究的內在效度，讓我們先檢視一些內在效度的威脅因素。

▶▶▶ 內在效度的威脅

內在效度的威脅指的是在自變項以外，可以對依變項造成影響的事物。例如，評估方案或實務成效時，調查者可能會錯誤推斷結果的差異性是由於評估的介入所造成，事實上卻是其他事物改變了結果。這裡有七項內在效度的威脅：

1. **歷史**（History）。研究過程中，可能會發生一些外在事件混淆研究結果。**歷史**這個名詞很詭異。外在事件不是個人在歷史書籍中，可以看到的新聞事件，它只是指出一項事實，外在事件發生與處理自變項時間巧合一致。例如，假設有一項社會服務成效研究，其評估療養機構院民接受社會服務之前和之後的士氣改善效果。也許有某些外在因素，在測量進行前後被引進，改善了療養院的環境。這種可能性造成研究內在效度的威脅，而不是因為自變項（社會服務）造成依變項（士氣）的改善。

2. **成熟或時間歷程**（Maturation or the passage of time）。人們會持續成長和改變，不管他們是否為研究的一部分，而那些改變會影響研究結果。例如，上述療養院的例子，院民在接受社會服務數年之後，身體狀況逐漸衰弱，所以社會服務是導致身體退化的原因，這項推論是很愚蠢的。時間的經過，年齡老化過程後的成熟，是內在效度產生嚴重威脅的代表。但是這種內在效度的威脅，並不需要對研究做根本的改變，它也可以被視為時間變遷所造成的影響。例如，如同悲傷輔導的思維，如果只因為痛失親人案主經過輔導之後，他的心情與功能有些許好轉，就認為悲傷輔導一定是導致心情改善的原因，

2　外在效度　研究中因果關係推論範圍，超出研究情況之外被通則化的情形。

這種推論也一樣是愚蠢的。

3.　**測試（Testing）**。測試過程本身，經常就可以改善測試的結果，而不需要對測試實際建構事項做相關的改善。假設我們想要評量一項工作坊，對社會工作人員參加州政府證照考試是否有幫助。我們可以建構一項測驗，在社會工作人員參加工作坊之前和之後施測，測試和證照考試類似的項目。如果他們在政府考試的成績進步了，那麼我們可能會將進步的原因歸功於工作坊的成效。但若是社會工作人員在參加第一次考試之後，並在參加工作坊之前查詢答案，且於下次參加同樣考試時，仍然能夠記住答案呢？他們甚至不用參加工作坊，就能在後測中得到較高的分數，所以我們無法聲稱是參加工作坊的原因，造成他們在分數上的進步。

4.　**測量工具改變（Instrumentation changes）**。如果我們在後測和前測中，分別使用不同的方式測量依變項，我們要如何確定他們彼此是可以相互比較的呢？假設在評估工作坊是否有助於社會工作人員在州政府的證照考試，我們不希望工作坊的參與者參加兩次的測驗（以避免影響測試效果）。因此，我們可能要建構兩種我們認為是相等的測驗版本，一個用於前測，另一個用於後測。雖然，我們想要確定是我們的工作坊造成分數的進步，儘管我們做了最大的努力，但原因卻可能是，後測版本比前測版本更為簡單。而且，若是他們的成績變差了，也可能不是工作坊為他們考試所做的準備不夠，而是後測版本比較困難。

5.　**統計迴歸（Statistical regression）**。有時候我們可以對由於依變項出現極端分數而被轉介的案主，評估其服務效果。例如，假設有一項可以減輕老人憂鬱的新型社會工作介入，正在一間療養院進行試驗性測驗，對象是憂鬱量表分數顯示有最嚴重憂鬱程度的院民。從臨床角度看來，為最有需要的居民提供服務是非常適當的。但若從方法論角度來思考，如果對轉介的院民沒有提供介入，那麼他的憂鬱量表分數會有何影響？考慮這一點時，我們應該想到，對任何評量表進行重複測試時，每次個別量表分數都會有或多或少的變動，不表示個人真的改變了，只是隨機測驗因素影響測量工具的完美可信度。例如，因為前測分數極低而被轉介的部分院民，可能在做前測的日子裡，情況剛好是不正常的糟糕，而在平常的日子，評量表分數可能會比較好。也有可能他們在前測的前一晚睡得不好，也許原有的慢性疾病在那天忽然發

作，或者是好友或親人剛好在那星期中過世。

　　當我們只對前測分數有極端問題的對象提供服務時，前測分數都是非典型的不好，其可能接受服務的比例會高於未接受服務的人。相反的，因為前測分數較好而沒有被轉介的人，可能包括前測分數異常高的人（也就是說，在前測當天過得特別好）。結果是，即使沒有任何介入，有接受服務的人在一段時間之後，比起未被轉介的人，在憂鬱評量表的平均分數會有一些改善。於是，這裡也會產生一種危險，也就是在極端情況下，開始出現改變的研究對象，經常會被錯誤歸因是自變項造成的效果。

6. **選擇性偏誤**（Selection biases）。除非被選擇比較的團體是真正**可比較的**（comparable），否則並不具有任何的意義。假設我們想評估一項親子關係提升技巧在介入上的效果，比較對象是自願和拒絕參加介入計畫的父母。我們無法將有參加計畫父母們的明顯改善歸因於介入的效果，至少我們對於結論的內在效度並沒有很強的信心，因為兩組父母的其他差異，可以解釋進步的差別。例如，有參加計畫的父母，可能比拒絕參加者更有動機尋求改善，因此會更努力去嘗試並閱讀更多的書籍，或是做更多與介入計畫無關的事項，也許這些才能真正解釋他們得到明顯改善的原因。對於社會服務的評估來說，選擇性偏誤是很常見的內在效度威脅，因為有否接受服務的對象，經常只會比較服務結果，而沒有事先用心確認他們的起點是否相等。也許這種情況最常發生在選擇接受服務的個人和未被轉介的服務者，或是選擇不接受服務的個人之間的比較（例如，對自願和拒絕參加介入計畫的受刑人，比較他們的再犯率）。

7. **因果影響方向的不確定性**（Ambiguity about the direction of causal influence）。如同本章稍早所討論的，自變項和依變項在時間順序上存在模稜兩可的可能性。每當這種情況發生時，認為自變項是造成依變項改變的研究結論，就會受到另一種解釋的挑戰，認為「依變項」實際上造成自變項的改變。

　　例如，假設有一項研究發現，完成物質濫用處遇計畫的案主，可能比中途退出計畫者，較少再發生物質濫用的情況。這就會產生不確定性，究竟是處遇計畫影響參加計畫者不再濫用藥物，還是自我對藥物的禁制幫助案主完成計畫。

我們可以檢視經常用於評估社會工作實務和計畫的研究設計，進一步說明上述內在效度的威脅。雖然研究消費者可能不同意特定研究對內在效度威脅，能夠有多好的掌控程度，通常我們可以區分哪些研究的內在效度非常低，哪些研究的內在效度非常高，哪些值得「拼湊的評論」（mixed review）。大部分的評估要依據研究是使用下列哪一種設計類型，我們將從一些低內在效度的研究設計開始，稱之為**前實驗設計**（preexperimental designs）。

前 實驗設計

如前所述，如果研究只是看兩變項之間的共變性，而不去控制影響內在效度的威脅因素，則它們是有很低的內在效度。但某些研究甚至沒有建立起共變性。例如，**單一施測個案研究**（one-shot case study）[3]的考量。這種設計的速記符號是：

$$X \quad O$$

其中 X 代表刺激物的引介，譬如是一項介入。O 則是代表觀察，產生對依變項的評量。在這種設計中，當一種刺激物（亦即一項介入）被引介之後，只有單一的團體對象被進行做依變項的測量，沒有將得到的結果與其他測量做比較。

例如，進行一項服務之後，對服務接受者進行社會功能測量。這種設計無法讓我們確定觀察到的社會功能程度，是否比剛開始接受服務時高（或低），或是比其他未接受服務者高（或低）。因此，這種設計除了無法評估共變性外，也無法控制任何影響內在效度的因素。

即使時間順序建立了，而且假設中的改變也被觀察到，我們仍然只符合三項因果關係推論標準中的兩項。只符合這兩項標準也意味著，我們無法排除是**外在變項**（extraneous variables）或者是**外在事件**（extraneous events），引起觀察的改變。例如，**單一團體前測後測設計**（one-group pretest-posttest design）[4]的考量，

3　單一施測個案研究　一種前實驗研究設計，其內在效度低，研究參加者在接受介入或另一型態刺激物之後，簡單測量單一團體參與者的依變項。

4　單一團體前測後測設計　一種前實驗研究設計，其內在效度低，參加者在接受介入或另一型態刺激物之前和之後，評估依變項，但對於任何觀察到分數上的改變，並不企圖控制以尋求其他的解釋。

這種設計的速記符號是：

$$O_1 \quad X \quad O_2$$

其中下標符號的 1 與 2 和觀察的順序有關，因此，O_1 是介入之前的前測，而 O_2 則是介入之後的後測。這種設計是在刺激物（介入）被引介之前和之後，對依變項做評估。因此，社會服務效果的評估中，這種設計會在服務之前與之後，評估結果的變項。

雖然這種設計會評估因果關係時間順序的共變性和管控，但它並未說明自變項以外，可能導致前測與後測改變的其他因素，那些因素通常與下列內在效度的威脅有關：歷史、成熟、測試，以及統計迴歸。

例如，假設我們要對社會工作學系學生，在接受社會工作教育之前和之後，評估他們對社區組織當中社會行動策略的態度，該策略強調的是對抗與衝突（抗議、抵制等）。再假設經過這段教育時間之後，我們發現他們比較不認同對抗的社會行動策略，而比較支持共同性的社區發展取向。

這種發現能否讓我們推論學生態度的改變，可**歸因於**社會工作教育的效果嗎？不，不是這樣。可能還有其他因素，在相同的時間內運作，並造成改變。例如，學生們也變得成熟，並且更能夠容忍較為遲緩、漸進性的策略，來改變現狀（前段**成熟或時間歷程**中所提，一種內在效度的威脅）。又或者是，學生在接受社會工作教育期間，發生了某些特定外在事件，造成他們改變的原因（**歷史**的威脅）。例如，也許有一連串示威抗議的效果似乎適得其反，歸因於他們厭惡的總統候選人使他們認知到示威抗議活動的負面效果，進而更加懷疑社會行動的策略。

第三種的前實驗設計是**不對等團體單一組後測設計**（posttest-only design with nonequivalent groups）[5]。這種設計也被稱作**靜態團體比較設計**（static-group comparison design），它的簡單速記符號是：

---

[5] 不對等團體單一組後測設計　一種前實驗設計，包含兩組無法比較的團體。在自變項被引介到其中一組之後，評估依變項。

$$X \quad O$$
$$O$$

　　這種設計在介入被引介到一團體之後評估依變項，同時評估第二組的依變項，但第二組可能無法與第一組比較，而且也未接受過介入。在社會服務成效評估中，這種設計只評估案主在接受服務之後（而非之前）的結果變項，並且用來與另一組未接受服務的案主比較，這一組的案主非常有可能在許多重要方面，都與接受處遇的案主不一樣。

　　例如，讓我們回到前面有關的假設，虐待兒童父母採用認知行為介入的成效評估。使用的是不對等團體單一組後測設計，而非去比較有接受介入父母在前測與後測分數的差異，這樣我們可以將他們後測的分數，與未被轉介或是拒絕接受介入施虐父母的分數相比較。我們希望能證明有接受處遇父母的分數，比未接受處遇的父母好，因為這表示自變項（處遇情形）和依變項（測試分數）之間，有我們想要的共變性。但這種共變性並不允許我們就此推論，造成兩組團體間差異的原因是介入的關係。最重要的理由是，這種設計無法控制**選擇性偏誤**（selection biases）的內在效度威脅。沒有前測，我們無從得知兩組團體的分數是否一開始，也就是說，接受處遇父母在處遇開始之前，就有所差異。

　　此外，這兩組團體在某些重要特性上，也許並不是真正相等。比起未被轉介或拒絕處遇的父母，被轉介或選擇處遇的父母可能更有動機去改善，或已經有更多的支持資源。

▶▶▶ **試驗性研究**

　　當我們準備繼續討論具有較高內在效度的研究設計時，需要有一個分隔條件。當我們說某種特定研究設計有低內在效度時，並不是說你應該永遠都不要使用那種設計，或是使用那種設計的研究永遠都沒有價值。記住，並非所有的研究都致力於產生決定性的因果關係推論。許多研究都有探索性或描述性的目的。例如，假設你的機構開始對一個鮮為人知的小型目標團體，進行新式創新的介入。若是能先找出案主在單一組前測後測的設計中，後測分數優於（也許劣於）前測分數，可能相當有幫助。你可能會利用這種設計做為**試驗性研究**（pilot study）的基礎，只為求取暫時性、探索性或描述性的資訊。這類的試驗性研究普遍見於

無法進行強硬設計的實務工作，並且經常在實務取向的期刊中發表。如果後測分數比前測好很多，可能因此激勵你的看法，認為介入更是可能有效，即使它並不允許你做決定性的宣告，證實是介入造成想要的效果。有了這樣的結果之後，你已經建立了共變性和時間順序的因果關係推論標準，並且對介入在後續測試奠定合理的基礎，也許還包括發現以較高內在效度的設計進行大型研究的資源。有兩種比前實驗設計更有內在效度的研究設計，分別是**實驗設計**（experimental design）與**準實驗設計**（quasi-experimental design）。我們首先檢視實驗設計。

實驗設計

　　實驗設計的目的，是嘗試要對內在效度的威脅做最大限度的控制。它們的方法是給予研究者更大的能力去操縱和隔離自變項。在社會工作，最常見的實驗設計是評估服務或實務方法的效果。實驗的基本要素包含：(1) 將個體隨機分配至**實驗組**（experimental group）[6] 和**控制組**（control group）[7]；(2) 引介一種自變項到實驗組，另一個到控制組（例如，實驗組接受的可能是一種創新的介入，而控制組接受的則是例行性的服務）；以及 (3) 比較實驗組和控制組在依變項上有多少的改變。

　　例如，假設我們想要評估社會工作人員在療養機構使用的介入，該種介入是讓案主回顧過去的生活史，以緩和憂鬱和提高士氣。我們並非只是比較那些先前是否要求和接受介入的院民，因為我們無法假設這兩組團體在一開始是相等的，如此會構成一種前實驗取向。我們的實驗取向是運用亂數表、擲銅板或系統化抽樣程序，隨機分配每位同意參加研究和合適的院民到實驗組（他們將會接受介入）或是控制組（他們將不會接受介入）。進行介入前後，將會觀察一個或多個憂鬱和士氣（依變項）的指標，若是實驗組成員的情緒比控制組成員獲得較多的改善，這項發現將會支持介入確實是造成改善的假設。

　　前面例子所說明的是古典實驗設計，又稱之為**前測後測控制組設計**（pretest-

6　**實驗組**　實驗中，個體接受介入或方案評估的團體。

7　**控制組**　實驗中，個體未接受介入或方案評估的團體。

posttest control group design）[8]。圖表 11.1 為這種設計的示意圖解。它的速記符號
是：

$$R \quad O_1 \quad X \quad O_2$$
$$R \quad O_1 \quad\quad O_2$$

設計中，R 代表將研究參與者隨機分配至實驗組或控制組。O_1 代表前測，O_2
代表後測，X 則代表介入的測試。

要注意的是，這種設計如何控制許多內在效度的威脅。如果情緒的改善是因
為歷史或時間成熟因素所引起，那麼就沒有任何理由認為實驗組應該比控制組有
改善。同樣的，由於院民是被隨機分配，也沒有任何理由去假設實驗組比控制組
在統計迴歸上，曾經有較低的極端分數。隨機分配也排除其他任何的原因，去假
設這兩組的依變項或有關因素，諸如動機或社會心理功能方面，在開始時就有所
不同。標題為「對於有嚴重行為問題風險的孩童，評估治療方案效果的社會工作
實驗」的專欄，是一項已經發表的社會工作研究報告摘要，該研究使用前測後測
控制組設計。

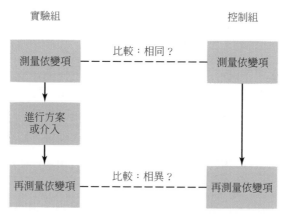

圖表 11.1　基本實驗設計的圖解

8　前測後測控制組設計　又稱為古典實驗設計，研究參與者被隨機分配至實驗組或控制組，實驗組接
　　受介入評估，控制組不接受介入評估。實驗組進行介入的前後，將會測試兩組的依變項。

對於有嚴重行為問題風險的孩童，評估治療方案效果的社會工作實驗

Mark Fraser 和他的團隊評估一項多元性介入處遇孩童的成效，對象是老師認為有攻擊性反社會行為或是被社會同儕排斥的同學。這些孩子被隨機分配至一實驗組，或一控制組的等候名單。實驗組的孩子參加課後或校內活動的社會行為技巧訓練計畫，他們的父母或照顧者，則參加家庭內的家庭介入方案，提升親子關係技巧，控制組孩子「繼續參與他們已經接受的例行性服務」。研究的結論，控制組的孩子和父母，被提供與實驗組相同的介入配套計畫。研究結果由老師填表，對於每位孩子在教室和操場的行為，完成前測和後測的分數評比。結果顯示，實驗組孩子比控制組孩子，在次社會行為、控制情緒能力、增加與同儕的社交機會等分數評比上，有更多明顯的改善。

資料來源：

Fraser, M., Day, S. H., Galinsky, M. J., Hodges, V. G., and Smokowski, P. R. 2004. "Conduct Problems and Peer Rejection in Childhood: A Randomized Trial of the Making Choices and Strong Families Programs," *Research on Social Work Practice*, 14, 5, 313-324.

　　然而，同時也要注意的是，前測後測的控制組設計並不能控制測試和再測試可能產生的影響。如果我們認為一次的前測可能影響處遇的效果，或是可能造成控制組對於後測反應的偏誤，那麼我們可能會選擇一種實驗設計，稱之為**單一組後測控制組設計**（posttest-only control group design）[9]。另一個選擇單一組後測控制團體設計更為普遍的理由是，不可能做前測或是不實際的情況下，譬如，預防兒童虐待成效評估方案。這種設計的速記符號是：

$$R \quad X \quad O$$
$$R \qquad O$$

　　這種設計的假設是，隨機分配過程會消除實驗組和控制組之間在起初的任何顯著差異。這種一開始對於團體相等性的假設，允許我們做如此的推論，即兩個

---

[9] 單一組後測控制組設計　一種古典實驗設計的變化，為避免前測造成對測試效果可能的影響，只對實驗組在接受介入之後進行測試。其所根據的假設是，隨機分配的過程會在進行介入之前，提供實驗組和控制組依變項的對等性。

團體在後測時發生的任何差異，都可以反應出自變項在因果關係的影響。在「動機性訪談的社會工作實驗評估」專欄中，是一項已經發表的社會工作研究報告摘要，該研究使用單一組後測控制組實驗設計。

如果我們想要知道前測與後測之間的改變有多大，但又擔心測試效果，那麼我們可以使用一種較為精緻的**所羅門四組設計**（Solomon four-group design）[10]。這種設計的速記符號是：

$$
\begin{array}{cccc}
R & O_1 & X & O_2 \\
R & O_1 & & O_2 \\
R & & X & O_2 \\
R & & & O_2
\end{array}
$$

這種設計被研究方法學者高度重視，但很少使用在社會工作研究中，它結合了古典實驗設計與單一組後測控制組設計。很簡單的將研究參與者隨機分配成四組，而非兩組，兩組控制組和兩組實驗組。對其中各一組的控制組和實驗組進行前測與後測，另外的各一組實驗組和控制組則只進行後測。如果在前測有造成特殊的影響，那麼可以經由比較兩實驗組的研究結果，和比較兩控制組的研究結果來分辨。

有些時候，實驗會被用來比較兩種替代性處遇的效果。前測會被建議用在這種的實驗設計，以便評估每一種處遇造成的比較性改變有多少。這種的設計被稱之為**前測的替代性處遇設計**（alternative treatment design with pretest）[11]（Shadish, Cook, & Leviton, 2001）。這種設計的速記符號是：

10　所羅門四組設計　一種評估測試效果的實驗設計，將研究參與者隨機分配成四組，將被評估的介入計畫引介至其中兩組，對於有接受和未接受介入的其中各一組進行前測和後測，對於其他兩組則只進行後測。

11　前測的替代性處遇設計　一種實驗設計，比較兩種替代性治療效果，研究參與者被隨機分配至兩個實驗組，分別接受不同的處遇評估，控制組不接受任何介入。實驗組接受介入之前與之後，每一組都測試依變項。

動機性訪談的社會工作實驗評估

Robert Schilling 和他的團隊評估一項動機性訪談介入計畫，鼓勵戒除酗酒者在完成治療之後，參加自助性團體。有 96 位案主被隨機分配至一項為時三期的動機性訪談計畫，或一項標準的照護服務。動機性訪談是直接的，但使用以案主為中心的技巧關係（譬如讓他們感覺被同理、溫暖和真誠），在資訊和回饋的交流中，幫助案主明白存在於他們問題行為與寬廣目標之間的差異，增加案主知覺問題所在和需要改變。住院案主完成照護後兩個月進行，由案主自行出席報告他們的飲酒行為，完成研究結果評估。雖然動機性訪談在目前已經被接受是一種以證據為基礎的介入，但作者對這項研究結果，仍然有些許的失望，因為實驗組與控制組之間的飲酒行為，發現並沒有差異，然而，接受動機性訪談的案主，參加十二階段自助性團體的時間是一般人的兩倍。

資料來源：

Schilling, R. F., El-bassel, N., Finch, J. B, Roman, R. J., and Hanson, M. 2002. "Motivational interviewing to Encourage Self-Help Participation Following Alcohol Detoxification," *Research on Social Work Practice*, 12, 6, 711-730.

$$R \quad O_1 \quad X_A \quad O_2$$
$$R \quad O_1 \quad X_B \quad O_2$$
$$R \quad O_1 \qquad\quad O_2$$

上面第一列代表研究參與者被隨機分配至處遇 A。第二列代表研究參與者被隨機分配至處遇 B。第三列代表研究參與者被隨機分配至控制組。為了要顯示處遇 A 比處遇 B 更為有效，第一列需要比另外兩列顯示，從 O_1 至 O_2 有更多的改善情形。如果前面兩列都顯示出幾乎相同的改善，並且都勝過第三列，那就表示這兩種處遇幾乎有相同效果。但若是第三列顯示出與前面兩列有相同程度的改善，那就表示沒有任何一項處遇是有效的。但是，我們會將這三列的改善情形歸因於其他替代性的解釋，譬如歷史或是時間歷程因素。

有些實驗只使用這種設計的前兩列，不用第三列。也就是說，他們比較兩種處遇，而不與控制組比較。如果其中一組比另外一組有顯著改善，這類的研究可以得到確實有效的研究發現。但是假設兩組只有大略相同的改善呢？就會產生所謂的相等有效誘因。然而，沒有控制組參與比較，我們無法排除內在效度的威脅，

像是歷史或時間歷程因素等，做為兩組改善情形的替代性解釋。專欄「法院指示兩項受虐配偶治療取向的社會工作實驗成效比較」的研究摘要，就在說明此項實驗設計。

有一種類似的設計型式，不只可以用來觀察某項介入是否有效，同時也可以查看哪一項介入要素對於效果屬於必要性。使用這種設計的實驗被稱之為**拆解性研究**（dismantling studies）[12]。這種設計的速記符號是：

$$R \quad O_1 \quad X_{AB} \quad O_2$$
$$R \quad O_1 \quad X_{A} \quad O_2$$
$$R \quad O_1 \quad X_{B} \quad O_2$$
$$R \quad O_1 \qquad\quad O_2$$

上面第一列代表研究參與者被隨機分配至包含要素 A 與 B 的處遇。第二列代表研究參與者被隨機分配至僅包含要素 A 的處遇。第三列代表研究參與者被隨機分配至僅包含要素 B 的處遇。第四列代表研究參與者被隨機分配至控制組。如果第一列研究顯示從 O_1 至 O_2，比其他三列有更多的改善，這就顯示處遇是有效的，並且兩個（A 和 B）要素都是必要的。如果後面兩列中任一列都顯示出與第一列研究相同程度的改善，則表示該列的處遇是達成第一列研究效果所需要的要素，而另外一個要素可能是不必要的。專欄「有虐待兒童風險的父母，評估認知行為介入的社會工作實驗」的研究摘要，就在說明社會工作使用的拆解性研究。

▶▶▶ 隨機化

此時，我們應該很清楚實驗設計的主要原則是，實驗組與控制組必須是可以比較的。理想上，控制組代表尚未接受介入或其他評估實驗刺激的實驗組會有的樣貌。我們無法保證所有相關特質，實驗組和控制組都是相同的，也無法保證它們共享完全相同的歷史或成熟歷程，或是引介評估介入之前，兩組之間沒有相關

12　**拆解性研究**　一種實驗設計類型，不只用來測試某項介入是否有效果，同時也測試介入要素，對於介入效果是否屬於必要性。研究參與者被隨機分配到不同介入要素配套的實驗組或控制組，然後提供介入要素之前與之後，都測試依變項。

法院指示兩項受虐配偶治療取向的社會工作實驗成效比較

Stephen Brannen 為了他的論文，對 San Antonio 法院所處理的受虐配偶治療計畫，進行一項研究實驗，對象是希望維持關係的完整夫妻。這些夫妻被分配至兩種方案中的一項，組成認知行為的治療組。一種是夫妻參加同一組，另一種是依性別分組參加。研究結果是採用標準的自陳量表，來測量夫妻解決衝突的能力、互動關係的暴力程度、溝通程度、婚姻關係滿意度和再犯情形。所有資料都蒐集自虐待案件的被害人和加害者。雖然兩組從前測到後測都有重大的發現，然而，兩組並沒有差別。研究發現雖然與兩種處遇有相同效果的看法一致，但是欠缺沒有接受治療或自我治療控制組情況下，Stephen Brannen 沒辦法判定，歷史或時間歷程的治療因素，也可能是改善夫妻關係的原因。

資料來源：

Brannen, B. J. and Rubin, A. 1996. "Comparing the Effectiveness of Gender-Specific and Couples Groups in a Court Mandated Spouse Abuse Treatment Program" *Research on Social Work Practice*, 6, 4, 405-424.

有虐待兒童風險的父母，評估認知行為介入的社會工作實驗

Whiteman、Fanshel 與 Grundy（1987）從不同方向測試一項認知行為介入效果，目標是有虐待兒童或有風險家庭中的父母，被孩子激怒情況下，能夠降低他們的憤怒情緒。55 位案主被隨機分配至四個介入組，和一個沒有接受實驗性介入的控制組，但是會繼續接受委託機構的輔導。第一個介入組接受認知重建介入，處理父母的認知、期待、評估和壓力。第二個介入組接受放鬆步驟訓練。第三個介入組接受問題解決技巧。第四個介入組則是接受前三組介入要素的全套治療。研究結果顯示，所有實驗組和控制組的前測並沒有顯著差異。然而後測顯示，參加治療的父母（實驗組）比未接受治療者（控制組），憤怒情況顯著降低。尤其是接受全套治療介入的實驗組，憤怒情況最顯著降低。

依據他們的研究發現，Whiteman 和他的團隊建議社會工作人員，嘗試治療虐待兒童或有風險的父母，應使用組合式的全套處遇以降低他們的憤怒情緒，促進正向的育兒態度。他們的研究結果也顯示出，問題解決技巧、認知重建改善育兒態度、放鬆情緒等相關因素，在降低憤怒過程中的重要性。

資料來源：

Whiteman, Martin, David Fanshel, and John F. Grundy. 1987. "Cognitive-Behavioral interventions Aimed at Anger of Parents at Risk of Child Abuse," *Social Work*, 32(6), 469-474.

差異。但是可以在分配案主進入實驗組與控制組團體時，避免偏誤；而且保證兩組在處遇前有高度可能性是沒有明顯差異：這種實驗組與控制組隨機分配的過程被稱為**隨機化**。

　　隨機化（randomization）[13] 或是隨機分配，與隨機抽樣並不相同，儘管它們都是根據相同的邏輯與技巧。被隨機分配的研究參與者，很少是從母群體中被隨機選取的。相反地，他們是自願同意參加實驗的個體，這個事實**限制了**實驗的**通則化能力**（generalizability）。不同於與可通則化的隨機抽樣，隨機化是增加內在效度的一種手段。它並不尋求保證研究參與者對於大型母群體具有代表性，它是在尋求最大的可能性，使實驗組和控制組相互有代表性。

　　隨機化的主要技巧，只需要依據機率理論的程序，分配研究參與者至實驗組與控制組。無論用什麼方法，招募到所有的參與者之後，研究人員可能會擲銅板來分配每位參與者的組別；或是將所有參與者依序編號，然後從隨機號碼表中選擇數字來分配；或是將單號參與者編成一組，雙號參與者編成另外一組。

　　如果套入先前討論抽樣的架構，隨機化中，研究參與者就是我們選取兩種機率樣本的母群體，各自由母群體的一半組成。因為每一種樣本都可以反映全部母群體的特質，所以這兩種樣本可以彼此相互對照。如同我們在第十章中所提到的，參與研究的人數非常重要。如同隨機選擇，隨機分配在大型樣本中是最有效。由於抽樣誤差的原因，如果只是隨機抽樣少數投票人就預測選舉結果是有很高的風險。同樣的，如果我們只招募到兩位參與者，然後丟擲銅板分別分配至實驗組和控制組，那麼我們將沒有任何理由可以假設兩位參與者彼此有相似性。然而，如果有較多的研究參與者，隨機化就會變得相當有意義。

▶▶▶ 提供服務給控制組

　　不提供服務給有需要的人，會有倫理上的問題（我們將在第十六章詳細說明倫理問題）。如果機構行政人員害怕不良公共形象或擔心以服務時數計費會影響收入，而不提供服務，也是令人無法接受的。我們必須說明，當我們討論沒有提供介入給控制組時，並不是指控制組的人不應該得到正常的服務。我們的意思只

13　隨機化　一種依據機率理論程序的技巧，隨機分配研究參與者至實驗組和控制組。

是在測試進行期間，他們不應該接受正在測試中的**實驗性**（experimental）介入。

　　當實驗可以在社會工作領域實現的時候，控制組參與者也會接受機構提供的一般例行服務。實驗組參與者也會接受測試中新式的試驗性介入，不同於一般的例行服務。因此，實驗不會試圖比較新介入是否優於無服務，而是企圖比較新的介入是否比例行性服務更為有效。此外，實驗結束之後，控制組參與者也會被列在新介入方案備取名單的最前面。如果實驗結果顯示，測試中的介入是有效或至少是無害的，那麼該介入就可以提供給控制組的參與者。研究人員也需要測量控制組在接受介入之後，是否依照既定目標得到改變。這項測量結果也可以支持實驗的主要發現。

準實驗設計

　　在許多社會工作機構，我們無法隨機決定哪些參與者指派到哪一種處遇條件。如果實務工作者認為他的案主需要一種特定服務，他們不會想看到案主被利用擲銅板隨機分配到不同類型的介入，或根本沒有介入的控制組。行政人員也不想疏遠抵制實務工作者，或是處理來自委員會、消費者、社區的申訴，只為了隨機選擇不提供新的服務給某些案主。

　　遇到這樣情況時，不見得就要放棄任何評估機會，有時候可以創造或執行一些替代性研究設計，雖然它們的內在效度低於隨機化的實驗設計，但對於因果關係推論的支持，仍然勝過前實驗設計。這些設計被稱之為**準實驗設計**（quasi-experimental designs）[14]，它們與「真正」的實驗設計不同，因為它們並未採用隨機程序分配研究參與者到替代性處遇。接著讓我們來檢視兩項常用的準實驗設計，當它們被適當的設計與執行時，還是可以達到合理的內在效度。

▶▶▶ 不對等比較組設計

　　當我們發現某個存在的團體看起來與實驗組相似，並可以進行比較時，就可

14　**準實驗設計**　一項試圖控制內在效度威脅，允許做因果推論的研究設計。主要因為欠缺對研究參加者隨機分配，而與真正的實驗設計有差別。

以使用**不對等比較組設計**（nonequivalent comparison groups design）[15]。例如，假設我們想要評估某項沮喪介入的效果，該方案是送寵物給療養院院民。任何療養院都不可能允許你隨機選擇哪些院民可以收到寵物，或哪些院民不可以收到寵物。你可以想像可能會爆發一場管理上的爭論，因為有些院民或是他們的親人會感覺到權益受到剝奪。那麼你可以採取替代真正實驗設計的做法，尋找兩家同意參加研究的療養院，而且他們在內在效度相關特性上，看起來也都非常相似，例如：相同的院民類型與數量、員工人數、相同的照護水準等。特別是，你要確定兩家療養院院民母群體，在年齡、社經地位、身心障礙程度、社會心理功能、族群等，都非常相似。然後，你就可以在其中一家療養院引進介入方案，並且將另一家當成是比較組。〔當研究參與者未被隨機分配時，就要使用**比較組**（comparison group）而非**控制組**（control group）的用詞。〕

兩家療養院可以在前測中做比較，以確定介入被引介之前，他們的依變項情況是相等的。假如他們的平均沮喪分數大致相同，那麼就可以合理假設後測中出現的差異，就是代表該項介入的效果。當然，如果參與者是被隨機分配的話，這樣的因果推論更為可信。但對於兩家療養院外加變項的比較，依據你提供資料的可信度以及他們的前測分數，如果差異不大的話，那麼你所做的因果推論就是可以信賴的，而你的研究也是有價值。該設計的速記符號是：

$$O_1 \quad X \quad O_2$$
$$O_1 \qquad O_2$$

你也許會注意到，這組符號與控制組前測後測設計一樣，除了它缺少代表隨機分配的 R。

當你閱讀一份採用不對等比較組設計的研究報告時，要特別注意，如果研究有非常高的選擇偏誤時，那麼就會嚴重損害到兩組間的可比較性。除非研究人員可以針對兩組外加變項及前測分數的比較上，提供強而有力的證據，否則這兩組在研究結果的任何差異，都是非常可疑的。換句話說，使用這類設計指導實務工

---

15 **不對等比較組設計** 一項準實驗設計，研究人員尋找兩組存在的相似性團體，在介入方案被引介至其中一組之前與之後，測量依變項的改變情形。

作，可以是強而有力，或是非常薄弱的依據，取決於研究人員對於兩組的可比較性，如何提供有效的證據。

但是，即使有許多證據支持兩組的可比較性，但通常還是有令人困擾的疑慮存在。研究人員很少獲得外加變項的所有可能證據，真的解釋兩組結果的差異。例如，即使兩組的前測分數以及各種背景特性，都是可以比較的事實，但也未必確保他們有相同的改變動機。假設有項獄中聖經研讀方案的執行評估是否可以減少犯人釋放後，再度犯罪的比率。再進一步假設，參與聖經研讀方案的犯人是出於自願，與另一組擁有相同背景特性的犯人，卻選擇不參加讀經方案，兩組比較並研究他們的再犯率。這兩組無論引證多少相似背景資料，我們仍然懷疑犯人的道德觀念、愧疚感、改過動機等外加變項因素的影響，比較兩組犯人的背景變項，但可能外加變項對於再犯率的影響更大。

我們另一本進階教科書（Rubin and Babbie, 2011）描述比較複雜的程序，可以用來協助減少不對等比較組可比較性的質疑。程序之一是加上一種**交換複製**（switching replications）[16] 的要素，在兩組團體完成後測之後，對比較組提供介入方案。然後在比較組完成介入之後，進行第二次後測。如果他們第二次後測分數顯示，與實驗組在完成介入之後，有相同程度的改善，就表示可以支持介入的效果，而第一組後測有差異的想法，是由於缺乏兩組可比較性（也就是一種選擇偏誤）的因素也就被排除。

▶▶▶ 時間序列設計

另一種常用的準實驗設計被稱之為**時間序列設計**（time series designs）[17]。這些設計使用多重的前測與後測。有一個特別容易執行的時間序列設計，容易執行是因為它不需要比較組，被稱之為**簡單中斷的時間序列設計**（simple interrupted time series design）。該設計的速記符號是：

16　**交換複製**　在不對等比較組設計，是否因為選擇性偏誤產生後測差異的一種評估程序。這個程序包括在兩組團體完成後測之後，對比較組提供測試介入方案。如果比較組得到與實驗組相同的改善，第一組後測的差異是由於選擇性偏誤的想法就被排除。

17　**時間序列設計**　一套準實驗設計，在依變項介入前後，進行多重的觀察。

$$O_1 \quad O_2 \quad O_3 \quad O_4 \quad O_5 \quad X \quad O_6 \quad O_7 \quad O_8 \quad O_9 \quad O_{10}$$

　　每個 O 都代表不同的觀察點，對依變項一段時間的測量。該設計沒有規定特定的測量次數，雖然是愈多愈好。上述的標記顯示，在（X）被引介之前，依變項有五個時間點被測量，介入之後再測量五次。

　　為了說明時間序列設計，我們將要求你評估某些假設性資料做為開始。假設你有一位同事，是在兒童輔導中心工作的兒童治療師，她告訴你已經提出一項新技術，經過團體遊戲治療期間，可以有效減少行為障礙兒童具有敵意的反社會行為。為了證明她的主張，她告訴你一個已經做過四個療程的遊戲治療團體。前兩期療程中她注意到，為了具有敵意的反社會行為，而需要暫停的次數似乎異常的多，但她並不以為意。第二期療程後，她發展新的技術並決定測試。接下的兩期療程中，她都計算每一期暫停的次數來測試新技術，第三期她沒有使用新技術，第四期再加以使用。

　　她告訴你，未使用新技術的第三期療程，暫停次數是十次，而第四期療程，暫停次數降到四次。換句話說，她堅信是新技術減少了 60% 的暫停次數。這套簡單資料的圖解在圖表 11.2。

　　你會接受第四期療程使用新技術是降低暫停次數的原因嗎？你可能會反對，因為她的資料並不能證實這個情況。兩次的觀察真的不足以證明什麼，暫停次數的改善可能是由於歷史、成熟或統計迴歸等因素。理想上，她應該要有兩組的遊戲治療團體，每一組都有被隨機分配的兒童。經過一次或更多次的前測療程之後，只對某一組使用新技術，然後在後面療程比較這兩組情況。她並沒有兩組隨機分配的兒童，也沒有一個不對等的比較組，她擁有的就是一組團體而已。

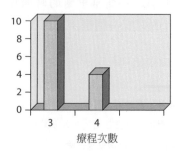

圖表 11.2　暫停技術的兩次觀察：使用新技術前後

　　然而，假設她不是只在第三、四期的療程計算暫停次數，而是在整個十次療程期間，每一期都計算，並且將每次數字做成實驗紀錄。再進一步假設，她並未在第四療程使用新技術，而是到第六期才使用，並且一直用到第十期。她的實驗日誌將允許你進行一項時間序列設計的評估。

　　圖表 11.3 是有關暫停次數的三種可能型態。在每一個型態中，新技術都是在第五期療程之後才被引介（也就是在第六期）。每一個型態中，都有一條垂直

型態一

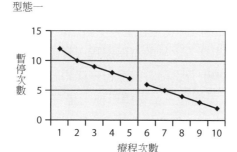

型態二

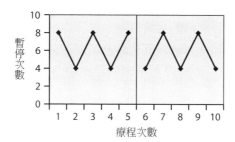

型態三

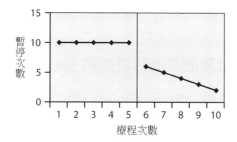

圖表 11.3　較長時間序列觀點下的三種暫停次數型態

線置入在第五與第六療程之間，隔開使用新技術之前的五期療程，和使用新技術之後的五期療程。你相信哪一種圖形是她聲稱，由於新技術產生的影響？

如果時間序列研究的結果看起來像圖表 11.3 中的「型態一」，你或許會做出結論，在新技術被引介之前，每期療程的暫停次數已經呈現明確遞減的趨勢，而且在新技術引介之後，仍舊持續遞減。根據長期資料建議，即使沒有新技術，該趨勢還是會發生。那麼「型態一」似乎駁斥了新技術會減少暫停次數的主張。

「型態二」也駁斥該主張。圖表中顯示，暫停次數在十期的療程中，都是呈現規律性的高低起伏。有時候從某期到下期的療程，暫停次數是增加，有時則是減少。而新技術介入的時間點，就是在暫停次數已經要減少的地方。過了這一點，我們可以注意到，新技術介入之後的五個療程，暫停次數持續在增加與減少之間來回波動，就像新技術被引介之前五個療程一樣的波動方式。

圖表 11.3 中，只有「型態三」支持新技術是有效的主張。就像我們在圖中所看到的，新技術介入之前，每期療程暫停次數很穩定維持在十次。新技術介入之後的第六期療程，暫停次數立刻跌落到六次，並且逐期持續下降。因此，「型態三」的資料排除了以下的可能性，暫停次數減少原因是成熟的因素（型態一），或是規律性的波動（型態二）。而且，因為改善情形不是某極端異常前測分數的變動，因此也排除了統計迴歸的可能性。

然而，「型態三」無法排除以歷史做為可能解釋的原因。也就是說，可能是某些外加事件造成改變。或許就在使用新技術同時，兒童輔導中心的新精神科醫師，正在開立新處方以治療注意力不足過動症兒童。或是同一時候正巧引介新的遊戲治療技巧，那時候開始為同樣的兒童提供家庭治療服務。儘管如此，「型態三」的資料的確降低了歷史引起改變的原因，這個解釋有些**貌似真實性**（plausibility），需要外加事件和新技術引介在同一時間發生，才能將它們描述為不可能的巧合。

實驗與準實驗發現的其他效度威脅

到目前為止，我們已經看到實驗與準實驗設計的邏輯如何控制內在效度的大部分威脅。從實驗與準實驗導出結論，受到其他效度威脅，則需要超越設計邏輯的方法論努力加以克服。以下我們逐一檢視這些威脅，以及減輕威脅的步驟。

▶▶▶ 測量偏誤

不論實驗與準實驗如何有效控制那些危及內在效度的威脅，如果研究的測量程序出現偏誤，那麼結論的可信度將會受到嚴重破壞。例如，假設有一位臨床醫師發展一種治療憂鬱的新方法，可望讓她名利雙收；接著她進行一項實驗來評估新發明，在知道每位參與者參加的組別做為前提之下，她利用其主觀的臨床判斷，來評量實驗組與控制組參與者的改善情況。她自我主觀涉入，希望實驗組參與者有較大改善，此項舉動導致**測量偏誤**（measurement bias），使她的研究容易受到責難，讓她的「發現」缺乏可信度。雖然這個例子看似極端，但在實驗評估中，這種嚴重測量偏誤的情形，並非如你想像中的少。要找到設計良好的實驗報告並不難，研究都由助理負責完成測量結果，他們都知道研究假設，也希望結果能夠如願得到證實，而且也知道每位參與者參加的組別。

任何時候，研究人員評估（經由直接觀察或訪談）實驗或準實驗研究的依變項時，進行評估的人不應該知道實驗評估對象的情況。相同原則也適用在非研究幕僚的實務工作者，因為可能對特定研究結果引導偏誤。換句話說，評估任何對象是否接受刺激物（或服務），測量人員都應該保持「盲目」。**盲目評等**（blind rating）或**盲目評等者**（blind rater）指的是，研究已經控制一個可能性，也許是無意識的，但評等者偏誤朝向察覺研究結果將會證實假設。同樣的，只要研究人員沒有告知你那是盲目評等，你就應該懷疑該研究的效度。無論研究設計有多麼精緻，只要是由支持實驗組或可能有偏誤的評等者提供的結論，都是可疑的。

不幸的是，社會工作研究中，盲目評等者通常都是不可行的。當我們無法使用時，就應該尋找替代方法以避免評等者偏誤。例如，我們可以使用已經被證實有效的自陳量表來測量依變項，而不是依賴有偏誤的評等者。即使利用這樣的量表，也可能經由管理量表者的評論造成結果偏誤。**研究的反應性**（research reactivity）指的就是資料結果的改變，是因為研究人員或研究程序，而非自變項造成。現在就來看研究的反應性會在那些方面威脅實驗或準實驗研究發現的效度。

▶▶▶ 研究反應性

研究反應性（research reactivity）[18] 有兩種類似形式，被稱之為**實驗的**

18　研究反應性　一種資料結果的改變，是研究人員或研究程序產生的，而非自變項造成。

需求特質（experimental demand characteristics）與**實驗者期望**（experimenter expectancies）。研究參與者得知實驗者希望他們要說或要做的事物之後，就會配合做出那些的「要求」或期望。例如，某些治療師會在療程的不同時間點，要求案主想到生命中的悲慘事件時，填寫一個從 0 分到 10 分的悲傷程度量表。透過治療師的語言及非語言傳達（例如微笑或關心的眼神），案主可以得知，治療師希望隨著治療過程，評量的數字可以減少。有些創傷治療評估研究，前測與後測均施予相同的 0-10 分量表。即使是研究助理進行前測與後測，他們也不知道案主在實驗組的情況，但是案主已經從治療師那裡得知，他們被期待後測分數要低於前測分數。更糟的是，某些研究還是治療師自己拿同樣 0-10 分量表進行後測，而且該量表在治療過程早已被重複使用過。

有個辦法可以減輕實驗者期望及需求特質所造成的影響，就是將測量程序與治療程序分開。另一個辦法是，採取實務工作者或研究人員難以被影響的測量程序。例如，研究助理不要在前測及後測，使用上述的 0-10 分量表，而是在案主想起創傷事件時，進行悲傷的生理性測量（例如脈搏速率）。如果協助量表前測的助理，對於研究假設或參與者的實驗狀況也是盲目的，也就是說，避免給予預期結果的線索，也會有所助益（Shadish, Cook, and Campbell, 2001）。

有些時候，我們運用的評等者或量表施測者不是盲目的，只要它們看起來沒有偏誤的可能。例如，我們可以要求老師評量兒童在教室的行為，這些兒童接受兩種不同形式的社會工作介入，老師可以知道每位學生接受介入的形式，但不瞭解介入技巧，就沒有理由對任何介入有偏好。

另外一個相關的選擇是，不仰賴研究參與者自陳量表的答案或某個人的評量，而是直接觀察和量化參與者在自然環境中的實際行為。然而，所進行的觀察是否在**干擾性**（obtrusive）或是**非干擾性**（unobtrusive）的方式中進行，卻是有重大的關係。當參與者敏銳地察覺正在被觀察時，可能促使他們傾向表現出符合實驗者期望的行為，這就是發生**干擾性觀察**（obtrusive observation）[19]。相對的，**非干擾性觀察**（unobtrusive observation）[20] 的意思是，參與者並未注意到正

19　干擾性觀察　一種觀察方式，參與者敏銳地察覺正在被觀察，可能促使他們傾向表現出符合社會期望的行為。

20　非干擾性觀察　一種觀察方式，參與者沒有察覺正在被觀察。

在被觀察。假設有一個新式治療效果實驗評估，減少處遇中心兒童反社會行為的頻率。如果兒童的治療師或研究人員，拿著筆和筆記本出現在教室或宿舍，觀察兒童進行中的行為，他或她可能顯得很突兀，兒童也會很快敏銳地察覺他們正在被觀察。那種觀察的形式就是干擾性，兒童們在被觀察期間，可能會表現異常良好的行為。比較屬於非干擾性觀察的選擇是，老師或舍監將兒童每天出現反社會行為次數列表。他們的觀察比較不會被兒童注意，因為他們也是自然環境的一部分，或是被老師或舍監觀察也是每天的例行工作，與研究期望沒有明顯的關聯。

任何時候，只要我們進行實驗研究（或是任何類型的研究），而且我們無法使用盲目評等者、盲目的量表施測者、非干擾性觀察，或是某些我們認為相對沒有偏誤的替代性測量方法時，就應該嘗試使用多元替代測量法。這個牽涉到我們第七章看到的**三角檢測**（triangulation）原則，使用兩種或以上的測量策略，每一種都容易有不同的偏誤。如果兩種策略都產生相同的結果，那麼我們對於這些結果的效度，就更有信心。

另一種研究的反應性形式是，當研究程序不只影響參與者以誤導的方式回應我們的測量，將我們想聽的事物告訴我們，且這些研究程序也真的產生想要的改變。例如，做為部分測量結果的研究資料蒐集程序，參加親職教育介入的父母，要監視他們自己每天花多少時間陪伴小孩玩耍或與小孩親切對話。那意味著，他們進行一項動態日誌，記錄每天陪小孩玩耍或對話的時間。要進行這樣的日誌，可能會使某些父母瞭解到，他們陪伴小孩的時間品質比過去想像的還要來得差。這項領悟可能影響他們投注更多優質時間陪伴孩子。事實上，記錄日誌對於父母產生的影響，可能遠超過親職教育介入方案所造成的影響。

可以想像得到，只是因為感覺受到特別注意或處遇，實驗組參與者就會出現期望的改變。為了說明這種形式的反應性，我們假設有個兒童收容治療中心正在進行一個實驗，觀察某項新的重生方案是否可以減少兒童出現反社會行為的頻率。被分配到實驗組的兒童可能對自己及中心都有良好感覺。假如是這份的感覺，而不是重生方案，引起他們期望行為的改變，那就會出現某種研究的反應性。這種的反應性形式，被稱之為**新奇與分裂效應**（novelty and disruption effects），因為在過去少有創新環境中，引入一項創新事物，可以激起介入者感到興奮、活力與熱情（Shadish et al., 2001）。

還有一個相似形式的反應性，稱之為**安心丸效應**。安心丸效應（placebo

effects）[21] 可以由實驗者的期待誘發出來。假如實驗的參與者預期將會獲得某項新的、非常有效的處遇，那麼僅僅靠期待的力量，而非處遇本身，就可以帶來希望中的改變。

假如我們有安心丸效應，或是新奇與分裂效應的考量，並且希望能夠加以控制，我們可以使用一項實驗設計，稱之為**安心丸控制組設計**（placebo control group design）[22]。該設計的速記符號是：

$$R \qquad O_1 \qquad X \qquad O_2$$
$$R \qquad O_1 \qquad\qquad O_2$$
$$R \qquad O_1 \qquad P \qquad O_2$$

這項設計是將案主隨機分配到三個組：一個實驗組，以及兩個不同的控制組。有一個控制組不會得到實驗的刺激，但另一個控制組會得到安心丸（由符號 P 代表）。安心丸組的對象會獲得某種特別關注，而不是被測試的刺激或介入。實務工作者可能會定期會面，以顯示對他們有特別的興趣和傾聽他們的心聲，而不會運用任何測試中介入的程序。

安心丸控制組的設計會在規劃與詮釋的立場上造成複雜性，特別是當實驗性的介入包含有類似安心丸效應的元素時。例如，某些介入強調有「同理心」（empathy）、「無條件積極關注」（unconditional positive regard）等抽象效應，就很難區分安心丸效應。但是當安心丸控制組設計是可行的時候，它就會比只使用單一控制組設計，更能控制實驗結果的效度威脅。

離開這個主題之前，我們應該澄清，我們並沒有想要傳送一種印象，除非實驗能夠保證完全沒有研究的反應性或測量偏誤，否則它的實驗發現將缺乏可信度。社會工作或相關領域的實驗，實質上是不可能符合那種不切實際的標準。主要的議題應該是，我們是否採取了合理的努力來避免這些問題或是減低到最少，以及潛在偏誤與反應性是否超過程度。也就是說，我們將要繼續討論另一種危及

21　**安心丸效應**　接受一個特別介入，連結到期待力量被誘發出來，引起依變項的改變，而非介入本身。

22　**安心丸控制組設計**　一種控制安心丸效應的實驗設計，案主隨機分配到一個實驗組，以及兩個不同的控制組。有一個控制組會獲得類似實驗組對象所接受的某種特別關注。

實驗或準實驗研究發現的其他效度威脅。

▶▶▶ 處遇的擴散或模仿

有些時候，服務的提供者或接受者也會意外受到影響，當比較中的各組置入被測試的介入時，企圖用各種方法減少計畫中的差異性。例如，個案管理服務效果評估研究，許多社會工作人員儘管未被稱為個案管理者，但還是具有個案管理的概念，並且定期提供個案管理功能，例如外展、經紀、連結、倡導，他們認知要做好廣泛社會工作實務，這類功能絕對是必要的。結果，比較轉介給個案管理者的案主，與另一組接受「傳統」社會服務的案主時，沒有個案管理者稱謂的社會工作人員，可能就因為個案管理功能的**擴散**（diffusion），模糊了個案管理功能的真正效果，只做為一種處遇方式。換句話說，儘管他們被標上不同名稱的組別，但是兩個處遇組在自變項上的情況，不如我們想像的不同。

要預防**處遇的擴散或模仿**（diffusion or imitation of treatments）可能是困難的。Shadish 等人（2001）建議，儘可能將兩種處遇條件分開，在地理上做區隔，或是每組使用不同的實務工作者。另一種可能做法是，不斷提醒實務工作者，在接觸控制組時，不需要模仿實驗組的介入。為了監控正在或已經發生的處遇模仿情形，研究人員可以使用質性方法，觀察幕僚會議、與實務工作者及案主進行非正式的對話訪談，並且要求實務工作者對每個處遇療程記錄日誌摘要。如果這些努力偵測到模仿情形，而實驗還在進行中，那麼進一步與實務工作者溝通，將有助於減緩問題，防止問題嚴重到威脅實驗效度的地步。

▶▶▶ 補償的平等化、補償的競爭或消極抵制

假設你進行一項實驗或準實驗，目的是瞭解增加家庭參與，是否能改善物質濫用者的治療效果。再假設某單位的治療師，接受家庭社會工作的特別訓練，被指示增加案主家庭成員參與的治療，而另一單位的治療師則沒有獲得任何訓練或指示。假設後者的員工，甚至是他們的案主和家庭，都瞭解治療的差異性，他們認為服務提供不公平，可能尋求補償。因此，後者的員工，決定藉由提供更好的服務，超過他們對於案主的例行治療，以補償此不公平。這種的可能性情形被稱之為**補償的平等化**（compensatory equalization）。假如有補償平等化的情形發生，增加家庭參與的效果可能會被模糊化，如同上述處遇擴散或模仿的情況。

假設上述例子，未接受家族治療訓練的治療師，決定與另一個單位接受訓練的治療師一較高下，情況又會如何呢？也許他們因為沒有接受特別訓練，感受到工作安全或聲望的威脅，而嘗試去證明即使沒有特殊訓練，他們的治療也可以一樣有效。他們開始閱讀更多的資料，參加更多的進修教育，並加強與案主的治療聯絡。這種可能發生的情形被稱之為**補償的競爭**（compensatory rivalry）。控制組治療師額外努力所增加的效果，可能會與實驗組治療師因為增加家庭參與治療獲得增加的效果一樣多。若是如此，可能會導致錯誤印象，這兩組的治療結果並沒有不同，也意味著增加家庭參與無法改善治療的效果。同樣的，如果某組案主因為意識到沒有得到如同另一組相同治療法的好處，進而產生更強、更希望改善的動機，也會發生同樣的問題。

與補償競爭相反的就是**消極抵制**（resentful demoralization）。發生的情形是，當員工或案主因為沒有獲得特殊訓練或特別處遇，變得有怨懟與消沉，他們的信心或動機因此衰退，解釋了測量結果較差的表現。為了察覺是否有補償的平等化、補償的競爭或是消極抵制的情況發生，以及是否嘗試以介入方式將問題減到最少，你可以使用質性方法，例如，參與觀察員工的會議、與案主及實務工作者進行非正式的對話性訪談。

▶▶▶ 耗損

現在讓我們來看一個更危及實驗或準實驗研究結果的效度威脅：**耗損**（attrition）[23]。在實驗或準實驗完成之前，參與者時常會中途退出而影響統計的比較或結論。例如，假設有項控制組的前測後測設計，是在評估一項舒緩悲傷問題方案的效果。其中假設實驗組的某些參與者，認為他們的目標問題並未獲得改善就貿然退出處遇，並且拒絕後測。到了後測時，實驗組剩下的只是那些感到有改善的參與者。假設控制組參與者認為整體的改善比率，與分配到實驗組參與者（包括中途退出者）的比率相同，但控制組的所有參與者因為沒有人感到失望，都同意接受後測。那麼實驗組後測的平均分數還是會高過控制組，只是因為那些認為未獲改善的實驗組參與者耗損（實驗的倫理），即使該介入方案是無效的。

研究人員執行實驗或準實驗以評估實務或計畫效果時，應該要努力將參與者

23　**耗損**　一種對於評估效度的威脅，當參與者在研究工作完成之前，就貿然退出時發生。

耗損減少到最低，方法之一就是**補償參加研究的參與者**。補償不僅可以減輕耗損的問題，也可以強化一開始召募人員參與研究的能力。補償的支付水準應該取決於時間，以及參與者在前測後測的表現。酬勞應該多到足以做為一項誘因，但也不能太大變成一種強迫。（百貨公司的折價券有時會被用來取代現金。）酬勞的金額應該符合案主參與研究的困難度，並符合他們的收入水準與情緒狀態。例如，低收入參與者，你應該預期他們照顧小孩的困難，以及來回參加前測後測（可能還有追蹤測驗）的交通問題。如果可行的話，提供交通工具前往測驗地點和照顧小孩的臨托服務，取代支付額外的酬勞、補貼交通費、照顧小孩的成本。或者是到參與者住處進行施測也是可行的（假設這樣做不會引起嚴重的測量偏誤）。

另外一個可以降低參與者耗損的辦法是，採用我們將在第十七章討論的**追蹤法**（tracking methods）。許多社會工作服務接受者的住處都是短暫或是隱密的。他們多數人沒有工作，有些則沒有電話。窮人、街友、物質濫用者，以及有家暴的婦女都是顯著的例子。研究人員可以在他們開始參加時，就儘可能取得住處的資料，不僅透過參與者本身，還可以從他們的朋友、親屬，以及輔導他們的相關機構取得資訊。第十七章會討論這些辦法，利用這些資訊追蹤研究參與者，將他們留在研究中。

外在效度

到目前為止，我們本章討論那些危及效度的威脅，基本上都是與內在效度有關。當一個研究有高的內在效度時，可以允許對研究樣本與情境做因果推論。但對於其他情境和更大型的母群體又如何呢？我們可以將同一個因果推論通則化到他們身上嗎？

我們先前定義**外在效度**（external validity）為超越研究條件之外，可以將研究結果通則化到情境與母群體的程度。影響外在效度的主要因素是，研究的樣本、情境與程序所具有的代表性。假設在某個都市社區，有一個資金充裕的心理衛生個案管理方案，該社區有廣泛的非機構性支持資源，提供社區住戶個案管理案主運用。我們接著假設，該方案有能力僱用優秀的工作幕僚，給予較少個案量和工作良好績效獎金。最後，假設在一項高度內在效度評估中發現，該方案改善了案主的生活品質。

　　這些證據可以暗示立法者或其他地區心理衛生規劃人員能夠合理推論，類似的個案管理方案也可以在他們地區改善精神障礙者的生活品質嗎？未必如此，仍然要取決於他們的環境、母群體、程序，能夠配合研究方案的程度。

　　假設他們的社區是在郊外，可以提供精神障礙者的社區資源比較少，或是較為分散，或有比較多的鄰居反對社區設立這類型機構。假設立法者認為，去機構化是一個節省成本的基本方法，因而未撥出足夠經費，讓方案僱用或留下優秀的工作幕僚，或是給予他們較小的工作負荷又足以做有效的管理。那麼精神障礙目標母群體又有何特質差異呢？要注意，我們並未在測試方案中談到任何有關案主的屬性，也許他們的年齡、診斷、族群、過去住院平均時間、對社會的破壞程度，不同於社區預定目標母群體通則化的研究結果。考量這些差異情形，若是在其他地區實行類似方案，其與測試地區的效果也不會相同。

　　這樣差異是否代表該研究的外在效度較低嗎？也不盡然。一方面，如果研究的條件與「真實」世界中可以預期、可以合理複製的條件相去甚遠，我們可以說該研究外在效度較低。另一方面，即使該研究無法被通則化到其他許多環境，研究的外在效度也是足夠的。一項研究必須可以被通則化到某些真實環境，而且它必須代表預定代表的事物，但沒有必要代表所有想像得到的母群體或環境。

　　例如，一項鄉村地區重度與慢性殘障者個案管理方案的效果評估研究。該研究就不需要為了具有外在效度，而對中度或急性殘障者，或是居住在都市地區的殘障者予以通則化。它只需要代表打算代表的那些屬性，不論研究對他們界定的範圍有多狹小。

　　社會工作實務與方案評估文獻中充滿許多外在效度的問題。模糊簡短的報告是限制外在效度的普遍性問題之一。許多研究對於參與評估服務案主的屬性，無法適度具體的表達，許多研究也並不清楚實務工作者的屬性。有些研究則是基於**學生**（student）實習工作成效的表現，去通則化**專業**（professional）實務社會工作人員的工作成效。有些研究省略臨床背景評估的重要細節，例如個案負荷量等。結果是，對於被評估的介入是否造成案主期待的改變，雖然研究結果可能很清楚，那就是研究具有高的**內在效度**（internal validity），但是卻通常不清楚可以被**通則化**的對象。因此，某些研究結果發現服務是有效的，但是超出研究條件，卻不允許去通則化那些也是有效的服務。同樣的，其他研究結果雖然未能發現可以支持服務成效，卻也不能推論那些條件的服務，也一定是無效的。

橫斷式研究

因為大部分實驗與準實驗的研究設計，都將焦點集中在控制**內在**（internal）效度的威脅，所以當我們企圖從研究中尋找因果影響時，它們就是極度被期望使用的設計。然而，我們也已經注意到這些設計並非毫無缺點，特別是它們的**外在**（external）效度通常會受到限制。缺乏工具去進行實驗或準實驗設計的研究人員，或是有興趣研究較大規模、具有代表性樣本的研究人員，可以選擇進行橫斷式研究。橫斷式研究（cross-sectional studies）通常使用抽樣與調查方法，我們已經在第九和第十章討論過。

橫斷式研究是藉由在一個時間點（one point in time）截取某個現象的橫斷面來做檢視。例如，研究檢視親子爭吵做為兒童行為偏差原因的可能性。這種研究可能在相同時間點，對兒童進行兩項測量：一項是評估親子爭吵程度，另一項則是評估兒童是否有行為偏差。假如這兩項測量結果具有高度正相關，也就是說，如果親子爭吵的程度很嚴重，而行為偏差的機率也比較高時，那麼研究結果會支持假設的貌似真實（plausibility），亦即親子爭吵是導致行為偏差的原因。

雖然研究結果，親子爭吵導致行為偏差的看法一致，然而研究本身無法說明兩者的確是因果關係。例如，時間的順序就沒有被考慮。也許他們關係的因果順序恰好相反，也就是說，或許親子爭吵並沒有導致行為偏差，而是行為偏差導致親子爭吵發生的可能。上述的相關研究並沒有排除，可能有第三個變項導致親子爭吵與行為偏差。例如，充滿緊張的生活壓力，也會同時產生這兩個問題。

使用橫斷式設計的研究人員承認，某個時間點的簡單關聯性，並不足以做因果推論，他們可能嘗試以多變項統計程序的技術，控制其他可替代的變項，以排除競爭性假設的貌似真實性。他們的做法是儘可能蒐集許多可替代的解釋性變項，然後使用多元變項統計技術，同時分析所有的資料。這些統計技術超出我們導論式教科書的範圍。要學習更多有關這些技術，你可以參閱我們的進階版教科書（Rubin and Babbie, 2011）。目前只是讓你注意一項事實，這些多元變項統計程序，是透過許多可替代性的假設，做更大的控制，以大幅提升橫斷式研究的內在效度，藉此增加運用橫斷面資料進行因果推論的可能性。

如同我們看到的，社會工作環境通常不允許複雜方法論的安排，操作變項以理想方式符合因果推論的所有標準。因為橫斷式研究的可行性，所以在社會工作

研究中，總是很受歡迎，而且隨著近年來多元變項統計分析技術的進步，這些設計的內在效度正在改善中。描述性與探索性的研究也普遍使用橫斷式設計。

個案控制設計

還有另一項依賴多元變項統計程序的研究設計，被稱為個案控制設計。也是因為它的可行性，所以個案控制設計也很受歡迎，像橫斷式設計一樣，可以在一個時間點蒐集資料。此項設計並非將個案分成處遇組與控制組，然後有**預期的**（prospectively）測量研究結果。**個案控制設計**（case-control design）[24] 是對已經有差異結果的個案組做比較，然後再蒐集有差異的**回溯性資料**（retrospective data），以解釋個案為何有此差異結果的原因。

假設我們想要知道什麼樣的介入可以有效預防，受虐兒童長大成人後也會變成虐待兒童的加害者。為了擴大內在效度，我們可以進行一項實驗去測試一種或更多特定的介入效果。一般的實驗通常是不可行的，而且這種個案，還有一項可行性的障礙，就是需要經過多年時間，甚至在他們為人父母之後，追蹤和測量當初有參與實驗的兒童。使用個案控制設計做為替代方法的時候，我們可以尋找兩組曾經是受虐兒童的父母做為樣本，其中一組成員在成人後，至少有過一次是被裁定以虐童者交付政府的兒福機構，另一組成員則未被裁定過。接著可以蒐集每一組成人的回溯性資料，詢問他們過去的經驗，尋找某些介入方式，是未施虐者比施虐者生活早期比較有可能接受的介入。（或者，我們也可以找出施虐者比較可能受傷害的事件。）假設統計上控制住各種影響個人屬性與經驗變項之後，我們發現區分這兩組過去經驗的主要因素在於，當他們是受虐兒童，來自「大哥哥／大姐姐」的志工團體或是類似方案的志工，是否很快開始提供他們長期、正面、積極的照護。這類的研究發現建議實務工作者介入處理受虐兒童，能夠盡其所能，確保給兒童一個安全無慮的支持關係。

個案控制設計雖然受到歡迎，卻可能伴隨許多問題，會限制研究結果的推

---

24 個案控制設計　此項設計並非將個案分成處遇組與控制組，然後有預期的測量研究結果。而是對已經有差異結果的個案組做比較，然後再蒐集有差異的回溯性資料，以解釋個案為何有此差異結果的原因。

論或通則化。個案可能需要透過非機率抽樣程序，從有相同問題或過去經驗的母群體中挑選出來，那就會對他們的**代表性**（representative）構成質疑。例如，要尋找過去曾經是受虐兒童，後來是否變成虐童加害者的成人，可能就需要滾雪球取樣法或刊登廣告方式。以那種方式招募到的人士，與永遠不會被發現或是不願參加研究的人，是十分不同的。他們對童年經驗的**記憶**可能是有**缺陷**不完美的，那麼有關**因果推論方向**的含糊不清又該如何呢？

同時，也許是兒童既有的恢復能力，與照護志工維持良好關係，而非與志工的良好關係提升了兒童的恢復能力。換言之，也許本來恢復能力就比較高的兒童，有較強的動機和能力去建立與成年志工的關係。

另一方面，成年人對於童年經驗的記憶也許並不完整，遺忘是造成他們經驗不完整的唯一原因。另外一種原因就是**回憶偏差**（recall bias）[25]。也許加害者和非加害者一樣，與成年志工擁有非常良好的關係，但是當他們瞭解當時事物對後續生活沒有幫助之後，會傷害他們回憶這段良好關係的品質與價值。同樣的，後來比較快樂與成功的成年人，比較會將他們現在生活的美好，歸因於愉快的童年經驗，同時也遺棄了負面的童年經驗。

即使有上述問題，個案控制設計如同橫斷式設計一樣，也可以用在探索性研究，對於介入的可能效果做出假設。結果，運用很多令人信服的設計測試介入成效，為設計研究提供一個有價值的基礎。標題為「負面童年經驗成為街友風險因素的個案控制研究」專欄，是一個很有價值的個案控制研究實例。

負面童年經驗成為街友風險因素的個案控制研究

Daniel Herman 是哥倫比亞大學社會工作學系教授，他和三位同事進行一項個案控制研究，評估成年人形成無家可歸的原因，是否可以部分歸因於童年時期特有的負面經驗（Herman, Susser, Struening, & Link, 1997）。研究開始，他們以早期 1990 年，針對 1,507 位

成年人進行調查的資料做分析。接著他們對調查的參與者重新進行訪談，包括 169 位成年街友對象，以及一組比較團體，這個團體的成員沒有無家可歸的經驗，但是他們也具備一些街友的高風險因素（例如，貧窮、精神疾病等）。

25　回憶偏差　一種個案控制設計常見的限制。發生在當個人瞭解當時事物對其後續生活沒有幫助之後，正向或負向影響他們回憶這段良好關係的品質與價值。

後續追蹤訪談，他們採用一項量表設計，評估受訪者童年時期的回憶，對親職照護品質的感覺。量表上各項題目的答案，可以讓研究人員瞭解受訪者是否回憶到下列童年時期各種類型的負面經驗：缺乏親職照顧、身體虐待、性虐待、缺乏照顧，還有任何一種類型的虐待，以及童年時期的負面經驗。

研究結果初步顯示，缺乏照顧、身體虐待，都分別和街友有高度相關性。童年時期缺乏照顧，加上身體或性虐待其中一項，和成人時期的街友有更強烈的相關性。

然而，這個研究更具有價值的是，它運用了多元變項統計程序，控制解釋上述結果的外加變項。研究人員運用這些程序，控制受訪者的性別、年齡、種族、目前居住地（城市或鄉村）、父母社會經濟地位、家庭在童年時期是否接受救助、當時的沮喪程度。這些變項的控制非常重要，例如，貧窮環境長大，可能是增加成年時期街友可能性的真正原因，同時也解釋童年時期有負面經驗的真正因素。居住在貧窮環境的父母，比較沒有能力提供子女好的照顧，因此，不良親職照顧與成年時期街友之間的關係是虛假的，兩者都是因為貧窮造成的。

這個研究值得注意的優點之一是，控制了受訪者當下的情感狀態。Daniel Herman 和三位同事很精明地推論，受訪者因為當下沮喪的心情會造成偏誤，使他們比較容易回憶更多童年時期負面的經驗。同樣的，當下情感狀態較佳的受訪者，也有可能造成偏誤，不去回憶童年時期的負面經驗。

利用多元變項分析控制這些變項之後，Daniel Herman 和三位同事發現，他們初步的研究結果產生了一些變化。缺乏照顧和身體虐待還是同樣與街友有高度相關，這兩變項加在一起也同樣有高度相關。但是，缺乏親職照顧與性虐待這兩變項的組合，卻與成年時期街友不再具有顯著的相關。

這項研究另外一個完美特色是，作者們針對這項個案控制設計的優點與限制進行討論。作者指出他們研究的優點是很容易的，實際上，這個研究的確具有很多優點。更讓人印象深刻的是，作者們能夠很正確地討論研究限制，那是很不容易的。因此，Daniel Herman 和三位同事指出，有長期流落街頭經驗的人，他們樣本代表比例偏低，還有儘管控制當前的沮喪情形，但回憶偏差的研究效度，還是有潛在的威脅，因為曾經是街友的受訪者，本來就比較傾向回憶童年時期的負面經驗。但是，即使是最好的個案控制研究，都無法完全避免回憶偏差，這個研究可以算是社會工作領域中最好的研究之一。

資料來源：

Herman, D. B., Susser, E. S., Struening, E. L., & Link. B. L. 1997. "Adverse childhood experiences: Are they risk factors for adult homelessness?" *American Journal of Public Health*, 87, 249-255.

重點整理

• 科學研究中，判定因果關係的基本　　標準共有三項：(1) 自變項（因）與

依變項（果）在經驗上必須相互關聯；(2) 自變項發生的時間必須早於依變項；(3) 這兩個變項之間所觀察到的關係，不能是由於第三變項的影響而產生這兩個變項。

- 古典實驗評估介入效果的方法是將案主隨機分配到實驗組與控制組，然後對每一組的案主進行前測與後測。

- 實驗設計邏輯的目標在控制各種危及內在效度的威脅，例如歷史、成熟或是時間歷程、測試、測量工具、統計迴歸、選擇性偏誤及因果時間順序等因素。

- 在社會工作環境下的實驗，不需要取消控制組參與者的服務。可以給他們替代性或例行性的服務，或是將他們列入實驗性介入的等待名單上。

- 雖然古典實驗可以隨機分配參與者，以預防危及內在效度的多數威脅，但是要預防或減輕測量偏誤、研究的反應性、處遇的擴散或模仿、補償的平等化、補償的競爭、消極抵制及參與者耗損等問題，可能還需要借助其他方法論上的努力。

- 如果研究參與者受到影響，說出或做出實驗者想要他們配合的事物，實驗的需求特質和實驗者期望會妨礙實驗結果的效度。

- 當參與者敏銳察覺到正在被觀察時，可能會促使他們表現出滿足實驗者期望的行為，這就是發生干擾性觀察。相對的，非干擾性觀察的意思是，參與者並未察覺到正在被觀察。

- 實驗也會面臨外在效度的問題，亦即實驗結果無法反映真實生活，或是無法通則化到其他環境或母群體。

- 許多的實驗研究並未能包含以下的測量程序：例如盲目的評等者，控制研究人員或實務工作者偏誤，朝向察覺研究結果將會證實假設。

- 將參與者耗損減到最低的技巧，包括：補償參與者酬勞、使用方法追蹤參與者。

- 在真實機構環境中，通常不可能將參與者隨機分配到實驗組與控制組。當實驗設計不可行時，準實驗設計可以提供可靠的替代方式，雖然不是很理想。

- 有兩種準實驗設計方式可以擁有合理的內在效度，時間序列設計與不對等比較組設計。

- 多元變項統計控制的橫斷式研究，可以為實驗設計提供另一種可靠的替代方法。

- 個案控制設計是比較相對結果的不同個案組，蒐集過去差異性的回溯資料，這樣也許可以解釋個案有不同結果的原因。

實作練習

1. 挑選在本章中討論過，會危及內在效度的七項威脅，並且舉例說明（本章未曾討論過的）每項的威脅。

2. 在你熟悉的社會工作機構，簡短描述一項實驗設計以測試新的介入方案。然後與機構的一位主管，和一、兩位從事直接服務的實務工作者進行質性訪談（開放式或半結構式），詢問他們，在他們機構執行研究的可行性有多高。

3. 在以下的假設性設計中，你可以偵測到哪些是危及研究結果效度的潛在威脅？在一座擁有四棟房舍的收容處遇中心，臨床主任發展一種新的介入方法，以減輕住在四棟房舍兒童們的行為問題。該中心有四位治療師，每位都被指派到不同的房舍。臨床主任挑選兩棟房舍進行新的介入，其他兩棟則是接受例行性處遇。為了測量治療結果，臨床主任指派社會工作實習學生，在每一房舍，花費同樣的時間做觀察，並且記錄每位兒童反社會行為的表現，以及反社會言論的次數。

4. 簡短描述一項不對等比較組的設計，對有虐待兒童高風險父母的親職教育方案，評估方案的效果。你如何向讀者保證，在你的研究中，選擇性偏誤幾乎是微乎其微？在你的描述中要包括依變項，以及何時、如何被測量。

5. 簡短描述一項個案控制設計，以產生有關介入的假設，可能最有助於預防青少年的逃家。控制哪些背景變項最為重要？指出並解釋三項會危及你的研究效度，但卻無法控制的威脅，它們將代表為何研究結果只具有探索性質的主要理由。

6. 一個具有高度內在效度的研究，對象是最近遭受到性虐待的阿拉斯加女性原住民，該研究發現，某項介入對於研究參與者的物質濫用預防是有效的。請解釋為什麼研究在某一觀點只有極低的外在效度，但是在另一觀點卻有極高的外在效度，這完全取決於實務工作者的目標母群體，他們運用研究做為潛在指導，達到以證據為基礎的實務。

網路練習

1. 尋找一項評估社會工作介入效果的實驗。本章討論如何有效控制危及效度的威脅？它做了哪些努力以減少耗損？它的測量程序是干擾性或非干擾性？它們看起來有沒有嚴重的偏誤？並且評論研究的外在效度，無論是正向或負向。

2. 尋找一項使用前實驗設計評估社會工作介入結果的研究。評論研究的內在效度，並且討論它是否具有價值，無論它的前實驗性質為何。

3. 在網路上尋找一份出現安心丸效應的重要研究。簡短敘述該研究，包括你的資料來源。（提示：你可能需要用安心丸做為關鍵字進行搜尋。）

4. 尋找一份使用不對等比較組設計以評估社會工作介入效果的研究。它如何有效控制選擇性偏誤？

5. 尋找一份使用橫斷式設計或個案控制設計的研究，以測試或產生社會工作有效介入某些問題的假設。評論研究的效度，並指出它的優缺點。

6. 尋找一份使用時間序列設計，評估社會工作介入的有效性。它如何有效控制歷史、成熟、時間歷程、統計迴歸、選擇性偏誤？

7. 美國聯邦監獄局（The Federal Bureau of Prisons）進行一項評估監獄各方面運作情況的研究。尋找其中一項使用準實驗設計的研究，並且簡短評論。見 http://www.bop.gov/news/index_research.jsp。

提醒事項

EP 2.1.6b：善用研究證據推行實務：能夠瞭解本章的諸多觀念，將有助於社會工作人員慎重評估研究結果，並判斷最具有引導他們實務工作的優點。

EP 2.1.10m：批判性分析、監測及評估介入方法：社會工作人員必須瞭解本章的全部觀念，才能夠以有效、勝任的態度評估介入。

單案評估設計

 前言

　　在第十一章中，我們知道當無法指派樣本進入控制組做觀察時，可以用時間序列的設計方法來評估計畫及介入對團體中個案的影響。透過對相關的變項重複地加以測量（如服務或政策的目標，或個案改變的主要問題），這些重複的評量是企圖找出主要問題的變化趨勢是否呈現穩定。如果在這些變化趨勢中發生偏離情形，又恰巧發生在服務或介入被引進或撤除的同時，相對支持了一種似乎合理的理論：就是依變項的改變是由於服務或介入的變異所造成的說法（自變項）。

　　主要概念是多重測量時點與不可能發生的巧合。一項測量能有愈多的評量點，就能有愈穩定的趨勢可供辨識，也就愈容易推論出目標問題的改變是起因於自變項或相對資源的改變，例如成熟、歷史因素，或統計迴歸等。換言之，可以藉由重複的測量，我們能夠確定目標問題的改變趨勢是穩定的，對沒有控制組的研究提升評估內在效度。這可以讓研究者精確的解釋，看依變項在哪裡產生變化，而這些變化是否和同一組介入的改變同時發生。

　　單案設計應用了時間序列設計的邏輯，來評估單案的實務效果。這類設計牽涉獲得一個案主系統其目標問題的特定結果所產生的指標的重複測量。經常是在某特定介入被引進之前，可以得到對目標問題之趨勢的重複測量。這些重複測量會依據察看是否在介入實行後，隨即一個目標問題的持續改進模式便開始出現。

　　在介入之前所發生的重複測量階段被稱作**基線**。**基線**（baseline）[1]是一個控制階段——也就是說，它與控制組在團體實驗中的作用是一樣。在基線（控制）階段所蒐集的資料型態會用來與介入（實驗）階段所蒐集的資料做比較。用以推斷一項介入是有效的——也就是說，依變項的改進可以歸因於介入，而非一些如歷

1　**基線**　一種單案評估設計的階段，在一新的介入或政策被施行前重複測量的一致性。

史或成熟之類的其他解釋——我們尋找與基線階段和介入階段之間同時出現的趨勢轉變的資料。

　　舉例來說，請思考一下圖表 12.1。我們看到目標問題的轉變，在基線階段中它處於沒有一致規則性的變化，一直在介入開始之後，則呈現改善的趨勢。也許是某些其他因素造成目標問題的變化。但在大量的重複測量下，以及在介入開始之前任何時間內，都沒有任何明顯改變的情況下，這樣的改變由其他因素所造成的機會並不高。

　　現在為了對照比較，請思考一下圖表 12.2。我們看到與圖表 12.1 介入階段資料的變化趨勢是一樣的，但基線階段之後的一項趨勢顯示，目標問題在基線階段已經發生與介入階段相同比率的改善。在此我們會推斷除了介入之外，還有其他因素造成了這樣的改變，譬如成熟或是隨著時間的演進而發生的。這個例子說明了在基線階段與介入階段的重複測量，使我們能夠控制介入開始之前，與進行過程中對於內在效度之威脅。少了每個階段的重複測量——亦即單憑一項介入前的測量與一項介入後的測量——我們將沒有辦法發現這種持續進行的改變過程（例如：成熟），因此需要實驗組與控制組。

　　但是歷史因素又如何呢？或許一個大的巧合真的發生在如圖表 12.1 所描述的情形中。也可能一個戲劇性而極有助益的改變發生在案主的社會生活環境之

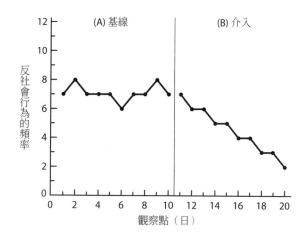

圖表 12.1　支持介入效果的單案設計假設圖（基本 AB 設計）

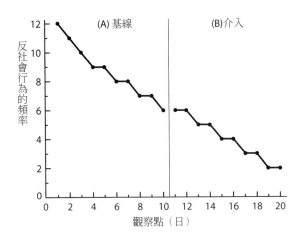

圖表 12.2　不支持介入效果的單案設計假設圖（基本 AB 設計）

中，而恰巧這個設計的介入也在此時引進。在圖表 12.1 那樣的結果中，歷史因素無法被排除，但必須注意只包含兩個數據點（一個是介入前，一個是介入後）的前測—後測（pretest-posttest）團體設計，歷史比較不具說服力。這前測與後測兩個資料蒐集點可能會相隔很長時間。在單案研究的設計中，我們可以明確地指出目標問題開始出現穩定的改進模式是哪一天或哪一週發生的，並且我們可以跟案主討論有任何重大的事件或改變發生在那個時點上（除了介入開始之外），由此可得到一個非常好的改進的想法以瞭解歷史因素是否比較具有解釋性。

　　在單案研究設計中可經由超過一個以上的基線期及介入期，提升研究者於歷史因素的控制。我們將在本章中檢視如何深入地去操作，但現在請讓我們想一想以下的例子。假設一位學校的社會工作人員企圖提升一個有高輟學風險青少年的自尊與社會功能，他監測該名學生的違紀事件，並每週施測一次標準化自尊量表。一段時間後，假設該名社會工作人員決定中斷介入階段幾個禮拜，或許是給自己放個長假，或許是看看學生是否可以在不依賴長期的介入之下仍能持續進步。如果對學生的重複測量是類似圖表 12.3 的資料形式，那麼該名社會工作人員可以合理地推論，學生在社會功能上的改進是因為介入的影響，而非歷史因素。這樣的推論是合理的，因為資料形式的轉變，或者說是趨勢所發生的三個連續階段是與介入的採用或中斷時間點是一致的。根據這些連續變化模式來看，除

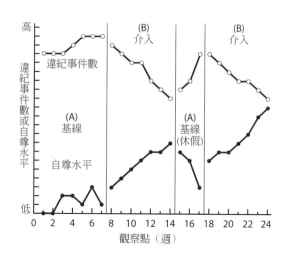

圖表 12.3　支持介入效果的單案設計假設圖（基本 ABAB 設計）

了介入之外，其他因素所可能影響而促成這個目標問題或其他獨立變項產生改變的可能性很微小。因此，歷史因素的假說（history hypothesis）變得不足採信。

社會工作之單案設計

當前述時間序列分析的邏輯應用於單一案例的成果評估時，可以稱為**單一目標設計**（single-subject designs）、**單案設計**（single-case designs），或**單一系統設計**（single-system designs）。後兩種說法為一些人所喜用，那些人希望提醒我們不要忘記所服務的案主系統不一定只是個單獨的個體，而可能包括了一個家庭單位，甚至一個社區等等。在社會工作中，**單案設計**已經成為最常被使用的一種說法。不論我們怎麼稱呼，這些設計的一個顯著特色是其樣本數都只有一個。不論我們分析的單位是一個人、一個家庭、一個社區或一個組織，樣本數都只有一個。因此，這類設計的一個主要限制及受人質疑的是外在效度。在第十章中，我們討論過使用不適當的樣本數或選擇程序時所可能導致的研究問題。那麼，我們如何去思考只有一個元素的抽樣方法呢？

藉著高度的內在效度，單案實驗可以協助判斷某種介入方式對於在該情境脈絡中的個案是可行的介入，並且可以在後續的研究中檢驗其可通則化。這些後續

的研究包括使用控制組的較大規模實驗，或是試圖在其他情境脈絡下重複原始單案實驗的附加單案實驗。舉例來說，假設一位老人社會工作人員發現，根據一個單案設計研究結果，回顧一位特定案主在療養院的生活歷史，能夠有效改善案主的意志並減少案主的憂鬱。其他療養院有著類似案主的老人社會工作人員，可以嘗試複製該介入與研究。若其結果都是相似的，就可以累積證據支持該發現的可通則化。最後，這些證據可能足以支持進行規模更大且有控制組的實驗研究。然而即使一個較大規模、有控制組的實驗從未被執行，單案所累積的證據仍會作為日後提供該介入方案奠立了科學基礎。

根據單案實驗所累積的發現不只能做為特定的介入，或強化特定實務工作者成效的科學基礎，在評估一整個機構或方案時也有幫助。假設一個贊助者需要一項方案評估以決定一個家庭服務機構是否提供了有效的服務，以決定是否要繼續或提高資金支持。基於假設行政和倫理上的考量排除了在評估中使用控制組的可能性，其中一個可以解決這難題的方法，就是採用一項時間序列設計。然而，假設目標問題和服務目標隨著案例的不同而有本質上的差異。目標有可能是在一個案例中減少兒童的反社會行為，在另一個案例可能是減少婚姻衝突，或是在另一個案例裡預防親職行為的濫用等等。還有一個選擇是在每個案例或是具有代表性的一組案例中，進行一個獨立的單案實驗，並在每個實驗中利用有特色的案例目標或目標問題做為依變項。藉此機構不僅可以向補助單位提出成功個案比例，更重要的是，能夠明確顯示出因為接受機構服務而產生之結果的時間序列分析邏輯。

有一個相反的過程也可以用來證明單案設計的價值——亦即，個別實務工作人員或機構可能會懷疑，究竟最初為其他研究設定之實驗組所支持的介入，是否也能在他們特殊研究脈絡中產生一樣的效果。舉例來說，假設有些老人社會工作人員在一本報告相關實驗的老年學社會工作期刊中，學到案主生活歷史回顧的服務策略，他們很好奇自己是否有能力同樣有效地執行報告中的介入？是否會如同研究報告中所宣稱的同樣有效？他們可以對一個或多個案主採用單案實驗以回答這些問題。這類實驗不僅可以減少對特定案主使用特定介入之效果的疑慮，同時也能降低他們做為臨床社會工作人員之自我工作效能的疑慮。

▶▶▶ 如何在社會工作實務中應用單案設計方法

EP 2.1.6b
EP 2.1.10m

　　單案研究的設計對一些實務工作者而言，可用來當作是針對某些案主所做臨床實驗的一部分。因為這類設計只需單一案例，實務工作者不必擔心需要大量樣本，或是要將案主分配至控制組的問題。每個單案實驗當中都需要被改善的目標問題——實務工作者在沒有實驗時會提供給案主例行的協助目標。同樣地，實務工作者會想要監控案主在達到目標時的進展。藉由目標問題中採取的重複測量，實務工作者可以同時監控案主的進展（或是不足），同時也能夠對於造成目標問題改善或惡化的事件，有更具系統性的瞭解。舉例而言，假設一個因為嚴重反社會行為而正接受到聯合監護的孩童，我們進一步假設他這種問題行為傾向於將孩子交給雙親中的某一位監護之前。藉由目標行為的重複測量讓實務工作者能在服務傳遞的初始階段，逐漸地確認兩者間的關聯，因而有助於實務工作者更瞭解目標問題的起因，並發展出一套適宜的處理策略。對於耗費大量時間非系統性進行記錄與評估的實務工作者而言，他們可能會發現執行單案設計是一種有效有且更為有系統的記錄和評鑑方式。

　　然而在整合單案研究到直接實務上是有其實際上的困難。這些限制將會使許多的實務工作者在應用這些設計時有些不切實際，特別是當他們服務某種特定案主時。案主處於危機狀況之下，通常無法給實務工作者有足夠的時間去做重複的評量，所以在實施介入之前也無法獲得足夠的資料做出基線的趨勢圖。而在一些沉重的案件積壓負荷之下，也使得實務工作者無法去計劃或引導多次的評量。而實務工作者的同儕或其督導也或許無法認同這種研究價值，因此不支持這個研究方法，案主也可能因應設計的需要而進入長期的自我監控的程序，而不願參與研究。

　　儘管有這些阻礙，無論什麼時候，只要可以，實務工作者仍應努力實行單案設計。社會工作實務常涉及一些服務或介入，而且這些服務被提供之前通常無法經過適切的科學驗證，以確認其對案主是否有正向或負向效果的介入或服務。按照這種對於自我服務效能的疑慮，問題可能不在於我們在實務工作中是否有足夠的時間運用單案研究方法，而是我們的專業是否允許我們不去撥出那些時間。在我們對案主之福利使命以及專業的抱負，當實施未經驗證之介入時，我們可以執行單案實驗，以確認它們是否對案主有幫助或是有傷害，或僅僅是浪費稀有的資源。

浪費社會福利的稀有資源不僅是關乎效率或大家責任的問題，對案主而言它也是專業關懷的問題。因為假如我們浪費自己和案主的時間在沒有效果的服務上，結果並沒有減輕案主真正的痛苦，也無法利用這段時間變換其他對案主真正有幫助的服務。藉由在實務工作中運用單案研究時，實務社會工作人員可以獲得立即的回饋，以瞭解是否應該修正服務方案對特定案主提供更好的服務（或是停止妨礙）。

▶▶▶ 以證據為基礎的單案設計方法

我們的重點不是實務工作者必然會成為研究人員並將他們的發現出版，而是如同第二章所討論到的，應用科學測量程序以及單案設計邏輯是以證據為基礎的實務的一個重要部分。你或許記得，在該章提到以證據為基礎的實務程序包含了評估被選擇採用的介入是否有效。當實務工作者在完成早期以證據為基礎的實務程序後採用單案設計的測量程序時，是否得在介入實施之前判讀基線的趨勢也變得不是那麼重要。那是因為他們已經決定——在以證據為基礎的實務程序中的早期階段——採用先前的研究中發現具有最佳內在效度的介入，因其也可能在當前討論的狀況中達到相當的成效。

在本章前面部分我們提到，一個具有多重測量點的基線其功能相似於控制如歷史與成熟度等威脅的內在效度的控制組。但若之前的實驗或準實驗已經控制住那些威脅，則實務工作者較不需要將其做為解釋案主的發展因素而加以排除。因為在以證據為基礎的實務程序之早期階段已經建立了有關討論中的介入因果關係，因此實務工作者只要專注於案主是否有達到他們所期待的成果即可。

然而你可能會問，「如果就是那樣，為什麼還要執行以證據為基礎的實務程序的後期階段？也就是，如果已經知道我們所選定的介入有證據顯示是最有效的，我們何必要預估結果？」這個問題包含兩個關鍵的詞：**可能的**（probable）以及**外在效度**（external validity）。

有關於**可能的**這個用詞，我們知道沒有一個實驗的評估發現，任何一個受測試的介入可以成功地適用於**每一個**案主。最有效的介入只可能是那些具有最大的**成功可能性**的介入。舉例而言，假設一個實驗明確地發現一項治療伊拉克戰爭退伍人員創傷後壓力症候群（PTSD）的新介入，在實驗組中可以有效減輕 80% 的創傷症狀，而控制組則只有40%的成果。那可能是一個令人印象極為深刻的結果。

儘管那項介入有著卓越的成效，這個發現指出有 20% 的受試者並不成功。你怎麼會知道你的案主不是那 20%？藉由觀測她或他的創傷症狀在治療過程中的改變，你會發現如果她或他是那個 20%，你會瞭解將有需要嘗試其他的治療方式。

有關於**外在效度**，你可能記得第十一章所提到的，儘管是最好的發現，大部分的內在效度實驗並不會將其成果通則化套用在所有案主，以及該實驗以外的所有情境。事實上，儘管控管最嚴格的實驗往往排除現實生活中在社會工作機構經常出現的案主。在這種實驗裡的案主屬於同一種族，被高度地鼓勵且不會產生妨礙實驗進行的各種麻煩。不像那些案主，社會工作人員個案量包括少數族群、非志願地被轉介，以及較不被激勵的案主，或是該案主的主要問題是源自於多重問題的結合（比方貧窮或是藥物濫用），使治療的效果更為複雜。舉例來說，或許伊拉克戰爭的退伍軍人不只有創傷後壓力症候群（PTSD），且有用藥成癮、無家可歸以及肢體上的失能等等。

一般而言，最好的最有內在效度的實驗是在理想的環境裡面進行。實務工作者可能有受過精良的訓練，以及管理人員在評估介入上的大量訓練與管理，甚至可能接受發明該介入的傑出人物所訓練。再者，他們的個案量比真實世界的實務工作人員還少。如此一來，無論你在執行的介入多具有天賦，你還是無法達到如實驗中的新介入所達成的效果。藉由單案設計的技術，你能夠監視介入進行的程序。你可能無法得知為什麼預期的成果可以或不可以被達成，但至少你能夠知道你是否應該繼續進行相似的介入或是修正它。

本節的重點在於你不需要為了建立基線而延後介入的進行。如果沒有任何的問題阻礙你建立前介入的基線，一切都會很好。但若面臨這些阻礙，只要監測介入的執行程序，將會告訴你應當堅持所選擇的介入計畫或是改變之。在本章後面，我們會討論另一種單案設計，你將會看到所有的符號，但其中一個設計會以 A 這個字母開始，意味著基線。所有的設計也包含 B 這個字母，是指執行介入的階段。（這些符號已經呈現於之前所提到的圖表 12.1、12.2，以及 12.3。）你也會看到一種設計只包含 B 這個字母，那種設計適合於實務工作者已經完成以證據為基礎的實務程序之前幾個階段，在面臨建立基線（A）的困難，並限制以證據為基礎的實務程序的後面幾個階段的程序為監視案主的程序——而非排除對內在效度的威脅，進而推論其因果。

在檢驗替代的設計方案前，我們將會探討有關測量的議題。如同我們檢驗那

些議題以及之後的替代性設計方案一樣，我們建議你留意接下來要提到的事情。儘管你的研究將只會用到 B 階段（且沒有 A 階段）──也就是，在採用單案設計的技術時，你只評估監視案主的程序，以及不嘗試排除對內在效度的威脅──你在以證據為基礎的實務程序的前期所得到的證據有可能是來自於採用單案設計的結果。若是如此，你需要去瞭解本章其他部分，而你將具備評估該證據的品質能力，進而更能夠評斷它是否應該引領你提供何種介入的決定（與你的案主一起合作）。

測量問題

擬定單案實驗的初期需做一個決定，訂出可以做為評估依變項的目標問題或目的。確認目標問題主要是基於實務上的考量，並且在各種實務和預估的教科書（例如 Hepworth, Rooney, 和 Larsen, 2002）中被深入探討。下一步則是要發展出一個該變項的操作性定義。

EP 2.1.10d

操作性定義可能包含象徵目標問題不存在的指標，或是意味目標問題出現的負向指標。舉例來說，如同第六章所討論過的，一個操作性定義可能包含了譬如欺侮或威脅的負向指標，研究目的因而變成觀察指標的減少。操作性定義也可能包含譬如讚揚或使用超時等正向指標。若是如此，那麼研究目的就變為那些指標的提升。實務工作者可能會為了臨床理由將他們的定義限定於正向指標，以便他們和案主對問題不會總是想到負向的語詞。他們可能也會選擇監控問題或目的之指標，有些是正向的，也有可能包含一些負向的指標。

▶▶▶ 測量什麼？

為了在單案設計中進行重複觀察的需要，操作性指標應該頻繁地出現，而能進行規律性的測量。因此，預估讚揚、鼓勵或利用休息時間之類的指標，比起父母的虐待導致嚴重傷害的頻率等指標是更為適切。

對於要測量多少個操作性指標並沒有一個嚴格的規定。當我們測量指標愈少，就愈難察覺到案主在其他未被測量指標上之改善的風險。舉例來說，一個個案管理員鼓勵慢性心理疾病案主依照處方服藥，並致力協助案主尋求較多的社區

支持。但如果個案管理員只是測量案主精神疾病的程度或找工作的行為，那麼他可能會得到負向的結果，並錯誤地推斷出介入是無效的。另一方面，嘗試測量過多的指標而導致資料蒐集過程變得不靈活，並使案主、實務工作者或兩者都感到受不了，則是非常不明智的。此外，若選擇的指標數量愈多，另一風險也愈高，那就是某個或多個指標在介入之後的改善可能只是隨機變動所造成的。

▶▶▶ 三角檢測

兩個或三個指標通常被視為是適當的，一方面這是比較可行的途徑，同時又能滿足三角檢測的標準，這是一個基本法則。如同第七章所討論到的，三角檢測（triangulation）是一個並非只能運用在單案實驗，而是能適用於各種不同研究設計的原則。它意味著研究者面臨一種不完整測量選擇之多樣性的情況，每一種測量都有優點缺點。為了增加依變項的假設變化被察覺的可能性，需要使用不只一種測量選擇。儘管有三角形的意涵，三角檢測並不需要使用三種選擇，只需要超過一種即可。

在單案設計中，三角檢測並不一定是指測量一個以上的目標問題。它意指同樣目標問題被一個以上的指標所測量。舉例來說，一個學校社會工作人員的案主學習成績不良，他可能會想監控案主每晚花在功課上的時間，以及老師對其課堂上的專注和參與的評價。三角檢測不需要社會工作人員同時去測量該學生其他問題的指標，譬如反社會行為（好鬥、違紀事件等等）。實務工作者可能會選擇監控一個以上的問題，但三角檢測的原則並不需要這麼做。三角檢測的原則適用於所有的測量方法的選擇──並非只有所要測量的對象──我們將在資料蒐集的討論中再來說明這點。

資料蒐集

單案實驗中計劃測量法與資料蒐集的選擇和決定，對照研究者設計其他類型研究時所遇到的狀況並無不同。研究者必須決定資料來源是否要從記載、訪談、自我評估報告或對行為的直接觀察中得到。在單案實驗和其他類型研究中，這些來源的優點和缺點大致相同。

▶▶▶ 誰來進行測量？

　　一個相關的議題該由誰來做測量？當實務工作者進行測量以評估其自身實務時，觀察者具有偏見的風險可能會升高，因為人們常想要獲得支持自己實務效率的發現，並表明案主的目標問題已經得到改善。但更危險的是僅僅依靠案主來測量他們自己。案主會偏頗地產生正向結果的認知，不只是因為要讓自己高興，或是向實務工作者表現出符合社會的形象，同時也是為了避免使實務工作者失望。案主的重要他人（譬如老師、監護人等等）可能會被要求協助監測案主的某些行為，以避免由案主或實務工作人員進行測量所產生都是正面的結果。然而，不管是他們對研究的客觀性或是投入都無法被保證。對於以連續基礎仔細且系統化地觀察案主的行為以致於需要大量時間與精力投入的研究來說，這項考慮特別重要。考量單案設計需要的重複測量以及偏誤的潛在性應該由誰來測量，並沒有一個簡單的答案。所以在這裡我們回到三角檢測的原則，並使用前述的三項選擇來蒐集資料。在這樣的背景下，我們發現到三角檢測的另一個優點──它能提供之評估測量信度的機會。如果不同的資料蒐集者都同意他們測量的話，我們將對資料的精確性更具有信心。

▶▶▶ 資料來源

　　在思考資料的其他來源（有效的紀錄、訪談、自我評估報告或直接觀察）時，對單案設計來說有幾個特別顯著的議題。舉例來說，有效的紀錄可能使研究者或實務工作者能夠得到一個介入前的趨勢的**回溯基線**（retrospective baseline）（請見後面的討論），因此在蒐集基線資料時不需要延誤介入。當然這種發展只可能發生在我們夠幸運能夠接觸到內含詳細蒐集到之可靠資料的既存紀錄時，而且該紀錄的資料需要與單案實驗過程中對目標問題的操作性定義相符合。

　　自我評估報告也值得單案設計特別考慮。一方面，它們十分方便，藉由每天在案主住處或每次社會工作人員看到案主時，讓他們完成一個簡短的自我評估量表，便可以迅速執行重複測量。自我評估報告同時也確保重複測量的執行與評分的方式都是以統一的方式進行的。

　　另一方面，使用這些量表在單案實驗中也會有一些風險。首先，案主可能對一次又一次地仔細填寫量表失去耐性。不過，一個更嚴重的危險在於案主可能會偏頗地填答以符合社會期待性的形象。當社會工作人員進行單案實驗以評估他們

自身的實務工作時，這個風險是最大的，因為案主為了取悅實務工作人員或想讓
其留下好印象，可能會傾向提供與事實不符的資料。

▶▶▶ 信度與效度

現在讀者可能會懷疑，到底可不可以透過使用已具高度信度與效度的標準化
自我評估報告來避免產生風險。在其他條件相同的情況下（譬如與問題或案主的
關係、對問題改變的敏感性，以及研究工具的時間和複雜性），如果對研究者想
測量的某特定變項來說有可利用的量表，當然使用信度與效度已經得到實證支持
的量表是比較好的。然而，標準化工具之效度常是在與單案實驗的進行狀況兩者
間有重大不同的情況。標準化工具有效度是傾向於在下述三種大規模的預估研究
中產生：(1) 受訪者是屬於與研究者沒有特別或持續性關係的大型團體之一員，
且是匿名的；(2) 每個案主使用這測量工具的次數，不會超過一次或兩次；(3) 每
一位案主並不會因為測量工具所測得的分數，而使他從一些服務當中獲得好處。

相反的，當案主完成單案實驗中的測量工具時，他們並不是匿名的，而且與
服務提供者之間有著特別關係。因此他們對自己所要傳達的印象更為敏感，比
起匿名情況時更希望能給工作者留下讚賞的印象。隨著每次對測量工具的重複填
答，他們的答案可能變得較不具有效度，有可能是出於草率，或是因為他們記得
自己之前的答案。最後，可能也是最重要的，他們會敏銳地察覺到無介入（基線）
階段和介入階段間的不同；他們可能會知道假設服務是有效的，然後應該在介入
階段提高他們的分數。這樣的覺察可能會讓他們容易在介入階段傳達一個較為正
面的印象。根據這些差異，僅僅是因為它已在其他研究背景中顯示沒有嚴重的效
度問題，我們還是無法保證一個特定的自我評估報告可以避免案主為了迎合社會
期望而可能產生偏誤。

▶▶▶ 直接行為觀察

單案實驗所需的大量重複測量也使得以直接行為觀察做為資料來源變得複
雜。當實驗是以一個實務工作者自己執行時，資料適用性的問題須特別注意，因
為忙碌的實務工作者可能沒有時間讓他們自己來進行觀察，也沒有資源去找別人
來觀察案主。如果對目標問題的觀察可以被限定於辦公室或家庭探訪，那麼實務
工作者觀察的困難將因而降低。

同樣地，對行為的直接觀察並不一定需要持續觀察。**抽查記要**（spot-check recording）可以用來觀察經常發生、或是期望在某具體時間發生的目標行為。舉例來說，假設一個青少年安置機構的社會工作人員運用一個行為修正介入，以增加被安置對象在每晚特定讀書時間的課業分量。社會工作人員或監護人每晚可以簡單地看一下讀書區，變化每天觀察的時間點，並快速記錄特定的對象是否在讀書（是或否），或只是簡單地數一下那個特定時間有多少人正在讀書。

但有許多目標問題需要持續地觀察，在願意定期觀察的重要他人（例如老師、親戚或監護人）之外，我們通常不得不依賴案主做自我觀察。讓案主自我觀察的專有名詞稱為**自我監測**（self-monitoring）。如果依變項是一個案主在某段時間內某種類型的想法或感覺的次數——亦即只有案主自己可以觀察的現象——那麼自我監測會是唯一的直接觀察方式。

自我監測的問題是，除了容易具有測量偏差（如同前面所討論的）外，特別容易有**研究反應性**（research reactivity）的問題（我們已在第十一章討論過研究反應性）。反應性發生的一種方式是在觀察或記錄資料的過程中——亦即自我測量過程中——引起目標問題的改變。舉例來說，假設一個實務工作者鼓勵一位與兒子有衝突關係的媽媽，記錄每次她讚美和責備兒子的時間。不論社會工作人員怎麼做，這個簡單的記錄動作可以讓媽媽察覺到她多常責備兒子和多不常讚美他的傾向。這種察覺因而會使她更常讚美而更少責備。

當然，從一個臨床的觀點來看，反應性未必是一件壞事——也就是說，自我監測可以做為一個有助於帶來可欲改變的臨床工具。它確實經常這樣被使用，但當它被用做研究中唯一的測量過程時，會使得是否單由介入而引起改變的推斷過程變得混淆。如果單是由自我監測造成可欲的改變，那麼透過在前測（基線）階段所發現的改善趨勢，就可以察覺此種改變，有此瞭解就可以部分解決上述的問題。

▶▶▶ 非干擾性對干擾性觀察

如同第十一章所討論到的，**非干擾性觀察**（unobtrusive observation）表示觀察者融入觀察背景，使得觀察和記錄的行為通常不會被觀察者發現。舉例來說，一個試圖減少安置機構中男孩們反社會行為次數的團體工作者，可能會請一位督導他們休閒活動的同事觀察男孩們打架、爭吵等等的次數，並在其管理孩子們時隨身攜帶的記事本中記錄下來。

與非干擾性觀察相反的是**干擾性觀察**（obtrusive observation）。干擾性觀察介入的程度是指研究對象知道觀察的進行，因此容易有研究反應性或是表現得很反常，以表達一個符合社會預期的印象。自我監測可能是干擾程度最高的一種觀察形式，因為案主同時是被觀察者和觀察者的角色，不過有許多其他類型的觀察也具高度干擾性，以致於危及整個研究的可信度。這種例子有一些是帶有欺騙意味的，因為研究者或實務工作者所採取的方式可能一開始看起來像是非干擾性的。

舉例來說，研究者或實務工作者可能透過一個單面鏡觀察案主行為，他們認為因為案主無法看見他們，就比較不會覺察到觀察正在進行。某種程度上來說這是真的。但思考一下，透過一個單面鏡，對有衝突關係之母子的互動進行前介入（基線）測量後，實務工作者向母親說明一個任務導向的介入方式，也就是實務工作者和母親都同意在孩子做對時儘量給予稱讚。然後實務工作者持續透過一個單面鏡觀察母子間的互動，看看與前介入基線相較之下，該介入是否有效地增加對孩子讚美的次數。

雖然實務工作者在進行觀察時不被案主看到是件值得稱許的事，但若就此假設該項觀察是非干擾性的，或者基線階段和介入階段兩者的觀察真的能拿來比較，那就錯了。在兩個階段裡，母親或多或少都能察覺到實務工作者正從鏡子的另一邊觀察著。而在介入階段，她清楚地知道什麼樣的行為——讚美——是實務工作者想看到的，這是她在前面基線階段所不會出現的行為。

因此，由於介入階段所產生的社會期望產生偏頗，使得兩個階段中研究者介入的程度是複雜的。因為案主較傾向在介入階段提供符合社會期望的回應，研究人員的介入反而對研究發現之可信度造成更大的威脅。換言之，期望增加的讚美可能很容易和介入功效沒有任何關係，反而只是反映出在案主採用介入之後，會傾向表現出社會期望的行為——不管母親在自然環境中與孩子互動的方式，或是當實務工作者不在場觀看都與這種行為沒有相關性。

▶▶▶ 資料量化過程

單案實驗中透過直接觀察蒐集而來的資料，可以用**頻率、持續時間或強度**（frequency, duration, or magnitude）予以量化。舉例來說，亂發脾氣這個目標問題可以用某特定時間觀察到的發脾氣次數（頻率）、每次發脾氣持續多久（持續時間），或它有多大聲或多暴力（強度）來記錄。使用三角檢測的原則，我們可

以同時使用這三個量化資料。

基線階段

單案設計的邏輯在於需要進行足夠的重複測量,以確定外在因素(譬如案主環境的改變)不是造成介入開始時目標問題改善的原因。這個邏輯同時也有賴比較重複測量所確認出來的趨勢,以控制如成熟或統計迴歸等因素。根據這個邏輯,當基線有足夠的測量資料來顯示目標問題的一個穩定趨勢,和足夠的特點來證實影響目標問題的外在事件不太可能只會在介入開始時碰巧發生,則單案設計的內在效度便可提高。雖然所需之基線測量特點的理想數目要視一個穩定趨勢有多快出現而定,但進行五到十次基線測量亦屬合理。有了一些穩定基線,研究者便可以開始以最少三到五個施測點來察看趨勢。然而,我們擁有愈多的數據點,對所觀察趨勢會愈有信心,也就愈能確認將來問題若產生改變,一定是由於介入的影響。

不過,現實上並不總是能讓我們取得理想數量的基線測量。舉例來說,即使基線趨勢尚不穩定或不清楚,但案主的問題可能過於緊急而無法延遲介入的提供。當無法獲得理想的基線趨勢時,我們只能在臨床和管理上所允許的狀況下儘可能先提供服務。

所謂問題穩定的趨勢意指目標問題是以一種可預測和有順序的方式顯示。趨勢的表現是在圖表上把數據點按時間先後標示,在點與點之間畫線,然後觀察整體圖案是清楚地遞增圖表 12.4(A)、遞減圖表 12.4(B)、平坦圖表 12.4(C) 或循環圖表 12.4(D)。相較之下,圖表 12.4(E) 說明的是一個沒有明顯趨勢的不穩定基線。

遞增或遞減基線的意義端視目標問題的操作性定義。如果它包含的是比較不願意見到的現象,譬如亂發脾氣,那麼一個遞增的基線趨勢代表問題的惡化,一個遞減的基線則表示改善。如果操作性定義包含了譬如做作業這令人期望的指標,那麼一個遞增的基線有改進的意味,一個遞減的基線則有變壞的意思。

當基線的趨勢有顯著改善時,即使這個趨勢是穩定的,最好持續蒐集基線測量資料,直到改善的趨勢停止,如同圖表 12.5 所示。如果介入的時機是在改善基線趨勢的最高點(在趨勢停止之前),要達到一個引人注目的改善趨勢會很困難。換言之,基線趨勢會表示案主在沒有介入的情況下,已經呈現穩定改善的趨勢,因為 (1) 即使一項有效的介入也無法影響改善的比率,以及 (2) 或許在該特

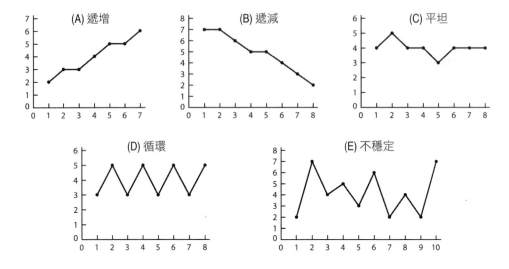

圖表 12.4　不同的基線趨勢

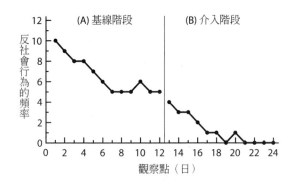

圖表 12.5　改善趨勢中延長基線的假設圖（ＡＢ設計）

定指標上一開始不需要介入。至於在改善基線的底部引進介入，則可能因為進行中的改善過程已趨穩定，而因在 B 階段無法獲致結果錯誤地判斷一項介入是沒有效果。

　　例如，假設評估中的介入能有效協助**大多數**案主戒菸。但我們可以進一步假設，圖表 12.5 中的類似資料模式與對於有強大動機戒煙的案主所進行評估的介入有關，而在介入開始之前，案主或許可以進行成功的戒煙成效，而不論有沒有提供案主這項介入，他的努力將會很快地促使他戒斷煙癮。圖表 12.5 的結果無

法顯示這一介入對案主是有效的，即使案主成功地戒菸了，因為他在基線階段改善的比例並沒有超過在介入的階段。當顯現這個結果，並不能指出介入對這個案主造成什麼差異，而指出這介入是無效的將導致錯誤的結論。我們並無法知道他是否有效或無效，大多數案主已經不從事努力於要成功的戒菸。

當我們一開始計劃引進介入的那個點所蒐集到的基線資料不穩定（也就是說，如果它們無法產生一個可預測的趨勢），我們會希望延長基線測量。如同前面所提及的，當我們觀察到一個不穩定的基線時，理想上我們會將基線測量延伸，直到一個穩定趨勢出現為止。然而，前面同樣也提及實務上的限制並不一定允許我們擴大基線，直到一個期待中的趨勢出現為止。其他如案主的傷痛或危險之類，可能會比優先考慮研究設計的內在效度更為重要。若是如此，那麼我們只要以手邊有的數據做到最好就夠了。可能該介入是非常有效，以致於一個不穩定或是呈現改善的基線型態會比介入資料的型態還要差。圖表 12.6 顯示一個與兩個其他介入資料樣式並列的不穩定基線。其中一個樣式說明了一個不穩定基線解釋結果的困難；另一個樣式則顯示了這樣做並非一定不可能。同樣地，圖表 12.7 說明即使是一個呈現改善型態的基線也可能得到支持介入效果的結果。

若在實驗設計執行完畢後，我們發現可能對目標問題有潛在重要影響的外在環境，其改變恰好與介入的開始時期一致，那麼我們可能會改變基線階段原來預期的完成時間。舉例來說，如果案主有嚴重的花粉症，而目標行為是人際間的衝突或學校成績，那麼我們不會想要在花粉季節開始或結束時間開始介入。如果

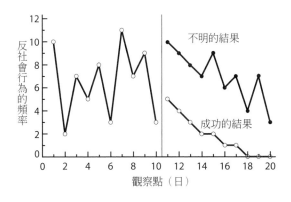

圖表 12.6　不穩定基線的兩個假設圖（AB 設計）

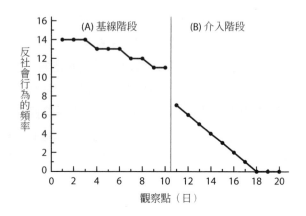

圖表 12.7　呈現改善的基線型態下支持介入效果的假設圖（AB 設計）

我們在基線階段開始後才發現這個情況，那麼我們可能會將基線時間延長得比最初計劃得久，以致於能夠在相關環境條件改變後，包含足夠的數據點以發現一個穩定的趨勢。另外一個選擇是在後來撤回介入一小段時間，然後重新引進介入，希望這個介入的間斷能變成第二基線，其開始或結束不會和重要環境改變恰巧一致。（後面這個選擇稱作 ABAB 設計，我們將會較深入地檢視它。）

　　當你不能延誤介入以採取基線測量時，你應該考慮是否有可能得到一個有用的回溯基線。**回溯基線**（retrospective baseline）[2]也稱為**重建基線**（reconstructed baseline），是由過去資料所重建而成。回溯基線的兩個主要資料來源是既有紀錄或案主的記憶（或重要他人的記憶）。一個利用既有紀錄的例子，是取得一個在校有行為問題孩子的出席、成績、留校等等資料的學校紀錄。一個利用記憶的例子則可參考 Nugent（1991）的研究，詢問案主有關控制生氣的問題，請案主回想過去一或兩個禮拜發怒的次數，或許可以與其配偶或父母的記憶一同進行三角檢測。Bloom、Fischer 和 Orme 等人（2009）提供下列兩個依靠記憶來重建基線的方針：(1) 使用容易回想的明確、可識別事件（譬如生氣發怒、留校參考等等），這比起那些較難以回想的事情（譬如不適當或焦慮的感覺等等）較不易失

2　**回溯基線**　一種前介入單案評估設計階段，是由過去資料所重建而成，依時間先後排序的資料點組成。

真；(2) 基於同樣的原因，利用沒多久之前的記憶，譬如過去一到兩週，而不要追溯超過一個月的記憶。

其他的單案設計

▶▶▶ AB：基本單案設計

如圖表 12.1、12.2、12.5、12.6 與 12.7 所示，最簡單的單案設計包含一個基線階段 (A) 與一個介入階段 (B)。這是一個在實務工作者／研究者中很受歡迎的一種設計，因為它只包含一個基線階段，因而使得服務輸送優先順序間的衝突是最低。但這種設計比起擁有多條基線的單案設計來得微弱。在只有一條基線的情況下，每個自變項從基線轉變到介入時只會有一個數據點。因此，只有一個機率很低的巧合可能發生。儘管進行多次的重複測量，可以讓介入開始後所出現的依變項變化是肇因於外在事件，而非因介入的可能性下降；但當基線與介入階段之間有數個不同的轉變時，可以讓外在事件獲得更好的控制。

儘管有相對的缺點，AB 設計還是相當有用。大部分較為嚴謹的設計可能在許多實務情況中並不可行，而有了 AB 設計所能提供之足夠的重複測量後，對於在案主身上之影響尚未得到足夠科學驗證的介入效果時，AB 設計可以提供一些邏輯與實證上的證據。同時，AB 設計可以複製，如果在相同介入上不同 AB 研究的結果都是一致的話，那麼該介入效果的證據便得到增強。舉例來說，假設不同時間、不同案主的幾個 AB 研究都發現，針對相同的目標問題都會在同樣的介入引用不久之後開始改善。針對不同案主，一個外在事件恰好在介入開始時同時發生，並且成為改變的原因，這種論點的可信度有多高？AB 設計在另一種情況也很有用，那就是案主對實務工作者有立即的回應，如此實務工作者可以監測目標問題的改變，同時也能與案主一同探索，尋求對變化不同的解釋，並且修正我們的服務輸送。

▶▶▶ ABAB：撤回／反轉設計

為了控制外在事件對研究的影響，ABAB 設計增加了一個第二基線階段 (A) 與第二介入階段 (B)。如圖表 12.3，以及圖表 12.8 與圖表 12.9 所描述。第二基

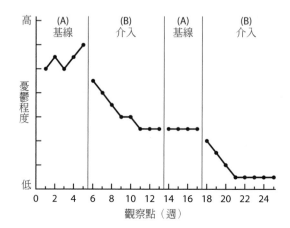

圖表 12.8　第二基線階段無反轉趨勢下，支持處遇效果之 ABAB 設計假設圖

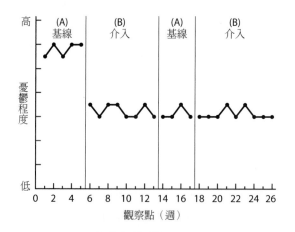

圖表 12.9　未獲得明確結果的 ABAB 設計的假設圖

線階段是由撤回介入一段時間後所建立。在第二基線發現一個穩定趨勢之後，介入會被再次引進。這個設計假設在第一次介入期間，介入導致目標問題的改善的話，那麼目標問題會在第二次基線期間（在撤回介入之後）朝最初的基線程度反轉。當介入再次引進時，目標問題應該會再次開始改善。它的基本的推論原則是，假若趨勢的轉變或是目標問題的程度都是由於每次引進或撤回介入時都成功地發生，那麼就不是某些外在事件而是介入造成了改變。因為自變項共改變了三次，這種設計比起 AB 設計，是更具有因果證據。換言之，一個 ABAB 設計中，發

生巧合的機率必須要連續出現三次，而不是像 AB 設計中只需要出現一次。

　　ABAB 設計有兩個主要的問題，通常是可以解決的。一個是實務的或倫理的問題。實務工作者可能會認為撤回正在進行中的介入，若使得情況倒回到基線，案主可能承受更多的傷痛而付出其他代價，這是實務工作者不能辯解的。若案主置身危機性高的問題或對退回原狀特別敏感，這些問題可能更為嚴重。實務工作者可能害怕撤回介入會使案主困惑和疏離，而且會傷害實務工作者與案主之間的關係，或是阻礙了介入再次提供的努力。這些都是重要而確實的問題，所以實務工作者因為這些原因而拒絕 ABAB 設計，研究者不應該責備實務工作者的錯。

　　對實務工作者而言，不該低估在不傷害介入的優先性之下執行 ABAB 設計的可能機會。有時候當實務工作者參加一場會議或休假時，介入階段中間會有自然的暫停，而這些時間可以被利用來建立一個第二基線（在該名實務工作者不是唯一一個觀察並記錄目標問題的前提下）。同時，在目標問題看似被克服時暫時撤回一項介入，然後監測案主是否可以維持其在介入中斷期間的成果，這也是一種好的實務方式。

　　第二個主要的、也可能可以解決的 ABAB 設計問題，是在許多實務情況中，目標問題有可能無法重回基線這個原本的狀態，因為有可能一項介入在第一次介入期間有不可倒轉的效果。舉例來說，假設一個包含社會技巧訓練的介入可能是訓練有輕度發展障礙的人，如何在社交聚會或工作場所中與人互動。一旦他們學習這些技巧，並且在自然環境中使用而獲得獎賞時，他們可能不需要再次引進訓練以維持其成果。或者假設介入內容是協助年老女性變得較不孤立、孤單與憂鬱。再進一步假設介入是環境取向，並且重點在於為她建立一個較佳的住所，一個她可以與同儕輕鬆互動並結交朋友的地方。如果這項介入在第一次 B 期間獲得成功，認為她會因為實務工作者撤回介入（指改變她的環境而非安排新住所的努力）而失去她的新朋友或再次變得憂鬱是項合理的假設嗎？

　　為了儘量避免讓介入的影響變成不可能倒轉的，在一些情況下我們會讓第一次介入期間相對的短暫。那麼，一旦第二基線顯示出一個反轉的趨勢，我們可以馬上再次引進介入，並期望能建立曾在第二基線被短暫打斷的改善趨勢。假若在第二基線階段沒有獲得反轉趨勢，但我們注意到在第二介入期間有一個新的改善趨勢發生的話，不可倒轉效果是比較沒有問題的。舉例來說，假設在前面那個憂鬱與孤單老年女性的例子中，我們藉由給她一隻寵物重新引進一個環境導向的介

入，這麼做進一步減輕了她的憂鬱。這個可能性如圖表 12.8 所示，我們發現每次介入引進時依變項的轉變，但第一次介入階段所獲得的成果在第二基線階段也獲得維持。儘管缺少第二基線階段的反轉趨勢，資料大體上的趨勢支持了是介入而非某些外在變項造成改善情況的結論，介入效果只是沒有在介入被撤回時有反轉傾向而已。

當結果是像圖表 12.9 的 ABAB 設計所示時，我們會推斷出什麼結論？只有在第一次介入被引進時，發生的改變是被一些恰巧與該介入引進時機相符合的外在事件所引起的嗎？換言之，因為接下來兩次介入被引進或撤回時，目標問題沒有發生其他改變，我們是否不該將改變歸因於介入效果？或者我們能夠推斷介入是那樣的有效，或是目標問題的本質是那樣的不可倒轉，以致於目標問題的趨勢或程度只有一次轉變（亦即第一次介入階段開始時發生的轉變）？根據目標問題的本質，和我們從案主身上所發現的與設計階段變化相符的外在事件，在某些案例中能夠決定出上述這些解釋何者最為可信。或許一個解決這種兩難情境比較好的方法是採用**複製**（replication）[3]。如果相同的介入可以在未來的 ABAB 實驗持續得到如圖表 12.9 這樣的結果，那麼就非常可能是受到不可倒轉效果所影響，因為我們找不到合理的理由來解釋，為什麼造成目標問題轉變的外在因素剛好都發生在每一個案主第一次接受服務的時候。

▶▶▶ 多重基線設計

多重基線設計（multiple-baseline designs）[4]試圖藉由設有不只一個的基線和介入階段控制外在變項。多重基線設計藉由在每個基線中測量不同目標行為、或在兩個不同情境或是跨對象測量相同的目標行為，就同時開始兩個或更多的基線，而非是撤回介入來建立一個以上的基線。雖然每個基線同時開始，但介入引進至每個基線的時間點卻各有不同。因此，當介入提供給第一個行為、情境或個案時，其他的仍停留在各自的基線階段。同樣地，當介入引進給第二個行為、情境或個案時，第三個（如果有超過兩個以上的話）行為、情境或個案仍處於自己

3　**複製**　一項研究已對其揭露或減少其錯誤，或是一項介入的重新引進或撤回以增加一準實驗或單案設計評估。

4　**多重基線設計**　一種單案評估設計的類型，試圖藉由具有不只一個基線與介入階段來控制外在變項。

的基線階段。

它主要的邏輯是，如果某些外在事件，譬如環境的明顯改善，與介入開始時間一致並改善案主的情況的話，則會同時在每個行為、情境或個人對象的圖形上出現，即使它們之中某些仍處於基線階段。另一方面，若介入對改進具有解釋能力，那麼該項改進將會發生在每個圖形中，與介入引進相符合的不同時間點上，以證實改變確實是由於介入所引起的。

圖表 12.10 說明一個包含三個感到極端絕望之療養院院民的多重基線設計。在這個假設的例子中，實務工作者閱讀一篇 Mercer 和 Kane（1979）有關團體實驗的報告，該報告發現藉著讓院民照料室內盆栽可以減少院民的絕望感。實務工作者透過同時讓每位院民完成自我評估報告開始進行基線測量，然後提供給每位院民一盆室內盆栽和如何照料的說明，共分三次不同時間進行。如同反映在自我報告分數上的，每位院民的絕望程度只有在介入被引進之後，才開始穩定減少。因此，若假設是某些如療養院整體環境的其他改善等外在事件造成了改變，這是不合理的。

假設結果如圖表 12.11 所示。我們從圖中看到每位院民的絕望感同時在第一次介入（室內盆栽）被引進時獲得穩定改善。如果說不能推斷栽種植物是造成改善的原因的話，因為另兩個院民尚未栽種他們的植物。反之，認為某些療養院環境的外在改善與第一位院民的介入開始時機相符合，且該項外在環境的改善同時造成另外兩位情況的改善，這是比較可能的假設。這個例子說明一個 AB 設計（針對第一位院民）如何因為其對歷史因素的控制比多重基線設計為弱，而產生誤導性的發現。

圖表 12.12 和圖表 12.13 說明跨行為或情境的多重基線設計的相同邏輯原則。兩個圖表都是一個男孩因為反社會行為，而被轉介到安置機構的假設案例。在那裡他參加一個認知行為修正的介入計畫，內容包含教導他如何向自己說明事情，以阻止自己在最可能失去控制的情況時做出暴躁或反社會的行為。在圖表 12.12 中，當案主開始練習與吵架有關的口語自我指導時，第一次基線結束然後介入開始。一週後，他開始練習與衝動、不當吼叫有關的自我指導。接下來那一週，他則開始練習與咒罵有關的自我指導。

圖表 12.12 顯示一旦案主開始練習有關吵架的自我指導時，三種目標行為同時發生資料型態的劇烈轉變。是什麼原因造成這種反應？是因為發生在安置機構

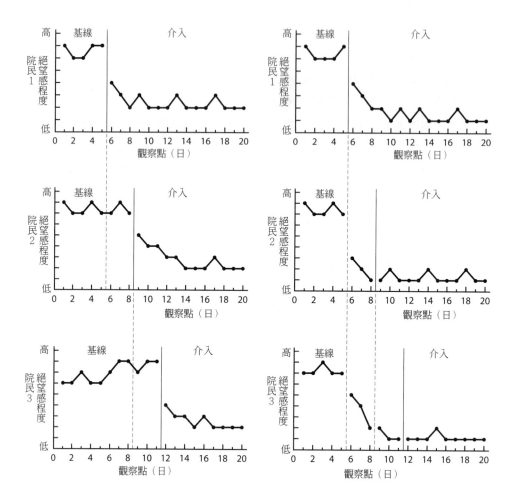

圖表 12.10　支持介入效果的多重基線設計的假設圖

圖表 12.11　外在變項造成問題改善的跨對象多重基線設計假設圖

中的外在事件恰巧與第一次基線結束同時發生嗎？或許是這樣的，但是當多重基線被應用於跨行為內容時，這樣的一個資料型態也可能有其他的解釋方式，譬如其中一個稱為通則化效果。**通則化效果**（generalization of effects）[5] 發生在只打

5　**通則化效果**　多重基線設計的另一種解釋，發生在一項原本預計只應用於一種行為或情境的介入，但卻影響其他處於基線階段之行為或情境。

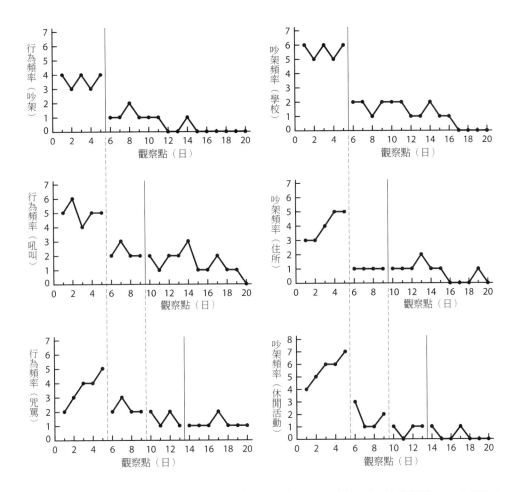

圖表 12.12　結果不明的跨目標行為多重基線設計假設圖

圖表 12.13　結果不明的跨情境行為多重基線設計假設圖

算於某時間應用在一種行為或情境上的介入，但是這個介入的效果，卻延伸到其他的目標行為或情境，延伸至仍處於基線階段的其他目標行為。就以吵架的練習這個例子來說，可能有助於男孩同時將口語自我指導應用在其他會讓他惹上麻煩的行為上。

　　另外一個通則化效果可能發生的方式是，雖然介入當時只影響一項目標行為，但該行為的改變卻使得其他行為依次改變。比方以前例而言，我們可以理解

吵架次數的減少讓男孩發生吼叫和咒罵的次數一併減少。吵架次數的減少同樣也帶來同儕和大人們的正面回饋，這種人際關係的改善（或是他人回應帶來的獎勵性）可以減少他咒罵和吼叫的需要，或增加他舉止合宜的動機。

相同資料型態上模糊的類型出現在圖表 12.13。男孩在三種基線結束階段在三種不同情境開始練習口語自我指導。第一個基線結束時，他將練習的經驗運用於學校情境有關的自我指導。第二個基線結束時，他開始將練習經驗運用於住宿情境有關的自我指導。第三個基線結束時，他練習跟休閒活動情境有關的自我指導。如同圖表 12.12，我們不知道在第一個基線結束時，三個情境中同時產生的改善是否起因於某個外在事件或介入的通則化效果。

我們要如何決定是哪個可能解釋較為可信？——歷史因素或通則化效果。我們可能無法做出這樣的決定，但如果可以的話，我們可以嘗試對其他案主複製實驗。如果我們持續獲得像圖表 12.12 和圖表 12.13 一樣的結果，那麼通則化效果的假設較為可信，因為當案主在不同時間接受介入時，假設某些外在事件只有在第一次基線階段結束時才會造成目標問題的改善，這樣的說法是不合理的。

然而，某些介入很難讓我們在不同時間點應用在不同行為或情境中。舉例來說，假設一個案例採用有關家庭系統療法的介入，案例中孩童在各種不同領域的不良表現，理論上被認為是源自於父母彼此間關係上的問題。如果實務工作者試圖把重點放在父母親關係上來解決目標問題，那麼嘗試在與孩童有關的不同行為或情境中應用介入可能就不切實際。此外，這麼做可能在臨床上會被視為不適當，因為它持續將介入重點放在孩童身上。

▶▶▶ 多重組合設計

有一些設計可以用來分析介入中改變的影響。當我們決定要修正一項看似對案主沒有幫助的介入，或是試圖決定一套介入中哪些部分真的能說明目標問題的改變時，**多重組合設計**（multiple-component designs）[6] 是相當適合的。其中一種叫做 ABCD 設計。以這種設計的假設性例子來說明，假設一個慢性精神障礙病人無法維持穩定就業。B 階段的介入內容可能是社會技能訓練，促使他做好

6　多重組合設計　一種試圖決定一套介入中的哪些部分是真的能說明目標問題的改變的單案評估設計。

工作面試和合宜的在職行為準備。如果研究者觀察發現沒有適當程度的改善，那麼社會技能訓練可能會在 C 階段被以一種不同的介入所取代。可能在 C 階段中，案主每次去面試或持續工作一個禮拜都給予獎賞。到目前為止，我們擁有一個 ABC 設計，也就是 B 階段是社會技能訓練階段，而 C 是增強階段。假設案主的情況還是沒有改善，那麼一個倡導階段會在 D 階段開始，檢視我們可能需要說服潛在雇主考慮對案主的僱用，或對案主因病情而妨礙其求職技巧及在職行為多點容忍的可能性。個案倡導階段會增加設計的第四個要素，於是我們就有一個 ABCD 設計。

前述的設計是有彈性的，它允許實務工作者隨著各階段觀察到的資料型態來改變介入計畫。然而，由於**延續效果**（carryover effects）、**次序效果**（order effects）與**歷史**因素的限制，它必須小心使用。在 ABCD 實例中，假設如圖表 12.14 所示，一個持續的改善形態只能在 D 階段（個案倡導）得到。若是就此推斷對未來類似案主，我們只需要提供個案倡導而不提供其他兩種介入的話，就太過冒險了。針對這個案主，若是我們把 D 階段移到 B 階段，我們可能就不會得到同樣的正面結果。或許案主的社會技能在原先的 B 階段就已有改善，但那些技能不足以幫助他們繼續受僱，因為雇主要不是不願意冒著僱用有精神疾病史員工的風險，就是不願意承擔任何員工可能帶來的異常行為。因此可以理解的，只有在 D 階段增加個案倡導，社會技能的改善才有意義。如果沒有在先前幫助案主說服潛在雇主提高其容忍程度，那麼個案倡導可能不會造成影響。換言之，若是沒有次序效果（亦即緊跟在社會技能訓練之後，而非之前），以及社會技能訓

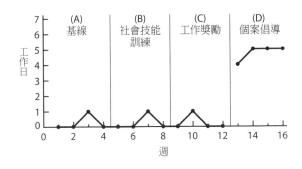

圖表 12.14　結果不明的多重組合設計假設圖

練對個案倡導的延續效果的話，那麼個案倡導本身可能不會有效果。關於歷史限制，我們必須瞭解當我們持續以新介入替代那些並未與基線有不同的數據形態介入時，我們也提高這些替代介入與案主環境外在改善出現巧合之可能性。

解決上述這個可能性的方法之一，是對未來案主複製介入，對案主以不同順序引進介入，但以相同方式測量結果。最後，我們可能會發現最初在 D 階段的介入，只有在它被接在本來的 B 或 C 階段的介入後面時，才可能產生想要的結果。

▶▶▶ 以證據為基礎的實務之 B 或 B+ 設計

在本章前面我們曾討論以實證為基礎的實務過程早期階段，也就是在確認被選定的介入對於某實務問題的效果已有最佳的具內在效度的證據之支持，在此階段，要在被選定的介入實施之前找出基線趨勢的壓力便下降。如果你根據既有的證據判斷，被選定的介入有最高的成功機會；同時你面臨實務上或倫理上之阻礙而無法重複地測量基線，那麼你可以採用一個比較有利於實務工作者的設計，目的僅在監控案主的進步，而不去推論該進步的原因。儘管缺乏適當基線的設計將無法做因果推論，但它能做為是否要繼續、修正，或取代被選取的介入參考。換言之，它可以顯示這個獲得既有證據支持的介入是否能推論到你的實務條件中。

由於缺乏一個適當的基線，這個設計僅有一個 B 階段。舉例而言，看看圖表 12.15 的兩個圖。假設案主的目標是戒掉古柯鹼，雖然上面那個圖無法告訴你是什麼造成案主成功的戒除，但它讓你瞭解到沒有理由去認為這個介入不適用於此案主，或者要去修正此介入。相對地，下面這個圖中，數據一直沒有改變，你可能要為此案主尋求不同的介入。

圖表 12.15 是沒有任何的基線測量。然而，即使在真實的機構實務中，儘管重複地蒐集基線測量分數會遇到阻礙，還是可以蒐集到一次基線測量的分數。舉例而言，假設你試圖減輕一個最近遭到強暴婦女的創傷症狀。儘管你無法透過延遲介入以獲得重複的基線測量，你也許可以在初次和她接觸的預估階段去測量其創傷症狀的嚴重度。儘管那不是一個適當的基線，它還是可以提供你一個介入開始前的測量分數。因此，它可被稱為 B+ 設計（Rubin, 2008）。

圖表 12.16 的三個圖顯示你可能獲得的不同結果。每一個圖中，介入前的資料點是以 A 來表示，即使這並非真的是 AB 設計，因為 A 階段僅有一個測量點而無法建立介入前的趨勢。最上面的圖（和圖表 12.15 上面的圖一樣）讓你瞭解

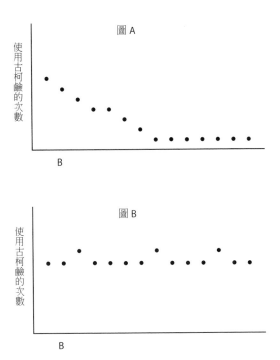

圖表 12.15　B+ 設計對使用古柯鹼的不同結果

到沒有理由去認為這個介入不適用於此案主，或者要去修正此介入。相對地，中間那個圖，就和圖表 12.15 下面的圖一樣，建議你該考慮不同的介入方式。

那麼最底下的那個圖呢？介入一開始時狀況變糟，但時間很短，然後情況很快地變好。針對創傷（以及其他問題）等問題的有效介入，可能因為要去回憶創傷經驗的細節而產生暫時的悲痛，因此可將短暫的情況惡化視為與介入的改善具一致性。

最後，看看圖表 12.17。該圖一開始僅有一個 B 階段，但其結果和圖表 12.5 底下的圖一樣，因而導致在 C 階段引進不同的介入。因為 B 階段不預期地引導出一個新的階段，這種設計也可稱為一個 B+ 設計，這種設計是可以和 AB 設計相比較的。換言之，在 B 階段缺乏改善，接著採用不同的介入，這使得 B 成為 C 的基線。因此，圖表 12.17 的結果告訴你三件事：(1) B 介入應被改變或取消；(2) C 介入不應被改變或取消；(3) C 介入看起來非常像是造成創傷症狀改善的原因。

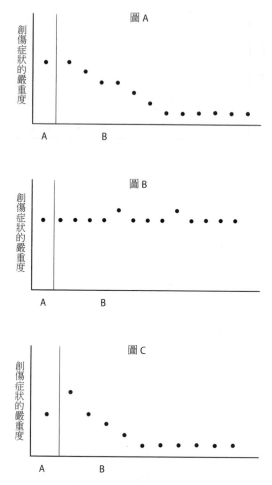

圖表 12.16　B+ 設計對創傷症狀嚴重程度的不同結果

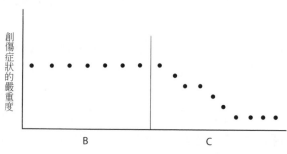

圖表 12.17　B+ 結果形成 AB 設計的展示

資料分析

在分析試圖排除內在效度威脅的單案設計（也就是有充分的基線的設計）的結果時，我們會問下列三個問題：

1.　圖表是否有出現一個**視覺**（visual）形態，顯示目標問題的改變程度或趨勢只會在介入被引進或撤回時才發生的這一系列一致事件？

2.　在介入階段觀察到的資料為常態或機率變動所導致的可能性？是目標問題的意外變動、或僅靠延伸基線而無須引進介入就會出現的機率變動，這些情況發生的**統計**（statistical）機率有多少？

3.　如果目標問題的改變與介入有關，從**實質上**（substantive）或**臨床上**（clinical）觀點來看改變的數量是重要的嗎？

這三個問題關聯到研究結果的視覺顯著性、統計顯著性、與實質的顯著性。

當我們分析圖表 12.1 到圖表 12.14 的意義時，我們處理的只是**視覺的顯著性**（visual significance）[7]。如同**視覺的**（visual）這詞所意味的，視覺的顯著性是清楚的、不用透過高度技巧的統計，只需要「目測（eyeballing）」資料的型態就可得知。如果目標問題並沒有在引進介入時發生改變，或在其他時間點也同樣發生改變，那這種轉變較缺少視覺的顯著性。換言之，在那些情況下缺乏視覺的證據來支持目標問題是受介入所影響。若目標問題的趨勢轉變只與自變項的轉變相符——從一個階段到另一個階段的變化——那麼該轉變較具有視覺的顯著性，因而介入對目標問題的確有影響的這個假設更能獲得邏輯上的支持。

有時候資料的視覺分析會使得其統計分析變得不必要，特別是當視覺顯著性相當凸顯（或欠缺）時。事實上，一些使用單案研究方法者引用實證文獻，指出有經驗的研究者在判斷一項結果是否有視覺顯著性時，他們的結論通常會為後續的統計分析所支持（Jayaratne, Tripodi, and Talsma, 1988）。因此，因為自身對統計的焦慮而受限的實務工作者，也可以執行單案研究，期盼所得之資料可獲得充分的視覺顯著性。

7　**視覺的顯著性**　一種單案設計圖表中的模式，其中目標問題在程度上或趨勢上的改變，傾向於與自變項一致的改變趨勢。

　　雖然有時候從一個階段到下一個階段，目標問題的趨勢改變是非常細微的；或者我們不確定自己對資料的視覺分析是否被我們想發現有利結果的渴望所影響。在這時候，就可以一個統計分析來加強我們的視覺分析的結果。

　　統計上和實質上的顯著性在單案設計中的意義，和它們在其他類型研究中的意義並無不同。這部分將在第十八章討論。不過，分析資料形式的視覺顯著性對實務工作者評估自身的實務來說通常就已經足夠了。

質性研究方法在單案評估中的角色

　　在第十章中我們看到一些質性研究中常用的技巧，對實驗與準實驗設計中與量化方法結合時可以產生有價值的貢獻。這點對一般被視為量化的單案設計而言亦然。質性技巧做為單案設計一部分的效用整理在題為「單案評估的質性研究技巧」的專欄中。

單案評估的質性研究技巧

　　在本專欄中，我們將列舉一些質性研究技巧和重要功能，可用於單案設計評估研究中，你可以在第十四章讀到更多的關於質性研究方法。

質性技巧	在單案評估中的功能
與案主或其他相關人員進行非正式會談	• 確認有些外在的事件或壓力，與圖形資料的變化有關。
	• 評估目標問題，和發展評量及介入計畫。
	• 評估案主認為哪一部分的介入最有幫助，原因為何？
	• 確認案主和其他重要相關人員的自我評估和自我監督是進步（或退步）
將實務工作者與案主會談之間的錄影或錄音	• 評估介入的精確度（它是否以有技巧的態度，如所預期的方式來完成？）
案主和其他重要相關人員的日誌	• 評估何時、何地目標問題的發生，和如何促成它發生的情況。
	• 確認是否在基線和介入階段有外在事件發生，這可能有助於解釋量化資料中的變化是否因介入而造成。

重點整理

- 藉由促進影響目標問題之外在因素的控制，對資料進行重複測量並確認其中穩定的趨勢，以提升單案設計的內在效度。

- 基線是介入開始，重複測量前的控制階段。理想上，基線應該不斷擴張，直到資料有明顯穩定的趨向為止。

- 在不可能一致的原則之下，單案實驗中，超過一個的基線或介入階段，可以加強對歷史因素的控制。這在 ABAB 設計和多重基線設計中都可以達成。

- AB 設計對歷史因素的控制較弱，但卻是最為可行的設計並能提供有用的資料。

- 當我們運用比 AB 設計更多階段的設計時，我們必須小心運用可能的延續效果、次序效果、通則化效果以及影響無法回復的情形。

- 單案設計的主要缺點是其外在效度的有限性。只有一個樣本，我們處理的是很獨特的而無法通則化至其他案主、實務工作者或情境的狀況。不過這個問題可以透過重複施測的方法得到解決。

- 實務工作者可以把單案設計，用到更科學化、系統化監測案主進步，或者發揮他們自己的影響力。

- 單案設計有特別的測量問題，因此我們推薦三角檢測，意即是同時運用超過一種以上的測量方法。

- 單案設計尤其應該特別注意到反應、干擾性、社會期望偏誤等等的測量問題。

- 當實務工作者在完成以實證為基礎的實務過程後進行單案設計測量程序，在介入實施之前確立基線趨勢就變得較不重要。這是因為他們在早期以實證為基礎的實務過程中，已決定被選取的介入對實務問題的成效，在先前的研究中獲得了最佳具內在效度的證據所支持。在此情況下，儘管因缺乏適當的基線而無法做推論，但它能做為是否要繼續、修正，或取代被選取的介入參考。

- 如果你根據既有的證據判斷，被選定的介入有最高的成功機會；同時你面臨實務上或倫理上之阻礙而無法重複地測量基線，那麼你可以採用一個比較有利於實務工作者的 B 或 B+ 設計，其目的僅在監控案主的進步，而不去推論該進步的原因。

- 當一個原來沒有 A 階段的 B 階段設計呈現出介入未見改善時，B 階段可以成為引進一個新介入，並以 C 階段呈現圖示的效果評估的一個基線。

實作練習

1. 選擇一些你想要改進的一些行為
   （例如：減少抽菸、節制飲食、
   增加運動、加強讀書等等），然
   後發展一些計畫來改變它。做一
   個單案實驗和資料分析，看看你
   的計畫是否有效？嘗試去瞭解你

所經驗到的反應、偏差等測量問
題的程度。

2. 思索某個曾激起你對其實務效果
   好奇的特別案例或介入。設計一
   個與它有關的單案實驗。試著以
   一個可實行的方式去設計它。

網路練習

1. 找出一篇使用單案評估 AB 設計
   的研究。評論該研究的設計——
   不論是正面或負面的——並討論
   你是否同意該資料被詮釋的方式。

2. 找出一篇使用單案評估 ABAB 設

計或多重基線設計的研究。評論
該研究的設計——不論是正面或
負面的——並討論你是否同意該
資料被詮釋的方式。

提醒事項

EP2.1.6b：善用研究證據推行實務：
瞭解這一章所有的概念將幫助社會工
作人員能運用單案設計來審慎評估研
究，並利用其來推廣他們從事的實務。

**EP2.1.10d：蒐集、整理和解讀案主
的資料：**社會工作人員必須瞭解如何
蒐集、組織和解釋案主資料，透過單

案設計來監測和適當地進行介入的評
估。

**EP 2.1.10m：批判性分析、監測及評
估介入方法：**社會工作人員能瞭解這
一章所有的測量概念，將幫助他們透
過單案設計來監測和適當地進行介入
的評估。

方案評估

前言

前兩章主要重點是針對方案和介入效果進行因果推論的各種方法邏輯討論，不是所有的方案評估都是為了導出因果推論。然而，單案或團體實驗與準實驗並非僅用於方案與實務評估的研究設計，還有許多其他類型的研究設計與方法可以使用，譬如調查法或質性方法。如果研究問題只是描述發生改變，而非著重於造成改變的原因，前實驗設計也是可以使用的一種方法。**方案評估**

EP 2.1.6b
EP2.1.10m

意指研究的**目的**而非任何特定的研究**方法**，目的在於評估並增進社會介入和人群服務方案之概念化、設計、計畫、管理、執行、效果、效率與效用（Rossi and Freeman, 1993）。依其目的，方案評估——當被應用在社會福利的情境和議題時——其概念和社會工作研究很相似，而社會工作人員所進行的許多研究都具有方案評估的目的。

方案評估的目的

方案評估可能會具有下列一項或一項以上的主要目的：(1) 評估方案的最終成效；(2) 評估方案如何被執行的問題；或 (3) 獲得方案**計畫**與**發展**所需的資訊。方案評估可進一步分為總結性及形成性評估。

總結性評估（summative evaluations）[1]最關心三個目的中的第一項：包含一項方案的最終成效，以及是否應繼續進行方案，或一開始時在各替代方案中選擇

1　總結性評估　評估一項方案的最終成效，以及是否應繼續進行方案，或一開始時在各替代方案中選擇該方案之相關決定。

該方案之相關決定。總結性評估的結果表達的是一種決定性的概念，由於評估的結果意味方案的成功與否，將促使方案可能或不可能繼續存在。

形成性評估（formative evaluations）[2] 所關注的並非測試一項方案的成功，而是獲得有益於方案計畫以及改善方案執行與成果的相關資訊（Posavac and Carey, 1985）。

一般而言，總結性評估所採用的是量化方法，而形成性評估可能使用量化方法、質性方法或兩者皆用，這些方案評估目的的類型並非彼此互斥。更確切地說，它們彼此互補，某些評估甚至不只涵蓋一種目的，例如有一項評估發現一個方案在開始時就沒有被適當執行，以致於無法獲得成功。

在我們開始深入檢視評估方案的類型前，我們會先檢視它的歷史與政治性，讓我們先從歷史回顧開始。

歷史回顧

現代的方案評估方法可以追溯至二十世紀初期，1940 年代在新政福利方案（New Deal social welfare programs）執行之後，一些研究檢視工作救助與直接救助相互比較的效果、公共住宅的成效，以及少年犯罪處遇方案的影響。在二次世界大戰之後，政府投入大型公共事業支出，試圖改善住宅、公共衛生、對弱勢團體的態度，以及健康、家庭方案與社區發展問題的方案，當支出費用增加，對這些方案產出結果數據的關注也隨之增加。

由於致力於減少或預防如少年犯罪的社會問題，測試心理治療之創新方法與新的精神病理藥學之發現，1950 年代後期方案評估開始更形普遍。在 1960 年代晚期與 1970 年代對方案評估的關注益形增加，民眾開始要求他們對抗貧窮、兒童虐待、藥物濫用、犯罪與少年犯罪、精神疾病等方面的投資能夠得到實證上的結果。

「責信的年代」（age of accountability）在二十世紀後期仍持續著，雖然政府所提供的方案評估經費較 1980 年代為少，自由黨與保守黨一致要求這類方案

2　形成性評估　評估一項方案的成功，獲得有益於方案計畫以及改善方案執行與成果的相關資訊。

需提升對民眾說明的能力，並呈現是否確實達成原先對民眾所承諾的內容。事實上，比較經費不足與經費充裕時，前者對方案評估的需求會更高，因為經費的不足可能使民眾對於稀少經費被用於無效方案的關切升高。所有不同政治派別的人都有類似的關切，包括強烈支持增加社福支出的人群服務專家，他們致力於尋找更好的方式來幫助有需要的人，因而不希望見到珍貴的社會福利資源被揮霍在無法真正幫助其目標群體的方案上。因為有這些力量，儘管政府預算削減，但使得1990年代起方案評估在社會福利政策和方案的計畫與管理上，變得相當普及。

受到「管理式照顧」的影響，健康與人群服務機構的方案評估日益受到重視。**管理式照顧**以不同方式定義，意指嘗試控制健康與人群服務成本的各種安排。從構成要素至預期效益都有所不同，其基本概念是與同意以較低成本提供服務的照顧服務提供者之間訂立大型組織契約，照顧服務提供者願意降低服務費用，是因為組織會為大部分的人給付服務費用，一般來說，給付照顧費用的大型組織是服務接受者的雇主或健康保險公司。照顧服務提供者樂意滿足大型組織降低費用的需求，如此一來他們便有資格獲得費用上的補貼，並因此得到更多管理照護方案下轉介的案主。常見的管理式照顧組織類型有健康維護組織（HMOs）、優先提供者組織（PPOs），以及員工協助方案（EAPs），公共社會服務機構也使用管理式照顧的技巧來降低服務提供的成本和無效率。

照顧管理公司降低成本的方法是只對他們認為必要且有效的服務，審核他們所涵蓋及認可對象——亦即他們同意支付者——的服務需求。而這個契約規定一般與服務的類型及數量有關，進而對服務提供者施加壓力，要求其提出簡要的處遇方案及達成效果需要多少處遇的證據。假設兩個有關酒精濫用處遇方案在治療酒精濫用上有顯著的方法差異。假定其中一個方案並未費心評估案主接受處遇後的結果，反之另外一個方案卻衡量每位案主的結果，並顯示案主在經過十次處遇療程後有90％未於工作時有飲酒相關的問題，那麼後者較可能得到管理照顧公司的認可。

方案評估中的政治議題

由於評估研究的發現對方案經費造成影響，因此在評估過程中會有強烈的政治性壓力，既得利益可能會阻礙自由與科學化探索的風氣。方案評估可能是為了

維持該方案而進行，並非為了追求科學化的真理以改善人群福祉。因此，有時候在設計研究或解釋發現上會有強烈的壓力，使得方案看起來是有效的。有時候它可能意味著方案評估是以最便宜、最方便的方法去完成，且不關心研究品質，被那些聲稱其所資助的研究已經過評估的贊助者所左右。

　　如果你的工作涉及參與、指導，或使用方案評估時，那麼，你不應該忽視一些既得利益的影響力，它可能影響到評估的完整性和品質。然而，若說「所有的」的方案評估都是腐敗的，那也是一種誤導。機構管理人或其他既得利益者也常是正直和有專業素養的，很關注學習有助於案主的最好方式，他們有可能將既得利益放置一邊，儘可能發展出最客觀、最科學的評估協助案主。如果我們假定所有（或甚至大部分）的評估，都可以對來自既得利益團體的政治壓力具有免疫力，那可能是無知的；但若假定所有的評估都因有政治偏見而導致偏頗的想法，也未免太過於憤世嫉俗。

▶▶▶ 內部及外部評估者

　　如果方案評估者受僱於被評估的機構，他們被稱為**內部評估者**（in-house evaluators）。方案評估者也可能為其他機構，如政府或管理機構以及私人研究諮詢公司（經常投標政府補助金，以評估接受公共資金單位的計畫）等機構工作。大學教授有可能獲得研究補助對方案進行評估，也有可能他們只是希望進行應用研究，以盡部分的學術責任。

　　內部評估者通常被認為比**外部評估者**（external evaluators）多了一些優點，他們對於方案的資訊及人事比較容易掌握，對於方案執行過程中一些可能影響評估設計及研究發現的地方較清楚，以及對於方案的研究需求、某些研究設計與方法在可行性的實際障礙均較敏感，也可能較容易獲得方案人員的信任，連帶地也獲得較好的合作及回饋。但相對來說，內部評估者對方案的承諾、對他們的監督者及他們本身事業的發展，都比外來的評估者較不客觀、也不中立。

　　但是也別天真地假設外來的評估者，不會像內部評估者一樣地對方案的政治考量流於主觀，外來的評估者可能急欲獲得並維持與方案人員的良好關係，如果他們和方案人員的關係疏離，研究議程將無法獲得合作，而危及他們評估的品質。事實上，獲得方案評估經費的一個條件就是評估者與方案的關係品質，以及這個關係是否能夠確保方案參與者的合作。

　　假設評估的外來贊助者一定比方案內部人員來得客觀也是不對的。有可能評估的贊助者希望停止對方案提供經費，並需要負面的評估結果來向其委託人證明中止經費的正當性。另一方面，贊助者也可能為了負面的評估而煩惱，擔心他們的形象受損而影響到資金籌募工作。

　　財務考量因素不僅衝擊到評估設計，且影響到解釋評量結果的方式，因為他們相信，得出有利的評量結果有助於未來得到更多的補助。這種影響力，可能有多種不同的方式，有些較其他更為細微觀察。例如：方案評估員可能被告知，如果方案能有成功的結果，那麼附帶的方案也就極可能得到補助，評估者因而能獲得那些附帶方案「外部」評估的合約。假設未來附加方案的發展能夠更進一步，外部評估者可能會受惠於那些被評估方案的人員，並產生方案所渴望的結果，長期而言對評估者自身的工作保障、收入和職業有顯著的好處。

　　另一種對方案評估者的影響方式是，當方案評估員所寫的評估不被方案行政人員所接受，他們就會對評估員表示頭痛。舉例來說，在此情況下，外部評估人員很快就會學到教訓，只要他們提出的報告有利於被評估的方案，那麼方案行政人員完全不可能去懷疑評估的確實性或評估者的能力。反過來說，如果他們的報告發現不如方案行政人員所想要的正面積極，尤其是遇到那些擔心會影響未來補助的人，這些人就會動員來介入，此時，即使方案評估人員和雇主站在同一陣線，也已失去信任。因此，一個沒有說服力但提出正向發現的研究不太可能會被能因該發現而受益之人員攻擊。然而，一個有力但卻帶有少許瑕疵的研究卻很有可能被那些認為該發現會威脅其資金前景的人員所毀謗。

　　這些事情發生了，不只是因為有好人和壞人之分，許多方案工作人員努力爭取經費，是因為他們相信可以幫助更多的人。這些方案工作人員可能也相信，即使不確定方案效果如何，也還是應該繼續投入經費，嘗試去幫助改善人們的情況。他們害怕負面的發現，可能只是因為他們擔心經費若被削減，就沒有機會做更進一步的努力。有些人可能不同意這種說法，他們從較為諷刺的觀點來看，這些方案工作人員可能只是想增加自己的財源，和鞏固自己的工作地位。這兩方面的觀點可能都有相當的真實性，我們不妨將人的個別差異置於心中來考量這個問題。

社會工作機構中執行實驗與準實驗的實務陷阱

　　如同前面討論，不同的投入與既得利益會影響方案評估的發現是否被使用與如何被使用，方案評估的社會背景脈絡也會影響方案評估研究執行時的後勤準備。後勤意指讓研究參與者做他們被期望去做的事、讓研究工具分發與回收、以及其他似乎看起來不太有挑戰性的工作。有時實務工作者或他們的主管並不會對方案評估的研究需求感到興奮，他們可能會以一種小心的態度抗拒執行它們。其他時候後勤問題偶然會發生，肇因於無法控制的日常生活事件。譬如致力於方案評估，但以服務提供為優先考量的實務工作人員，可能完全忘記遵從研究規章。現在讓我們來檢視一些試圖使用實驗或準實驗設計來評估方案效率的方案評估者，最常遇到的後勤問題。

▶▶▶ 介入的精確性

　　介入精確性（intervention fidelity）是指實際上傳達給案主的介入符合預期所要傳達的程度。我們常評估一些不能依指導手冊一步步詳加說明的社會工作介入，而需要依賴社會工作人員依一般準則以熟練、具創造力且有特色的方式，對每位案主提供服務。不過有些實務工作者可能會有更好的判斷，他們有些可能會誤會或誤解介入的目的。這意味著我們評估介入可能和原來的實驗組所預期的有所差異；或者，實驗組與控制組參與者所接受到的服務，比我們所預期的還要類似。為什麼介入沒有依照預計方式執行，原因包括如執行新方案因故延誤、執行開始時出現的問題、參與實驗的研究人員對介入缺乏經驗或訓練、新方案創始人員的大規模流動、影響方案的組織改變、研究人員隨時間而消逝熱誠，以及機構主管可能未遵循研究規章持續地監督著。

　　衡量介入精確性的一個好方法，是從實務工作者的服務中隨機挑選一些介入部分，並將它錄影下來。讓一個或更多的介入專家各自觀看錄下來的介入內容，然後完成一份有關他們對介入應用適當程度判斷的評分表。舉例來說，假設評分表上的分數分類如下，括號中是相對應的分數：(1) 不能接受，(2) 幾乎不能接受，(3) 最低限度可接受，(4) 可接受，以及 (5) 優良的。如果你研究的介入精確性得到的是 4 或 4（可接受）以上的分數，但是你的主要發現顯示介入並非那麼有效，評論者就無法將你的研究結果歸因於介入精確性的不足。

但你不需要等到研究結束，才對那些錄影內容評分並運用這些分數。你可以在整個研究進行期間漸次完成這些工作。如果及早發現有關研究的一些錄影帶得分很低，你可以採取措施來試圖改進研究中實務工作者執行介入的方式。更好的情況是，在你的研究開始前就有一些前測實驗基礎的評分，如果它們有介入精確性的問題，可延緩研究的開始直到修正問題，並開始持續獲得令人滿意的可靠評分後。不過，這麼做並不表示你能在研究中忽略評估精確性的必要性。

▶▶▶ 對控制條件的干擾

即使實驗組在可接受程度的介入精確性下接受了預期介入，如果控制組與實驗組成員間互相影響，比較條件就有可能受到干擾。舉例來說，假設一個學校的社會工作介入實驗將同校的學生分成接受測試中之新介入的實驗組，或是接受一般介入的控制組。兩組學生會在學校環境中有所互動，實驗組學生行為上的改善可能因此對控制組學生的行為產生有益的擴散影響。這種情形將使這兩組學生在結果衡量（依變項）上不會有預期中的差異，進而使我們錯誤推斷該項新介入並沒有任何影響。Solomon 與 Paulson（1995）主張控制條件的干擾，甚至可能發生在實驗組與控制組案主共同使用同一個機構等候室時。

▶▶▶ 對個案分派協議的抗拒

實務工作者可能會抱怨必須基於研究需要，而非自身對案主所需服務的專業判斷，將案主分派至不同的處遇條件。實務工作者傾向於相信自己所提供的服務是有效的，所以在案主分派時不會堅定地遵守研究協議，因為他們認為自己已經「知道」研究問題的答案。憑著自己已經知道什麼服務對案主最為合適，他們可能覺得自己被迫違反研究協議——或許是以隱密方式，以確保案主應該得到的服務。即使並不確定到底什麼服務適合什麼案主，他們也會有讓需求最大的案主加入實驗組的壓力，因為實驗組所接受的是最創新的服務，比起控制組來說，他們對案主提供了更多的服務。

Shadish 等人（2001）提供一些減輕案主分派問題的建議，其中與社會工作機構評估最為有關的項目如：(1) 向機構人員仔細解釋案主分派協議之目的和本質；(2) 提供他們適當執行協議的獎勵；(3) 在機構中對案主分派過程進行前測；(4) 確定研究的所有程序，包括執行、控制與監控案主分派等協議，都以操作性

用語訂定書面的程序；(5) 只將案主分派協議交給個人管理，他必須是研究團隊中的一員，而非機構人員；(6) 將案主分派的主要名單放在一個安全的地方保存，然後把備份放在另一個不同的安全地方；(7) 不要出示主要分派名單給機構人員；(8) 與機構人員舉行例行性的會議以討論個案分派過程；(9) 在整個研究過程中，有一位研究人員持續監控個案分派協議的執行；以及 (10) 記錄整個研究過程中，對每一個個案分派和任何違反個案分派協議的情形。

▶▶▶ 案主徵募與保留

當研究必須依靠外部機構轉介案主時，招募足夠數量的案主參與研究可能相當困難。若研究設計在轉介機構提供服務時排除轉介案主的聯合參與，這個問題會特別嚴重。這可能導致那些機構「拋棄」他們不想要服務的個案，或許是因為被拋棄的案主抗拒服務內容，或可能認為得到的幫助較少。當機構獲得的補助或償付是以其直接提供服務的數量為基礎時，機構可能會不願意轉介任何案主，因為會對其補助產生不利的影響。轉介機構也可能無法理解，甚至抱怨他們轉介的案主被分派到控制組中，特別是該項分派意謂著案主又會被轉介回原機構的時候。

此外，案主徵募與保留的困難可能是由於案主自身對分派過程與測量工具的反應而起。案主會抱怨接受哪種服務所採取的隨機過程，而不願意參加。有些案主剛開始同意參與，然後在發現他們並未被分派到有創新介入的實驗組時卻改變意願。其他案主可能會花費長一點的時間決定退出實驗組或控制組，譬如在完成前測過程後覺得很麻煩，他們就拒絕參與後測。（在第十一章曾討論過，參與者的保留與耗損是相同的問題。）

無法招募足夠的案主也可能起因於研究進行時，機構人員過度樂觀地預估或承諾所導致。當一個機構從未做為實驗或準實驗地點時，仰賴這種預估或承諾是危險的。如果計畫在一個過去從未做為實驗或準實驗主要地點的機構進行這樣的研究時，對於工作人員預計能在一定時間內招募到足夠的參與者，是值得懷疑的。至少應該尋找確信機構真能實現研究所需的參與者數量。如果你不能根據機構先前的經驗或既有的資料獲得這樣證據，你應該在機構開始進行研究前進行一個簡單的前測，看看短時間內的參與者數量是否與整項研究所需要的參與者之比例一致。舉例來說，如果機構預估能在一年之內提供 100 位參與者，但在一個月

的前測中只招募到 3 位參與者，你可能要在真正進行研究之前修正你的計畫，以獲得足夠的參與人數。

如果試圖進行實驗或準實驗研究時，可能會遇到上述的陷阱。這些只是較為常見的幾種情形而已。注意的重點有二：(1) 對類似的陷阱做好準備，以及 (2) 在它們破壞研究前，在研究設計中建立預防、察覺與處理的機制。

▶▶▶ 避免或減少實際陷阱的機制

Solomon 與 Paulson（1995）建議一些機制，幫助避免或減少上述討論的實際陷阱。一項重要的建議是讓機構人員在研究設計時便投入於研究中，並且從一開始就尋求他們的支持。雖然這樣可能有助於減少他們抗拒研究的可能性或程度，但無法保證他們已完全消除抗拒。你不能確保機構人員在他們開始遇到日常實務考量時還能一直持續對研究的支持。反之，你應該在研究中建立連續的機制，讓研究人員在整個研究進行中都能在現場與方案執行人員互動，並且監控他們是否完成研究協定且如預期地執行實驗與控制條件。

另外一項建議是在分開的建物或機構中找出實驗與控制條件，這有助於避免控制條件受干擾的情況。可以藉著發展一本清楚且明確定義實驗和控制介入要素與步驟的處遇手冊，提高介入的精確性。也可以在整個研究持續的基礎上計畫著如何招募案主，而非假設你最初招募的數量已足夠，且能保持完整無缺，藉以預先準備和減少案主的招募與保留問題。如同我們在第十一章討論到的，案主的招募與保留也可以靠提供案主參與研究的酬賞而增加，特別是針對他們在前測和後測時所花費的時間與努力。

還有一項好方法是在執行主要研究前，進行一次**前測研究**。前面我們曾提及，進行一次簡單的前測研究是為了看看機構預估的研究參與者數量是否正確，前測研究還可以幫助發現其他的問題，比方是否具有介入的精確性？在控制條件中是否發生處遇模仿？測量工具的管理或完成是否有任何意料之外的問題？是否有任何其他意料之外的資料蒐集問題？剛開始同意你將個案分派至實驗組與控制組之協議的機構人員——可能是因為當時他們並未真正瞭解協議和其意涵，或者是因為他們不太關心並想要表現得欣然同意——開始反對協議，而且可能發現他們認為應該接受新處遇的案主被分派至控制組時，試圖暗中破壞協議。另外一個進行一次前測研究的好理由是，如果你遞交一份補助申請，以獲得一項實驗或準

實驗的經費，顯示出你已經完成一次成功的前測研究，很可能足以向資助者保證，你已經發現並且解決上述任何可能影響研究的陷阱。依照上述所有的理由，有些人認為進行一項前測研究不只是個好點子——同時也是必要的！

　　要發現質性研究技巧，並減少實際陷阱的這個程序普遍用於量化研究。質性方法提供在地研究人員一些嘗試觀察研究執行陷阱時使用的技巧。舉例來說，他們可以正式或非正式與機構人員互動以確定其順從問題，或得知機構人員是如何實行處遇的。他們可以使用錄影帶或實務工作者活動日誌來評估介入的精確性。也可以藉由密切注意（跟隨在後）實務工作者所從事的日常活動來發現執行上的問題。他們可以參加在職訓練或團體指導，以確認實驗所欲採取的介入和該機構訓練者或主管所排斥的介入是否存在不一致性。標題為「實驗或準實驗研究的質性技巧」專欄中，總結了一般為質性研究所使用且可用於量化研究中的技巧，這些技巧試圖以實驗或準實驗設計進行量化研究，有助於避免或減少實務上的許多陷阱。

計畫一項評估並促進其效用

　　方案評估者嘗試預測並處理潛在後勤問題，以及降低評估結果應用阻力的步驟。第一步，他們可以儘可能地瞭解有關利害關係人（stakeholder）的一切——那些在評估中既得利益者的信念、收入、地位或職業，以及可能被評估所影響的工作負荷。在資料蒐集階段為了提高對評估的確認與支持，有意地將他們納入評估的過程是必要的。服務接受者也算是利害關係人，也應該被納入計畫中。

　　從開始就發現誰想進行評估、為什麼想要進行，以及誰不想要進行評估也非常重要。舉例說，如果方案贊助者想要進行評估，而方案執行人員瞭解評估但就是不想要評估，那麼評估者應該試著讓他們對評估感到自在，才能在蒐集和解讀資料上獲得他們的合作。當然，一個做法是將他們一併視為利害關係人，並在所有評估過程讓他們分享回饋。這樣的方式應該在評估擬定的最初便開始，而不是在研究設計已經準備要執行的時候。除了能促使其於評估中採取合作的態度外，在計劃階段將方案人員納入，也更能瞭解可能對替代的研究設計和資料蒐集方法等造成阻礙的機構狀況。

　　評估者也可以獲得工作人員對書面提案的意見回饋。將提案給工作人員參考

實驗或準實驗研究的質性技巧

我們常聽到，從事實驗或類實驗量化研究很有成就的研究者提起，他們的研究，很大部分是仰賴質性研究。在本專欄中，我們將列舉一些重要的質性方法，以及說明它們在實驗或類實驗中所可發揮的功能。你可以在第十四章，讀到更多質性方法的說明。本專欄中的許多觀念，是來自於 Phyllis Solomon 和 Robert I. Paulson，他們兩位於 1995 年 4 月 11 日在 Washington D.C. 所舉行的首度社會工作和研究學會的年會上，所發表的論文演說，他們的題目是：「設計和指導以人為受試對象的服務時，隨機取樣的問題」(Issues in Designing and Conducting Randomized Human Service Trials)。

質性方法技術	實驗方法和類實驗研究的功能
民族誌學的部分（由每天活動中追隨和觀察執行者）	• 瞭解如何真正完成介入。 • 瞭解是否介入和其他方面的研究協議被遵守，且如預期方式完成。
在訓練和團體監督期間參與觀察	• 確認機構訓練者或管理者所做的，與所預期的介入之間的差異。
在機構工作人員開會時參與觀察	• 決定是否機構工作人員遵從了研究協議和確認他們不遵從的困難所在。
與機構工作人員進行非正式的訪談	• 確認服從研究協議的困難。 • 瞭解他們如何真正完成介入
實務者和案主間的錄影和錄音部分	• 評估介入的精確度（它是否如預期中有技巧地執行）。
實務活動日誌	• 評估介入的精確度。 • 他們是否對案主提供了如預期所需的適量和適當型態的服務？
行事日誌	• 確認組織和系統的重要改變，因為那可能阻礙對研究協議的繼續執行。
焦點團體	• 記錄研究設計和介入的過程，以及確認執行的問題。 • 對於非預期中的發現，提出可能有的解釋。
滾雪球取樣	• 由弱勢或難以發現的目標人口中，徵募案主。
與未來可能拒絕服務或提早撤退的案主進行半結構的，開放式的訪談	• 瞭解何以他們不願意參加和想要退出，並設法改進案主的徵募和保留。
機構文件和服務輸送手冊的內容分析	• 在發展研究設計時就仔細籌劃，注意潛在的實務陷阱。 • 計劃正在被評估的服務細節。 • 他們是否對案主如預期所需的提供了適量和適當型態的服務？
依據資料分析，與實務者或案主做半結構的開放式的訪談	• 對於非預期中的發現，提出可能的解釋。

的目的在於確定他們能夠同意該評估的要素，以及被評估方案的本質。此外，重新審視最終的書面文件，他們可能會發現在先前討論中未凸顯的後勤問題。

計畫一項評估是「雙向道」進行的，不只須考慮到參與者可能有的問題，也必須考慮評估者在設計評估時可能犯的錯誤而引發的問題。舉例而言，決策者的參與將能幫助評估者注意到與決策需求相關的問題，而非一些瑣碎或不注重研究的人感興趣的問題，因為決策者是可能應用到研究發現的人。而且如果沒有方案執行人員的正確意見，評估者很可能選擇或發展出錯誤的資料蒐集工具，譬如案主可能完全不瞭解也不願意做的自我回答（self-report）量表。評估者也可能不瞭解他們的資料蒐集程序可能加諸於從業者的負擔，實務工作者無法在完成許多紙上作業需求的壓力下，還能不犧牲案主的服務品質。

向方案執行人員保證能在報告完成並傳達給其他利害關係人之前，會先讓他們參閱並提出回應，如此可進一步得到他們對評估方案的合作。不要誤導他們以為可以對報告進行檢查，但應保證他們的建議會受到重視。藉著與主要工作人員會面討論報告，評估者可以指出並闡明有哪些研究發現是工作人員認為對改進方案特別有益的。而且這應該及時完成——不要在做出決定之後才發現來不及。

最後，評估者可以修改評估報告的形式和風格，以符合該評估報告使用者的需求和偏好，藉此促進評估報告的效用。清楚、簡潔且有連貫性的結構，就像仔細的打字與工整、不凌亂的版面一樣。報告越簡潔愈工整，忙碌的管理者與實務工作者愈有可能仔細閱讀。在為方案執行人員改寫報告時，不需要呈現每項瑣碎的研究結果，描述負面發現時不要太過直率。如果方案並未達成目標，研究結果的措詞也應肯定方案人員的勤奮與努力，千萬不要把他們描述為不能勝任的。試著不要傳達成功或失敗的訊息，取而代之以提供發展新方案或改進現有方案的建議。在擬定評估方案階段時提醒方案執行人員，所有的報告都會有正反兩面的結果，重點應是發現改善的可行方法甚於評斷方案的價值，而應在可行的改善方式上，確定能充分注意到研究結果意涵的運用。

同時要特別注意的事項說明如下，我們的意思並非是，如果你完全照我們所建議去做，就可以避免方案相關人員對評估以及其發現有所質疑。這些建議只是用來降低遇到問題的機會或嚴重性。即便你採用所有本文提出的步驟，在某些情況下你仍然可能遇到與方案人員有關的問題。例如，當他們認為你的評估結果威脅到他們的經費來源，即使你依照書中的步驟來處理問題，還是會懷疑你的評估。

方案評估的類型

到目前為止本章以方案評估為主要討論的內容，以及有關於評估方案達到正式目標時的效率。一項方案是否成功，或許最重要的是評估問題，同時可能是當我們一想到方案評估首先會想到的問題。它也可能是最能引起政治緊張的問題，因為它與既得利益是如此的直接相關，譬如與經費有關。但如同我們在本章一開始提到的，儘管它們可能最終與方案結果有些關聯，關注處遇和方案的概念化、設計、制定、管理以及執行，方案評估都可以擁有其他目的與其他研究問題。

▶▶▶ 評估結果與效率

方案結果與效率的評估也許可以評價方案是否有效地達到它的目標、是否有非預期的有害影響、是否在合理的成本下達成效果，而與其他具有相同目的的方案相較，它們的效益與成本比較起來又是如何？

這樣的評估方式，有時被稱為評估的**目標達成模式**（goal attainment model），意指方案的正式目標與任務——不管是否是經費提供者或一般大眾想要達成的內容。一般來說，在設計目標達成評估時，方案的正式目標會被設定成依變項，並且以方案成功的可衡量指標做操作性定義。理想上，但並非必然，精確且具內部效度的實驗或準實驗設計被用於評估方案成效和結果指標之間的因果關係。

無論結果的評估多麼嚴謹，除非也同時評估取得結果的成本，否則評估會被認為是不完整的。換言之，方案成果的效率如何？舉例來說，假設一項預防慢性精神疾病者再次入院的個案管理方案評估，推斷出該方案成功地減少病人住院的天數。假設 50 位接受個案管理的住院病人在評估進行期間的總住院天數是 100天，控制組的 50 位病人的總住院天數為 500 天。換言之，該方案共減少了 400天的住院天數，到目前為止一切都沒問題。再進一步假設於研究期間，提供個案管理服務的額外成本是 40,000 美元。因此，每天由提供個案管理所節省下來的住院治療費用是 100 美元（即以 40,000 美元除以 400 天）。如果每天每個病人節省的醫院照護成本超過 100 美元，那麼除了方案產生作用外，也是一種達到照顧精神疾病患者的有效率方式。

▶▶▶ 監測方案的執行

　　有些方案只是因為沒有被適切執行而造成不成功的結果。假設一項 AIDS 防治方案設計一張公眾教育傳單，然後決定評估它在某所高中進行小型試驗性分發的效果如何。假設方案執行人員透過副校長分送傳單，他同意將其宣傳給所有學生知道。假設為了某些原因——校長或家長教師聯誼會表示反對，不管是出於疏忽還是什麼原因——傳單未被分發出去。又或者不是以令人滿意的方式分發出去。可能副校長並非在學生集會時將傳單分發給每位學生，而只是把傳單放在教師們的信箱，附帶含糊的留言鼓勵老師們將傳單分發給每位學生。也許某些老師分發了，但大部分的老師沒有。

　　進一步假設方案執行人員不知道傳單沒有如預期地被發送，事情轉變所造成的影響可能會相當嚴重。因為一開始很少或甚至沒有學生會拿到傳單，預期的介入根本沒有照原計畫執行，也沒有成功的機會。不管選擇哪一種結果評估指標，傳單分發的結果都注定會失敗。但失敗並非因為這個想法很差或者是份沒用的傳單，而是因為它未曾真正被執行。如果方案評估者僅僅進行一項結果研究，而並未評估方案是否被執行、又是如何被執行的，他們可能會放棄一項大眾教育的介入，但只要執行得當，很可能會有效預防 AIDS 流行的介入。

　　這個例子說明了無論一個結果評估被設計得多好，如果沒有方案執行的評估互為補充，那麼它將冒著沒有發現成果或誤判負面結果的危險。不管我們是如何重視結果研究，方案執行評估的必要性是顯而易見的事實。

　　即使沒有任何方案結果評估，一項方案執行的評估仍可帶來價值。舉例來說，假設一家機構獲得擴大其對窮人服務方案的經費，但卻只將經費用於那些他們熟悉並喜愛的案主服務。如果對機構承辦案件數特性的評估，發現該方案其實從未如預期地執行——也就是窮人並未真正獲得服務——那些評估結果即使不是結果評估也具有極大的效用。

　　方案執行的評估並不一定只是關心方案是否依照計畫執行，還有許多其他問題也能檢視如何實施最好，以及如何維持最好，以下所列是一些可供研究卻不涉及成果評估的重要問題：

- 服務的對象占目標人口的比率是多少？
- 未觸及何種類型的個案？

- 為什麼這麼多目標對象拒絕服務？
- 不同類型的實務工作者在臨床介入的技能如何？
- 在哪些領域實務工作者似乎較缺乏準備並且需要再進修？
- 機構人員對新的機構程序的反應如何？他們經驗到的困難是什麼？
- 案主們對服務滿意嗎？為什麼滿意或為什麼不滿意？
- 為什麼有很多案主在處置沒有完全結束前就退出？

▶▶▶ 過程評估

　　一個與監測方案執行密切相關的專有名詞稱為過程評估（process evaluation）。過程評估（是本章一開始提到的形成性評估的其中一個例子）想瞭解許多如上述提及與監測方案執行有關的問題，重點在於確認方案評估過程中的優缺點，並建議需要改進之處。

　　機構行政管理者常會在方案初期，還沒有足夠時間確認與解決開始階段的狀況，或其他執行過程中的問題時，就要求評估者為他們的方案進行結果評估。為了向經費來源者證明目標已成功達成的強大壓力之下，管理者可能急於獲得結果資料。然而，經驗豐富的評估者會試著勸服管理者暫時擱置任何評估結果，直到一項過程評估已經完成。在方案的執行問題解決後，才去蒐集方案結果的數據。不過管理者不一定有時間或將資源先進行過程評估再進行結果評估。相反地，或許其他較少外在壓力的管理者，會同意只進行過程評估，只問如何使方案做得更好，而不問方案是否有效。

　　本書所提及的研究方法都可以應用在方案評估執行，最適合使用的研究方法端視研究問題的本質。問卷或量表的調查可能用於評估那些會影響方案執行決定的機構員工、案主或社區態度。有效的紀錄可用來分析與評估被服務案主的特質，是否符合方案優先考慮的目標族群。實驗或準實驗設計也可以用於評估不同募款策略的效果，或用於衡量不同組織對員工態度安排的影響，或用於決定在處遇中難以接觸的潛在案主時，哪種擴大服務範圍的策略最為有效等等。然而，過程評估有過於依賴質性方法的傾向，這部分我們將在第十四章詳細討論。舉例來說，開放式質性訪談可能是得知機構成員在面對新的機構程序，因此經歷困難時，會如何回應的最好方式。質性訪談也是對於發現案主提出對服務的不滿、拒絕，或提早結束服務傳遞的理由的最好方式。參與者觀察可能被用在評估機構人

員是如何與案主或其他人有相關的方式，在某些研究中，評估者假扮成案主藉以觀察工作人員是如何表現，又是如何影響案主。

▶▶▶ 方案計畫的評估：需求評估

到目前為止，我們已討論方案執行的評估，但是**方案評估**這個名稱也有診斷性評估（diagnostic evaluation）的意義。如同臨床實務工作者在介入前的評估階段中，評估案主的問題與需要以發展出最佳的處遇計畫，方案評估者可以評估一項方案的目標群體以提升方案的擬定。他們評估方案試圖改善問題的程度，以及目標群體的特徵、問題、表達的需求與渴望，這些資訊會被用來引導方案的制定與發展，包括該提供哪些服務、如何將目標次群體之服務效用增至最大化、在哪裡設置服務等等。

舉例來說，假設你正計畫一項全州性協助街友的方案，你需要知道什麼來引導的方案擬定？你可能會想要找出下列資訊：州裡有多少街友？他們之中有多少是在州裡的特定所在地？是什麼原因造成他們無家可歸，又有多少人是有各自的理由才變成這樣的？有多少人選擇成為街友？有多少人看似因為精神疾病或藥物濫用而成為街友的？有多少人是因為丟掉工作找不到新工作而成為街友的？成為街友已有多久時間了？街友是來自多少不同的種族團體，又有多少是新進移民並且不會說英文的？有多少比例的街友是由兒童和整個家庭所組成的？這些兒童經歷哪些特別的問題，諸如教育、健康、營養、自尊等等？那些有情緒異常或其他問題的成年街友有哪些特殊問題和需求嗎？以上只是一些你可能會問的診斷性問題，其答案有助於你建議發展哪些介入、在哪裡設置、如何配置工作人員等等。

系統化研究上述診斷性問題的過程被稱作**需求評估**（needs assessment）。這個專有名詞廣泛使用於所有以方案擬定為目的而蒐集資料的技巧，基本上它已變成方案擬定評估的同義詞。

我們曾在第九章中，討論過其他特別的需求評估技巧，因此不在這裡重複。讓我們來思考一個引起爭議的概念性問題，它使需求的定義變得複雜：究竟要以規範性用語還是要以需要來定義它。如果需求是規範性的定義，那麼需求評估的一個重點在於比較目標群體與整體社會，或與其有關的社會部門間客觀生活條件的差異，並從人道主義觀點思考可接受性或可欲求性。舉例來說，若由規範性的概念來定義街友的需求，可能會引導出應該為那些住在惡劣街頭環境的街友發展房屋或庇

護所方案，即使那些人並未對他們現在無家可歸的情況有所不滿。

然而，假如需求是以需要的觀點來定義，那麼只有那些表明他們有需求的人才會被視為需要某特定方案或介入。因此以街友為例，寧願選擇無家可歸的人可能不被方案考慮在內。以需要來定義需求會有些弔詭。有可能未表達對方案有需求的人，只是因為不瞭解方案會如何幫助他們，或是因為他們總是認為每次提供的一項社會方案，對他們來說在某些程度上都是不名譽或不能接受的。因此在評估街友是否需要一個新庇護所的方案時，許多街友可能會表現出不需要，甚至不屑這個點子，因為他們沒有理由相信這項新的方案會比他們已經拒絕使用的骯髒、擁擠、危險的庇護所，來得更令人滿意。

如何定義需求會影響我們選擇用哪些技巧來評估它們。例如，如果我們採規範性的定義需求，或許可以藉著分析現有的數據來建立某特定方案的需求。因此，假如人口普查顯示在某個區域有相當多的未婚媽媽少女，我們可能會傾向於推斷該地區會需要較多的家庭計畫或兒童撫養教育。但若將需要考慮進來，可能要藉由進行一項青少年未婚媽媽的普查做為補充資料，以確定在什麼情況下她們會真的使用預期的某些服務。

結合量化與質性方法進行評估

在本書我們強調量化與質性方法彼此互補，並且在許多類型的學術研究中都可以相互結合。如同你可能已經猜到的，這種情況在方案評估裡也不例外。做為本章的結束，我們提出「在方案評估中，結合量化與質性研究方法」的專欄來強化這點。

在方案評估中，結合量化與質性研究方法

評估功能	量化方法	質性方法
計畫一項評估		• 與利害關係人進行開放式的訪談 • 對方案文件做內容分析 • 參與觀察方案活動
需求的評估	• 對關鍵的資料提供者、目標群體，或社區進行調查 • 接受處置的比率 • 社會指標	• 社區公聽會 • 焦點團體
過程評估（監督方案的實施，和確認必要的改進措施）	• 調查工作人員和案主 • 分析各種不同形式服務數量與對象的機構紀錄	• 對模型方案的個案研究 • 方案工作人員和服務消費者的焦點團體 • 與工作人員進行開放式的訪談，詢問關於他們非正式的目標和執行困難 • 參與觀察服務的提供、工作人員的訓練和工作會議 • 與服務消費者進行開放式訪談 • 對工作人員的會議紀錄，或實務工作者所做的案主紀錄，做內容分析 • 對提供的服務做錄影或錄音，以評估實務工作者的技巧和對預定過程的服從度
評估目標的達成	• 實驗和準實驗設計與過程評估合併使用，以決定方案的本質和是否能達成目標	• 在前述過程評估的方法外，加入對結果的評估，以確定方案成功的本質，或去瞭解不成功方案，是否未真正按照預期的來實施
評估效率	• 成本效能分析 • 成本效益分析	

重點整理

- 方案評估使用不同的研究方法和設計，以評估並改善社會介入與人群服務方案的概念化、設計、計劃、管理、執行、效果、效率與效用。

- 方案評估在經費決策上的重要性引起一種高度政治性的氛圍，使既得利益的利害關係人可能對自由科學研究造成阻礙。

- 政治性考量可能不只影響內部評估者，也可能使看似較為自主的外部評估者有所偏見。即使是一項評估的經費來源和其他外部贊助人，也可能因存有利害關係為了政治理由而試圖影響結果。

- 政治與意識型態不只能影響評估研究的研究方法和解讀，同時也會影響其發現是否被使用或如何被使用。我們不能假定評估研究所產生的意涵必定會被付諸實行，尤其當它們與官方利益或觀點產生衝突時。

- 為了減少研究潛在的後勤問題，以及緩和對利害關係人和其在使用上的抗拒，方案評估者應該要對評估中的利害關係人和他們的既得利益有所認識，將他們納入評估的所有階段，維持互動，並且在不犧牲科學客觀性的前提下，儘可能地為他們的需求和偏好修改評估與報告。

- 當人們想到方案評估時，雖然方案結果的評估是首先會想到的事情，但其他評估研究的重點也會提出與擬定新方案，並監控其執行有關的研究問題。

- 方案結果的評估應該儘可能使用最具內部效度的實驗或準實驗設計，努力提升其因果推斷結論。

- 有些不成功的方案並非因理論上有錯誤，而是因為方案未依預期方式執行。

- 結果評估應該輔以監控方案執行的評估，監控方案的執行有助於解決早期問題、讓機構保有責信，並且是執行與維持方案的最佳方式。

- 一個評估介入精確性的好方法是隨機選取每個實務工作者的一些處遇片段，並將它錄影下來。讓介入專家觀看錄下來的每次介入進行內容，然後完成一份他們對於介入應用適當度的判斷評分表。

- 試圖在服務導向的機構中進行實驗或準實驗時，很有可能會遇到許多實務陷阱。可能會危及被評估之介入的精確性、干擾控制條件或個案分派抗拒，或是阻礙案主的徵募與保留。

- 將質性研究經常使用的各種技巧導入實驗和準實驗有助於避免或減少許多實務陷阱。

實作練習

1. 對一社會福利機構的管理者和社會工作人員進行訪談。瞭解這機構曾經進行過什麼評估,又得到什麼結果?評估的發現有被使用嗎?為什麼有或為什麼沒有?試著找出利害關係人,以及那些評估和發現的既得利益,如果該機構未曾進行過任何評估是為什麼?是否牽涉有政治上或意識型態上的對抗?

2. 在同一間或另找一間機構,建立一個評估方案執行與結果的粗略方案。可能會碰到哪些抗拒?預期會出現哪些後勤方面的問題?

對決策者來說評估有什麼用處?將機構正式使命說明轉換為結果的可觀察指標時,你遇到了哪些困難?

3. 在社會工作期刊中找出一篇以評估方案結果為目的而進行研究的文章,看看你能否於研究中找出利害關係人,該篇文章是否呈現它如何控制因既得利益而產生的潛在偏誤,進行評論。

4. 假設你在一機構進行實驗以評估方案結果,找出六項你會執行以避免或減少實際陷阱的事。

網路練習

1. 在學術 Google 輸入關鍵字「方案評估」(program evaluation),找出兩篇文章:一篇描述一項評估研究,而一篇討論方案評估的政

治議題。寫下每篇文章的參考書目資料。簡短確認研究的文章之優缺點。概述另一篇文章有關方案評估之政治議題的要點。

提醒事項

EP2.1.6b:善用研究證據推行實務:瞭解本章的討論將有助於社會工作人員正確地批判評估結果,藉以引導實務的實施。

EP2.1.10m:批判性分析、監測及評估介入方法:社會工作人員必須瞭解本章討論的概念,以一種有效且正確態度來評估介入。

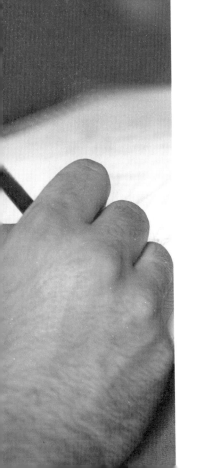

第六部分

質性和量化研究方法

　　本書討論過一些質性研究方法和其
價值，雖然，前一部分對量化方法有較
多的討論，因為那些量化方法對介入與
結果做推論的設計上有其關鍵地位。第
六部分將更關注質性方法，從第十四章
檢視其他一些重要的質性方法，第十五
章將回顧前面，分析現存既有檔案紀錄
並檢視運用這些分析的量化與質性方
法。

質性研究方法

前言

我們討論過結合量化與質性方法的各種研究途徑，但因某些類型的研究如調查和實驗法，在本質上較偏屬量化而較少質化性質，本章我們將重點放在專門討論一些質性的研究方法。

質性研究方法的特色與量化研究方法不同，它無須使用定義精確且須驗證的假設，一個典型且純粹的質性研究能試圖去理解

EP2.1.6b

正在進行中但無法事先預測的過程，包括如何進行初步的觀察，發展暫時性的結論以找出需要觀察的特定型態，持續進行觀察，並藉以修正結論等等。一項好的質性研究，基本上應能很明顯地展現出如第四章中曾經討論過歸納和演繹的交替過程。

質性研究的優點是能提供研究者全面性的觀點，藉著直接進入欲研究的社會現象中並且儘可能通盤觀察，可以更深入地理解。雖然這種研究模式並非只適用於無法簡單量化的研究主題，但確實是特別適合質性研究，因為質性研究者能辨別出一般量化方法無法察覺到的許多細微態度和行為，特別適合研究在自然情境中能被理解的現象，例如，我們若想知道無家可歸是什麼感覺，質性研究方法應該比調查或實驗法更加適合。

現象學

許多質性研究都與**現象學**（phenomenology）這個名詞有關聯，質性研究的哲學典範它指涉的是進行有關人們主觀經驗和對世界的詮釋，現象學的一種形式是**發現探究**（heuristic inquiry），研究者以一個在旁的觀察者，並親自去經驗其所研究的概念，針對經驗概念運用內省方法去檢視自己的想法和感覺。例如，他

們可能在街友收容所待一陣子，以深入瞭解街友的經驗意義，同時也進一步瞭解為何有些街友不願進入收容所。

　　質性化研究有一個很重要的現象學原則，如同德文的 *verstehen* 一詞它相當於意指「理解」（understanding）。依此原則引導，質性研究者嘗試從人們自己的觀點去理解其所觀察的人們——去理解**他們**的感覺、**他們**對真實的觀點，以及研究所觀察之事物對他們的意義。因此**理解**（verstehen）一詞與社會工作實務概念的同理是相符的，研究者將理解運用在質性研究中，就像直接服務社會工作人員嘗試用同理心去瞭解案主一樣。

民族誌

　　民族誌（ethnography）[1] 是一種現象學的質性研究形式，強調在自然情境中的觀察，民族誌著重在詳細且精確地描述人們在特殊文化中的生活方式，以及解釋事物意義的方式。所謂文化不只是指不同國家的社會而已，大部分和社會工作有關的民族誌研究常描述在主流文化當中次文化（subcultures）的現象，例如街友、街頭幫派等等。

　　民族誌研究在將自己沉浸在某文化當中且試圖去理解與描述，會用質性訪談和觀察。民族誌研究者試著藉由研究對象的眼睛看世界，也試著理解研究對象特殊的信念系統及行為規範。下面就來看兩個有關街友的民族誌研究。

▶▶▶ 兩個有關街友的民族誌研究實例

　　Snow 和 Anderson（1987）想要瞭解當街友知道自己是生活在一個對街友汙名化的社會當中時，將如何建構及協調自己的身分。他們找到幾個關鍵資訊提供者，陪伴在其日常活動當中，例如跟著資訊提供者到每天臨時打工的地方，或是去他們紮營居住的橋下。Snow 和 Anderson 選擇將他們每天參與的談話或者是街友彼此的「閒聊」記在腦子裡，每天結束後，兩位研究者彼此討論，並且將這些「閒聊」詳盡地寫進田野筆記裡，同時也將和資訊提供者的深度訪談錄音起來。

1　民族誌　一種強調在自然情境中觀察的質性研究途徑，重視詳細且精確地描述人們在特殊文化中的生活方式，以及解釋事物意義的方式。

　　Snow 和 Anderson 的報告歷時 12 個月的期間，在 24 個不同的地點和這些街友「相處在一起」共計 405 個小時。在這些豐富的資料裡，他們從街友的談話辨識出三個關聯的模式。第一，街友會試圖和其他街友、和他們一樣的低階工作者、他們所依靠的救世軍（Salvation Army）「保持距離」；第二，他們「信奉」其街頭生活身分、街友資格以及為何成為街友的信念；第三，他們總是訴說和每天生活不同的「想像故事」，例如他們常常會說自己賺很多錢，或甚至會說「將會很有錢」。下面「一項紐約市街友的民族誌研究」的專欄中，提供另一個實例。

一項紐約市街友的民族誌研究

　　Baxter 和 Hopper（1982）於 1979 年參與一項調查，以民族誌方法研究紐約街頭街友的習性。他們關心的主題是「在充滿敵意的環境下，街友如何解決他們每天的問題」，他們觀察街友的睡覺、吃飯、外出活動的範圍、接受服務等情形，下面是他們的描述：

　　……公園的長椅上、街道的角落裡、門邊、地下道、火車站、公車站、渡船頭、教會、廉價旅社、公私立庇護所、急診室……等。經由個別和團體的訪談，我們詳細規劃地域，做服務、做研究、並鼓吹街友的利益等。在田野工作，我們增加階段性的調查和發現，包括正在興建中大樓的走廊、階梯、廢棄的建築物、東河與哈德遜河的橋墩、小巷、暖氣排氣孔……都會發現街友的蹤跡。（p.395）

　　他們採用典型的觀察法，藉由給食物、咖啡、香煙、零錢……等，和他們展開初次閒談，街友也會自我介紹。但此次以後，流動性變大、延遲提供消息、描述的內容也愈簡單。經由直接觀察與會談後，Baxter

和 Hopper 接著找一些與街友工作過或接觸過的人們會談。在一個偶然的機會，他們喬裝街友，混入公立街友收容所過夜，獲得一些外界無法得到的訊息。例如，他們發現以街友的觀點而言，他們拒絕接受服務，表示他們對服務沒有興趣，還是比較喜歡居住在街上。Baxter 和 Hopper 指出，無論提供何種服務，都無法適合他們，似乎只有街上和公園才能吸引他們。他們也發現收容所過度擁擠、缺乏衛生設備、不夠安全……。總之，不符合聯邦政府受刑人的居住規定（1982, p. 398）。他們也注意到，少數衛浴設備經常汙穢不堪、損壞、床墊長滿蝨子、衣服被偷、暴力、害怕染病……Baxter 和 Hopper 也看到拒絕服務而露宿街頭的代價，街友們飢餓、冷、社會疏離、孤立、無法睡覺……以前沒有疾病，窮困潦倒以後，街友都是一身病。Baxter 和 Hopper 深入瞭解街友的特質，發現到女性街友運用奇怪骯髒的外表和令人反感的氣味，免得受到男士的窺伺與騷擾。（Baxter 和 Hopper 還說由於衛浴和洗衣設備的缺乏，是無法避免這些骯髒的外表。）

　　根據這些未被發現的見解，Baxter 和

Hopper 指出部分街友能力不足的說法其實是自己的預見，因為目前很少有像樣與富人情味的街友照顧服務，如果有的話，其實街友會很渴望獲得照顧。儘管街頭生活很辛苦，但街友看到收容所僅提供他們的悲慘情況，拒絕服務對街友有一種解救尊嚴與自決的深層意義存在。最後 Baxter 和 Hopper 提出結論，建議提供更有用更好的服務協助街友，讓街友比較有理由去使用這些服務，並增強社會工作人員協助街友的能力。

個案研究

個案研究（case study）[2] 是針對單一個人、家庭、團體、組織、社區、社會或現象的檢視。有些個案研究是可以使用民族誌的，個案研究的首要目標跟民族誌一樣是描述，但嘗試去做解釋也是可以被接受的。相關的案例包括對一個案主系統和其介入方法進行深入描述，例如描述一個街頭幫派的日常生活和習慣，分析一個社會福利機構的組織動力及其如何影響其社會服務的輸送；描述一個草根社區組織的產生與經驗。

雖然個案研究通常被視為一種質性研究取向，但觀察模式並非是個案研究唯一的特色。個案研究的特點在於它只聚焦於有深入研究價值的特定個案或在相同個案研究中的多個個案，利用從這些個案所蒐集到的完整的證據資料，這些證據來源包括現存的文件、觀察紀錄和訪談資料。

典型的個案研究方法的基本做法，最有效的方式是針對特定個案透過密集式調查。例如，某個州決定實施大規模的去機構化方案，關閉很多收容精神或發展障礙者的機構。個案研究要帶領我們去理解它為什麼以及如何實施這個決策，在關閉機構之後一段時期內預計將有什麼問題發生等等，針對這類事件及其影響做個案研究，藉以協助其他州在考慮相似政策時能有所幫助。

---

2 個案研究　針對單一個人、家庭、團體、組織、社區、社會或現象的深度檢視。

生命史

生命史（life history）[3] 或稱**生命故事**（life story），是一種非常重視質性訪談的方法。使用這種方法時，研究者以開放性的問題來發掘參與研究者如何理解他們生活中的重要事件和意義，有時會用**口述歷史訪談**（oral history interview）來指這種訪談方法。（你可以複習我們在第八章討論過的質性訪談。）

研究者使用這種方法企圖去看個人如何主觀地記憶及理解他們生活中的重要事件，即使這些記憶和解釋缺乏客觀的精確性。例如 Robinson（1994）想要描述非行少女在口述歷史訪談中所訴說生命故事中的重要事件，她特別有興趣的是對造成她們進入社會服務體系的偏差行為有關的生命經驗。

她從麻薩諸塞州地區立意抽樣了 30 位少女進行訪談。Robinson 從一個想法著手研究，假設性虐待經歷可能在這群女孩中是很普遍，而且這可能就是導致她們偏差行為的關鍵因素。一開始她並沒有給「性虐待」下操作性定義，而是依據這些少女的主觀經驗和感覺，她找尋和性虐待事件可能有關的線索，一旦感覺到有些跡象，她會鼓勵這些少女詳細說明虐待的性質和經驗。

在每次訪談中，Robinson 都使用同一個開放式問題開始：「請談談妳的家庭」（1994, p. 81）。除了在訪談中觀察她們的口頭回答外，Robinson 會記下她們的面部表情、身體語言以及整體情緒，非結構性訪談且對話自然，但是如果少女們提到或暗示有難以啟齒的敏感事件時，Robinson 會緩慢且溫和地探查。這些少女談了很多痛苦和創傷的生命事件，包括遭遇父母的背叛、流產和墮胎、企圖自殺等，但是 Robinson 的焦點放在關鍵的性虐待事件上，30 位少女中有 23 位表示曾遭受性虐待，10 位少女表示性虐待者不只一位。Robinson 的報告引述許多訪談內容，讓讀者能直接感受到少女們用自己的聲音訴說受虐的經歷。根據這些資料以及其理論架構和女性主義觀點的引導，Robinson 建議矯治系統和社會機構不應該將這些少女視為罪犯，應將她們視為可怕經歷的受害者，她們需要特別針對遭受性虐待而設計的服務。

3　**生命史**　一種非常重視質性訪談的方法。使用這種方法時，研究者以開放性的問題來發掘參與研究者如何理解他們生活中的重大事件和意義。〔有時會用口述歷史訪談（oral history interview）來指這種訪談方法。〕

焦點團體法

　　質性訪談可應用於**焦點團體**（focus group）[4]，焦點團體訪談可以是結構式的、半結構式的或非結構式的，焦點團體允許研究者／訪談者有系統地同時訪談多位研究對象。

　　焦點團體法常被運用在評估一個社區是否真的需要一項新的社會方案或社會服務。焦點團體是由一群約 12 至 15 人組成，也有研究者建議不要超過 8 人的小團體組成，在討論室中進行一特定主題的互動討論。

　　焦點團體的參與者是根據和討論主題有關的人透過立意抽樣選取的，例如主題是某機構正考慮提供新服務，對消費者可能利用的情形，那麼參與者很可能是社區領導人、其他機構的服務提供者、轉介來源、目前服務的消費者，或是特定範圍內的社區居民。如果主題是關心消費者對機構服務的滿意度，那麼參與者應該從現有的消費者中選取。另外，一個研究不一定只舉行一次焦點團體，因為任何一個團體都可能不是一個典型的團體，一般而言，只依賴一個焦點團體蒐集資料可能風險太高。

　　焦點團體法雖然在通則化上有其一定的風險，但它仍有許多優點。這種方法費用低廉、能快速產生結果、調查有彈性。焦點團體的團體動力可以激盪出研究者沒想到過的主題，以及在個別訪談中不易出現的面向。舉個例子，假如你是一個社會工作教育方案的消費者，正被問到對社會工作課程的滿意度及改善建議，如果訪談方式是封閉式問題的結構式問卷或結構式訪談，內容包括對提供的教室課程、實地實習、視聽或電腦資源、教學品質、學習指引、老師的可近性等面向的滿意程度。

　　你的回答將會侷限在勾選由設計此調查者預先規劃好的「普通滿意、有點不滿意」等項目上，即使這份調查問卷同時也包含了開放式的項目，詢問其他內容，例如有沒有特別喜歡或不喜歡的課程或是改善建議，你可能會提供這些開放式項目的想法，也可能不會。但就算你提供重要的想法，仍然有可能不會想到一些別人會想到且你也有同感的事。

---

[4]　**焦點團體**　一群人一起訪談的團體，可以激盪出研究者沒想到過的主題以及在個別訪談中不易出現的面向。

假設你在焦點團體中，而不是在結構式調查被詢問這些事情，焦點團體帶領者不會要求你勾選滿意度，也不會要你提出改善的新建議，而是要你和一些同伴自由地討論對課程滿意與否和改善意見。如果有幾位同伴開始對某件事表達不滿，那麼你在表達對這件事的不滿和原因時可能會比較自在。當焦點團體成員就議題進行互動討論時，你可能會激盪出某些在個別訪談或填答問卷時不會出現的新想法。

例如，有人說：「啊，我真希望能開設死亡和臨終關懷方法的選修課程。」這可能會激發另一個人說：「對啊，我會很想選遊戲治療的課程。」也許你在個別調查回答時沒有想到這些點子，但在焦點團體中聽到時，可能會回應說：「哇，我以為社會工作學院的老師最瞭解適合開設哪些課程，但如果這兩種課程真的開設了，我一定會修的，因為這兩門課似乎比其他選修課程更能提供我介入特定實務工作時的能力。」

這些意見可能像你一樣會刺激其他團體成員，在個別調查時不會想到這些課程，但在焦點團體中他們會指出很想選修這兩門課，或許還會發現其他和實務工作高度相關、大受歡迎且很可能額滿的選修課程。同時，這些意見也會促使團體成員將焦點放在實務能力的預備，因為這是造成他們對課程不滿的主因，熱烈的討論可能有助於提出議題、潛在受歡迎的選修課、及其他改善課程的方法，而這些是在調查形式中許多受訪者不會預期提出的。不同於在調查中僅由一、兩位單獨的個人提出一、兩門前瞻的新選修課程，透過焦點團體可能會提出數量龐大的新課程，並呈現哪些最吸引人並有最多學生選修。

儘管如此，焦點團體也是有缺點的。如前所述，焦點團體成員的代表性是重要的問題，或許同意參加或是最踴躍發表意見的人，都是對方案最別有用心、最滿意或是最急切想巴結方案提供者的人。雖然團體動力可以帶出在調查中沒有發現的議題資訊，但這些動力也可能成為壓力，讓成員無法準確反應出他們真正的想法或行為。如果有成員先表達對方案的不滿，其他有同樣想法的成員就可以比較自在地表達出不滿；但是當首先發言的人對方案很滿意，這些不滿的成員很可能就比較不願意表達意見。

如果有幾位成員對未來服務展現出熱忱，實際上不會使用這項服務的成員可能受制於團體壓力，進而表示會使用這項服務。基於這些動力觀點，需要對團體動力有特別瞭解，以及培養團體工作技巧才能主持焦點團體。如何控制團體動力

是一項大挑戰，任憑一位訪談者控制焦點團體，很可能會減低其他成員表達意見的意願，因此造成團體順從或團體迷思的問題，使得團體成員傾向順從團體中最直言不諱成員的觀點和決策。訪談者在訪談中必須警覺到這個現象，並試圖讓每個成員充分參與所有議題討論。但必須避免在過程中帶進自己的觀點，不要過度引導受訪者的談話。

焦點團體的另一項缺點是其形成的資料可能非常龐大，比較沒有系統性，導致分析焦點團體資料比較困難、沉悶、易受到評估者偏誤影響。尤其是多次焦點團體產生的開放式資料並不一致，使得分析變得更困難。因此，焦點團體就像其他質性或量化研究方法，有優點也有缺點，最好是能和其他研究方法合併使用。

雖然焦點團體研究和其他質性研究類型不同，但它更進一步提供了和我們想瞭解的對象進行面對面的社會研究的可能性。此外，David Morgan（1993）主張焦點團體是發展往後調查中問卷項目的絕佳工具。

參與式行動研究

EP2.1.5b

參與式行動研究（participatory action research）[5] 的主要特色是有其社會行動目的，使用這種方法，研究者會充當被研究者的資源，通常是弱勢團體，為了讓他們有機會為自己的利益採取有效行動，如何協助這些弱勢參與者瞭解自己的問題及補救的方法，及如何引導設計能協助他們完成目標的一種研究。

參與式行動研究方法反對將研究「主體」化約為「客體」的「菁英研究取向」，許多行動研究觀點的倡導者主張，研究者和被研究者間不應有區隔，受研究影響的主體也應該參與研究設計，此種方法儼然認為研究功能並非只有知識生產的意義，也應該是「教育和意識發展，以及行動動員的工具」（Gaventa, 1991, pp. 121-122）。參與式行動研究倡導者將取得知識與權力畫上等號，主張此種權力被優勢階級、性別、種族或國家所掌握，一旦人們將自己視為研究者，就會自動重獲知識的權力。

5　參與式行動研究　研究者充當被研究者的資源，用以控制研究的目的及過程的一種研究途徑。

此研究取向的實例包括社區權力結構研究、組織研究和「知的權利」運動（Whyte, Greenwood, & Lazes, 1991）。與社會工作有很密切相關的參與式行動研究常常和窮人有關，因為窮人通常比較沒有能力影響其生活相關的政策和行動。Bernita Quoss、Margaret Cooney 和 Terri Longhurst（2000）提出一份有關美國懷俄明大學學生的福利政策研究計畫。該州的大學生有許多是福利受助者，他們展開研究和遊說，希望州政府在該州新的福利法案中能夠接受將高等教育視為「工作」。

> 這個計畫的背景是為了反對 1996 年的「個人責任與工作機會法案」（Personal Responsibility and Work Opportunity Act, PRWORA），此法案取消了 1988 年「家庭支持法案」（Family Support Act, FSA）中的教育豁免，教育豁免准許合法領取「失依兒童家庭補助」（Aid to Families with Dependent Children, AFDC）現金救助的人，可以上大學取代工作訓練的要求。針對有教育豁免福利案主的實證研究指出，教育是脫離貧窮實現自足最有效的方法。（Quoss et al., 2000, p. 47）

這些學生首先建立一個名叫「增權」（Empower）的組織，在校園內演說以爭取廣大師生的支持，他們蒐集與此議題相關的研究，並和該州立法機關人員建立關係。1997 年立法會期開始時，由於聯邦政策的轉變，他們積極地參與該州的福利法案修訂過程。這些學生準備並發送一些可能會影響國會議員想法的宣傳單及研究報告，他們出席委員會議，一對一地遊說議員，當相關討論引用錯誤的資料時，他們立即予以糾正並提供正確資訊。

最後，他們終於成功，懷俄明州允許其福利受助者可以以高等教育做為脫離貧窮的有效途徑。

▶▶▶ 一項運用焦點團體法的參與式行動研究實例：日本受暴婦女的聲音

Mieko Yoshihama 關心日本受暴婦女觀點與經驗研究，因有關其尋求和使用服務障礙之研究並不多，因此她進行「日本第一個以面對面方式訪談社區受暴婦女樣本」的研究（Yoshihama, 2002,

EP2.1.5c

p. 391）。她運用焦點團體來進行訪談，因為她相信聽見其他受暴婦女的經驗和觀點，有助於減輕研究參與者羞恥和孤立的感覺，增加她們對自己處境的理解，讓她們更容易談論自己的體驗和因應方式。

她發送傳單給東京地區的受暴婦女組織和專業人員，並在全國及地區報紙上刊登研究消息，藉此招募各種背景的受暴婦女參與研究。為了促進不同背景和受時間限制的婦女參與研究，她安排了四場不同時段的焦點團體，包括一個週末團體。她在會場提供托兒服務，參與者會收到一筆微薄現金做為部分交通費和其他支出的補償，她們也會收到家庭暴力防治的書面資料以及救助方案的表格。會議選在交通方便與安全的地方召開，且不超過兩小時，為了確保匿名，參與者不用透露自己的姓氏，有些人則使用假名或暱稱。

每場團體都會錄音做成逐字稿，並將參與者所表達的意思或主題轉譯成編碼，運用到紮根理論方法（請參照下一段的討論），反覆檢視逐字稿、反覆修正概念和主題編碼。下文是節錄 Yoshihama 論文摘要的研究發現：

> 參與者描述她們受到配偶暴力的經驗，就像是一面很難有機會逃出的網絡，她們遭受配偶的肢體暴力、婦女社交參與的干涉、支持網絡的孤立、羞恥和貶抑牢牢困住。家人朋友和專業人員「責備受害者」的態度，加上救助方案和警察保護的匱乏都強化了那面網。當這些婦女冒著風險，揭露長久以來被認為是私人且羞辱的事，便打破了孤立。（p. 389）

與一般看法不同的是 Yoshihama 注意到日本的受暴婦女和西方國家的受暴婦女有其相似之處，除了相似之處，Yoshihama 也指出日本社會因此問題而責備受害者的反應，使得受暴婦女比較難取得協助和保護。因此，Yoshihama 的研究建構出改革日本社會政策和社會工作實務的意涵，包括增加受暴婦女的服務方案，且這些方案和服務應該更加迅速地回應受暴婦女安全的需求和權利，而非責備她們或只重視婚姻的維繫。

她的研究對從日本移民美國的受暴婦女的社會工作實務也具有意義，這些受暴婦女移民本來可能不知道自己在美國社會能有更多選擇，她們本來需要更多重複的解釋才能理解美國和日本有何不同。Yoshihama 也提出其焦點團體研究之限制，因為樣本是來自單一城市的自願參加者，限制了其研究通則化的能力。但該

研究有一項優點和參與式行動研究的功能有關，藉著參與焦點團體，這些婦女能夠克服她們的羞恥感和孤立感，對彼此的問題達到共同理解，並且得到有關法定權利和可用救助方案的資訊。結果，這些參與者組成受暴婦女的支持團體。

紮根理論

　　紮根理論（grounded theory）[6] 是一種包羅萬象的質性研究方法，可以和大部分形式的質性研究法合併使用。紮根理論是一種始於觀察，目的在尋找模式、主題或共同範疇的質性方法，雖然研究者可能依據先前理論或研究而帶著某些先入為主的觀念或期待來運用，但其分析並非是為了實證或否定先前的理論或特定假設。基於同一個理由，紮根理論方法的開放性是為了更自由地發現預期之外的某些規律性或差異性，而這可能是構成特定理論或假設所無法預期的。

　　雖然紮根理論重視歸納過程，但也可以透過**持續性比較**（constant comparisons）[7]來結合演繹過程。當研究者從自己的歸納觀察中發現模式，再依據這些模式來建立概念和可行假設，找出更多個案、進行更多觀察，並依據之前觀察發展出的概念和假設互相比較。

　　紮根理論依據理論抽樣概念來選擇新個案，如同在第十章中討論的，理論抽樣會選擇和先前促成發現該概念和假設的個案相類似的新個案，一旦研究者發現，觀察這些相似個案已經無法產生新的觀點時，才再選擇不同類型的個案。再重複這過程：選擇類型相似的其他新個案，直到不再產生新的洞察為止。這種抽取類似個案、尋找不同類型個案的循環會一直重複，直到研究者認為接下來找到的新個案已不會再有新的研究發現為止。

　　為了理解紮根理論持續比較的過程，舉例來說，假設有一群曾患精神分裂症的年輕人，你想找出以社區為基礎有效的社會工作介入方法的關鍵元素來制止他們舊疾復發。首先，你會和此領域中幾位在臨床成效上享有盛名的實務工作者進

6　**紮根理論**　一種歸納性的研究方法，試圖透過觀察的持續性比較來結合演繹過程產生理論。

7　**持續性比較**　一種紮根理論方法，研究者透過歸納性觀察來結合演繹過程。當研究者從自己的歸納觀察中發現模式，他們可以依據這些模式來建立概念和可行假設，找出更多個案、進行更多觀察，並依據之前觀察建立的概念和假設互相比較。

行開放式的訪談，或許你會要求這些實務工作者提供他們最成功的個案，並且討論在這些案例中使用的介入方法。

假設你從每次的訪談中發現到一個共同模式，就是每位實務工作者都提到在年輕病人的復原中使用社會技巧訓練，並用溝通技巧訓練幫助父母和他們相處，你可能因此發展出一個可行的假設，主張這些行為介入方法會影響實務工作的成效。為了更確立你的假設，你可能會訪談更多有良好臨床聲譽的實務工作者，確認是否出現相同的模式。但是當這些訪談並沒有產生新的洞察時，你可能需要不同的個案抽樣方法重新訪談實務工作者。這次會請他們談論最不成功的案例曾運用何種介入方法，如果他們之中有幾位提到行為介入方法和之前運用在最成功案例上的方法相同，也就是和你的可行假設中所指涉的行為介入方法相同時，將被迫修正假設。接著調查目的可能是揭開他們最不成功案例實務中的其他面向，這些面向會有助於解釋為何在其他個案中看似有效的相同介入方法在這些個案中卻是無效的。

接著假設這些調查產生另一種共同模式，即每個最不成功的案主都沒有使用或是拒絕使用規定的藥方。基於此觀察，你修正的可行假設可能是：有效的實務工作會結合監督服藥及行為介入方法。

紮根理論持續的過程，會訪談其他實務工作者請教不同類型的個案。例如，有些家長並沒有從溝通技巧訓練中獲益，因為在此訓練之前，實務工作者沒有先適當地和他們發展出治療夥伴關係。你會進一步修正所提出的可行假設，或許會加入一項必要條件，就是家庭介入方法必須在和實務工作者有支持關係的脈絡中進行，其中之一是父母能瞭解不會因為孩子的疾病受到責備。

當你知道所有案主都和父母同住，因此開始訪談沒有和父母同住的成功和不成功案例中的案主，你可能會發現，對未與父母同住的個案來說，有效的實務工作也有許多個案管理任務，例如須較關注安全且適當的居住安排，但不須包括家庭溝通技巧訓練。接下來的抽樣是找出同時被診斷出有精神分裂症和物質濫用的個案，你可能必須修正假設以包含適用這些物質濫用人口群的介入方法。

當完成紮根理論的過程，你將會訪談許多不同的實務工作者（或許會包括一些臨床聲譽不佳的），請教許多其他不同類型的個案，這些額外的實證紮根可讓你的假設增加許多變化，有些可能和實務工作者的特質有關，例如同理、溫暖和診斷技巧；有些修正可能和案主特質有關，像是案主的障礙程度、社會支持資源

等，會需要不同類型的介入方法，其他修正可能和整個個案管理功能有關。

Gilgun（1991）發現紮根理論方法和社會工作人員的直接工作很類似，特別是臨床評估，兩種方法都是從個案目前狀況開始，關注資訊提供者的觀點，想要從大環境脈絡中來理解個案，也都是結合歸納、演繹和持續比較法，根據觀察設定形成可行假設，然後依照進一步的觀察修正這些假設。兩者都試圖避免將預設觀念或理論強加在個案上，兩者也都相當依賴開放式訪談，並且大量使用相同的訪談技巧（本章稍後將討論的質性訪談就會很清楚呈現）。在紮根理論中使用筆記和備忘錄的過程，和社會工作者使用過程紀錄和問題導向個案紀錄的過程也很類似，兩者都企圖「和案主相同立場以及維持分析立場中保持平衡」（1991, p. 17）。兩者都偏好在家中或社區等自然情境下進行觀察。

質性觀察的考量

質性研究者不管使用前述哪一種方法，都必須要面對如何蒐集資料。就像在第八章我們討論過的訪談方式，在第九章我們討論過質性研究的多種抽樣，其他包括質性研究者將扮演何種觀察者，與觀察對象維持何種關係，接下來檢視有關的議題。

▶▶▶ 觀察者的各種角色

在質性研究中，觀察者可以扮演各種角色，包括參與想觀察的活動。本章我們使用「質性觀察」（qualitative observation）取代比較常用的「參與觀察」（participant observation）一詞，因為質性研究者即使常會在行動現場直接進行研究，卻不一定都需要參與研究的活動。質性研究者可能會扮演的四種角色包括：「完全參與者」（complete participant）、「觀察式參與者」（participant-as-observer）、「參與式觀察者」（observer-as-participant）和「完全觀察者」（complete observer）。這些角色可以視為一連續體，一端是完全參與者，而另一端是完全觀察者。

完全參與者指的是真正參與正在研究的活動（例如抗議示威活動的參與者），或假裝成真正參與者，如果你正在扮演完全參與者，就要讓人們看到你只是一個參與者而非研究者。顯然如果你並非是所研究活動的真正參與者，你得去

學習讓自己的行為看起來像是真正參與者。例如你正在研究一群沒受過教育且不善言詞的人，就不適合表現出像大學教授或學生的言談舉止。

現在你應該注意到一個讓社會研究者爭論不休的倫理議題——欺騙研究對象，希望他們會對你吐露原本不會向研究者吐露的祕密，是否符合倫理？科學利益，即研究的科學價值，是否能夠優於這種倫理考量？雖然許多專業協會曾經討論過此議題，但這類規範在特定情境下應如何被採用，仍無定論。

這項倫理考量其實是和科學考量有關，沒有研究者會為了想隱瞞而欺騙其研究對象。更確切地說，研究者之所以會欺騙研究對象，是認為資料會因此更具效度和信度，以及相信如果參與者不知道研究者正在進行研究，他們會更加自然和誠實。如果研究對象知道自己正在被研究，可能會用各種方式改變他們的行為；第一，他們可能會趕走研究者；第二，他們或許會修正自己的言論和行為，以顯露比真實自己更好的一面；第三，社會過程本身或許會有劇烈改變。例如有大學生們正計畫要燒毀大學行政大樓，但當他們知道團體中有成員是正在進行研究的社會科學家，可能會放棄整個計畫。

另一方面，如果你是一個完全參與者，就可能會影響到正在研究的活動。想扮演參與者的角色就須**參與**，一旦參與，就會影響正在研究的社會過程。舉例來說，假設你被要求提供團體如何行動的想法，不論你說什麼，都將會以某種方式影響這個過程。如果團體接受你的建議，你對過程的影響會很明顯；如果團體決定不採用你的建議，建議遭到否決的過程也會影響將發生的事。如果你表示自己真的不知道應該有何行動，這也可能在團體中增加不確定性的感覺。最後，不管參與觀察者有無行動，無可避免地將會對被觀察者產生某種影響。更嚴重的是，無論做或不做都可能對正在發生的事產生重大影響，儘管對此議題的敏感度可以對抗此影響，但沒有任何保護可以完全避免此影響。

基於倫理和科學等考量，質性研究者常會選擇非完全參與者角色。例如，選擇**觀察式參與者**的角色，在這角色中，你會完全參與被研究的團體，但會清楚表示你同時也正在做研究。又如，你是某社區或組織的成員之一，你會在其他成員明白的情況下，利用參與組織的行動來進行其社會過程的研究。然而這個角色是有研究風險，被研究者可能將注意力轉移到研究計畫上，而沒有呈現自然的社會過程，因此所觀察的過程將不具有代表性。反之，你自己可能會變得過分認同參與者的利益和觀點，開始「變成當事人」而失去科學上的超然立場。

參與式觀察者界定自己是研究者，在社會過程中和參與者互動，但並不會假裝是參與者。例如，你正在研究一個有關流動農工工會的社會運動，你會訪談領導人、參觀工人的住所、看他們採草莓、和受傷的工人去醫院等等。

另一種極端是**完全觀察者**，觀察社會過程但絕不會參與其中。由於研究者非常低調，研究對象可能不會知道自己正在被研究。例如，研究者坐在公車站牌處，觀察附近十字路的交通違規行為。儘管和完全參與者相比，完全觀察者比較不會影響到正在觀察的事物，也比較不會「變成當事人」，但他們也較無法全面理解研究對象，其觀察可能會比較表面且短暫。

總之，研究者在不同情境中需要扮演不同觀察者角色，但如何選擇角色並沒有一個清楚的準則，必須依賴自己對情境的理解及良好的判斷力，但當你做決定時，必須同時考量方法論與倫理。由於這些考量經常是相互衝突的，因此你很難下決定，有時候甚至會發現自己的研究角色反而限制了研究的進行。

▶▶▶ 主位和客位觀點

質性研究會面臨矛盾性的挑戰，就是在同時間內，必須一方面獨立於事件外維持自己的看法，另一方面同時接納研究對象的文化，才能夠同時維持客觀性，並且有能力質疑你所接納的文化觀點。這種挑戰混合兩種觀點，**主位觀點**（emic perspective）[8] 需要試著接納被研究成員文化中其共同分享的信念、態度和其他重要看法；使用此觀點，研究者試著取得研究參與者的局內人理解（insider understanding）。反之，**客位觀點**（etic perspective）[9] 允許研究者像局外人一樣維持自己的客觀性，提出被觀察成員的文化本身不會發現的問題。

進行質性研究

我們將介紹進行質性研究的一些概念和技術，首先從研究者如何準備田野工作開始，假設要研究某個草根性組織，你並不是該組織團體的成員，對該組織知道的也不多，而你向參與者表明自己是研究者，建議從搜尋此研究相關的文獻開

8　　**主位觀點**　試著接納被研究成員文化中其共同分享的信念、態度和其他重要觀點。

9　　**客位觀點**　研究者像局外人一樣維持自己的客觀性，提出被觀察成員的文化本身不會發現的問題。

始，充實你對該主題的知識並瞭解其他人對該主題討論與發現。

研究的下一階段，可能會想要和研究過此社區組織或是其他熟悉此組織的人互相討論，也許你認識或能夠接觸到某位成員，發現和該組織的成員討論特別有幫助。如果你和資訊提供者的關係已超越你的研究角色，當你邀請團體成員成為資訊提供者時，要避免一開始的討論限制了研究面向。要明白，你給成員資訊提供者的印象，以及為自己所建立的角色，都可能會持續影響到日後的研究工作。例如，若一開始建立的形象是敵對陣營的間諜，對隨後的組織觀察工作不可能會有助益。

你也應該謹防資訊提供者提供的資訊，雖然他們對研究對象的理解可能比你更直接、更個人性，但他們的「理解」是混雜了事實和觀點。在我們的例子中，社區組織的成員不可能提供你完整且不偏誤的資訊（對立的成員也不可能）。在你開始接觸組織時，應已對該組織有相當的瞭解，而且應該要大致理解該組織得以存在的一般性和理論性脈絡。

你可以用各種方法和研究對象進行初步接觸，要依照計劃扮演的角色來進行研究。特別是如果你計劃的角色是完全參與者，就須發展一個和研究對象一樣的身分。例如你想要研究餐廳裡的洗碗工人，最直接的方法就是找一份洗碗的工作；想研究社區組織，則是加入組織。

當你想和研究對象進行正式的接觸且表明自己是研究者時，最好能先建立某種關係。你可以先和覺得比較自在的參與者聯絡，並藉由他的協助。假如你正在研究一個正式的團體，你可以聯繫該團體領導人，或是可以找到曾研究該團體的資訊提供者能夠幫你引見。

雖然和該團體的初步接觸會有很多選擇，但要明白你的選擇將會影響到接下來的觀察工作。舉例來說，假設你想研究一間社區診所，首先接觸的是高階管理者。第一，管理者的觀點會形塑你對此診所的初步印象，但他們的觀點和病人及工作人員的觀點會很有差異，雖然你不會察覺到，但此初步印象將會影響你隨後的觀察和解釋。

第二，如果該管理者同意你的研究計畫，鼓勵病患和工作人員和你合作，那麼他們很可能會將你視為和管理者同陣線的人，並因此影響到他們和你的談話，像是護士可能會拒絕告訴你他們有組織工會的計畫。

和研究對象直接正式接觸時，會要求解釋你的研究目的，你立即將面對倫理

的兩難，告訴他們你的完整研究目的，可能會完全失去他們的合作，或是嚴重影響他們的行為；另一方面，若只告訴他們你認為會被接受的說明，可能會涉及公然欺騙。你要明白，在實務上，你的所有決定大部分取決於研究目的、研究事物的本質、觀察方法以及其他因素。

之前的質性研究在方法論或倫理的考量上，並未提供一個可供依循的參考準則。不論陳述的研究目的為何，當你以研究者的身分出現時，有可能會促使研究對象熱情歡迎你，他們會因為有科學家發現他們重要到可以研究而感到非常開心；你也有可能被拒絕或者更糟。（例如，千萬別闖進一個犯罪集團的會議，宣佈你正在寫一篇有關組織犯罪的學期報告。）

▶▶▶ 紀錄觀察

基於質性訪談的深度、開放式本質，記錄受訪者的訪談是很大的挑戰。質性調查的目的及其哲學根源，對訪談應該要儘可能完整地記錄，記錄逐字稿是最理想的，因此錄音機是質性訪談者的有力工具，不只是能確保逐字稿紀錄，也能讓訪談者得以全神貫注在受訪者身上，仔細聆聽受訪者的訴說以發現更多重要的線索。

儘管錄音有其好處，但 Patton（1990）強力要求使用錄音的訪談者在訪談中仍要做筆記，這樣他們就可以回頭查訪談前段提到的重要事情，也勸訪談者偶爾隨手記下摘要或關鍵字，以利之後分析錄音內容。他同時也主張（適度地）做筆記有助於調整訪談的速度，能夠讓受訪者知道你認為他們說的話是很重要的。

其實田野研究中蒐集資料時大部分情況並不適合用錄音機，特別是在蒐集訪談脈絡之外的觀察資訊，甚至是在訪談中，錄音機也無法捕捉到社會過程的所有面向。因此質性研究基本的工具還包括一本筆記本（或田野日誌）和一支鉛筆。質性田野研究方法最大的特色在於有研究者親臨現場觀察，盡量邊觀察邊做筆記，即使無法現場記錄，也要在之後盡快寫下筆記。

筆記內容應該要包括你的實證觀察和詮釋，應該要記錄你所「知道」發生的事以及你「認為」已經發生的事。區分這些不同筆記的種類是很重要的，例如，你記下某團體某甲的發言立場和領導人的提案相左，並認為這是某甲企圖想要得到該團體領導權；同時你記下所聽到領導人的評論，並認為這是他回應反對意見的結果。

　　你無法觀察到每一件事，同樣無法記錄下所有觀察到的事。就如同你的觀察只是呈現所有可能觀察的樣本，你的筆記也只能呈現這些所觀察的樣本。當然，你應該記錄下最重要的觀察，而非僅隨機的觀察樣本而已。

　　某些最重要的觀察可以在研究開始前可預先規劃，而有些觀察將會在你的觀察過程中呈現出來。如果你事先準備好標準化的記錄表，將有助於做筆記。例如在街友研究中，你可以事先規劃有助於未來分析街友的個人特質，例如年齡、性別、社會階級、種族、精神病史等等，並且準備一份便於實際觀察時記錄的表格，或預先發展一套速記符號來加速記錄。為了研究公民參與社區會議的情形，可先建構一份編有數字的表格，來標記會議室的不同區域，接著，你將能夠輕易快速且正確地記錄下參與者的位置。任何事前準備都不應限制了你對未預期事件和不同情境的記錄；相反地，快速掌握可預期的觀察，可以讓你更自由地觀察非預期的事情。

　　每一個學生都很熟悉做筆記的過程，而每個人對質性研究都有某種程度的瞭解。然而，就像好的質性研究一樣，如何做好筆記需要有更謹慎小心的注意力以及相關的特殊技巧，以下有些指導的原則。

　　第一，不要太相信你的記憶力，記憶力是不值得信任的。就算你對自己精確的記憶力很有自信，最好還是在觀察中或之後儘快做筆記。如果你是在觀察中做筆記，請不要引起注意，因為當人們看到你將他們的所有言行記錄下來時，很可能會有不同行為反應。

　　第二，做筆記最好分階段進行。第一階段，你需要做簡略的筆記（單字或片語）以跟上事件發生的速度，然後轉換方式，在筆記上重新記上細節。如果你在觀察事件後很快做這件事，簡略的筆記應該能夠讓你想起大部分的細節。拖得愈久，你愈不可能精確完整地回想起事情。

　　我們知道這方法聽來很有邏輯，你在進行質性研究時可能也已經決心要這麼做。但要提醒你，在實務中將需要自我督促才能貫徹你的決心。仔細觀察和做筆記可能非常累人，尤其是這些事可能包含興奮或緊張的情緒，且又持續很長一段時間。如果你已經進行八小時的連續觀察，並且記錄下人們如何應付洪災，結束後你的第一想法可能是馬上睡一覺、弄乾衣服或是喝杯飲料。你可能需要從新聞記者那裡得到一些靈感，他們在截稿日之前寫報導故事，是如何處理這類的議題。

　　第三，你會質疑必須要做多少紀錄？在觀察後立即記下所有記得的細節真的

很重要嗎？一般而言是肯定的。普遍來說，質性研究中，除非你已經有機會回顧和分析大量資料，不然無法能確定哪些資料真的重要。因此你也應該記下一開始看似「不重要」的事情，到最後這些資料可能會具有重大意義。

你應該要明白，田野筆記大部分將不會反應在最後報告裡，筆記大部分將會「白費工夫」。但請放心：蘊藏最豐富的金礦，每公噸也只有大約 30 公克的黃金，這表示有 99.997% 的礦石都浪費掉，但這 30 公克的黃金可以錘鍊成超過 18 平方英呎大的區域，幾乎相當於 700 頁書，所以大量做筆記，有計劃的挑選，只選用「黃金」部分吧！

如同質性研究的其他觀點一樣，熟能生巧。好的質性研究法可以現在就開始練習，且任何情境都可以持續練習，不用忙於規劃研究計畫來練習觀察和記錄，只要從自願協助記錄委員會會議內容開始即可。

質性和量化研究的優缺點比較

所有研究方法都有其獨特的優點和缺點，讓我們比較一些質性和量化研究方法的重要優缺點。

▶▶▶ 理解的深度

質性研究特別適用於研究有關態度和行為的細微差異，以及探究長時間的社會過程。因此，此方法最大的優點在於其容許深度的理解，不像某些量化方法可能會被質疑「膚淺」，這項批評常常被提出來和質性研究相對照。

▶▶▶ 彈性

彈性是質性研究的另一個優點。在質性方法中，你可以隨時修正原先的研究設計，甚至每當情境出現，你總是可以準備好從事質性研究，但是你並不可能輕易地開始一個調查或實驗。

▶▶▶ 主觀性

質性研究的測量儘管深入卻非常個人化。舉例來說，如果有個研究者指出，俱樂部中某團員政治傾向保守，這樣的判斷可能和研究者自身的政治理念有關，

但使用質性技術的研究者會意識到此議題並且費心處理。不只是個別研究者常常能區辨出自己的偏誤和觀點,科學的社群特質也意謂著他們的同僚將會在此方面提供協助。依據研究目的和研究者主客觀的典範,許多質性研究的主觀性特質和量化研究相比較時,往往是優點也是缺點。

▶▶▶ 通則化

科學的一個重要目的就是通則化,社會科學家研究特別情境和事件以理解一般的社會生活。通常沒有人會有興趣知道研究者對特定參與者的觀察,誰會在乎1,500 個選民樣本在國家選舉中到底會投給誰?我們有興趣的是這些選民的意向是否可以推論到所有選民上。

通則化是質性研究的一個問題,會以三種形式出現。第一,觀察和測量的個人化性質使得該研究者的研究結果,不必然能由另一位獨立研究者複製。如果某部分觀察是依據特定觀察者,那麼該觀察比較可以用來當做洞察的來源,而非證據或真理。

第二,由於質性研究者對於計畫有完整深入的觀點,他們能有非常廣泛的理解,然而正因為非常廣泛,可通則化就低於依據嚴謹抽樣和標準化工具的結果。假設你想完整理解你居住城市的市議會的運作方式,非常深入研究每位成員,瞭解他們的意識型態立場、如何參與公眾生涯、如何贏得選舉、他們的朋友和敵人是誰,你可以瞭解他們的家庭生活,知道個人感覺如何進入他們的公領域。透過深入研究,你真的可以非常瞭解市議會的行動,但是你能夠說出其他市議會的情況嗎?你的研究肯定已經提供你一些普遍的洞見,但是仍然不能從特殊套用到一般、不能將你所理解的套用到所有事情上,掌握帝騰市議會(Dayton City Council)並不能讓你理解克里夫蘭市議會(Cleveland City Council),你應該重新規劃另一個克里夫蘭市議會的研究。在檢閱質性研究計畫時,應決定該研究者基於其特殊觀察的推論可以通則化到何種程度,這種推論可能是適當的,但仍然需要你來下判斷,因為這個研究方法並不能保證任何事。

最後,即使是觀察特定主題也常會有通則化的問題。舉例來說,讓我們想像你很有興趣想瞭解山達基教派(Scientology),特別是招募教友的實務:如何吸引新成員?會吸引何種類型的人?要回答這些問題的其中一個方式,是表現出自己對此教派的興趣,告知其中成員要參與聚會和靜修。透過這種方式,你可以得

到研究的第一手經驗。你可以觀察到他們如何對待表現出興趣的人,也可以觀察到他們如何對待其他新加入者,你可以藉由認識其他有興趣想要加入該教派的人,知道加入該教派者的類型。

這些通則化的問題:雖然你會和很多教友談話,但是你不能確定他們的「代表性」,最後你可能只會和某些特定和潛在加入者講話,或者你趁著自己英文課時進行接觸,結果大部分成員都是主修人文學科,沒有人主修科學,普遍來說他們不能代表新成員。

然而通則化的問題不只是質性研究獨有的,許多量化研究也缺乏可通則化。回想我們在第十一章和第十二章討論過團體或單案實驗設計以及準實驗設計,在外在效度上的潛在限制;同時回想我們在第九章和第十章討論過抽樣和調查步驟的限制會產生偏誤結果,對於所推論的母群是不具代表性的。

評估質性研究的標準

由於質性研究涉及許多不同的研究方法和典範,該如何批判性地評估質性研究的嚴謹度,存在著不同的觀點。然而,不論所持觀點為何,一般都同意評估質性研究嚴謹度的一個核心議題為**可信賴度**(trustworthiness)。儘管如此,個人所持的認識論典範,不僅會影響其使用何種指標來評估信賴度,也會影響其認為別的核心議題是否也和信賴度具有同等的重要性。

認識論的典範主要源自當代的實證主義(見第四章的討論),信賴度是主要評估質性研究的嚴謹度。主要考量研究能採取最大化客觀標準與最小誤差值的步驟進行,透過批判社會科學或參與式行動研究的角度觀察研究,然而,研究額外的提問人是否會因為研究而被增權。圖表 14.1 為後現代或社會建構的典範將使用信賴度為主要的標準,但是不同於當代實證學家,以否決客觀存在的概念,強調多元的主觀存在。我們先討論當代實證學家評估質性研究信賴度的觀點,接著我們會檢視該種取向和那些強調不同典範的取向之間的共通點和相異點。

▶▶▶ 當代實證主義者的標準

如同我們上述所討論的,對當代實證主義者而言,主要評估質性研究嚴謹度在於信賴度。Deborah Padgett(1998b)在其著作《社會工作研究的質性方法》

典範	標準
當代實證主義	最大的客觀性及最小化對真實的威脅、研究者的偏誤和反應偏誤，可以用下面六種策略中一種或一種以上的策略 1. 長期參與 2. 三角檢測 3. 同儕討論與支持 4. 不同個案分析 5. 成員回饋與校正 6. 審核
社會建構主義	認為的信賴度與策略是從多元主觀存在的角度去看 1. 成員回饋與校正 2. 適用性和可轉移性（研究者有責任針對研究的脈絡、情境、與參與者等，提供豐富的背景資料） 3. 三角檢測不是反映真實性，有助於產生對於相對實相更佳的瞭解
增權	估計如何研究參與者的增權 1. 研究必須執行參與者的行動去影響渴望的改變與權力的重新分配？ 2. 在獲得參與者的背書之後，當研究增加他們對於改變的樂觀態度，接下來會建議他們對於需求觀點的改變？

圖表 14.1　三種不同典範對質性研究的信賴度的不同標準

（*Qualitative Methods in Social Work Research*）中指出信賴度的三種主要威脅：回應性、研究者偏誤、被研究者偏誤。**回應性**是指質性研究者在研究場域出現而產生一種潛在的失真效應。如同我們之前討論，研究者偏誤是指研究者理解的扭曲或選擇觀察的偏差。被研究者偏誤是指在研究過程中可能喚起被研究者之前的經驗或概念，而這個部分多數較符合社會的期待。

　　為了減少研究誤解的威脅，Padgett 提出六種普遍適用的策略來提升質性研究的嚴謹度。並非每一種策略對每一種質性研究皆是可行的，你能藉由自行試驗策略評估質性研究的嚴謹度，如果適用即可使用。

　　Padgett 提出的第一種策略為**長期參與**（prolonged engagement），經常用來

降低回應性與被研究者的偏誤。它假設研究者與受訪者之間有一種長期的信任關係存在，因此受訪者較少機會欺騙或降低隱藏資訊或說謊的傾向。Padgett 補充說明，長期的訪談或對相同的受訪者進行一系列連續的訪談，有助於研究者發現扭曲，或受訪者最終會透露原本不願意透露的實情。

但長期的參與也有缺點，倘若研究者過度認同受訪者或失去自身的客觀性、分析的立場或認同感。儘管存在這種風險，質性研究若缺乏長期觀察則必須更加謹慎。舉例來說，某些作者似乎認為質性研究強調彈性，「質性」一詞意指「涵蓋任何東西」，我們在部分專業期刊中也看到類似的文章。大多相同的例子發生在研究者認為給每一位受訪者一個簡短開放式的訪談就足夠。（在部分獨特的質性研究或許是足夠的，不過，對於為何忽略其他議題，研究者應該提供一個足以說服他人的理由。）

第二個策略為**三角檢測**（triangulation），當研究者在兩種或以上的資源尋求資料與詮釋的實證，即可使用三角檢測，Padgett 說明質性研究三角檢測的五種類型。第一種取向為理論的校正，藉由同儕的相對理論立場做文獻分析校正。另一種為方法的校正，亦即使用一種以上的質性方法（也可利用量化方法）去蒐集分析資料。第三種取向為觀察者的校正，請多位觀察者蒐集資料，以及多位編碼者將觀察資料分類。第四種取向為資料的校正，使用多種資料來源（例如直接觀察、訪談與現存的紀錄等）。第五種為**跨學科間的三角檢測**，由不同領域的研究者所組成的團隊共同合作。不過 Padgett 提醒我們，不要過度反應三角檢測資料的不一致性，針對單一現象有時候不同資料來源會顯示不同的觀點，誠如兩個衝突的家庭成員對家庭問題表達有不同的看法。

第三個策略為**同儕討論與支持**，有時與三角測量有些重疊，指研究團隊給予彼此回饋、情感支持與意見，並對如何蒐集資料、問題形成、已蒐集資料的意義，提供新的觀點與想法，新的概念會在討論過程中增加聚焦的可能性，以及糾正與其他資料蒐集和詮釋的誤差問題。

其後兩個策略稱為不同個案分析與成員回饋與校正，**不同個案分析**為研究者以否證來證明他們的發現，即徹底搜尋否定的證據，找尋不符合研究者詮釋的變異個案。**成員回饋與校正**為詢問研究參與者，以便確認或否定研究報告觀察與詮釋的準確性。換句話說，研究報告提出觀察與詮釋是否有詮釋事實以及是否對參與者有意義？

最後的策略稱為**審核**，研究者在文章形成過程留下的田野筆記、訪談稿、日誌與備忘錄，可以讓非研究團隊的內行檢視者詳細對照檢查，決定是否必須進行誤差控制與徹底回應，包括程序是否正確、詮釋是否符合研究蒐集的資料。因此審核涵蓋了上述的五種策略，其目的在確認執行這些策略的適當性。

▶▶▶ 社會建構主義者的標準

社會建構主義者在評估質性研究時也強調信賴度，他們推薦上述的策略作為加強質性研究嚴謹度。然而，社會建構主義者所認為的信賴度與策略是從多元主觀存在的角度去看，並非強調客觀的社會存在，如實證主義者所強調的客觀一樣。因此，被研究者最小化誤差在此並不是那麼重要，重要的是要確保研究參與者的多元主觀存在能儘可能地呈現出來（Krefting, 1991）。此外，在成員回饋與校正上，著重參與者本身主觀的存在，而不再那麼重視研究者詮釋的客觀與適切性。

另一種評估指標，是檢視質性研究報告是否針對研究的脈絡和研究參與者提供詳細說明，讓讀者能夠判斷該項發現是否能適用在他們所關心的情境或人群身上。Guba（1981）將此一標準當成為**適用性**和可**轉移性**，Lincoln 和 Guba（1985）補充指出此一指標和我們在討論量化研究時所提到的外在效度或通則化指標是不同的。質性研究者不需要負舉證的責任，去證明其研究具有外在效度或是其研究發現可以概推到哪些人身上。反而，是要由研究的使用者負舉證之責，看研究發現是否可適用在他們的情境或是其所關心的人群身上。然而，要讓使用者能夠做這樣的判斷，研究者有責任針對研究的脈絡、情境與參與者等，提供豐富的背景資料。

建構主義者取向也使用三角檢測，但和當代實證主義者取向有些不同，當代實證主義者認為三角檢測所顯示不一致性反映了資料的不可信賴性，若兩個研究者對資料做出相互矛盾的詮釋，則反映出研究者偏誤。相對地，建構主義者取向視不一致性為多元實相的一種可能反應，他們會想看到對於不一致性的解釋。對於三角檢測資料不一致性的解釋，也許會產生對於相對實相更佳的瞭解——特別是對於非典型的實相。

▶▶▶ 增權的標準

正如上述討論，批判社會科學或參與式行動研究的研究取向對質性研究會附加增權（empowerment）的標準。Rodwell（1998）討論評估質性研究的增權標準，稱為**催化的真實性**與**策略的真實性**（catalytic authenticity and tactical authenticity）。根據她的典範（目前結合社會建構主義與增權）創造新的知識在建構主義者的研究是不足的。此外，研究必須執行參與者的行動去影響渴望的

EP2.1.5b
EP2.1.5c

改變與權力的重新分配。她指出，即使不能證明研究會引起改變，不過，在獲得參與者的背書之後，研究增加對於改變的樂觀態度，接下來會建議他們對於需求觀點的改變。

在結束本章之前，我們應該提出一些想法，即對關注質性研究的限制多於量化研究的限制。雖然這並非我們的本意，讀者會有這樣的想法是因為這章節集中在討論一般的質性方法，並且討論方法的優點與缺點。相對地，我們沒有另闢一章討論量化方法的優點與缺點。但我們已經透過先前的章節討論了量化研究的缺點，例如討論誤差與其他量化測量工具上的缺點，量化缺乏信度與效度、缺乏代表性的調查、不適當的回收比率或偏差的抽樣步驟、缺乏內部效度或使用誤差測量步驟的實務評估等等。再者，本章討論質性研究的優點與限制相較於量化研究，我們發現量化研究是表面的，且有時是無法通則化的，許多已出版的量化研究書籍也指出明顯的方法論缺點。

重點整理

- 民族誌注重仔細且精確地描述人們在特殊文化中的生活方式，以及他們解釋事物意義的方式。
- 個案研究是針對單一個人、家庭、團體、組織、社區、社會或現象，進行個別式的檢視。
- 生命史指的是用開放性的問題發現研究參與者如何理解自己生活中的

重要事件和意義。
- 研究者設計焦點團體，聚集參與者探究某特定議題時，觀察參與者的互動。
- 運用參與式行動研究，研究者會充當被研究者的資源，並且讓他們控制此研究的目的和程序。
- 紮根理論指嘗試藉由觀察資料中發

現的模式、主題或共同範疇的分析導出理論。

- 研究者使用持續比較方法，從歸納觀察中發現模式，依據這些模式來建立概念和可行的假設；接著，找出更多個案、進行更多觀察，再依據之前觀察建立的概念和假設互相比較。

- 你不一定會對正在觀察的對象表明自己的研究者身分，表明自己是研究者可能會影響正在觀察事物的自然狀況，但隱瞞自己身分可能涉及欺騙。

- 質性研究觀察讓你和參與者有近距離接觸，你必須協調自己和他們的關係，而有很多種選擇方式。

- 你可能會參與或不參與正在觀察的事物，參與此事件可能使你較易隱瞞研究者身分，但可能會影響到觀察中的事物。

- 參與觀察是質性研究的一種形式，研究者會以行動者身分參與被研究的事件。

- 研究者使用質性觀察時必須要混合兩種相互矛盾的觀點：(1) 主位觀點，需要試著接納被研究文化中成員共同分享的信念、態度和其他重要看法；(2) 客位觀點，指像局外人一樣維持自己的客觀性，提出被觀察的成員本身不會發現的問題。

- 田野日誌是實地研究的基礎，因為這是研究者用來記錄其觀察。日誌記錄應該要詳細但簡要，可能的話，應該要邊觀察邊記錄；不然，也要在之後儘快寫下筆記。

- 普遍來說，和調查及實驗相比，質性研究測量開發較深層意義但較缺乏信度；而且質性研究結果也不像依據嚴謹抽樣和標準化問卷調查的結果一樣可以通則化。

- 雖然本章普遍聚焦在質性研究方法的優點，但是前面大部分章節中都有討論量化研究的缺點，像是我們討論過量化測量工具的偏誤和其他言語缺陷、失去信度和效度的量化工具、回答率不足或偏誤抽樣步驟的調查無代表性、實施評估缺少內在效度，或使用偏誤測量程序等等。

- 認識論典範的多元性是伴隨著如何批判性地評估質性研究的嚴謹性。

- 當代實證典範強調對可信的量化研究的三種主要威脅：反應性、研究偏誤，與受試者偏誤。

- 六種評估質性研究嚴謹度的策略：(1) 長期參與；(2) 三角檢測；(3) 同儕討論與支持；(4) 不同個案分析；(5) 成員回饋與校正；(6) 審核。

- 社會建構典範認為，信賴度與提高嚴謹度是透過獲得多重主觀的實相，而非確認對一個客觀實相的描繪

——當代實證的客觀性。因此降低受試者偏誤的重要性不如去確認研究參與者的多重主觀實相已儘可能適當地顯示。

• 採行批判社會科學或參與式行動研究取向來進行研究，會將增權標準納入以批判性地評估質性研究。

實作練習

1. 回想某些你熟悉或參與過的團體或活動，用兩、三段話來描述一個局外人如何有效地對此團體或活動進行研究？他或她應該讀些什麼？應該進行何種接觸？

2. 針對下列每一種質性研究方法，分別設計一個可適用的社會工作研究問題：民族誌、個案研究、生命史、焦點團體。討論為什麼你認為每種方法都很適合用來研究所設計的特定問題。

3. 針對下列假設情境，寫下其研究結果信賴度的潛在威脅。和你的同學互相比較彼此的答案，並且討論差異。

  (1) 某研究者和 20 位最近有中斷治療的個案分別進行一次 15 分鐘的訪談，據此結論出個案貿然終止治療的主要原因。

  (2) 某位曾是暴力犯罪受害人的研究者，訪談這類受害者，以產生有關暴力犯罪受害人情緒衝擊的理論。

  (3) 某位年輕研究者使用參與觀察企圖理解為何年輕人會濫用藥物，藉由年輕人的眼睛看世界開始，並且只依據他們的觀點做出結論。

4. 可以使用何種策略來減緩上面第三題各種情境中你所指出來的威脅？討論每種策略的理由，和你的同學互相比較彼此的答案，並且討論差異。

網路練習

1. 請從 *Social Work* 期刊中，找出五篇內容關於辯論臨床社會工作實務和質性研究相互配合的長處的文章。Deborah K. Padgett 在 1998 年 7 月 發 表 的 "Does the Glove Really Fit? Qualitative Research and

Clinical Social Work Practice" 一文中激發出此辯論,接著在 1999 年 5 月刊出三篇回應 Padgett 的文章,以及 Padgett 回應的文章。簡短描述每篇文章的主要概念,並且討論你在這個辯論中的立場。

2. 請找出兩篇討論質性研究方法論議題的文章,寫下每篇文章的參考書目資料,並且指出其討論的方法論議題。

3. 請找出一至三篇闡明使用民族誌、紮根理論和參與式行動研究的文章。(每篇文章報告的研究要使用這些範例超過一種以上。)寫下每篇文章的參考書目資料,並且指出其方法論上的優缺點。

提醒事項

EP2.1.5b:主張人權、社會、經濟正義: 社會工作人員從事參與式行動研究或其他有增權標準的各種研究,將試圖增強研究參與者對社會與經濟不正義的覺醒意識,然後試圖去增權他們。

EP2.15c:從事增進社會經濟正義的實務: 社會工作人員從事參與式行動研究或其他有增權標準的各種研究,最終的研究目的在於促進社會經濟正義。

EP 2.16b:善用研究證據推行實務: 本章所有的概念為加強社會工作人員有能力使用研究證據來報告實務。

現存資料的分析：量化與質性方法

前言

　　不論研究使用的是質性或量化方法——或是兩者同時使用，我們已經指出採用直接觀察法或自述法蒐集資料的各種缺點。例如社會期望偏誤會影響人們的陳述內容，同樣地，介入式直接觀察會使人們的行為方式不同於他們未受觀察時的行為方式。此外，不論用什麼辦法，蒐集原始資料都是既花錢又耗時。

EP2.1.6b
EP2.1.10m

　　有另一個替代辦法可以避免前述問題，就是分析現存可用紀錄。就現存**可用紀錄資料**（available records）一詞而言，並不只是統計數據的彙編，儘管它們被當作是現存可用紀錄的基本範例。該名詞具有更廣泛的意涵，其可能的資料來源幾乎是無限的，例如機構的個案紀錄、實務工作者的工作日誌、報告、報紙或電視報導評論、委員會會議紀錄、機構備忘錄與年度報告、書籍或專業學術期刊、社會福利的法律觀點或有關的法規及行政命令。

　　使用現存可用紀錄的方法具有三項主要優點：非干擾、便利（該法比其他蒐集資料的方法省錢且省時），以及可以研究過去的現象。有鑑於這些優點，本章將檢視分析現存可用紀錄的三種方法：次級分析、內容分析與歷史分析。

次級分析

　　次級分析（secondary analysis）[1]的方法是由另一個人——通常是基於不同的目的——將某個人所蒐集到並處理過的資料再加以重新分析，它最常做的就是

1　**次級分析**　由另一個人——通常是基於不同的目的——將某個人所蒐集到並處理過的資料再加以重新分析。

重新分析大量調查的資料。隨著電腦分析技術的進步，現在的研究者彼此可以輕易地共享資料，也可以從私人及政府機構中取得資料，後者通常都會定期進行地區、州、全國或國際性的大型調查。舉例而言，假如你關心並想要研究社會工作教育中的潛在問題。你可能發現，在學校中女性教師往往位居低階職務，或者她們不可能擁有行政職位。你想要評估全國具有相同背景的婦女與男性，他們在如位階、學術責任、薪資及學術生產力等各方面上是否有所不同。

普查全國社會工作教師將是相當花錢又耗時，即使你得到資源進行該項調查，也必須擔心沒有回應（nonresponse）的潛在問題。有個替代辦法可以進行研究——這比進行調查要便宜許多。你去買一份有關以現存年份中社會工作教師們為母群體的所有資料的出版品，該出版品是由社會工作教育委員會（Council on Social Work Education）藉由每年統計調查所彙整出，它包含了你所要分析的資訊，且是以教師做為分析單位。

從 1960 年代開始，調查研究者就瞭解，保存調查資料以供那些與該調查設計及資料蒐集無關的學者從事分析，是具有其潛在價值。即便當某個研究者已經做完調查並分析過資料，那些相同的資料還是可以提供其他具有稍微不同興趣的研究者做進一步分析。因此，如果你對於政治觀點與性別平等之態度兩者間的關係感興趣，你可以透過分析那些正好包含與這兩個變項有關問題的任何一套資料，以檢視研究問題。

有一種資料庫的類型是對同一個母群體的不同樣本進行持續性時間序列調查，這種資料類型目前最著名的範例是「總體社會調查」（General Social Survey, GSS）。位於芝加哥大學的聯邦政府委員會「全國民意研究中心」（National Opinion Research Center, NORC）每一年或每兩年都會進行一項重大的全國調查，蒐集大量有關社會科學變數的資料。進行這些精確的調查，是為了讓學者得以廉價或免費取得資料。你可以到 http://www.norc.org/projects/General+Social+Survey. htm 獲取更多關於 GSS 的訊息。另一類型的資料庫包含全部母群體的全國人口普查資料，經由橫斷式與縱貫式調查所蒐集的資料，包含了兩種額外類型的資料庫，有些資料庫包含了上述一種以上的資料類型。

還有許多其他的資源可以供次級分析使用的調查資料，「全國受虐及疏忽兒童資料檔案庫」（National Data Archive on Child Abuse and Neglect）（http://www.ndacan.cornell.edu）擁有關於虐待與疏忽兒童的資料。另一個有關兒童福

利的資料來源是「安尼凱瑟基金會」（Annie E. Casey Foundation）（http://www.
aecf.org），它擁有稱之為"Kids Count"的資料，其中包含與兒童福利有關的變
數。「國家刑事司法資料檔案局」（National Archive of Criminal Justice Data）
（http://www.icpsr.umich.edu/icprweb/NACJD/）擁有一套來自國內暴力研究計畫
的資料。

　　Esther Sales、Sara Lichtenwalter 和 Antonio Fevola 等人（2006）建議一些其
他的資料來源，他們提到的最大資料庫是密西根大學（University of Michigan）
內的「政治與社會研究的大學校際聯盟」（Inter-University Consortium for
Political and Social Research, ICPSR）。它可提供全球的會員機構工作之研究者
使用。其資料庫可透過 http://www.icpsr.umich.edu/ 連結，包含與社會工作相關的
老年、濫用藥物、心理衛生、司法正義、健康與醫療照顧、教育等資料。Sales
等人提到的另一個有用的資料是「社會計量社會科學電子資料圖書館」（The
Sociometrics Social Science Electronic Data Library）（http://www.socio.com/ssedl.
htm）該資料庫包含超過 200 個社會工作相關主題的研究。針對提供大量社會
科學資料連結的網站，Sales 等人推薦「加州大學聖地牙哥社會科學資料網」
（University of California San Diego Social Science Data on the Net）（http://3stages.
org/idata/）。

　　資料也可來自行政和公共紀錄的**現存統計資料**（existing statistics），這類資
料通常在機構記錄集合體的型式。假設你想要評估一個新的全州預防兒童受虐方
案的效果，你可以檢視州的人群服務機構所蒐集的既有統計，看該方案實施之
後，每年因虐待而被帶離家庭的兒童的比率是否有變動。

　　當資料屬於集合體的型式，則其僅能適用於聚合對象的統計型式分析，例如
不同地理區域的預防兒童虐待、不同機構所提供的不同類型的服務比例等等。聚
合資料不能用來分析個人的特徵。因此，假設某一年中有 1,000 個兒童被移出家
庭，此資料庫無法提供這 1,000 個兒童的特徵。它可能告訴你有多少男孩、女孩，
以及有多少比例是不同族群背景的兒童，但它不會根據族群或其他特質一一列出
每位兒童。換言之，它提供每一個變項的整體數量，而非每一變項提供 1,000 份
顯示每一個兒童的屬性資料。

　　各級政府都有提供許多現存統計來源，要瞭解有哪些資料可用，可到圖書館
的政府出版品處，花幾個鐘頭瀏覽一下書架上的資料。也可以到美國政府出版品

的網站（http://www.access.gpo.gov/），許多資料是由非政府機構提供，如「美國兒童福利聯盟」（Child Welfare League of America）、「美國福利研究與統計協會」（National Association for Welfare Research and Statistics）等。世界性統計可透過聯合國取得，其所出版的《人口統計年鑑》（*Demographic Yearbook*）呈現世界各國年度的生命統計（出生、死亡與其他人口相關統計）。

▶▶▶ 次級分析的優點

次級分析的優點是顯而易見的——它比原始調查或多數其他各種研究類型要來得更快、更便宜。同時，此一途徑由於可節省成本，因此可讓你進行非常大樣本的研究——比你在一般經費水準下可研究的樣本大得多。

再有的優點是，研究者可能從第一流專業人員的原始調查成果中有所獲益。此外，此資料庫是由獲得充足的聯邦研究經費的研究產生，因此具有嚴謹的抽樣過程並有較高的完訪率。

資金充足的大規模調查通常更可以檢視多數社會工作研究無法達到的大數量原始變項，因此次級資料具有聚集大量變項資訊的優勢。除了可單獨檢視許多變項之外，樣本數大也能夠採用精確的多變項統計技術來同時分析多個變項的關係，因此在控制變項的情況下，可以具有相對的解釋能力。

從事次級資料分析的另一個優點是資金充足的研究，除了其樣本的規模和代表性之外，通常它在方法論上比較有力。例如，為了獲得大規模研究的經費，研究計畫必須反映高度控制的設計與有力的測量程序。不論你對本書所討論的設計和測量的概念瞭解多深入，你很難獲得一個讓你能進行夠嚴謹的研究所需要的資金水準。

Sales 和她的同事（2006）也指出一些次級分析的優點。如果你有興趣去研究一個難以找到的母群體，如同性的收養雙親，使用一個資金充足的研究所蒐集的、樣本大到包含各種母群體的完整類別資料庫，可能比你自己嘗試去從這些類別身上蒐集原始資料還要行得通。如果你要研究跨時間的趨勢，使用縱貫性的資料庫可以節省你花好幾年去蒐集原始資料的功夫。Sales 等人提到的其他優點，包括避免資料蒐集程序的倫理考量、可進行跨國的社會問題比較、研究者可獲得政府機構的技術協助，進行其資料分析等等。

▶▶▶ 次級分析的限制

次級分析也有一些限制，假如你的研究（或實務）是在分析現存統計數據，那麼你就不應該只是因為統計數據是「官方的」（official），或是因為該數據是由某個有聲望的機構所出版，就假定沒有問題。例如，資料可能在他們公布之前就已經過時了。我們現在就從資料遺漏、分析單位、效度與信度等角度，看看該方法所引起的問題。最後，我們將藉由列舉一些有用的現存統計數據來源做為總結。

資料遺漏

只要你將研究立基於分析現存的資料，不論該資料是否經由調查或是其他方法所蒐集而來，你將明顯地受限於存在的資料。在投注大量時間計劃使用現存資料研究前，你應該要查核資料的來源，確認你所需要的資料是否存在。假如存在，那麼你就應該要檢查該資料中有關本研究所需的關鍵變項資料是否有許多遺漏值。舉例而言，假如你在進行一個全國現存資料來研究有關美國退休人口的族裔背景及貧窮狀況；但資料庫中卻少了某些特定州郡的資料（例如佛羅里達及亞歷桑納州）——它們有較富裕的白種退休者人數相對較多，或者資料中少了族裔背景的紀錄，那麼研究結果可能就會非常不精確。

有時候可能是變數有資料，但資料卻不存在變異，那麼就變數的意義而言，該資料就算是遺漏。你可以回憶我們較早之前對於變數所做的討論：為了要成為一個變數，概念必須有**變異**（vary）。假定你想要評估遊戲治療的介入服務對於6歲受創兒童的效果，而你所採用的方法是，使用學校的成績紀錄檢視該治療服務對於案主一年級成績的影響。首先，你應該查核學校紀錄，看看該年級的成績是否存在充分的變異。假定實際上，為了避免打擊或是降低學生的自尊，一年級的教師都給每位學生 A。如果是如此情況，那麼在紀錄中做為變數的成績將算是分析資料中的遺漏值，因為它們沒有足夠的變異用來分析比較差異。

效度問題

你要分析某個機構蒐集的現存資料，而他們對於變數的界定方式，卻不符合你對那些變項的定義，此時就會遇到效度問題。舉例而言，假定州立福利機構

——可能在尋求展現其近來的福利改革政策，成功地促使福利接受者返回工作——把參加政府職訓計畫視為就業。然而，假定你質疑這樣的訓練要多久才能使受僱者獲得真正的支薪工作，在你關於就業的定義裡便不會想將這樣的訓練算入其中。也許政府資料不會去區分兼職與全職的就業型態，但在你的定義中，「成功促使福利接受者返回工作」則被界定為「得到一份薪資相當於或超過福利給付的全職工作」。假如你必須依賴政府現存統計資料從事研究，那麼就會有嚴重的效度問題。

當既有統計資料所處理的是通常不會被加以報告的現象，且數據本身只包含那些已被報告的事件時，就會出現另一種效度問題。現存的統計數據可能會低估曾受到配偶或伴侶身體暴力相向的人數，或是低估曾遭受約會強暴的女學生數目，因為許多這樣的事件未被通報。假如統計數據只包括涉及提出刑事控告的事件，而未包括那些未報案、以及那些已報案但卻未進入刑事控告的事件時，那麼問題實際發生的情況可能會被嚴重地低估。

不當的資料蒐集方法也會導致效度問題，例如調查的訪員可以捏造資料以便避開危險的地區。同樣地，從事直接服務的實務工作者厭惡花那麼多時間填寫有關個案的表格，而故意疏忽和草率地提供資料。

信度問題

現存統計資料的分析主要是取決於統計數據本身的品質：他們是很精確地記錄他們所宣稱要記錄的事物嗎？那會是一個重要的問題，因為政府統計數據中的加權列表有時候是很不精確的。

因為許多有關犯罪的研究都要依賴官方犯罪統計數據，所以這部分的資料已經受到批判性的評估，但結果卻相當令人沮喪。為了說明，我們假定你對追蹤在美國使用大麻的長期趨勢感興趣。官方針對販售或持有大麻而被逮捕的人數所做的統計，似乎是對大麻使用的合理測量。對嗎？不見得。

首先你就面臨一個重大的效度問題，在 1937 年大麻稅法案通過之前，持有大麻在美國是合法的，所以逮捕紀錄並不是一個有效的測量變項。即使你將研究限制在 1937 年之後，你仍然有信度的問題，該問題是來自於執法與犯罪紀錄保存的性質。

舉例而言，法律的執行受制於各種壓力，犯罪紀錄或升或降則取決於維持警

力預算的增加或減少。民眾對於大麻的抗議或許是由某個積極表達意見的公民團體所領導的抗議，可以造成警察「取締販毒」——特別是在選舉年或預算年期間。新聞媒體上一篇煽情的報導也會有類似的效果。除此之外，警察所面臨其他事務的分量也會影響有關大麻的逮捕。

在許多社會工作研究者感興趣之變項其現存統計數據中，也會出現許多類似的信度問題，這些研究者所做的定義或保存紀錄的方法，都會隨時間而有所改變。以受虐兒童為例，有些體罰的方法在數十年前尚為人所接受，但到了現在則被視為是虐待兒童。

覺察（awareness）是分析既存統計數據時，用以防範效度與信度問題的第一道保護——也就是認識到可能存在的問題。探究資料蒐集與製表的性質可以幫助你評估這些問題的屬性與程度，以便於你判斷它們對於你研究旨趣的潛在影響，複製也可以幫忙減輕問題。

儘管有上述缺點，分析現存統計資料通常比蒐集原始資料更節省經費和時間，也經常可以獲得對政策和實務有價值的發現。標題為「以現存統計資料分析社會福利政策的例子說明」的專欄有一份研究，說明分析現存統計數據在社會工作實務中的應用性，並且解說使用該方法上的某些問題。現在你已瞭解次級分析的優點與限制，我們接著來檢視另一個分析現存資料的方法，將焦點放在比較屬於質性的資料上。

以現存統計資料分析社會福利政策的例子說明

Claudia Coulton、Shanta Pandey 和 Julia Chow（1990）注意到 1980 年美國經濟壓力情形，貧窮人民大都居住在較惡化的環境，遠離可以獲得經濟機會的都市中心社區，社會及物質環境都較差，漸漸地，貧窮人民益形聚集一起。為了深入瞭解這些現象，她們只好將研究限制於俄亥俄州（Ohio）的克利夫蘭（Cleveland）都市地區。她們認為這樣的決定可以將發現限制在一定的範圍內，但也容許別人在別的城市做同樣的研究，看看是否有相同的模式。

她們以 1980 年代貧窮比率急速上升做為研究開端，慢慢地，貧窮變成地區集中的狀況，造成貧窮人民要在附近地區找到工作也頗為困難。有能力搬離郊區較近的工人們，便會被吸引如此做，如此貧窮將被集中於市中心附近，且他們留下來的人機會也減少了，他們之所以留下來是為了找離家較近（走路就可到達）工作。因此生活環境、社會環境愈來愈差，社會問題也就產生，尤其

是青少年問題明顯增加,如青少年犯罪、未成年未婚懷孕、逃學等。

她們對克利夫蘭的現存統計資料做分析,而資料來自於:凱西衛斯特大學(Case Western Reserve University)的區域經濟議題中心;俄亥俄州健康部(Ohio Department of Health)的出生率及死亡率、不足重嬰兒比率、嬰兒死亡率、未婚生嬰兒比率;聯邦調查局(Federal Bureau of Investigation)的犯罪率資料;Cuyahoga 郡少年法庭的青少年犯罪率資料;克利夫蘭警政部(Cleveland Police Department)的藥物濫用查獲比率,克里夫蘭州立大學住屋政策研究計畫的房價資料等。

她們這份既有統計顯示,1988 年克利夫蘭地區貧窮人民居住一起的比率為 50%,同樣的情形,1970 年只有 21%。所以貧窮人民比較不願意跟非貧窮人民在一起,漸漸與正常社會脫節。更多統計顯示貧窮人民自己集中在貧窮地區,衍生社會及物質問題益加惡化,特別是那些住在「新興貧窮區」(emerging poverty areas)的人。這些地區在 1980 年代早期流失了許多藍領工人,結果在 1980 年代之後就成為貧窮區。由於注意到社會工作實務「人在環境中」(the person-in-environment)架構的重要性,以及居住在高度貧困區之孩童容易受傷的特性,所以 Coulton 及其同事建議社會工作人員考慮環境層次的介入服務:

> 社會工作人員需要實務模式,將他們提供服務的傳統方法與下面兩項事務結合起來:都市窮困部分的經濟再發展,以及重建市中心居民與遠距、郊區工作地點之間連結的機制。阻礙這些連結的障礙都是地理性的,但也牽涉社會網絡、資訊管道及心理距離。當貧窮地區因為經濟社會衰退,而日漸成為不利的環境時,就需要計畫與介入服務,這些事物可以阻止他們日漸孤立於主流社會之外。(1990, p. 15)

內容分析

所有現存可用的紀錄並非都是別人所蒐集的統計資料,例如,另外的型式可能包含書籍、期刊或雜誌、報紙、電視節目或廣告、機構報告、從事直接服務之實務工作者在他們個案紀錄中所作的日誌等等。一般來說,從這些來源所取得的資料在屬性上都是質性資料,分析這種資料的方法被稱之為**內容分析**(content analysis)。

內容分析可以是量化或質性技術,做為質性技術時,它就是一種要從傳遞訊

息中找出模式與意義的方法；做為量化技術時，它就涉及將質性資料轉化為量化資料的方法。舉例而言，它可能牽涉企圖假設計算某類社會工作教師群或學校的社會工作課程大綱中，出現幾次與少數族群有關的字彙，以觀察他們是否比其他人更關注少數族群。或者，它可能會將社區組織會議紀錄中各類議題被提及的次數製成數據表，紀錄中所反映的公民參與量，與某類議題在紀錄中出現的頻率有關嗎？

　　企圖藉由計算某些詞彙在質性資料中出現的次數，以辨認出主題與意義的做法，可能也容易產生誤解。例如，思考一下我們所虛構的研究摘要：

> 　　我們回顧了某些社會服務機構效能的評估研究，宣稱他們提供的服務計畫，特別強調具有瞭解少數族裔案主的文化能力。大部分的計畫被設計為具備理解非裔美國人或西班牙裔美國人的文化能力，其他的則是針對亞裔美國人或印第安人。然而，相較於那些未宣稱是專為特定少數族裔案主設計的計畫，所有這些具備文化能力的計畫並沒有得出較好的結果。事實上，某些所謂具有文化能力的計畫，其結果甚至更糟。所以我們找不到證據支持以下看法：具有文化能力的介入服務，比主流的介入服務要來得更有效。但我們卻找到某些證據證明，具備文化能力的介入服務可能比較沒有效，因此我們建議在社會工作人員的訓練中，不要強調文化能力。

　　有一項純量化的內容分析，評估作者的某類特質或某類期刊，是否比其他人更可能支持理解少數族群的文化能力。假設我們決定以計算他們提到像是文化能力、具備文化能力、少數族裔、非裔美國人、西班牙裔美國人、亞裔美國人或是印第安人等字詞的次數，做為一種量化他們對於強調瞭解少數族裔文化能力所投注的承諾。在以上虛構的摘要中，這些語詞出現了 13 次，每個語詞包含了 2 個字，因此 13 個語詞包含了 26 個字。因為在以上虛構的摘要中總共有 130 個字，而這 26 個字占該摘要字數的 1/5（20%）。這夠多了，但在對該篇摘要的整體意義做出質性詮釋時，卻清楚地得出以下結論：它「不」支持在社會工作教育或實務中提倡文化能力。事實上，它呈現了相反的觀點。

　　內容分析研究在直接的社會工作實用性極高。例如，Marsden（1971）的論

文回顧這些研究是採用內容分析去辨識在「實務工作者─案主」關係中的核心元素，例如實務工作者的同理心、溫情及真誠。在這些研究中，於療程裡所做的書面摘要或錄音紀錄，都是根據所觀察到的核心關係情況程度加以估計。研究結果顯示，這三項條件愈是存在，臨床過程與結果就愈好。

某些議題比較適合採用內容分析法處理，假設你對電視上如何描述精神疾病患者感到有興趣。而「全國精神疾病聯盟」（National Alliance Mentally Ill）計畫發起一項運動，教育大眾有關精神疾病的性質、減輕對精神疾病的恐懼、消除關於它們的刻版印象。假定該運動的某個面向將針對電視媒體，尋求使其減少將精神病患者描述為暴力且危險人物的程度。我們再進一步假定你在尋求評估該運動對電視節目內容編排的影響，而且你將採取時間序列設計，以評估該運動看是否能減少精神疾病患者被描述為危險或暴力人物的程度，那麼內容分析就是時間序列研究中最好的觀察方式。

簡述你所要做的事情，首先，你將發展出依變數的操作性定義：精神病患者被描述為暴力或危險人物的程度。本章之後有關編碼的那個小節，將幫助你處理這件事。其次，你必須決定要觀察的內容，你可能要決定：(1) 要收看哪些電視台；(2) 收看的天數或時期，以及 (3) 收看的時段。然後你要準備一些點心，開始觀看、分類及記錄。一旦完成觀察，你就要分析所蒐集到的資料，決定是否精神病患在運動之後比在活動之前較少被描述為暴力人物。

內容分析特別適用於傳播研究，並且適合回答傳播研究的典型問題：「誰說了什麼、對誰說、為什麼、如何說，以及產生什麼樣的影響？」做為一種觀察方式，內容分析法要求仔細處理所說的**內容**（what）、分析該觀察方式所蒐集到的資料，就像分析以其他方法所蒐集到的資料，處理說的**理由**（why）以及**說之後的效果**（with what effect）。

▶▶▶ 內容分析的抽樣

傳播研究就如研究人類行為一樣，不可能觀察所有你感到興趣的事物。以探討電視描述精神病患者的研究為例，我們會建議不要試圖觀看所有電視內容。但不可能做到這點，而且在你接近有所發現之前，你的腦袋可能就短路了，通常抽樣才是合適的辦法。

內容分析的抽樣涉及某些決定，再以電視描述精神病患者之研究為例，你需

先建立抽樣母群體的範圍。在這個例子中包括了你將要觀看的電視頻道、觀看的時段是哪幾天哪幾個小時，以及你想觀察並編碼的節目。

現在你已經準備要進行抽樣設計。就實際操作而言，假如有助理的話——你們每一個人可以在相同的時期內觀看不同的電視頻道，那麼你就不需要對電視台進行抽樣。假定你是一人進行研究，你的抽樣架構——所選擇觀看之樣本的出處——看起來可能就像以下這樣：

- 1 月 7 號，第 2 頻道，晚上 7-9 點。
- 1 月 7 號，第 4 頻道，晚上 7-9 點。
- 1 月 7 號，第 9 頻道，晚上 7-9 點。
- 1 月 7 號，第 2 頻道，晚上 9-11 點。
- 1 月 7 號，第 4 頻道，晚上 9-11 點。
- 1 月 7 號，第 9 頻道，晚上 9-11 點。
- 1 月 8 號，第 2 頻道，晚上 7-9 點。
- 1 月 8 號，第 4 頻道，晚上 7-9 點。
- 1 月 8 號，第 9 頻道，晚上 7-9 點。
- 1 月 8 號，第 2 頻道，晚上 9-11 點。
- 1 月 8 號，第 4 頻道，晚上 9-11 點。
- 1 月 8 號，第 9 頻道，晚上 9-11 點。
- 1 月 9 號，第 2 頻道，晚上 7-9 點。
- 1 月 9 號，第 4 頻道，晚上 7-9 點。
- 以此類推。

上述的抽樣必須考量以下幾項相關決定。首先，我們已經假定第 2、4、9 頻道是適合你研究的頻道。而你發現晚間 7-11 點的黃金時間是最相關的時段，並且假定以兩個小時為觀看單位。我們隨意挑出 1 月 7 號做為開始的日期。當然，所有這些決定都立基於最適合你研究的特定目的而慎重考量的。

第十章所討論過各項抽樣技術都可以運用到內容分析上，我們可以對機構的備忘錄、政府通過有關精神病患者權利的法律、社區組織會議的紀錄，進行隨機或系統性抽樣。我們可以把社會工作研究所所有的課程大綱加以編號，然後選擇

25 的隨機樣本。

　　分層抽樣（stratified sampling）也適用於內容分析，舉例而言，為了分析美國報紙的編輯政策，我們可以先按照區域、發行社區的大小、發行的頻率或是平均發行量，加以分組。然後我們就可以對要分析的報紙進行隨機或系統性分層抽樣。完成這道程序後，我們可以從所選出的報紙裡，就社論的部分進行抽樣，樣本可能是按照時間順序加以分層的抽樣基準。

　　群聚抽樣（cluster sampling）同樣適用於內容分析，在上面的例子中，如果社論是分析單位，在第一階段的抽樣中所選出的報紙，就是群聚樣本。在分析政治演說中，我們可以從挑選政治人物開始，每個政治人物代表一個政治演講的群聚（cluster）；前面有關電視描述精神病患者的研究是另一個採用群聚抽樣的例子。

▶▶▶ 內容分析的編碼

　　內容分析本質上就是一個編碼的工作，將傳播通訊（communications）——口語、書面或其他形式——按照某種概念架構加以編碼。例如，報紙社論可以編碼為自由派或保守派；廣播電臺可以編碼為宣傳性與非宣傳性；小說可編碼為支持社會福利或不支持；政治演說可以編碼為他們是否指責福利接受者或街友的品行。基於這些語詞會受限於許多詮釋，所以研究者必須清楚地界定。

▶▶▶ 顯性與隱性內容

　　之前關於質性研究的討論中，我們發現研究者必須在理解的深度與明確性之間做出選擇，通常這是代表效度與信度的抉擇。質性研究者一般是選擇深度，他們偏好將廣泛的觀察與大量資訊當作判斷的基礎，即便其間存在著風險，另一個觀察者可能會對情況做出不同的判斷。但調查研究——透過使用標準化的問卷——則是另一種極端的設計：完全的明確性，即便變數的明確測量可能無法完全有效地反映那些變數。而內容分析法則提供了另一種選擇。

　　在傳播通訊編碼的**顯性內容**（manifest content）[2]——顯而易見的、表面的

2　顯性內容　一種顯而易見的、表面的內容，客觀地認定傳播通訊的特質，如在書籍中的特定字詞、繪畫中用的特定顏色等等。

內容——時，比較會採用標準問卷。舉例而言，為了確定某些書籍的性別歧視程度，你只須計算在談及一般被視為具有聲望之角色時，使用了幾次男性的代名詞（例如將某個醫生的角色指稱為「他的」角色）；或者，計算每一頁出現這種用法的平均次數。這種完全量化的編碼方法，具有簡易和信度的優點。可以讓研究報告的讀者清楚地知道性別歧視語言的測量方式。但這一種方法的缺點在於效度不足，例如**性別歧視書籍**（*sexist* book）一詞比起使用男性代名詞的次數，當然傳達了更豐富與更深刻的意義。

另外，你可以採取比較質性的方式，將傳播通訊的**隱性內容**（latent content）[3] 加以編碼：也就是傳播事物的隱藏意義。就上述例子，你可以閱讀一整本，挑出幾段或幾頁文字來讀，然後對於該書之性別歧視程度進行整體的評估。雖然你的整體評估，可能會因為男性代名詞沒有適度地出現而受到很大的影響，但此一評估卻非全然取決於這些字詞出現的頻率。

顯然，這個質性方法在設計上似乎較能用來推敲傳播通訊的隱藏意義，但此一優點卻必須付出信度與明確性的代價。所使用的定義或標準多少可能會有所不同，特別是，如果小說的編碼者不只一人的話。某個編碼者可能會將其中一節文字——可能將男生描述成英雄，將女子描述為獲救者——可能被看成帶有性別歧視，而另一個編碼者卻不認為。即便是由你自己進行所有的編碼工作，也不能保證你的定義與標準始終如一。再者，一般來說，研究報告的讀者一般也無法確定你所使用的編碼定義。

如果可能，同時採用這**兩種**方法是解決此一兩難的最好辦法。對於一個特定的觀察單位，透過這兩種方法應該能夠獲得相同的特徵，以達到顯性與隱性內容編碼的合理效度與信度。如果這兩種方法所達成的一致性相當高，雖然該概念不完全契合，最後的分數還是可以反映這兩個獨立方法的得分。另一方面，如果顯性與隱性內容的編碼出現嚴重的不一致性，建議你重新考慮理論概念化的歷程。

▶▶▶ 質性內容分析

並非所有內容分析的結果都是計數的，有時對資料進行質性評估反而是最合適的做法。Bruce Berg（1998, pp. 123-125）討論「檢測負面個案」（negative

---

3　隱性內容　傳播通訊加以編碼，也就是傳播通訊的隱藏意義。

case testing）做為質性假設的檢定技術。首先，在紮根理論的傳統中，初步檢視那些可以產生一般性假設的資料，我們這麼說，你正在藉由回顧會議紀錄，查看是誰所提的議案能隨後就被通過，以檢視新社區協會的領導權。而你最初對於資料所做的檢視指出，愈富有的成員愈有可能擔任領導角色。

第二階段的工作是搜尋你的資料，以發現所有與原先假設不符的個案。在這個例子中，你要去找出所提的議案被通過的貧窮成員，以及所提的議案從未被通過的富有成員。第三，你必須審視每個否證的案例，接下來，若不是放棄假設，就是看它需要如何微調。

我們假定在你分析否證案例時，你注意到那些不富裕的成員們每個人都擁有大學學位，而那些富裕的成員們接受的正式教育的非常少，你可以修正你的假設，將教育與財富視為取得協會領導權的途徑。或許你會發現，領導權具有某種門檻限制（白領階級工作、收入高低、大學教育），而其中擁有最多財富、教育程度或兩者皆有的人，就是最活躍的領導者特質。

這個過程便是被 Barney Glaser 與 Anselm Strauss（1967）稱為「分析歸納法」（analytic induction）的範例。在性質上屬於歸納性質，肇始於觀察；它之所以是分析的，是在於它描述各種變數間關係的發現。

就像其他所有的分析形式，這種分析形式當然有風險，主要是對所獲得的觀察進行錯誤的分類，支持了發展出來的假設。舉例而言，你可能論斷說每個領導者都是大學畢業，或者你可能會判定工廠領班的工作「類似到足以」（close enough）視為白領階級工作。

Berg（1998, p. 124）提供用以避免這些錯誤的技術：

1. 如果有充分的個案，就從每個類別（category）中隨機抽取一些個案，以避免只挑選那些最能支持假設的個案。

2. 研究者所做的任一主張都至少要有三個案例的支持。

3. 將你所做的分析性詮釋，交給未涉入研究計畫的其他人仔細審查，看看他們是否同意你的詮釋。

4. 對於所發現的任何不一致，不符合你假設的個案，你要瞭解很少有社會型態是百分百一致的，所以你有可能會發現某些重要的事物，即便它不能絕對地應用到所有的社會生活中，然而，你也應該向你的讀者誠實以對。

▶▶▶ 社會工作研究中質性內容分析的解說

　　一個社會工作研究中採用質性內容分析的範例是，Ruth McRoy 與其同事（1990）所做關於揭露收養事實的報告。研究者認為，被收養的小孩在接受精神治療的頻率相對較高時，可能顯示小孩他們被收養的過程中出現了問題。他們決定探討這項議題，打算從那些向小孩透露收養事實出現問題及未出現問題的案例中，找尋某種型態。他們非機率抽樣的樣本（易獲取性之樣本）是由 50 戶收養家庭所構成，這些家庭所收養的小孩都是來自於住宿型的照護機構，而且這些小孩在兩歲之前就被收養了。

　　該研究針對每個家庭的父母、被收養孩童以及個案工作人員，進行密集的開放式訪談。訪談以錄音並逐字謄寫，接著就對錄音帶資料進行內容分析。就像許多質性研究報告，這篇報告並不會提供太多關於方法論程序的細節——這些細節能夠使讀者評估研究結論的效度。如同我們在第十四章所討論的，質性研究取向避開結構主張更具彈性取向，以允許它深入地探查主觀意義——通常探查（probes）是尋求產生新的洞察，多過於尋求檢測假設。

　　McRoy 與她的同事主要是以文本引述的形式，將她們對訪談資料所做的內容分析結果呈現出來，她們將這些引文併入所構成的案例說明中。舉例而言，在某個案例說明中，有位女孩一直到 10 歲時，她的父母才告訴她收養的事實。引文顯示，她拒絕相信這項事實，並在揭露後受到創傷。在其他兩個案例說明中，男孩們是在 5 歲時得知被收養的事實，他們出現了憤怒與不信任的反應。

　　這些案例的說明似貫穿一個主題，就是協助收養家庭的社會工作人員需要處理關於何時、由誰，以及如何告訴小孩他們是被收養等問題，社會工作人員需要鼓勵養父母做為最早告知小孩收養事實的人。

　　另一個反覆出現的主題則是父母與小孩需要就收養一事不斷進行溝通，以及對於小孩不斷質問他們的背景與他們為何被棄置而收養，需要表達同理與瞭解。此一結論的證據是用數段引文加以呈現，說明如何得知收養事實的方式似乎在某些家庭會引發問題，在其他家庭中則不會。在某段引文中，有個女兒描述當她在 10 歲時發現收養的真正意義時，開始變得違逆其父母。她認為她的父母似乎難以與她討論收養的問題，以及他們在有關收養一事始終未能誠實地面對她時，問題就變得更加嚴重了。另外的引文則是取自具有較佳溝通的案例，其中的小孩們

對於收養一事的不愉快比較少。

這項針對質性內容分析的解說，應該可以更清楚地認識這項方法的程序、潛在特色。最後，我們就以概述其特有的優缺點結束內容分析法的討論。

▶▶▶ 內容分析的優缺點

內容分析法最大的優點或許就是省錢、省時。舉例而言，一位大學生能夠進行內容分析，但卻可能無法從事調查。該方法不需要一大群研究人員，不需要特殊裝備，只要你能取得資料加以編碼，你就可以進行內容分析。

內容分析法的另一個優點是容易修正錯誤。假如你發現自己搞砸了一項調查計畫，你可能被迫重做整個研究計畫，並且賠上所有參與者的時間與金錢。如果你搞砸的是質性觀察的田野研究，就不可能重做該項計畫，因為所研究的事件可能不復存在。在內容分析中，要重做一部分的研究，通常要比其他研究方法更容易。你只需要將資料的某個部分重新編碼即可，而不用重做整個研究。

還有一點也很重要，內容分析很適合研究過程歷時長久的事件。舉例而言，你可以聚焦於 1850-1860 年美國小說中非裔美國人的意象，或者你可以檢視該意象從 1850 年至今的轉變。

最後，內容分析還具有**非干擾**（unobtrusive）的優點，也就是說，內容分析極少影響被研究的主體。因為書籍已經出版，個案紀錄已經做好，演講也已經發表過了，所以內容分析不會對它們造成影響，並非所有研究方法都具有這項優點。

但內容分析也有缺點，這個研究法的資料只限於已**被紀錄**（recorded）的傳播媒體資料。這樣的資料大多以口頭的、書面的或圖像的形式出現，但它們一定要以某種形式的編碼方式才能進行分析。

正如我們所見，就效度與信度來看，內容分析既有優點也有缺點。以效度來說，除非你正好是在研究傳播過程本身，否則可能就會出現效度問題。例如，在社會工作文獻中，個案管理（case management）被提的次數增加，就必然意味著目前的社會工作人員比較可能提供個案管理的工作嗎？或許唯一改變的事情，不過是那些用以描述相同形式實務的標籤——例如，個案管理可能已經成為指稱舊有相同實務的流行用語。

雖然效度是內容分析常見的問題，但信度卻是內容分析法的優點，因其以量

化方式研究資料所具有的固定性卻增加了信度。如果你願意的話，你可以一直編碼、再編碼，確定所做的編碼是前後一致的。相較之下，在其他形式的量化與質性研究中，你可能無法在事後採取任何行動，以確保所做的觀察與歸類具有較高的信度。接著我們就要從內容分析轉向另一個與其相關的研究方法：歷史分析。

歷史分析

　　歷史分析與內容分析以及其他形式的質性研究之間有些許相似，雖然它會涉及某些量化方法，例如時間序列分析及其他形式的長期追蹤研究，但它常被視為一種質性研究方法，研究者企圖掌控許多研究的細節，歷史紀錄是其觀察與分析的主要資料來源。雖然歷史研究可能應用內容分析法，卻不侷限於傳播媒體資料。

　　在社會工作文獻中可以找到不少歷史資料，其中社會工作先進的傳記就占了很大一部分，另一部分則是追蹤社會福利政策與計畫發展的個案研究。至於那些在尋找重複出現之模式——這些東西既有助於解釋過去，而且也蘊含可能對現在有所助益的教訓——的研究，比較不常見，但或許比較可以使人知道現今的實務的意涵。

　　在晚近的歷史比較研究類型中，Morrissey 與 Goldman（1984）的研究提供極佳的範例，他們檢視照顧慢性精神病患者的改革循環歷程。他們看到了二十世紀後期的去機構化運動，與 Dorothea Dix 在十九世紀中葉改革運動——該運動主張興建公立醫院，以收留庇護那些因病情嚴重而為社區所摒棄的精神病患運動——兩者是相類似的。後者的改革是意圖藉由將處所從社區轉移到醫院，使得照顧更合乎人道。在二十世紀去機構化年代中的改革，則是藉由將處所從醫院轉移到社區，讓照顧更合乎人道。但今天我們卻聽到無數精神病患者或是無家可歸、或是身陷牢獄、或是居於髒亂之中——很多情況都與 1800 年代促使 Dix 所推動改革的背景一樣。

　　Morrissey 與 Goldman 指出這兩次改革皆失敗的共同理由：兩項改革都只是轉變照顧場所，但卻沒有獲得足夠的公共財政支持，以確保新的照顧處所最終能比舊有的更加合乎人道。在少了充足資金挹注的情況下，Dix 預定收留精神病患者的庇護所常常變得過度擁擠、不合乎人道，且髒亂不堪。其中那些無法負擔昂

貴費用的病患，可能被閒置後就被遺忘。沒有足夠的財源，二十世紀去機構化運動的崇高目標使得精神病患返回社區後，結果和住在公立醫院一樣糟糕。

　　從這個研究可以學到一件事：如果我們要確保長期精神病患者獲得更合乎人道的照顧，我們就不能只是將有關照顧處所選擇的理想概念化，真正的議題是說服公眾撥出足夠的經費資助那樣的照顧。少了後者，我們所做的努力，可能就注定重蹈先前改革失敗的覆轍。

▶▶▶ **歷史資料的來源**

　　如同現存統計資料的情況，歷史研究中可供分析的資料也是無止盡的。首先，對於任何你想檢視的資料，史學家可能已經做好了報告，而他們的分析可以讓你對於該主題具有基本的認識，做為進行更深入研究的起點。最後，你通常會想要超越他們的結論，而檢視「原始資料」（raw data）並導出你自己的結論。當然，這些資料來源會根據所要研究的議題而有所變化。舉例而言，原始資料可能包括舊有的書信或日記、訓示或演講等等。

　　在討論研究家庭生活史的程序上，Ellen Rothman（1981）提出以下的資料來源：

> 除了私人資料外，公共紀錄也可以揭示家庭歷史。在有關從前家庭生活的教育、法律及娛樂面向上，報紙提供了特別豐富的證據及本土觀點，雜誌則更反映家庭生活的一般型態；學生們通常會發現他們有興趣探討有關主流家庭價值之認知與預期的資料。雜誌一次就提供了數種不同的資料來源：視覺資料（插圖與廣告）、評論資料（社論、建議專欄）及小說。在流行雜誌中，後兩者則特別豐富。從十九世紀早期至今，針對家庭眾多問題——從管教小孩的妙方到壁紙的節省——所做的建議，充斥於雜誌的專欄，那些提出常見經驗與家庭生活之認知的故事，則以相同的劇情出現。（p. 53）

　　組織都會提供它們自己的文件，所以如果你正在研究某個組織的發展，那麼你應該檢視它的正式文件，如：章程、政策聲明、領導者的言論等等。

　　政府的官方文件通常可以提供歷史研究分析所需的資料，為了更加瞭解美國的種族關係史，A. Leon Higginbotham, Jr.（1978）檢視了 200 年來涉及種族的法

律與法庭案件。Higginbotham 是首位被任命為聯邦大法官的非裔美國人，他發現法律並非在保護黑人，而是偏執與壓迫的具體化表現。在最早的法庭案件中，對於黑人是做為具有契約束縛的僕人或是奴隸，存在相當大的模糊性。後來的法院案件與法律則澄清了這個問題：視黑人其實是不如一般人的。

在學校圖書館中可以找到許多歷史研究所需的史料，這些史料有兩大類：一是**初級**（primary）資料來源；一是**次級**（secondary）資料來源。初級資料來源提供曾出現在某個事件之人物所做的第一手說明——例如，日記、書信、組織規章、會議紀錄、當事人的口述歷史等等。次級資料來源則是在初級資料的基礎上描述過去的現象。因此，如果你引用一本書是關於詹森總統（Lyndon Johnson）在與貧窮作戰中所提出之「大社會」社福計畫的歷史，那麼你就是在使用次級史料。但假如你是到位於德州（Texas）奧斯汀（Austin）的 LBJ 總統圖書館，而且你引用的資料，就是你在那裡所發現有關那個時期的書信、法律與官方文件的話，那麼你就是使用初級史料。

只用次級史料進行研究會有個危險，你可能只是在重複那些史料所犯下的錯誤，而你自己也會失去對過去事件重新提出獨立觀點的機會。但初級史料也有缺點，例如目擊者可能已有所偏誤，或者可能記錯。

Stuart（1981）論證說，那些基於曾目擊事件而生產或寫下初級史料的人，在那些事件上可能有既得利益。他引用了一個有關偏見的案例，這個案例是由十九世紀末印第安人事務官所做關於保留區中印第安人口的統計報告。某些印第安人事務官為了從聯邦政府的印第安事務處（Office of Indian Affairs）獲得更多的補給品給他們的保留區，因而誇大了區內的人口數量。

接下來，在進行歷史研究時，對這項風險應謹記在心。如同我們在討論現存統計資料時所看到的，你不能相信紀錄的精確性——官方或非官方的、初級或次級的，對於史料可能的偏誤，你永遠都需要保持戒慎恐懼。假如關於某位社會工作先進的所有資料，都是你從那些曾為該社會工作先進工作的人們那裡取得，那麼你就不可能完備地考察這個人。假如有關社會運動發展的所有資料，都是你從參與該運動的活動者取得，那麼你就不可能完備地考察這個運動。在十九世紀「慈善組織會社」（Charity Organization Society）那些友善且富裕的訪員們所寫的日記，不可能讓你正確地看到他們所訪視的窮困移民們的生活。

歷史研究要避免這些危險的方法就是加強**佐證**（corroboration），如果有數

種史料都指向相同的事實（facts），則資料可信度就可以合理地提升。因此，在進行歷史研究時，應該要試著不依賴單項史料或單一類型的史料，試著從你所能找到的每一種相關史料裡取得資料，而且務必找尋代表不同既得利益與不同觀點的史料。題為「閱讀及評估文件」的專欄提供了歷史分析如何使用文件資料，以及它們是由何種事物所構成的補充建議。

一般而言，Aminzade 與 Laslett 主張在閱讀歷史文件時所要做的批判性檢查，不只是用在進行歷史與比較研究，它更適用於生活中。想想專欄中的某些問題應用的資料來源也很多，像國會記錄、廣告、大學教科書等，所有的資料與訊息都與人類有關。這些文件沒有任何一樣會直接提供有關真實的圖像，所有事物的作者都是人，而主題也都是人。

閱讀及評估文件

by Ron Aminzade and Barbara Laslett, University of Minnesota

本文的目的是讓你對歷史學家對史料所做的詮釋工作，所採取的批判性方法有一些基本概念。這應該可以幫你瞭解歷史學家所從事的工作，透過斷簡殘編重建過去，並評估不同類型文件的證據地位，以及所能接受的推論與詮釋範圍。下列是歷史學家對文件提出的問題：

1. 誰有這些文件？為什麼要寫？為什麼保留這麼多年？用什麼方法得到這些文件資料？

2. 文件有沒有誤差？你如何檢查並校正？文件內包含個體或事件的包容性和代表性如何？有沒有制度的限制或一般組織規定？文件比較能提供制度的指標嗎？在觀察和事實之間有沒有時間的差距？文件的意義如何？文件中有沒有代表何種角色？風俗習慣？如果你相信這些文件，那以前的看法有沒有錯誤？什麼型態的文件能驗證同樣的結果？

3. 作者應用什麼類型和概念來組織這些現有的文件？從這些想法中有什麼選擇性？

4. 文件中那些論點可以闡明理論議題與爭論？可以幫助我們回答什麼類型的歷史問題或社會學問題？什麼類型的文件可以做出有效的推論？基於文件的資訊，可以做出何種通則化結果？

▶▶▶ 分析技術

做為質性方法的歷史研究，對於假設的處理方式是不同於量化方法的做法。當量化與質性方法在尋求做成解釋時，歷史研究者並不是在整個研究過程中緊盯著事先嚴密設計好的假設，並加以檢測它。他們可能的做法是：在檢視、分析及綜合他們所蒐集到之文件的過程中，不斷地修正並重新形成假設。

由於歷史比較研究是一項易變性的質性方法，所以在歷史資料的分析上，難以列舉步驟以供遵循。韋伯（Max Weber）使用德文 verstehen 一詞——其意為理解（understanding）——做為有關社會研究的主要性質。意思是研究者在心智上必須能夠承接那些被研究者的處境、看法與情感，以便適當地詮釋他們。最近，社會科學家採用**詮釋學**（hermeneutics）一詞表達社會科學的這個面向。詮釋學原先是基督教神學的術語，用以指對聖經中聖靈真理的詮釋，而現在已經被世俗化為詮釋的藝術、科學的技巧。

藉由量化研究法所做成的結論，可以數字的計算（numerical calculation）為依據——x 可能大於或不大於 y——但詮釋學結論卻是難以具體說明，比較受限於爭論。不過，詮釋學所涉及的可不只是見解（opinion）而已。愛因斯坦（Albert Einstein）（1940）這樣描述科學的基礎：

> 科學是一種想要使我們紛亂而雜多的感覺—經驗，符合邏輯上具有一致性的思想體系。在這個體系中，個別的經驗必須以某種方式與理論結構相互關聯，並透過協調（coordination）而獲致獨特且是令人所信服的經驗。（p.487）

歷史研究者必須在用以描述研究主題的許多細節中發現型態，愛因斯坦所提的「理論結構」（theoretic structure）通常是採取韋伯所說的**理念型**（ideal type）：由社會現象的主要特徵所構成的概念模型。例如，韋伯對於科層組織做了相當重要的研究，在觀察過許多現實中的科層組織，韋伯（1925）詳述了一般科層組織的重要特性：該組織有管轄權限、結構性的階層化權威及檔案紀錄等等。韋伯並非只是列舉所有他觀察過之現實科層組織的共同特徵而已，他需要全然理解科層組織運作的要素，以便創造出「完美」科層組織（理念型）的理論模型。

　　歷史研究通常都被特定的理論性典範所告知，因此，馬克思主義學者可能會對特定的情境——例如美國西班牙裔這個少數族群的歷史——進行歷史分析，以決定他們是否能從馬克思主義衝突理論的角度加以理解。

　　雖然歷史與比較研究被視為質性而非量化技術，但歷史學家通常會使用量化方法。舉例而言，歷史分析者通常會使用時間序列（見第十一章）的資料，追蹤隨著時間而發生變化的情況，例如人口、犯罪率、失業與嬰兒死亡率。當歷史研究者依賴量化資料時，他們的報告便會出現數字、圖表、統計趨勢等等，以支持他們的結論。當他們借重質性方法時，他們報告所包含的資料就比較不具量化性質，而是引用他們史料中敘述性的資料，以說明他們自認為已經發現之重複出現的模式。

■點整理

- 次級分析是一種研究形式，是將某個研究者所蒐集到與處理過的資料，再由另一個研究者——通常是基於不同目的——重新加以分析。

- 各種政府與非政府機構都提供了可做次級分析所用的資料。

- 次級分析的主要優點有二：它比進行原始調查要來得更快、更便宜。

- 次級分析的主要缺點有二：資料在它們開放之前可能就過期了；對於你所想要分析的變數，資料可能無法提供有效的測量。

- 在投入大量時間計畫一項將使用既有資料的研究前，你應該要查核資料來源，所需要的資料是否都在那裡。假如它們都在那裡，你應該要查核關於某些主要變數的大部分資

料是否不存在，以及有關你想要之變數的資料是否包含足夠的變異。

- 現存統計資料通常都有效度與信度的問題，所以要小心使用它們。

- 在內容分析中，傳播媒體資料的單位，例如字彙、段落與書本，通常都是分析單位。

- 顯性內容是指傳播事物所具有之直接可見、可以客觀辨識的特徵，例如書中特定的字詞、畫作中所使用的特定顏色等等。

- 隱性內容指的是包含在傳播媒體資料中的意義，隱性內容的判定需要研究者的判斷而定的。

- 內容分析的優點，包括經濟、容易更正錯誤、能夠研究長期發生的過程。它的缺點是只限於能被記錄的

傳播媒體資料，而且還會引起信度與效度的問題。

- 社會工作研究者使用歷史比較方法，以發現在不同時空下重複出現的共同型態。

- 歷史研究所用的資料可分為兩大類型：一是初級史料；一是次級史料。

- 初級史料提供某位當時曾在事件現場之人士的第一手說明，例如：日記、書信、組織規章、會議紀錄、當事人的口述歷史等等。次級史料則是在初級資料的基礎上描述過去的現象。

- 只採用次級資料進行研究會有風險，你可能只是在重複那些史料所犯下的錯誤，而你自己也會失去對過去事件重新提出獨立觀點的機會。但初級史料也有缺點，例如目擊者可能已有偏誤，或者可能記錯。

- 在進行歷史研究時，你應該試著不要依賴單一史料或某類史料，在歷史研究中要避免這些風險的方法就是加強佐證。如果有數種史料都指向相同的「事實」，則資料的可信度將會合理提升。

實作練習

1. 利用兩個到三個段落，概述一項內容分析的研究設計，用以判定究竟是哪個政黨較支持社會福利的公共支出。務必指明分析單位、抽樣方法及相關的測量方式。

2. 假定你要藉由進行次級分析，評估你的學校是否需要自殺防治計畫及該計畫的可行性。所要分析的資料是來自最近一項對於學生所做的調查，該調查詢問學生相當廣泛的議題，其中包括他們是否曾經打算自殺。討論做法的優缺點，只將需求評估立基在次級分析。

3. 假定為了回應管理式照護（managed care）的壓力，你的「兒童暨家庭服務機構」於五年前大幅增加實務工作者在填寫每個案主表格上所必須花費的時間，包括提供治療的細節以及其他關於下列事情的資訊：每個案主的長期服務，以及如何有資格獲得來自管理式照護公司的賠償。在分析機構有關於：機構所服務之案主的治療類型，以及案主之背景等等歷史趨勢的統計數據時，討論這項發展可能造成問題的方式。

網路練習

1. 找到下列使用內容分析的論文，它們刊登於 2002 年 10 月出版的 *Social Work* 期刊：

   • "Among the Missing: Content on Lesbian and Gay People in Social Work Journals," by R. V. Voorhis and M. Wagner.

   • "Client's View of a Successful Helping Relationship," by D. S. Ribner and C. Knei-Paz.

   找出每篇研究在方法論上的優缺點；指出它們是使用顯性或是隱性編碼或兩者皆有，以及使用量化或質性方法。最後，請簡單地解釋，依你的觀點，每篇論文的研究發現是否對社會政策或社會工作實務提供了重要意涵。

2. 進入以下「內容分析線上指導手冊」（Content Analysis Guidebook Online）的網站（http://academic.csuohio.edu/ kneuendorf/content/），從中找到以下的事物：

   (1) 一份用以進行質性內容分析的軟體清單。

   (2) 其他有助於進行內容分析的網站或資源之目錄。

   (3) 有關內容分析的出版著作與參考資料的清單。

提醒事項

EP2.1.6b：善用研究證據推行實務：瞭解本章所有的概念將幫助社會工作人員透過分析現存可用的紀錄研究提供證據，並利用其來推廣他們從事的實務。

EP 2.1.10m：批判性分析、監測及評估介入方法：瞭解本章所有的概念將幫助社會工作人員透過分析現存可用的紀錄，適當地進行介入的評估。

第七部分

社會工作研究的倫理與文化議題

質性或量化方法的優先性對於如何建構與進行社會工作研究，並非是做出最佳化的唯一因素，其他重要的因素如在第四章中考量到倫理與文化的議題。第十六章將檢視社會工作研究中有關的特殊倫理考量，我們將提出倫理議題與政治、價值影響同時存在的適當分際線。第十七章將檢視社會工作者如何運用質性與量化方法來提升研究的文化敏感度。我們會看到文化敏感度如何協助提供研究者獲得對少數和受壓迫群體有用的資訊，以提供對增進該群體的實務與政策。

第十六章　社會工作研究的倫理議題
第十七章　具有文化敏感度的研究

社會工作研究的倫理議題

　　研究人員在進行與人有關的研究以前，須面對到其所提出研究的倫理問題。牽涉到以人類為對象的研究，其研究倫理備受關注。數十年前進行以人類為對象的研究時，較少對相關的倫理議題進行檢視，且某些研究因殘忍的違反基本倫理標準而聲名狼藉，其中最惡名昭彰的例子就是納粹在大屠殺時期所進行的醫療實驗暴行。

　　雖然殘酷的納粹實驗的非人道「研究」到目前為止仍是最殘暴的例子，在那時代他們所進行的涉及不人道違反道德行為的研究並非是唯一的。另外一個聲名狼藉的研究例子是 1932 年於美國阿拉巴馬州（Alabama）進行的塔斯基吉梅毒研究（Tuskegee syphilis study）。在該研究中，醫學研究者診斷出數百名貧窮的非裔美籍男性佃農罹患梅毒，但並未讓患者知道自己罹病。相反地，他們告訴患者被治療的是「壞血症」，研究者僅研究疾病的發展卻沒有進行治療的意圖。即使在發現盤尼西林對治癒梅毒有效果後，該研究仍然繼續進行且並未提供患者盤尼西林，亦未告知患者這項消息。研究進行期間有十三篇期刊文章報導了該項研究，但它仍持續進行未曾間斷。如同 James Jones 在他的書— *Bad Blood* 中，關於塔斯基吉實驗所報告（1981: 190）所述，「直到批評聲浪開始為止，沒有任何一個與塔斯基吉研究有關的健康官員對此表現出任何道德倫理上的關心」。

　　在 1965 年十二月，曾經在美國軍中接受社會工作人員訓練的 Peter Buxtun 被公共衛生部門僱為性病訪談員。Buxtun 從同事口中知道了塔斯基吉研究，在讀過相關出版研究後，他開始持續地努力介入這項研究。在一連串與高階官員間的信件往返和耗費心力的會議之後，終於促使他們召開一個委員會檢討這項實驗，但該委員會仍決定反對為患者治療。

　　Buxtun 轉而訴諸媒體，於 1972 年將該項研究公諸大眾，這項行動促使美

國參議院對該研究召開聽證會，終於 1970 年代中期，男性患者和受到感染的妻子，以及先天感染的孩子接受了抗生素的治療（Royse, 1991）。Jones（1981, p. 203）認為這是身為社會工作人員的 Peter Buxtun 在媒體協助之下，最終負起阻止塔斯基吉研究的責任。

社會工作研究的倫理指導方針

當想到像是塔斯基吉這樣的研究時，不難發現其違反倫理的行為，並且認為該項研究是公然的不道德。然而，某些社會工作研究中違反倫理的行為是模糊的且有疑義的。有些時候對這種情況沒有所謂「正確」的答案，具有善意的人也可能會出現歧見。

大部分的字典和通俗用法中，倫理（ethics）基本上是與道德有關，且兩者都論及是非。但什麼是對的，什麼是錯的呢？足以區別的證據來源又是什麼？對

照片來自於塔斯基吉梅毒研究

資料來源：The National Archives and Records Administration

個人而言，判斷來源各異，有可能是基於宗教信仰、政治型態或對何者可行、何者不可行的務實觀察。

《韋伯新世界字典》（*Webster's New World Dictionary*）代表性地將倫理定義為「遵從特定專業或團體的行為指導標準」。然而這個想法可能阻撓讀者追尋道德上的絕對真理，我們在日常生活中所認為的道德和倫理其實取決於身處團體中成員間的協議，不同團體同意不同的行為規範並不令人驚訝。如果你打算居住在某特定社會之中，若能知道該社會所認為的道德與不道德是什麼，對你絕對有幫助，這點對社會工作研究中的「社區」（community）研究亦然。接下來的小節將概述盛行於社會工作研究以及其他同類研究中的一些比較重要的倫理協議。（假設要回顧我們在第四章曾簡要提到一些倫理議題。）讓我們先從檢視全美社會工作倫理守則開始。

▶▶▶ 美國社會工作專業人員協會倫理守則

假如研究的倫理涉及主觀價值判斷，我們必須權衡該研究對參與者的潛在利益和代價，如果我們必須按照各種個別化因素來做決定的話，那麼那些決定將造成倫理上的兩難，但研究人員可以做些儘可能合乎倫理的事情。他們可以從同儕的回饋得到自己所提議之研究的倫理標準。如同前面所提到的，他們可以（且或許

EP2.1.2b

必須）從機構審查委員會（IRB）獲得研究許可，這部分我們將會在本章稍後進行討論。他們應該仔細思考是否有更合乎倫理標準的選擇，並確保他們的研究計畫是自己所能構想出最合乎倫理的一項計畫。

為了引導他們這項努力，許多專業協會設計並出版一套適用於學術倫理的正式指導規範。例如「美國社會工作專業人員協會倫理守則」中的「評估與研究」小節。這個小節提供進行研究所需的倫理方針，另外一個小節——「身為專業社會工作人員的倫理責任」——提醒我們，身為專業社會工作人員，可能違反倫理責任的情況不僅會發生在我們進行研究時，也可能發生在我們拒絕依該守則以引導我們做研究時。該小節摘錄如下：

> 社會工作人員應當嚴格檢視且與新興社會工作知識保持同步，社會工作
> 人員應該例行性地檢閱專業文獻……社會工作人員應將實務立基於已被

認可的與社會工作及社會工作倫理相關的知識基礎上，包括以實證為基礎的知識。　　　　　　　　　　　　　　　　（NASW, 1999, Section 4.01）

▶▶▶ 自願參與和告知同意

EP2.1.2c

　　社會工作研究常常意味著侵入他人生活中的行為，訪談者的登門拜訪與信件中夾帶的問卷對受訪者來說，意味著一種不請自來並常需要耗費他或她相當多的時間與精力來應付的活動，參與研究會中斷受訪者日常的活動。

　　此外，社會工作研究常需要受訪者透露他們的個人資訊——那些或許連朋友或同事都不知道的資訊。而社會工作研究常需要將這樣的個人資訊透露給陌生人，實務社會工作人員也需要這類的資訊，但他們能夠以這些資訊是對受訪者有益為由證明其正當性。社會工作研究者無法可以如此主張，大概僅能主張他們的努力終將對全體目標對象帶來所需要的幫助。

　　研究倫理的主要原則是參與者必須是**自願的**，沒有人可以被迫參加。所有的參與者必須知道他們正在參與一項研究，且**被告知**所有研究的後果並**同意**加入。這個基準可能不適用於某些研究。舉例來說，如果有個社區組織衡量某所學校附近一個汽車來往繁忙路口交通流量與速度，用以說服市府在該處設立紅綠燈，那麼這將不需要獲得每位駕車經過該路口之駕駛人的同意。

　　從理論上，接受自願參與的規範遠比實務上應用來得容易。當老師在社會工作課堂上要求學生填寫一份他或她希望分析或發表的問卷時，老師應該告知他們對這項調查的參與完全是自願性質的。但即使如此，大部分的學生還是會害怕不參加調查多少會影響他們的成績。老師應該對這種看法特別敏感，並用含蓄鼓勵和特別規定來消除這種情形。舉例來說，老師可以在問卷填答時離開教室，或者可以允許學生在下堂課之前，以電子郵件回覆問卷或將問卷投入門口的箱子即可。

　　你應該清楚自願參與的規範正好不利於一些我們稍後會討論到的科學性考量。其中一個牽涉到科學目標的**可通則化**（generalizability），被影響的程度在於那些願意參加某項研究的自願者與該研究試圖通則化的其他人並不相同。假設一份問卷的內容是測量學生對於貧窮女性化的態度，只有少數學生自願參加研究——那些最關心女性主義與貧窮的少數學生。單憑這一小群受訪者的意見，老師

沒有辦法將其視為描述學生普遍態度的依據，如果他或她真的將發現結果推論為全體學生意見，那麼該通則化的推論將會產生嚴重的誤解。

在一些研究中，需要對被觀察對象隱藏研究本質，又是另一個自願參與和被告知同意這兩項規範所折衷的科學考量，主因乃是擔心參與者知道後會嚴重影響研究對象被研究的社會過程，有些時候研究者甚至不能透露研究已經完成。舉例來說，Rosenhan（1973）的一項研究報告，其內容是研究者在精神病醫院中假扮精神病患以評估對這項研究不知情的醫療人員，看其是否能夠辨別（推測）不需要接受持續住院治療的「正常」人（顯然是該研究者）（研究結果顯示他們無法分辨）。如果該研究的對象——也就是醫院的醫療人員——有機會決定要自願或拒絕參加這項研究，那麼該研究會嚴重被損害甚至可能變得沒有研究價值。如果醫療人員事先知道研究者假扮為病人，這樣的研究還有什麼意義呢？

但是這兩項規範可能無法完全被遵從的這個事實，並不能單獨地為違背這項規範的研究開罪。Rosenhan 報告的研究是正當的嗎？如果完全不進行，該項研究會不會更合乎道德？這端視是否能從該研究得到的長期效益——也就是說，對精神疾病診斷與照護之觀察與資料在識別、瞭解和可能對問題的修正上——比拒絕給予醫療人員表達參與該研究與否的意願所造成的傷害能帶來更多價值。要去對一項研究的長遠好處是否高過其倫理爭議所帶來的傷害更大做出判斷，這個原則同時也適用於自願參與以外的倫理規範，此點我們稍後討論。自願參與和被告知同意的規範是相當重要。萬一你有極大的正當理由去違反這項規範，很重要的是你得觀察科學研究中的其他倫理規範，比如不能對參與研究的人員造成傷害。

不論你對自願參與和告知同意這些規範是如何思考，如果你的研究涉及以人為對象，那你可能需要從一個由專家組成的獨立審查小組獲得研究倫理標準的認可，這類審查小組稱作機構審查委員會（institutional review board, IRB）。1970年代起機構審查委員會開始變得普遍，主要原因是由於聯邦法規和愈來愈多的大眾對生物醫學和行為研究的關注。今日，所有從事研究和獲得聯邦政府資助的單位，都需要一個機構審查委員會來審查那些涉及人類對象的研究。組織中想要進行此種研究的研究人員必須事先從所屬組織裡的機構審查委員會得到許可，才能進行研究。這適用於所有以人類為對象的研究，而非僅是受政府資助的研究。委員會可以在研究完成後持續監督研究內容，他們也可以決定是否暫緩或終止研究的許可。

本章後面小節將專門探討機構審查委員會。但現在——關於告知同意——我們想指出的是機構審查委員會可能要求你在進行你的研究之前,參與者已經簽署**同意書**(consent form)。同意書的內容應該提供關於研究性質的所有訊息,因為那些可能會影響參與者是否要參加研究的決定,特別是有關研究過程、潛在傷害、匿名性與保密性。機構審查委員會同意書內容可是非常詳細。如果研究參與者中有小孩,會需要另外一份分開的同意書。舉例來說,如果你進行的是一項包含家長與小孩的研究,你可能會需要給家長一份數頁的同意書,另外一份讓家長同意孩子參與研究,以及第三份給孩子簽名。最後面那份通常被稱為**同意書**(assent form),因為它們採用較為簡短並使用比較簡單的表達方式讓小孩能夠理解。同樣地,為了獲得確實的同意,你應該要考慮到研究參與者的閱讀程度,如果他們不說本國語也必須準備翻譯版本。

▶▶▶ 不傷害參與者

EP2.1.2c

不論參與者是否自願參與研究,社會工作研究不該在研究中傷害參與者。或許實務中最能清楚說明這個規範的例子是,資訊的透露會使參與者困窘或危及到他們家庭生活、友誼、工作等等。

研究對象在研究進行中可能會受到心理上的傷害,研究者必須注意到那些細微的危險並且防範之。研究對象經常被要求表現不同的行為、他們不喜歡的態度,或他們感覺被貶低的,如低收入、接受福利給付等等類似的個人特質,透露這些類似的訊息至少會讓他們感到不舒服。

社會工作研究計畫可能也會強迫參與者去面對他們平常不會考慮到的自身面向,即使資訊並未直接透露給研究者,也可能發生。例如,參與者可能回顧到有些過去行為是不當、不道德的。此情形下的計畫,可能成為參與者個人的持續性困擾來源。例如:假使研究焦點為倫理行為的規則,參與者可能開始質疑自己的道德,而且此種顧慮可能到研究完成與報導之後都還延續很久。

現在你應已瞭解所進行的任何研究,均冒著多少傷害到他人的危險,研究者無法保證可完全避免這些可能的傷害。但有些研究設計更易造成如此傷害,假如某一研究程序似乎可能會使參與者產生不快感,如要求參與者說出其偏差行為,此時研究者應有個堅固的科學基礎來進行。如果研究設計是必要的,且可能造

成參與者的不快,你將發現自己處於倫理困局,而且自己被迫須造成其他人的困擾。此困擾本身可能沒有多少價值,但它卻是一個使你察覺問題的警訊。

雖然參與者可能會被資料的分析與發表所傷害的事實常被忽略。通常,研究參與者會讀到關於他們曾參與的研究之出版書籍。細心的參與者將從各種索引和表格中辨認出自己,他們可能發現自己被描述成——雖然沒有被標出名字——頑固的、無禮的等等諸如此類。這種性格描述多多少少可能困擾著他們,且危及他們的自我形象,但是研究計畫的原本目的本來是要解釋為什麼有些人有偏見,而其他人則不然。

如同自願參與,不傷害參與者理論上是容易接受的規範,但在實務中常常難以保證能做到。然而,對議題敏感並且有應用經驗,應該能夠增進研究者在處理類似敏感研究領域時的機智。

近年來,愈來愈多的社會研究者在遵守這種規範上得到支持,聯邦政府和其他贊助機構一樣均要求單獨評估研究計畫中的人類對象所受到的對待,而現今大部分的大學也設有委員會以善盡評估職責。雖然有時候有麻煩,而且被不恰當地運用,但卻可防止不合乎倫理的研究產生,且亦可顯示倫理問題也有可能為最嚴謹的研究者所忽略。

▶▶▶ 匿名性與保密性

最明顯的保護參與者的利益福祉是關於研究對象身分的保護,尤其是在調查研究中。如果透露其調查回覆的結果會使其受傷害,那麼堅持於此規範乃成最重要的事。匿名性及保密性即為此種考量下的兩種技術,雖然兩者時常被搞混。

匿名性

當研究者無法辨識哪一個回答屬於哪一個受訪者時,該受訪者會被認為是匿名的。這意味著訪問調查的受訪者永遠不會是匿名的,因為訪問者是從可資識別的受訪者中蒐集資訊。一個在回收至研究辦公室以前每份問卷都沒有識別號碼的信件調查,可以做為一個匿名性的例子。

確保匿名性使得記錄何者的問卷交回與否變得困難。儘管有這個問題,一般還是會建議在某些情形下,這種代價是必要的。舉例來說,如果你進行藥物濫用研究,確保匿名性可以增加受訪的可能性和準確性。此外,你可以避免當局向你

要求藥物濫用者姓名的情況。當受訪者自願提供其姓名時，可以立即在問卷上消除這類資訊。

保密性

在一項保密研究中，研究者能夠識別每個受訪者的答案，但基本上不得將其公開。舉例來說，在一項訪問調查中，研究者能夠將某特定受訪者的收入資料公開，但受訪者需獲得保證這樣的事不會發生。

你可以使用一些技巧來加強這些保證。首先，訪問者和其他能獲得受訪對象個人身分者，應該接受倫理責任的訓練。所有姓名和地址資料應儘快地從問卷上消除，並替換上識別號碼。應該設計一個主要識別檔案來連結識別號碼與姓名，以便日後可以校正遺失或矛盾的資料，但除非有正當目的，否則這份檔案不是任何人都可以接觸得到。每當一項調查是保密而非匿名的時候，確保這些實際受訪者都清楚是研究者的責任，永遠不要用**匿名的**（anonymous）這個字代表「保密的」（confidential）。

與社會工作實務一樣，社會工作研究可能發生因倫理考量而要求不持續保密的情況。假設在你進行訪談的過程中，你發現有兒童受虐情形，或者受訪者有立即性傷害自己或他人的危險，將這種情況報告給適當單位是你的專業（或許是法律上的）責任。參與者需要在同意加入研究以前，於告知同意階段便被告知所有情況。

可能發生的另外一種情況是，政府機構採取法律行動以取得你認為應當要保密的研究資料。舉例來說，他們可能傳喚研究參與者的藥物使用情形，然後強迫你報告這項資訊。為了保護研究參與者免於這種情況，1989 年美國國家衛生機構（United States National Institutes of Health）開始發行保密憑證（certificate of confidentiality），研究者可以提出研究計畫申請這個保密憑證，獲得這個保密憑證，研究者可以減少因研究資料被傳喚的風險。

▶▶▶ 欺瞞參與者

我們已經瞭解在一項研究中處理參與者的身分是項重要的倫理考量，處理你身為研究者的這個身分，也可能是個棘手的問題。對研究對象表明你是研究者的身分，有些時候是有用甚至是必要的。你必須精於說話技巧以在不洩漏你正進行研究的情況下，讓受訪者完成冗長的問卷。

EP.2.1.2c

即使當隱藏你的研究身分是合理且重要時，仍須考量一個重要的倫理面向。欺騙是不道德的，在社會研究中，欺騙需要有令人信服的科學或管理性考量來證明其正當性。儘管如此，正當的辯解還是會有爭議的。

有時候研究者承認他們正在進行研究，但卻捏造為什麼要進行研究的原因以及為誰而做研究。假設你被公共福利機構要求進行一項關於接受救助者的生活水準的研究，即使機構的目的是要尋找能改善他們情況的方法，接受者卻會害怕當局要藉此揪出「欺瞞者」。因而他們給的答案很可能讓他們看起來比真實情況還要貧困。然而，除非他們能提供真實的答案，否則該研究將無法產生正確的數據以對生活條件做出有效改善。你會怎麼做？一個方式是告訴參與者你正在進行一項大學研究計畫——隱瞞你與福利機構之間的連結。這麼做會提升研究的科學品質，但也可能在過程中造成嚴重的倫理問題。

▶▶▶ 分析與報告

身為一名社會工作研究者，你對你研究中的參與者負有倫理上的義務，同時，你對你專業上的同事一樣負有倫理上的義務，這些義務將依次討論如下。

在任何嚴謹的研究中，研究者應該比任何人更熟悉其研究在技術上的缺失和不足。你有義務將這些缺點讓讀者知道，縱使你可能會覺得承認錯誤是很愚蠢的一件事，但無論如何你都應該這麼做。

如果真的與你的分析有關，則研究的負面發現應該被報告出來，科學報告中有一個令人遺憾的謬論是只有正面的發現值得被報導出來（有時候期刊編輯也犯了相信這種說法的謬誤）。然而，在科學中知道兩個變項不相關和知道它們相關是同等重要。舉例來說，假如實驗發現接受和不接受一項經過檢驗的介入方法之案主間的結果相同，那麼這對實務工作者來說很重要的一點是，他們可能需要考

慮另外一種替代的介入方法——特別是其他研究也同樣發現介入無效的結果時。如果最初的實驗並未報告出來，就無從對照這些結果。

在以實證為基礎的實務過程中（如同我們在第二章所討論的），報導評估介入、方案，與政策效果的負面發現，在倫理上的重要性更是顯著。假定你進行一項以實證為基礎的研究，以檢視對案主問題最有效的介入方式，你透過一個設計精巧的研究發現某個介入具有良好的效果（我們稱之為介入 A），如果你發現沒有其他對立的研究結果，你可能會認為介入 A 就是對案主問題最好的介入。但假定其他幾個針對介入 A 所進行的研究，發現了該介入對於該項問題是無效的，卻沒有提出報導，這是因為他們認為沒有人會對無效的介入產生興趣。實際上，介入 A 以外的其他介入可能會更好，並且具有更一致性的效果。如果你知道有其他針對介入 A 的負面發現，你可能會建議案主採用其他不同的方式。另外，假設你的案主是非裔或西班牙裔的美國人，而支持該介入的研究所針對的是白人的案主，但其他的以非裔或西班牙裔美國人的案主所進行的研究卻出現負面的結果。那麼不去報導這些研究結果就產生了重大的倫理問題，這樣可能會誤導你對案主提出錯誤、無效的介入方法。

同時，亦應避免為保持顏面而將本非如此，卻將自己的研究發現說成是仔細事先規劃分析策略下的產物。許多研究發現是無法預期的，即使它們在回頭追溯時可能看起來相當明顯。所以你偶然發現一個有趣的關聯，那又如何？用虛構假設的描述來渲染這種情況是不誠實的，並且可能對經驗不足的研究者造成誤導，誤以為所有的科學探究都是嚴格預先計劃和組織過的。

一般而言，科學的進行是開誠佈公的，因自我防衛、欺騙而阻礙。你可以藉著說出你曾在特定探索中經歷的困難與問題的真相，為與你同樣的研究者——和整個科學發現——服務，或許你能使他們避免同樣的問題。

衡量利益與成本

我們已指出倫理考量常在社會工作研究的進行中引起兩難。對研究者而言，劃分何謂最倫理的行動過程亦非明確可及的。有時很難去判斷一項研究的長期利益，是否重於為獲得適當內在效度而採有違倫理原則所造成的傷害。舉例來說，想想在一項研究中，一組研究者冒充住院治療的精神病患，對第一線服務的醫療人員

EP 2.1.2c

隱瞞他們的身分，以研究醫療人員是否可以辨別出他們的正常。稍早我們問到該研究的潛在好處——關於精神診斷和照護——是否能對其違反了醫療服務人員自願參與的原則。如果該研究的目的是要確認我們懷疑醫療服務人員會虐待病患的狀況是否真的發生呢？假設醫療人員疏忽和虐待病人的情形確實發生且數量驚人，而研究人員發現這情況，那麼對現在和未來的病人來說，揭發甚至重整照護品質是否比研究中的欺騙來得更為重要？

如果有其他替代的方式進行研究——也就是說，可以對研究問題提供同樣有效且有用的答案，而不涉及不誠實的倫理研究實務——那麼兩難將得到解決並有替代的研究方法可供選擇。但有些時候沒有這種替代方式出現，那麼研究人員要如何解決兩難，將有賴於各種他們附加在研究上的成本代價與利益，以及究竟他們是否相信有些目的可以將手段合理化。沒有客觀的公式可以適用在這項決定上，這是相當主觀的。有些人會主張目的永遠無法將手段合理化，有一些人可能不會同意，而認為某些目的確實可以合理化某些手段。

▶▶▶ 實例：與臨終者相伴——參與觀察的運用

我們在第三章扼要地討論 Robert Buckingham 和其同事於 1976 年進行的一項研究，該研究在比較慣常性服務和安寧服務對疾病末期病患的價值。安寧照護所強調的是將病人的不適降到最低，並儘可能提高其生活品質，而這可能必須避免那些能夠延長生命卻妨礙其品質的醫療過程。相反地，一般的醫院照護較強調不惜代價地延長生命，即使那需要犧牲臨終病人的生活品質。一般醫院照護方式較不注意病人和其家庭心理上和其他非醫療上的需求。

我們在第三章的討論聚焦於該研究如何展示出質性研究和量化研究的不同。在此我們從倫理考量的觀點重新檢視該研究，因為它提供了一個例子來說明一個

研究所衍生的長遠獲益如何合理化其對倫理方針的違反。這個研究牽涉到欺瞞參與者，並且未獲得其知情同意書，這研究可能引起有志在醫院或安寧照顧環境從事社會工作的學生特別興趣。

Buckingham 想觀察經歷同一醫院兩個病房對臨終病患的不同治療：手術醫療房（非收容）與療養房（收容）。他的觀察若想有效，則有必要對臨床人員及病房中的其他病患隱藏其目的。他進行欺瞞的步驟是令人驚服的，在入院前，他在六個月的期間減了 22 磅（他減重前本就很瘦），且使自己接受放射線的照射，以便看來像經歷過放射線治療的模樣。且他的手臂上也有用針頭做靜脈注射過的痕跡，這讓他看來像經歷過化學治療的樣子。他去進行小手術只為讓自己有個切片檢查的疤痕，他藉著查看胰臟癌臨終患者的醫療記錄，並與患者密切接觸，學習如何模仿他們的行為。最後，在入院的前幾天，他蓄起雜亂的鬍鬚，且沒有洗澡。

Buckingham 留在醫院十天，其中兩天在觀察房，四天在手術醫護房，另四天在安寧病房。他的發現支持了收容醫護對臨終患者有利的假設。例如，在手術醫護房裡他觀察到臨床人員的實際溝通是不充分的、非人的、無情感的，心理醫師未與病患溝通、臨床人員一般也避免跟病患打招呼、缺乏眼神互動，且不以名字喚之，往往直呼其病症以代之。病患自主得不到鼓勵，反倒是病患的負面情況易被強調。

然而 Buckingham 在安寧病房觀察到的情況卻是截然不同的，醫療人員保持對病患眼神接觸。他們會詢問病患喜愛的食物和其他偏好，詢問病患怎麼樣可以提供更多協助。他們精準地、不慌不忙且有同理心地傾聽病人的需要。醫師花更多時間與病人和家屬進行溝通。醫護人員在照護過程中鼓勵家屬投入。關於提升臨終病患和家屬的照顧，不難找到 Buckingham 的發現所提供的價值。在思考究竟 Buckingham 帶來的好處是否能合理化其欺瞞方法的使用時，有一些關於研究的其他觀點可能會引起你的興趣。

在入院以前，Buckingham 接洽了醫院高層、管理階層和法律部門一起計畫和同意研究的進行，手術和安寧照護病房的主管也參加計畫並批准研究的進行。此外，安寧病房的員工得到該單位將會進行評鑑的事先通知，雖然評鑑的本質並未被透露。最後，一個特別的委員會被組成以考量該研究的道德標準，而委員會認可了研究。考量這些程序以及研究所帶來的利益，當你知道該研究並未引發任何倫理的爭議時，可能不會覺得意外。

▶▶▶ 接受服務的權利與評估服務有效性的責任

EP 2.1.2c

　　或許社會工作研究中最關鍵的倫理兩難是關於窮困的案主接受服務的權利，以及改善某些案主福利的長遠好處是否足以合理化我們短期延遲了某些服務。這個爭論與針對有接受介入與未接受介入的案主做比較的成效評估的實驗與準實驗設計有關（在第十一章討論）。此項爭論也與以實證為基礎的實務有關，參與在此過程的實務工作者將尋求有關服務成效的最佳證據。同時，嚴謹的實驗是最強而有力的設計，能推論是服務抑或是其他因素對案主的結果提供了最佳的解釋。此處有兩種不同的價值產生衝突：對有需要的人試圖提供立即的協助，以及保證案主所接受的服務之效果——不論是有利或損害——能被科學化地檢驗。

　　有些研究人員認為不管任何時候或為了任何研究目的，都不該拒絕對有需要的人提供服務。持不同意見的人則認為服務的延遲具有未被科學化驗證的效果——不然的話，就沒有檢驗其效果的必要了。這些研究人員會問，一再反覆提供相同服務而不曾科學化驗證，那些服務是否真的幫助任何人或是造成傷害，如何合乎道德？假若那些服務可能造成傷害，那些接受服務的案主比起暫時被拒絕給予服務、直到服務效果被判定出來為止的案主，是否冒了較大的危險呢？用另外一個醫學上的比較來說明，如果你的醫師開給你的藥對人體是好是壞尚未經過證實，你會認為他或她合乎倫理標準嗎？如果你收受酬勞參加一項醫學實驗，以測試一項好處和副作用未知的藥物效果，哪一組你會覺得加入比較安全：服用藥物組或不服用藥物組？

　　案主的問題嚴重性是對這種倫理兩難有影響的因素之一，與那些不是那麼緊急需要服務的案主相比，對於正經歷危險關頭或容易嚴重傷害自己的案主——比方有自殺傾向的案主——驗證延遲服務的正當理由要來得困難的多。另一個因素是可與驗證過的介入相比之可替代的介入方法的可得性。也許那些受拒於驗證過的服務案主可以接受其他效果並不比較差的服務。

　　如果有替代的介入方法可以利用，那麼接受服務的權利與評估效果的義務之間的衝突便可以減輕。我們可以把接受一項經過測試的新介入案主，與那些在新介入出現之前接受一般介入的案主相比較；而不是將其與未接受該項新介入的案主相比較。在沒有足夠資源以提供所有或大部分案主新介入方法的時候，這是一

項特別合乎倫理的做法。在這做法中，沒有人被拒絕給予服務，而有限資源所允許的最多人數將可得到新的服務。

當資源無法讓所有案主都接受新服務時，另一個減少道德兩難的方法，是將一些案主安排到等候新服務的等待名單中。在他們等待的期間，他們可以和正在接受新服務的案主相比較。最終每個人都會得到服務，而且在等待名單中的案主能夠不用冒著被服務拒絕的危險，自由地決定是否拒絕加入研究。

三個倫理爭議

你可能已經料到：專業行為守則的採用與發表並無法完全解決研究倫理的爭議。社會科學家仍對一些原則存疑，而對有些原則同意，細節處仍有爭議。本節我們將簡短描述三個近年來引發倫理爭議討論的研究計畫，這三個並非已完成的爭議性計畫，但它們簡單地說明現實世界中的倫理議題，而且我們認為你可能會覺得它們有趣且富啟發性。

▶▶▶ 觀察人的順從性

二次世界大戰最擾人的陳腔濫調之一是德國軍人的屠殺藉口：「我只是奉命行事。」由此觀點衍生是否意味著：任何行為——不論多麼該受譴責——只要這是某人所交付的責任，均可以被正當化。上級若命令士兵殺害嬰兒，接受命令的事實可做為免除士兵個人的行動責任嗎？

雖然審判戰犯的軍事法庭並不接受這個藉口，但是社會科學家和很多其他人都已經認知到，這個觀點對一般人的社會生活影響的程度。經常可見人們願意去做一些他們自己知道在別人眼中可能是錯的事情——因為他們以權威者命令他們去做為藉口。這是發生在越南邁萊（My Dai）慘劇正當化的模式，美軍殺死超過300位非武裝的人民——其中一些是年輕的孩童——只是因為他們的村莊被認為是一個越共的據點。如今在一般人的公民生活當中，它的戲劇性已逐漸褪色。很少人否認依賴權威的情形存在，儘管如此，Stanley Milgram（1963, 1965）所做關於這個主題的研究，還是引起相當的爭議。

Milgram 意圖觀察人們如何在服從命令之下，願意做傷害別人的事，他從許多不同生活背景的人中，選出40位成年男子——來自許多不同的行業——進入

實驗室做觀察。如果你曾經做為某項研究的研究對象，你可能會有某些類似下述的經驗。

首先，你被告知和其他參與者即將參與的是一個學習的實驗。由於抽籤結果，你被分配到的是「老師」的工作，而與你配對的參與者是「學生」。然後你的學生會被引進另外一間房間，被繩子綁在椅子上，並且有一個電極繫在手腕上。身為老師，你會被安排坐在一個滿布刻度、測量與開關的電子控制面板前。你注意到每個開關上都貼有標示從 15 到 315 不同伏特數的標籤。開關上還有別的標籤，有些貼上了警示的用語：「極強電擊」、「危險—嚴重電擊」和「XXX」。

實驗會以這樣的方式進行：你會唸一串成對的單字給學生聽，然後測試他將它們配對的能力。你無法看到他，但控制面板上的一個燈會顯示他的答案。當學生每犯一個錯，實驗者會指示你轉動其中一個開關——從最輕微的開始——對你的學生執行電擊。透過兩間房間之間打開的門，你可以聽到你的學生對電擊的反應。然後你再繼續唸另外一串成對的單字並測試他。

在實驗進行中，你會執行最強的電擊直到你的學生哭叫著求饒並拜託實驗終止。不管怎樣你還是會被吩咐繼續執行下一次的電擊。經過一段時間後，你的學生會開始踢兩間房間相連的牆壁並開始尖叫，你會再次被告知進行下一次電擊。最後，你會唸一串單字並問學生答案——然後只會聽到隔壁房間傳來的一陣寂靜。實驗者這時會告訴你學生沒有回答等於回答錯誤，指示你再進行下一次更強的電擊，這個過程會進行到一系列電擊的最後「XXX」。

你會怎麼假設當學生第一次開始大叫的時候你的反應？當他開始踢牆壁的時候？或者當他變得完全安靜且沒有生命跡象的時候？你會拒絕繼續給予電擊，對嗎？確實多數人跟你的反應會是一樣的。

所以我們可能會認為，但 Milgram 發現實則不然。Milgram 測試的第一批 40 個成年男子，直到聽到學生開始踢兩間房間相連的牆壁前，沒有人拒絕繼續給予電擊。之後 40 人中有 5 人拒絕了，2/3 的人，40 人中的 26 人，繼續執行完一系列他們被告知的指示——直到（並包含）執行面板上最強的電擊。

你可能會猜測，電擊是假的，「學生」是另外一名實驗者假扮的。在這個實驗中，只有「老師」是真正的研究對象。你其實沒有傷害另外一個參與者，即使你被引導認為自己有，這個實驗的目的是設計來測試你對於順從命令的意願——也許到達殺人的程度。

Milgram 的實驗在研究方法上和倫理上都遭受批評，倫理一派特別批評實驗對研究對象的影響。其中許多研究對象似乎經歷了以為自己真的在折磨他人的痛苦，他們懇求實驗者停止進行電擊，他們變得非常苦惱和焦慮，有些人還無法控制產生抽搐。

你對這個研究是什麼感覺？你覺得研究主題重要到能讓這種進行方式合理化嗎？你能想到別的研究者是怎麼檢視順從這個主題的其他方法嗎？在網路上有大量關於 Milgram 實驗的討論，你可以搜尋「米爾格藍實驗」（Milgram experiments）、「人類順從實驗」（human obedience experiments）或「史丹利米爾格藍」（Stanley Milgram）這些關鍵字。

▶▶▶ 茶室中的困擾

第二個例子是一位研究生 Laud Humphreys 所做的研究，於 1970 年出版，書名是《茶室交易：公共場所中非個人的性行為》（*Tearoom Trade: Impersonal Sex in Public Places*）。Humphreys 想要研究一些陌生人在公園的公共洗手間中相遇時，所發生的同性戀性行為，這個地方被這些人稱為「茶室」（tearooms）。典型的行為是，在茶室相遇的三個人中，其中兩個進行同性性行為，而另外一個為旁觀者。

為進行觀察，Humphryes 親身到公共洗手間，並適時地做個旁觀者。同時他也想要知道更多關於這些人的事，而不只是個旁觀者。然而這些人多半是結過婚的男子，為了要守住他們是同性戀的秘密，因此並不希望被留下紀錄，而失去他們在社區的地位。這些人原不接受訪談，但是 Humphryes 表面上並不要求他們訪談，但暗中記下他們的車牌號碼，由警察處得知姓名和地址，然後直接到他們家去拜訪。他儘量偽裝不被認出，告知對方他正在進行一項調查。經由這種方法，他蒐集到了許多在「茶室」中得不到的個人資料。

Humphreys 的研究，在社會科學界內外引起了相當的爭議。有些批評者認為，他假科學之名而完全侵犯了個人的隱私，人們在公共洗手間裡做了什麼，完全是他們自己的事，與 Humphryes 無關。另外有些人將焦點擺在 Humphreys 欺騙的部分，他對那些在「茶室」中進行同性性行為的人說謊，使他們誤以為他只是個窺淫的人。還有些人不只關心他在公共洗手間所做的事，更關心他後來所做的調查行為，他們覺得 Humphreys 追蹤同性戀者到他們家中，而且以假藉口調

查他們，這是不道德的。但是也有些人認可 Humphreys 的研究，他們的觀點是，這個主題值得研究，而且幾乎不可能找出別種方式來研究。他們認為 Humphreys 的欺騙，基本上是無害的，何況他在揭露茶室行為時，非常小心的不去傷害當事人。

茶室交易的爭議，如同大家所想像的，是永無解決之日，這個爭論還會延續，而且可能是很長的一段時間。因為它激起了群眾的情緒，而且牽涉到大家所無法認同的道德問題。你的想法是什麼呢？Humphreys 所做的合乎道德價值嗎？是否你覺得他的研究某部分是可以接受的，而另外的部分則不是？然而無論你的感覺如何，可以確定的是，你都會發現某些人不認同你。

▶▶▶ 社會工作者提出偽造文章以測試期刊的偏誤

第三個例子是眾所周知首件涉及社會工作研究的倫理爭議。社會工作人員 William Epstein 從一個假設開始他的研究，他認為期刊編輯對支持受評估的社會工作介入有效的研究發現，較有出版偏好；而對無法支持受評估的社會工作介入有效的研究發現，則較不願意出版。為了測試其假設，Epstein 杜撰了一個虛構的研

EP2.1.2c

究，假裝評估某項社會工作介入的效果。他捏造了兩個版本的偽造研究，其中一個版本，他假造了發現支持該介入的效果；而另外一個版本，他則捏造了發現該介入成效不彰的資料。

他將虛構的研究文章投遞到 146 份不同的期刊，其中半數收到的是支持介入效果的版本，另外半數收到的則是反對的版本。他並未在作者欄放入他自己的名字，而是使用一對假名。

在他自己真正的研究裡，Epstein 認為他的發現會支持他的假設：期刊編輯在刊登文章上偏好有正面發現的偽造文章，並反對出版負面發現的文章版本。

在接到他虛構文章被接受或拒絕的通知之後，他通知每一個期刊他研究的真正內容。稍後，他將記述他真正研究的文章以他的名字投稿到《社會服務評論》（*Social Service Review*）期刊。該期刊拒絕出版他真正的研究，而其編輯 John Schuerman 帶領一小群編輯向美國社會工作人員協會（National Association of Social Workers）正式對 Epstein 提出控告。該投訴內容譴責 Epstein 有兩點罪狀：(1) 欺騙期刊編輯檢閱假造的文章，以及 (2) 未獲得他們自願參與研究的告知同意書。

Schuerman 承認有些時候研究帶來的利益可以成為欺騙參與者與未獲得參與者告知同意的正當理由，但他認為以 Epstein（真正的）研究來說，比起許多編輯和評論人對假造文章的閱讀與評論，以及工作人員處理它所花費的時間與金錢成本，該研究的利益並未超過這些成本。除了時間與金錢成本外，Schuerman 主張 Epstein 的研究勒索了一種感情成本：「使那些接受『假造』文章的編輯產生懊惱與難堪」（《紐約時報》，1988 年 9 月 27 日，p. 25）。

Epstein 提出反駁，認為期刊編輯不是那些可以評斷究竟他（真正的）研究利益是否大過代價的人。以他的觀點來看，那些編輯是先入為主地認為自身花費的成本非常昂貴。因此，他們不太可能會認為任何欺騙他們的研究值得花費這些成本。Epstein 主張期刊是公共資產並負有出版責任，測試他們在決定出版什麼文章時是否偏誤成為他欺瞞、缺少知情同意和行動的正當理由，且這些都是在測試偏誤時必要的動作。

有些人可能會爭辯，對那些不支持介入效果的研究發現，假如期刊編輯與審閱人真的存有偏見而不予出版，那麼實務界可能不會發現某些正在流行的無用處遇並未對案主提供幫助。此外，如果一些研究發現不支持某項介入的效果，但只有那些支持其效果的研究得到出版，那麼將可以想像一個不平衡且有選擇性的複製研究正在專業領域中散播。這可能會誤導專業領域去相信該介入產生了始終如一且合適的結果，即使事實上並非如此。這會妨礙社會工作人員提供最有效案主服務的努力——最終減少了我們增進案主福利的程度。

有些人可能會認為，Epstein 可以用比較符合道德標準的方式進行他的研究，如果他能事先警告那些編輯他們可能在一年之內收到一篇假造的文章，在不透露文章細節的情況下，獲得他們參與研究的同意。針對這一點，一個反對的論點認為這種警告可能會影響要研究的現象，向審閱人透露消息會造成他們有所提防而在做出版決定時不願顯露真正的偏頗。

有些對 Epstein 論文或多或少抱以贊同的學者，主張期刊編輯和評論人對科學和專業知識基礎有著巨大的影響，因而需要對其審閱方針與過程進行研究。Schuerman 同意這項論點，但他認為 Epstein 的研究並非是合乎倫理的方式。

起初美國社會工作專業人員協會倫理委員會的裁定認為，Epstein 的研究確實違反關於欺瞞和告知同意的研究規則。Epstein 在任何懲戒制裁付諸行動前提出上訴。他的上訴被協會的執行委員會（executive committee）所支持，因而做

出他的研究並未違反倫理規則的結論，支持 Epstein 訴願並更改最初裁決的理由之相關細節並未公開。

機構審查委員會

上述的例子說明了理性的人可能會對某些研究計畫的倫理不表同意，決定某項研究合乎倫理與否是很困難的，不應單憑個人所提出的研究做判斷。如同我們前面所看到的，研究者可以藉由獲得參與者的告知同意，或一個由專家所組成的獨立委員會，稱作機構審查委員會（Institutional Review Boards, IRB）來確保其研究是合乎倫理的。

在第四章我們討論到如何需要獲得 IRB 的同意，可能會影響社會工作研究者重新審思他們的原來研究目的與過程設計的初衷。正如前面的討論中提到，受聯邦政府經費援助的機構所進行的研究，必須強制接受機構審查委員會的審查。委員會成員會審核涉及人類對象的研究計畫，並對其研究倫理做出裁決。雖然無法保證機構審查委員會的每一個決定對所提議的計畫都是「正確」或最佳的決定，但至少該裁決是由專家所組成的獨立小組──不同於提出研究計畫的研究者──他們對研究沒有既得利益或自我涉入。

假設 Epstein 事前已得到他所屬大學對其以偽造文章測試期刊偏頗的研究授予許可。（Epstein 最近告訴我們，他所屬的大學當時並未設有機構審查委員會，但他的確得到來自部分同事的意見，認為該項研究是合乎倫理的。）Epstein 獲得機構審查委員會的許可，即便後來那些認為他的研究不合乎倫理的批評者也沒有理由指控他進行不合倫理的研究。假如機構審查委員會認可了研究的進行，那麼被控訴的將會是機構審查委員會。由於決定不是由他自己所做的──因而可以避免（如果有的話）可能影響他做決定的既得利益或自我涉入── Epstein 會盡責地進行研究，不管之後有些人會如何評判其研究方法的倫理。即使我們認為 Epstein 的研究是合乎倫理的，倘若我們可以獲得機構審查委員會的認可（假若在他進行研究時有的話），將能保護他免受接踵而來的倫理爭議。為了將這項爭議收尾，Epstein（2004）出版了該研究的複製版本，唯一改變之處在於他事先獲得所屬大學機構審查委員會的同意以免除告知同意。

機構審查委員會對於研究提案會要求提供可描述該研究的資訊，要求提供的

資訊數量和形式則有不同。在決定是否認可一項研究計畫的過程中，機構審查委員會可能會需要研究計畫做些微修正，讓研究值得被接受，譬如在研究對象同意參與之前提供他們進一步的研究資訊。舉例來說，一些社會工作學術研究可能會涉及的情況，包括倫理考量使得保密性無法維持，比方在遇到意料之外的兒童虐待，或受訪對象可能隨時有嚴重自殘或傷人行為時，你需要將這類可能性增加至你的告知同意表格，以及機構審查委員會申請的表格中。你同時需要向你的參與者和機構審查委員會擔保，當你的研究對象有所需要時，你會安排適當的協助。

如果你的研究指導者要求你設計並完成一項研究計畫，你可能會發現，你必須先得到學校機構審查委員會的同意才能開始蒐集研究資料。此外，如果你的研究計畫將在一個受聯邦資助的機構完成的話，你會需要同時獲得學校機構審查委員會，以及該機構的機構審查委員會的同意。這不正是你所需要的嗎？別慌張。或許你的研究符合正式審查的豁免資格，那麼你將於數天之內便可獲得所需要的許可。雖然機構間對於聯邦法規的理解有相當大的差異，但聯邦法規允許機構審查委員會給予某些研究豁免權，實際上豁免的措辭用語應該可從你的機構審查委員會得到，大部分學生的研究（除了博士論文以外）至少都符合一項豁免資格。

對性別與文化的偏見和不敏感

EP 2.1.4a

對性別與文化的偏見和不敏感可能妨礙一項研究在研究方法上的品質，進而影響其發現的效度。有些人批評，假若研究者在進行研究時是以一種性別或文化不敏感的方式操作，他們不只犯了研究方法上的錯誤，同時也有倫理偏差。

倫理問題的形成是因為某些研究被察覺到對女性和弱勢族群造成了永久性傷害，女性主義者與弱勢族群學者提出一些可能造成傷害的情形。比方對文化不敏感的訪問者可能會對弱勢族群的受訪者造成冒犯，如果他們用對文化不敏感的方式進行研究，那麼他們的發現可能會產生一些忽略弱勢族群需要與現實的行動內涵，可能會對弱勢族群有不正確的（或刻板印象的）描繪，或者以一種毫無助益的方式不當地進行推論。同樣地，對性別偏見或不敏感的研究可能會被視為長期處於男性主宰的世界，或者忽略去考慮一項研究可能對男性與女性產生不同的意涵。

　　許多作者建議一些方法來避免一項研究中的文化偏見或不敏感，我們會在第十七章具文化敏感度的研究較深入地探討這些建議。現在，讓我們檢視一些避免性別偏見的建議。Margrit Eichler 在她的書《非性別主義者研究方法》（*Nonsexist Research Methods*）（1988）中建議下列一些在研究中避免性別歧視和不敏感的男女平權指導方針：

- 當研究僅包括一種性別時，應在標題上加以註明，並且不該將結論推論至其他性別。
- 不要使用性別語言或概念（舉例來說，不要用「一家之主」和「配偶」來分別稱呼男性和女性）。
- 在設計研究問題時不要使用雙重標準（比方只看母親而非父親的工作——親職衝突）。
- 不要在研究工具中過於強調以男性為主宰的活動（比如主要以職場活動做為社會功能評估，而忽略家事和子女照料活動）。
- 在分析資料時，尋找男性與女性可能造成差異的發現。
- 不要假設能成功衡量男性的工具必定對女性也有效。
- 確定說明清楚研究樣本中男性與女性的比例。

政治與價值觀

　　在社會工作研究中可以發現倫理爭議與政治價值之間細微難察僅一線之隔，人們對研究中的政治觀點不同意就像他們對倫理觀點的不同意一樣。雖然倫理標準和政治常緊緊糾結在一起，社會工作研究中的倫理議題卻處理較多研究方法的使用，而政治議題較為關注的則是研究的實際成本與用途。舉例來說，對於那些藉著提供一群案主服務同時延宕另一群案主服務，以評估社會工作服務效果的實驗，一些社會工作者對此提出倫理上的異議。那些提出異議的人士認為，被延宕服務案主所受到的傷害將大於評估那些服務效果所帶來的益處。另一方面，若是政治上的反對可能意味著假使評估結果認為該服務效果不彰，那麼那些負面發現會危害機構的資金來源。另外一種政治上的反對，可能是對某些案主服務的延遲會減少服務費用或補助款的金額，更不用說可能會讓機構背負「忽視」人們需要

服務的惡名聲。

社會工作研究的倫理和政治面向的另一個區別是，對於已被接受的政治指導原則，並沒有一個像前述討論的倫理守則一樣的正式化守則。缺少政治規範唯一的例外是，一般而言大家都公認研究者個人的政治態度不應干預或過分影響其科學研究。研究如使用欺騙的技巧或說謊以支持你的政治觀點，被認為是不恰當的，可是，研究常因為違反這規範而被攻擊。

許多學者不相信社會工作研究可能完全價值中立。舉例來說，研究街友的學者可能被他們對街友所下的定義影響，進而影響他們將誰納入研究做為街友的樣本。街友僅僅包括睡在街上的遊民嗎？還是他們也包括與朋友或親戚「同住」的人，或者那些無法負擔體面住所因而居住在骯髒、暫時處所的人？能不受我們個人價值影響而獨立做出類似決定是很困難的。一直活躍於社會運動以減少無家可歸情況的研究者，可能會先入為主地選擇較為概括性的定義，因而囊括了一群相當大數量的街友；認為社會福利花費過於浪費且帶來窮人過度依賴的研究者，則可能傾向選擇範圍較小的街友定義。

認為社會研究不可能全然價值中立的學者建議應留意個人價值觀並以公開的方式描述它們，而非欺騙自己或他人說我們是完全客觀的。事實上，並非所有社會科學家都同意研究者應該試圖從其研究活動中抽離他們的價值觀。有些人主張社會科學和社會行動不能也不應該被分開，長久以來社會工作的傳統便是以研究做為一項試圖使社會更合乎人道的工具。舉例來說，在二十世紀時，我們的專業接受社會調查運動（social survey movement）做為一種說服社會制定環境改革以減少大量城市問題的途徑。最近，學者進行街友的調查研究，冀望發現能夠影響國會議員和不願多繳稅的選民，讓他們願意花費較多的公共資金以解決街友的問題。

當我們進行學術研究以減少人類痛苦和提升社會福利時，我們不應讓我們的人道主義目標刺激我們以偏頗方式進行研究或解讀研究發現，來隱藏或曲解真相。嘗試在我們進行研究的方法中做到完全客觀和價值中立是一個不可能的理想，同時欺騙自己，認為我們完全中立是危險的。然而，這並非意味我們不應該嘗試別讓自己的想法扭曲我們對事實的追求。在研究的階段中對偏誤加以留意，能幫助我們減少對研究的影響。並且對讀者坦率描述我們的偏好，將有助於他們評估研究發現的效度。

有些社會科學研究引起關於其發現是否僅是一種研究者自身政治價值的干擾爭議。一般來說，研究者都會否認這樣的情況，但這種否認亦引來質疑，讓我們看看一些已經盛行並持續激烈進行的爭議例子。

社會研究與種族

沒有任何其他社會研究和政治問題比種族關係來得糾纏、複雜且更受爭議。社會科學家長期地研究這個主題，且研究結果已進入實際政治的方向。大多數情況下，二十世紀的社會科學家支持非裔美國人在美國平等的目標。因此有許多人活躍於民權活動，其中一些相較於其他人更為激進。因此，社會科學家能夠得出支持平等目標的研究結論，而不畏懼於同儕研究者的批評。為了認清普遍社會科學立場對於平等目標的堅持，我們僅須檢視少數提出與主流意識形態立場相異結論的研究計畫。

大部分的社會科學家——至少公開地——支持終結學校中的種族隔離。因此，當 1966 年知名的社會學家 James Coleman 出版種族與教育的重要全國性研究結果時，引發了立即且熱烈的爭議。不同於一般的共識，Coleman 發現，就讀沒有種族隔離學校的非裔美籍學生和那些就讀種族隔離學校的學生，在學業表現上並沒有太大的差異。事實上，一些明顯的事物諸如圖書館、研究設備和高學費對每個學生來說造成的差別不大。相反地，Coleman 認為家庭與鄰里因素對學業成就影響最大。Coleman 的發現並未被許多活躍於民權活動的社會科學家所接受。有些學者從研究方法觀點批評 Coleman 的研究，但其他許多觀點激烈反對其發現會造成種族隔離的政治後果。

另外一項與種族考量有關的圍繞社會研究之政治性爭議是智商的議題。1969年，一位哈佛大學的心理學家 Arthur Jensen 被邀請於 *Harvard Educational Review* 期刊上發表一篇關於檢查種族差異在智商測試結果上的數據（Jensen, 1969）。在文章中，Jensen 斷定非裔美國人與白種美國人之間的基因差異說明了非裔美國人平均智商較低的情況。這個立場變成他的標誌，成為全國大學校園中討論的對象。

Jensen 的立場受到許多方法論上的攻擊。在許多的智商測驗，呈現有較好與較差的情況下，他被指控其結論所依據的許多數據是不恰當且草率的。同樣地，這些批評主張 Jensen 並未充分地說明社會環境因素。其他社會科學家也提出其

他合理方法論上的異議。

然而，除了科學批評以外，Jensen 被許多人譴責為種族主義者。他被喝倒采，他公開演講所到之處總是被充滿敵意的群眾聲音所蓋過。與一個世紀之前當大眾普遍偏好蓄奴制度時對廢奴主義者的反應相比，許多大學觀眾對 Jensen 的反應沒有太大的不同。

類似的反應爆發在 1994 年出版的一本書：《鐘擺》（*The Bell Curve*）上。該書的作者是 Charles Murray 和後來加入的 Richard J. Herrnstein；Murray 是一位社會學家，Herrnstein 則是心理學家。這本大著其中有一小部分提出了一個論點，不同種族所表現的智力差異，部分（但並非獨一無二的）歸因於遺傳因素。

在他們的書中，Murray 和 Herrnstein 認為，智力是影響美國人是否走向興盛，抑或是邁向一個貧窮的下層階級文化和其他社會病態的重要因素。立基於智力不易改變的這個論點，該書反對在許多社會方案上花錢，包括那些針對弱勢青少年改善學業表現的方案。

評論者指出，Murray 和 Herrnstein 的研究在過程與結論中有著嚴重的方法論缺失。但如同前面 Jensen 所涉及的爭議，與本章有最密切關係的不是《鐘擺》中方法論的批評，而是在政治上被定罪的理由。當該書初次問世時，最早的評論注意的是其政治反對，而非研究上嚴重的方法論缺失。甚至該書在出版前便被 *Boston Globe* 的社論所批評，《華盛頓郵報》（*Washington Post*）記述前教育部祕書 William Bennett，一位保守支持者與 Murray 的朋友，強烈讚揚該書但卻對於其中論及種族與智力的章節同樣感到緊張不安。也因這引起爭議的部分，據報導 Bennett 稱 Murray 為一個「箭靶人物」。

1994 年 10 月 31 日的《新共和》（*New Republic*）雜誌，全部都在討論該書，其中有 10 頁是 Murray 及 Herrnstein 的文章，是基於他們在書中討論智力和遺傳的部分而寫成的。在他們的文章之前，有 17 頁是蒐集了 20 位不同的作者，討論《鐘擺》一書和 Murray 及 Herrnstein 的文章。社論甚至爭辯，雜誌社出版這種文章是否合乎倫理，其中多數猛烈抨擊文章本身，並批評雜誌出版它的決定。其中一位形容 Murray 及 Herrnstein 是不誠實的人，另有一位認為他們將壓迫公認為是正義、正當的事，還有些人將他們比擬為種族主義者，因為他們欲將種族偏見和假科學的種族主義合理化。更嚴厲的社論稱他們是「新納粹主義者」（Neo-Nazis），並暗指書中相關的部分，只是對以前新納粹出版過的書「炒冷飯」（a chilly synthesis）。

在一篇用研究自由來合理化雜誌出版 Murray 和 Herrnstein 文章的社論中，雜誌編輯主張，若要禁制某議題的討論，應由想要禁制該討論者負舉證之責。該社論主張應以科學和邏輯立場判斷議題，而非以抨擊作者動機和把他們與納粹聯想在一起的方式來污衊作者。該篇社論也回應那些聲稱《鐘擺》傷害非裔美國人感情的批評，特別是對於那些不想被稱為基因不良的非裔美國小孩。該編輯認為那些視非裔美國人是易受傷害且必須被保護，以免於為自由開放的學術言論所傷害，才是與生俱來的種族主義者。

許多社會科學家從科學與方法論觀點，將他們的反對侷限於聲名狼藉的 Coleman、Jensen 和 Murray 與 Herrnstein 的研究。然而，我們的說明重點在於政治意識形態常常與社會研究主題有關。雖然科學的抽象模型脫離了意識形態，但科學實務卻不然。

雖然對社會工作研究來說，政治與價值觀的角色並不獨特（自然科學也經歷了相似的情形），但它還是經常被提出來討論。我們研究與人類有關的事情——那些他們有著堅定個人感覺的事情，以及那些會影響他們生活的事。和所有科學家一樣，社會工作研究者也是人，而他們身為人類的感覺常透過他們的專業生活表現。不這麼想的話就太過天真了。但科學即使在政治爭議與敵視下仍要繼續進行下去。甚至當研究者開始生氣並直呼彼此全名時、或當研究共同體遭到外來攻擊時，無論如何科學工作還是得完成。科學探索繼續堅持、完成研究、出版報告，發現同時新事物。簡言之，政治爭論並不會中止科學的進行，只會使它變得更刺激。

重點整理

- 除了技術性和科學性的考量之外，社會工作研究計畫很可能被行政、倫理與政治的考量所型塑。
- 學術研究中什麼是倫理上的「對」和「錯」終將取決於人們所認同的對與錯而已。
- 如同一個普遍獲得同意的規範，科學家同意對研究的參與應該是自願的。然而，該規範可能與科學所需要的通則化（generalizability）相牴觸。
- 可能所有的科學家都同意學術研究不該傷害參與者，除非參與者瞭解並願意接受潛在傷害的風險。
- 匿名性意指即使是研究者也無法根

據所提供的特定資訊辨識出個體的情況。

- 保密性意指研究者在知道哪項資料描述哪些研究對象的情況下，同意將資訊保持機密。

- 在一些例子中，一項研究的長遠利益被認為比它違反某些道德規範更為重要。但決定一項研究的目標是否能合理化，則是一項困難且常流於主觀的過程，目前多由機構審查委員會做出批准研究進行的決定。

- 對性別與文化的偏見和不敏感對許多社會科學家來說，已成為倫理爭論的議題。

- 已有許多指導方針被提出，以避免性別與文化的偏見和遲鈍。

- 雖然科學在政治事件上保持中立，但科學家則否。

- 預設的意識型態將限制研究發現，導致研究結果被誤解或誤用，以致於對某些弱勢團體造成傷害。這樣的限制也將導致毀壞或不完全的知識建立，反而使欲保護的族群有被傷害的風險。

實作練習

1. 假設一個社會工作人員所進行的研究，是要訪問那些在嬰兒時期便被親生父母送出收養的兒童。她研究的重點在於這些兒童某天遇見親生父母時的感覺。討論她在進行研究時可能遇到的倫理問題以及該如何避免。

2. 假設一個具有強烈宗教或個人信仰反對墮胎的社會工作人員想要對已進行墮胎的年輕婦女進行一項訪談調查，以探究她們對此的感情衝擊。討論該名社會工作人員可能面對的個人主觀投入問題以及該如何避免。

3. 思考下列真實與假設性的研究情況，確認每項情況中的倫理要素。你對那些要素感受如何？你覺得哪些被描述的過程最終被接受或是不被接受？與同學一起討論這些可能對你有幫助。

(1) 一位社會工作教授請學生在社會工作實務課堂上完成一份問卷，問卷是針對老師準備分析並使用於投稿出版的文章中之具文化能力的實務，請他們評估對此實務的認識與態度。

(2) 一個低收入地區的居民對在鄰近地區中間建立一條高速公路的計畫進行抗議，一個社區幹事打算在這場即席和平遊行中

進行質性訪談。意外的是，某些被訪談過的居民在訪問過後開始非法鬧事並破壞房屋。警察要求該社區幹事指認那些違法的群眾。不願冒著因共謀而被逮捕的危險，社區幹事遵從了警察的要求。

(3) 一個臨床計畫負責人在完成支持機構服務效果的研究報告之後，發現 200 個機構案例中有 20 個意外地被排除在資料分析之外。那些被排除的案例包含數據不足以反應機構效率的案主。負責人選擇忽視這項事實，並未加修改地出版該份研究報告。

(4) 在一個兒童福利機構實習的社會工作學生，得到一份他們想要用於實習研討會課堂報告的施虐父母名單。他們與那些父母聯絡，並告訴他們是從全體人口中「隨機」選擇，以獲得「大眾意見」的樣本。

(5) 一個受僱於兒童輔導中心的社會工作人員，決定以在機構中幼童的父母為對象，研究有施虐傾向父母對子女的懲戒方式。每一個父母和他或她的小孩進入一間玩具散落一地的房間，父母被要求讓小孩在玩玩具之前必須先將它們清理乾淨。研究者告訴父母會從一個單面鏡後面觀察親子間的互動。

(6) 一個學校社會工作人員進行一項調查，發現她的學校中有 85% 的學生經常吸食大麻，公布這項研究發現可能會在社區間造成轟動，她決定忽視該項發現並保持秘密。

(7) 一個在機構中負責在職訓練的社會工作人員，詢問其他社會工作人員對於虛構實務模型的臨床意見，以測試當社會工作人員面對他們完全未獲告知的事情時，會表達的臨床觀點，以試圖保全他們面子的程度。

(8) 一份學術問卷在案主之間傳閱，以做為機構之意見調查表的一部分。雖然案主並未被告知一定得完成問卷，但研究人員仍希望他們認為自己必須完成——因而保證較高的問卷完成率。

(9) 一個觀察參與者的研究人員假裝加入一個反對家庭計畫的團體以進行研究，而她成功地被接受為核心計畫圈的一員。如果該團體有以下的計畫時，該研究員該怎麼做？a. 進行一個雖然非法但平和的示威來反對家庭計畫，或 b. 在確定無人在內時把一家墮胎診所炸掉。

網路練習

1. 找出一篇討論倫理議題的社會研究文章。〔可以選擇用下列名詞：研究倫理（research ethics）、告知同意書（informed consent）或機構審查委員會（institutional review boards）〕。閱讀能引起你興趣的文章，寫下它的參考書目資料並以幾個句子簡單描述該篇文章。

2. 重複進行網路練習第 1 題，這一次輸入研究政治（research politics）做為關鍵字。

3. 用「告知同意書」（informed consent）做搜尋，瀏覽找到的文章，然後開始確認那些告知同意書可能有問題的研究對象——那些可能無法提供告知同意書的人。提出一些可能改善這個問題的方法。

4. 拜訪下列以人為對象的研究保護參與者的網站（http://cme.cancer.gov/clinicaltrials/learning/humanparticipant-protections.asp）。如果你在這個網站使用線上指導的話，你會得到一份結業證明，是現在一些機構審查委員會要求涉及人類為對象的研究者與其研究助理所必須提供的證明。這份證明可能做為未來你進行相關研究時，是否可以因而獲得機構審查委員會同意你額外再進行研究。

5. 在網站尋找更多關於塔斯基吉（Tuskegee）梅毒研究的資料，以及其他與該主題相關的網站連結。或者你可以上 http://www.google.com 搜尋關鍵字「塔斯基吉」（Tuskegee）。

提醒事項

EP 2.1.2b：運用「美國社會工作專業人員協會倫理守則」的標準，做出合乎倫理的決策：社會工作人員應用 NASW 倫理守則做為一些研究倫理的指導方針，以評定一項研究或計畫的完成是合乎倫理的。

EP 2.1.2c：容忍解決倫理衝突的歧異：社會工作人員瞭解在研究中一些倫理的內容是敏感且有爭議的，不是容易判斷的，除非研究的效益高過它所關心的。

EP 2.1.4a：認識到的文化結構和價值可能的壓迫、排斥、疏離，或創建或強化特權和權力的程度：當社會工作人員以文化偏見或文化不敏感態度來進行研究時，他們可能疏離壓迫了族群而進一步造成他們的苦惱。

具有文化敏感度
的研究

 前言

大部分社會工作實務，不論在鉅視或微視層次，都涉及少數族
群或被壓迫社群。因此社會工作教育重點之一，即是協助學生瞭
解文化多樣性，並成為更具文化敏感度的實務工作者。文化敏感
度在學術研究中亦相當重要。我們在第十六章曾提及，文化偏見
與不敏感亦是重要的研究倫理議題。要避免偏見與不敏感則需培
養文化敏感度。在本章我們除提及文化敏感度在研究倫理中的重要性之外，亦檢
視文化敏感度如何影響研究中的所有過程。我們將看到：文化敏感度可協助研究
者獲得並提供對少數族群和被壓迫社群相關且有效的資訊，並能進而改善提供給
這些社群的相關服務和政策。

EP 2.1.4b

在研究中，**文化敏感度**（cultural competence）意指察覺且適當回應文化因素
和文化差異對研究、研究進行方式、詮釋研究發現等面向的影響。例如，當設計
具文化敏感度研究（culturally competent research）[1] 時，我們不會輕忽將足夠數
量且具代表性的少數族群和被壓迫社群的樣本納入研究的需要。然而，想試著將
少數族群納入樣本，並不保證我們能成功。如同我們將討論的，要成功地在研究
中招募與維繫少數族群參與者，需要特殊的具文化敏感度的知識和用心。

你可能會訝異社會工作和相關領域研究對文化敏感度的強調，是近期才有的
發展。從歷史角度而言，少數族群一直沒有充分地被臨床研究關注。對這項歷
史事實的承認，使得美國國家健康研究院（National Institutes of Health, NIH）於
1994 年發布一項新政策：明定所有由 NIH 資助的涉及人類研究對象的研究計畫，

1　**具文化敏感度研究**　研究能敏感且適當回應，文化因素和文化差異對研究、研究進行方式、研究者
　　怎樣詮釋研究發現等面向的影響。

都得在樣本中納入足夠的女性和少數族群成員。新政策亦規定：研究計畫須詳盡說明，招募與維繫女性與少數族群研究參與者的做法。研究者須描述他們過去如何招募與維繫這些研究參與者、說明與其他有相關經驗的研究者間的合作關係、且提供相關社區團體所發出的研究佐證信件（Hohmann & Parron, 1996）。

招募與維繫具少數族群或被壓迫社群背景的研究參與者

　　從少數族群和被壓迫社群中招募足夠且具代表性的研究參與者，其實是項難度頗高的挑戰。在招募他們後，留住他們直到研究結束亦有一定難度。有許多理由可解釋招募和維繫少數族群和被壓迫社群研究參與者的困難。第一個理由是：過去對多元文化議題不敏感的研究遺留給現今研究者的苦果。其中一個相關理由是：少數族群成員不認為對主流社會有益的研究問題對自身亦有益處。這狀況因此可能造成少數族群成員傾向不信任一般的研究或來自於主流社會的研究者。

　　有些潛在研究參與者可能因為**對文化議題不敏感的知情同意程序**（culturally insensitive informed consent procedures）而不願繼續參與研究（我們在第十六章討論過知情同意程序）。舉例來說，Norton 和 Manson（1996: 858）觀察到：「對美洲印第安人與阿拉斯加原住民，尤其是那些英語並非母語的人而言，研究倫理委員會規定研究相關文件所需條列的文字可能很複雜與嚇人。」

　　另一個限制則是：研究者**不知道到哪裡尋找研究參與者**（not knowing where to look for participants）。假設你想針對新近到美國的南韓或拉丁美洲移民研究父母本身憂鬱狀況對養育子女的影響。基本上，這些移民使用傳統心理健康服務的使用率相當低，如果你認為你的潛在研究參與者可能正在這些機構接受憂鬱治療，所以你只需透過機構轉介或在這些機構張貼小廣告，就可招募到他們的話，你成功的機會將會相當低。

　　當想探討居無定所的社群時，例如街友、移工或非法移民（undocumented immigrants），要找出或確認潛在的研究參與者更會是個特殊挑戰。另一種難以界定的社群則是那些帶有社會烙印特徵以致不願公開身分者。例如，需要愛滋相關宣導或藥物治療的人，形成了另個「隱藏」社群（hidden population）（Roffman, Picciano, Wickizer, Bolan, & Ryan, 1998）。

　　我們能夠做哪些事以減少或克服這些招募和維繫少數族群或被壓迫社群參與

研究的障礙呢？相關文獻提出下述幾點可能有用的建議。

▶▶▶ 得到社群領袖的支持

如果潛在研究參與者看到尊敬的社群領袖認同你的研究，他們對研究者的不信任或對研究可為社群帶來的可能價值的懷疑，會因此減輕。例如，Norton 和 Manson（1996）討論研究者在招募美洲印第安人與阿拉斯加原住民參與研究時，先獲得部落領袖同意的必要性。他們提到，納瓦伙族印第安人（Navajo）有個由部落代表組成的委員會，負責審查、核准及監督所有在部落進行的與健康相關的研究。部落管理者積極評估研究計畫可能對部落帶來的價值。某部落議會在過往甚至曾主張，它有權利授予研究者部落成員集體參與研究的同意書。

獲得社群領袖同意是項重要工作。要是能徹底且細心地規劃與執行，研究者亦可藉此獲得社群領袖對研究問題該如何形成、研究該怎樣設計和執行、及研究結果該以哪種方式呈現或被他人得知等議題的意見。這些努力不僅可提高研究參與者的招募與維繫，也可改善研究設計或對研究結果的詮釋。Norton 和 Manson（1996）引用實例說明與部落領袖間的對話，如何讓研究者警覺到某地區的研究參與者寧願告訴從其他社區來的醫師，也不願告訴當地工作人員，他們酗酒的真實情形。這種瞭解促使研究者改僱用當地訪談者，以蒐集較不偏頗的資料。

▶▶▶ 採用具文化敏感度的取徑處理隱私議題

對重視集體身分（collective identity）的少數族群而言，單保障個人隱私是不夠的，他們可能要求族群集體的隱私保障（community confidentiality）。

Norton 和 Manson（1996）建議，在發表針對美洲印地第人與阿拉斯加原住民的研究成果時，研究者不應明確界定出具體部落。發布的新聞稿也許不應來自於研究者，相反地，而該是來自於部落領袖。另外，研究發現也許該以通則化方式呈現，讓讀者無法從中發現到底實際上是哪個部落被研究。

▶▶▶ 聘僱族群或社群成員為研究團隊

如果你有足夠研究資金，你可聘僱族群或社群成員幫忙找出並招募潛在研究參與者，並取得他們的知情同意書。如果你聘僱的人正好也是族群或社群領袖，那會更好，因為他們能為你提高宣傳效果並表達對研究的熱情支持。聘僱族群或

社群成員取得知情同意書，亦有助於解決潛在研究參與者對知情同意書的不理解或因其文句感到受威脅等問題；因為這些研究團隊成員可用易於讓潛在研究參與者瞭解的方式，說明與解釋研究或回答相關問題。聘僱族群或社群成員另外的好處為：你因此提供更多工作機會，使該族群或社群受益。不過，聘僱族群或社群成員仍有缺點：那就是保密議題。畢竟有些潛在研究參與者可能不想被同一族群或社群的成員訪談，或被知悉自己參與了研究。

▶▶▶ 給予適當酬勞

　　為感謝研究參與者付出時間和努力參與研究並提供研究資料，給予他們適當酬勞是應該的。支付的酬勞應該要足夠多，以成為邀請他人參與研究的適當誘因；但又不致於過多，讓研究參與者覺得自己被迫參與研究。對參與研究的少數族群或被壓迫社群給予適當酬勞又特別有意義。畢竟某些少數族群或社群的貧窮率是偏高的，酬勞可能提供了參與研究的強烈誘因。然而，這種少數族群貧窮率偏高的現象，可能使某些人認為偏高的酬勞反是逼迫參與研究的不合乎倫理規範的要求。當你不想給予過高酬勞時，規範出適當的酬勞標準可能反而是你的研究帶給該族群或社群的另一個好處。Norton 和 Manson（1996）補充，報酬不一定只能給個別的研究參與者。他們舉了一個例子：普魏布勒印第安人（Pueblo）要求研究者將酬勞提供給整個部落，這種做法其實呼應了部落強調集體認同的概念。

　　金錢不是你唯一可使用的酬勞。舉例來說，如果你的研究對象為街友，那麼回應他們對食物或衣服的需要，亦可建立起他們對你的信任，你也可藉此回報他們參與研究的付出。三明治、香菸或咖啡，對他們來說也許都很有用。也許你可以陪同他們前往提供庇護、財務援助或健康照護的機構。食物券（food vouchers）是另一種研究者常用來感謝街友或其他低收入者參與研究的非現金酬勞形式。或許某速食連鎖店會樂意為你的研究提供每張價值五美元的食物券。

▶▶▶ 降低交通往返與幼兒照顧障礙

　　有些少數族群內部有偏高的貧窮率，這使得有時候並非文化因素，而是經濟因素，造成招募與維繫少數族成員參與研究的障礙。例如，假設你在某兒童照顧中心工作，想評估一項新推出的具有文化敏感度，且讓經濟弱勢少數族群親子可一同接受處遇的方案。許多你想招募的父母在前來兒童照顧中心接受處遇時，可

能得面對或經歷交通往返或兒童照顧等困難。因此，如果你想完成這份具有文化敏感度的研究時，你這時也許可為這些父母提供免費的交通接駁或兒童照顧服務（照顧他們其他年幼子女）。另一個替代免費交通接駁的方式則是在他們住處進行處遇和資料蒐集，雖然在處遇與資料蒐集過程中，許多家庭仍可能需要額外的兒童照顧服務。

▶▶▶ 選擇具有文化敏感度及易於接近的場所

　　如果你不是在研究參與者家中提供處遇或蒐集研究資料，那你更該事前確認你選擇的場所是否對研究參與者的需求、資源與在意的事物，有一定的敏感度，以及這個場所是否易於他們接近。Areán 和 Gallagher-Thompson（1996）對於如何挑選具文化敏感度的研究環境提供了一些建議。例如，即使有些少數族群的成員擁有私人交通工具且並未因經濟障礙而無法參與研究，但還是可能有人因為擔心自身人身安全會受到威脅，而不願前往某些區域參與研究。例如，由於害怕自身種族、性別或性傾向與他人不同，被他人毆打、搶劫、或殺害等。這種犯罪類型被稱為仇恨犯罪（racially motivated crime）。或者你選擇的地點正好位於某區域內有名的治安不好或危險的地段。對有些年邁的少數族群成員而言，這些擔心則會特別明顯。因此，當你在挑選資料蒐集的場所時，你得挑選研究參與者認為方便且安全的地方。你亦得留意所挑選的場所（或建築物）連帶的象徵意義是否讓某些研究參與者感到不自在。例如，你可能挑了一間位於安全地段且交通便利的社區教堂，但對某些不隸屬於該教會或甚至信仰不同宗教的研究參與者而言，說不定踏進這教堂本身就會讓其感到不自在。其他研究參與者可能則不太希望被鄰居看到他們接受服務或參與研究。因此，鄰近地區的大學校舍可能是較為合適的場所進行研究資料蒐集。如果你採用上述我們提過的某些建議——譬如執行焦點團體、把社群領袖納入研究規劃階段、或聘僱族群或社群成員為研究雇員——你接著則該瞭解哪些場所對潛在研究參與者是易於接近的或對他們關注的議題有一定程度的敏感。

▶▶▶ 聘僱與訓練具有文化敏感度的訪員

　　招募與維繫少數族群研究參與者的一個關鍵點是：確保與他們接觸的工作人員具備足夠的文化敏感度。其中一個可用的方法則是我們已提及的聘僱族群或社

群成員為你研究團隊的工作人員。但我們亦提及，在某些情境聘僱族群或社群成員可能與保密原則衝突。當聘僱族群或社群成員被視為不受歡迎或不可行之際，一個常見的建議則是依據你的研究對象，聘僱來自其他地區、但有著相同族群或社群背景的人為訪員。因此，當你打算想招募和維繫某特定社區中的非裔美籍研究參與者時，你可從其他社區聘僱同樣具非裔美籍身分的訪員。

讓訪員與研究參與者在背景上一致，並不會妨礙你在招募研究參與者上的努力。不過，不少研究指出訪談成功關鍵不在於訪員與研究參與者是否有相似背景，而在於訪員的訪談能力與文化敏感度（Jackson & Ivanoff, 1999）。譬如，Thompson 等人（1996）發現：訪員與受訪者在種族背景上是否一致，其實並不會影響邀請非裔美籍住院精神病患接受訪談的意願。根據 Thompson 和其同事的研究，比種族背景一致重要的因素是，訪員是否有與目標族群合作的經驗或是否接受過相關訓練。訪員訓練內容包括：如何接近研究參與者、如何簡要介紹研究、如何有效討論保密和自願參與等議題、以及徹底地學習訪員將使用的調查工具。訪員須細讀研究說明和訪談規章裡的所有內容，並依據研究人員準備的腳本，練習介紹和解釋研究內容。此外，他們必須以角色扮演方式練習與熟悉訪談，並得實際訪談兩名真正的住院精神病患。這些練習則會被檢視與評論。

雖然 Thompson 等人的研究呈現：只要有大量相關練習，訪員與研究參與者背景間的一致性看似並非必要，但我們也不該簡化這研究結果。如果他們的研究參與者不是非裔美籍的住院精神病患，他們可能會有不同的研究發現。如果找不到曾和目標族群有足夠合作經驗的訪員時，他們該怎麼辦？如果缺乏足夠資源以徹底而密集地訓練訪員時，他們該怎麼辦？在這些情況下，讓訪員和研究參與者的背景一致，說不定就會產生很大的差別。

▶▶▶ 聘僱能講雙語的員工

如果你想從多數成員無法流利講英語的族群或社群裡招募研究參與者，你就該有員工能用潛在研究參與者最善用的語言與他們溝通。譬如，當你的研究位於有很多拉丁美洲人聚集的區域，你的訪員則該能流利使用西班牙語。如果他們不行，你的招募工作不太可能會成功。同樣地，在招募研究參與者後，訪員也得以西班牙語從事研究資料蒐集。如果你想在這個區域評估某處遇方案的成效，那麼該方案還是得以西班牙語進行。不然，即便你成功招募了些潛在研究參與者，這

研究還是可能因你只能維繫極少數的非以英語當母語的研究參與者而失敗。

▶▶▶ 瞭解影響研究參與的文化因素

我們之前討論過，部落在印第安人生活中扮演的重要角色。我們注意到：研究者有可能需要先和部落領袖或家庭成員互動，進而部落中的個人才能得到允許或樂意參與研究。Miranda 和她的同事（Alvidrez, Azocar, & Miranda, 1996; Miranda, 1996）在進行心理健康服務的研究時，界定出其他影響招募和維繫傳統低收入拉丁美洲研究參與者的文化因素。例如，**家庭主義**（familismo）意指傳統拉丁美洲人間那強大、傳統的家庭價值。**男子氣概**（machismo）意指父親在決策、經濟和情感的穩定，以及保護家庭時所擁有的權力。**女性特質**（marianismo）意指母親因幫助丈夫和子女而受苦或自我犧牲時，所產生的對自我能力的精神優越感。**個人尊嚴**（personalismo）意指當你和傳統拉丁美洲人結交時，他們比較偏好使用莊重方式，例如使用能傳達尊重意涵的正式語言和正式問候。但在從事招募工作時，則不必過於正式。同情（simpatia）意指傳統拉丁美洲人期望他人能待己以尊重，並待己以溫暖且真誠。為說明對這些文化因素具有敏感度會如何提高研究參與者的招募與持續參與，Miranda 和她的同事引用了相關研究：訪談人員藉使用正式稱謂（比方 señor 或 señora）、採用比較禮貌的用詞（比如用「您」（usted）而不用『你』）、記住研究參與者子女名字、且在每次訪談時順帶問候其子女等方式，對拉丁裔研究參與者展現熱情與優雅，因而在招募與留住這些參與者時較易成功。

▶▶▶ 以匿名方式招募被汙名的社群

當你的研究聚焦於被汙名的社群時，假如要他們向你現身或袒露與汙名相關的事，則具有一定程度風險，畢竟他們不確定你是否會洩漏他們的秘密；因此要找到並招募這一類潛在研究參與者，則是項特別的挑戰。譬如，需要愛滋教育宣導資訊或相關處遇方案的人就是這類型社群。Roffman 與他同事（1997, 1998）曾評估某個針對未採取保護措施的口交與肛交的男同志與男雙性戀者，提供愛滋宣導電話團體方案的成效。對他們而言，要找到潛在研究參與者並不容易。單單招募工作，就花了近兩年的時間，在這之間，他們「在同志刊物登廣告、上主流媒體的新聞報導、發放研究說明文件到愛滋篩檢中心和同志健康與社

會服務機構、以及郵寄研究宣傳海報給男同志酒吧和三溫暖」（Roffman, 1998: 9）。Roffman 與他同事藉著電話進行研究和愛滋教育宣導，因此能展現他們對潛在研究參與者匿名性保障的用心。若招募文件能強調**匿名性登錄**（anonymous enrollment），會使潛在研究參與者較放心地接觸研究者，進而幫助研究團隊接觸到一些平日因社會汙名而不願現身的潛在研究參與者。對匿名性登錄的強調除增加接觸到潛在研究參與者的機會外，亦進一步提高他們加入研究的意願。

Roffman 與他同事想出不少有創意的方式，保障潛在研究參與者的匿名性，並讓他們可放心地參與研究。有意願參與研究的人以匿名方式登錄，並獲得不記名支票，以讓其可租用住處附近的郵政信箱。研究者也允許他們使用假名，以收到研究資料。最終，研究者成功招募到 548 位研究參與者；他們指出對招募不易接觸到的社群而言，讓研究參與者以匿名方式登錄研究，是項能降低他們戒心、進而讓他們加入研究的有效方式。但研究者也發現，這種方式只適合有電話的潛在研究參與者，以及用在可藉由電話完成的介入方式。研究者承認，儘管匿名登錄方式在接觸與招募潛在研究參與者是個重要因素，但對族群或社群具有文化敏感度的研究人員，才是使這些研究參與者願意繼續參與研究的關鍵因素。

▶▶▶ 使用特殊取樣技巧

匿名登錄方式只是界定、招募與留住不易接觸到的社群成員的方式之一。關於如何接觸及研究不易接觸到的社群的文獻仍在剛開始階段，其他種種創新方式在未來仍可能被想出來。也許我們得使用已在第十章討論過的幾種特殊取樣技巧。一種是**立意（判斷）取樣法**。舉例而言，當我們針對街友進行研究時，你可能用你自己或提供服務給街友的助人專業者的判斷，以界定可在市區較易找到街友的特定區域。另一種取樣方式則是**滾雪球取樣法**（snowball sampling）。當你找到某些街友，你會試著請他們幫你界定或聯繫他們認識的其他街友，進而擴大你的滾雪球取樣。

特別適合於少數族群和被壓迫社群的抽樣技術為**不等比例分層抽樣**（disproportionate stratified sampling），以確保在進行少數族群間次團體比較時，有足夠樣本可供比較。因此，如果你想比較居住在城市與鄉村地區的某少數社群成員間某些特質時，又尤其當只有極小比例的少數社群居住在鄉村地區，那麼你可能會多挑一些居住於鄉村地區的少數社群成員，以豐富我們的瞭解。

具有文化敏感度的研究

▶▶▶ 從過往經驗學習從何處開始調查

　　具文化敏感度的研究者已發現，在為研究招募某些少數族群或不易接觸到的及被汙名的社群成員時，不能單靠傳統機構為轉介來源。但還有哪些替代方案呢？這答案端視你研究對象而定。例如，Roffman 和其同事在針對有愛滋治療需求者的研究中，為招募研究參與者，他們在同志媒體刊登廣告、在愛滋篩檢中心或男女同志及雙性戀健康與社會服務機構發放宣傳資料，並在同志酒吧和三溫暖張貼海報。我們在第十四章檢視過某篇關於街友的研究，研究者在碼頭、公園長椅、公車終點站、慈善機構、廉價旅社、及廢棄建物等地找到研究參與者。

　　研究聚焦於有情緒問題的非裔美籍族群的研究者發現，這族群中有很多人並未向傳統心理健康服務機構尋求協助。因而這些研究者則試著從傳統心理健康服務機構外的管道，例如神職人員、診所醫生和非正式支持族群網絡，尋求獲得招募研究參與者的協助（Thompson et al., 1996）。我們並不是說傳統機構該被略過，但它們不該是唯一接觸到潛在研究參與者的管道。

▶▶▶ 連結與培養轉介來源

　　無論你是靠傳統或非傳統機構的轉介接觸到潛在研究參與者，當你可以和這些機構的員工保持良好關係，你從這些機構獲得研究參與者轉介的機會將會提高。例如，你可參加這些機構的聚會並查看你是否有機會可義務協助他們。如果你可以愈早接觸這些機構中的關鍵員工並建立良好關係，當你需為研究招募參與者時，他們愈可能樂意協助你。

　　在與轉介機構建立適切關係後，你該告知他們你的研究可帶給該領域及個別研究參與者的好處。例如，研究參與者可接受帶來希望的新類型服務、參與研究的酬勞及其他獎賞；該領域也可藉此知道可能帶來希望的新類型服務是否真地有效。和他們討論他們對你的研究可能有的問題或困惑，並試著減輕他們對研究的擔憂。在研究過程中，你該持續培養與轉介機構的關係。持續參加聚會並協助他們，讓他們知道你的研究近況。當有任何初步研究結果，也該讓他們知道。

▶▶▶ 採用頻繁與個人化的管道接觸與聯繫

　　雖然我們的討論應聚焦於招募和留住研究參與者，但直至如今我們大部分內

容都在強調招募。如同我們之前所提，假如我們需研究參與者多次參加研究相關活動，倘若不能成功地留住他們，那之前花心血的招募行動都將白費。例如，評估處遇結果的研究得花很多精力讓案主願持續接受處遇服務。此外，案主也需被提醒和鼓勵參加前後測及可能的數次接續測試。Miranda 和她同事（Alvidrez et al., 1996; Miranda, 1996）提出一些可用來留住研究參與者的建議，這些建議已成功地用在針對收入較低的拉丁裔相關處遇的評估研究中。我們相信她們的建議同樣可適用於其他收入較低的弱勢團體上。譬如，Miranda 和其同事建議，每個月都該讓溫暖且友善的研究助理用電話聯繫研究參與者，以瞭解他們和家人的狀況。每一次的聯繫都該由同一位助理負責，他們得記得並能與研究參與者討論他或她及其家人的狀況。這種方式能確保關係的親密度與連續性。此外，如同我們之前所提，交通費的補助、報酬或食物券對於留住研究參與者也會有所幫助。提供咖啡、冷飲、三明治或點心也是不錯的方式。

除了定期聯繫和親自接觸外，你也得確認研究助理會打電話提醒研究參與者出席排定的處遇或研究行程。事實上，除提前一或兩天打給他們外，你應嘗試在一、兩週前與他們聯繫。如果他們收入較低，很可能沒裝電話答錄機，或是他們已經搬家的話，那麼你會需要足夠時間找到他們。

▶▶▶ 使用參照點

假如你的研究參與者是街友或臨時住在收容所的人，要撥打提醒電話或有後續接觸則可能並不容易。檢閱相關文獻後，Hough 和他同事（1996）建議，當要針對有心理疾病的街友進行研究時，研究者最好使用**參照點**（anchor points）[2]。參照點是讓你能夠在某些場合，找到特定研究參與者的種種資訊。當你能從已招募的研究參與者身上獲得較多參照點，你日後再找到他們的可能性也愈高。例如，當你針對女性街友進行研究時，一些可使用的參照點包括：她通常在哪睡覺、吃飯或出沒。你也可詢問，她是否有任何住在附近、而你日後能接觸的親友？是否有任何社會工作人員、房東或其他人可能知道如何找到她？她願意留下她收取信件、短訊或社會保險支票的地址嗎？她常使用的綽號或化名是什麼？所有這些

2　**參照點**　讓你能夠在某些場合找到特定研究參與者的種種資訊。

資訊該系統化地記載於追蹤單。當你日後與她或其他知道她下落的人聯繫時，你該持續更新你的參照點資料。

▶▶▶ 運用追蹤方法

Hough 和其同事建議了其他追蹤與聯絡研究參與者的方式。如果你的參照點包括電話號碼，你可用**電話追蹤法**（phone tracking）。如同我們之前所提，你該在訪談一、兩週前就試著用電話聯繫。通常對從事街友研究的研究者而言，每次訪談前都得向研究參與者或參照點撥打相當多通電話。你也可以留給參與研究的街友免付費電話號碼，當他們想更改會面時間、改變聯繫方式或其他相關訊息時，可藉由免付費電話留下訊息。你甚至可以為鼓勵他們常留下這類訊息，提供例如食物券等獎勵措施。為協助研究參與者記得會面約定和聯絡研究團隊的方式，你可以給他們一面詳列有用資訊（例如常用的社區資源），另一面顯示會面時間和研究團隊地址與電話的卡片。

除電話追蹤法之外，你也可用**郵件追蹤法**（mail tracking）。在寄出的郵件中，你應提醒研究參與者即將到來的訪談，或請他們打電話來更新任何聯絡方式。郵件追蹤法亦可包含郵寄生日卡、節日問候或感謝函。所有這些郵件都該由認識研究參與者的研究人員署名。

你也可使用**機構追蹤法**（agency tracking）。當你找不到某些研究參與者時，可詢問相關社福單位或其他社區機構最近是否曾接觸過該參與者。也許部分機構已經在你的參照點資料中。如果那些在參照點資料中的機構無法告訴你去哪裡找到某參與者，你還可以聯絡其他機構，比方社會服務機構、醫院、警察局、緩刑或假釋觀護人、藥物施用中心、庇護所、國民住宅的員工（public housing staff）、社會安全部門單位，甚至驗屍官辦公室。如果你採用我們之前提過的其他建議，比如取得社群領袖支持或與相關機構建立與培養關係及密切保持聯繫，那麼你從這些機構得到的合作與幫忙將會大為提升。

如果透過電話追蹤法和機構追蹤法，仍無法找到特定研究參與者時，你可試試**實地追蹤法**（field tracking）。實地追蹤法特別適合於與街友相關的研究。實地追蹤法乃透過在街上與人談話，以得知可能找到特定研究參與者的方法。你可以到街友常聚集的地方向他們詢問，某特定研究參與者可能去的地方，給他們些小禮物，例如咖啡或香菸，可能會有幫助。你也可用你的參照點資料，透過該名

研究參與者的鄰居、朋友、親戚或其之前居住過的地方留下的蛛絲馬跡，以求找到該名研究參與者。

不管使用哪種追蹤法，Hough 和其同事認為，堅持與毅力才是獲得令人滿意再次受訪率（retention rates）的重要因素。例如，針對有精神疾病的街友進行研究時，你可能每次都需動用十個參照點、聯絡他十五次；或者也得一再前往約定地點準備進行訪談，縱使那位潛在研究參與者之前已爽約四次了。

這些追蹤方法可能與第十六章討論過的匿名與隱私的保護原則相互衝突。因此，在你使用這些方法前，你得在知情告知過程中，充分且清楚地向研究參與者說明與解釋。你必須獲得研究參與者的同意，才能使用我們介紹的這些追蹤他們下落的各種不同來源與方法。此外，你得確保不會因為輕忽而透露研究參與者的敏感資料給這些消息來源。例如，這些消息來源不應該知道你的研究與心理疾病或愛滋議題相關。如果你必須把研究團隊的地址或電話號碼留給這些消息來源，你也得確保留下的資訊或文件不會有或暗示任何關於研究議題的資料。

發展具有文化敏感度的研究問題

如果你想對某個少數族群進行研究，對這個族群的文化與背景有基本瞭解是必要的。因此，在你開始任何研究前，詳讀與研究此些少數族群或被壓迫社群相關文獻則非常重要。你所閱讀的文獻應包含說明其文化與價值的資料以及與其成員相關的學術報告。

換言之，你應該對想研究的族群或社群有一定程度的**文化敏感度**（cultural competence）。Vonk（2001）強調，文化敏感度包括知識、態度和技巧三個面向。你該瞭解少數族群或社群的歷史經驗（包括偏見和壓迫帶來的影響），及那些經驗如何影響少數族群或社群成員的生活，和他們以何種觀點看待優勢或主流文化。你也該熟悉少數族群或社群文化中的傳統、價值、家庭系統、相關社經議題、和他們對社會服務及社會政策的態度。你該留意自己的文化背景如何影響態度，而這態度又與少數族群或社群文化的世界觀有著多大的不同。你該能藉著口語或非口語表達，與少數族群或社群成員有效溝通，並與他們建立密切關係。

Miranda 與其同事（Alvidrez et al., 1996; Miranda, 1996）提到，對拉丁裔社群的不瞭解和對其使用心理健康服務的誤解，會如何妨礙研究者招募與維繫拉丁

裔的研究參與者。當你想評估在許多拉丁裔人居住地區的一項心理健康服務時，很重要的是，你對於哪些因素影響拉丁裔人使用這類服務有精確的認識與掌握。否則，你可能無法適當招募與維繫拉丁裔的研究參與者，你可能很快地把他們不願意參與研究歸咎於他們的負面態度，而不是歸咎於你招募和維繫他們時的不適當方式。例如，Miranda 與其同事發現，對許多拉丁裔人而言，家庭價值（無論是大家庭或是核心家庭的家庭價值），遠比個人價值更重要。因此，在使得個人被允許或有意願參與研究前，研究者得先與其他家庭成員互動。

即便你已累積足夠的知識與文化敏感度，在開始研究之前，你應該還是得多閱讀較新的學術研究報告。這樣將可提高你對自身文化敏感度的瞭解，並藉此檢查你的概念是否正確，以及是否與最新的研究發現一致。此外，文化並非單一的龐然大物。每個文化都包含種種次文化，這些次文化的生成可能來自於諸如地理起源、社經地位和文化涵化等不同因素。因此，在評估你的文化敏感度時，就算你自認對某文化已有相當程度瞭解，也不要忽略該文化下的多樣與差異性。

除閱讀文獻外，另一個可增進你文化敏感度的方式則為使用質性研究方法。使用質性取樣方式，例如，你可向**關鍵訊息提供者**，包括該族群或社群的成員或有大量與該族群或社群成員共事經驗者，尋求建議。除實務工作者有大量與該族群或社群成員共事經驗外，研究主題以那些族群或社群文化為主的學者亦會有大量的相關經驗。其他關鍵資訊提供者還包括族群或社群成員及其領袖。事實上，將少數族群代表納入研究問題形塑及之後相關研究過程中，是非常重要的事。這麼做不僅幫助你形塑可以回應少數族群關切之事的研究問題，亦幫助你預防或處理一些你原先沒料到，但在研究後期階段可能才出現的文化相關問題。這措施亦可培養族群或社群對研究的認同感與承諾，並對未來相關研究的接受度亦會增高。

質性方法的採用可讓你親身接觸你關注的文化，並提升你對自身文化敏感度的覺察。Alvidrez 與其同事（1996）就提到，在進行非裔美籍親職處遇相關研究前，他們先帶領了一次相關議題討論的焦點團體，因而讓他們更瞭解該社群對子女撫育的態度。這也讓研究者有周全準備，以針對年輕非裔美籍女性對親職處遇所關切的議題，發展出具足夠文化敏感度的研究假設。焦點團體也可讓研究者預先體會在招募和維繫研究參與者時可能遇到的障礙，並藉此讓研究者先想想他們可做哪些事情以提升成功招募與維繫研究參與者的機會。現在讓我們將焦點轉至資料分析與報告等議題。

發展具有文化敏感度的資料分析與研究報告撰寫

　　文化敏感度亦會影響資料分析與研究報告撰寫等過程。具文化敏感度的研究者不會只關心少數族群是否與主流團體有所差異。如果具差異性的樣本數量足夠，研究者在資料分析時則不會只將所有少數族群樣本合在一起，再與主流團體進行比較，他們亦會比較不同少數族群樣本間的狀況。這樣做的主要理由有兩個：首先，把所有少數族群視為一個整體，並探看他們與主流團體間的差異，而忽略少數族群彼此間亦有差異時，是種對文化差異的不敏感。其次，不同的少數族群亦可能以不同方式與主流團體間有所差異。例如，平均而言，比起白種美國人，亞裔美國人有較好的學業表現，但其他少數族群則有較差的學業表現。因此，如果將亞裔美國人與其他少數族群視為同一個族群時，這個族群的學業表現總平均可能與白種美國人非常接近。這麼做其實掩蓋了少數族群與白種美國人在學業表現上的真正差異，並可能忽略少數族群間的重大差異。

　　若在資料分析與報告撰寫階段缺乏對文化議題的敏感度，可能使研究者不知不覺以帶有偏見的態度解讀種族差異，並因而放大少數族群的缺點，輕忽他們的優點。例如，Miranda（1996）提到有個研究旨在比較城區（inner-city）少數族群小孩與中產階級白人小孩延遲享樂（delay gratification）的狀況。此研究發現少數族群小孩有較低延遲享樂的狀況，並因此詮釋這是他們與生俱來的缺點。Miranda 認為這樣的解讀帶有種族偏見意涵，因為它忽略了少數族群小孩有著較低延遲享樂的狀況，可能是種因應貧困環境而採取的適應態度。

　　Norton 與 Manson（1996）則討論研究者在大眾傳播媒體發表研究成果，要是缺乏文化敏感度，可能會經由新聞標題帶來不少傷害性影響。例如，1979 年，有個調查阿拉斯加 Inupiat 族酒精使用狀況的研究團隊，針對研究結果發佈新聞稿。結果有家報紙的新聞標題為「酒精困擾愛斯基摩人」，另外一家報紙的新聞標題則為「意外財富促使酗酒流行」。沒多久，標準普爾（Standard and Poor）則大幅降低 Inupiat 社區的債券評等，並使得一些重要地方建設的計畫資金被迫終止。因此，儘管酗酒問題在阿拉斯加原住民社區中有一定的嚴重性，可是一些阿拉斯加原住民就從此拒絕參與酗酒相關研究。

　　解讀研究資料時的缺乏文化敏感度，同樣也會發生在未將某些少數族群納入研究的情形。這邊常見的問題是：研究者常將研究發現概推到未被納入研究的少

數族群上，好似他們有被納入於研究中。同樣地，只包含單一性別樣本的研究，不能將研究結果推論至另一性別上。

文化涵化

具文化敏感度的研究者在看待少數族群和主流社群間的差異時，亦會考量**移民經驗**（immigration experience）和**文化涵化**（acculturation）等因素帶來的影響。對這些因素具有敏感度，亦使研究者會留意某少數族群內部次團體間可能有的差異。例如，相較那些父母或祖父母已在美國數十年或更久的拉丁裔或亞裔的人而言，新近移民至美國的拉丁裔或亞裔的人可能有不同的需求、得面對不同的問題、對子女撫育或夫妻角色有著不同態度，甚至會以不同方式看待與回應社會福利服務。當少數族群的成員住在主流文化的時間愈長時，他們愈可能被主流文化涵化。**文化涵化**（acculturation）[3] 是當團體或個人接觸到主流文化後，在語言使用、價值觀、態度和生活方式偏好上逐漸向主流文化趨近的變化過程。例如，若你想研究哪些因素影響韓裔美籍的人社會服務使用模式或對子女撫育的態度時，涵化程度是你應當檢視的因素之一。

發展具有文化敏感度的測量工具

我們已在本章提及缺乏文化敏感度可能引起的問題，例如，冒犯研究參與者和減低他們參與研究的意願。現在讓我們說明，如何在測量過程中，維持一定程度的文化敏感度，以避免獲得沒有信度或效度的研究資料。

▶▶▶ 言語使用的問題

不管我們採用訪談或問卷，當某些研究參與者無法流利使用主流語言時，我們則須修正研究流程與研究工具。以往研究者常使用三種策略處理此情況：聘僱能講雙語的訪談者或員工；將測量工具的內容翻譯成研究參與者懂得的文字；以

3　文化涵化　當團體或個人接觸到主流文化後，在語言使用、價值觀、態度和生活方式偏好上的逐漸向主流文化趨近的變化過程。

及對內容進行預試，看看它們是否能如研究者預期般地被研究參與者理解。但就算研究者已採用這三種策略，仍不能保證可以獲得可靠且有效的測量結果。這則被稱為**翻譯效度**（translation validity）。畢竟，翻譯過程本身就沒那麼簡單。

會講雙語的訪談者或翻譯者是否能流利使用少數族群的母語是第一個常遇到的問題。也許他們並不如我們以為的能那麼流利使用該少數族群的語言。對某些語言而言，僅會該語言的人和那些會兩種語言的人之間，可能就存在著語言差異（language differences）。例如，當會說英語和西語的美國公民以西語提到某英文單字時，可能夾雜西語的發音或語調，這種說話方式，對那些來自於拉丁美洲、且只會講西語的新近移民而言，可能相當難以理解（Grinnell, 1997）。

即使字詞能正確地翻譯，也不能保證你可以正確地翻譯這些字詞要表達的概念。在北美一些測量沮喪的量表中，常有例如「感到憂鬱」（feeling blue）或「悶悶不樂」（downhearted）等用詞。如果你依字面意義解釋，它們將很難被翻譯成其他文字。如果你依字面意義，以拉丁裔或亞裔研究參與者的母語詢問他們是否「感到藍的」，他們可能會認為你是在問他們是否有藍皮膚。

在翻譯測量工具時，研究者常使用**回譯**（back-translation）[4]。這是種發展已久的方法，以確保上述提及的困難不會影響測量工具的翻譯品質。首先，由雙語工作人員（或外聘翻譯人員）將測量工具和說明翻譯成目標語言；接著再由另一位雙語人員（或外聘翻譯人員）將翻譯好的測量工具，在沒有看到原版的狀況下，翻譯回原本的語言。然後我們比較回譯後與原本的測量工具，並從不一致或不對的地方再修正被翻譯的測量工具。然而，經過回譯檢查的測量工具並非就沒有任何問題。它仍不能保證翻譯效度或避開**文化偏誤**（cultural bias）影響。

▶▶▶ 文化偏誤

當研究者進行研究，卻未針對某少數族群特有的價值觀、態度、生活方式或有限的機會調整測量工具時，這種測量工具則帶有文化偏誤，以致於研究者獲得的測量結果或研究資料的真實性或意義會因此受到改變。避免文化偏誤的難度遠

---

[4] 回譯　一種確保測量工具有翻譯效度的方法。首先，先由一位雙語工作人員將測量工具翻譯成目標語言；接著再由另一位雙語人員將已翻譯好的測量工具，在沒有看到原版測量工具的狀況下翻譯回原本的語言。然後我們比較回譯後的測量工具與原本的測量工具，並修正測量工具不一致的地方。

遠大於前述所提的語言使用的問題。例如，在某些文化或對某些族群詢問有關性的議題，是項極端的禁忌。又如，華裔研究參與者可能會迂迴地拒絕承認個人的自尊或驕傲，但這並不是翻譯的問題，而是研究者是否瞭解這議題其實牽連了華人社會特有的文化價值，以及華人以何種方式看待社會期許。同樣地，假如現在有個檢測人們是否有精神病理問題的量表，其中有道是非題的題目如下：「當我離家時，我會擔心門窗是否關上並鎖好」。非裔美籍年輕人可能比白種人更傾向於回答：「是」，即使他們並不比白種人有較多的精神病理問題。這是因為相較於白人，非裔美籍年輕人更常住在有著高犯罪率的區域，沒上鎖的門窗等於是給盜賊免費進入住家的邀請卡（Nichols Padilla, & Gomez-Maqueo, 2000）。

　　文化偏誤也會影響採用直接觀察法所獲得的資料。例如，Cauce 與其同事（1998）就曾拿某篇研究舉例，同樣在觀看非裔美籍母女互動的錄影帶，相較其他背景的觀察者，非裔美籍觀察者所界定的衝突互動的次數則比較少，而非裔美籍觀察者亦不認為非裔美籍的母親有較多的支配慾。因此，如果你的研究會用到觀察者或評估者，他們是否具備文化敏感度則非常重要。

▶▶▶ 測量等值性

　　所有我們曾建議用來發展具文化敏感度測量工具的方法，都不能保證適合於某種文化的測量工具仍適用於其他文化。Allen 和 Walsh（2000）指出，目前常用於美國的人格測量量表唯有對以歐裔美籍人士為主的樣本才有效。當我們修正測量工具時，我們應評估修正後的用於少數族群的測量工具是否等同於用於主流文化的版本。我們需要把在某個國家有效的測量工具運用在另一個國家時，亦得做類似的評估。

　　測量等值性（measurement equivalence）[5]指的是當研究者要把在某一文化中發展出的測量工具運用在其他文化時，這個測量工具仍得具有相同的價值和意義（Burnette, 1998; Moreland, 1996）。進行研究時，研究者必須考慮三種形式的測量等值性：**語言等值性**（linguistic equivalence）、**概念等值性**（conceptual equivalence）、以及**計量等值性**（metric equivalence）。

5　**測量等值性**　當研究者要把在某一文化中發展出的測量工具運用在其他文化時，這個測量工具仍得具有相同的價值和意義；這個相同的價值和意義則是測量的等值性。

　　語 言 等 值 性（linguistic equivalence） 又 稱 翻 譯 等 值 性（translation equivalence）[6]，指的是當某測量工具能成功地翻譯並回譯。**概念等值性**（conceptual equivalence）[7]的意義為在跨越不同文化後，測量工具與研究者想要觀察的行為仍具有同樣意義。例如，Moreland（1996）就指出，打嗝在某些文化中被視為恭維，但在另一些文化中卻被視為羞辱。假設你正在觀察兒童的反社會行為，那麼當你在某個視打嗝為恭維的文化中，你卻把兒童的打嗝視為研究對象的反社會行為時，你的測量則不具有概念的等值性。**計量等值性**（metric equivalence）[8]則意指在不同文化間所獲得的測量分數可以相互比較。

　　我們以下述例子說明概念等值性與計量等值性間的差異。假設你設計一份測量工具以測量照顧體弱年邁雙親的照顧者所經驗的照顧負荷。這份測量工具中的部分題項是關於「客觀」的照顧負荷，例如花了多少時間在照顧工作，其他題項則有關「主觀」的照顧負荷，例如照顧者因照顧工作而感受到的消沉。在概念等值性的面向，你可能關心那些有關消沉的題項，例如「我覺得憂鬱」在不同文化間是否不具有相同意義。在計量等值性的面向，你可能納悶，在某些文化中照顧工作上花費的時間是否可做為測量照顧負荷的指標，畢竟在一些尊崇長者的文化中，照顧工作不會被視為是種負荷。

　　一份測量工具除非已有語言和概念等值性，不然不可能有計量等值性。然而，如同上述，就算測量工具有語言和概念等值性，也不能保障它同時有計量等值性。精準瞭解測量工具各題項意義，例如「花了多少時間在照顧工作」，並不意謂在照顧工作上花的時間愈多，照顧負荷的壓力也愈大。畢竟，對某些文化而言，每天 8 小時的照顧工作可能被視為合理的；反之，對另一個文化而言，花 8 小時在照顧工作則可能被視為繁重且惱人的。

▶▶▶ 評估測量工具的等值性

　　許多不同程序可用來評估測量工具的測量等值性。例如，在某個少數族群中，文化涵化程度較高與較低的成員在該測量工具的平均得分上是否存有差異。

6　**語言等值性（又稱翻譯等值性）**　當某測量工具能成功地翻譯並回譯，則具有語言等值性。

7　**概念等值性**　在跨越不同文化後，測量工具仍具有同樣意義。

8　**計量等值性**　在不同文化間所獲得的測量分數可相互比較。

如果平均得分並未隨涵化程度高低而有差異，那麼該測量工具有等值性的概念則可獲得支持。相反地，如果平均得分隨涵化程度高低而有差別，這則意味測量工具的等值性有問題。

然而，你得謹慎地做這些推論。假設你正在測量，例如情緒壓力或照顧負荷等情況。說不定對一些研究對象而言，剛到新國度的移民經驗、對所處地區的不熟悉與陌生、以及有著較低的文化涵化，的確會造成較多的情緒壓力，或給照顧工作帶來更大的負擔與煩惱。如果是這種情況，那當測量平均得分隨涵化程度高低而有差別時，則也許不是意謂這測量工具缺乏測量等值性。為能更妥當地處理這個議題，你可能會想使用第七章介紹過的一些方法，例如，看看測量工具上的一些個別題項是否與文化因素有著統計上的相關，以及刪除或修正那些與文化因素有著統計相關的題項之後，是否可提高工具的測量等值性。

重點整理

- 文化敏感度此名詞意指察覺且適當回應文化因素和文化差異對研究、研究主題、研究進行方式、詮釋研究發現等面向的影響。
- 當研究未納入適量少數族群或被壓迫社群的樣本時，研究者不能將研究發現概推到這些族群或社群上。
- 在資料分析與報告撰寫階段缺乏對文化議題的敏感度，可能使研究者以帶有偏見的態度解讀種族差異，並因而放大少數族群的缺點、輕忽他們的優點。
- 文化敏感度的研究者在針對少數族群及主流社群的差異進行資料分析時，會將社經地位納入考量。
- 具文化敏感度的研究者在看待少數

族群和主流社群間的差異時，會考量移民經驗和文化涵化等因素。
- 文化涵化是當團體或個人接觸到主流文化後，在語言使用、價值觀、態度和生活方式偏好上逐漸向主流文化趨近的變化過程。
- 在你針對少數族群和被壓迫社群進行研究前，你得詳讀與研究此些少數族群或被壓迫社群相關文獻。
- 邀請被研究的少數族群代表參與發展研究問題及之後各個研究階段。
- 為降低招募與維繫具少數族群或被壓迫社群背景的研究參與者的障礙，你應該得到社群領袖的支持，採用具文化敏感度的取徑處裡隱私議題，僱用社群成員成為研究團隊，給予

適當酬勞，降低交通往返與幼兒照顧障礙，選擇具有文化敏感度及易於接近的場所，聘僱與訓練具有文化敏感度的訪員，聘僱能講雙語的員工，瞭解影響研究參與的文化因素，以匿名方式招募被汙名化的社群，使用特殊取樣技巧，從過往經驗學習從何處開始調查，連結與培養轉介來源，採用頻繁與個人化的管道接觸與聯繫研究參與者，使用參照點，以及運用追蹤方法。

- 三個常見的使測量缺乏文化敏感度的狀況：(1) 訪談者的個人特質或訪談技巧冒犯或威脅到研究參與者，或因為其他因素使得他們拒絕透露相關且有效的資訊；(2) 研究者使用的語言是研究參與者無法流利使用的；(3) 文化偏誤。

- 當某些研究參與者無法流利使用主流語言時，你須聘僱能講雙語的訪談者，將測量工具的內容翻譯成研究參與者懂得的文字，以及對內容進行預試，看看它們是否能如研究者預期般地被研究參與者理解。

- 回譯是種確保測量工具有翻譯效度的方法。首先，先由一位雙語工作人員將測量工具翻譯成目標語言；接著再由另一位雙語人員將已翻譯好的測量工具，在沒有看到原版測量工具的狀況下翻譯回原本的語言。然後我們比較回譯後與原本的測量工具，並修正不一致的地方。

- 測量等值性指的是當研究者要把在某一文化中發展出的測量工具運用在其他文化時，這個測量工具仍得具有相同的價值和意義。

- 當某測量工具能成功地被翻譯並回譯，則具有語言等值性。

- 概念等值性指的是在跨越不同文化後，測量工具與觀察的行為仍具有同樣意義。

- 計量等值性指的是在不同文化間所獲得的測量分數可相互比較。

實作練習

1. 假設你是個社區組織工作者，你的服務對象為新近從墨西哥移民至美國的農場工人。你想進行一項調查，而你認為這調查結果可能有助於改善影響這些農場工人的服務或政策。

   (1) 請想想看在這類型的研究中，有文化敏感度的研究者與缺乏文化敏感度的研究者在下列三個研究階段，各可能會有怎樣

的差異：a. 研究問題形成、b. 測量，及 c. 解釋研究發現。

(2) 請討論你用來招募和維繫這些農場工人參與你的研究的方法。

2. 請翻閱 *Research on Social Work Practice* 期刊近幾期的目錄和摘要，並找到評估社會工作測量工具的測量等值性的文章。請簡短摘述作者改善和評估該測量工具測量等值性的方式。

網路練習

1. 請找出一篇由 Teresa V. Crowe 撰寫，發表於 *Social Work Research* 2002 年三月的文章；篇名為："Translation of the Rosenberg Self-Esteem Scale into American Sign Language: A Principal Components Analysis"。請簡短描述並分析該文章用怎樣的方式滿足及評估測量等值性。

2. 請找到一篇由 Sung Lim Hyun 和 Miriam McNown Johnson 共同撰寫，發表於 *Journal of Social Work Education* 2001 年秋季號的文章；篇名為 "Korean Social Work Students' Attitudes toward Homosexuals"。請簡短描述該研究如何說明與使用計量等值性的概念。

3. 請找出一篇由 Stephen Kulis、Maria Napoli 和 Flavio Francisco Marsiglia 共同撰寫，發表於 *Social Work Research* 2002 年六月的文章；篇名為 "Ethnic Pride, Biculturalism, and Drug Use Norms of Urban American Indian Adolescents"。請簡短描並分析該研究以怎樣的方式呈現與注意文化敏感度議題。

4. 請連結到由哥倫比亞大學教授 Marianne Yoshioka 博士建構並更新的 "Psychosocial Measures for Asian American Populations" 網站（網址為：www.columbia.edu/cu/ssw/projects/pmap/）。請從網站下載一些量表摘要，並簡短描述它們如何呈現與闡明本章提到的具文化敏感度的測量工作該有的重點（請至少試著找到兩項重點）。

提醒事項

EP 2.1.4b：獲得足夠的自我覺察，以消除在與少數族群或被壓迫社群工作時的個人偏見或價值帶來的影響：本章所提及的所有概念都是試著協助社會工作人員在其食物與研究中能具備足夠文化敏感度，以消除在與少數族群或被壓迫社群工作時的個人偏見或價值帶來的影響。

第八部分

資料分析

　　最後一部分將概述如何分析解釋量化與質性研究資料。第十八章檢視描述和推論目的之量化資料分析，主要在瞭解統計的運用，而不是計算它們的程序。第十九章檢視質性資料分析。

　　雖然處理質性資料分析與其說是一種科學倒不如說是多一些藝術——以任何帳目般的步驟，可獲致成功——我們將討論這些方法的各種理論背景和許多概念化過程，以有效地尋找質性資料的意義。

第十八章　量化資料分析
第十九章　質性資料分析

量化資料分析

前言

　　本章將簡要敘述量化資料分析的核心概念。一般將量化資料分析概分為描述統計與推論統計兩類，當研究者研究目的在於描述現象時，我們的焦點只限於所蒐集到研究的所有樣本。描述分析依據變項的多寡可區分為單變項分析、雙變項分析與多變項分析。雙變項分析是探討兩個變項間的關係，多變項分析是要瞭解三個或更多變項間的相互關係。

EP2.1.6b
EP2.1.10m

　　量化研究很少僅止於描述我們所蒐集到的樣本，研究者的目的通常是希望透過樣本資料來反映較大的母群體真實情況，我們從這些樣本資料中發現特殊的關係並對於變項間的關聯提出解釋。然而描述統計呈現的只是樣本資料中的情形，單純以描述統計分析樣本資料所獲得的結果，是不能直接推論為母群體狀況或獲得任何理論的意義。因此，研究者對樣本資料做描述分析後，還需要進一步進行推論統計分析。

　　統計學的內容相當繁複，本章不打算完整詳述其內容，僅希望幫助讀者建立統計學的核心概念，讓讀者能夠看懂量化研究報告的內容。

編碼

　　發展迄今，資料分析中的計算工作多由電腦程式來執行。要讓電腦程式產生魔法，必須要讓它能讀你所蒐集的研究資料。量化資料分析的第一個步驟就是編碼（質性資料分析是一樣，將於第十九章介紹）。編碼牽涉到給予研究中每一個變項的每一個類別不同的數值。

　　有些資料易於編碼。在問卷調查中，有些本來就是數字性資料，例如年齡和

收入。假定受訪者回答其年齡為「65」歲,你可以直接在電腦中鍵入「65」。同樣地,例如將「男性」編碼為「1」,「女性」編碼為「2」,並不需要高深的技術。研究者也可以輕易地將受訪者的「宗教信仰」、「種族」、「居住地區」等資料數量化。

有些資料則較不易編碼,例如調查問卷有關社區問題的開放性問題,會產生多樣且冗長的回答訊息內容,個別編碼則顯得過度繁複,此時可將回答內容雷同者歸為同一類,再進行編碼。

當資料轉化成量化編碼後,研究者需要將資料鍵入電腦。其次,完成資料檢誤之後,才能開始進行統計分析。以下從單變項描述統計開始介紹。

單變項描述統計分析

單變項描述分析表示一次只檢視一個變項的分布情形。舉例來說,假設欲檢視受訪者的性別分布,可以從性別變項的次數分配中,瞭解到參與問卷調查者有多少是男性,多少是女性。我們先檢視單變項的一種基本型式:次數分配。

▶▶▶ 次數分配

以臚列每一位受訪者回答每一變項內容的方式來呈現資料結果,將會是相當繁瑣的一項工作。假設我們要瞭解你機構服務的案主其年齡狀況,而接受服務的案主有上百位。(資料可能來自機構的紀錄)很難想像要讀取你報告中所一一臚列出的這一百多位案主每位的年齡將呈現:57 歲;49 歲;62 歲;80 歲;72 歲;55 歲……的結果。我們可以將獲得的資料做初步整理,且能如實地呈現資料結果,例如:「38 歲的案主有 5 位;39 歲的案主有 7 位;40 歲的案主有 18 位等等」,這種格式可以避免在這一變項上出現重複的資料。

另有一種更容易管理的格式——比較沒有那麼詳細——你可以提出一種分組(grouped data)的**次數分配**(frequency distributions)[1] 來說明案主的年齡:「未滿 45 歲的案主有 246 位,45 至 50 歲的案主有 517 位等等」。此外,也可以用百分比的方式呈現你的分配情形,例如:「未滿 45 歲的案主占總數的百分之 x,

---

1　次數分配　一種用來描述所觀察到的樣本每一變項的各種特質,以數字或百分比呈現。

45 至 50 歲的案主占總數的百分之 *y* 等等」。

▶▶▶ **集中趨勢**

你也可以使用摘要性的方式，如摘述平均數或集中趨勢（central tendency）的測量來表示資料，你可以選擇的有**眾數**（mode）[2]（不論分組與否，最多次數出現的屬性）、**算術平均數**（mean）[3] 和**中位數**（median）[4]（在觀察屬性的排序分配中占**中間**（middle）位置的數值）。以下說明如何在一組資料中計算這三個數值。

假設研究者要分析接受青少年居家安置方案案主的年齡狀況，紀錄顯示 40 位案主的年齡分布從 12 至 18 歲，如表中所示。

年齡	案主數
12	4
13	4
14	7
15	10
16	9
17	5
18	1

你已經看過這 40 位案主的實際年齡，你要如何說明他們的平均或年齡概況呢？回答此一問題有三種不同方法。

最簡單計算的**平均**（average）[5] 是眾數，即出現次數最高的數值。從表格中可以看出 15 歲的人數最多（共有 10 位），為此年齡分布的眾數。更常被使用的數值則是平均數，要計算平均數，首先要將 40 位案主的年齡加總。也就是把 12 個 4、13 個 4 等等相加，這樣可以得到總和為 595，然後將此總數除以總人數

2　眾數　出現最多次數的觀察數值或屬性。

3　算術平均數　將所有觀察數值加總除以觀察的總數。

4　中位數　在觀察特質的排序分配中占中間位置的數值。

5　平均　一種涵義較大的名詞，常用以表示典型的或常態的情形。平均數，中位數和眾數是數學平均的特定例子。

40，可以得到平均年齡 14.9 歲。

中位數（median）指的是「中間」的數值，有一半人高於此數，另一半人低於此數。這 40 人的中位數是 15，因為有 15 人大於 15 歲，有 15 人小於 15 歲。

在研究文獻中，你會發現平均數和中位數一起被提出。當資料存在極大或極小的極端值時，平均數將不適合做為資料分布的集中趨勢指標，因為平均數會受到極端值的影響。例如若以淨資產總額的平均數來描述美國華盛頓州雷德蒙市居民的平均，會發現該市居民平均每人的淨資產竟超過百萬美元。這樣的結果是因為 40,000 名居民當中有一位淨資產超過百億美元的富翁——比爾・蓋茲，其資產數額明顯拉高了平均數。在此情況下，中位數將比較能正確代表雷德蒙市居民的平均資產數額。接下來介紹另一個統計學的基本概念：**離散**。

▶▶▶ 離散

集中趨勢值讓量化資料中複雜的訊息簡單化，透過集中趨勢的測量，研究者得以以單一數值代表該變項的整體特徵。然而此優點同時也是限制，因為單從各種集中趨勢測量的結果無法得知原始資料的分布情形。透過**離散**（dispersion）[6] 的測量則可以彌補此方面的不足，讓我們更完整地掌握原始資料的面貌。最簡單的離散指標有**全距**（range），全距反映的是觀察值中最高值與最低值的差距。以先前的例子來說，除了指出案主的平均年齡為 14.9 歲，我們還可以指出受訪者年齡的分散情形，例如指出受訪者的年齡介於 12 至 18 歲之間。

還有其他離散量的測量方法，**標準差**（standard deviation）[7] 是另一個常見的離散測量指標。簡單來說，標準差意指平均每個觀察值距離平均數多遠，就上述的例子而言，假設案主年齡平均數是 14.9 歲，其分布的標準差是 1 歲，則我們可以說有相當部分受訪者的年齡介於 13.9 歲（低於平均年齡一個標準差之年齡）與 15.9 歲（高於平均年齡一個標準差的年齡）之間。另一方面如果標準差為 5 歲，而案主的年齡平均數為 14.9 歲，很少的案主比 14.9 歲較高於 5 歲或較年輕 5 歲。

6　**離散**　一種數值圍繞某些中心值如平均數的分布。

7　**標準差**　一種描述的統計量，意指平均每個觀察值距離平均數多遠。

▶▶▶ 測量尺度

　　上述的各種計算方式並非適用於所有的變項，適用與否決定於變項的**測量尺度**（level of measurement）。變項的測量尺度有四種，**測量的類別尺度**（nominal level of measurement）[8] 變項其數值僅具有分類的質性特質。性別、種族、出生地等，都是類別變項的例子。去評量一個人有多少是男性或是生於墨西哥是沒有意義的，答案只有是或不是，我們只能用**次數**（frequency）[9] 來算類別的變項。例如我們會計算不同性別或不同出生地受訪者占所有受訪者之比例，但不會計算性別的平均數或出生地的平均數。

　　測量的順序尺度（ordinal level of measurement）[10] 變項其數值除了具有分類上的意義，還可以比較次序上的高低，但無法精確得知高低值間的差距。在順序尺度中，我們僅知道某個觀察對象在某些方面較其他觀察對象高或低，但無法知道高出多少。例如，我們知道海派這匹馬贏得了比賽、而愛德先生這匹馬得第二，但不知道兩者差距多少，這就屬於順序尺度。相同地，如果使用者對 A 種服務感到非常滿意，而對 B 種服務感到有點滿意，我們無法得知不同滿意程度間的精確差異，就可以使用順序尺度。

　　就**測量的等距尺度**（interval level of measurement）[11] 變項而言，不同順序間的差距具有相同意義。就此，IQ 得分 95 分者和 100 分者的差距，和得分 100 分者與 105 分者的差距是相同的。在社會工作研究中，常將各種量表的加總數值視為等距尺度的變項，儘管較嚴謹者視其為順序尺度。例如以 10 個問題或陳述來檢視受訪者對同性戀婚姻的態度，每個問題的答項採用 5 等級強弱程度的李克特量表來衡量受訪者的同意程度，5 個等級分別給予 1 至 5 分，最後加總 10 個問題的得分會介於 10 至 50 分之間。雖然受訪者間得分的差異是可以具體衡量的，但並不表示 40 分與 45 分者之間的差距等同於 20 分與 25 分之間的差距。

8　測量的類別尺度　一種描述變項的測量（例如性別、種族），具有不同特性的類別，沒有程度的性質。

9　次數　在類別性質中計算有多少個案。

10　測量的順序尺度　一種描述變項的測量，具有等級次序表示出其程度，例如社經地位可分為高、中、低三種程度。

11　測量的等距尺度　一種描述變項的測量（例如智力分數、華氏溫度），具有等級次序外，可以知道相鄰的特質有共同相等的距離，但是沒有絕對的零值。

變項測量的等比尺度（ratio level of measurement）[12]，除了具有與等距尺度相同之特徵外，另外還有絕對的零值。例如，一個人曾被逮捕的次數可以是 0 次、一次、兩次等等，因為有一個絕對的零值，所以曾被逮捕四次者剛好是曾被逮捕兩次者的兩倍。

嚴格來說，中位數、平均數、標準差等指標只適用於等距與等比變項，但在計算平均時常出現「灰色地帶」。假設對於顧客滿意度的調查設定四個滿意程度等級：4 代表非常滿意，3 代表滿意，2 代表不滿意，1 代表非常不滿意。要注意在這樣的調查設計數值資料的屬性為順序性資料，因此不能認定 1（非常不滿意）與 2（不滿意）的差異等同於 2 與 3（滿意）的差距。因此，計算順序變項的平均數或標準差，在技術上是有問題的，因為這些計算會將這些順序的排列當成真實的數值。

然而，這種技術上的違反行為時常可見，但都是有用處的。所有受訪者滿意程度的平均數，雖然不能確切反映受訪者真正的平均滿意程度，但是順序變項的平均數值常被用在不同團體間比較差異。假設少數族群案主的平均滿意程度是 1.4 分，而白人案主的平均滿意程度是 3.2 分。雖然並不十分精確，但這樣的比較在某個程度上也提供一個清楚且有用的方向，反映出這兩個群體的滿意度並不相同，你必須探究這種差異的原因。（同時，在討論學生的分數成績的平均時，我們常常做類似的比較。）

主要的關鍵在於效用（utility）。如果你發現一個研究者的統計計算有助於指導實務，那麼對於其統計技術的適用理應稍微寬鬆一點。然而，另外一個風險是錯誤地相信所呈現的結果是精確的。同理，你可以質疑平均數和標準差列到小數點第三位數之後，是否具有效用及是否適當。

變項間的關係

單變項分析一次只檢視一個變項的情形，而不處理變項間的關聯。有時我們

12　測量的等比尺度　一種描述變項的測量（例如兒童的年齡或數量），具有所有等距尺度測量的特性外，還具有絕對的零值。

可以檢視一個以上的變項，而不去理會其關聯，這樣也是一種單變項分析。例如，在描繪受訪者的年齡與出生地時，我們可以說有 50% 的受訪者未滿 20 歲、有 50% 的受訪者在美國出生。雖然我們描述兩種變項，但並未描述兩變項的關係。它們可能存在某種關係，也可能毫無相關。例如，可能未滿 20 歲的受訪者全部出生於美國，或部分在美國出生、部分在其他國家出生。如果未滿 20 歲的受訪者中有一半在美國出生，另一半不是，則這兩個變項間沒有關聯。另一個極端的情形是，如果未滿 20 歲的受訪者全部在美國出生，而 20 歲以上的受訪者全部在其他國家出生，則我們說受訪者的年齡與出生地兩者有極高的相關（更確切地說，是完全的相關）。

當檢視兩個變項的關係，就是在進行雙變項分析。單變項分析的目的主要是對資料的基本描述，而雙變項分析則檢視兩個變項間的關係，其通常是在解釋性目的。假設我們發現少數族群的案主拒絕參與某方案的情形比白人案主高，那麼我們可能會懷疑機構的文化多元性不足的問題，這可能是合理性的解釋。

▶▶▶ 雙變項交叉表分析

藉著在各自變項次組群的分布來說明依變項的特定類屬，可以解讀為解釋性的雙變項交叉表。例如，圖表 18.1 呈現的是一個虛構的機構中種族背景與服務使用的關係。假如我們想瞭解種族差異是否可以解釋拒絕服務的情形，將種族視為自變項，其分布的百分比數呈現於各行；服務使用情形為依變項，其百分比分布呈現於各列，括弧內數值為次數。表中的百分比呈現於各欄，每個直行百分比的加總為 100%。這是因為我們想比較的是白人和少數種族者拒絕服務的比率；

服務使用	種族	
	白人	少數種族
接受服務	80%	40%
	(80)	(80)
拒絕服務	20%	60%
	(20)	(120)
合計	100%	100%
	(100)	(200)

圖表 18.1 假設機構中種族與服務使用情形雙變項關係

我們並不去在意使用此服務的少數族群者的人數（80 人）和白人相同。因為 80 人僅占所有 200 個少數種族者之 40%，卻占了所有 100 個白人的 80%。我們關心的是百分比，因為它們考慮到各欄不同類別的總人數差別。如此可以解讀這個表，我們藉著比較自變項各類別在依變項的比率分配（服務使用率和拒絕率）。

▶▶▶ 多變項交叉表分析

多變項交叉表是由數個變項建構而成，其邏輯與建構雙變項交叉表相同，只是自變項數目增加為一個以上，它是藉由一個以上的自變項而非單一的自變項來解釋依變項，我們須透過兩個以上的自變項來解釋。

以前述種族和服務使用情形例子來說，假設我們認為出生地也會影響種族與服務使用之間的關係，也許種族差異並不能解釋服務使用情形，而實際的情形是因為少數族群有比較多是剛從其他國家遷移而來。例如，假設該機構是位於佛羅里達州南部或德克薩斯州南部，那麼少數種族的案主可能有許多是古巴或墨西哥的新移民。也許古巴裔與墨西哥裔美國人並不比白人更少使用服務。若情形真是如此，則意味著語言或文化因素比種族更具有解釋力，透過圖表 18.2 所呈現的假設多變項交叉表可以檢視這種可能性。

乍看之下，這個多變項交叉表看起來挺複雜的，可能令人不知所措。到底該從哪裡看起？讓我們先簡化一下，這表不過是將兩個雙變項交叉表並列在一起。如果你能瞭解種族和服務使用情形的雙變項交叉表，那麼應該就可以理解這個多變項交叉表。在此以兩個步驟簡單說明如何解讀這個表格。

| | 出生地 | | | |
| | 美國 | | 其他國家 | |
	白人	少數種族	白人	少數種族
接受服務	88%	88%	50%	8%
	(70)	(70)	(10)	(10)
拒絕服務	12%	12%	50%	92%
	(10)	(10)	(10)	(110)
合計	100%	100%	100%	100%
	(80)	(80)	(20)	(120)

圖表 18.2　假設機構中控制原生國家，檢視種族與服務使用情形多變項關係

　　首先，先檢視出生於美國的案主部分，可看出白人與少數族群的服務使用情形分布完全相同，在美國出生的白人與少數族群均為 80 人，且各有 12% 的案主拒絕接受服務。

　　其次，我們檢視右邊的雙變項交叉表，代表非出生於美國的案主之情形。從表中可以看出白人（50% 拒絕服務）和少數種族（92% 拒絕服務）在服務使用上有很明顯的差別。最後，我們總結整個多變項交叉表，可以這麼說（在此提醒，本文所舉的機構和數據都是虛構的）：

　　　就出生於美國者不論白人與少數族群在服務使用上沒有差別，然而，就從其他國家遷移至美國者來看，白人與少數族群的服務使用情形明顯不同，少數族群移民拒絕使用服務的比例比白人來得高。此外，無論是少數族群或白種人的移民者，其拒絕服務的比例都比美國出生的受訪者高。因此，語言與文化因素比種族因素更能影響案主的服務使用行為，而在對服務使用的影響上，對少數移民的影響高於對白人移民的影響。

▶▶▶ 關聯程度測量與解釋

　　當我們說移民者拒絕參與服務方案的情形比美國本土者「高」時，其實指涉的是變項間的**關聯強度**（strength of the association），有時我們只就交叉表中百分比的差異大小來理解變項間關聯的強弱。但是，統計學家早就發展出更有系統的方法來解釋有變項間如何強力地關聯在一起，這些方法程序有**關聯測量、關係強度的測量、效應值測量**。

　　通常變項間相關程度範圍從 0 開始， 0 代表變項間無相關，1 代表完全正相關，−1.0 代表完全負相關，大小介於 −1.0 至 1.0 之間。負號代表負相關，意指變項的變動方向相反，當一個變項的數值增加，另一個就減少。若變項間的相關性愈接近於零，則關聯程度愈弱，表示愈難從一個變項的變化情形預測另一個變項的變化情形。

　　例如，假設兩個群體拒絕參加服務方案的比例相同，表示整體而言，是否參與服務方案與群體屬性無關，因此僅能瞭解不同群體接受服務的整體分布，而無法據以預測個案的行為趨向。也就是即使知道某一個案屬於某一個群體，也無法預估其拒絕服務的機率。因此，兩個變項間的相關值可能是 0。

相反地，假設某個群體拒絕接受服務的比例為 0%，另一個群體為 100%，則可以完全準確地預測屬於特定群體的個案，其是否會接受服務。這時兩個變項的相關係數為 1.0，是一種完全相關。

表 18.3 的上半部呈現兩個 2 乘 2 的交叉表，第一個交叉表反映的是兩變項間完全不相關的情形。就所有受訪者而言，接受服務的比例比拒絕的比例高，無論是美國本土或外來移民的受訪者都是如此。群體屬性和參與與否的相關程度為 0，因為兩個群體拒絕服務的比率都相同。實際上是較少服務拒絕者少於服務使用者（拒絕服務的比例是 40%），這可能是一個重要的結果描述，但因為兩個群體有相同 40% 的拒絕比例，即使我們知道某個體是美國本土或外來移民受訪者，我們也無從預測其服務使用行為，因此相關關係等於 0。

在第二個交叉表中，沒有美國本土受訪者拒絕接受服務，然而外來移民受訪者全部拒絕服務，群體屬性和參與與否的相關程度為 1.0。因此若知道特定個案

相關強度為 0.0 的實例		
	美國出生	移民
拒絕服務	40	40
接受服務	60	60
相關強度為 1.0 的實例		
	美國出生	移民
拒絕服務	0	100
接受服務	100	0
相關強度為 −1.0 的實例		
個案編號	接受處遇次數	出現言語暴力次數
1	0	7
2	1	6
3	2	5
4	3	4
5	4	3
6	5	2
7	6	1
8	7	0

圖表 18.3　相關量值 0.0、1.0、−1.0 的例解

的群體屬性，就可以完全準確預測其是否接受服務。

在第三個例子的證據顯示相同的解釋程度，因一個變項增加另一個變項則減少，是完全負相關的例子。接受處遇的次數愈多，出現言語暴力的次數就愈少；每接受處遇一次，言語暴力的次數就減少一次，因此接受處遇次數與言語暴力次數兩者的相關程度為 −1.0。負號的意義不是代表相關程度減弱，而是指出兩變項的變化方向相反，其中一個變項增加而連帶的另一個變項減少的情形。

先前討論的是變項間的零相關或完全正相關、負相關的情形。然而許多情況是介於零相關與完全相關之間——例如，在美國出生的受訪者有 40% 拒絕服務，而外來移民受訪者有 60% 拒絕服務。以此為例，當知道某一受訪者是在美國出生時，我們預期他接受服務的機率較高；而對於某一外來移民者，我們會預期他拒絕服務的可能性較大。換言之，若我們預測特定移民受訪者拒絕服務，或者預測特定美國受訪者拒絕服務，則猜錯的機率為 40%。這樣的錯誤機率很高。然而在整體拒絕服務比率為 50% 之下，若我們不知道受訪者是屬於哪一個群體，在預測某一受訪者是否會再犯時，有 50% 的機率會出現錯誤。因此，知道受訪者的出生地之後，有助於將預測錯誤的機率從 50% 降為 40%，降低的比率為 20%（從 .50 減少到 .40，實際減少了 .10，.10 相當於 .50 的 20%）。

簡言之，瞭解變項間的關聯，有助於我們減少以某個變項來預測另一個變項的錯誤。變項間的關係愈強，預測結果的正確性愈高。

至於使用哪種方法衡量變項間的相關程度則取決於變項性質。常見的方法有**皮爾森積差相關**（Pearson's product-moment correlation, γ）、lambda、Yules' Q、phi 相關、Cramer's V、eta，以及**點二系列相關係數**（point-biserial correlation coefficient）等。你可能無法全部記得上述列出的各項測量相關符號，這沒有關係。重要的是當你閱讀研究結果時，不要被它們嚇著了。你可以簡單地記住，當一篇論文提到相關程度是 +.30 或 −.40 等等時，你能瞭解其意義。

▶▶▶ 效應值

變項間關聯程度的大小稱為**效應值**（effect size）[13]，這個名詞常見於臨床醫

13　效應值　這名詞是各種統計屬性能顯示變項間關聯程度的強度大小。效應值得大小關乎變項間的相關程度（0 與 + 1.0、−1.0 間）或是由平均數除以標準差分成兩個群體間的差異。

學的研究報告。先前提及的 phi 相關、積差相關、點二系列相關等方法的係數值都屬之。不管用什麼方式來測量，效應值呈現了研究中關聯的強度，不同研究間的效應值可以比較大小，這樣能讓我們瞭解不同介入方法的效果差異。

為了顯示臨床研究結果的功能，假設有兩種不同的研究進行著，都是研究者想要瞭解處遇對於男性家暴者行為改變的影響的實驗評估，第一個研究對認知行為取向的處遇進行評估，在事後處遇追蹤結果發現接受處遇的實驗組每一對象平均出現兩次暴力，而比較的控制組平均出現三次暴力。第二個研究對社會心理介入做評估，改採用比例尺度替代類別尺度計算發生次數來測量暴力行為，追蹤發現實驗組有 40% 出現暴力，控制組有 60% 出現暴力。

上述兩個研究的家暴介入效果採不同研究設計來衡量，如何比較不同取向介入效果的高低？效應值統計幫助我們解決了這個難題。在第一個取向的研究中可採用點二系列相關，而在第二個研究中宜採用 phi 相關來衡量變項間的關聯程度。這兩個指標的計算方法雖然不同，但其係數值可互相比較，效應值較大者代表實驗效果較強。

並非所有提出前述相關性測量者，都將其視為「效應值」。有些是，有許多則否。例如，有些研究者會這樣說：「效應值很明顯，因為相關值為 .50」；另外有些研究者可能這樣說：「關係很強，因為相關值為 .50」。

另一群組的效應值統計則僅指涉「效應值」，即使它們有其他的名稱。其中最常見的是 Cohen's d 關聯係數，其計算方式為實驗組與控制組平均數的差異除以兩組整體標準差。

計算效應值（ES）的方式有不同取向，有的指標採用控制組的數據計算標準差，有的採用兩組數據整體的標準差，有的則採用估計標準差。最常見的方式是採用兩組數據整體的標準差來計算效應值，其計算公式為：

$$ES\,(Cohen's\ d) = \frac{（實驗組平均數）-（控制組平均數）}{（共同的標準差）}$$

為了展示上述公式的運用，再舉兩個研究的假設性例子，這兩個研究都在都在評估對不同的男性施暴者的處遇的成效。然而，我們假設這一次兩個研究都用等比尺度來測量結果。假設第一個研究評估身體虐待發生的次數，發現實驗組的平均值是 2，控制組的平均值是 3，標準差是 1，那麼其效應值是：

$$ES = \frac{2-3}{1} = -1.0 \rightarrow +1.0$$

當以此公式來解讀效應值，則以研究結果預期的方向而定。在此例中，我們預期介入有利於減少家暴行為，因此將效應值解讀為 +1.0（非 −1.0），代表介入以後，暴力行為減少了一個標準差的程度。

假設第二個研究中語言暴力平均次數與發生身體虐待合在一起（不像第一個研究只看身體暴力），表第一次研究還要長的事後處遇測量時期。假設第二次研究中發現實驗組的平均數是 20，控制組是 26，標準差為 10，則其實驗效果為：

$$ES = \frac{20-26}{10} = -.60 \rightarrow +.60$$

雖然研究一與研究二使用不同的方式衡量變項間的效應值，但可透過效應值將不同研究的相關程度結果做比較。效應值的結果顯示，以認知行為取向的介入方式來減輕家暴行為，比以社會心理取向的介入方式來得有效。

▶▶▶ 強、中、弱效應值

效應值常被區分為**強、中、弱**三個等級，但是如何解讀其代表的意義，得進一步討論。

我們通常以理解考試分數的方式來解讀相關強度，將相關程度達 70% 或 80% 以上者視為強相關，低百分比者視為弱相關。但是以這樣的方式來理解關聯程度的強弱是有問題的。

假設某個研究要衡量某處遇對於預防父母親虐待子女的效果，若研究結果顯示，接受處遇的 100 個個案中有 40% 的個案有虐待子女，未接受處遇的 100 個個案中有 60% 有虐待子女，計算得相關值為 .20（你可以參考任一本統計用書以瞭解如何計算出來的，你可以用自己熟悉的方法瞭解此統計方法）。我們能夠就此說方案介入與虐兒行為之間存在弱相關嗎？雖然大家的回答不見得一致，但都同意很難從單一數據結果來回答此問題。雖然從僅僅 .20 的相關係數來看是弱相關，但方案介入的結果降低了 20 個百分點的虐兒事件，對於事件發生的程度減少了 33%（20% 等於 60% 的三分之一）嗎？就此我們如何理解所謂方案介入的影響效果呢？

假設研究結果發現，接受處遇與沒有接受處遇者的再犯率分別為 35% 與 65%，其 phi 相關為 .30。雖然此數值看起來算小，然而未接受處遇者的 65% 的再犯率將近是有接受處遇者的 35% 的兩倍。

對此關聯，Cohen（1988）提出 Cohen's *d* 指標來區別所謂的高、中、低相關，其數值接近 .5 者為中相關，他與平均高的程度有何差異，假如我們比較 14 至 18 歲女生的平均 IQ 可能如半技術工人一樣。Cohen's *d* 數值達 .8 以上者為高相關，這一數額平均 IQ 的區別不適用於大學畢業生和只 50 比 50 機會通過一個高中學術課程的機會的人。

Cohen's *d* 數值在 .2 以下者為低相關。但 Rosenthal 與 Rubin（1982）認為，將一些介入評定為低效應值常低估了其效果。假設一個新的介入方式將處遇的成功率從 45% 提高到 55%，其相關係數僅有 .10。但是對某些實務方面的研究而言，目標達成率從 .45 上升到 .55 是相當重要的進展。

部分研究者根據許多社會科學領域專業研究發展出區辨關聯強度的方法。總體而言，其結論與 Cohen 所提出的強、中、弱相關的原則相近。未來在研究中要解讀效應值時，這樣的原則可以提供概略的基準。

但是不能僅以效應值來表示介入的價值，一個有高效應值的介入並不必然比低效應值的介入好。例如一介入使高風險兒童的受虐或輟學率由 55% 下降至 45%，其對社會的價值可能比讓兄弟會或姊妹會的志工流失率由 60% 降為 40% 的方案來得重要。又例如，一個讓極端身體暴力發生率從 55% 下降至 45% 的介入，也比讓言語暴力發生率從 65% 下降為 35% 的介入來得更重要。判斷什麼樣的介入是較好的或較重要的，通常需要考慮到研究結果與研究發現的實質意義，這就是接下來要討論的議題。

▶▶▶ 實質的意義

變項間在統計上的相關程度並不直接代表其實質的意義，這裡所謂的**實質意義**（substantive significance）[14] 指涉的是**實務上的重要性**，在臨床研究中則稱為**臨床意義**（clinical significance）[15]，兩者指的是同樣的東西。當我們說某個關係

14　**實質意義**　來自實務上結果的重要性和意義性。

15　**臨床意義**　來自臨床上介入結果的重要性和意義性。

有實質意義（或有實質、臨床上的重要關聯），均指從實質上來看，它是重要的，不論其相關有多強。無論多麼強大的關係可能是——無論怎樣，它比較一種平均效應值或多麼接近 1.0 這可能是一種關聯的測量——我們仍可以問這是否構成一種實質性意義或是瑣碎的發現。

就兒童虐待的例子來看，假設介入的結果為實驗組有 35% 的虐兒率，控制組為 65%。我們可以進一步問，此結果的實質意義為何？換句話說，此研究結果在實務上的重要性為何？假設針對同一批案主給予另一項介入，結果實驗組與控制組的虐兒再犯率出現 20% 與 80% 的重大差異。若兩個方案投入的成本、時間等其他條件皆相同，那麼可以直接決定何項介入更具有實質的意義，就是再犯率為 20% 的這一項。因為在所有其他條件相同下，相關愈強則實質意義愈高。

然而，假設另一個心理分析取向的處遇需持續五年、方案執行的成本每週高達 500 美元。而其結果為實驗組有 80% 的案主同意心理學家佛洛伊德的觀點，而控制組則只有 20%。你認為在實務應用上選擇哪一種介入方案比較好？是預期能將虐兒再犯率降低 30 個百分點的方案，還是能將同意佛洛伊德的觀點者提高 60 個百分點的方案？我們希望讀者會選擇前者預期將虐兒再犯率減少 30% 的方案，因為前一個方案存有降低虐兒率的實質意義，而後一個方案僅促進案主對學術理論的認知。

上述各種例子顯示出相關性強不必然表示其關係有實質的意義，瞭解並比較變項間的關聯強度有其重要性，但是並非所有的研究都能以實質意義來加以比較。

因此，在我們測量相關的強度之後，我們必須對相關性的實質意義做出主觀的價值判斷，我們考慮的面向是變項或研究問題的重要性、是否值得推展該研究所針對的處遇，以及我們先前對於該研究問題的既有知識。如果我們認為該研究是針對無意義的問題、檢視無意義的變項、提出成本遠高過其受益的行動方案或提出早就眾所周知的發現，那麼即使其相關性很高，我們也可能將其視為是無意義的。

推論統計分析

無論研究資料顯示兩變項間的關聯程度有多高，我們都必須考慮此種結果是否只是巧合，或者在母群體並沒有這樣的關聯，或者這樣的關聯並不具有理論上

的意涵。舉一個無聊的假設來說明此點，你可以在上課檢驗一下：「長子女或獨生子（女）者，比其兄弟姊妹更常有一個奇數個字母的姓氏」。

要檢驗此一假設，可詢問班上同學是否是其父母生的第一個子女，以及其姓氏的字母數是奇數或偶數（若為獨生子女，視為排行老大）。很有可能你會發現這兩個變項間有一些相關。例如，可能在 10 個排行老大的受訪者中有 6 個人的姓氏是奇數個字母組成；而其他排行者中，10 個當中僅有 4 個如此。

雖然調查結果顯示，排行老大與其他排行者間存在 20% 的差異，我們卻不能因此論定排行老大者比其他排行者更容易有奇數個字母的姓氏，因為這樣的結論與命題都是不可信的。事實上，兄弟姊妹之間的姓氏是相同的。但每次做實驗，總是會發現排行老大與其他排行者間存在差異。

有時排行老大者有較高比例會有奇數個字母組成的姓氏，有時則是其他排行的子女有此情形之比例較高。這個例子要突顯的是有時候單靠**巧合**──或稱為**抽樣誤差**──就可以解釋研究資料中所出現的相關性。

再舉一個例子，假設二十世紀初期一個昏了頭的兒童心理學家提出一個荒謬的點子，說一個年輕人若握著他的手朗誦十誡內容三次，那麼這個年輕人長大後就可以成為世界和平與社會正義的人道領袖。設想他想檢驗這個愚蠢的假設，隨機選取實驗組與控制組的年輕人。假設只有四個年輕人同意加入此實驗：甘地、泰瑞莎修女、希特勒與史達林。

假設他以投擲銅板的方式來決定分組。如果人頭向上，則該青年接受介入，一旦有兩人被分為某一組，則其餘者自動被分到另一組。假設甘地與泰瑞莎修女都擲得人頭向上而成為實驗組，而希特勒和史達林為控制組。該心理學家會在資料中發現最強的相關。他的實驗組成員有 100% 的成功率，而控制組的成功率為 0%，其相關性達到最高的 1.0。投硬幣連續出現兩次人頭向上有多難？一點都不難。

相同地，連續出現兩次人頭向下的機會也不難，這使得希特勒和史達林成為實驗組。此結果使得該心理學家在數年後看到世界的混亂時痛苦萬分，因為他覺得是他摧毀了這個世界。從這個虛構的例子中，我們可以發現，在結果中所發現的相關性，未必真正存在於母群體或任何理論意涵中。真正能解釋依變項差異的原因可能是巧合，如丟擲銅板的機率或是抽樣誤差，而非我們的自變項（或介入）。（有關抽樣誤差的討論請參閱第十章。）

▶▶▶ 排除巧合

上述的例子反映出在解釋量化資料的關係時，排除巧合（或抽樣誤差）的必要。本章前面介紹的**描述統計**（descriptive statistics）[16] 無法協助我們排除巧合。為達到此目的，因此我們必須使用**推論統計**（inferential statistics）[17]。推論統計有很多種類，有些牽涉到複雜的數學，有些則較簡單。你可以在統計課程中學到很多，也可以在我們的另一本進階的書中學到一些（Rubin and Babbie, 2011）。

我們現在討論的推論統計，是那些可用來評估觀察資料的相關性是否達到顯著者。若某個相關性出自於巧合的機率很小，則該相關性被視為顯著的。要瞭解其機率為何，需進行**統計顯著性**（statistical significance）[18] 的檢定。**統計顯著性檢定**（test of statistical significance）[19] 方法很多，要考慮諸多因素——例如變項是類別、順序、等距或等比尺度——來決定哪一種統計檢定最適合用於某個特定的相關。無論是哪一種顯著性檢定，檢定的結果都將以顯著水準的形式呈現。顯著水準可理解為變項間關聯性是因為巧合（抽樣誤差）所造成的可能性有多大，以 p 來代表機率大小。如果在一個檢驗某假設的研究報告中見到 $p < .05$，意指統計結果來自於巧合的可能性小於 .05。

大部分的研究者會在 p 值等於或小於 .05 時，稱該關係達到統計顯著，因為 .05 意味著該關係是出自於巧合（如丟銅板的運氣）的機會只有二十分之一（一百中有五）。一些樣本數很小的研究會用 .10 來做為某關係是否達到顯著的分界點，因為小樣本較不易達到數學上的統計顯著。你可以在統計課中學習其背後的數學運算，但當你在研究報告中讀到 $p < .05$ 或 $p < .10$ 時，你不需要瞭解其數學運算就可以知道其意義。

16　描述統計　統計的計算值在於描述樣本的性質或描述樣本中變項的關係。描述統計是概括性觀察一組樣本，推論統計則是進而對樣本來自的母群體做出推論。

17　推論統計　統計中主要的內容，推論統計是有關於對樣本觀察所得到的發現，推論到更大的母群體上。

18　統計顯著性　一種一般性的名詞，用來指樣本中所觀察到的關係是由巧合（抽樣誤差）所造成的程度。

19　統計顯著性檢定　一種統計程序，用來計算樣本中所觀察到的關係，只能被歸因於是由於抽樣誤差所造成的機率。

我們希望本章對於量化資料分析的介紹，能有助於讀者對量化研究報告內容的理解，同時也鼓勵讀者去學習更多相關的統計方法與知識。

重點整理

- 量化資料分析需要將蒐集到的資訊以數值編碼的方式呈現，變項內的不同數字代表變項的各個內容屬性。
- 次數分布呈現變項之各個內容屬性的出現次數。
- 平均數、中位數、眾數是常用的三種集中趨勢測量。
- 離散指標綜合呈現觀察值與平均數之間的距離。
- 描述統計的標準差代表平均每個觀察值與平均數之間的距離。
- 相對於單變項分析，雙變項分析檢視兩個變項間的關聯，主要目的在於解釋依變項變化的原因。
- 雙變項分析也可視為次團體的比較：(1) 依據某特質（自變項的特徵）將總體樣本區分為不同的次團體樣本；(2) 描述每個不同次團體樣本中依變項的分布情形；(3) 比較每個不同次團體樣本中依變項的分布差異；(4) 此分布差異即為統計上所稱自依變項間的關聯。

- 多變項分析為同時分析數個變項之間關係的方法。
- 推論統計幫助我們瞭解，假設命題成立是出自於抽樣誤差的可能性是多少。
- 統計顯著檢定代表研究結果是因為抽樣誤差所造成的機率為何。
- 相關係數反映的是變項間的關聯強度，變項間的關聯性愈強，相關係數愈接近 1.0 或 –1.0，反之則愈接近 0。
- 統計學中以**效應值**來呈現變項間的關係強度，效應值統計量的計算方式為兩個團體平均數的差異除以標準差。
- 統計顯著性、關聯強度與實質意義三者不可混淆，統計顯著關聯並不一定代表變項間的關聯程度高，或具有實質上的重要意義。

實作練習

1. 假設一位醫師對物質濫用者提供　　　　15 次的門診追蹤治療，10 位患者

中有 2 位回診 15 次、2 位回診 14 次、2 位回診 13 次、2 位回診 12 次、2 位僅回診 1 次。

(1) 請計算回診次數的平均數與中位數。

(2) 平均數與中位數之中,你認為哪一個比較適合用來描述回診次數的集中趨勢?為什麼?

2. 討論你會如何解釋下面的交叉表,該表是比較兩種預防學生輟學的介入成效之虛擬研究。同時,說明為何需要以推論統計來對數據做進一步之分析。表內數據代表接受各種介入的學生之比例(與人數)。

結果	介入方式	
	介入 A	介入 B
畢業	92%	82%
	(46)	(82)
輟學	8%	18%
	(4)	(18)
合計	100%	100%
	(50)	(100)

網路練習

1. 用**統計顯著性**(statistical significance)找出本章討論過的推論資料分析的議題的兩篇文章。寫下各篇的參考文獻資料並摘述其要點。有兩篇 Bruce Thompson 的文章都值得一讀:

- *Exceptional Children* 1999 年春季號的 "Improving Research Clarity and Usefulness with Effect Size Indices as Supplements to Statistical Significance Tests"。

- *Journal of Psychology* 1999 年三月的 "Why Encouraging Effect Size Reporting Is Not Working: The Etiology of Researcher Resistance to Changing Practices"。

2. 進入以下網頁:http://www.socialresearchmethods.net/OJtrial/ojhome.htm。依其出現之順序,點進所有螢幕上出現的點選項目,以瞭解 O. J. Simpson 如何展示推論統計的概念和效應值。

提醒事項

EP2.1.6b：**善用研究證據推行實務**：
瞭解本章所有的概念將幫助社會工作
人員透過瞭解量化研究提供統計證
據，並利用其來推廣他們從事的實務。

EP 2.1.10m：**批判性分析、監測及評
估介入方法**：瞭解本章所有的概念將
幫助社會工作人員透過分析結果的程
序，適當地進行介入的評估。

質性資料分析

EP2.1.6b
EP2.1.10m

前言

　　質性研究方法是一種透過蒐集經驗資料與形成理論解釋兩者間不斷地互動過程。它不僅可以應用於描述現象，也可以進一步形成理論的解釋，前面第十五章已經討論過質性研究方法及其內容分析，而本章的焦點在基本上如何尋找解釋模式。

　　質性分析方法的種類很多，但無論採用哪一種方法都將處理大量的資料，且大部分是文字型態資料。面對大量的資料，第一步通常是將其分類整理，尤其是必須有系統的整理，以方便研究者在往後的研究過程中能隨時再次回顧檢視，在後續的研究過程裡，研究者很可能不斷地需要檢視之前所整理過的資料內容。處理大量質性資料的過程是一門科學，也是藝術，就像完成一幅圖畫或譜曲一般，沒有固定的步驟與成功的捷徑。本章所談論的內容不會很詳盡地說明如何處理質性資料，但能幫助大家思考如何從質性資料中發現一些有意義的內容。

編碼

　　編碼是質性資料分析的第一個步驟。假設某研究者記錄了一個社會改革運動的發展歷史，當撰寫到有關該運動的初期狀況時，就可以從之前的編碼資訊中直接找到早期的歷史紀錄。編碼的意義如同研究者將原始資料依據不同的主題做分類，例如將某事件的發展紀錄歸入「歷史」，當討論到研究對象的歷史時，就可以很快地找出之前所做的紀錄資料。

　　本章後面將學到利用電腦程式來進行編碼，編碼除了粗分類以外，可以做更細的分類。例如某社會運動的「萌芽期」、「肇始期」等，透過電腦套裝軟體的

協助，編碼與分類變得更為便捷，電子化讓資料紀錄與回溯搜尋的過程變得更方便與快速。

編碼不單只是將原始資料做分類而已，更是將資料概念化的過程，概念（concept）才是質性資料編碼的重要組織原則。假設某研究者正從事社會工作機構文件的內容分析，各個機構的「規模」可能用幾個跟數量多寡有關的編碼類別就可以說明清楚，但是每個機構的「組織任務或使命」不盡相同，可能要用很多的類別才能完整表達「組織任務」的概念。例如一些關於機構的使命可能是簡短的，也可能是冗長的才能表達它的本質。

▶▶▶ 編碼猶如手工藝

在進一步討論編碼的邏輯之前，我們先來瞭解編碼的過程其實際的操作情形。John 與 Lyn Lofland（1995）提出了編碼就猶如在做手工篩選的比喻：

> 在 1980 年代末期電腦普及之前，編碼就像是在做手工篩選的動作。研究者建立了一整套的資料夾，每個資料夾代表一個編碼，然後依據文本資料內容或備忘筆記內容，將資料分別置入資料夾內。……在影印尚未普及且價格昂貴的時代，某些田野工作者以複寫紙謄寫田野筆記，在筆記副本的邊緣寫上編碼，裁剪該段內容後，再將其置入相對應的資料夾中。（p. 188）

Lofland 也提到個人電腦大幅簡化了上述繁雜的手工編碼過程，透過將記錄文本的紙片放入相對應的編碼資料夾中，這樣的圖像應有助於讀者瞭解編碼的過程。接下來就可以想像當我們對特定文本編碼，就好像意指將紙片剪裁後置入對應的資料夾中。當某段文本適用於兩個編碼時，如同我們建立了兩個副本，然後再分別歸類於兩個各自對應的編碼資料夾中。

▶▶▶ 建立編碼

接下來到底編碼的類別有哪些呢？ Glaser 與 Strauss（1967: 101f）建議研究者建立的編碼類屬應儘可能是依據理論而來的研究假設。也就是說建構出的編碼是依據理論而來，如同變項的形式。

我們將焦點置於一種較常用的編碼過程，稱為**開放式編碼**（open coding）[1]。Strauss 與 Corbin（1990）對其描述如下：

> 開放式編碼是透過仔細檢視後，對現象加以命名或分類的分析工作，若沒有此基本的分析步驟，後續的分析將沒有辦法繼續進行。開放式編碼將資料分解後仔細檢視其間的異同，對資料中反映出的現象提出問題。透過這個過程才能對研究者本身或其他人對現象的假設提出質疑或探究，<u>並進一步導出新的發現</u>。（p. 2）

舉個具體的例子來說明如何製作編碼，假設研究者想要瞭解人們為何對同性戀感到恐懼，並扭轉人們對同性戀的誤解。首先，研究者訪談一些反對同性戀的人，並請受訪者引用宗教條文來表達自己的感受，而引用的條文多來自於《聖經》的〈利未記〉（修訂標準版本）：

18 章 22 節　你不可如同與女人一樣與男人苟合，這是可憎的事。
20 章 13 節　男人若與男人如同與女人一樣苟合，則他們做了可憎的事，應該被處死，罪是歸到他們身上。

雖然受訪者的引述與表達仍不甚清楚，但可進一步探究。例如研究者可以對〈利未記〉的內容進行質性分析，以更完整地瞭解《舊約聖經》中的道德觀以及對於同性戀的禁令。透過這樣的瞭解，研究者才可能發展出策略來扭轉人們對同性戀的偏見。

以上述兩段經文為例，我們可將之標示為「同性戀」當作編碼命名，很明顯地這是我們分析中的主要概念。每當我們分析〈利未記〉中對同性戀的議題時，就會考慮到這兩段文句。

由於同性戀是此分析中的關鍵概念，首先要在研究資料中確認其定義。在此，**同性戀**（homosexuality）的定義為：一個男人與另一個男人「如同與女人一

1　**開放式編碼**　一種質性資料處理的方法，在仔細審視質性資料後而提出的編碼，而非一開始就從理論發展出編碼。

樣」同寢。但我們可以想像一個律師可能會為了要能進入天堂而辯稱：「我們同床，但沒有躺下……」。我們可以假定該經文指涉的是發生了性行為，但經文沒有具體指出哪些行為是或不是同性戀行為。

此外，禁令指的只是禁止**男性**同性戀，對於女同性戀則未提及，因此在此分析中也可將編碼命名為「男同性戀」。這也指出了編碼的兩個面向：(1) 每個分析單位能有一個以上的編碼；(2) 編碼可以是有層次性的。

我們還可以用更一般性的編碼來包含上述經文，例如「被禁止的行為」，這代表著：第一，同性戀在本質上並不代表錯誤，從研究的角度上不應預設立場，研究的目的是要瞭解宗教經文如何將同性戀視為一種不好的事。第二，在〈利未記〉中還有包括其他被禁止的行為。

在上述兩段經文中還包含了兩個重要概念：「可憎之事」與「處死」。這兩個概念與「被禁止的行為」是明顯關聯的，但彼此為不同的概念。以一個例子來說明上述概念間的差異，如果停車卻不繳費也是被禁止的行為，但很少人會認為事情嚴重到被視為「可憎之事」，更少人會認為此行為者要被「處死」。因此可在此對兩段經文的內容新增「可憎之事」與「處死」兩個編碼。

當我們檢視〈利未記〉的其他章節內容並加以編碼，除了使用已有的編碼外，並新增適當的編碼。值得注意的是，每當新增編碼時，也要隨時檢視其是否也適用於已經被編碼過的經文段落。

下面是一些〈利未記〉中被編碼為「可憎之事」的經文（可憎之事以粗體字顯示）：

7 章 18 節　獻祭者若在獻祭的**第三天吃了平安祭的肉**，這祭必不蒙悅納，所獻的也不算為祭，反為憎嫌之事，吃祭肉者還需擔當其罪。

7 章 21 節　若有人**摸了什麼不潔淨的物**，無論是人的不潔淨，或是不潔淨的牲畜，或是不潔可憎之物，或是**吃了獻與耶和華平安祭的肉**，則此人必從民中剪除。

11 章 10 節　凡在海裡、河裡，與一切水裡游的活物、無翅無鱗的，都是可憎之物。

11 章 11 節　這些可憎之物，你們不可吃牠的肉，即使是死的，也是可

憎之物。

11 章 12 節	凡水裡**無翅無鱗的**，都是可憎之物。
11 章 13 節	雀鳥中可憎者，不可食的有：**鵰、狗頭鵰、紅頭鵰**。
11 章 14 節	**鷂鷹、小鷹**等類的雀鳥，
11 章 15 節	**烏鴉**類，
11 章 16 節	**鴕鳥、夜鷹、魚鷹、鷹**等類，
11 章 17 節	**貓頭鷹、鸕鷀、朱鷺**，
11 章 18 節	**角鴟、鵜鶘、禿鵰**，
11 章 19 節	**鸛、鷺鷥**類、**戴鵀與蝙蝠**。
11 章 20 節	凡**有翅膀用四足爬行之物**，皆為可憎之物。
11 章 41 節	凡**地上的爬物都是可憎的**，都不可以吃。
11 章 42 節	凡**用肚子行走的和用四足行走的**，或是有許多足的，就是一切爬在地上的，你們都不可以吃，因為是可憎的。
11 章 43 節	你們**不可因為爬物而使自己成為可憎的**，也不可因這些而玷汙了自己。
18 章 22 節	你不可與男人像與女人一樣苟合，這是可憎的事。
19 章 6 節	這祭物要在獻祭的那一天和第二天吃，若有剩到第三天的，就必須用火焚燒。
19 章 7 節	若到了第三天再吃，就成為可憎的，必不蒙悅納。
19 章 8 節	凡吃的人必擔當他的罪孽，因為他褻瀆了耶和華的聖物，那人必從民中剪除。
20 章 13 節	**男人若與男人像與女人一樣苟合**，則他們做了可憎的事，應該被處死，罪是歸到他們身上。
20 章 25 節	你們要將潔淨和不潔淨的飛禽走獸區分開來，**不可因為任何走獸、飛禽或滋生在地上的活物**，而使自己成為可憎的。

　　由此可知，男同性戀在〈利未記〉中不是唯一被視為可憎之事。研究者比較這些經文的異同後發現，大部分可憎之事都跟飲食的規範有關，特別是有某些食物被視為「不潔淨之物」。其他的可憎之事則與違反獻祭物品處理的規則有關，因此可將「飲食戒律」與「獻祭物」兩個概念做為新增編碼。

　　先前曾提及「處死」也是此分析中的另一主要概念。依循上述的方式，會發現除了同性戀以外，還有些行為是會被處死的。例如：

20 章 　2 節　將自己的兒女獻給摩洛之人（以人為祭物）

20 章 　9 節　咒罵父母者

20 章 10 節　與鄰舍之妻行淫者

20 章 11 節　與繼母行淫者

20 章 12 節　與兒媳婦行淫者

20 章 14 節　人娶妻並娶其母者

20 章 15 節　人與獸淫合（獸也要被處死）

20 章 16 節　女人與獸淫合

20 章 27 節　與鬼打交道或行巫術者

24 章 16 節　褻瀆耶和華的名

24 章 17 節　殺人者

　　如上所述，處死在〈利未記〉中是常見的一種懲罰，從詛咒、謀殺以及同性戀等。

　　進一步分析《聖經》中提及的禁止行為，除了可憎之事及處死外還列出許多，包括毀謗、報復、妒恨、咒罵聾人、欺侮盲人等。〈利未記〉19 章 19 節中引用了神的話語：「你們要守我的律例，不可叫你的牲畜與異類配種，不可用兩樣摻雜的種子種地，也不可混用衣料做衣服。」此外，「不可吃帶血的物，不可用法術也不可觀兆。頭的周圍不可剃，鬍鬚的周圍也不可損壞」。雖然〈利未記〉未提及能否在身上穿洞，但是刺青是被禁止的。以上提及的行為都可納入「被禁止的行為」編碼之中，或另外增列其他編碼。

　　希望此簡要的例子能增進對於編碼的概念認識及其應用，你可以自行嘗試適當地運用編碼來理解及分析文本。

▶▶▶ 備忘錄

　　整個編碼過程包括的不只是將大量的文本內容做分類整理而已。在進行編碼

時也應該做**備忘錄**（memoing）[2]——在資料分析期間撰寫備忘錄或做筆記。備忘錄的內容在有些分析時可能會納入最終的研究報告裡，甚至激發研究者的靈感。

在紮根理論方法（GTM）中，備忘錄有特別的意義。Strauss 和 Corbin（1990: 197f）將備忘錄區分為三種：**編碼紀錄**（code notes）、**理論紀錄**（theoretical notes）與**操作性紀錄**（operational notes）。

編碼紀錄記載編碼的類屬及其意義。在社會科學研究中，許多我們使用的詞彙除了具有學術專業上的意義，同時也具有日常生活使用上的意義。因此必須說明清楚研究中各個編碼所代表的意義。例如在〈利未記〉的分析中，研究者會在編碼紀錄中記載可憎之事（abomination）的意義，並說明如何在資料分析中使用這些編碼。

理論紀錄包含許多主題：對特定概念的不同面向及其深層意義的反思、概念間的關係、理論命題等等。所有人都有思索某事件的本質或原理的經驗，在質性資料分析中，將思路歷程寫下來是必要的，即使之後不一定全用得上。無論思考內容的多寡，研究者應儘可能從中萃取出一些資料的重點，以利之後進一步整理與組織。例如在〈利未記〉的分析中，一項理論紀錄可能記載大部分的禁令針對的是男性的行為，很少特別指涉女性行為規範者。

操作性紀錄主要記載有關方法論的議題，例如記錄資料蒐集時的情境，以利後續分析時有助於對資料的理解。有些操作性紀錄則直接指引未來資料蒐集的方向。

在資料蒐集與分析的過程中寫下備忘錄，有助於研究者在回顧筆記、文本內容或與其他人討論時可以很快地進入狀況。因此當有任何想法浮現時，隨手記錄下來是值得培養的習慣。

John 與 Lyn Lofland（1995: 93f）對於備忘錄有另外一番看法，認為備忘錄已接近完稿階段的內容。

> 基本備忘錄（elemental memo）指：一種對特定事件的詳細分析，依據研究計畫與資料的規模，研究者可能寫了很多備忘筆記。此備忘錄是依據特定編碼與段落內容而形成，是研究計畫中的最基本要素。（p. 194）

2　備忘錄　一種質性資料分析技術，在處理資料過程中，用來捕捉編碼的意義、理論的概念、初步的結論，以及其他有利於分析的想法。

分類備忘錄（sorting memo）是立基於數個基本備忘錄而來並呈現分析的主軸。當研究者寫下腦海中浮現的想法做為基本備忘時，經常是零散或理路不清楚的。分類紀錄則用以發掘並梳理出資料的脈絡，或整合一些相關的基本備忘錄內容，一個研究案中可能存在數個分類紀錄。

最後，整合備忘錄（integrating memo）將數個分類備忘錄連結起來，整合進報告內容。整合備忘錄述說的是完整的故事，並將故事置入於理論脈絡之中。任何研究中都不止一種方式可以整理出整合備忘錄，資料分析到最後也可能形成數個整合備忘錄。

雖然有些人將寫作當成線性過程，起於前言，終於結論。但是備忘錄則不同，它可說是一種從持續創造的混沌中整理出意義秩序的過程。

若想進一步瞭解備忘錄的過程，可參考本章後面的衍生討論，或者從網路上也可以找到有用的相關資訊。例如從網址 http://gtm.vlsm.org/gnm-gtm3.html 可以瀏覽 Barney Glaser 對於備忘錄的討論。最佳的學習途徑還是從做中學，若手邊沒有正式的研究計畫，也可以從課堂筆記開始練習，或者嘗試選擇期刊文章做編碼。

模式的發現

當研究者完成了編碼與備忘錄之後，即可從資料中發掘事物背後是否隱含著特定的模式。John 與 Lyn Lofland（1995: 127-145）提出六種找出脈絡模式的方法。假設研究者對某地區的兒童虐待議題有興趣，可以先想想以下問題以尋思出你的資料：

1. 頻率：研究該地區的家庭多久發生一次兒童虐待事件？（要注意的是實際的情形可能與受訪者提供的訊息有落差。）
2. 程度：虐童的情形有多嚴重？
3. 結構：虐童的方式與型態為何？身體的、精神的或性虐待？或其他型態的虐待？
4. 過程：虐童事件的發生是否存在任何順序？例如施虐者是否從精神虐待開始，接著再施予身體虐待或性虐待，或者有其他的順序性？
5. 原因：導致虐童的原因為何？是否存在特定社會階層虐童情形比較嚴重的情

形？不同宗教信仰、族群間是否有明顯差異？在經濟景氣好或差時，比較常發生虐童事件？

6. 結果：就短期與長期來看，虐童事件對被害者的影響為何？施虐者產生改變的原因為何？

　　研究者大多數情形要觀察、比較不同個案的資料後才能歸納出某種模式，不然就是要仔細、完整地探討單一個案。除了研究的主題外，研究者還可能要關注受訪者的各種生活經驗細節。不同個案在各個面向的經驗不盡相同，但都是重要的訊息，研究者可從個案間資料的比較來發現異同之處，並嘗試尋找可能的解釋。以下進一步介紹幾種發現模式的方法。

▶▶▶ 紮根理論方法

　　在第十四章中曾討論過紮根理論方法，研究者透過對資料的歸納、淬煉而建構出理論觀點。這種方法從觀察開始著手，而非假設，從對資料的觀察與分析中找出趨勢特徵或發展論點，沒有特定預設立場。以下簡要回顧此方法。

　　紮根理論方法（grounded theory method, GTM）運用了**持續比較法**（constant comparative method）[3]。Glaser 與 Strauss 曾說明紮根理論方法包含四個階段（1967: 105-113）：

1. 「比較各事件在各類屬中的適合性」。一旦從某個個案的分析中發展出一個概念，研究者該檢視此概念是否適用於其他個案。

2. 「整合不同類屬與其特質」。研究者在此階段開始注意概念間的關聯性。

3. 「萃取理論精髓」。當概念間的關聯模式逐漸清楚後，研究者可以捨棄一些最終與問題探索無關的概念。隨著類屬數目的減少，理論觀點也變得更精粹。

4. 「撰寫理論」。最後，研究者必須將其研究內容付諸文字與他人分享，並接受研究社群的檢驗，如此有助於研究者對該議題的深化、修正與增進。在紮根理論方法中寫作階段是做為研究過程的一部分。

3　**持續比較法**　一種質性資料分析所歸納出模式特徵的方法，從中發展出概念與假設，再蒐集其他個案資料，以檢視先前所發展出來的概念假設，歸納出模式特徵。

新的訪談對象選取是依據理論性抽樣，也就是新樣本的選取是因其與先前檢視到的概念與假設看似接近。一旦研究者察覺到相似的樣本已無法產生出新的內涵，就去選不同的樣本，如此重複過程。與新一類的樣本相似的樣本將被選取，直到無法產生新的內涵。重複這種耗盡相似樣本再尋求不同類型樣本的循環，直到研究者相信即使尋求其他新類型的樣本也不會改變研究發現為止。

紮根理論方法只是眾多質性資料分析方法中的一種，以下簡要介紹其他分析方法。

▶▶▶ 語意學

一般將**語意學**（semiotics）[4]界定為「符號的科學」，以討論符號與其意義為主。語意學通常見於內容分析法（詳見第十五章），也可應用於其他的研究內容架構中。

符號（sign）是任何被賦予特定意義的事物，例如標誌、動物、人物、產品等。符號的意義與作用有時是相當微妙而不易察覺的。Erving Goffman 在 1979 年出版的 *Gender Advertisements* 就是典型的語意學分析著作。Goffman 聚焦於分析雜誌與報紙中的廣告圖片。廣告的作用在於推銷產品，但是廣告還傳達了哪些訊息，值得探討。例如兩性的形象在廣告中是如何呈現的？有特定的男性廣告或女性廣告？

Goffman 分析同時有男性與女性的廣告圖片，發現圖片中男性似乎總是比身旁的女性高大。（在許多情形中，廣告照片也傳達出女性為男性之陪襯的訊息。）雖然平均而言男性的體格比女性來得高大，但是 Goffman 認為其中還有另外的意義：身材大小隱含**地位**高低，高大形象者代表其擁有較高的權力和權威（1979: 28）。Goffman 認為廣告圖片傳達出的另一層意義是男性比女性重要。

用佛洛伊德所說的「有時雪茄真的就是雪茄」的精神來看，你如何認定這些廣告只是反映了男性與女性平均身材上的生物性差別，還是它隱含了社會地位的差別？Goffman 也分析一些女性比男性高大的廣告案例。這些案例中男性的社會地位明顯比女性低，例如社會名媛旁邊的廚師。這使得 Goffman 更加確信主要的

4　**語意學**　一種符號意義的科學，通常見於內容分析法，用以檢定對於符號及其意義認知的一致性。

觀點：身材大小暗示著社會地位的高低。

若觀察比較同一張廣告圖片中不同身高男性的社會地位，也會發現一樣的結論。擁有較高地位者的身高較高，例如在客人對服務生說話或老闆交代助理工作的廣告情境中。雖然彼此身高的差異不是很明顯，但地位較高者還是會被置於較高點。Goffman 觀察到圖片中人物頭部的位置與體態，例如老闆的體態較為前傾而助理的身軀較為退縮，僕人的頭通常向下彎低而呈現出主人頭部位置較高的情形。

一般廣告圖片傳達的潛在訊息為頭部位置較高者的地位通常較高。在大部分含有兩性在內的廣告圖片裡，男性常被描繪為較重要者。廣告所傳達的潛在訊息，無論是有意或無意，表達出男性比女性有權力，男性的社會地位比女性高。

除了體態的比較外，Goffman 也檢視廣告中其他方面的兩性差異，指出男性通常扮演主動角色，女性多為被動角色。例如男醫師檢視病童狀況，一旁的護士或病童母親在一旁表現出欽佩的神情；男性指導女性打網球；男性騎馬，女性後面抱著男性；男性踢足球，女性持球觀看；拍照時常是男性掌鏡等等。

Goffman 認為，這些圖像模式微妙地表達出性別刻板印象。即使人們常提到性別平等，但是日常生活裡常見的廣告圖片仍維持所謂男性與女性的「兩性適合的角色」。

▶▶▶ 言談分析

言談分析（conversation analysis, CA）[5] 是對人們的談話透過非常仔細的觀察以從中找出社會生活裡隱含的結構。David Silverman（1993）彙整專家學者的主張後，提出言談分析的三個基本特徵：首先，言談是社會建構的活動。如同其他的社會結構，言談具備特定的規則，例如雙方的交談是輪流的，一次只能有一個人說話。電話交談時，由接電話者先說話。

第二，Silverman 指出，言談必須在情境脈絡中進行理解。在不同的情境脈絡下，相同的話語可能代表不同的意義。

第三，言談分析通常需要非常精確地記錄下談話內容，以瞭解談話的結構和

5　言談分析　一種質性資料分析的方法，是對人們的談話做仔細的觀察以從中找出社會生活裡隱含的假設與結構。

意義。不只談話的內容要完整記錄，各種用語、語氣詞、停頓，乃至於說錯的話都要注意。

言談分析在實務上應用的機會很多。例如 Ann Marie Kinnel 與 Douglas Maynard（1996）分析醫療人員與案主對於檢測 HIV 的對話，以瞭解他們如何傳達有關安全性行為的資訊。結果發現醫療人員傾向提供標準式的安全性行為資訊，而沒有考慮針對個別個案的情況做不同的解說。此外，他們似乎不太願意直接對安全性行為提出討論或多做建議，只是純粹地提供訊息。

▶▶▶ 概念圖示

到目前為止，應該可以很清楚質性資料分析需要花費許多時間與精力，質性資料的處理過程不僅限於文本，還包括圖示。有時將概念之間的關聯性以圖表的方式呈現將更為清晰明瞭，這樣的過程稱為**概念圖示**（concept mapping）[6]。有些研究者將研究裡的主要概念整理簡化在一頁紙內，也有些研究者將其想法記錄在多頁紙或黑板、磁板、電腦網頁等各種可供記錄的媒介。圖表 19.1 為一概念圖示的例子，呈現 Goffman 研究中主要概念及其間的關聯。

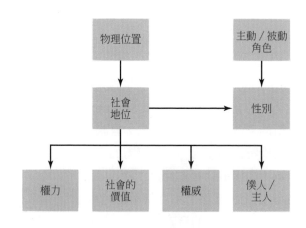

圖表 19.1　概念圖示的例子

6　**概念圖示**　一種質性資料分析的方法，將概念之間的關聯性以圖表的方式呈現將更為清晰明瞭。

性	同性戀	死亡	章節	段落
✕	✕	✕	20.13	男人若與男人像與女人一樣苟合，則他們做了可憎的事，應該被處死，罪是歸到他們身上。
✕		✕	20.12	男人若與媳婦同床，兩人都應被處死；他們行了逆倫的事，罪要歸於他們身上。
✕		✕	20.15	人若與獸淫合，應該被處死，獸也要殺死。
		✕	20.09	凡咒罵父母者，應該被處死，他咒罵了父母，罪要歸到他身上。
		✕	20.02	凡以色列人或是居住於以色列的外人，把自己的兒女獻給摩洛的，都要處死。
✕	✕		18.22	你不可與男人像與女人一樣苟合，這是可憎的事。

圖表 19.2　運用試算表格方式做質性分析

質性資料分析軟體

　　不只量化資料分析常使用到電腦套裝軟體，也有不少軟體用以整理分析質性資料，即便是常見的文書處理軟體都能做一些整理或分析。例如運用文書處理軟體中的「尋找」或「搜尋」功能，能讓研究者很快地找出關鍵字的所在位置。在文字稿旁邊留白處記上編碼文字，也有利於研究者重新瀏覽時快速掌握重點。

　　資料庫與空白表格程式也能用於分析質性資料。圖表 19.2 簡要呈現如何將〈利未記〉中的部分章節內容以表格的方式整理呈現，最左邊的三欄為先前討論過的三個重要概念，「X」代表右邊的經文內容包含此概念。如圖所示，此訊息的分類是依死亡來聚集所有處理處罰的資訊，其他「分類」的指示可以聚集所有處理性、同性戀，或其他任何經編碼的概念。

　　這些簡單的展示，讓你對使用既有的軟體工具來處理質性資料有一些瞭解。可喜的是，現今有許多為此目的而發展出來的軟體，其中一種被廣為使用的稱為 NVivo。你可以透過 www.cengage.com/social_work/rubin 網站更熟悉 NVivo 的操作情形。下面列出一些其他的質性分析軟體，你可以透過 Google 獲得更多相關資訊。

The Ethnograph	HyperQual	HyperResearch	HyperSoft
QUALPRO	QUALOG	Textbase Alpha	SONAR
Atlas-ti			

結語

　　我們已結束本書的主要部分，希望能啟發並協助在社會工作人員的生涯中運用量化與質性社會工作研究去引導你的實務。如我們在第一章提到的，運用研究的主要原因是基於我們對案主的熱情。為了對案主提供最有效的協助，需要透過研究對我們所提供的服務，或其他可能對案主有幫助的服務成效的科學證據整理。或許相較於過去，社會工作研究能提供所有社會工作者一個機會，讓大家在遭遇問題時去創造不同的可能，對未來的發展趨勢會更為顯著。

重點整理

- 質性分析是對觀察對象或現象的理解，而非量化數值分析。
- 質性資料分析是理論與分析之間持續互動的過程，研究者尋求模式的發現、變遷的脈絡以及變項間的關聯性。
- 常見的質性分析方法有紮根理論方法、語意學、言談分析。
- 質性資料處理的程序是一門科學，也是藝術，三個重要的分析工具為編碼、備忘錄與概念圖示。
- 不同於量化資料以標準化的單位進行編碼，質性分析的編碼單位即便

在同一文本內也可能有明顯差異。雖然編碼多立基於理論，許多研究者偏好使用開放編碼來對資料進行檢視與反思。
- 備忘錄可協助研究者掌握編碼的意義、理論概念、初步的觀察結論，以及在分析過程中任何有用的想法。
- 概念圖示是運用圖表的方式呈現資料或概念間的關聯性。
- 一些電腦套裝軟體，如 NVivo，或一般的文書處理軟體、試算工作表等都能有助於質性資料的整理分析。

實作練習

1. 假設你以質性方法分析不同訓練背景之兒童福利「實務工作者」，對於兒童保護與寄養家庭的看法，請嘗試從以下兩位實務工作者的陳述中，找出重點概念以提出可能的編碼。

   實務工作者1：當我從大學畢業時（主修心理學），我認為並沒有確實的研究證據顯示家庭保護方案對兒童保護是有效的。當然，該方案能維持家庭的完整性，但小孩接下來的遭遇呢？我認為我所讀過的研究都有嚴重的研究方法上的偏誤，而這些研究全都在評估家庭維繫方案是否比傳統兒童福利取向更能減少家外安置。他們都沒有考量當子女繼續留在家中時，他們的生活是否獲得改善。我認為應該強調的重點是兒童保護。再者，除非接受家外安置，不然我不認為受虐兒童的生活會有改善。我相信對受虐兒童來說，寄養家庭比原生家庭來得安全，對於年齡很小的受虐兒更是如此。若虐待的方式為性虐待，我就更不相信居家安置是一種有效的兒童保護措施了。若孩童遭遇的不利愈多，居家安置的正當性也就愈低。

   實務工作者2：研究指出在受到保護的情形下，兒童與其父母及兄弟姊妹同住，對兒童的情緒發展較好。此外，部分研究顯示，許多幼童在寄養照顧的過程中遭受虐待；加上寄養家庭的環境各異，對於幼童的心理適應是一大挑戰，幼童年齡愈小挑戰愈大。我所參閱的研究，其方法論都很有力。此外，我不認為家庭維繫方案的功能僅在於避免家外安置案件的增加。當兒童被寄養同樣代表著有兒童被疏於照顧或被虐待，事件的發生並不會因為處理方式不同而消失。因此，我認為如果家庭維繫方案實施後產生了較少的家外安置，則代表對兒童虐待事件產生預防的作用；也反映出在家庭保護方案下，被疏忽或被虐待兒童的生活有改善。然而，我也能理解部分實務工作人員難以接受對遭受性侵害，或嚴重身體傷害的兒童做家庭維繫，同時也難以接受兒童與曾有多次傷害紀錄或長

期酗酒吸毒的父母同住。

2. 請嘗試對兩位實務工作人員的言

論內容做編碼紀錄與理論記錄。

網路練習

1. 用關鍵字「質性資料分析」（qualitative data analysis）進行搜尋，找出兩篇質性研究，並描述其所使用的資料分析途徑。

2. 用關鍵字「概念圖示」（concept mapping）進行搜尋，找出一篇質性研究，並簡要敘述其如何使用概念圖示。

3. 用關鍵字「紮根理論」（grounded theory）進行搜尋，找出一篇使用紮根理論的論文，簡要敘述該研究，並扼要說明其資料分析的途徑。

4. 找出一篇使用言談分析的研究報告，以自己的話摘要其主要結論。

提醒事項

EP2.1.6b：善用研究證據推行實務：瞭解這一章所有的概念將幫助社會工作人員透過質性研究分析提供證據，並利用其來推廣他們從事的實務。

EP2.1.10m：批判性分析、監測及評估介入方法：瞭解這一章所有的概念將幫助社會工作人員分析透過質性方法所獲得的過程及結果分析，適當地進行介入的評估。

撰寫研究計畫

本篇附錄將提供一項撰寫研究計畫的指南，為你的研究獲取經費支持。它將會隨研究目的而有所不同。一種情況是，當你試圖尋求如國家心理衛生研究所（National Institute of Mental Health, NIMH），或是國家藥物濫用研究所（National Institute on Drug Abuse, NIDA）等聯邦政府機構補助時，你應該提供一份較長、而且詳盡的計畫，要爭取這些補助經費，其競爭是相當激烈的。另外一種極端則是，提供較小型的補助經費來源。這些可能包括州或地方政府機構，尋求對其資助的方案進行有限的評估，私人基金會或大學鼓勵並協助教職人員進行研究而提供小型經費。雖然這些贊助者要求的研究計畫，可能比不上聯邦機構的嚴謹，但你仍然不應該低估它們。

你開始撰寫計畫之前

開始撰寫之前，如果你能採取一些準備步驟，將會提高計畫獲得研究經費的機會。其中之一就是在準備研究計畫以前，要瞭解經費贊助者的期待，然後再根據那些期待發展你的計畫。你可以從贊助者的網站或書面資料瞭解他們的期待。

此外，你應該試著與贊助機構中負責經費申請的聯絡人員建立關係。透過這種關係，可以得悉贊助者的態度，其對於你研究理念的興趣如何。如果有興趣，該聯絡人就可以給你建議，如何發展或修改你的理念和計畫，以符合贊助者的偏好和標準。對某些經費的贊助者來說，在你開始與任何幕僚聯繫之前，寫一份簡短的說明信，概述你的研究理念是必要的。不過，如果可能的話，最好是能夠在寫這類說明信之前，先建立關係。有時候，一個聯絡人甚至就可以指導你如何寫一封初步的說明信，並且可能給你相關的建議，如何準備一份簡要的概念報告，以數頁的篇幅簡介你初步的理念。某些情況下，概念報告也許可以附在介紹信提出，其他情況只有在經費贊助者對你的理念有初步興趣，並鼓勵你遞交概念報告

之後才有需要。藉由發展與培養贊助者聯絡人的關係，不僅可以提升你的研究計畫，以符合贊助者的標準，同時也可以增加聯絡人支持你研究計畫的機會。另外一個可能有助於準備步驟的是，檢視贊助者之前曾經贊助過的研究計畫。如果能夠做得到，可能對於贊助者的期待會有更進一步的瞭解。

研究計畫的組成要素

　　研究計畫的特定組成要素以及撰寫這些要素的指南，將視研究的目的和經費贊助者的期待而定。例如，以質性調查為主的計畫，就會與量化研究為主的計畫不同。對於小型的研究計畫，其初步實驗計畫可以不必如同某些有企圖性的計畫，需要下列廣泛或嚴謹的要素。我們假設你需要學習如何為一份重要的研究準備一份完美的計畫，而提出下列的組成要素。懂得這些技巧之後，你應該可以準備撰寫一份較不具野心的計畫。大體而言，這些要素將會適用於質性與量化的研究計畫。不過，你將讀到部分資料比較適用於量化，而非質性的計畫。此外，準備一份質性研究計畫，可能會比準備一份量化研究計畫更具挑戰性。因此，在敘述完下列要素之後，我們將會討論量化與質性研究計畫之間的相似和差異處。

封面資料

　　閱讀你的實際計畫之前，許多的經費贊助者會想要先看一些初步資料。一封能符合贊助者期望的說明信是相當明顯的要求。贊助者可能也會要求在前頁能夠確認計畫的標題、計畫提出者和組織的名字與地址，以及其他資料，例如所需經費的金額、計畫進行的時間等。一份執行簡介的說明可能也會有需要，不過內容的長短會視情況而定。某些贊助者可能希望能夠在說明信中，長度不要超過一段。其他的贊助者則可能希望有較長的內容，因此需要另外的一頁。前面我們討論過的準備步驟，可以引導你決定這份簡介要如何簡短。一般來說，它會引述每一計畫要素中的一句或兩句，並且標出每個要素的主要特色。

問題和目的

　　你想要研究什麼？為什麼它值得研究？要以精確的用詞，詳細說明你的研究目的。研究目的應該用簡單的表列式說明，例如，如果你有兩個目的，只要分別

將它們編號，然後在編號後面敘述一、兩句。你的目的應該是以尋找研究問題解答的形式呈現，並且應該要反映研究問題的屬性。它們必須是精細和明確，有觀察證據的，並適用於調查和回答。最重要的是，你需要用研究問題解釋答案及對實務工作和政策的重要性。

討論研究重要性時，要引述事實。例如，如果你計畫要研究街友的問題，那麼你可以從先前在全國、某城市、或某州街頭遊民問題的研究中，引用街友的人數。或者你也可以描述過去個案研究中的具體例證，使你研究的主題和目標，不至於含糊和抽象，要具體討論研究政策或實務工作的重要意涵。例如，如果你計畫研究輟學的影響因素，不要只是含糊陳述：「發現某些孩子為何輟學和未輟學的原因之後，我們可以發展出這個問題的新政策和處理方案。」要詳細說明那些研究發現，引導特殊政策或方案選擇。因此，你可能要這樣說：「如果我們發現，是因為缺乏男性角色的正面示範作用，造成特定族群男孩的輟學問題，那麼可能意味需要僱用同族群男老師，或需要建立一個特別的替代方案，以男性角色的示範作用，專門協助男孩子解決課業問題，或處理成為真正男性的定義等，這一類問題⋯⋯」

如同我們前面所提到的，準備遞交研究計畫之前，你應該要知道經費贊助者的偏好。試著找出經費贊助者的偏好與你想研究問題的重要意涵最為接近，然後在陳述問題的態度上，要強調你的研究計畫和贊助者的偏好相符合。

文獻回顧

我們曾經在第四章討論過如何撰寫一份文獻回顧，所以我們在此只做簡短的討論。我們將重申文獻回顧應該要完整，讓評論者瞭解研究主題，要詳細而不過度冗長到令人生厭。堅持主題，對相關的研究做簡潔的總結，並且與主題連結。例如，你可能要這樣說（我們用杜撰的參考文獻）：「對嚴重精神疾病的案例，先前眾多管理效率的研究中有不一致的發現。有四篇研究（Rubin, 1998; Babbie, 1999; Rubin and Babbie, 2000; Babbie, Rubin, and Freud, 2001）發現它是有效的。但有三篇研究（Nietzsche, 1998; Scrooge, 1999; Fischer, 2000）卻發現它是無效的。有正面結果的四篇研究都使用『住院天數』做為依變項，而負面結果的三篇研究則都使用『生活品質』做為依變項⋯⋯」。另一方面，如果你很難找到與你研究有直接相關的先前研究，那麼你就應該間接引用相關的研究。

避免文獻回顧變得過度瑣碎的重要性，並非意味你可以完全不提到任何相關的研究，特別是當文獻資料並非很廣泛的時候。贊助者的審核委員會，很可能會評估你在研究主題上的專業知識，也依據文獻回顧的透徹和適當性，衡量你做為一個研究者的能力。例如，他們可能會請一位與你研究主題相關的專家，對你的計畫提供外部審查。那位專家對於研究主題文獻的瞭解可能和你一樣，甚至於勝過你。如果你的文獻回顧中，遺漏任何相關的研究，你可以獲得經費補助的機會將明顯的降低，特別是當審核人員認為被遺漏的文獻是很重要的時候。當你不想要每項研究有過度冗長的細節時，你應該引述所有相關研究，特別注意是與你的研究問題有最相關的研究。

同時你應該避免以敷衍的態度撰寫文獻回顧，好像它只是一個制式表格，而你被要求做表面上欠缺周延組織的敘述。與其提供一個其他研究已經報告過的簡單列表，你的文獻回顧應該顯示為什麼你會選擇特定的探究方法，以及為什麼以你的方式將其概念化。當審查人員閱讀你的研究問題與假設時，他們不應該認為那是無中生有的研究議題。閱讀過你的文獻回顧之後，他們應該就能夠瞭解你的假設與變項來源。例如，學生評估一項介入研究時，通常會犯的錯誤是，其回顧的文獻是介入目標要減輕的問題，沒有顯示文獻引導他們選擇想要的介入評估或其他的可能因素。

概念架構

在研究計畫的概念架構中，你要清楚說明研究的問題、假設、變項和操作性定義，並提出基本的理由。你應該證明為什麼及如何選擇計畫的每一個面向，你的說明應該部分來自文獻回顧。同時，也應該顯示你探究思考的邏輯，以及你的研究是如何超越並立基在先前的文獻上。例如，如果先前援助預防兒童虐待的介入研究中，沒有一個是以墨裔美國人為樣本，那麼你就可以提及那些研究（在你的文獻回顧裡）缺乏墨裔美國人的樣本，就是你進行研究的理由。假設過去所有的研究只是將減少兒童家外安置人數視為成功的單一指標，而沒有評估居住在家裡的兒童，是否真的比被安置到其他地方的兒童情況較佳。即使這個議題未曾在先前的研究出現過，你還是可以在你的概念架構中提出並解釋理由。因此，對於這項議題就能突顯出你的研究方法比先前研究有所改善，並向讀者解釋為什麼你會選擇某些特定變項及其操作型定義。

測量

　　在研究計畫的測量中，你要詳細地說明確定的測量變項，以及概念架構中的操作型定義。這一段的撰寫應該要順利地來自於你的概念架構中的操作型定義，且在說明操作型定義和測量程序時，你應該確保不會過於冗長和重覆。例如，評估虐待兒童高風險家庭的兒童福利時，如果你計畫將兒童福利的定義操作為一個有效測量工具的分數，以避免在你研究計畫的概念架構和測量中會重複該量表的細節。反過來，你可以簡單說明量表分數將是你的操作型定義，之後在測量中再說明量表的性質，譬如它是如何記分、有哪些子量表、信度和效度。無論你是否使用既有的量表，或是自己發展測量工具，都應該將它們列在研究計畫的附錄。如果你使用的測量工具，其信度與效度是有經過測試，你就不應該只引用它們測試的研究，你還應該要清楚描述信度與效度的數據。例如，你可以說，有五個研究已經測試過量表內部一致性信度，發現信度係數 α 介於 .87 至 .94 之間，顯示其內部一致性信度是介於良好和極佳之間。許多研究中，研究者可以從多個有效工具，選擇一個去測量所想要表達的特殊構想。例如，有許多有效量表可以用來測量沮喪、自尊等概念。如果這也適用於你的研究，就說明選擇該量表的理由。你也可以選擇一種以上的方法來測量某個特定的變項。本書稍早曾經討論這種做法的價值，以連結三角檢測的原則。將三角檢測併入測量程序的研究計畫，審查委員很可能會留下好的印象。

研究參與者（抽樣）

　　你研究蒐集資料的對象或事物是什麼？先確定任何你會列入或排除使用它們的標準。選擇樣本的做法適當嗎？如果是，你會怎麼做？如果你要進行一項探索性的質性研究，在確認和觀察研究參與者的變項時（例如年齡、族群、階級），需要運用你的判斷以確定你已經進入那些變項範圍。如果你的目標是進行一項調查，以估計母群體某些特性的頻率（例如決定失業率），那麼你會需要選擇一種機率樣本。如果你必須使用非機率抽樣方法，你會需要證明這麼做的理由，要留意你的樣本可能會有偏誤，或無法對目標母群體有代表性。你如何盡力去補救或避免那些潛在的偏誤？不管你使用的是機率或非機率抽樣方法，你都需要說明樣本屬性和拒絕參與的問題。你會做什麼特別的努力來加強參與者的招募與保留呢？

你也需要合理說明樣本大小，這通常需要進行一項統計檢定力分析（statistical power analysis），如果你的假設確實正確，它能顯示你的樣本大小是否足夠支持你的假設。你可能會需要統計專家協助進行統計檢定力分析，你可以在我們另一本進階的教科書學到更多相關的概念（Rubin and Babbie, 2008）。

你應該將統計檢定力分析納入研究計畫的抽樣段落（或許也可以納入資料分析計畫裡面）。你也應該告訴審核者，為什麼你認為可以獲得所需的樣本數量。例如，如果你的計畫是一項預防兒童虐待的介入評估，就提出證據證明提供研究的兒福機構確實能提供足夠數量的參與者。這類證據可能來自機構的支持信件，或者說明近年來在機構接受輔導的資料，有多少是適合研究的案主。

設計和資料蒐集方法

你如何為研究蒐集需要的資料？你會進行實驗或調查嗎？你會使用質性觀察方法以進行歷史研究，或是專注在重新分析他人已經建立的統計資料？無論你使用那一種設計，一定要說明前面章節所討論過一些研究方法上的主要問題（如果是調查法請參考第八和第九章，如果是實驗法請參考第十章）。無論你使用哪一種設計，要描述資料在何時、何地、是誰使用個別的蒐集工具。資料蒐集者需要什麼資格的專業知識或經驗？你如何招募和訓練他們？如何做才能避免或降低偏誤到最小？其他可行性問題計畫過程中機構的配合度又如何？或是受訪者完成量表或訪談需要多少時間？

資料分析

詳細說明你計畫進行分析的類型。如果你希望使用特定的統計分析方法，要確定、描述，並證明你的選擇。也許你計畫進行一項質性資料分析，請說明你將如何做。如同我們前面所說的，不同的經費贊助者會有不同的期望，因而你的研究計畫長度和細節也會不同。如果你不能確定這些期望所在，最安全的做法就是在這個段落詳細說明，選擇每項資料分析步驟的理由。如果一定要使用你缺乏的資料分析步驟的專業知識，建議你聘請統計專家一起合作研究，由他撰寫研究計畫的這個段落。

時間表

　　為研究的不同階段提供時間表，通常是很適當的做法。即使你在研究計畫中沒有，也要為自己做一份。除非你對研究的各個階段訂定完成的期限，並且在研究中保持進度，否則你可能會在結尾階段遇到麻煩。你在研究計畫中所訂定的時間期限應該要合理。如果你為某研究階段規劃太少或太多的時間，審核者可能會懷疑你是否有充分的準備來成功完成這項研究。

預算

　　如果你要求某人支付研究費用，那麼你需要提供一份預算表，具體說明經費的用途。大型的高金額預算項目包含人事、設備、用品，以及像電話和郵資的費用。即使對一個你打算自行負擔的中小型計畫，花一點時間去預估費用也是對的：辦公室用品、影印、電腦光碟片、電話和交通等。你在預算表列出的成本必須是合理的，而且必須要證明每一項的支出。高估或低估預算的成本都可能影響你獲得贊助的機會。如果高估成本，贊助者可能會擔心「被敲竹槓」，或認為研究的效益不值得那些成本。如果低估成本，你可能會傳達出一種印象，你是一個沒有經驗的研究者，還沒有「熟悉情況」。你可能需要專業協助來估算一些費用，例如人事薪資行情和津貼。準備申請經費補助時，你應該調查你的學校或機構，是否有幕僚人員能夠提供這類的專業協助。

其他要素

　　大部分的贊助者會要求其他的研究計畫要素，也許可以做為附錄。例如，你可能需要提供資料，以顯示你的研究在倫理和保障人權事項上，已獲得機構審查委員會的許可，第四章曾經討論過這個程序。你可能也需要提供附件，證明計畫的可行性及成功執行的能力。這些附件可能包括：(1) 你個人或共同研究者的簡歷或簡單自傳，顯示成功完成研究的過去經歷；(2) 來自機構管理階層的支持信件，表明將會提供給你資料或研究參與者；(3) 提供研究可行性的其他證據聲明，如何以適當方式召募及保留足夠的樣本，並且以適當的態度蒐集足夠的資料；以及 (4) 如何宣傳研究結果的計畫，例如透過專業期刊和定期刊物的刊出，在專業研討會或機構會議上發表，你的研究發現可以引導實務運用或研究。

準備研究計畫時，因為進行研究的類型不同會遇到不同的困難程度。一項質性研究計畫申請補助所需要的準備，可能特別富有挑戰性，如同標題為「量化與質性研究計畫的異同」專欄中所討論的一樣。

如果你的第一份計畫沒有獲得贊助也不要太氣餒，從過程中學習經驗。如果贊助者回應給你計畫沒有通過的理由，你可以修訂計畫，再向相同或不同贊助者重新提交計畫。例如，聯邦經費的贊助來源，在計畫獲得補助以前，研究者通常會多次修改研究計畫，再重複提出申請。

量化與質性研究計畫的異同

無論提出的研究類型為何，本書認定的研究計畫要素都非常具有普遍性。無論你提出的是量化或質性研究（或是兩者合成），你可能需要從一個問題或目標的陳述開始，接著是文獻回顧和研究方法的敘述等。無論你打算進行研究的類型為何，對於研究問題和價值的重要性，都必須製造出說服力。兩種類型的研究計畫對於優良文獻回顧標準也是相似的。其他相似之處還包括需要一個有實際期限的時間表、一段保障人權審核許可的敘述、一個各種預期成本的合理預算，以及一個工整具備清晰有吸引力文筆的專業架構。

如上所述，雖然某些研究計畫準備的標準，都普遍適用於所有研究計畫，然而有質性研究法的學者卻已經發現，質性與量化研究計畫的準備方法並不相同。大家都同意，質性研究計畫比量化研究計畫更難撰寫，主要的原因在於設計量化研究計畫時，有較高程度的架構和預備計畫。例如，Sandelowski、Holditch-Davis 和 Harris（1989: 77）認為，準備質性研究計畫時，需要與「不應該對事先規劃的事物做計畫，這種矛盾的言論」相互協調。同樣的，Morse（1994）提出質性研究相對欠缺結構性、難以預測的特性，撰寫一篇保證引人興趣，甚至具體說明研究可能產生的替代性結論，是比較難的。這些學者指出，質性研究的設計傾向於具有開放性起點，透過自然情境與研究對象接觸，產生方法和事實真相。這一點和量化研究不同，量化研究方法與特定結果，可以事先計劃並詳細說明。

於是，質性研究者的兩難在於，儘管質性研究法無結構性、有彈性、有誘導性，仍然必須設法在研究計畫

中有足夠的細節說明，使可能的贊助者能夠評估計畫的價值。Sandelowski 與她同事提到：「準備研究計畫中最困難的工作……當研究者進行研究之前，沒有一個明確方法開始探究時卻要描述研究的方法。」當研究計畫審核者，比較傾向量化研究，並且希望研究計畫像量化研究一般的精確規劃時，這項工作更具挑戰性。

對於那些準備質性研究計畫的人，我們建議放手去做描述抽樣、資料蒐集與分析計畫，不過需要指出這只是暫時性的初步方向，當研究進行之後，若有新的想法產生時，都可以開放修正。此外，研究計畫可以具體說明預定採用質性研究法的類型，然後描述該方法的一般基本概念。雖然你無法事前明確說明將會如何做或發現什麼，但你可以傳達訊息給審核者，當你進行有彈性且發現意外探究時，將會遵循一般的原則。

這些適用在其他質性研究計畫的一般性理念，量化研究計畫則需要有更高度的特殊操作性。例如，當你討論抽樣，可能無法精確預料到參與量化研究計畫對象的確實人數和特性。但是你可以討論預期參加研究和可能提供相關資料的各類型對象，你也可以描述使用質性抽樣法的一般基本理念和理由。

雖然你會發現這些建議有幫助，但也不會改變一項事實，亦即質性研究計畫比較困難撰寫，而且可能被習慣閱讀量化研究計畫的人審核，並且根據量化研究設計的準則評定研究計畫。由於他們可能對你的質性計畫容易產生困惑，你的計畫要能顯示出質性研究的專業知識以及執行能力，這一點特別重要。要確定研究計畫的每個段落都要撰寫得當，文獻回顧也要很適切。（質性研究計畫的文獻回顧應該會比量化研究更為廣泛，以顯示研究者的專業知識，因為它就像是讓贊助者被告知「相信我」，而這種印象的造成，質性研究會勝過量化研究。）

順著這些方向，可能有助於你對研究計畫主題進行試驗性研究，然後在你的計畫中描述，並做為研究計畫的附錄，如此做將會顯示出你對研究計畫的投入與能力。它也可以說明你將如何進行研究中所出現的資料並做分析。當然，提交一項量化研究計畫時，能夠引用已經完成的試驗性研究，同樣有助於獲得經費贊助的機會，這個部分對於兩種類型的研究計畫是類似的。

雖然我們不想對兩種類型研究計畫的相似處輕描淡寫，也不想要誇張它們的差異，但任何準備提出質性研

究計畫的人，都應該注意可能面對特殊兩難之處。贊助機構的審核者和董事會，應該會對兩難問題有所瞭解，並且在審核這兩種類型研究計畫時，採用不同的標準。

撰寫社會工作的研究報告

　　準備撰寫結案報告的時候，你已經為研究投入許多心力。除非你的研究可以被適當地傳達，否則本書專注在各種步驟的討論將會是白費。這表示，好的研究報告，最基本也是最重要的一點就是，要有好的英文（或西班牙文，或任何你使用的語文）。當我們要求圖表「為自己說話」時，它們通常是保持緘默。當我們使用過度複雜的專業術語或結構時，溝通性也因此降低。

　　我們第一個建議是閱讀，重複再閱讀（差不多每隔三個月）由 William Strunk, Jr. 和 E. B. White 所寫的一本出色的小型參考書 *The Elements of Style*[1]。如果你確實依照它的方法去做，即使有 10% 的報告內容被忽略，你還是有很好的機會讓人瞭解你的理念，並肯定你的研究發現。

　　科學性的研究報告有數種不同功能。首先，你的報告應該要傳達特殊的資料和理念。你應該提供清楚的特殊數據及足夠細節，允許他人對你的研究進行評估。其次，你應該將報告視為一般科學知識的貢獻。雖然要保持適當的謙遜，但應該認為研究報告是對社會行為的另一項認識。最後，報告應該要刺激並引導進一步的探究。

一些基本考量

　　無論這些一般性的準則為何，不同的報告適用不同的目的。一份報告適合某項目，可能完全不適合另一項目的，接下來的段落就是有關這方面的一些基本考量。

1　4th ed (New York: Macmillan, 1999). 另外一本正在撰寫且有幫助的參考書：R. W. Birchfield, *The New Fowler's Modern English Usage*, 3rd ed. (New York: Oxford University Press, 1998).

讀者

在起草報告之前，先問你自己希望哪些人讀到它？一般來說，你應該在專業同僚和一般讀者之間做區別。如果報告是寫給同僚看的，你可能需要對當下的知識做一定的假設，然後簡介某些重點而非詳細解釋。同樣地，比起一般讀者，你可以對專業同僚使用較為技術性的用語。

同時，對於社會工作要保持覺察，因為就像其他專業工作一樣，富有變化性。對某些同僚熟悉的專有名詞、假設、特殊技巧，卻可能對其他同僚造成困惑。例如，如果你對不熟悉認知行為介入處遇的讀者做研究報告，可能需要將過去的發現，做更詳細的解釋，與對熟悉認知行為介入的社會工作人員所做的報告是不相同的。

同樣地，你也應該在讀者群當中依照同僚的不同研究專業和角色，和他們做不同方式的溝通。例如，如何描述研究設計的邏輯，或是資料分析的步驟，應該視讀者的角色而定，是研究人員、管理者或是直接服務實務工作者。如果你主要的讀者是研究人員，就不需要專門的解釋或者避免使用技術性的研究術語。如果你的讀者是缺乏專門研究經驗的管理者或其他實務工作者，則應該儘可能保持簡單的術語，並對他們生疏的術語做必要性解釋。同時記住，管理者和實務工作者比較重視研究摘要、簡明圖表所代表的意義及研究對於實務的啟示，而非研究方法論的技術性細節。

報告的形式與長度

研究人員通常需要為研究贊助者準備報告。這些報告可能在長度上會有很大的不同。準備這類報告時，你應該要記住讀者的身分，是專家或是外行人士，他們贊助這項計畫的最初原因。

報告的目的

本書前面章節，我們考量過社會工作研究計畫的不同目的。準備你的研究報告時，你應該要牢記這些目的的差異性。

有些報告可能將重點放在一項議題的**探索**（exploration）。這類報告的結論多半是暫時性，也不完整。你應該向讀者明確說明研究的探索性目的，並且指出

此項特殊計畫的缺點。一份探索性報告，適合對研究議題有更詳細的討論方式。

　　大部分研究報告都有一項**描述性**（descriptive）要素，以符合研究的描述性目的。要仔細區分哪些描述只適用於樣本，哪些則可適用於母群體。推論性描述可能會有的偏誤，也要給讀者一些提示。

　　許多報告都有一項**解釋性**（explanatory）目的：指出變項之間的因果關係。依照你可能的讀者，對你的研究結果和結論的解釋，小心描述其規則。同時，如描述性目的一樣，要給讀者一些指導以確實瞭解你的結論。

　　無論你的研究目的為何，所有的社會工作研究計畫，對於實務工作或政策引導的幫助，都應該提供總體目標有用的訊息。因此，你的報告可能是一項行動方案的建議。要確認依據你的數據提出此項建議。因此，你應該特別詳細說明，由實驗性數據進展到行動方案建議的邏輯。

避免抄襲

　　每當你報告他人作品時，必須要清楚說明出處。也就是說，你必須避免抄襲（plagiarism），這是指竊取他人的文字或理念，無論是有意或無意將那些文字和理念當成是自己的來發表。對學生而言，這是一個常見、有時候卻是模糊的問題。所以讓我們來檢視一下，以下是有關抄襲的一些基本規則：

> 你不能沒有使用引號和引證，就完整引述其他作者的相同文字，引號和引證是表示引述的來源出處，它能夠讓你的讀者找出該引述的原始文章脈絡。一般規定，如果文章中的一段有使用八個或八個字以上的相同文字，而未註明引述來源，就是違反聯邦著作權法。

　　修改或改寫他人的文字，並將修改後的版本做為自己的著作也是不被接受的。最後，將他人的理念占為己有而發表，更是讓人無法接受，即使你是使用完全不同的文字去陳述那些理念。

　　以下的範例應該可以澄清在使用他人作品時，什麼是可以，或是不可以被接受的。

原始著作

成長的法則

系統就像是嬰兒:一旦你得到它,你就擁有它,它不會離開你。相反的,它們會表現出最明顯的持續性。它們不僅會持續,也會成長。在它們成長的同時,它們也在侵蝕你。系統的潛在成長被帕金森(Parkinson)在一項試驗性和初步的方法中發現,他下的結論是管理系統會維持平均每年 5% 至 6% 的成長,無論其工作是否完成。帕金森的正確性如同他一路走來的方向,對於他引領這項重要議題,我們應予以最高榮譽。但是,帕金森沒有覺察到,我們現在提出一類似帕金森定律的一般系統。

系統本身傾向每年平均會有 5% 至 6% 的成長。

再重申,這項法則只是初步,最可能的一般公式陳述,是系統宇宙的大爆炸理論。

系統趨向於擴大到填補已知的宇宙。(Gall, 1975:12-14)

現在讓我們看一些**可接受**(acceptable)的方式,你可以在學期報告中引用 Gall 的著作。

可接受:John Gall 在他的作品 *Systemantics* 中,幽默的將系統與嬰兒做比較:「系統就像是嬰兒:一旦你得到它,你就擁有它,它不會離開你。相反的,它們會表現出最明顯的持續性。它們不僅會持續,也會成長。」[2]

可接受:John Gall 做出警告,系統就像是嬰兒。創造出一個系統,它就會一直圍繞著你。最糟糕的是,Gall 也注意到,系統會持續一再的擴大。[3]

可接受:一直以來,系統被認為有一項天生的持續趨向,即是成長或侵蝕。(Gall, 1975:12)

---

[2] John Gall, *Systemantics: How Systems Work and Especially How They Fail*(New York: Quadrangle, 1975), 12-14.

[3] John Gall, *Systemantics: How Systems Work and Especially How They Fail*(New York: Quadrangle, 1975), 12.

　　請注意最後一項的格式，需要在參考書目中註明完整的引證，就像本書的做法一樣。完整的註腳或頁尾注釋也可以。你可以參考不同組織，例如美國社會工作專業人員協會（NASW），以及 *Chicago Manual of Style* 手冊，找到適當的引用格式。

　　以下是對於相同的原文**不可接受**（unacceptable）的引用方式，也是常見的錯誤。

不可接受：在這篇論文，我需要觀察在我們組織裡創造的一些社會系統特性。首
　　　　先，系統就像嬰兒：一旦你得到它，你就擁有它，它不會離開你。相反的，
　　　　它們會表現出最明顯的持續性。它們不僅會持續，也會成長。（它是不被接
　　　　受的，因為直接引用他人的原文，沒有使用任何引號和充分的引證。）
不可接受：在這篇論文，我需要觀察在我們組織裡創造的一些社會系統特性。首
　　　　先，系統就像孩子：一旦你得到它，它就屬於你的。它們不會離開你，它們
　　　　會持續。它們不僅會持續，事實上，它們還會成長。（它是不被接受的，因
　　　　為是修改他人的作品，當成是自己的呈現出來。）
不可接受：在這篇論文，我需要觀察在我們組織裡創造的一些社會系統特性。我
　　　　注意到一件事，一旦你建立了一項系統，它似乎永遠不會離開。事實上，恰
　　　　好相反，它們會趨向於成長。你可以說系統的特性，有很多地方像孩子。（它
　　　　是不被接受的，因為是改寫他人的理念，當成是自己的作品呈現。）

　　前面每個不被接受的範例都是抄襲的例子，並且代表一種嚴重的侵犯。無可否認的，總有一些「灰色地帶」。有些理念多少屬於公共領域，而非「專屬於」任何一個人。或者你可能有自己的構想，他人卻已經早一步撰寫。如果你對某個特定情況有疑問，要事先與你的指導教授討論。

　　我們已針對這個議題討論過一些細節，因為，雖然你的研究必須參考他人已經做過或說過的相關內容，但是不當使用他人的題材卻是一項嚴重的違法行為。要學習避免抄襲是你成為學者「時代來臨」的一部分。

報告的組織架構

　　雖然各種報告的組織架構，在形式和目的上多少有所不同，但是如果能夠用一般的報告格式來呈現研究資料，將更有幫助。以下的意見可以直接適用於期刊文章，若再經過一些修改，也可以適用於大部分的研究報告類型。

標題

　　你的標題應該貼切地反映研究的主要論點。然而，要訂定最好的標題總是不容易的。你應該嘗試以簡單明瞭的用字但不要太口語化，給讀者足夠的訊息。如果它超過 12 個字以上，可能就需要縮短。不過，如果有副標題，就可以稍微長一點。儘管如此，標題還是應該儘可能簡潔。可行的話，訂定一個吸引潛在讀者興趣的標題。

　　有一個引人注意的標題的確是好的構想，但要小心不可過度沉迷或誇張。你應該不希望讓讀者認為，你是以誤導的方式在渲染你的報告。

　　報告的主要讀者會影響你對標題的選擇。安全做法是，你可以訂定幾個替代性的暫時標題，然後徵詢同僚或共同作者的意見，參考他們對於各個標題的反應。

摘要

　　報告的標題頁之後，緊接著是摘要頁面，簡單說明研究概要。大部分摘要長度都介於 75 至 150 個字。一般來說，摘要應以一句確定的研究目的做為開始。再來通常是一到兩句，簡述研究設計的特點和方法。接著用一到兩句強調研究的主要結果。最後簡單敘述研究的任何重要意義。以下是摘要的範例：

　　本研究是一項隨機實驗，目的是對有精神與物質依賴雙重診斷的案主，在接受一般住院病人的藥物依賴治療，測試一項新增精神教育團體治療介入的效果。有 100 位案主被隨機分配至實驗組與控制組。結果變項包括有藥物與酒精使用、監禁天數、精神症狀以及精神病住院許可，但並未在任何的結果變項中發現明顯的處遇效果。對雙重診斷案主測試的介入方案，在標準治療之外並未有任何的附加效果。實務工作者應該要繼

續發展和評估比本研究測試處遇取向更有效的替代方法。

前言與文獻回顧

　　報告的主體，應該由研究問題的背景介紹做為開始。這個段落的內容應該和研究問題與目標，以及文獻回顧有部分相同的特色。例如，它應該傳達問題範圍、研究目的、理由，以及研究的重要性。應該儘可能簡短介紹過去的研究，提供足夠的細節，讓讀者能夠適當綜觀研究的議題，並顯示你的研究如何與過去的文獻相連結，並建立在相同的基礎上。整個的前言部分包括你對問題的陳述、文獻回顧、研究目的與假設，它們可以出現在同一「前言」的小標題之下。或者，也可以分成一個或數個小標題，例如「文獻回顧」、「假設」等。但是與究竟用了多少個小標題相較，更為重要的是，前言的內容是否能讓讀者清楚瞭解研究的目的與理由、為何此項研究是適時和重要的，以及是如何與過去的文獻相結合，並建立在相同的基礎上。（其他有關文獻回顧的撰寫指南，已經在第四章討論過）。

研究方法

　　一項研究結果的價值將視研究設計與資料蒐集程序的效度而定。專業讀者想要看到你的研究方法設計與執行細節，以判斷研究結果的價值，並決定是否要跟隨。讀者需要得到充分的細節，他們才能夠明確知道你的研究做了些什麼，是否複製你的研究。

　　對某些研究，這個段落會以研究假設和變項的詳細說明做為開始。其他研究也可以在前面段落提供這方面的資料，顯示你的概念架構是源自過去的文獻。無論任何情況，研究方法內容都應該詳細敘述如何測量每一個變項的方法，並給讀者充分的資訊以確定你的測量程序是否有信度與效度。你的資料蒐集程序導引因果推論的邏輯安排（假如那是你的研究目的）以及抽樣步驟，都需要有詳細的敘述。

結果

　　以過去研究的觀點為基礎，敘述研究設計與執行之後，接下來應該提出你的資料。呈現資料分析時應該儘可能的詳細，不要雜亂。完成這一點的最好方法是，不斷地檢視你的報告，並察看是否達到以下的目標。

如果你使用量化資料，必須在報告中提出來，並且要提供細節，讓讀者可以重新計算。如果你進行質性分析，也必須提供足夠的細節，讓讀者可以一起感受你進行過的觀察。只提供那些支持你做詮釋的資料是不夠的，你必須分享與你的認知相衝突的資料。最後，儘管你希望詮釋可以是最有意義，你也應該提供足夠資料讓讀者瞭解不同的研究結論。事實上，不論研究是否涉及街友的觀察、評估受虐兒童介入處遇效果的實驗，或其他任何形式的研究，都應該讓讀者能夠獨立複製全部的研究。記得可複製性是科學研究的一項重要規範。單一研究並不能證明一個論點，只有一系列的研究才可以開始這麼做。而且，除非研究可以被複製，否則就不會有系列性研究的意義。

如果有任何的表格、圖型或圖表，可以將它們整合到報告的本文，編輯好並放在敘述內容附近，或者編入附錄。兩者皆可行，一般法則最好能夠：(1) 敘述呈現該表格的目的，(2) 提出表格，然後 (3) 再評論，並詮釋。

通常最好的做法是等到「結果」之後，在「討論」的段落，再提出你對結果代表意義的詮釋。「結果」段落的詮釋，通常都侷限在以技術和事實的概念，去解釋資料的意義。例如，假設你的研究結果發現，根據加害者的自我評估報告，一項對配偶施暴者的介入方案似乎有成效；若是根據配偶的報告，卻顯示該介入是無效的。你可以在「結果」的內容中，確實報告每項的研究發現，但也可能想要拖延至「討論」的段落，才解釋兩者之間的差異。另一方面，如果你能夠將資料的呈現、運用以及你的解讀，整合成一個邏輯性的整體，你的報告更有可讀性。也就是說，如果你是在一個段落裡將它們全部完成，稱之為「研究發現」，而非將其放在「結果」與「討論」兩個分開的段落。在「研究發現」這個段落中，你可以提出每個特定分析的基本理由、相關資料並說明結果，然後指出結果將會引導的下一步方向。

討論與結論

研究報告的主體，應該以一段詳細的結論做結束，根據結論引導出實際代表性意義，討論研究方法上的限制，以及刻劃未來研究意義所在。

研究發現可以用許多方式解釋。有理性的人士未必同意研究會獲得最適當的解釋和結論。你應該承認所有可能的解釋都來自合理的資料。因此，應該確認那一種解釋最為合理，並解釋其原因。然而，這並不是意味著你就可以做成結論。

結論應該以資料做為根據。你應該小心注意每項結論的特定根據，否則會將讀者導向無根據的推論。任何有關評估結論的條件和狀況，都包括研究方法論的限制。基本上，你是最瞭解結論的缺點和不確定性的人，因此你應該告知讀者相關知識的優點。

根據你的結論，你應該可以導引出它在社會工作實務或社會福利政策上的相關意義。某些研究甚至可以對社會工作教育產生意義。根據你從研究發現的新問題，也許是研究進行時，實務或研究方法上所遇到的任何意外陷阱，你也應該刻劃未來研究的建議。你應該檢討自己研究的特殊缺點，並建議可以避免這些缺點的方法。

報告最後，你可能想要再次地告訴讀者研究的內容。總結研究報告時，你應該避免再去評論每項的特殊發現，但重要發現除外，你需要再一次強調它們的重要性。

參考文獻和附錄

緊接在報告結論之後，應該是所有報告中曾經引用的參考文獻清單。基本上，每項引用的參考文獻都在本文中，以括號註明作者姓氏和出版年份。

報告最後的參考文獻清單，應該以每篇第一位作者的姓氏，依照字母順序列出所有引用的文獻。另外一種方法是，只為每篇文獻編號。然後依照文獻在本文中的號碼順序，列出所有引用的文獻。

至於你決定要使用哪一種文獻格式，應該是根據遞交報告對象的期望而定。最好的方法是利用字母順序排列，因為這是較為廣泛使用的方法。如果你有任何的表格、圖形或圖表，不想整合在報告本文，那麼應該緊接在參考文獻之後，放在另外編排的附錄。

撰寫質性報告的其他考量

前面的意見，大部分有關如何撰寫研究報告，可以同時適用於量化與質性的研究。然而，我們也舉出一些質性研究報告與量化研究報告不同的地方。現在我們再來看一些，由 Neuman（2000）建議，只適用於質性報告的其他考量。

質性研究對於各種事物現象，會尋求較為深入和有同理心的瞭解，因此質性

報告通常會比量化報告較為冗長而且難以壓縮。例如，質性報告不會提供扼要的統計資料，而需要較長篇幅的引述。它們可能需要為觀察的人物和環境，出示照片和詳細描述。質性報告的描述和辯解，比較欠缺結構性與標準化，對於特殊性資料的蒐集方法，質性報告通常需要比量化報告有更長的時間。對於質性研究產生的新觀念與理論，可能也需要更多的篇幅來解釋其發展。對於歷史性與比較性的調查，質性報告更需要大量的註腳來詳細敘述每項推論的來源與證據。按照這些因素，習慣出版量化研究報告的期刊來說，符合頁數限制是有困難的。這類冗長的質性報告作者，可能需要將他們的報告交給質性專業期刊發表，例如名稱標榜質性（Qualitative）的期刊。這類作者也經常以書本篇幅格式做為研究報告。

量化報告的撰寫格式，基本上屬於條理有序和簡單明瞭，質性報告則比較傾向富有創意與各式文藝風格，報告描述的對象，主要傳達給讀者一個深入、有同理心、較為主觀的見解，如同穿著他的鞋子、站在他的角度、深入其境的描述。這並非表示有其他用意，如同稍早提到的，質性報告得到的推論，應該有大量有力資料支持。雖然質性研究者對於報告的風格和架構，有比較多的選擇空間，但他們得到每一項推論背後，都應該用合理方法蒐集的有力證據加以支持。

我們為前面提過的做一點結論。研究報告應該儘可能以最佳風格來撰寫，但清晰易懂的報告比粗糙報告，當然是困難撰寫得多。再一次，你必須參考 Strunk 與 White 的書。每一位研究者若能遵循以下步驟就會做得很好：撰寫、閱讀 Strunk 與 White 的書、修改、再讀 Strunk 與 White 的書、再修改。當你對自己的報告感到滿意之後，請同事過目，並給予評論，依據他們的評論，還是再次的修改。這將是困難、而且耗費時間心力投入，但科學就是如此。

除非可以向他人成功的溝通並介紹你的研究發現，否則一個設計完美、執行用心、分析卓越的研究，將會全然無價值。我們嘗試提供這個方向的指導方針，最好的指導就是要合乎邏輯、清楚、忠實。最後，實務工作是無可替代的。

亂數表

10480	15011	01536	02011	81647	91646	69179	14194	62590	36207	20969	99570	91291	90700
22368	46573	25595	85393	30995	89198	27982	53402	93965	34095	52666	19174	39615	99505
24130	48360	22527	97265	76393	64809	15179	24830	49340	32081	30680	19655	63348	58629
42167	93093	06243	61680	07856	16376	39440	53537	71341	57004	00849	74917	97758	16379
37570	39975	81837	16656	06121	91782	60468	81305	49684	60672	14110	06927	01263	54613
77921	06907	11008	42751	27756	53498	18602	70659	90655	15053	21916	81825	44394	42880
99562	72905	56420	69994	98872	31016	71194	18738	44013	48840	63213	21069	10634	12952
96301	91977	05463	07972	18876	20922	94595	56869	69014	60045	18425	84903	42508	32307
89579	14342	63661	10281	17453	18103	57740	84378	25331	12566	58678	44947	05585	56941
85475	36857	53342	53988	53060	59533	38867	62300	08158	17983	16439	11458	18593	64952
28918	69578	88231	33276	70997	79936	56865	05859	90106	31595	01547	85590	91610	78188
63553	40961	48235	03427	49626	69445	18663	72695	52180	20847	12234	90511	33703	90322
09429	93969	52636	92737	88974	33488	36320	17617	30015	08272	84115	27156	30613	74952
10365	61129	87529	85689	48237	52267	67689	93394	01511	26358	85104	20285	29975	89868
07119	97336	71048	08178	77233	13916	47564	81056	97735	85977	29372	74461	28551	90707
51085	12765	51821	51259	77452	16308	60756	92144	49442	53900	70960	63990	75601	40719
02368	21382	52404	60268	89368	19885	55322	44819	01188	65255	64835	44919	05944	55157
01011	54092	33362	94904	31273	04146	18594	29852	71585	85030	51132	01915	92747	64951
52162	53916	46369	58586	23216	14513	83149	98736	23495	64350	94738	17752	35156	35749
07056	97628	33787	09998	42698	06691	76988	13602	51851	46104	88916	19509	25625	58104
48663	91245	85828	14346	09172	30168	90229	04734	59193	22178	30421	61666	99904	32812
54164	58492	22421	74103	47070	25306	76468	26384	58151	06646	21524	15227	96909	44592
32639	32363	05597	24200	13363	38005	94342	28728	35806	06912	17012	64161	18296	22851
29334	27001	87637	87308	58731	00256	45834	15398	46557	41135	10367	07684	36188	18510
02488	33062	28834	07351	19731	92420	60952	61280	50001	67658	32586	86679	50720	94953
81525	72295	04839	96423	24878	82651	66566	14778	76797	14780	13300	87074	79666	95725
29676	20591	68086	26432	46901	20849	89768	81536	86645	12659	92259	57102	80428	25280
00742	57392	39064	66432	84673	40027	32832	61362	98947	96067	64760	64584	96096	98253
05366	04213	25669	26422	44407	44048	37937	63904	45766	66134	75470	66520	34693	90449
91921	26418	64117	94305	26766	25940	39972	22209	71500	64568	91402	42416	07844	69618
00582	04711	87917	77341	42206	35126	74087	99547	81817	42607	43808	76655	62028	76630
00725	69884	62797	56170	86324	88072	76222	36086	84637	93161	76038	65855	77919	88006
69011	65795	95876	55293	18988	27354	26575	08625	40801	59920	29841	80150	12777	48501
25976	57948	29888	88604	67917	48708	18912	82271	65424	69774	33611	54262	85963	03547
09763	83473	73577	12908	30883	18317	28290	35797	05998	41688	34952	37888	38917	88050
91567	42595	27958	30134	04024	86385	29880	99730	55536	84855	29080	09250	79656	73211
17955	56349	90999	49127	20044	59931	06115	20542	18059	02008	73708	83517	36103	42791
46503	18584	18845	49618	02304	51038	20655	58727	28168	15475	56942	53389	20562	87338
92157	89634	94824	78171	84610	82834	09922	25417	44137	48413	25555	21246	35509	20468
14577	62765	35605	81263	39667	47358	56873	56307	61607	49518	89656	20103	77490	18062

98427	07523	33362	64270	01638	92477	66969	98420	04880	45585	46565	04102	46880	45709
34914	63976	88720	82765	34476	17032	87589	40836	32427	70002	70663	88863	77775	69348
70060	28277	39475	46473	23219	53416	94970	25832	69975	94884	19661	72828	00102	66794
53976	54914	06990	67245	68350	82948	11398	42878	80287	88267	47363	46634	06541	97809
76072	29515	40980	07391	58745	25774	22987	80059	39911	96189	41151	14222	60697	59583
90725	52210	83974	29992	65831	38857	50490	83765	55657	14361	31720	57375	56228	41546
64364	67412	33339	31926	14883	24413	59744	92351	97473	89286	35931	04110	23726	51900
08962	00358	31662	25388	61642	34072	81249	35648	56891	69352	48373	45578	78547	81788
95012	68379	93526	70765	10592	04542	76463	54328	02349	17247	28865	14777	62730	92277
15664	10493	20492	38391	91132	21999	59516	81652	27195	48223	46751	22923	32261	85653
16408	81899	04153	53381	79401	21438	83035	92350	36693	31238	59649	91754	72772	02338
18629	81953	05520	91962	04739	13092	97662	24822	94730	06496	35090	04822	86774	98289
73115	35101	47498	87637	99016	71060	88824	71013	18735	20286	23153	72924	35165	43040
57491	16703	23167	49323	45021	33132	12544	41035	80780	45393	44812	12515	98931	91202
30405	83946	23792	14422	15059	45799	22716	19792	09983	74353	68668	30429	70735	25499
16631	35006	85900	98275	32388	52390	16815	69298	82732	38480	73817	32523	41961	44437
96773	20206	42559	78985	05300	22164	24369	54224	35083	19687	11052	91491	60383	19746
38935	64202	14349	82674	66523	44133	00697	35552	35970	19124	63318	29686	03387	59846
31624	76384	17403	53363	44167	64486	64758	75366	76554	31601	12614	33072	60332	92325
78919	19474	23632	27889	47914	02584	37680	20801	72152	39339	34806	08930	85001	87820
03931	33309	57047	74211	63445	17361	62825	39908	05607	91284	68833	25570	38818	46920
74426	33278	43972	10119	89917	15665	52872	73823	73144	88662	88970	74492	51805	99378
09066	00903	20795	95452	92648	45454	09552	88815	16553	51125	79375	97596	16296	66092
42238	12426	87025	14267	20979	04508	64535	31355	86064	29472	47689	05974	52468	16834
16153	08002	26504	41744	81959	65642	74240	56302	00033	67107	77510	70625	28725	34191
21457	40742	29820	96783	29400	21840	15035	34537	33310	06116	95240	15957	16572	06004
21581	57802	02050	89728	17937	37621	47075	42080	97403	48626	68995	43805	33386	21597
55612	78095	83197	33732	05810	24813	86902	60397	16489	03264	88525	42786	05269	92532
44657	66999	99324	51281	84463	60563	79312	93454	68876	25471	93911	25650	12682	73572
91340	84979	46949	81973	37949	61023	43997	15263	80644	43942	89203	71795	99533	50501
91227	21199	31935	27022	84067	05462	35216	14486	29891	68607	41867	14951	91696	85065
50001	38140	66321	19924	72163	09538	12151	06878	91903	18749	34405	56087	82790	70925
65390	05224	72958	28609	81406	39147	25549	48542	42627	45233	57202	94617	23772	07896
27504	96131	83944	41575	10573	08619	64482	73923	36152	05184	94142	25299	84387	34925
37169	94851	39117	89632	00959	16487	65536	49071	39782	17095	02330	74301	00275	48280
11508	70225	51111	38351	19444	66499	71945	05422	13442	78675	84081	66938	93654	59894
37449	30362	06694	54690	04052	53115	62757	95348	78662	11163	81651	50245	34971	52924
46515	70331	85922	38329	57015	15765	97161	17869	45349	61796	66345	81073	49106	79860
30986	81223	42416	58353	21532	30502	32305	86482	05174	07901	54339	58861	74818	46942
63798	64995	46583	09785	44160	78128	83991	42865	92520	83531	80377	35909	81250	54238
82486	84846	99254	67632	43218	50076	21361	64816	51202	88124	41870	52689	51275	83556
21885	32906	92431	09060	64297	51674	64126	62570	26123	05155	59194	52799	28225	85762
60336	98782	07408	53458	13564	59089	26445	29789	85205	41001	12535	12133	14645	23541
43937	46891	24010	25560	86355	33941	25786	54990	71899	15475	95434	98227	21824	19585
97656	63175	89303	16275	07100	92063	21942	18611	47348	20203	18534	03862	78095	50136
03299	01221	05418	38982	55758	92237	26759	86367	21216	98442	08303	56613	91511	75928
79626	06486	03574	17668	07785	76020	79924	25651	83325	88428	85076	72811	22717	50585
85636	68335	47539	03129	65651	11977	02510	26113	99447	68645	34327	15152	55230	93448
18039	14367	61337	06177	12143	46609	32989	74014	64708	00533	35398	58408	13261	47908
08362	15656	60627	36478	65648	16764	53412	09013	07832	41574	17639	82163	60859	75567

79556	29068	04142	16268	15387	12856	66227	38358	22478	73373	88732	09443	82558	05250
92608	82674	27072	32534	17075	27698	98204	63863	11951	34648	88022	56148	34925	57031
23982	25835	40055	67006	12293	02753	14827	23235	35071	99704	37543	11601	35503	85171
09915	96306	05908	97901	28395	14186	00821	80703	70426	75647	76310	88717	37890	40129
59037	33300	26695	62247	69927	76123	50842	43834	86654	70959	79725	93872	28117	19233
42488	78077	69882	61657	34136	79180	97526	43092	04098	73571	80799	76536	71255	64239
46764	86273	63003	93017	31204	36692	40202	35275	57306	55543	53203	18098	47625	88684
03237	45430	55417	63282	90816	17349	88298	90183	36600	78406	06216	95787	42579	90730
86591	81482	52667	61582	14972	90053	89534	76036	49199	43716	97548	04379	46370	28672
38534	01715	94964	87288	65680	43772	39560	12918	86537	62738	19636	51132	25739	56947

索 引